KB129686

계담서원지

계담서원지

초판 1쇄 발행 2023년 10월 1일

지 은 이 계담서원지 편찬위원회
발 행 인 계담서원장
전   화 043-833-2136
발 행 처 도서출판 행복에너지(대표이사 권선복)
출판등록 제315-2011-000035호
주   소 (07679) 서울특별시 강서구 화곡로 232
전   화 010-3993-6277
팩   스 0303-0799-1560
홈페이지 www.happybook.or.kr
이 메 일 ksbdata@daum.net
ISBN 979-11-92486-02-4 (93990)

Copyright ⓒ 계담서원지 편찬위원회, 2023

이 책은 저작권법에 따라 보호받는 저작물이므로 무단전재와 무단복제를 금지하며,
이 책의 내용을 전부 또는 일부를 이용하시려면 반드시 계담서원의 서면 동의를 받아야 합니다.

계담서원지

계담서원 화보

서원본전

본전 및 이안세덕사와 내외삼문

서원전경

서원 전면

(현재는 퇴락하여 1995년에 재건축)

| 계담서원의 복원과 시설

• 부지정리

부지 정리 전

부지 정리 중

부지 정리 후

| 복원 준공행사(1991.11.3)

서원 준공 전경

성현 배향 제례

성현 배향 제례

계담서원

① 서원 표석 / 전면

② 서원 표석 / 후면

③ 부설 교양대학 표석

| 서원의 시설

• 성현봉안시설

서원본전

이안세덕사

계담서원

내삼문

외삼문

· 강학시설

학구당(도서관)

소장장서

강서당(강의실 외관)

강의실 내부

• 부속시설

문모재/사무실 (2023년 신축)

관리사

홍살문

다목적 시설 / 식당

• 서원 내 비석

배향 성현비

공적비

| 계담서원의 운영
• 봉심실시

봉심을 위한 입장

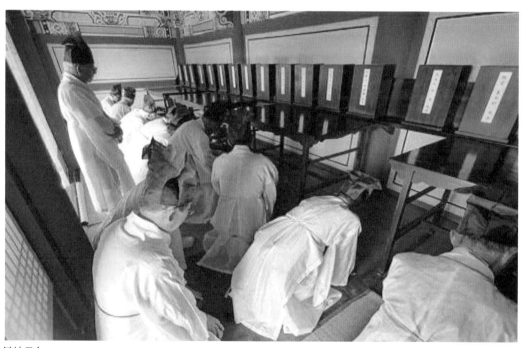

봉심 모습

· 제향의 봉행

헌관 및 집사 발표와 상견례

제향 참례자

계담서원

헌관의 헌작

제향 전경

| 부설 교양대학 운영

입학식

수업전경

유명인사 특강

현지견학

책씻이

졸업기념 작품전

졸업식 전경

졸업식 시상

계담서원

| 특별반 운영

• 서예 심화반(계향서우회)

운필시연

자체 전시회

초등학교 고학년 서예 학습

초등학교 고학년 소학 읽기

초등학교 저학년 예절교육

중·고등학생의 서원참배

발간사

나용찬 | 계담서원 원장

　계담서원은 을사(乙巳) 명신(名臣) 안명세(安名世) 선생의 춘추정필(春秋正筆) 정신을 기리기 위하여 중원향교유림(中原鄕校儒林)에서 건원통문(建院通文)을 발의(發議), 1824(순조 24)년에 창건했으며, 1865년 대원군의 서원철폐령으로 한때 훼철되는 위기를 맞았으나, 1991년 중산 안동준 선생께서 서원을 복원하시고 그 이듬해인 1992년부터 부설 교양대학을 운영함으로써 계담서원의 역사는 창건 200년, 교양대학 개설 31주년을 맞이하였습니다.

　그동안 계담서원은 옛 문헌과 선현 열아홉 분의 가치관 忠·孝·禮·信·敬·誠 6대 덕목을 교육 이념으로 정하고, 삶의 지혜를 배우는 교육 문화공간으로, 순흥 안씨 문중과 역대 괴산군수 등 사회 각계각층에 계신 많은 분들의 관심과 지원으로 전통문화 예절의 계승과 양반고을 괴산인의 자긍심을 고취시키는 등, 전국의 서원 중 유일하게 부설 교양대학을 운영하여 제31기까지 938명의 졸업생을 배출한 평생교육기관으로 자리매김하였습니다.

　이 같은 계담서원의 역사성을 정리하여 보존하고 향후 지향해야 할 방향성을 제시하고자 계담서원지를 발간하게 되었습니다.

　현대는 4차 산업혁명의 시대, 미래예측(Future Forsight)을 초지능(Super Intelligence)적인 현실공간과 초연결성(Super Connectivity)으로 이끌어 내는 상상 융합과 혁신의 시대입니다.

신성장 동력으로 떠오르는 인공지능 로봇의 빅데이터와 스피드한 산업발전은 인간의 삶의 질을 높여주고 있지만, 역기능으로는 많은 사람들이 근로현장에서 밀려나고, 소외되고 인간의 존엄성이 상실되어가는 고위험사회에 직면하게 됨에 따라, 미래 예측학자들은 인본주의 인성교육과 전통문화예술교육의 필요성을 강조하고 있습니다.

계담서원에서는 이 같은 시대적 소명의식을 가지고 매년 11월부터 이듬해 4월 농한기 동안 운영하는 교양대학과정에 농업인, 귀촌·귀농인, 퇴직한 공무원과 회사원 등 등 누구나 연령과 성별에 제한없이 입학하여 재미있는 역사이야기와 나를 다스리는 인본주의, 생활에 유익한 스마트 교육, 경제, 서예, 사회 저명인사의 초청특강을 부담없이 수강할 수 있도록 운영하고 있습니다.

또한 계담서원과 괴산증평교육지원청은 MOU를 체결하고 어린이와 학부모가 함께하는 명심보감의 효행편, 정기편, 입교편, 언어편, 교우편과 전통 예절 문화를 가르쳐 "우리 아이가 달라졌어요"라고 변화 발전하는 교육 등 인성교육의 산실로 운영하고 있습니다.

앞으로도 계담서원은 성인들의 평생교육과 차세대를 세우는 어린이 교육에 중점을 두고 더욱 활성화시켜 괴산군 전체, 나아가 대한민국 방방곡곡에 서원에서 글 읽는 소리가 울려 퍼지도록 더 많은 노력을 기울이겠습니다.

끝으로 본지 발간을 위해 그동안 간직하고 있던 자료를 내주시고, 출판에 이르기까지 많은 관심을 가지고 지원해 주고, 수고해 주신 괴산군 관계 공무원, 안철모 위원장, 안대식 전 교양대학장, 안광태 교양대학장, 안종운 동문회장, 중산 아카데미 김근수 이사장 등 발간위원 여러분들께 감사인사를 드립니다.

2023년 7월 31일

발간사

안철모 | 계담서원 관리위원장

계담서원은 당초 을사명신 安名世 선생의 春秋正筆 정신을 기리기 위하여 계담사로 창건되었습니다. 창건된 지 200년, 훼철 후 다시 서원으로 복원된 지 30년이 되어 서원지 발간이 염원이었으나 우선 재원이 앞섰고 자료수집 등 모든 여건이 여의치 못했습니다.

마침 괴산군의 후원으로 집필위원을 구성하고 발간을 착수하였습니다.

모든 일에는 선도자가 필요하다고 봅니다. 당초 계담사 창건 당시 용담 안환 방조께서 창의하여 각 향교 유림에 통문을 내고 성균관에 품의하여 허락을 받고 문중원과 각 유림의 성금으로 원사 건축을 이룩하였던 것입니다.

훼철 후 계담서원으로 복원 당시 중산 안동준 선생께서 순흥안씨 3파 대종회장을 역임하면서 대종회의 후원으로 막대한 예산을 들여 복원을 성사하였습니다.

이번 서원지 발간에 괴산군 후원과 각 문중 원로님의 협조에 감사드리고 열악한 형편에도 집필위원의 아낌없는 노력과 자료수집을 통하여 이루어진 결실이라 감사드립니다.

특히 광태 족질의 총괄 수고에 찬사를 드리고 이번 발간으로 하여 서원에 奉安되신 19현의 애국애민과 숭고한 절의 그리고 그 덕행이 더욱 빛나고 세세에 조명되길 기원합니다.

2023년 7월 31일

축간사

송인헌 | 괴산군수

계담서원은 철폐된 지 126년이 지난 1991년 순흥안씨 중산 안동준 선생의 노력으로 복원을 완료하여 현재까지 유학의 진흥과 지역의 정신문화 발전을 위하여 많은 노력을 이어 나가고 있습니다.

계담서원은 감물면 외에도 괴산군의 지역 주민들의 평생교육기관으로 자리매김하여 지역의 역사, 문화, 자연을 배울 수 있는 교육의 장을 펼치며 지역사회의 발전에 기여하고 있습니다.

새롭게 발간한 계담서원지는 우리나라 서원의 역사를 포함하여 계담서원의 역사, 복원 과정, 서원에서 배향하는 명현들의 전기를 기록하고 현재 서원의 현황까지 종합하여 계담서원을 한눈에 살펴볼 수 있도록 제작되었습니다.

계담서원지가 괴산 전통문화의 귀중한 사료로서 많은 이들의 관심 속에 읽혀 그 위상을 재조명하길 기대합니다. 앞으로도 평생교육의 역할을 오래도록 지속하여 후손들에게 계승·발전될 수 있기를 바랍니다.

다시 한번 계담서원지 발간을 진심으로 축하드리며, 계담서원지 발간이 괴산인으로서 역사적 자긍심을 형성하는 원동력이 되고 미래의 자손들에게 올바른 역사의식을 전하는 소중한 자산이 되기를 기원합니다.

감사합니다.

2023년 7월 31일

축간사

신송규 | 괴산군의회 의장 신송규

　늘 괴산을 아끼고 사랑하는 마음으로 우리 지역 곳곳에 어려있는 선조들의 발자취와 문화유산을 찾아내 심도 있게 조사 연구에 매진하시는 나용찬 원장님 그리고 안광태 교양대학장님 안종운 교양대학총동문회장님을 비롯한 계담서원지 편찬 관계자 여러분의 노고에 큰 박수를 보냅니다.

　또한 계담서원의 역사와 전통을 기록하고 전통문화 계승을 위한 계담서원지 발간을 진심으로 축하드리고 또한 감사의 마음을 전합니다.

　1824년(순조24년) 을사명신 안명세를 모시는 '계담사'로 창건되어 2023년 교양대학 제31기 졸업생을 배출하기까지 흐르는 강물처럼 거대한 역사의 흐름과 함께한 계담서원의 역사와 전통은 그 깊이를 헤아릴 수 없을 정도라 할 수 있습니다.

　이번 '계담서원지'의 발간은 향토문화 창달은 물론, 괴산지역의 역사와 뿌리를 연구하는 중요한 자료로, 괴산군민으로서 자긍심을 고취시키고 계담서원과 함께한 괴산지역 역사의 흔적들을 되짚어 볼 수 있는 좋은 기회가 될 것입니다.

　또한 우리의 후손들에게 소중한 자료이며 중요한 사료로 '계담서원지'의 발간을 다시 한번 축하드리며, '서원'의 문화와 역사를 정립하고 민족정기를 드높이는 데 더욱 힘써 주시기를 바랍니다.

　끝으로 계담서원의 무궁한 발전을 기원하며, 모든 분의 가정에 건강과 행복이 늘 가득하시기를 바랍니다.

　감사합니다.

2023년 7월 31일

축간사

안순자 | 괴산증평교육지원청 교육장

계담서원이 새롭게 복원된 지도 어느새 30여 년이 흘렀습니다.

조선시대 우리 지역 사학의 요람으로 계담마을 뒷산에 창건되었던 계담서원은, 1991년 복원에 이래 오늘날까지도 '온고지신(溫故知新)'의 정신을 실천하며 살아 숨 쉬는 서원으로서 굳건히 존재하고 있습니다.

우리 고장 전통문화계승의 산실인 계담서원의 서원지(書院誌) 발간을 진심으로 축하드립니다. 또한 계담서원이 오늘날 지역 인성교육의 거점으로 그 역할을 충실히 할 수 있도록 함께 애써주시고 지원해주신 분들께 감사를 표합니다.

현재 명맥을 유지하고 있는 대부분의 서원이 지역 인재양성의 거점이자 성현들을 배향하는 곳이라는 본래의 기능을 다하지 못한 채 폐쇄적인 공간으로 남아 있습니다.

그러나 계담서원은 민족정신과 전통문화를 계승하고 청소년의 인성을 함양하며, 과거와 현재가 자연스럽게 이어지는 열린 공간으로 자리잡고 있습니다.

지방 사설 교육기관이었던 서원이 전통을 살려 오늘날 평생교육의 장으로 교양대학을 설치하여 지역 주민들에게 교양한문, 전통예절, 역사 및 지역문화 등을 교육하고 있습니다.

계담서원의 이러한 노력 덕분에 우리 괴산의 전통문화 및 인본주의 인성교육이 올바르게 자리잡고 있으며, 이는 첨단기술과 인공지능으로 대표되는 미래사회에 오히려 그 중요성이 더욱 부각되고있습니다.

앞으로도 서원의 전통 가치를 계승하고 이를 현대적으로 재창조하여 역사와 문화가 살아 숨 쉬는 지역 인성교육의 요람으로 거듭나기를 기원하며, 계담서원의 서원지(書院誌) 발간을 다시 한번 더 진심으로 축하드립니다.

2023년 7월 31일

축간사

안종운 | 계담서원 부설 교양대학 총동문회장

계담서원지(桂潭書院誌) 발간을 축하하며

우리나라의 서원(書院)은 조선중기 이후 학문연구와 선현제향을 위해 설립된 사설교육기관인 동시에 향촌(鄕村)의 자치운영기구의 성격을 띠며 발전하여 왔습니다.

계담서원(桂潭書院)은 1824년(순조 24)에 계담사(桂潭祠)로 창건되었으며, 1865년(고종2년) 서원훼철령으로 훼철되었다가, 1991년에 사당과 재실, 강당, 세삼문, 세덕사 등을 중건하여 계담서원이라 하여 오늘에 이르고 있습니다.

계담서원이 중건된 이후 서원부설교양대학이 설치되어 현재 31기의 수료과정을 거쳐 졸업생 총 1천여 명을 배출하여 평생교육의 일익을 담당하며 괴산지역의 향토문화와 인문학 등의 발전에 큰 역할을 하고있습니다.

계담서원의 연원과 향사된 인물의 사적을 비롯하여 서원의 복설과정, 서원 관련 문서와 자료를 체계적으로 정리하여 성책(成册)한 역사기록인 계담서원지(桂潭書院誌) 발간을 진심으로 축하드립니다.

아무쪼록 이 서원지가 계담서원의 역사와 학문, 정체성을 확립하며 학문을 탐구하는 소중한 자료로 활용되기를 바랍니다.

다시 한번 계담서원지 발간을 진심으로 축하하며, 퇴계선생이 '하늘의 도(道)를 세워 음(陰)과 양(陽)이라 하고 사람의 도(道)를 세워 인(仁)과 의(義)라 한다'라고 말씀하시는 것처럼 계담서원이 사회의 가치와 윤리의 큰 축인 인과 의를 탐구하고 확립하는 훌륭한 교육의 도장이 되기를 기대합니다.

2023년 7월 31일

목차

제5편

계담서원의 배향 명현

제 1 편

계담서원의
개요

지리와 위치

계담서원은 충청북도 괴산군 감물면 감물로이담5길 19(이담리 819, 1009, 1009-1번지)로 이담리 계담마을에 위치하고 있다.

계담서원이 자리한 이곳은 백두산에서 시작되어 금강산과 설악산, 태백산과 소백산, 그리고 월악산을 거쳐 지리산까지 뻗어 내려간 백두대간 중 연풍 조령산(鳥嶺山)의 신선봉(神仙峰)에서 서쪽으로 분기(分岐)하여 다시 우뚝 솟은 고대(古代) 감물국(甘勿國)의 주산(主山)인 박달산, 그리고 또다시 분기하여 한절산과 바리봉을 거쳐 내려와 살포시 내려앉은 산자락(飛龍山 : 계담마을 뒷산)의 끝 지대미(地帶尾 : 계담마을의 옛 지명)이다.

그리고 속리산에서 발원하여 화양구곡(華陽九曲)과 연하구곡(烟霞九曲)을 거쳐 한강으로 흘러가는 달천이 휘감아 흐르고 앞으로는 기름진 이담 뜰이 있으니 천년 조두지례의 땅이라 하겠다.

계담서원의 전경

본 서원이 위치한 이담 지역은 순흥안씨 삼파 중 조선조 개국공신이신 양도공(良度公) 안경공(安景恭) 선생의 후손들로 조선조 중종조 때 이곳으로 낙향하여 집성촌을 이루고 세거하고 있는 곳이다.

안명세(安名世) 선생과
검열사(檢閱祠, 일명 계담사)의 창건

검열사 훼철되며 건물일부를 이건한 망선암
현재는 퇴락하여 재건축됨

본 서원은 순조 24년인 1824년에 을사명신으로 홍문관 직제학을 증직 받은 안명세 선생의 춘추정필의 정신을 기리기 위하여 충원 향교 유림의 창의로 건립된 사우로 검열사(檢閱祠, 일명 계담사)라 하였다. 검열사에는 직제학공 안명세 선생을 주벽으로 배향하고 그 후 헌종 15년인 1849년에 세마 하담(荷潭) 안술(安述) 선생을 추배하고 조두지례를 거행하였으니 제향과 함께 교육기능을 가진 서원 형태의 사우였다.

안명세 선생은 순흥안씨로 부호군 안담(安燀)의 아들로 1518년에 출생하였으며 자는 경응(景應)이다. 선생은 송당(松堂) 박영(朴英) 선생 문하에서 수학하였으며 1544년(중종 39년) 별시 문과에 급제하여 승문원 검열, 주서를 역임하였다.

1545년(인종 1년) 홍문관 정자로 재임 시 을사사화로 현신들이 숙청되자 선생은 춘추필법에 따라 시정기를 직필하였는데 1548년(명종 3년) 집권세력이 무정보감 찬집 시 시정기 직필하는 것을 본 한 간신의 밀고로 한림원에서 숙직하던 중 관복을 입은 채 체포되어 모진 국문을 받았으나 당당하게 간신들의 잘못을 낱낱이 밝히며 절의를 굽히지 않았다. 결국 관복을 입은 채 형장으로 끌려가 참형을 당하시면서도 결코 의연함을 잃지 않았으니 지켜보던 모든 사람이 눈물을 흘렸다 한다.

모든 일은 사필귀정이라 했다. 많은 사람이 선생의 절의를 흠모한 결과 선생의 무고함을 주장하여 선조조에는 신원복관이 되었고 선생께서 직필하신 22자와 기개가 높이 평가되어 정조조에 선생에게 통훈대부(通訓大夫) 홍문관(弘文館) 직제학(直提學 : 정3품의 품계에 해당) 지제교(知製敎) 겸 경연시강관(經筵侍講官) 춘추관(春秋館)의 편수관(編修官)으로 추증(追贈)되었다.

그러나 선생의 가문은 멸문지화를 당하였고 불행하게도 몇 대 후에는 후손마저 끊기니 선생에 대한 향사도 끊기고 말았다.

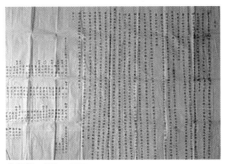
충원(충주)향교 통문

그러나 선생의 충절을 흠모한 안성 지역의 유림을 중심으로 을사명신인 선생을 정수 유인숙 선생을 배향한 안성 만둔사에 배향하기로 공의하였다. 그러나 협의할 후손조차 없었다. 선생은 순흥안씨 충주파 낙향조인 안훈(安壎)공의 조카로, 선생의 만둔사 배향 공의를 들은 순흥안씨 충주파 종중과 선생의 절의를 흠모한 당시 충원향교 유림에서는 선생을 만둔사보다는 선생의 연고지인 이담으로 모셔야 한다는 유림들의 뜻을 모아 충주목사의 관할 지역이었던 계담의 현 서원 위치에 선생의 조두지례 장소를 마련하기로 하였다.

그러나 당시의 기록을 살펴보면 사당의 건립은 쉽지 않았다. 재원이 없어 지역 유림과 문중원들의 성금으로 건립을 시작하였으나 재원 부족과 거듭된 흉년과 당시 유행했던 괴질(천연두)로 사회적 여건과 재정 형편이 매우 어려웠던 시절로 공사의 재개와 중단을 거듭하였다. 사우의 건립을 위하여 문중원들은 성금과 함께 노력을 제공하였고, 단청을 위하여 지금의 안동까지 가서 흙을 구해왔고, 선산의 목재도 아낌없이 내놓았다. 또한 안성지역, 그리고 충주, 청안, 청주지역 등 모든 유림이 유전을 내어 동참하니 이는 선생의 절의가 그만큼 훌륭하였고 그 충정을 흠모하고 존경한 결과로 생각된다. 그 결과 원우지향으로 검열사가 창건되었고, 이러한 사우 건립과정이 당시 문중원으로 건립을 직접 추진하였던 용담(龍潭) 안환(安煥 : 안명세 선생의 7대 방손)공의 《건원일기》에 고스란히 담겨 있다. 결국은 1838년 사당 건립을 시작한 지 15년 만에 선생을 배향하고 첫 향사를 올리게 되었다. 그간의 선조님들과 지역 사문의 노력 또한 충분히 존경을 받음에 모자람이 없으니 절로 머리가 숙여진다.

검열사(檢閱祠)의 훼철

이렇게 하여 안명세 선생의 절의가 서린 검열사는 지역 유림들의 학문연마의 중심지로 자리매김되었으나 결국은 서원철폐령을 피할 수 없었으니 고종 2년 즉 서기 1865년 서원철폐 정책에 의하여 철폐되었다. 당시의 강당은 순흥안씨 문중의 선산에 망선암이란 이름의 재실로 이건되었다. 그 건물도 퇴락하여 1995년 철거되고 재건축되었으니 검열사의 흔적은 빈터만 남겨지니 아쉬움만 맴돌았다.

계담서원의 복원

선생을 흠모하는 향불이 꺼지고 안타까움만이 가득했던 세월이 126년!

그동안 선생에 대한 향사의 공간 복원이 숙원으로만 남아 있었으나 오랜 기다림 끝에 복원의 빛이 보이기 시작하였으니 이 또한 선생의 지주퇴파의 절의가 후세의 본보기가 되었음이리라.

우선 복원경비가 가장 큰 문제였으나 지금으로부터 30여 년 전인 1990년 순흥안씨 삼파 양도공파 종회장이었던 중산(中山) 안동준(安東濬) 선생은 계담사 복원의 필요성을 역설하였고 그 결과 윗대 종회로부터 복원비용 지원 결정을 이끌어 내었다. 순흥안씨 충주파 문중에서는 바로 추진위원회를 구성하는 한편 중산 안동준 선생과 순흥안씨 충주파 안병태 종약장은 지역유림들에게 훼철된 검열사를 계담서원으로의 복원 필요성을 설명하였다.

이에 유림에서도 유학의 진흥과 지역의 정신문화 발전을 위하여 서원의 복원을 공감하고 추진위원회를 결성하였다. 한편, 괴산, 연풍, 청안, 음성, 충주향교 유림의 공의로 성균관의 승낙을 받아 인륜과 도덕을 진작하고 전통예절과 선유님들의 학문을 공부하고 지역 주민들의 평생교육기관으로 지역사회 발전에 공헌하기 위하여 계담서원으로 복원을 추진하게 되었다. 그리하여 1990년 성균관의 승낙과 함께 옛 검열사 부지에 복원이 결정되어 12월에는 부지가 조성되고 1991년 초 본격적으로 복원공사를 추진하였다.

지역유림의 공의로 순흥안씨 충주파 문중이 주도하여 드디어 1991년 11월 3일 서원의 본전, 강의실(현재는 도서관)인 학구당, 관리사, 내·외삼문, 홍살문, 이안세덕사 등의 시설로 복원하고 모두 5분의 성현을 배향하였으니 철폐 126년만에 계담서원으로 복원을 완료하였다.

계담서원의 발전과 교양대학 운영

　그 후 서원은 발전을 거듭하며 연차적으로 현 강의실인 강서당, 정보화 교실 겸 식당, 사무실 등의 시설을 추가로 확충하였고, 아울러 선현 배향을 확대하여 지금은 국현 3분과 향현 16분에 대한 제향을 봉행하고 있다.

　본래 서원은 배향된 선현에 대한 제향의 기능과 함께 지역 주민들에 대한 교육 기능을 가진 교육기관으로 볼 수 있다. 계담서원에서는 이를 위하여 1992년 도덕적이고 인간적인 한국인의 모습을 모체로 성인 남녀를 대상으로 평생교육을 위한 부설 교양대학을 설치하였다.

추계제향 제관

교양대학 표지석

　본 서원에서는 교양대학의 교육과정을 통하여 규범적 가치와 윤리적 행동 질서보다 물질적 가치를 우선하는 가치관의 개선에 선도적 역할을 하고 있다. 이를 위하여 교양대학에서는 충(忠), 효(孝), 예(禮), 신(信), 성(誠), 경(敬)의 덕목을 교육이념으로 정하고 사람이 지켜야 할 절의와 분수와 명목을 지표로 사회교육에 이바지하려 노력하고 있다.

　이를 위하여 교양대학에서는 농한기(11월~익년 4월)를 이용하여 명심보감, 역사문화, 전통예절, 서예, 일반교양과 다양한 특강, 역사문화 탐방 등 실시로 지역의 평생교육을 선도하고 있다.

　이렇게 지역사회의 발전과 올바른 인

교양대학 입학식

교양대학 특강

교양대학 졸업사진

감물초등학교 체험교육

간사회 기풍 진작과 훌륭한 지역인재 육성을 위하여 1992년 중산 선생의 주도로 부설 교양대학이 운영되기 시작하여 첫 기는 14명이 교육에 참여하였으나 이를 지켜본 지역주민들의 참여가 시작되어 수강생이 많을 때는 50여 명이 되었다.

이리하여 서원 복원과 교양대학 운영 30년이 지난 지금에 이르러서는 교양대학 졸업생이 31기에 938명을 배출하니 지역사회 발전에 크게 기여하고 있다. 국내 600여 개 서원 중 교양대학을 운영하는 유일의 서원이기도 하다.

이뿐만이 아니라 초, 중, 고등학생들의 체험활동, 그리고 서예와 한시, 한문 심화반을 연중 운영하고 있으니 그야말로 평생교육기관으로 서원의 기능과 역할을 유지 발전시키고 있다.

우리 선현들께서는 주민들의 교육기관으로 서원을 설립하시고 교화에 진력하셨기에 지금과 같이 발전된 문명사회가 되었으나 이제는 그 훌륭한 의지가 진부한 학문으로 치부되고 인륜과 도덕이 떨어졌다고 이야기하곤 한다. 이제 다시 그분들의 뜻과 학문이 재조명되고 인륜을 바탕으로 하는 새로운 정신문화가 필요한 이 시점에 전국의 많은 서원은 또 다른 시작이 필요한 때가 아닐까 생각한다.

　이에 우리 계담서원도 또 다른 의지로 새롭게 거듭나려는 노력이 필요하다고 본다. 더욱이 서원 복원 30년, 그리고 2024년에는 검열사 창건 착수 200주년이 된다. 이를 계기로 검열사와 계담서원으로 복원한 발자취를 뒤돌아보고 서원의 미래지향적 의미를 밝혀 보기 위하여 『계담서원지』를 발간한다.

　보다 자세한 계담서원의 발자취는 다음 장에서 검열사의 창건과정과 훼철, 그리고 복원, 교양대학 운영 등에 대한 세부적인 기록을 남겨 후세들에게 참고가 되게 하고자 하며, 이 책에 계담서원 발전의 희망을 함께 담아 보려 한다.

제 2 편

우리나라
서원의 역사

서원의 개념과 시원

우리 주변에서는 서원을 자주 볼 수 있다. 지역별로 많은 서원이 분포하고 있는데 서원이란 과연 무엇을 하는 곳일까? 많은 사람은 석학이나 성현들을 모셔 놓고 제사 지내는 곳 정도로 이해하고 있다.

그럼 서원은 어떤 곳일까?

우선 사전적 의미를 살펴보면,

① 조선시대 선비들이 모여 학문을 강론하고 명현(名賢)이나 충절(忠節)로 죽은 사람을 제사하던 곳.

② 중국에서 강서(講書), 강학(講學)하거나 천자(天子)가 문사(文士)들이 머물도록 마련해 준 곳.

③ 중국에서 실학(實學)을 가르치던 사숙(私塾)으로 정의하고 있다.

이와 같이 서원은 선비들이 모여 학식이 높고 인격이 훌륭하신 성현을 모시는 사당을 설치하고 제향을 올리며 흠모하고 학문을 연마하던 사립학교의 성격을 지닌 시설로 볼 수 있다.

물론 학문을 연마하고 제향을 올리던 다른 시설도 있다.

• 보통 충민사(忠愍祠) 등과 같이 사(祠) 또는 사우(祠宇)로 구분되는 곳은 훌륭하신 성현이나 절의인사(節義人士)를 모시고 제향을 올리는 시설이며,

• 또 다른 곳으로 정사(精舍) 또는 서재(書齋)가 있는데, 성현에 대한 제향시설 없이 학문만을 강론하던 사설 교육시설로 볼 수 있으며,

• 기타 개인이 집에서 기본교육을 실시하던 서당(書堂) 등이 있었다.

이처럼 서원은 학문을 연구하던 시설이었지만 성현을 숭모하고 지역 주민들을 교화하며 주민자치를 주관하던 사회적 정치적 성격도 지니고 있었다.

서원의 기원은 중국 당나라 말기부터 찾을 수 있지만 구체화된 것은 송나라

송나라 때 주희(주자)가 세운 백록동서원(白鹿洞書院)

에 들어와서이며, 특히 주자(朱子)가 백록동서원(白鹿洞書院)을 열고 도학연마(道學鍊磨)의 도장으로 보급한 이래 남송(南宋)·원(元)·명(明)을 거치면서 성행하게 되었다.

　우리나라는 1543년(중종 38년) 풍기군수였던 문민공(文愍公) 신재(愼齋) 주세붕(周世鵬) 선생이 고려말 주자학(朱子學)을 도입한 문성공(文成公) 회헌(晦軒) 안향(安珦) 선생의 사묘(祀廟)로 건립하였으나 1544년 고려 문신(文臣)으로 학식이 높았던 문정공(文貞公) 근재(謹齋) 안축(安軸) 선생과 문경공(文敬公) 안보(安輔) 선생을 배향하고 유생을 가르치고 학문을 연마하기 위하여 경상도 순흥에 백운동서원(白雲洞書院)을 창건한 것이 그 효시이며, 이후 1550년 명종 5년 당시 풍기군수이던 문순공(文純公) 퇴계 이황 선생이 조정에 사액(賜額)을 요청하여 소수서원(紹修書院)으로 사액을 받아 최초의 사액서원(賜額書院)이 되었다.

순흥 소수서원

소수서원

순흥 소수서원

서원의 성립배경과 형성과정

　서원이 성립하게 된 배경은 조선 초부터 계속되어 온 사림(士林)의 향촌활동에서 찾을 수 있다. 사림들은 향촌사회에 있어서 자기 세력기반 구축의 한 방법으로 일찍부터 사창제(社倉制)·향음주례(鄕飮酒禮) 등을 개별적으로 시행하여 왔다. 특히 정계 진출이 가능해진 성종(成宗) 이후는 이를 공식화하여 국가정책으로까지 뒷받침받고자 하였다.

　그리하여 그 구심체로서 유향소(留鄕所)의 복립운동(復立運動)을 전개하다가 향권 독점을 두려워한 훈구척신(勳舊戚臣) 계열의 집요한 반대와 경재소(京在所)에 의한 방해로 좌절되었다. 그러나 다시 사마소(司馬所)를 세워 본래의 의도를 관철하고자 하였다. 그들의 이와 같은 노력은 연산군 대(代)의 거듭된 사화로 인하여 큰 성과를 거두지는 못하였다.

　그러나 이러한 과정에서 교육과 교화를 표방함으로써 향촌활동을 합리화할 수 있는 구심체로 서원이 성립·발전할 수 있는 여건을 마련하게 되었다. 그러나 정작 서원이 16세기 중엽인 중종 말기에 성립하게 된 직접적인 계기는 사림의 정계 재진출에 따라 그 정책으로 제시되었던 문묘종사(文廟宗祀)와 교학체제(敎學體制)의 혁신에 있었다.

　조광조(趙光祖)로 대표되던 신진사류들은 지치(至治 : 세상이 매우 잘 다스려짐)의 재현을 목표로 도학정치의 실시를 주장하며 여러 가지 구체적인 정책을 제시하였다. 그중의 하나인 문묘종사운동은 사람마다 도학(道學)의 중요성을 깨우치게 하고 이를 숭상하도록 하기 위하여 도학에 뛰어난 학자를 문묘(文廟)에 제향하여야 한다는 명분에 근거를 두고 사림계 유학자인 김굉필(金宏弼), 정여창(鄭汝昌) 등의 종사(宗祀)를 추진하였다.

　이는 그 자체가 사림계의 학문적 우위성과 정치적 입장을 강화해 주는 측면과 함께 향촌민에 대한 교화라는 명분을 동시에 갖는 것이다. 이것이 곧 서원이 발생할 수 있는 토대를 제공하였다.

한편, 당시의 훈척계열(勳戚系列)이 쇠잔한 관학(官學)을 존속시키는 방향에서 그 개선책을 모색하였던 반면, 사림계의 경우는 그들이 내세우는 도학정치를 담당할 인재의 양성과 사문의 진흥을 도모하기 위해 위기지학(爲己之學) 위주의 새로운 교학체제(敎學體制)의 필요성을 역설하였다. 물론 그들이 곧 실각함으로써 관학에 대체할 새로운 교학기구의 모색은 중단되었지만, 이러한 과정이 뒷날 사림의 강학과 장수(藏修 : 책을 읽고 학문에 힘씀)를 위한 장소로서 서원의 출현을 가져온 배경이 되었던 것이다.

신재(慎齋) 주세붕(周世鵬, 1495~1554년) 선생은 1541년(중종 36년) 풍기군수로 부임하여 이곳 출신의 유학자로 주자학을 최초로 도입한 문성공(文成公) 회헌(晦軒) 안향(安珦) 선생을 모시는 문성공묘(文成公廟)를 세워 배향해 오다가 1543년에는 유생교육을 겸비한 백운동서원을 최초로 건립하였다. 또한 영남감사(嶺南監司)의 물질적 지원과 지방 유지의 도움으로 서적과 학전(學田)을 구입하고 노비 및 부속시설의 확충 등 그 서원의 지속적 운영을 위한 재정적 기반을 마련하였다.

신재 선생께서는 이를 기초로 유생을 교육하여 여러 명의 급제자를 내게 하는 등 서원 체제를 갖추는 데 노력하였다. 그러나 백운동서원은 어디까지나 사묘(祠廟)가 위주이었고 서원은 다만 유생이 공부하는 건물만을 지칭하여 사묘에 부속된 존재에 그쳤다. 서원이 독자성을 가지고 정착, 보급된 것은 문순공 퇴계 이황 선생에 의해서이다.

퇴계 선생은 교화의 대상과 주체를 일반 백성과 사림으로 나누고, 교화의 실효를 거두기 위해서는 무엇보다도 이를 담당할 주체인 사림에 전해오는 고유한 관습과 풍속을 바로잡고 학문의 방향을 올바르게 정하는 작업이 선행되어야 한다고 하였다.

그리고 이를 위해서는 오로지 도학을 천명하고 밝히는 길밖에 없으므로, 이를 위한 구체적인 실천도장으로 중국에서 발달되어 온 서원제도가 우리나라에도 필요한 것이라고 하여 서원의 존재 이유를 제시하였다.

이러한 논리적 근거 위에서 그는 마침 풍기군수에 임명되면서 우선 서원을 공인화하고 나라 안에 그 존재를 널리 알리기 위하여 백운동서원에 대한 사액(賜額)과 국가의 지원을 건의하여 소수서원(紹修書院)으로 사액을 받아 우리나라 최초의 사액서원(賜額書院)으로 승격시켰다.

그 뒤 퇴계 선생은 고향인 예안(禮安)에서 역동서원(易東書院) 설립을 주도하는가 하면 10여 곳의 서원에 대해서는 건립에 참여하거나 서원기(書院記)를 지어 보내는 등 그 보급에 주력하였다. 조선조 명종(明宗) 연간에 건립된 서원 수가 18개소인 사실을 감안하면 서원 보급에 미친 그의 영향을 능히 짐작할 수 있다. 그는 이러한 외면적인 확대와 아울러 서원의 내용 면에서의 충실에도 유의하였다.

유생들의 학문연마 장소로서의 강당과 존현처(尊賢處)로서의 사묘(祠廟)를 구비한 서원 체제를 정식화하고, 원규(院規)를 지어 서원의 학습활동과 그 운영방안을 규정하였다.

그러므로 조선 초기부터 계속된 향촌에서 사림 활동의 구심체적 기구의 모색 노력은 중종 초 조광조 일파의 신진사류(新進士類)에 의한 문묘종사운동(文廟從祀運動) 및 새로운 교학체제 모색을 통하여 그 타당성을 인정받았다. 그리하여 마침내는 서원의 형태로서 그 구체적인 모습을 드러내게 되고 퇴계 선생에 의하여 정착, 보급되기에 이른 것이라 하겠다.

한편, 서원의 건립은 본래 향촌유림들에 의하여 사적으로 이루어지는 것이므로 국가가 관여할 필요가 없었으나, 서원이 지닌 교육기능과 배향된 성현에 대한 제향기능 등이 국가의 인재양성과 교화정책에 깊이 연관되어, 조정에서 특별히 서원의 명칭을 부여한 현판(懸板)과 그에 따른 서적 · 노비 등을 내린 경우가 있었다.

이러한 특전을 부여받은 국가공인의 서원을 사액서원이라 하며 비(非)사액서원과는 격을 달리하였다. 1550년 풍기군수 이황의 요청으로 명종이 백운동서원에 대하여 소수서원이라는 어필(御筆) 현판과 서적을 하사하고 노비를 부여하여 사액서원의 효시가 되었다. 그 뒤 전국 도처에 서원이 세워지면서 사액을 요구하여 숙종 때에는 무려 131개소의 사액서원이 있었다. 그 뒤 영조 때에는 서원 폐단의 격화로 인한 강력한 단속으로 사액은 일체 중단되기에 이르렀다.

서원의 발전과정

조선시대에 건립된 서원의 숫자를 정확히 파악하기는 어렵다. 그것은 시간이 흐르며 인물 위주로 남설(濫設)되어 사우와의 구별이 모호해지기 때문이다. 또한 중첩하여 설치함을 금지하는 조처로 처음에는 사우로 이름하였다가 금령이 완화되면 서원으로 승격시킨 것이 있는가 하면, 반대로 서원으로 설립되었다가 금령에 저촉되어 사우로 강호(降號)되거나 아예 철폐된 것이 많이 있었기 때문이다.

그러나 정조 때 편찬된 조두록(俎豆錄)과 고종 때에 증보된 문헌비고(文獻備考) 및 열읍원우사적(列邑院宇事蹟) 등에 기재된 서원 명단을 토대로, 서원 등록 및 승정원일기(承政院日記) 등 연대기류(年代記類)에 나타난 철폐된 서원을 조사하여 합하면 대략적인 건립추세는 짐작할 수 있다. 이를 지방별 분포와 함께 시대별로 정리해 보면 아래 표와 같이 서원은 전 시기에 걸쳐 8도에 417개소가 있었으며, 사우는 492개소에 달하고 있다. 그런데 후기, 특히 숙종 때 서원이 남설되면서부터 서원과 사우의 구별이 모호해졌으므로 사우까지도 서원과 비슷한 성격으로 파악하여 양자를 합하면 모두 909개소에 이르고 거기에 국가로부터 사액을 받은 서원이 200개소, 사우가 70개소에 이른다.

1741년(영조 17년) 서원철폐론의 당시 서원, 사우 등 여러 명칭을 모두 헤아린 숫자가 1천여 개소에 가까웠다. 통계에 나타난 서원 건립의 추세를 중심으로 내용적인 면에서의 변천을 고려하여 서원의 전개 과정을 살펴본다면, 우선 명종까지의 초창기, 선조에서 현종에 이르는 시기의 발전기(發展期), 숙종에서 영조 초까지의 남설기(濫設期), 그리고 영조 17년 이후의 서원철폐 및 쇠퇴기 등의 4단계로 나눌 수 있다.

초창기의 서원

초창기에 건립된 서원의 숫자는 19개소(중종 이전에 이미 3개소의 서원이 건립되었다는 사실은 신빙성이 없어 제외)이다. 이는 당시의 정계(政界)가 전반적으로 척신계(戚臣系)에 의하여 주도된 사정을 감안할 때 상당한 진척이라고 할 수 있다. 특히 초창기임에도 불구하고 사액(賜額)된 곳이 4개소나 되는 것은 서원이 이 시기에 이미 관설(官設)에 준하는 교학기구로 인정받고 있음을 의미한다.

이는 이황 및 그 문인들에 의한 서원 보급 운동이 거둔 하나의 성과라고 볼 수 있다. 이황의 거주지이며 그 문인의 활동이 성하던 경상도 지역에 전체의 반이 넘는 서원이 건립되었다는 사실이 이를 입증하고 있다. 한편으로는 척신(戚臣) 세력으로서도 관학의 쇠퇴를 더 이상 방치할 수만은 없는 단계에 이르러 그 대체 기구로서 서원의 존재를 인정하지 않을 수 없었던 것이다. 그리고 제향인물인 안향, 정몽주, 최충, 최유길 등이 사림(士林) 이전의 고려시대 인물이었던 관계로 척신 세력의 반발을 받지 않았던 것도 서원의 설립이 활발할 수 있었던 이유 중의 하나이다.

이러한 토대 위에서 이 시기는 서원의 내용 면에서도 장차의 서원 발전을 위한 토대가 마련되고 있었다. 즉 서원의 전반적인 면에 걸친 건전한 운영을 도모하기 위한 규정으로 이황의 이산서원(伊山書院) 원규를 기본으로 각 서원별 원규(院規)가 작성되어 이에 의한 강학 활동이 활발하였다.

또한 지방관의 적극적인 지원 아래 향촌 유지를 중심으로 하여 주로 서원전(書院田)과 어물(魚物), 소금 등 현물 조달 체제의 영속화를 통한 안정된 재정기반 구축과 원속(院屬), 노비 등의 확보책이 추진되고 있었다. 명종 말과 선조 초의 활발한 사림의 공급은 바로 이러한 서원의 건전한 운영을 밑바탕으로 하여 가능하였던 것이다.

발전기(發展期)의 서원

서원은 선조 때 사림계가 정치의 주도권을 쥐게 된 이후 본격적인 발전을 보게 되었다. 우선 양적인 면에서 보더라도 선조 당대에 세워진 것만 60여 개소를 넘었으며 22개소에 사액이 내려졌다. 그 뒤 현종 때까지는 꾸준히 증가하는 경향을 보여 연평균 1.8개씩 106년간 193개소가 설립되었으며, 그 가운데 0.9개가 사액서원이었다. 지역별로는 초창기의 경상도 일변도에서 점차 벗어나 전라·충청·경기도 지역에서의 건립이 활발해졌다. 그래서 한강 이북지역에서도 차차 보급되는 현상이 나타나고, 특히 황해도의 경우는 선조 연간 이례적으로 크게 증가하였다.

이와 같이 전국적인 확산을 보게 된 것은 사림의 향촌활동이 보다 자유로워진 정세의 변화라든가 특정 유학자의 서원 보급 운동에 의한 결과이기도 하였다. 그러나 보다 깊은 요인은 붕당정치(朋黨政治)의 전개에 있었다. 사림의 집권과 함께 비롯된 이 붕당은 그 정쟁의 방식이 학문에 바탕을 둔 명분론(名分論)과 의리(義理)를 중심으로 전개되었으므로 당파 형성에 학연이 작용하는 바는 거의 절대적이었다.

그러한 학연의 매개체인 서원이 그 조직과 확장에 중심적인 몫을 담당하게 된 것이다. 따라서 각 당파에서는 당세 확장의 방법으로 지방별로 서원을 세워 그 지역 사림과 연결을 맺고 이를 자기 당파의 우익(羽翼)으로 확보하려 하였다. 반면에 향촌사림으로서는 서원을 통하여 중앙관료와의 연결을 맺어 의사전달과 입신출세의 발판으로 삼고자 하였기에 서원 건립을 놓고 양자의 이해관계가 서로 일치하였다. 그러나 이 시기에 서원의 수적 증가는 현저하였다. 그렇지만 아직 남설이라든가 그로 인한 사회적 병폐가 우려될 정도에까지 이르지는 않았다. 그것은 이때까지만 하여도 붕당이 권력구조 균형의 파탄을 초래할 지경에 이를 만큼 격화되지는 않았기 때문이다.

또한 인조·현종 때의 복제논쟁(服制論爭)에서 나타나듯 그 논쟁의 초점이 학문적인 영역을 벗어나지 않아서, 그 논리적 기초의 심화와 공감대의 확산을 위한 장소로 서원의 소임(所任)이 크게 기대되었기 때문이다. 실제적으로 김장생, 김집, 송시열, 송준길이나 정경세, 허목, 윤휴와 같은 당파의 영수(領袖)이면서 학자였던 인물들이 서원을 중심으로 왕성한 강학활동(講學活動)을 전개하였다. 그러면서 학적(學籍) 기반을 구축하면서 서원의 건전한 운영을 꾀하였던 것이다.

서원의 양적 증가가 곧 그 문란을 의미하지 않음은, 배향자(配享者)의 대부분이 조광조나 이황, 이이, 조식 등 사화기(士禍期)의 인물이거나 성리학 발전에 크게 기여한 유학자의 범주를 벗어나고 있지 않은 점에서도 알 수 있다.

서원의 발전은 양적인 증가에서뿐만 아니라 기능의 확대라는 면에서도 이루어졌다. 이 시기에 이르러 서원은 단순한 사림의 교학기구에만 그치지 않고 강학활동을 매개로 하여 향촌사림 사이의 지면을 익히고 교제를 넓히는 곳으로서의 구실과, 특히 향촌에서 발생하는 여러 가지 문제에 관한 의견교환이나 해결책을 논의하는 향촌 운영기구로서의 기능을 더하였다.

그리하여 임진왜란이나 병자호란 때 향촌 방어를 목적으로 한 의병활동이 활발하였고 또 그것을 일으키기 위한 사림의 발의와 조직의 편성에 서원이 그 거점으로서의 구실을 다하였다. 심지어는 향풍(鄕風)을 문란하게 한 자에 대한 훼가출향(毁家黜鄕)이라는 향촌사림의 사적(私的)인 제재조처까지 단행될 수 있었던 것이다.

남설기(濫設期)의 서원

서원은 숙종 대(代)에 들어와 166개소(사액 105개소)가 건립되는 급격한 증설 현상을 보였다. 연평균 건립 수가 3.6개소로서 발전기(發展期)의 두 배를 넘어섰으며 사액도 2.5배(연평균 2.3개소)가 증가되면서 남설(濫設)의 양상을 보이고 있었다. 경종과 영조시대 초기에는 다소 줄었지만 반면에 사우의 수는 격증(激增)하였다. 사우의 건립추세는 현종 때까지 서원에 비교가 되지 않았으나 1703년(숙종 29년) 이후 현저한 증가현상을 보여 서원을 능가하고 있으며 경종과 영조 초에 와서는 서원을 압도하였다.

영조시대 초의 17년 사이에 무려 137개소가 건립되어 연평균 8개소라는 엄청난 수치를 기록하고 있다. 남설이 문제되던 이 시기는 서원 명칭으로의 건립이 금지되고 있었다. 따라서 금령을 피하여 대신 사우를 건립하는 사례가 성행하였는데 이러한 경우 서원·사우의 구별은 실제적으로 무의미하게 마련이었다. 그러므로 이러한 사우의 격증을 서원 남설의 한 표현으로 볼 수 있을 것이다. 서원의 남설은 외면적인 숫자의 격증만이 아닌 내용에서도 나타났다.

예컨대, 송시열을 제향하는 서원이 전국에 44개소(사우 포함)나 되었다. 당시 10개소 이상에 제향된 인물이 10여 명에 이르는 데서 보이듯 동일한 인물에 대한 중첩된 서원 건립이 성행하였다. 제향인물도 뛰어난 유학자여야 한다는 본래의 원칙을 벗어나 당쟁 중에서 희생된 인물이나 높은 관직을 지낸 관리, 선치수령(善治守令), 행의(行誼) 있는 유생(儒生), 그리고 심지어는 단지 자손이 귀하게 되었다는 사실만으로 추향되는 사례가 자행되었다.

서원의 이러한 첩설(疊設)과 남향(濫享)은 이 시기에 당쟁이 격화되고 그 폐단이 표면화된 데 원인이 있었다. 서원은 이제 학연의 확대를 기한다는 면에서보다는 정쟁에 희생된 자기파 인물에 대한 신원(伸冤)의 뜻을 보다 강하게 지니게 되었다. 또 붕당의 원리가 포기된 상태에서 외면적인 당파의 양적 확대에만 급급하여 경쟁적으로 향촌사림을 포섭하려 하자 자연히 서원 조직을 이용하지 않을 수 없게 되어 서원의 남설과 사액의 남발을 더욱 부채질하였던 것이다.

그러나 서원의 남설은 오직 당쟁문제로만 초래된 것은 아니었다. 17세기 후반 이후 현저해진 현상이기는 하지만 사족(士族) 사이에 동족(同族) 내지 가문에 대한 의식이 강화된 결과로 나타난 후손에 의한 조상들의 제향처(祭享處) 내지 족적(族籍) 기반 중심지로 서원 건립이 자행되었던 것에 또 하나의 이유가 있다.

그러나 이는 그렇게 성행할 수는 없었다. 그러한 행위가 서원 본래의 취지에 벗어나기에 사회적으로 비난을 받았다. 따라서 국가로부터 통제를 받았기 때문이었다. 강력한 서원 금지령이 내려진 1703년(숙종 29) 이후 서원 대신 사우가 격증한 것은 바로 여기에 원인이 있다. 서원의 남설은 필연적으로 그 질적인 저하를 초래하였고 사회적인 폐단을 야기하였다.

그것은 제향 자격에 의심이 가는 인물이 봉사대상(奉祀對象)으로 선정되는 사실과 함께 점차 그 성격에 있어 제향 일변도의 운영은 마침내 사우와의 혼동을 초래하였고, 그에 반비례하여 강학활동은 자연적으로 위축되게 마련이었다. 또 점차 타락의 도를 더해 가는 당시 사림의 기강이나 능력으로 보더라도 더 이상 서원이 학문기구로 활용되기 어려웠다. 서원이 날로 증가하지만 사문은 더욱 침체하고 의리 또한 어두워질 뿐이라는 서원의 무용론까지 대두하게 되었기 때문이다. 이는 후에 서원철폐의 명분이 되었다.

서원의 사회적 폐단은 건립과 유지에 필요한 비용을 지방관에게서 갹출하는 구청(求請), 양정(良丁)을 불법적으로 모점(冒占)하여 피역(避役)시켜 양정 부족 현상을 야기하여 양역폐(良役弊)를 격화시키는 폐단과 교화를 구실로 대민 착취기구로 전락된 사실 등을 들 수 있다. 그러나 당쟁의 격화로 서원의 정치적 비중이 커지는 속에서 중앙의 고관이 향촌의 1개 서원에 진신유사(搢紳有司 : 진신(搢紳), 벼슬아치)로 추대, 정한 상호 보험관계를 맺고 있는 것이 당시의 일반적 상황이었기 때문에 그 질적인 저하에도 불구하고 향촌사회에서 서원이 누리는 권위는 강대하였으며, 바로 이 점이 사회적 폐단을 야기할 수 있는 근본 요인이었던 것이다.

서원의 구성과 배치

서원을 구성하고 있는 건축물은 크게 선현의 제사를 지내는 사당, 선현의 뜻을 받들어 교육을 실시하는 강당, 원생(院生)이 숙식하는 동재(東齋)와 서재(西齋)의 세 가지로 이루어진다. 이 외에 문집이나 서적을 펴내는 장판고(藏版庫), 책을 보관하는 서고, 제사에 필요한 제기고(祭器庫), 서원의 관리와 식사 준비 등을 담당하는 고사(庫舍), 시문을 짓고 대담을 하는 누각 등이 있다.

건물의 배치 방법은 문묘(文廟)나 향교와 유사하여 남북의 축을 따라 동·서에 대칭으로 건물을 배치하고 있으며, 남쪽에서부터 정문과 강당, 사당 등을 이 축선(軸線)에 맞추어 세우고 사당은 별도로 담장을 두른 다음 그 앞에 삼문을 두어 출입을 제한하였다. 이 부근에 제사를 위한 제기고가 놓이고, 강당의 앞쪽 좌우에 동·서재를 두었으며, 강당 근처에는 서고와 장판각(藏板閣) 등을 배치하였다. 고사(庫舍)는 강학 구역 밖에 한옆으로 배치한 것이 일반적이다.

이들 대부분의 건물은 검소한 선비정신에 따라 복잡한 포(包)나 장식(裝飾)을 피하고 익공(翼工)이나 도리집 등의 간소한 양식으로 화려하지 않게 꾸민 것이 보통이며 단청(丹靑) 또한 사당에만 긋기·얼모로 등을 사용하였다.

또한 지형에 따라 사당과 강당, 부속 건물 등의 지반에 차이를 두어 주된 것과 부속된 것의 공간 구성을 적절히 계획하였다. 담장으로 외부 공간과의 구획을 지어 분별하게 하였지만 담장의 높이는 높지 않게 하거나 그 일부를 터놓아 자연과의 조화를 깨지 않고 적응시키는 방법을 쓰고 있어, 내부에서 밖을 바라볼 때 자연의 산수를 접할 수 있도록 계획한 것이 서원 건축의 특징이다.

경내(境內)의 조경 또한 철 따라 피고 지는 꽃과 낙엽수를 심어 계절에 따른 풍치를 감상하도록 하였고, 경외에는 소나무와 대나무 등의 나무를 심어 푸른 산의 정기와 선비의 기상을 풍기게 하였다. 나무들은 대체로 산수유, 느티나무, 은행, 작약, 살구, 모과, 진달래, 개나리, 난초, 모란, 매화, 단풍 등을 심었다.

서원의 교육활동

서원의 운영

서원 행정도 국가의 일정한 영향 하에 있었으나 그 세부운영과 교육에 관한 예조(禮曹)의 지휘 감독은 없었다. 서원의 교육은 자체적으로 제정한 원규(院規)에 의하여 수행되었다. 원규에는 서원의 입학 자격과 원임(院任)의 선출 절차, 교육 목표 및 벌칙조항이 수록되어 있다.

서원 교육은 원장(院長), 강장(講長), 훈장(訓長) 등의 원임(院任)에 의하여 수행되었다. 원장은 산장(山長) 혹은 동주(洞主)라 불렸고 서원의 정신적인 지주이면서 유림의 사표로서의 역할을 담당하였다. 서원에 따라 다소간 차이가 있었으나 원장은 퇴관(退官)한 관료이거나 당대의 명유석학이 맡는 것이 관례였다.

선조 때 이이(李珥)는 교육의 실효를 거두기 위하여 원장은 휴관자(休官者)나 퇴관하여 은거한 자 중에서 가려 뽑아 녹봉을 지급할 것을 건의하기도 하였다. 강장(講長)은 경학(經學)과 예절에 대한 강문을 담당하고 훈장(訓長)은 학문근면(學問勤勉)과 훈도(訓導)를 책임졌다.

그밖에 서원관리를 위하여 재장(齋長), 집강(執綱), 도유사(都有司), 부유사(副有司), 직월(直月), 직일(直日), 장의(掌議), 색장(色掌) 등의 직책을 두었다. 이러한 재임(齋任)의 선출은 추천제도에 의하여 선출하였으며 때로는 관부(官府)의 인준(認准)을 받는 경우도 있었다. 임기는 2~3년이 통례이나 원장은 일기(一期)의 향사(享祀) 혹은 종신직(終身職)이었다.

서원의 입학 자격은 시대별, 지역별 혹은 서원별로 천차만별이다. 그러나 대체로 입원의 자격은 별로 까다롭지 않았고, 생원·진사를 대상으로 한 것이 일반적이다. 백운동서원(白雲洞書院), 이산서원(伊山書院), 서악서원(西岳書院)의 원규에는 대체로 생원·진사를 우선 받아들였다. 그다음 초시(初試) 입격자를 입학시켰으며, 초시 미입격자라도 향학심(向學心)과 조행(操行)이 있는 자로서 입재를 원하면 유사가 유림들에게 승인을 받아 허락하도록 하였다.

무릉서원(武陵書院)의 경우에는 장유(長幼)와 귀천을 막론하고 지학자(志學者)는 모두 입학할 수 있다고 규정하였다. 소수서원(紹修書院)과 서악서원(西岳書院)과 같은 곳에서는 그 고을 수령의 자제는 서원에 체류할 수 없도록 규정하고 있어서 관권 개입을 금하였다.

학생의 정원은 처음에는 별다른 규제가 없었으나 서원남설이 사회문제화된 1710년(숙종 36년)에 원생 수를 확정하였다. 원생은 사액서원에 20인, 문묘종사 유현서원(文廟從祀儒賢書院)에 30인, 미(未) 사액서원에 15인으로 정액(定額)되었다. 그러나 이러한 제반 규칙도 신분제가 문란하게 되고 서원이 남설되자 동시에 와해되었다.

1683년에는 이미 서원에서도 향교를 모방하여 서재생(西齋生)을 모집하고 예납(禮納)이라 하여 미포(米布)를 징수하는 사례가 나타나기 시작하였다. 서원의 증가와 더불어 모집 원생은 늘고 세월이 갈수록 그 수는 증가일로에 이르러 드디어는 서원이 양정(良丁)의 도피처로 화하였다. 이에 따라 원생 중에는 상민들도 다수 액외원생(額外院生)으로 처신하였다.

서원의 교육 내용

서원의 교육 내용은 성리학적이고 도학적인 것이 중심을 이루었다. 관학에서의 교육이 과거(科擧)와 법령 규제에 얽매인 것과 비교할 때 서원교육은 사학(私學) 특유의 자율성과 특수성이 존중되었다. 그러나 대체로 이황이 이산원규(伊山院規)에서 제시한 교재의 범위와 학습의 순서가 정형이 되었다.

사서오경(四書五經)으로 본원(本原)을 삼고 소학(小學)과 가례(家禮)를 문호(門戶)로 삼는다는 것이 상례로 되었다. 청계서원(淸溪書院)의 원규에는 독서의 순서를 소학, 대학, 논어, 맹자, 중용, 시경, 서경, 주역, 춘추의 차례로 규정하고 있다.

이는 서원의 일반적인 교육 과정이라고 하겠다.

위의 사서오경 외에도 여러 가지 경사자집(經史子集)[1] 속에서 서원의 성격에 따라 선별하여 교육하였다. 그리고 성리학·도학적인 내용뿐만 아니라 과거에 응시하는 데 필요한 사장학적(詞章學的)인 유학도 그 교육과정 속에 포함시키는 서원도 있었다.

그러나 불학(佛學), 서학(西學) 등 이른바 이단(異端)에 관계되는 서책이나 음사(淫邪), 벽사(辟邪)에 관련되는 내용은 철저히 금하였다.

서원의 교육 방법

원생에 대한 교육은 원규에 의한 규제와 원생 자신의 자율적인 실천과 학습의 조화 속에서 이루어졌다. 원규에서는 수학규칙(受學規則), 거재규칙(居齋規則), 교수(敎受) 실천요강, 독서법 등 유자(儒者)로서 지켜야 할 준칙이 실려 있다. 예컨대, 독서는 다독과 기송(記誦)만을 일삼지 말고 정독(精讀)과 사색(思索)에 힘쓸 것과 지(知)와 행(行)이 반드시 일치하여야 할 것을 강조하였다. 이에 따라 원생 각자에게 선악양적(善惡兩籍)과 같은 일종의 생활기록부를 만들고 경우에 따라서 출재(黜齋 : 기숙사에서 쫓아냄)를 명하기도 하였다. 또한 원생 스스로 입지(立志), 검신(檢身), 존심(存心)을 위한 존양궁리(存養窮理)를 중요시하였다. 서원의 전통적인 교수방법으로는 배운 글을 소리 높여 읽고 의리(意理)를 문답하는 강(講)이 있다.

강은 대개 순강(旬講 : 10일)·망강(望講 : 15일)·월강(月講 : 1개월) 등으로 나뉜다. 또한 그 방법에 따라 암송낭독(暗誦朗讀)인 배강(背講)과 임문낭독(臨文朗讀)인 면강(面講)으로 분류된다. 낭독 뒤의 질의응답은 단순한 암송 위주의 학습법을 극복하는 단계이다. 강을 받는 데는 강의(講義)라고 하는 일정한 절차를 두어 학습에 대한 진지성(眞知性)과 예의를 갖추도록 배려하였다. 또한 도기제도(到記制度)를

---

1 도서의 분류로서 '경'은 경서, '사'는 역사 전기, '자'는 성현의 말씀, '집'은 각종 문집.

도입하여 원생의 출석 여부를 확인하고 학령의 준칙에 따라 고과평정(考課評定)과 독서지침을 제시하였다. 강의평가는 대통(大通), 통(通), 약통(略通), 조통(粗通), 불(不)의 5단계, 또는 통(通), 약(略), 조(粗), 불의(不意)의 4단계 평가척도로 하였다. 이때 대통은 구독(句讀)에 밝고 설명에 막힘이 없어서 책의 취지를 두루 알 수 있는 가장 높은 학습 수준을 갖춘 자에게 부여하였다. 가장 낮은 단계인 불(不)은 낙제를 의미하였다.

이상과 같은 강학활동 이외에 서원의 제향기능도 그 교육적 의미가 높다. 서원에서 행하는 춘추향사(春秋享祀)는 엄격한 의례절차를 통하여 원생들에게 바람직한 인간상인 선현을 제시하는 의미가 있다.

또한 춘추향사에 참례할 자격은 까다로운 인선 절차를 거쳐 청금록(靑衿錄)에 기재되어야 가능했기에 그 사회교육적 기능이 컸다. 향사시(享祀時)의 출입(出入), 승강(乘降) 등의 절차와 제반 제례의식 등 유자들이 평소 지녀야 할 기본적인 경신(敬身 : 법도(法度)와 몸가짐)을 익히게 하였다.

서원의 교육시설 및 재정

서원시설 중에서 교육활동을 보조하는 가장 중요한 것의 하나가 장서제도(藏書制度)이다. 책의 보급과 열람이 어려웠던 시대에 있어서 장서의 기능은 커다란 문화적인 기여를 하였다. 서원에서 서책을 간행하려고 할 때는 당회(堂會)를 거쳐 의정(議定)하고 곧 간역소(刊役所)를 열었다. 간역소에 딸린 전답(田畓)에서 여러 해 적립한 간비(刊費)와 향내 각 문중의 출연(出捐)으로 그 경비를 충당하였다.

그 밖에 사액서원에 대해서는 국왕이 서적을 하사하는 것이 관례였다. 또한 국가에서 서적을 간행, 반포할 경우라든가 국가의 장서에 여유가 있을 경우에는 별도로 서적의 하사가 있었다. 이와 함께 관찰사 또는 지방관의 조처(措處)에 의하여 서적이 지급되기도 하였다. 서원장서의 관리에 대해서는 각 서원의 원규에 기입하여 세심한 주의를 하였다.

이산원규(伊山院規)에는 서적을 원외로 반출하지 못하도록 규정하고 있고 소수서원(紹修書院)의 원규에는 읍재(邑宰)의 자제가 서책을 대출하지 못하도록 규제하였다. 서원원규에는 5일마다 서책을 점검하도록 하여 서책이 망실되지 않도록 조처하고 있다.

현재 서원에 남아 있는 판종(版種)은 고활자본(古活字本), 목판본(木板本), 필사본(筆寫本), 석판본(石板本) 및 현대 활자본의 5종으로 대별되며, 다수의 보관문서들이 미정리의 상태로 남아 있어서 이에 대한 정리작업이 절실히 요청된다.

한편, 서원의 교육활동을 위한 중요한 재원의 하나는 서원전(書院田)이었다. 속대전(續大典)에 의하면 사액서원에는 각각 3결을 지급하였다. 그 밖에 서원은 유지들이 기증하는 원입전(願入田), 면역(免役)을 위하여 납상(納上)하는 면역전(免役田), 자체에서 사들이는 매득전(買得田), 관찰사 또는 지방관에 의한 공전(公田)의 급속(給屬) 등 여러 가지 형식을 통하여 광대한 농장을 소유, 학전(學田)으로 이용하였다. 현물경제로는 관찰사 또는 지방관에 의하여 어물(魚物)과 식염(食鹽) 등이 막대하게 지급되어 교육활동을 위한 필요 잡비를 충당하였다.

서원의 현황

현존하는 서원에 대한 실태는 구체적으로 파악되어 있지 않은 실정이다. 다만 일제강점기에 조선총독부 주관으로 1920년대 당시의 전국 취락(聚落)에 대한 실태를 파악하던 중 저명한 동족(同族) 부락(部落) 안에 그때까지 존속하고 있던 서원의 현황을 조사한 보고서 「조선의 취락 후편(朝鮮の聚落 後篇)」이 있으나 몇 사례에 불과하고 그나마 자료로서도 불충분하다.

또 광복과 6.25전쟁의 격동기를 거치면서 우리나라의 향촌사회가 크게 변모한데 따라 서원에도 변화가 있었을 터이므로 오늘날의 실상과 크게 부합되지 않는다. 광복 이후는 서원문고 파악을 위한 조사가 일부 진행된 외에 아직도 서원 자체를 대상으로 한 일괄적인 조사는 없었던 것 같다. 아쉽지만 우리나라의 서원에 대한 통계도 각기 다르게 나타난다. 성균관의 통계를 보면 전국에 610개소로 집계되어 있고 충북에는 28개소로 통계가 나오나 서원이 아닌 사(祠)도 포함되어 있다. 다른 통계와 비교해 보면 현재 복원되어 운영 중인 서원으로 판단된다.

흥선대원군의 서원철폐 때 남은 47개의 서원은 현재 북한에 소재하여 근황을 알 수 없는 11개소와 6.25 전쟁으로 소실된 채 방치되어 있는 강원도 김화의 충렬서원(忠烈書院)과 철원의 포충사(褒忠祠) 2개소를 제외한 34개소가 존속하고 있다. 이들도 물론 광복 뒤의 토지개혁으로 위토(位土)를 상실하여 경제적인 타격을 받았다. 또한 전쟁의 피해로 건물이 일부 소실되는 비운을 겪기도 하였지만 제향인물의 후손이나 관계부서의 지원을 받아 건물을 중건 또는 신축하여 옛날의 면모를 되찾아가고 있다.

이들 서원은 전래의 서원문고(書院文庫)를 그대로 보존하고 있어 향교와 함께 아직도 지방유림들의 시회(詩會)나 강회(講會)가 열리는 장소로 활용되고 있기는 하나 경제적인 뒷받침이 적어 평소에는 빈 건물로 남아 있다. 서원의 운영은 지방유림들로 구성된 유사와 장의에게 맡겨져 있지만 대부분의 경우 후손의 재정적 보조에 의존하고 있다.

또 명칭상 서원(書院)과 사(祠)로 구별되고 있으나 강당(講堂)과 사묘(祠廟)를 가진 구조나 규모, 그리고 그 성격에 별다른 차이는 보이지 않는다. 이들 서원은 현재 지방사회에 있어서 전통문화 보존의 중심체로서의 기대를 모으고 있다.

하지만 아직도 전통적 서원이 가지고 있는 배타적인 운영방식과 고압적인 대외자세를 탈피하지 못하여 소수의 노년층을 제외한 일반 대중에게는 관광의 대상으로서만 인식되고 있을 뿐 현실적으로 활용되지 못하고 있는 아쉬움을 주고 있으나 2011년도 유림에서는 국내의 서원 중 역사적 가치가 높고 원형(原形)이 잘 유지되고 있는 서원을 세계문화유산으로 등록을 추진하여 마침내 2019년 9개소의 서원이 유엔 유네스코(UNESCO)에 세계문화유산으로 등록되었다.

유네스코가 지정하는 세계유산은 특성에 따라 문화유산, 자연유산, 복합유산으로 분류되는데 이 중 77%가 문화유산이다. 2015년 기준 등재된 세계유산은 총 1,031건으로 문화유산 802건, 자연유산 197건, 복합유산 32건 등이다. 국가별로는 이탈리아(51), 중국(48), 스페인(44)이 선두를 달리고 있으며 프랑스(41), 독일(40), 멕시코(33), 인도(32) 순이다. 한국은 12개, 북한 2개, 일본은 19개다.

2019년 7월 6일 제43차 세계유산위원회에서는 '한국의 서원(Seowon, Korean Neo-Confucian Academies)'이라는 이름으로 한국의 서원 9곳을 한국의 14번째 유네스코 세계문화유산으로 등재했다. 등재된 서원은 소수서원(1543년 건립), 남계서원(1552년 건립), 옥산서원(1573년 건립), 도산서원(1574년 건립), 필암서원(1590년 건립), 도동서원(1605년 건립), 병산서원(1613년 건립), 무성서원(1615년 건립), 돈암서원(1634년 건립)이며, 오늘날까지 한국에서 교육과 사회적 관습 형태로 지속되어 온 성리학과 관련된 문화적 전통의 증거이며 성리학 개념이 여건에 맞게 바뀌는 역사적 과정을 보여준다는 점에서 탁월한 보편적 가치를 인정받았다.

문화유산은 역사적·과학적·예술적 관점에서 세계적 가치를 지니는 유적이나 건축물, 문화재적 가치를 지닌 장소를 뜻한다.

자연유산은 생물학적 군락이나 지질학적 생성물, 멸종 위기에 처한 동식물 서식지 등이며 복합유산은 문화유산과 자연유산의 특징을 동시에 충족하는 유산을 말한다.

세계유산으로 등재되면 훼손방지와 영구보존을 위해 유네스코의 기술자문을 받게 된다. 유산을 보존하는 데 있어 재정적으로 어려움을 겪는 국가에는 유산 훼손을 막기 위해 유네스코의 지원을 받을 수 있는바 우리의 서원 9개소가 유네스코에 등재된 것은 매우 다행스럽고 고무적인 일로 평가되고 있다.

우리 충청북도에는 지역별로 충청북도의 서원(충북향토문화연구소/1985년) 책자를 보면 38개소의 서원이 분포하고 있던 것으로 파악되고 있다. 그러나 성균관 통계를 보면 28개소로 되어 있으며 이 통계는 현재 운영 중인 서원의 통계로 판단된다. 38개소 중 일부는 아직도 복원하지 못하고 있으니 안타까운 실정이며 일부 서원은 복원되어 있으나 서원으로의 역할은 매우 미약하고 배향 명현에 대한 제향기능(祭享機能)이 대부분인 것 역시 현실이다. 후세들에 대한 전통문화와 보편적인 인류의 가치와 실천에 대한 학습이 절대적으로 필요한 시기라 생각한다. 물론 현실의 입시와 진로 등 교육제도와 차이점은 분명히 있으나 전통문화에 대한 인식과 새로운 가치관과 도덕적인 인간관계 형성 등 사회적인 교육은 서원이 담당할 역할이라 생각하며 충북 내의 서원에 대하여는 별도로『충청북도의 서원』이란 책자가 있으니 이를 참고하면 좋을 듯하다.

서원의 훼철(毁撤)

서원 문제는 1644년(인조 22) 영남감사(嶺南監司) 임담(林墰)의 '서원의 남향(濫享)에 대한 상소'에서 처음 제기되었으며, 그 뒤에도 효종과 현종 연간을 거치면서 간헐적이기는 하나 그 폐단을 논하는 상소로 인한 논의가 조정에서 일어나고 있었다. 그리고 그러한 과정에서 서원 건립이 허가제로 결정되고 첩설금령(疊設禁令)이 반포되며, 때로는 집권파에 의하여 정치적으로 대립되는 당파에 속하는 인물을 제향한 서원이 남향을 구실로 사우(祠宇)로 강호(降呼)되거나 심지어는 한두 곳이 훼철되기까지 하였다.

그러나 숙종 초까지만 해도 남설로 인한 서원의 문란 상은 심각하게 인식되지 않아서 아직은 서원 옹호론이 우세하였다. 따라서 이 시기까지 마련된 서원 대책은 제대로 실시되지 못하였다. 서원에 대한 통제가 적극성을 띠기 시작한 것은 1703년(숙종 29년)에 이르러서다. 이때 전라감사 민진원(閔鎭遠)은 조정에 알리지 않고 사사로이 서원을 세우는 경우 지방관을 논죄하고 수창유생(首倡儒生)을 정거(停擧)시킬 것을 상소하였다. 이에 왕이 찬동함으로써 서원 금령이 강제성을 띠게 되었다. 서원 금령은 그 뒤에도 수시로 신칙(新則)되어서 1713년 말에는 특히 예조판서 민진후(閔鎭厚)의 요청으로 1714년 이후부터의 첩설(疊設)을 엄금하고 사액을 내리지 않을 것을 결정하였다.

이어 1717년에는 8도의 관찰사에게 숙종 29년 금령 후 창건된 서원에 대한 조사를 명령하였다. 이에 따라 1719년(숙종 45년)부터 왕이 하나하나 존폐를 결정하였다. 그리고 경상도의 경우에는 훼철을 단행하기까지 하였지만 곧 숙종이 승하하면서 중단되고 말았다.

이어 경종 때 사액서원의 면세지(免稅地)를 3결로 확정하되 토지는 서원 자체에서 마련할 것이며 위토(位土)가 3결에 차지 못한다고 해서 민전(民田)을 점거하는 일이 없도록 규정하였다.

　이어 서원구청(書院求請)을 금단하고 원속(院屬), 보노(保奴) 등을 모두 폐지하는 등 강경책을 썼으며, 특히 대사성(大司成) 이진유(李眞儒)의 주장으로 1703년 이후의 첩설서원은 그 편액을 철거하게 하였다. 그러나 이는 소론(少論)의 노론(老論)서원에 대한 보복이었다 하여 영조 즉위 후 편액을 다시 걸게 하였다. 이와 같이 숙종 말년 이후부터 단행된 강력한 서원에 대한 통제책은 계속된 정권교체로 큰 실효를 거두지는 못하였다.

　하지만 이러한 논의를 통하여 서원 폐단에 대한 조야(朝野)의 인식이 깊어지고 서원에 대한 통제론이 자리를 굳히게 된 것이며, 1741년(영조 17년)의 서원철폐는 여기서 이미 준비되었던 것이라고 할 수 있다. 영조가 서원철폐를 단행하게 된 계기는 그의 탕평책 실시와 밀접하게 연관된다. 1741년은 노론이 결정적으로 우세를 확립한 시기로 신유대훈(辛酉大訓)이 반포되기도 하였다.

　그러나 왕으로서는 탕평파를 이용, 노론의 일방적 권력행사를 방지하기 위하여 이조낭관(吏曹郎官)의 통청권(通淸權)과 사관(史官)의 천거권을 폐지하는 등 탕평 대책에 예의 주력하였다. 따라서 서원에 대해서도 그것이 노론, 소론, 남인 사이의 분쟁을 유발하고 정국을 혼란시키는 요인이 된다고 판단하였다. 그래서 그 건립에 따른 시비를 근원적으로 봉쇄할 목적으로 탕평파의 협조를 얻어 1714년 이후 건립된 서원은 물론 사우(祠宇), 영당(影堂) 등의 모든 제향 기구(祠와 院) 일체를 훼철하게 하였던 것이다.

　영조의 이러한 조치는 지방관의 책임하에 철저하게 진행되었고 19개의 서원을 포함하여 합계 173개소의 사원이 훼철되었다. 그 뒤 서원 첩설 및 남설의 경향은 앞의 서원 설치현황에서 보듯이 크게 둔화되어 거의 정지상태가 되었다. 이는 탕평하에서 의리논쟁(義理論爭)과 인물시비(人物是非)가 기피되는 정치적인 사안이 되자 이와 직결된 서원 건립 문제가 자연히 외면되었기 때문이다.

　또 순조 이후의 세도정치 하에서 의리나 명분 자체가 무의미해졌기에 더 이상 관심을 끌 수 없었던 데 이유가 있었으며, 무엇보다도 지방관에 대한 처벌이 건립을 효과적으로 봉쇄하였기 때문이 아닌가 한다. 그럼에도 불구하고 서원금령이 정조와 철종 연간에 한두 차례씩 내려지게 된 것은 정치적인 문제와 관련 없이 이제는 가문의식과 관련하여 후손에 의한 건립이 종종 시도되었던 데 그 까닭이 있다.

실로 서원훼철과 같은 강경조처로 서원금령의 강화는 지방관의 서원에 대한 물질적 보조를 거의 단절케 해서 서원재정을 약화시켰다. 그리고 끝내는 이를 메우기 위한 대민작폐(對民作弊)의 심화와 함께 서원재정 담당을 기화로 한 후손의 서원 관여를 더욱 조장하여 19세기 이후는 전국의 서원 대부분이 후손에 의하여 운영되고 또 건립되는 경향을 보이게 된다.

한편, 서원 건립이 중단된 것과 반비례하여 이미 교화의 방향을 상실한 사림층의 대민 착취와 서원의 부패로 인한 민폐는 더욱 심화되고 있었다. 세도정치의 외형적인 지주(支柱)로서 노론측 당론의 소굴이 되었고, 충청도 유림의 여론을 좌우하는 거점으로 전국에 광대한 수세지를 가지고 있었다. 또한 복주촌(福酒村)을 두어 지방재정을 좀먹고 관령(官令)보다 더 위세가 당당한 묵패(墨牌)로서 향촌민에 대한 착취를 자행하였던 화양서원(華陽書院)의 작폐(作弊)는 19세기 이후의 서원이 사회에 끼친 역기능적인 폐단을 극적으로 말해 주는 예이다.

그러므로 실추된 왕권의 권위를 높이며 강력한 중앙집권으로 국가체제의 정비를 꾀하던 흥선대원군은 서원의 일대 정리에 착수하였다. 흥선대원군은 1864년(고종 1년)에 이미 민폐 문제를 구실로 사원에 대한 조사와 그 존폐 여부의 처리를 묘당(廟堂)에 맡겼으며 1868년과 1870년에 미 사액서원과 사액사원이 제향자의 후손에 의하여 주도되면서 민폐를 끼치는 서원에 대한 훼철을 명령하였다. 이어 1871년에 학문과 충절이 뛰어난 인물에 대하여 1인 1원(一人一院) 이외의 모든 첩설서원을 일시에 훼철하여 전국에 47개소의 사원만 남겨놓게 된 것이다. 이때 존치된 47개소는 서원 명칭을 가진 것이 27개소, 사(祠)가 20개소로 다음의 표와 같다.

대원군의 서원철폐령 이후 남은 47개 서원

서원명칭	주배향인물	건립연도	사액연도	소 재 지	비 고
포 충 사	忠剛公 이술원	1738년	1738년	경상 거창	조선 영조조 충신
창열서원	忠正公 박팽년	1685년	1699년	강원 영월	조선 단종조 충신
충열서원	忠烈公 홍명구	1650년	1652년	강원 김화	조선 인조조 충신
포 충 사	忠武公 김응하	1665년	1668년	강원 철원	조선 광해군조 충신
청 성 묘	淸惠侯 백 이	1691년	1701년	황해 해주	중국 은말 충신
태 사 사	壯節公 신숭겸	고려시	1796년	황해 평산	고려 태조조 충신
문회서원	文成公 이 이	미상	미상	황해 배천	조선 선조조 학자
봉양서원	文純公 박세채	1695년	1696년	황해 장연	조선 숙종조 학자
노덕서원	文忠公 이항복	1627년	1687년	함경 북청	조선 선조조 정치가
삼 충 사	武鄕侯 제갈량	1603년	1668년	평안 영유	중국 촉 충신
무 열 사	尙 書 석 성	1593년	1593년	평안 평양	중국 명 정치가
충 민 사	忠壯公 남이흥	1681년	1682년	평안 안주	조선 인조조 충신
표 절 사	忠烈公 정 시	순조시	미상	평안 정주	조선 순조시 충신
수 충 사	서산대사 휴정	미상	1784년	평안 영변	조선 선조시 승려
숭양서원	文忠公 정몽주	1573년	1575년	경기 개성	고려말 학자
용연서원	文翼公 이덕형	1691년	1692년	경기 포천	조선 선조조 정치가
강 한 사	文靖公 송시열	1785년	1785년	경기 여주	조선 숙종조 학자
로강서원	文烈公 박태보	1695년	1697년	경기 의정부	조선 숙종조 충신
우저서원	文烈公 조 헌	1648년	1675년	경기 김포	조선 선조조 의사
파산서원	文簡公 성 혼	1568년	1650년	경기 파주	조선 선조조 학자
덕봉서원	文貞公 오두인	1695년	1700년	경기 양성	조선 숙종조 충신
현 절 사	文正公 김상헌	1688년	1693년	경기 광주	조선 인조조 충신
심곡서원	文正公 조광조	1650년	1650년	경기 용인	조선 중종조 정치가
사충서원	文獻公 김창집	1725년	1726년	경기 과천	조선 숙종조 정치가
충 열 사	文忠公 김상용	1642년	1658년	경기 강화	조선 인조조 충신
기 공 사	壯烈公 권 율	1841년	1841년	경기 고양	조선 선조조 장군
둔암서원	文元公 김장생	1634년	1660년	충청 연산	조선 인조조 학자
창 열 사	文貞公 윤 집	1717년	1721년	충청 홍산	조선 인조조 충신
표 충 사	文愍公 이봉상	1731년	1736년	충청 청주	조선 영조조 충신
노강서원	文正公 윤 황	1675년	1682년	충청 노성	조선 인조조 학자
충 열 사	忠愍公 임경업	1697년	1727년	충청 충주	조선 인조조 충신
무성서원	文昌侯 최치원	1615년	1696년	전라 태인	신라말 학자

서원명칭	주배향인물	건립연도	사액연도	소 재 지	비　고
필암서원	文正公 김인후	1590년	1662년	전라 장성	조선 인조조 학자
포 충 사	忠烈公 고경명	1601년	1603년	전라 광주	조선 선조조 의사
서악서원	弘儒候 설 총	1561년	1623년	경상 경주	신라 학자
소수서원	文成公 안 향	1543년	1550년	경상 순흥	고려말 학자
금오서원	忠節公 길 재	1570년	1575년	경상 선산	고려말 학자
도동서원	文敬公 김굉필	1605년	1607년	경상 현풍	조선 성종조 학자
남계서원	文獻公 정여창	1552년	1566년	경상 함양	조선 성종조 학자
옥산서원	文元公 이언적	1573년	1574년	경상 경주	조선 명종조 학자
도산서원	文純公 이 황	1574년	1575년	경상 예안	조선 선조조 학자
흥암서원	文正公 송준길	1702년	1705년	경상 상주	조선 효종조 학자
옥동서원	翼成公 황 희	1714년	1789년	경상 상주	조선 세종조 정치가
충 열 사	忠烈公 송상현	1605년	1624년	경상 동래	조선 선조조 충신
병산서원	文忠公 유성룡	1613년	1863년	경상 안동	조선 선조조 학자
창 열 사	文烈公 김천일	선조조	1607년	경상 진주	조선 선조조 의사
충 열 사	忠武公 이순신	1614년	1723년	경상 고성	조선 선조조 충신

　　서원은 과거에는 아주 중요했던 사설교육기관으로 공교육을 담당했던 향교가 절대적으로 부족하였기에 백성들에게 수학의 기회를 제공하는 중요한 역할을 하였다. 그러나 지금은 배향 명현에 대한 제향기능이 대부분인 것이 현실이다. 때문에 현세의 대부분이 서원은 제향시설 등으로 이해하는 실정이고 그나마 올리던 제향도 세월이 흐르면서 후세들의 관심 부족과 참여의 저조로 향불마저 꺼져가고 있으니 안타까울 따름이다.

　　그래도 일부 서원에서 학생이나 국민들에 대한 사회교육 프로그램을 운영하고 있으나 많이 부족하다. 서원을 문화재로 보전하고 관리하는 것도 중요하겠지만 선인들께서 유학을 강론하고 인륜과 정신문화를 선도하였던 시설로 점점 쇠퇴해져 가는 우리의 전통문화와 거기에 담긴 정신을 법고창신(法古創新)해야 할 일이 앞으로 서원과 후세들이 해야 할 일이 아닐까 생각한다.

※ 참고문헌 및 출처 : 『한국민족문화대백과사전』

제3편

검열사의
창건과 훼철

검열사의 창건 개요

이곳 계담서원이 위치한 계담과 이담지역은 박달산 산하, 그리고 달천변에 위치하여 기름진 들과 야산으로 둘러싸인 산자수명(山紫水明)하고 풍수해가 없는 고을로 순흥안씨 안훈(安燻)공이 조선 중종조에 낙향하여 그의 후손들이 500여년 동안 세거(世居)하고 있는 마을이다.

이 마을의 거주민들은 모두 계담서원에 배향된 문정공(文貞公) 안축(安軸) 선생의 후손들이고 처음 서원에 배향되었던 을사명신(乙巳名臣) 직제학공(直提學公) 안명세(安名世) 선생의 방손(傍孫)들이니 안명세 선생은 이곳으로 낙향한 안훈 공의 조카이다. 그러므로 직제학공도 이곳을 찾아 친척들과 학문도 함께하였을 것으로 추정된다.

을사명신 안명세 선생이 사관으로 정직직필(正直直筆)하신 높은 기개와 정의와 부정을 분별하시고 혼탁한 시류에 아첨하지 않은 절의와 방정한 천성을 흠모하여 유림들은 선생을 향사(享祀)키로 발의하였고, 이 소식을 들은 순흥안씨 충주파 문중원인 용담(龍潭) 안환(安煥)[1] 공(公)이 1819년 종중원들에게 이를 발문(發文)하고 지역유림의 공의(公議)로 선생의 연고지인 이담 일원에서 사우 부지를 물색하였다.

기록을 살펴보면 사우 부지로 거론된 곳은 4개소로 현 불정면 하문리 무동고개가 거론되었으나 부지가 협소하다 하였으며, 다음으로 현 이담리 원이담(옛 잉어소)으로 예정한 부지가 습(濕)하다 하였고, 또한 현 불정면 목도가 언급되었는데 장소가 협소하다는 기록이 있다.

그리고 계담지역으로 이담지역 중심에 위치하고 지반도 견고하고 남향으로

----

1 용담(龍潭) 안환(安煥) : 1779년생, 순흥안씨 21세손으로 한림공의 7대 방손, 사촌공(덕린)의 5대손.

사우 건립에 적정하였기에 이곳에 사우와 강당을 건립하고 검열사(檢閱祠 : 일명 계담사, 한림사 등으로 칭함)라 하였으니 바로 현 계담서원이 자리하고 있는 장소이다.

이렇게 유서 깊은 장소에 다시 서원을 복원하고 국현(國賢) 3분과 향현(鄕賢) 16분 모두 19분의 명현을 이 명당에 다시 모시고 그분들을 사모하는 제향을 올리고 있다. 그분들의 절의와 가르침을 오늘에 되살려 지역의 유학 진흥과 함께 보다 바람직한 사회상 구현을 위하여 부설(附設) 교양대학을 운영하고 있다.

이제 서원의 복원 30주년 !

한림공(안명세)의 봉안제를 올린 지 184년 !

그리고 2024년이면 계담서원의 창건 시작 200주년 !

그간의 계담서원의 발자취를 이 책에 담아 새로운 발전 방향을 모색하고 계담서원의 무궁한 발전의 염원을 이 책에 함께 담아 본다.

을사명신(乙巳名臣)인 증(贈) 직제학(直提學) 안명세 선생의 절의를 크게 숭상하고 있으나 후손이 절손(絶孫)되어 선생의 추모공간은 물론 제사도 제대로 올리지 못하고 있었다. 이를 안타까워했던 현 안성지역 유림의 발의(發議)가 촉발되어 계담서원의 전신인 검열사(일명 계담사)를 창건하고 을사명신인 직제학 안명세 선생을 배향하였던 사우였다. 그 후 선생의 방손인 세마(洗馬) 하담(荷潭) 안술(安述) 선생을 추배하였다.

그 후 서원의 철폐정책으로 검열사도 모두 훼철되어 건물은 물론 각종 사료(史料)도 함께 사라졌으니 안타깝기 그지없다. 그래도 다행히 이번 서원지를 발간하면서 순흥안씨 충주파 문중에서 처음 사우 건립을 추진하였던 용담 안환(安煥)공이 집필한 한림공(翰林公) 입사록(立祠錄)이 발굴되어 그간의 창립과정을 자세히 알 수 있으니 천만다행이다.

기록에 의하면 검열사의 처음 창건 시 규모가 자세히 기록되어 있지 않지만 정당(正堂)이 8량(약 4칸 정도), 강당(講堂)이 12량(약 8칸)으로 기록되어 있고 서재(西齋), 관리사(管理舍) 등이 기록된 것으로 보아 당시는 서원의 규모로 창건되었음을 알 수 있다.

또한 지금은 계담서원으로 부르고 있지만 봉안문 등을 살펴보면 건립 당시에는 검열사(檢閱祠)라 칭한 것으로, 다만 칙빈간식(邀賓簡識 : 일종의 초청장)을 보면 '계담(桂潭) 향현사(鄕賢祠)'라 기재되어 있으나 명칭이 아닌 성현을 모신 사당이란 표현으로 판단이 된다. 다만 지역에서는 한림사(翰林祠), 계담사(桂潭祠) 등으로 칭하기도 하였는데, 금번에 고찰한바 사당은 검열사로 칭하고 전체적으로는 계담서원으로 칭한 것으로 추정된다.

한림공(翰林公) 입사록(立祠錄)

    계담서원에는 검열사(檢閱祠 : 일명 계담사, 한림사 등으로 칭함) 창건에 대한 사료(史料)로 충원향교(忠原鄉校) 유회(儒會) 발통문(發通文), 문중(門中) 발문(發文 : 안환 선생) 1건, 검열사 봉안문(奉安文), 세마공(洗馬公) 추배(追配)에 관한 발문(發文) 등의 내용이 전해지고 있으나 현재 문건은 충원향교 유회 발통문만이 남아 있고 기타 세부적인 자료의 보전이 매우 미약하여 아쉬움이 많았다.

    이번에 서원지 발간을 추진하면서 매우 중요한 자료를 발굴하게 되었다. 대상동 거주 안광영 종원(宗員)이 계담사 창건에 대한 일기를 소장하고 있다는 이야기를 본 서원 안병혁 원감에게 전해 들은 바 있어 자료를 수소문하였으나 소재 파악이 어려웠다.

    자료수집을 하면서 충주 미덕학원(美德學院)의 중산(中山) 안동준(安東濬)[2]선생의

안환 공께서 쓰신 한림공 입사록

유품 전시관에서 그 일기를 발견하였다. 당초 소장자(안광영)도 자세한 내용은 잘 모르고 다만 계담사 건축일기 정도로 알고 문중원에게 이야기하였다. 이 이야기를 들은 문중원이 입사록이 무엇인지 알아보려 입사록을 대여하였고, 이를 알게 된 중산 안동준 선생이 입사록을 받아 검토하시던 중 작고하신 것으로 추정된다. 만일 그때 중산 선생이 세상을 떠나지 않았다면 새롭게 재조명되었을 것으로 생각된다.

---

2 4선 국회의원, 미덕학원 설립, 계담서원 복원 주관.

본 자료는 한림공(翰林公)의 사화(史禍)와 서원창건 결정 과정에 대한 편년기록(編年記錄), 건원일기(建院日記), 창의록(倡議錄 : 통문) 등으로 구성되었으며, 검열사의 창건 및 건축 과정과 통문을 용담(龍潭) 안환(安煥) 공이 검열사(계담서원) 창건을 주관하며 직접 세밀히 작성한 책자(일기)이다. 검열사를 창건하게 된 동기와 과정을 자세히 알 수 있는 자료로 본 서원으로서는 중요한 의미와 역사가 담겨 있는 매우 중요한 자료로 판단된다.

본 입사록은 모두 2권으로 구성되어 있으나 실제로는 1권으로 합본이 되어 있다. 내용상 1권은 유사(遺事), 편년기록, 건원일기 등으로 구성되어 있고, 2권은 주로 통문(通文), 축문, 상향문 등 관련 기록물로 나누어 구성되어 있다. 본지를 편찬을 위하여 입사록을 탈초 및 해석하였다. 그러나 본지를 편찬하며 검열사의 창립과정을 쉽게 이해할 수 있도록 과정별로 다시 구분하고 통문 등 관련된 기록물도 과정에 맞추어 재편집하였다.

검열사의 창건과정

한림공(翰林公) 입사록(立祀錄)을 살펴보면 한림공의 증직(贈職) 과정에서의 용담공의 선고(先考 : 돌아가신 부친/안상윤)와 백씨(伯氏 : 맏형/안명)의 노력과 용담공이 애를 쓴 과정이 소상히 기록되어 있다. 우선 첫 번째로 서원의 건립과정 중 안명세 선생에 대한 편년기사와 함께 건립 결정 과정을 기록하였는데 구체적으로 살펴보면,

- 선생의 일대기사(一代記事)와 신원복관(伸寃復官)과 1789년 증직(贈職) 과정에서 한림공의 행장(行狀)을 작성하여 제출하고
- 선생의 조두지례(俎豆之禮)를 위한 안성지역 유림의 만둔사(晩遯祠) 배향(配享) 논의 과정과
- 충원유림(忠原儒林)과, 선생의 방손(傍孫)인 순흥안씨 충주파 문중의 서원 창립 결정 노력,
- 그리고 서원의 부지 결정 과정 등으로 구분할 수 있는데,

이를 읽기 쉽게 단락으로 구분하여 탈초한 원문과 이를 해석한 내용으로 구분하여 비교적 이해하기 쉽게 소개하고자 한다.

【行翰林 贈直提學安公 編年記事】

安公名世, 字景應, 順興人也. 先生, 生於皇明武宗毅皇帝《御諱,》厚照 卽位 十三年正德戊寅《卽 我中宗太王 元年》八歲, 有詩名稍, 長受學于朴松堂《英》 有性理之學, 登第于世宗肅皇帝,《諱 厚熜》嘉靖二十三年甲辰,《卽 我中宗 三十九年》先生, 年二十七歲也. 卽選入, 承文院檢閱, 遷注書, 移拜正字.

한림 증(贈)[3] 직제학 안공 편년기사

안공 명세의 자는 경응으로 순흥인이다. 선생께서는 황명 무종 의황제《어휘 후소》 즉위 13년인 정덕 무인년(1518년)《즉 우리나라 중종태왕 원년》에 태어나

---

3 증(贈) : '증직(贈職)'의 의미로 나라에 공로가 있는 관인, 현달한 관인, 효행이 뛰어난 인물 등이 죽은 뒤에 관직이나 관계를 받거나 죽기 전에 받은 그것보다 높게 받는 인사제도.

셨다.[4] 8세에 이미 시를 지으셔서 그 이름이 조금씩 알려졌으며, 자라면서 박송당(朴松堂)《영(英)》[5]에게 학문을 배우셨다. 성리학을 배우셔서 세종(世宗)[6] 숙황제《휘 후총》 때 등과하셨으니 가정 23년인 갑진년(1544년)《즉 우리나라 중종 39년》으로 선생의 연세 27세였다.[7] 곧 승문원 검열로 뽑혀 들어갔다가 주서(注書)[8]로 옮기셨고 정자(正字)[9]로 이배되셨다.

○ 嘉靖 二十四年, 乙巳《卽 我仁宗 終年 明宗元年》. 가정 24년인 을사년(1546년)《즉 우리나라 인종 종년이자 명종 원년》.

以太史, 直書時, 事時稱東方董狐. 二十七年戊申《卽 我明宗五年》三月十五日, 以史禍, 被極刑處絞, 享年 纔三十一也. 丹書, 未洗碧血藏冤矣.

태사로 직서할 때 당시 동방의 동호(董狐)[10]로 칭해지기도 하셨다. 27[11]인 무신년(1548년)《즉 우리나라 명종 5년》[12] 3월 15일 사화로 극형에 처해 교수형[13]을 당하셨는데 향년 겨우 31세이셨다. 단서에 벽혈(碧血 : 파란색 피, 즉 정의를 위해 흘린 피)이 씻겨지지 않아 원한이 서려 있는 듯했다.

○ 經二十七歲至, 穆宗皇帝《諱 載基》隆慶四年庚午《卽 我宣祖 三年》27년이 경과한 후 목종 황제《휘 재기》융경 4년인 경오년(1570년)《즉 우리나라 선조 2년(3년의 오기로 추정)》

----

4 기록의 오기로 추정된다. 중종의 원년(元年)은 무인년(戊寅年)이 아니라 병인년(丙寅年)으로 1506년이다. 실제 선조인 명자 세자 할아버지는 중종 13년인 무인년 즉 1518년에 출생하였다.

5 박영(朴英, 1471-1540년) : 조선 중기의 무신이자 서예가로 본관은 밀양(密陽), 자는 자실(子實), 호는 송당(松堂)이며, 조부는 안동대도호부사 박철손(朴哲孫)이고, 부는 이조참판 박수종(朴壽宗)이며, 모는 양녕대군(讓寧大君) 이제(李禔)의 딸이다.

6 명(明)나라 세종(1507-1567년)을 의미함.

7 1544년을 의미함.

8 승정원의 정7품 관직.

9 홍문관 · 승문원 · 교서관(뒤에 규장각에 소속)의 정9품 관직.

10 직필로 유명한 춘추시대 진(晉)나라의 사관(史官). 조천(趙穿)이 영공(靈公)을 시해할 때 조돈(趙盾)은 정경(正卿)으로서 나라 안에 있었으면서도 막지 못했고 돌아와서도 적을 토벌하지 않음을 보고 조돈이 그 임금을 시해했다고 하여 법에 따라 직필하고 숨기지 않음. 후세에 양사(良史)로 칭송됨.

11 명나라 세종 재위 27년인 1548년을 의미함.

12 기록의 오기로 추정된다. 즉 명종 5년은 경술년(庚戌年)인 1550년으로 갑신년(甲申年)이 아니다. 현재까지 알려진 바에 의하면, 명자 세자 할아버지는 명종 3년인 무신(戊申) 1548년에 세상을 떠난 것으로 확인된다.

13 처교(處絞) : 죄인을 교수형에 처함.

始議誦冤, 而未果. 神宗皇帝《諱 翊鈞》萬歷五年丁丑, 伸雪復官, 錄用子孫.

비로소 그 원한을 풀려는 논의가 시작되었으나 결과에 이르지는 못했다. 신종 황제《휘 익균》만력 5년인 정축년(1577년) 비로소 신설복관되어 자손들이 채용되었다.[14]

○ 十六年戊子《卽 我宣祖二十一年》. 16년인 무자년(1588년)《즉 우리나라 선조 21년》.

自楊州, 移葬于果川三峴面浣掌洞, 坤坐之原. 翌年己丑, 立表碣於墓前, 而省庵金公《孝元》, 紀其實焉. 自正德戊寅, 至萬歷己丑, 七十一歲也.

양주로부터 과천 삼현면 완장동 곤좌 언덕으로 이장되었다. 익년인 기축년(1589년), 묘소 앞에 묘표와 묘갈을 세웠는데 성암 김공《효원》이 그 실제를 기록했으니, 정덕 무인년(1518년)으로부터 만력 기축년(1589년)까지 71년이었다.

○ 自嘉靖戊申 至己丑四十一歲. 가정 무신년(1548년)으로부터 기축년(1589년)까지 41년간은

此盖先生終始, 哀榮之大槩也. 不幸傳于四世, 而姓替, 祠墓不享, 樵牧無禁, 旁裔亦散在遠地, 不能省掃者, 姑不知幾許年所此, 固天道之未定, 人事之不逮, 只自飮恨於來後者也.

대개 선생의 종시로 애영(哀榮)[15]의 대강(大槩)이었다. 불행히도 4세에 전하면서 성(姓 : 집안)이 쇠퇴하여 사묘는 불향되었으며, 나무를 하고 소 치는 것조차도 금하지 않았고[樵牧無禁], 방예(旁裔 : 직계가 아닌 후손) 또한 원지(遠地)에 산재하여 성묘를 하지 못한 지 몇 해가 되었는지 알지 못했다. 진실로 하늘의 도[天道]가 정해지지 않고 인사가 미치지 못하여 다만 뒤에 올 사람에게 한으로 돌릴 따름이었다.

○ 其後幾年. 그 뒤 몇 년 후

---

14 [錄用]. 녹용(錄用) : 채용(採用)함.
15 애영(哀榮) : 신하가 상(喪)을 당하여 제왕으로부터 시호(諡號), 애책문(哀册文), 부의(賻儀) 따위를 받는 영예.

柳公《明渭》特以慕仰之意, 改莎修墓焉. 賴今得保塋域柳公之力也.《公文化人
官縣監, 磻溪處士馨遠, 後僉正詢之父, 居京藥峴, 修墓似在我英宗中年.》

유공(柳公)《명위》이 특별히 모앙하는 뜻으로 개사초하고 묘를 수리했는데, 그
것에 힘입어 지금에 선영을 보존할 수 있었으니 이것은 오로지 유공의 힘이었
다.《공은 문화인으로 현감, 반계 처사 형원의 후손인 첨정 순(詢)의 부(父)로 서
울[京] 약현에 거주하고 있다. 수묘의 시기는 아마도 우리나라 영종(영조)의 중년
인 것 같다.》

○ 我正宗二十二年戊午秋. 우리나라 정종 22년인 무오년(1798년) 가을

名賢錄編納時, 附進先生遺蹟.《戊午九月, 舍伯冥, 作豊基楸行, 聞此報, 而亟
來家親 撰次公遺狀, 不肖煥, 謹寫舍伯與族人廷錄, 齎草上洛, 是時考納官, 卽蔡
參議弘遠, 而已涉限外也. 柳僉正詢洪, 牙山章輔, 亟力左右幸爲追納焉.》

화를 입은 명현록 편납 시 선생의 유적을 붙여 올렸다.《무오년(1789년) 9월 맏
형[舍伯] 명(冥)께서 풍기 성묘[楸行]에서 이 소식을 듣고 급히 돌아와 부친[家親]께
여쭈어 공(公)의 유장을 찬(撰)했고, 불초 환(煥)이 삼가 그것을 베끼어[寫] 맏형[舍
伯]과 족인 정록과 함께 초안을 가지고 상경[上洛]했다. 이때 고납관(考納官)[16]은
곧 참의 채홍원이었는데, 이미 기한을 넘어서고 말았다. 첨정 유순홍과 아산
장보씨가 좌우에서 극력으로 추납해 주어서 무척 다행이었다.》

○ 二十四年己未, 六月六日. 정종 24년(23년의 오기로 추정) 기미년(1799년) 6월 6일.

政特贈弘文館, 直提學, 因詢訪後孫, 而稟達無人. 敎旨在承政院中矣. 同年八
月, 因沈校理《奎魯》書, 始聞之.《舍伯, 與不肖, 卽往京訪新門外, 沈公而相議,
則政院坐期適不行故留滯一旬, 未奉敎旨, 而歸.》十一月 沈公覓送贈職敎旨焉

정사에서 특별히 홍문관 직제학으로 추증했는데 이로 인하여 후손을 순방(詢
訪 : 자문을 받기 위하여 방문함)했으나 품달(稟達 : 웃어른이나 상사에게 아룀)하는 사람이

---

16 고납관(考納官) : 수량을 자세히 헤아려 보고 바치는 것을 받아들이는 관리.

없어서 교지를 승정원에 두었다. 동년 8월 심(沈) 교리(校理)《규로(奎魯)》의 서(書)로 인하여 처음으로 이것을 듣게 되었다.《맏형[舍伯]과 불초자[不肖]는 곧 서울에 가 신문 밖에서 심공을 찾아 상의했은즉 정원(政院)[17]의 좌기(坐起)[18]가 마침 행해지지 않았으므로 열흘 동안 체류하면서 교지를 받지 못하고 돌아왔다.》11월 심공이 증직 교지를 찾아 보내주었다.

○ 二十五年 庚申, 二月. 정조 25년(24의 오기로 추정) 경신년(1800년) 2월.

焚黃于墓.《舍伯 與不肖偕往焚黃, 而廣州族人其命甫, 以子患, 雖不同參委訪余. 藥峴私處, 甚致慇懃, 焚黃之節, 全賴柳僉正之區劃, 周章始往墓所, 則塋域雖不甚圮, 而局內多他人入葬, 故柳公爲發山訟, 修墓等議, 而乏力未果焉. 先生之考司果公墓, 亦在局內午向之原, 故同爲奠掃, 而崩頹頗甚所見切悶, 始到三峴初境, 問先生墓所, 則走卒樵童, 皆唉, 做翰林塋, 而誦義.》聖德旁流, 攢祝, 無地荒原失護舊感旋切也.

묘소에서 분황했다.《사백(舍伯)[19]과 불초자가 함께 가서 분황했다. 광주의 족인 기명(其命) 씨[甫][20]는 아들의 병으로 함께 참석하지 못해서 일부러 나를 찾아왔다. 약현의 사처는 매우 지극했으며 분황의 절차를 정중히 했다. 온전히 류첨정(柳僉正 : 詢)이 구획한 주장에 의거했다. 처음으로 묘소에 갔더니 묘소의 영역은 비록 그다지 무너지지는 않았으나 구역 내[局內]에 다른 사람이 많이 들어가 장사를 치르고 있었다. 그러므로 유공(柳公)이 산송과 무덤을 보수하는 등의 의론을 발했지만 부족한 힘으로 그 결과를 맺지 못했다. 선생의 부친인 사과공의 묘소 또한 구역 내의 오향 언덕[原]에 있었다. 그러므로 함께 전(奠)을 올리고 소분(掃墳 : 무덤을 깨끗이 하고 제사 지냄)했는데 붕괴되고 무너진 것이 자못 심했으

---

17 정원(政院) : 임금의 명령을 전하고 여러 사항을 임금에게 보고하는 일을 맡아보던 관아.

18 좌기(坐起) : 관청의 으뜸 벼슬에 있는 이가 출근하여 일을 잡아 함.

19 사백(舍伯) : 가백(家伯)과 같은 말로, 남에게 대해 자기의 맏형을 일컫는 말.

20 보(甫) : '클 보' 혹은 '채마밭 포'의 뜻과 음을 지니고 있으나 이름 뒤에서는 '보'로 독음하며, 그 뜻은 자(字) 즉 이름 아래에 붙이던 미칭(美稱) 또는 (아무개)'씨'를 의미한다. 번역에서는 모두 '~씨'로 번역했다.

니 보기에 매우 민망스러웠다. 비로소 삼현의 초경에 도착하여 선생의 묘소를 물어본즉 주졸(走卒)[21]과 초동(樵童)[22]이 모두 그것이라 대답하니(咦),[23] 한림공[翰林]의 선영[塋]으로 지어 의(義)를 칭송하고자 했다.》성덕이 방류하여 축원하기를, 땅도 황량하고 원(原)도 잃어버려 보호하지 못했으니 옛 감회가 더욱더 절실하기만 했다.

O 自庚申, 又經二十餘年至. 경신년(1800년)부터 또 20여 년이 지나
   자 경 신   우 경 이 십 여 년 지

今上, 十八年, 戊寅 柳公仁淑, 晩遯社, 腏享時.《號 靜叟, 卽三大臣之一也. 社在
금 상   십 팔 년   무 인 류 공 인 숙   만 둔 사   철 향 시   호 정 수   즉 삼 대 신 지 일 야   사 재
安城邑治南.》始發, 先生并享之議云. 而己卯四月, 始得聞, 於龍仁族人其命甫焉.
안 성 읍 치 남   시 발   선 생 병 향 지 의 운   이 기 묘 사 월   시 득 문   어 용 인 족 인 기 명 보 언

금상(今上 : 순조) 18년인 무인년(1818년)에 이르기까지 유공 인숙의 만둔사에 철향(腏享 : 제사를 올림) 때(時)《호(號), 정수 즉 세 대신 중의 한 사람이다. 사(社)는 안성읍 치소 남쪽에 있다.》처음으로 선생을 함께 향사(享祀)하자는 논의가 나왔다고 했다. 기묘년(1819년) 4월, 처음으로 용인의 족인인 기명 씨에게 그것을 들을 수 있었다.

O 而五月 日. 이에 5월.
   이 오 월   일

發宗中通論之文.《是年四月廿四日, 余與從兄煜往[24]華城拜, 留相韓公致應, 卽
발 종 중 통 유 지 문   시 년 사 월 입 사 일   여 여 종 형 욱 왕   화 성 배   류 상 한 공 치 응   즉
沙村公遺藁, 序文事也, 仍歷訪龍仁魚肥谷其命甫, 則詳告, 余畿邑儒論之齊發,
사 촌 공 유 고   서 문 사 야   잉 력 방 용 인 어 비 곡 기 명 보   즉 상 고   여 기 읍 유 론 지 제 발
而余以先鳩財, 後倡議爲言, 從兄則以士論之不可姑停爲言, 與其命甫, 達宵酬
이 여 이 선 구 재   후 창 의 위 언   종 형 즉 이 사 론 지 불 가 고 정 위 언   여 기 명 보   달 소 수
酌, 而歸. 吾[25]以鳩財之意發文通諭於四派, 宗中而忱愒不行迄無成效.》
작   이 귀   오   이 구 재 지 의 발 문 통 유 어 사 파   종 중 이 완 게 불 행 흘 무 성 효

----

21 주졸(走卒) : 남의 심부름이나 하고 여기저기로 분주하게 돌아다니는 사람을 이르는 말.
22 초동(樵童) : 나무하는 아이.
23 글자 확인이 제한되어 문맥상 '咦'의 의미. 즉 '대답하다'라는 의미로 탈초하고 번역했다.
24 원문에는 '洼'으로 기록되었으나 실제 의미는 '往' 즉 '가다'의 의미로 번역된다. 따라서 모든 글에서 '洼'은 '往'으로 탈초되고 번역되었다.
25 '五只'로 탈초하는 것이 적절하나 의미가 연결되지 않아 '吾'로 탈초하고 번역하였다.

종중에 통유(通諭)[26] 하는 글을 보냈다.《이 해 4월 24일 나는 종형 욱과 화성에 가서 유상(留相)[27] 한공 치응을 찾아뵈온즉슨, 사촌공 유고의 서문(序文)에 관한 일이었다. 이어서 용인 어비곡의 기명 씨를 역방했는데, 나에게 상세히 고하기를, 경기의 읍[畿邑]에서 유론이 일제히 발했다[齊發]고 했다. 이에 나는 먼저 구재(鳩財)[28]하고, 뒤에 창의하자고 말하니 종형이 곧 말하길, 사론은 잠시도 정지해서는 안 된다고 했다. 기명 씨[甫]와 더불어 밤새도록 수작(酬酢)[29]하고서 돌아왔다. 나는 구재의 뜻을 발문하여 4파에 통유했으나 종중에서는 세월만 보내면서 아무런 성과도 없었다.》

○ 十月. 10월.
십 월

始行墓所奠掃之禮.《余與族人蒙良, 偕往墓所, 而自庚申春, 焚黃省掃之後, 不
시 행 묘 소 전 소 지 례   여 여 족 인 몽 량   해 왕 묘 소   이 자 경 신 춘   분 황 성 소 지 후   불
肖家親舍伯 俱爲作故, 不肖無狀未追先志, 仍闕奠掃之行以至二十年也. 山川村
초 가 친 사 백   구 위 작 고   불 초 무 장 미 추 선 지   잉 궐 전 소 지 행 이 지 이 십 년 야   산 천 촌
落幾乎不辨, 逗遛一日艱尋墓所, 殘杯冷炙, 僅行奠儀, 自今四派輪回, 以成永式.
락 기 호 불 변   두 류 일 일 간 심 묘 소   잔 배 냉 적   근 행 전 의   자 금 사 파 륜 회   이 성 영 식
百載未遑, 有待今日, 而吾宗之盛意小, 可慰於九泉之英靈.》
백 재 미 황   유 대 금 일   이 오 종 지 성 의 소   가 위 어 구 천 지 영 령

비로소 묘소에서 소분(掃墳)[30]하는 예를 행했다.《나는 족인 몽량과 함께 묘소에 갔다. 경신년(1800년) 봄부터 분황하여 성묘한 후에 불초자[不肖]의 가친과 만형이 모두 작고하셨는데, 불초하고 형편없어 선조의 뜻을 추념하지 못하여 전소의 행이 누락된 지 20년에 이르게 되었다. 산천과 촌락이 거의 분별할 수 없게 되어, 하루를 두류(逗遛)[31]하면서 어렵게 묘소를 찾아 잔배냉적(殘杯冷炙)[32]으로 겨우 전의를 행할 수 있었다. 지금부터 4개의 파가 돌아가며 모시는 영구한 식

----

26 통유(通諭) : 조선시대 상부에서 하부로 지시·명령할 때 작성하는 관문서이나 이 글에서는 종중의 여러 사람에게 두루 고하여 알린다는 의미의 통지문 성격임.

27 유상(留相) : 유수(留守)를 달리 이르는 말. 유수는 고려·조선시대 수도 이외의 별도 또는 행궁 소재지에 설치하던 특수한 지방 장관을 이르는데, 조선시대에는 정2품 혹은 종2품이 여기에 임명되었으며 재상(宰相)의 반열에 있다 하여 유상이라 했음.

28 구재(鳩財) : 재물을 거두어 모음.

29 수작(酬酢) : 술잔을 서로 주고받는다는 뜻에서 '말을 서로 주고받음,' 또는 '주고받는 그 말.'

30 소분(掃墳) : 경사로운 일이 있을 때 조상의 산소에 가서 무덤을 깨끗이 하고 제사 지내는 일.

31 두류(逗遛) : (잠시) 머물다. 체류하다. 체재하다.

32 잔배냉적(殘杯冷炙) : '마시다 남은 술과 다 식은 구운 고기'라는 뜻으로, 약소하고 보잘것없는 주안상으로 푸대접받는 것을 말함.

(式)을 만들고자 한다. 지난 100년 동안 겨를이 없어 금일까지 기다려 왔는데, 우리 종친의 성의가 비록 작지만, 구천의 영령에게 위로가 될 수 있을 것이다.》

○ 辛巳冬十月. 신미년(1821년) 겨울 10월.

以畿儒, 發通之論, 有龍仁通告之書矣.《其明甫, 以此事專委書于余.》其後某月, 始發, 同安書社, 通文云.《同安社, 在安城 俞氏 家鄕社也. 以幷享, 晩遯社之意, 發文.》

경기 유생들이 통문을 발하는 논의가 있어, 용인에서 통고해 온 서(書)가 있었다.《기명 씨가 이 일 때문에 일부러 나에게 서(書)를 보내왔다.》그 뒤 모월 비로소 동안사에서 서(書)와 통문이 발해졌다고 했다.《동안사는 안성에 있는 유씨 집안의 지역의 사당으로 만둔사에 선생을 함께 배향하는 뜻의 글을 발했다.》

○ 壬午三月十五日. 임오년(1822년) 3월 15일.

自宗中, 又發建祠通.《是月初旬, 余往拜, 陽谷李丈昌源氏, 李丈以先生未遑之事, 屢屢起端, 辭甚懇到, 激慨不勝感荷而歸恰思. 尙州高丈相說之首倡, 沙村公事, 而偏起余先親, 進遠竣事之感.》《十三日. 族人廷晉, 廷益, 廷觀, 廷柱, 夢良甫 相會, 而余以李丈之語, 傳道座上繼以發通之意, 則諸議洽然. 十五日. 再昨會員, 齊集製通, 而考其日, 則先生終命之日適與相會, 事非偶然.》

종중에서 또 건사하는 통문을 발했다.《이 달 초순, 내가 양곡에 가서 이장(李丈)[33] 창원 씨를 배알했다. 이장 선생께서는 겨를이 없어 못하던 일[未遑之事]을 누누이 발단[起端]하셨는데, 그 말[辭]이 매우 간절했으니 감개하고 또 감사함을 이겨내지 못하며[不勝感荷], 애쓰는 생각을 품고서 돌아왔다. 상주 고장 상설께서는 사촌공의 일을 수창하셨는데, 나와 선친은 멀리 나아가 일을 마치고자 하는 감흥이 일어났다.》《13일 족인(族人) 정진, 정익, 정관, 정주, 몽량 씨[甫]와

---

33 장(丈) : 어르신의 의미.

상회했는데, 나는 이장의 말을 전도하고자 좌중에 통문을 발하는 뜻을 이은즉 여러 의론이 흡족했다. 15일 그저께 모였던 원(員)이 일제히 모여 통문을 지었는데, 그 날짜를 헤아려보니 선생의 마지막 날과 상회가 맞았다. 이 일은 아마도 결코 우연이 아닐 것이리라[事非偶然].[34]

○ 二十一日 丙寅. 3월 21일 병인.
이십일일 병인

寫通文輪, 于四派宗中, 而是夕, 安城同安社, 通文轉自鎭村, 而始得見知焉.
사 통문륜 우사파종중 이시석 안성동안사 통문전자진촌 이시득견지언
《龍仁其命甫, 謄送於鎭村, 從兄家而又轉送于余, 宗中發通之日, 此通偶到, 亦似
용인기명보 등송어진촌 종형가이우전송우여 종중발통지일 차통우도 역사
巧湊.》
교주

통문을 옮겨 적어서 4파의 종중에 돌렸는데, 이날 저녁 안성 동안사의 통문이 진촌으로부터 돌려진 것에 대해서 비로소 그것을 보고 알 수 있었다.《용인 기명 씨가 진촌에서 등송(謄送 : 사본을 하여 보냄)했는데 종형 집에서 또 나에게 전송했다. 종중에서 통문을 발송한 날, 이 통문이 우연히 이르게 되었으니 이 또한 무슨 일이란 말인가.》

○ 四月初三. 4월 초 3일.
사 월 초 삼

又發定日, 收合物財之文.《初五夜, 一派之族, 私自齊會敦議.》
우발정일 수합물재지문 초오야 일파지족 사자제회돈의

또 날을 정해 물재를 수습(收合 : 거두어 모음)하는 글을 발송했다.《초 5일 밤, 1파(一派 : 이담 종중의 1파)의 족(族)이 사사로이 모여 의논했다.》

○ 九日癸丑. 4월 9일 계축.
구 일 계 축

宗會于鯉潭, 始鳩物財, 仍成置簿冊子.《四派諸宗齊會, 次第列名, 隨力出物,
종회우리담 시구물재 잉성치부책자 사파제종제회 차제열명 수력출물
上自三十緡下至一緡, 而數員不多, 物力甚少, 都不滿六百, 且是紙上空文, 一無
상자삼십민하지일민 이수원불다 물력심소 도불만육백 차시지상공문 일무
捧納, 事甚虛疎, 而宗中僉議, 似無難色, 來頭有望.》
봉납 사심허소 이종중첨의 사무난색 래두유망

종회가 이담에서 열려 비로소 물재를 모으고 그대로 치부책[35]에 작성했다.《4

----

34 사비우연(事非偶然) : 이 일은 우연이 아니라.

35 치부책(置簿册) : 금전 혹은 물품의 드나드는 것을 적은 책(册).

파의 제종이 일제히 모여 차례로 이름을 나열하고 힘에 따라 물건을 냈는데 위로는 30민(緡)[36] 부터 아래로는 1민(緡)까지였다. 그런데 수원이 많지 않고 또 물력도 매우 적어 모두 6백민(緡)에 불과했다. 게다가 종이 위의 빈 문서로 그대로 두고 하나도 봉납하지 않았으니 일이 매우 허술했다. 다만, 종중의 여러 논의에 대해 난색이 없었으니 앞으로는 가망이 있을 것만 같았다.》

○ 壬午四月二十日. 임오년(1822년) 4월 20일.

自本邑, 亦有士林崇賢建祠之論.《四月念, 余與族人廷恒, 廷觀, 夢良甫, 偕入本邑, 歷訪南郭 洪進士 集休, 北郭 金雲山, 貞元 沈進士 啓鐸, 正言, 啓錫, 氷峴 李進士 基祐, 基祥, 校洞 李校理 敏會, 松亭 李生員 聞德, 芝谷 洪進士 喆休, 復休, 商山 李進士 象會, 東郭 洪進士 秀學, 與諸長老, 與知舊家, 則諸議激仰. 有遲暮, 晚時之歎, 而與其追享於晚遯社, 允宜建祠於本邑, 以遂崇獎之意云.》

본읍으로부터 또한 사림의 현자를 숭상하는 사당을 건립하자는 논의가 있었다.《4월 20일[念], 나는 족인(族人)인 정항, 정관, 몽량 씨와 함께 본읍으로 들어가 역방했는데 남곽 홍진사 집휴, 북곽 김운산 정원, 심진사 계탁, 정언 계석, 빙현 이진사 기우, 기상, 교동 이교리 민회, 송정 이생원 문덕. 지곡 홍진사 철휴, 복휴, 적산(商山)[37] ('商'으로 볼 수도 있음)이진사 상회, 동곽 홍진사 수학 등 여러 장로와 벗[知舊][38] 의 집인즉 모든 의론이 격앙되었다. 늘그막에 만시지탄이나, 그와 더불어 만둔사에 추모하고 배향하고 있어, 진실로 본읍에 사당을 세워야 함이 마땅하니, 마침내 존숭하고 장려하는 뜻이었다고 했다.》

○ 冬十月二十二日. 겨울 10월 22일.

安城道基書院發簡, 通文來焉.《道基, 卽金沙溪, 俎豆之院, 有司閔礪世等, 以

----

36 민(緡) : 낚싯줄을 의미하는 것이나, 이 글에서는 돈꿰미를 의미하는 것으로 예전에, 엽전을 꿰는 꿰미 또는 꿰놓은 엽전 뭉치를 이르던 말.

37 적(商) : 본문에서는 '商'과 '商'의 구분이 명확하지 않음.

38 지구(知舊) : 오래 전부터 가까이 사귀어 온 친구. 오랜 벗.

鳩財, 竣事之責, 勛吾諸宗, 而文則九月十五日出.》
구재 준사지책 욱오제종 이문즉구월십오일출

안성 도기서원에 서찰을 보내어 통문이 왔다.《도기서원은 곧 김사계를 제향하는 서원이다[俎豆之院]. 유사 민려세 등이 재물을 모아 일을 마무리하여 끝냈는데 우리의 여러 종친이 힘을 썼다. 서찰은 9월 15일에 보냈다.》

○ 癸未八月十一日. 계미년(1823년) 8월 11일.
계미팔월십일일

安城白峰書院通文, 到付于本邑校宮.《白峰, 卽洪南坡, 俎豆之院, 以幷享晚遯
안성백봉서원통문 도부우본읍교궁 백봉 즉홍남파 조두지원 이병향만둔
之意, 鄭鴻書等, 發通送于本校, 從兄煜屢往白峰.》
지의 정홍서등 발통송우본교 종형욱루왕백봉

안성의 백봉서원의 통문이 본읍의 향교에 도착했다.《백봉서원은 곧 홍남파를 제향하는 서원이다[俎豆之院]. 만둔의 뜻을 병향하는 곳으로서 정홍서 등이 본교에 통문을 발송하여 종형 욱(煜)이 여러 번 백봉에 갔었다.》

○ 十一月十八日壬午. 11월 18일 임오.
십일월십팔일임오

本邑士林, 以先生建院事, 儒會于司馬齋, 發通文.《自壬午以後, 士林以儒會之
본읍사림 이선생건원사 유회우사마재 발통문 자임오이후 사림이유회지
院晚歸責于旁孫余等, 以力綿未亟設施矣. 白峰通文, 來于本校之後, 士論激發,
원만귀책우방손여등 이력면미극설시의 백봉통문 래우본교지후 사론격발
而旁孫之擔責尤重, 故是月十日, 余與廷觀甫俯從, 初日宗會所排定之議, 偕入本
이방손지담책우중 고시월십일 여여정관보부종 초일종회소배정지의 해입본
邑, 以聽士林公議, 則以建院本邑之意, 衆論匆悠, 儒會日猝以十八, 期限甚迫,
읍 이청사림공의 즉이건원본읍지의 중론물유 유회일졸이십팔 기한심박
凡具沒策, 余與廷觀, 留連于邑, 歷請諸章甫家, 通告事抹, 而吾宗, 則姑不聞知,
범구몰책 여여정관 류연우읍 역청제장보가 통고사말 이오종 즉고불문지
且接待浮費, 不得不宗中鳩出, 故廷觀, 還家, 與諸宗, 敦議, 余則仍留邑以觀他
차접대부비 부득불종중구출 고정관 환가 여제종 돈의 여즉잉류읍이관타
般緊事, 製通, 則商山, 南郭, 北郭之所共協撰也. 右日, 進士申用顯, 李象會等,
반긴사 제통 즉상산 남곽 북곽지소공협찬야 우일 진사신용현 이상회등
二十餘員以建社鯉潭之意, 發文, 寫通卽洪進士秀學也. 士林則會於司馬齋, 南夾
이십여원이건사리담지의 발문 사통즉홍진사수학야 사림즉회어사마재 남협
室 旁孫, 則會于北夾室, 煥宗, 老星, 老廷, 廷晉, 廷恒, 廷觀, 九老, 商老, 逸老,
실 방손 즉회우북협실 환종 로성 로정 정진 정항 정관 구로 적로 일로
吉老, 廷憲, 廷濟, 廷穆, 廷泰, 廷漸, 廷□, 廷□, 寂良, □良, □良, 等 二十員
길로 정헌 정제 정목 정태 정점 정 정 최량 량 량 등 이십원
也. 余與廷觀, 又留邑, 署收名帖. 二十一日, 廷觀還家, 余則仍往, 北倉盤松, 荷
야 여여정관 우류읍 략수명첩 이십일일 정관환가 여즉잉왕 북창반송 하
潭玉亭月灘, 諸章甫家, 收名帖. 更向荷潭, 訪閔同知, 騰出, 立庵閔齊仁碑文而
담옥정월탄 제장보가 수명첩 갱향하담 방민동지 등출 입암민제인비문이
來, 以其與翰林公之史草有, 卞明可徵之案也. 二十七日還家.》
래 이기여한림공지사초유 변명가징지안야 이십칠일환가

본읍 사림이 선생의 원우(院宇)를 건립하는 일로 사마재에서 유회하고 통문을 발했다.《임오년(1822년) 이후 사림이 유회에서는 원우에 대하여는 늦게나마 방손인 나[余] 등에게 그 책임을 맡겼으나 능력이 보잘것없어 미처 서둘러 시행하지 못했다. 백봉서원의 통문이 본교에 내려온 뒤 사론이 격발해서 방손의 책임은 더욱 무거워졌다. 그러므로 이달 10일 나는 정관 씨를 따라 초일 종회에 배정하는 논의를 위해 본읍에 함께 들어가 사림의 공의를 들은즉 원우를 건립하는 것이 본 읍의 뜻이었다. 중론은 아득히 먼데 유회일이 갑자기 18일로 정해져서 그 기한이 매우 촉박했다. 모든 계책이 없어 나는 정관과 함께 읍(邑)에서 여러 장보(章甫)[39]가(家)에게 통고하는 일로 유련(留連)[40]했다. 그런데 우리 종중에서는 듣지 못해서 또 쓸데없는 비용으로 접대했다. 어쩔 수 없이 종중에서 모을 수밖에 없어, 정관은 집으로 돌아가 여러 종친과 의논했다. 나는 그대로 읍에 머물면서 다른 여러 가지 일을 살폈고 통문을 짓는 일은 적산, 남곽, 북곽이 함께 협력했다. 우일 진사 신용현, 이상회 등 20여 원(員)이 이담에 건사하는 뜻을 발문했는데, 통문을 옮겨적은 이는 바로 홍진사 이수학이었다. 사림은 사마재 남협실에서 모였고 방손은 북협실에서 모였는데 환종, 노성, 노정, 정진, 정항, 정관, 구로, 적로, 일로, 길로, 정헌, 정제, 정목, 정태, 정점, 정□(廷□)[41], 정□, 최량, □량, □량 등(等) 20원(員 : 명)이었다. 나는 정관과 또 읍에 머물면서 약간의 명첩을 거두었다. 21일 정관은 집으로 돌아갔고 나는 이어 북창, 반송, 하담, 월탄 등 여러 장보의 집에서 명첩을 거두었다. 다시 하담을 향하여 민동지를 방문하고 입암 민제인의 비문을 베껴 적어왔는데 거기에 한림공의 사초가 있어서 분명하게 입증할 수 있는 안(案)이었다. 27일 집으로 돌아왔다.》

　　○ 十二月四日. 12월 4일.
　　　십 이 월 사 일

- - - - - - - - - - - - - - - - - - -

39　장보(章甫) : 유생(儒生)의 이칭(異稱).

40　유련(留連) : 객지에 머물러 돌아가지 않음.

41　□ : 원문에서 훼손 혹은 누락된 글자의 표기이다.

以建院鳩財事宗會, 于鯉潭.《以前年 宗中收合事.》
이 건 원 구 재 사 종 회　우 리 담　　이 전 년　종 중 수 합 사

건원과 구재(鳩財 : 재물을 모음)의 일로 이담에서 종회했다.《전년도에 종중에서
수합(收合 : 합의)한 일이었다.》

○ 十日. 12월 10일.
　　십 일

又以收錢事宗會, 于鯉潭.《各派所出錢, 槩多先後之不齊, 未畢捧.》《十六以寫
우 이 수 전 사 종 회　우 리 담　각 파 소 출 전　개 다 선 후 지 불 제　미 필 봉　　십 육 이 사
通事往丹邱 廷觀家與, 廷晉, 廷恒, 廷益, 廷稷, 有相確.》
통 사 왕 단 구 정 관 가 여　정 진　정 항　정 익　정 직　유 상 확

또 돈을 거두는 일로 이담에서 종회했다.《각 파에서 출전한 바가 대략 많았으
나 선후가 일정하지 않아서 다 받지는 못했다.》《16일. 통문을 옮겨적는 일로
단구의 정관 집[家]에 가서 정진, 정항, 정익, 정직과 상확하는 일이 있었다.》

○ 甲申《卽今上二十三年》正月十一日. 갑신(1824년)《즉 금상 23년》정월 11일.
　　갑 신　즉 금 상 이 십 삼 년　정 월 십 일 일

與地師擇院基.《院基初占鯉潭, 有卑濕之慮, 更占荷潭 舞童峴, 而有不淨偏僻
여 지 사 택 원 기　　원 기 초 점 리 담　유 비 습 지 려　갱 점 하 담 무 동 현　이 유 불 정 편 벽
之患, 次占木渡, 而有偏狹僻隅之歎, 末乃占于桂潭, 兩大村 之間, 以從詢謨之僉
지 환　차 점 목 도　이 유 편 협 벽 우 지 탄　말 내 점 우 계 담　양 대 촌 지 간　이 종 순 모 지 첨
同地勢之平均, 土力之堅强, 以非淀地師牽强挾雜之說也.》初占桂潭焉.
동 지 세 지 평 균　토 력 지 견 강　이 비 정 지 사 견 강 협 잡 지 설 야　초 점 계 담 언

지사(地師)[42]와 함께 서원의 터를 골랐다.《원의 터[院基]를 처음에는 이담을 지
정하였으나 비습(卑濕)[43]이 있는 점을 고려하여 하담 무동현으로 다시 정하였다.
그런데 부정이 있고 편벽한 것이 걱정되었고 목도로 다시 정하였다. 그러나 그
곳 역시 편협하고 편벽하여 탄식하고 끝내 계담은 양 대촌(大村) 사이로 이곳으
로 정하였다. 순문(詢問 : 자문을 받아)하여 도모한 곳으로 모두 지세가 평평하고
고르며 토력(土力)이 견강했으니 지사가 억지로 협잡(挾雜)[44]한 설(說)은 분명 아닐
것이다.》처음에는 계담을 정하였었다.

○ 十四日. 정월 14일.
　　십 사 일

42　지사(地師) : 풍수설에 따라 집터나 묏자리를 잡아 주는 사람. [유사어] 지관(地官), 지리관(地理官).

43　비습(卑濕) : 땅바닥이 낮고 습기가 많음.

44　협잡(挾雜) : 그릇된 짓으로 남을 속임.

以建院有司, 事有士林商論.《余與廷觀入邑, 與南郭, 商山, 諸處相議, 則以來
月大祭日 齊會校宮, 定有司云. 留邑二月十七日還家.》

건원의 유사를 정하는 일로 사림 상론(商論)[45]이 있었다.《나는 정관과 함께 읍
에 들어가서 남곽과 적산의 여러 곳에서 상의한즉 다음 달 대제일(大祭日)[46]에 모두
교궁에 모여 유사를 정하자고 했다. 읍에 머물다가 2월 17일 집으로 돌아왔다.》

○ 二十一日. 정월 21일.

完定, 院基於桂潭山, 桂潭里, 酉座之地, 擇開基吉日.《更請, 星田李生員氏,
詳視院基, 則恰好無久不易得之吉地云. 蓋論此山位, 太白北走千餘里, 近至二十
里起, 朴達山小祖. 又十里, 結聚淑氣, 爲鷹峰, 連回數里, 蜿蜒作局後, 爲發尼
峰, 背爲飛龍山, 其下桂潭也. 水自俗離, 而彎回山分左右, 而拱護案有講峰, 前
有鯉潭, 大平, 廣闊開朗, 平穩幽靜, 眞是賢人俎豆之所, 章甫趨挹之地也. 兩夾
大村, 中空, 是基, 事非偶然. 若有前定曾經杖屨地, 爰卜牲享之基, 英靈之冥感,
旁裔之依仰, 士林之尊尙, 百載之後, 有天人相感之理, 地亦秘慳以待今日, 豈無
其故也哉. 盱噫幸矣.》

원의 터를 계담산 계담리 유좌의 땅으로 완전히 정하고 개기(開基)[47]할 길일을
택했다.《다시 성전 이생원 씨에게 원의 터를 자세히 살펴볼 것을 청한즉 오래
지 않아 얻기 쉽지 않은 길지와 알맞다[恰好]고 했다. 대략 이 산의 위치를 논하
자면, 태백이 북쪽으로 1천여 리를 달려 20여 리 가까이에 이르러 박달산에서
일어나 소조가 되었다. 또 10리에서 숙기를 결집하여 응봉을 만들어 연이어 수
리(數里)를 돌아 완연(蜿蜒)[48]하다가 국(局)을 만든 후 발니봉이 되었고 배(背)로는
비룡산이 되었으니 그 아래가 바로 계담이다. 물은 속리산으로부터 나와 만회

---

45 상론(商論) : = 相論(商論). 서로 의논(議論)함. 상의(相議). 옳고 그름을 따져서 서로 논란(論難)함.

46 대제일(大祭日) : 대제를 지내는 날.

47 개기(開基) : 공사(工事)하려고 터를 닦기 시작함.

48 완연(蜿蜒) : (길게 뻗쳐 있는 모양이) 구불구불함.

산에서 좌우로 나뉘어 안(案)을 에워싸며 호위하여 강봉이 있고 앞에는 이담의 대평에서 넓게 열려 있어 평온하고 조용하니 참으로 현인의 배향 장소[俎豆之所]로 장보(章甫)[49]가 추읍(趨挹 : 마음이 쏠려 당김)할 만한 땅이었다. 양쪽으로 대촌을 끼고 그 가운데 빈 곳이 바로 이 터[基]이니 일이 결코 우연한 것이 아니었다. 일찍이 벼슬을 지낸 자가 장구(杖屨)[50]하는 땅으로 이전에 정한 것 같았으니 이에 제향을 드리는 터로 영령이 명감(冥感)[51]하는 곳으로 자리 잡아 방예가 의앙(依仰)[52]하고 사림이 존상하여 백 년[百載] 후에도 천인이 서로 감응하게 되는 이치가 될 것이다. 땅 또한 숨겨둔 곳으로 금일까지 기다렸으니 어찌 그 까닭이 없었겠는가! 아, 다행이로다.》

○ 二十九日. 정월(正月) 29일.

又有士林商確[53]之事.《是日, 余與廷觀入邑, 留與南郭, 商山, 相議院基圭測, 院樣制度 博詢敦定.》

또 사림이 적확(商確)[54]하는 일[事]이 있었다.《이날 나는 정관과 읍에 들어갔다가 남곽과 적산에 머물며 상의하여 원의 터[院基]에 규(圭)로 측량하는 것을 상의하고 원의 양식과 제도에 관해서 널리 묻고 결정했다.》

○ 二月三日. 2월 3일.

士林齊會校宮, 分定院宇營建, 有司三十七員, 即出薦紙于諸有司家.《校長 李進士象會, 掌議 李祜, 色掌 洪世模, 李光會, 諸員同參, 而本家子孫, 使不得參觀.》

사림이 향교[校宮]에서 제회하여 사우를 영건할 유사 37명을 분정하고자 곧 모든 유사의 집에 천지를 보냈다.《교장 이진사 상회, 장의 이호, 색장 홍세모,

----

49 장보(章甫) : 유생(儒生)의 이칭(異稱).

50 장구(杖屨) : 지팡이와 신. 이름난 사람이 머무른 자취를 이르는 말.

51 명감(冥感) : 그윽한 가운데 감응함.

52 의앙(依仰) : 의지(依支)하고 앙모(仰慕)함.

53 '상확(商確)'으로 추정됨.

54 적확(商確) : '상확(商確)'으로 추정됨. 이후 이 글자는 문맥에 따라 발조하고 번역함.

이광회 등 여러 원이 동참했는데 본가의 자손들은 참관하지 못하게 했다.》

○ 二月四日. 2월 4일.

請開基祝文, 於洪進士集休氏, 請上樑文, 于金正言鼎元氏.《與廷恒, 廷觀, 偕爲請文, 以紙筆簿物幣焉. 而固辭不受, 再三强請而後受, 又與北郭, 有文字商議事, 五日帶雨, 還以六日 開基故也.》

개기 축문을 홍진사 집휴 씨에게 청하고 상량문을 김정언 정원 씨에게 청했다.《정항, 정관과 함께 지필, 문서, 물폐 등을 보내어 글[文]을 청했는데 굳이 사양하여 받지 않으시다가 두세 번 강청한 뒤에야 받으셨다. 또 북곽에 문자를 상의할 일이 있었으며 5일 비[雨]가 와 체류했다가 6일 돌아왔는데 개기(開基 : 터닦기) 때문이었다.》

○ 甲申二月六日庚子. 갑신(1824년) 2월 6일 경자.

午時, 開院宇基址.《是日, 諸宗咸集觀瞻, 而獻官, 卽李斯文基後, 元斯文用霖甫, 俱是營建有司也.》《此以下附于日記.》

오시에 원우의 개기식을 했다.《이날 모든 종중이 모두 모여 참관했는데 헌관은 이사문 기후(基後)[55], 원사문 용림 씨였다. 모두 영건하는 유사였다.》《이 이하는 일기에 부친다.》

○ 自先生生年正德十三年戊寅 至今上二十三年. 建院甲申三百有六年.

선생의 생년 정덕 13년 무인(1518년)으로부터 금상 23년 건원 갑신(1824년) 306년.

○ 自嘉靖二十七年被禍戊申, 至甲申二百七十五年.

가정 27년 화를 입은 무신(1548년)으로부터 갑신(1824년) 275년(276년의 오기로 추정).

○ 自萬曆五年, 伸雪復官丁丑, 至甲申二百五十四年.

만력 5년 신설복관된 정축(1577년)으로부터 갑신(1824년) 254년(247년의 오기로 추정).

---

55 이름에서는 '後'보다는 '俊'으로 보는 것이 적절하나 원문에서는 명확히 '後'로 표기되어 '후'로 탈초하고 번역했다.

○ 自萬曆十七年竪碣己丑, 至甲申二百四十三年.
　자 만 력 십 칠 년 수 갈 　 축 　 지 갑 신 이 백 사 십 삼 년

만력 17년 수갈(竪碣)**56**한 기축(1589년)으로부터 갑신(1824년) 243년(235년의 오기로 추정).

○ 自正宗㊀二十四年, 贈職己未, 至甲申二十五年.
　자 정 종 조 이 십 사 년 　 증 직 기 미 　 지 갑 신 이 십 오 년

정종(정조) 24년(23년의 오기로 추정) 증직된 기미(1799년)로부터 갑신(1824년) 25년.

○ 自正德戊寅, 至今上十八年, 發院議戊寅三百年《即先生五回甲事甚不偶》.
　자 정 덕 무 인 　 지 금 상 십 팔 년 　 발 원 의 무 인 삼 백 년 　 즉 선 생 오 회 갑 사 심 불 우

정덕 무인(1518년)으로부터 금상 18년 원의를 발한 무인(1818년) 300년《즉 선생 5회갑인데 일[事]이 우연한 것이 아니다.》

○ 自被禍戊申, 至奉安享祀戊戌二百九十年.
　자 피 화 무 신 　 지 봉 안 향 사 무 술 이 백 구 십 년

화를 당한 무신(1548년)으로부터 봉안 향사한 무술(1838년) 290년.

○ 自被禍戊申, 至贈職己未一百九十年.
　자 피 화 무 신 　 지 증 직 기 미 일 백 구 십 년

화를 당한 무신(1548년)으로부터 증직된 기미(1739년) 190년(191년의 오기로 추정).

○ 自戊申, 至復官丁丑三十年.
　자 무 신 　 지 복 관 정 축 삼 십 년

무신(1548년)으로부터 복관된 정축(1577년) 30년(29년의 오기로 추정).

○ 自戊申, 至竪碣己丑四十二年.
　자 무 신 　 지 수 갈 기 축 사 십 이 년

무신(1548년)으로부터 수갈한 기축(1589년) 42년(41년의 오기로 추정).

○ 自戊寅, 至己丑七十一年.
　자 무 인 　 지 기 축 칠 십 일 년

무인(1518년)으로부터 기축(1589년) 71년에 이르기까지.

○ 自竪碣己丑, 至今上三十一年, 改莎辛卯二百五十年.
　자 수 갈 기 축 　 지 금 상 삼 십 일 년 　 개 사 신 묘 이 백 오 십 년

수갈한 기축(1589년)으로부터 금상 31년 개사초(改莎)**57**한 신묘(1831년) 250년 (242년의 오기로 추정).

----

56 수갈(竪碣) : 비석을 세움.

57 개사(改莎) : 흙이 드러난 무덤의 떼를 갈아입힘.

【 編年記實終 】
편년기실종

係是編年, 故詳於日月, 記實故詳於附註, 而略於元行, 竊取史詳於附註, 竊取
계 시 편 년　고 상 어 일 월　기 실 고 상 어 부 주　이 략 어 원 행　절 취 사 상 어 부 주　절 취
疏然, 隨時, 輒錄語多煩, 屑文, 不接屬姑待更次正草, 觀者恕之焉.
소 연　수 시　첩 록 어 다 번　설 문　부 접 속 고 대 갱 차 정 초　관 자 서 지 언

이것은 편년과 관련된 것이므로 일월에 상세하다. 그 실제를 부주에 상세하게 기록했으므로 원행에서는 간략하다. 역사에서 절취하여 부주에 상세하게 했고 삼가 상소(疏)에서도 취절했다. 그러나 때때로 번번이 기록한 말도 많고 번거롭고 자질구레한 글이 되었다. 접하지 않는 사람은 우선 재차 정초를 기다리고, 본 사람[觀者]은 너그러이 용서하기를 바란다.

검열사의 창건 관련 통문과 발문

위와 같이 증(贈) 직제학(直提學) 안명세 선생의 조두지례를 위한 숭모 공간을 현 계담서원 부지에 창건하기로 결정하였다. 한편, 순흥안씨 충주파 종중에서는 통문을 받고 문중과 안성, 충주 등을 왕복하여 한림공 배향을 협의하였다. 본 편에서는 서원 건립을 위한 안성지역 유림, 충주지역 유림과 안씨 종중의 노력을 살펴볼까 한다.

우선 개략적으로 살펴보면,

- 1818년 순흥안씨 종중에서는 처음으로 안성지역 유림들의 증 직제학 안명세 선생의 기개와 충절을 숭모하기 위하여 을사사화 시의 3 대신(윤임, 유관, 유인숙) 중 한 분인 정수(靜叟) 유인숙 선생을 모신 만둔사(晚遯祠) 배향 공의(公議) 동향을 파악하였다.

- 그리하여 다소 늦은 감은 있지만 1819년 5월 15일 용담공(龍潭公 : 안환)께서는 한림공(안명세 선생)의 절의를 알리고 만둔사 향사(享祀) 논의를 알리는 통문을 순흥안씨 충주파 종중원들에게 알리고

- 1822년 3월 15일에는 종중 대표(안환, 종로, 수득, 태성, 리성 등)들이 한림공 배향에 필요한 자금확보를 위한 통문을 종중원들에게 보냈다.

- 또한 1821년에 동안사와 만둔사에서 한림공과 을사사화와의 관계, 그리고 한림공의 충절이 높이 평가되어 신원복관과 정조 때 증직된 사항을 설명하며 만둔사에 배향을 요청하는 통문이 1822년 3월 21일 도착하였다.

- 이에 순흥안씨 충주파에서는 자금확보 방안과 향사(享祀) 대책 논의를 위한 종중회의 개최 통문과 함께 회의를 개최하였다.

- 1822년 9월 15일에는 안성지역의 도기서원(道基書院)에서 탁영(濯纓) 김일손

(金馹孫)[58] 선생의 배향 사례를 설명하고 자금을 모아 한림공을 만둔사 배향 협의통문이 종중으로 도착하였다.

- 이어서 1823년 8월에는 백봉서원(白峰書院)에서 한림공의 만둔사 배향 협의통문이 8월 15일 충원교궁(忠原校宮)[59]에 도착하였다.

- 순흥안씨 충주파 문중에서는 안성과 충주를 수차례 왕복하며 만둔사 배향 문제와 서원의 창건 등을 협의하였으며

- 충원향교 사림에서는 이에 대한 대책협의가 있었고 1823년 11월 18일 안씨 충주파 문중에 한림공의 만둔사 배향 대신 한림공(翰林公)[60]의 방손들이 집성촌인 이담에 정당(正堂)과 강당(講堂)을 마련하고 배향하자는 통문을 2회에 걸쳐 보내왔다.

이어 현 충주지역 유림들과 협의하여(협의 과정 등 기타의 일들은 편년기사 참고) 이담에 정당과 강당을 건립하기로 하고 문중의 책임자로 용담공(龍潭公 : 안환)이 선정되었다.

- 그리하여 1823년 12월 4일 문중 대책회의가 개최되고 아울러 안씨 문중과 지역유림에서는 서원건립을 위한 자금을 모금하기 시작하고

- 1824년 1월 11일에는 서원의 건립부지로 현 서원부지가 선정됨에 따라 서원의 건축이 본격적으로 추진되었다.

이에 그간 유림에서 한림공의 절의를 추모할 사우 조성을 위하여 공의(公議)한 창의문을 게재한다.

翰林 贈直提學公 建院通文(한림 증직제학공 건원통문)
【 宗中通文(종중통문) 】

----

58 김일손(金馹孫) : 김종직 선생의 조의제문을 사초에 실어 당쟁에서 사사됨.
59 충원교궁(忠原校宮) : 현 충주향교, 당시에는 이담 지역은 충주목 관할.
60 한림공(翰林公) : 이담으로 낙향하신 안훈(安壎) 공의 조카임.

伏以, 崇賢尙德, 出於秉彝之, 天旋美闡幽, 宲爲寓慕之地. 惟我旁七代祖, 贈
복이 숭현상덕 출어병이지 천선미천유 포위우모지지 유아방칠대조 증

直學公, 稟忠君孝親之性, 永樹謹齋之遺風 諱軸, 諡文貞, 號謹齋, 麗朝 贊成事,
직학공 품충군효친지성 영수근재지유풍 휘축 시문정 호근재 려조 찬성사

德業文章聞於掌夷, 卽公八代祖. 守正義, 直節之名, 克紹文肅之淸操. 諱 崇善,
덕업문장문어장이 즉공팔대조 수정의 직절지명 극소문숙지청조 휘 숭선

諡 文肅, 號 雍齋, 我世宗朝, 左參贊兼大提學, 德業文章, 重于一世, 公之四代祖.
시 문숙 호 옹재 아세종조 좌참찬겸대제학 덕업문장 중우일세 공지사대조

삼가 어진 이를 높이고 덕을 숭상하는 것은 본연의 성품에서 나왔으니, 하늘
에 펼쳐진 아름다운 덕을 찬양하오니 진실로 우거(寓居 : 자신이 사는 곳)하며 사모
하는 곳으로 삼고자 합니다. 우리 방계 7대조 증 직학공께서는 천품이 충군효
친하며 근재의 유풍을 영원히 세우셨습니다.《휘 축, 시호 문정, 호 근재로 고려
조 찬성사(贊成事)[61]로 덕업과 문장이 이적(夷狄 : 여진족을 낮추어 부르던 말)에도 알려
졌으니 곧 공의 8대조이시다.》정의를 지키시며 곧은 절개의 명칭으로 문숙이
라는 청렴한 지조를 잘 계승하셨다.《휘 숭선, 시호 문숙, 호 옹재로 우리나라
세종조에 좌참찬 겸 대제학으로서 덕업과 문장은 한 시대에 거듭나셨으니 공의
4대조이시다.》

筮仕, 於明廟朝冲年嗣服.《明宗元年乙巳, 公拜注書.》繩愆, 於忠順堂, 及日垂
서사 어명묘조충년사복 명종원년을사 공배주서 승건 어충순당 급일수

簾.《文定王后, 垂簾, 忠順堂.》丁巳, 已回否之機, 痛羣陰剝陽之禍, 管班馬記史
렴 문정왕후 수렴 충순당 정사 이회부지기 통군음박양지화 관반마기사

之任, 居翰林博士之官.
지임 거한림박사지관

명묘조(명종)가 어린 나이에 사복(嗣服)[62]할 때 처음으로 서사(筮仕)[63]를 하셨다.《명
종 원년인 을사년(1545년), 공은 주서(注書)[64]에 제수되셨다.》(공은) 충순당에서 하
루 종일토록 수렴(垂簾)[65]하는 허물을 바로잡으셨다.《문정왕후는 충순당에서 수
렴청정했다.》정사년(1557) 이미 돌려주는 것을 거부[回否]하고,[66] 뭇 소인배가

----

61 찬성사(贊成事) : 고려 후기 첨의부(僉議府 : 都僉議使司)의 정2품 관직.

62 사복(嗣服) : 선대의 위업을 계승하거나 왕위를 물려받던 일.

63 서사(筮仕) : 처음으로 벼슬함. 원래는 처음 벼슬할 때에 길흉을 점쳐 태도를 결정하는 것을 말함.

64 주서(注書) : 승정원의 정7품 관직.

65 수렴(垂簾) : 역대 왕조에서 행해진 대리정치. 발을 드리운 것. 또는 드리운 발. 수렴청정(垂簾聽政)의 준말.

66 앞뒤의 문맥상 문정왕후가 명종의 수렴청정을 하던 것을 그만두지 않은 것을 의미하는 것으로 추정됨.

군자를 박해하는 화(禍)가 있어 반마(班馬)[67]된 역사를 기록하는 임무로 담당했는데 한림박사의 관직에 있었다.

于是時, 柳公灌, 尹公任, 柳公仁淑, 椒房至親.《尹公, 章敬王后之弟, 時稱, 大尹.》台覺元老,《柳公灌 左相, 柳公仁淑 吏判.》鎭安壞俗, 軼東漢之三君《竇武, 陳蕃, 荀淑, 爲東漢黨禍之宗.》定策宗祊作, 西宋之一呂.《宋呂公晦, 有力於英宗承統, 我明廟入承, 三公定論.》

당시 유관[柳公灌], 윤임[尹公任], 유공인숙은 초방지친(椒房至親)[68]이었는데《윤공은 장경왕후의 아우로 당시에 대윤으로 불렸다.》태각(台閣 : 조정)의 원로로《유관은 좌상(左相 : 좌의정)이고, 유인숙[柳公仁淑]은 이조판서[吏判]였다.》진안(鎭安 : 백성을 편안하게 함)한 풍속으로 동한(東漢)[69]의 3군(君)을 넘어서는 사람이었다.《두무(竇武)[70], 진번(陳蕃)[71], 순숙(荀淑)[72]은 동한당이 화를 당할 때 종주였다.》종묘[宗祊][73]에 대한 정책이 만들어졌는데 이는 서송의 한 법칙이라 할 만했다.《송(宋)여회[呂公晦]가 영종이 승통했을 때 힘이 있었는데 우리나라 명종이 계승한 후 삼공정론이 있었다.》

夫何七巨猾, 百端搆謀.《李芑, 鄭順朋, 尹元衡, 林百齡, 金光準, 尹仁鏡, 鄭彦慤 等.》竟至三大臣一時受死.《三大臣, 卽三公.》畏周索羅吉之黨, 直言不聞於當朝.《唐, 周興, 索元禮.》混忠逆, 是非之關公議幾熄乎.

어찌하여 일곱 명의 큰 간신이 온갖 방법으로 모략을 꾸몄단 말인가!《이기,

----

67 반마(班馬) : 대열에서 이탈하여 홀로 된 말.

68 초방지친(椒房至親) : 후비(后妃)나 왕후(王后)의 친정(親庭)의 친족(親族).

69 동한(東漢) : 중국 왕조의 하나로, 왕망에게 빼앗긴 한 왕조를 광무제 유수가 되찾아 낙양에 도읍을 정하고 부흥시킨 나라.

70 두무(竇武) : 후한(後漢) 시기 평릉(平陵) 사람. 자는 유평(游平). 융(融)의 현손이며 장녀가 환제(桓帝)의 후(后)가 됨. 청렴하고 악행을 싫어함.

71 진번(陳蕃) : 후한 여남(汝南) 평여(平輿) 사람. 자는 중거(仲擧)다. 처음에 군(郡)에서 벼슬하다가 효렴(孝廉)으로 천거되었다. 태위(太尉) 이고(李固)의 천거로 의랑(議郞)이 되고, 예장태수(豫章太守)와 대홍려(大鴻臚), 광록훈(光祿勳) 등을 역임.

72 순숙(荀淑) : 후한 영천(潁川) 영음(潁陰) 사람. 자는 계화(季和)다. 젊어서부터 고행(高行)이 있었고, 박학했지만 장구(章句)에 얽매이지 않았다.

73 종팽(宗祊) : 종묘(宗廟). 또는 그 제사. [유사어] 종석(宗祏). 종조(宗祧).

정순붕, 윤원형, 임백령, 김광준, 윤인경, 정언각 등이다.》마침내 세 대신이 한꺼번에 죽임을 당하게 되는 지경에 이르렀다.《세 대신은 곧 삼공이다.》주흥[周]과 색원례[索]의 무리를 두려워해서 직언이 당조(當朝 : 재위 중인 임금이나 재상)에서 들리지 않았다.《당나라 주흥(周興)과 색원례(索元禮)[74]이다.》충신과 역적이 섞이고 시비와 관계된 공론이 거의 사라져 버렸다.

來世, 惟公氣節, 衝霄漢, 法攦經, 謹嚴之規, 舌鉞如雪霜秉, 董狐史記載之筆
《攦經春秋, 狐史董狐.》猗乎. 卄二字, 直寫爭光于日星.《中宗大王小祥未過, 仁
宗時未發靷, 上於殯側殺三大臣, 合二十二字.》卓矣, 千百世, 正論生, 色於竹
簡, 且支用粥斥雨之說.《中宗初喪時, 文定, 食豆粥公史云, 用不去滓豆粥, 三碗
後, 又上疏請, 斬妖僧普雨.》

내세에 오직 공의 기(氣)와 절개가 은하수[霄漢]를 찌르고 인경(攦經 : 춘추의 다른 이름)을 따라 근엄한 규범으로 설월(舌鉞 : 도끼와 같은 바른말)은 마치 눈[雪] 서리[霜]와 같아 동호(董狐 : 중국 춘추시대 진의 사관)의 역사를 기록하는 필법이《인경(攦經)[75]은 춘추이며 호사는 동호이다.》끊어지지 않고 이어졌다. 22자(字)는 그대로 베껴 쓴 것으로 마치 일월의 빛과 대등하니《중종대왕의 소상이 아직 지나지 않았고 인종의 발인도 하지 않았는데 빈소 옆에서 세 대신을 죽였으니 도합 22자였다.》우뚝하도다. 천백 세의 정론이 생겨나도록 죽간에서 빛이 나고 있었으며, 또 죽에 대한 글로 보우(普雨 : 조선 전기의 승려)를 물리쳤다는 설(說)이다.《중종 초상 때 문정왕후가 두죽(豆粥 : 콩죽 또는 팥죽)을 먹었는데, 공사에 이르기를, 두죽 세 사발을 사용한 오점은 사라지지 않을 것이며, 또한 요승 보우를 참살하라고 상소하여 청하였다.》

---

74 색원례(索元禮) : 중국 역사상 유일무이한 여황제인 측천무후는 권력을 유지하기 위해 혹리(酷吏)들을 부려 반대 세력들을 탄압 혹리 중에서도 악명을 떨친 사람

75 인경(麟經) : 원문에서는 '攦經'이나 '麟經'으로 추정됨.

亦是陳善閉邪之誠, 終被賊芑賊具之讒, 禍甚於丁未.《尙孝順公主, 具思顔 卽
中宗駙馬也. 賊性奸黠貪鄙直事之設暗囑於芑. 鄭彦慤, 以忠淸監司, 宿廣州良才
驛, 自書于壁曰, 女主執政于上, 奸臣弄權於下, 國之將亡, 可立而待. 仍誣告士
類, 羅致成獄復熾乙巳餘燼.》竟遭東林東市之變, 時惟其戊申.《明顧成憲, 講學
于東林書院, 時目爲東林黨, 嚴嵩煽禍, 一時良善多被慘禍, 漌錯量以朝服, 斬東市,
而公亦以具朝服處絞, 卽戊申三月十五日也. 乙巳之禍, 恰似 東林之變, 故云然.》

또한 선을 개진하여 사심을 막는 정성이 결국 적(賊) 이기와 적(賊) 구(具 : 구사
안)를 참소한 화(禍)가 극심하던 정미년(1547년)에 피해를 당해《효순공주 구사안
은 곧 중종의 부마이다. 역적의 성품은 간사하고 교활하며 탐욕스럽고 비루하
여 이기에게 일을 잘 처리해 달라고 은밀히 부탁했다. 정언각이 충청감사가 되
어 광주의 양재역에서 묵을 때 벽에 쓰인 글을 스스로 이르길, 여주가 위에서
정권을 잡고 간신이 아래에서 권세를 농간하고 있으니 나라가 장차 망할 것을
서서 기다릴 수 있게 되었다 라고 했다. 이어 사류를 무고해 옥사를 마침내 성
립시켜 을사년(1545년) 남아 있던 재해가 다시 발생했다.》마침내 동림과 같이
동시의 변을 당했으니 그때는 오직 무신년(1548년)이었다.《명(明) 성헌(成憲 : 문서
의 형식을 갖추어 정립한 법)을 돌아보면, 동림서원 강학에 동림당 엄숭(嚴嵩 : 명나라
세종시 간신)을 직접 목격한 것으로 선동되어 일시에 양선(良善 : 신량한 사람)의 대
부분이 화를 입어 참혹했는데 그때 조복을 입고 동시에서 참수되었다. 공도 역
시 조복을 입고 처교(處絞)[76]되었으니 곧 무신년(1548년) 3월 15일이었다. 을사년
(1545년) 화(禍)는 동림의 변과 흡사하기 때문에 그렇게 말한 것이다.》

錦衣靑霞, 沈學士之鳴劍, 留傳忠魂有所菀矣.《明沈錬爲錦衣經歷, 劾嚴嵩父子
十罪, 楊順殺過民獻馘, 錬悲爲之詩會. 順捕白蓮妖禿竄, 錬名于籍中心, 嵩從中,
下其事賊之武, 嵩文將歆, 藁焚之見錬, 弎冠緋衣, 歆手叱惧, 而座之事, 白出之,
今所語, 鳴劍集, 赤牘兵書也. 先生臨刑, 裂衣血書, 竟被陳復昌所沮未上. 又有

----

76 처교(處絞) : 죄인을 교수형(絞首刑)에 처함.

臨命時, 而先于免焚藁, 尙令觀者, 隕淚焉.》
림명시 이선우면분고 상금관자 운루언

금의(錦衣 : 명나라 황제의 친위대) 청하 심학사의 명검에 충혼이 유전함에 억울한 바가 있을 것이다.《명 심련이 금의가 되어 엄숭 부자의 10가지 죄를 탄핵했는데, 양순이 백성을 살해하고 수급을 바치자 심련이 비통해하며 그들을 위하여 시회를 열었다. 양순이 백련, 요독조를 사로잡았는데, 군적의 중심에 심련의 이름이 있었다. 이에 엄숭의 무리가 그 일을 맡아서 엄숭이 장차 끌어들이려 상소를 불태웠다. 갑자기 심련이 당하자 높은 관리들은 구경만 한 채 벌벌 떨고 있어 자리에서 그 일에 대해 스스로 건의했다. 지금 말하는 바는 명검집이며 탄핵받은 일을 적은 병서이다. 선생께서 형 집행에 임해서 옷을 찢어 혈서했으나 결국 진복창이 저지하여 올리지 못했다. 또 임명(臨命 : 죽음에 다다름, 즉 형의 집행 시) 때 먼저 상소를 불태웠는데, 그 당시 그것을 본 사람들은 눈물을 흘렸다.》

金缸碧血, 楊員外之鎖枷爭看, 人情固其然乎.《明楊繼盛,
금항벽혈 양원외지쇄가쟁간 인정고기연호 명양계성
劾嚴嵩十罪五奸詐,
핵엄숭십죄오간사
傳令旨律絞, 每朝審都人, 來道擁觀指之曰, 此正天下義士也. 楊口吟曰, 風吹枷
전령지율교 매조심도인 래도옹관지지왈 차정천하의사야 양구음왈 풍취가
鎖, 滿城香簇簇, 爭看員外郞. 臨刑時曰, 浩氣還太虛, 丹心照千古. 詩獄吏應生
쇄 만성향족족 쟁간원외랑 림형시왈 호기환태허 단심조천고 시옥리응생
曰, 吾血莊置, 三年化碧, 先生臨鞫血疏, 將刑都人爭看, 莫不含淚.》 是以, 尹醉
왈 오혈장치 삼년화벽 선생림국혈소 장형도인쟁간 막불함루 시이 윤취
夫, 舞袖之吟, 斥奸小之逞毒.《醉夫, 卽尹校理潔, 或云 醒夫與具思顔, 會江亭,
부 무수지음 척간소지령독 취부 즉윤교리결 혹운 성부여구사안 회강정
責誣殺. 先生之事, 贈詩曰, 三月長安百草香, 漢江流水正洋洋, 欲知聖代無窮意,
책무살 선생지사 증시왈 삼월장안백초향 한강류수정양양 욕지성대무궁의
看取王孫舞袖長. 具因誣尹, 竟被禍具, 墜馬先斃.》
간취왕손무수장 구인무윤 경피화구 추마선폐

금항(金缸 : 쇠 항아리)의 벽혈(碧血 : 정의를 위해 흘린 피), 양(楊)원외(員外 : 벼슬 이름)에게 자물쇠로 채운 큰 칼을 씌워 쟁간(爭看 : 다투다)했는데, 인정이 진실로 그래야만 했는가?《명나라 양계성은 엄숭의 10가지 죄와 5가지 간사를 탄핵했는데 전령지(傳令旨 : 명령을 전하는 교지)로 율교(律絞 : 교수형)하니, 매번 조정에서 모든 사람을 살필 때 둘러싸고 보면서 그를 가리켜 말하길, "이 사람은 진정 천하의 의사다."라고 했다. 양계성이 말하길, 자물쇠 채운 큰 칼에 바람 불어오니 조릿

대들의 향기 성에 가득한데, 원외랑(員外郎)⁷⁷을 쟁간한다 했다. 형에 처해질 때에 말한 시(詩)는 호탕한 기운은 허공으로 돌아갔지만 이내 일편단심은 천고에 빛나리라는 옥리의 시에 선생이 응하여 말하길, "나의 혈장을 장치하면 3년 후에 벽(碧 : 푸른 빛)이 될 것이다."라고 했다. 선생이 국문에 임하여 혈소를 올리니 장차 형도인이 다투어 보면서 눈물을 머금지 않는 자가 없었다.》 이를 바르다고 인정하였기에 윤취부는 무수음[舞袖之吟]⁷⁸과 간사한 소인배의 영독(逞毒 : 굳센 해악)을 배척했다.《취부는 곧 교리 윤결인데, 혹자는 성부라 하는데 구사안을 강정에서 만나 무도하게 죽인 것을 꾸짖었다. 선생의 일은 증시에 이르길, 삼월 장안 백초향인데, 한강 흐르는 물은 정히 양양하네. 성대(어진 임금이 다스리는 태평한 시대)를 알고자 하는 뜻은 무궁한데, 왕손(王孫 : 구사안은 중종의 사위)의 무수장(舞袖長 : 춤추는 긴소매, 구사안의 밀고를 의미.) 간취(看取 : 속에 담긴 내용을 알아차림)하네라고 했다. 구(具)가 윤(尹)을 무고한 것으로 인하여 마침내 구도 화를 입어 말에서 떨어져 쓰러졌다.》

李土亭, 寫衣之血, 痛哲人云云亡.《土亭, 卽李之菡, 先生臨刑, 李公, 裂衣血書, 以餞因, 佯狂避世, 周流海島.》重峰, 陳時弊, 鶴翁, 議說冤, 寔出慷慨之意. 《中峰, 卽趙憲, 甲戌時弊疏有日, 安名世之危言直筆, 砥柱頹波, 公議昭垂. 又日, 李之菡目見, 安名世之赴市, 佯狂避世. 鶴翁, 卽金誠一. 以史官, 欲說先生之冤, 稟議于退溪, 退溪以史官說, 前史官之冤, 涉嫌云云.》省庵, 記墓碣, 柳公, 改莎草, 迫切艶慕之懷.《省庵, 卽金孝元, 撰先生碣文, 柳公, 卽抱川縣監, 明渭也, 亟感公塋之頹把, 改莎築塋, 尙今得保塋域者, 柳公之力.》

이 토정이 옷에 쓰인 혈을 베껴서 철인(哲人)을 잃은 것을 통분했다.《토정은

----

77 원외랑(員外郎) : 상서성(尙書省)의 정원 외의 관리.

78 무수음[舞袖之吟] : 춤추는 소맷소리, 즉 구사안 등의 밀고 등 악행 ⇒ 안명세의 정당함을 주장하다 구사안의 밀고로 진복창에게 국문을 받다 옥사.

곧 이지함인데 선생께서 처형에 임박해서 이공(李公)은 열의혈서(裂衣血書 : 옷을 찢어 혈서를 씀)로 전별하고 미친 행세를 하며 세상을 도피하면서 해도(海島)를 주류(周流 : 여기저기 방랑함)했다.》 중봉(重峰)이 시폐(時弊 : 세상의 잘못된 일)를 진달했고, 학옹(鶴翁)이 원통함을 의설(議說)한 것은 강개(慷慨 : 불의에 의기가 복받쳐 원통하고 슬픔)한 뜻에서 나왔다.《중봉(重峰)은 곧 조헌(趙憲)이다. 갑술년(1574년) 시폐(時弊)를 상소할 때 이르길, "안명세의 바른말과 곧은 글로 퇴락한 물결 속에 지주가 되어 공의를 밝게 드리웠습니다."라고 했다. 또 이르길, 이지함은 직접 안명세의 부시(赴市 : 형 집행을 위해 거리로 끌려감)를 보고, "미친 행세를 하면서 세상을 도피했다."라고 했다. 학옹은 곧 김성일이다. 사관으로서 선생의 원통함을 말하고자 퇴계에게 품의했고, 퇴계는 사관의 이야기로, 이전 사관의 원통함에는 섭혐(涉嫌 : 혐의 즉 처리한 일에 문제가 있음)이 있다며 여러 이야기를 하였다.《운운(云云)》 성암(省庵 : 김효원)이 묘갈(墓碣 : 묘비)을 기록하고 유공이 개사초(改莎草 : 무덤을 손질하고 잔디를 심음)했는데 염모(艶慕 : 사모하여 우러르고 따름)로 품은 것이 매우 간절했다.《성암은 곧 김효원인데 선생의 갈문(碣文 : 비문)을 찬했다. 유공은 곧 포천 현감 명위로 매우 감동할 만한데 공(公)의 영(塋 : 묘)이 퇴파(頹把 : 무너짐)하여 개사초하고 무덤을 쌓아 지금까지도 영역을 보전할 수 있는 것은 유공의 힘이었다.》

體夫, 小往大來, 驗天道之回泰.《乙巳之寃伸於宣祖朝, 諸賢之手, 時有享塞.》死生骨肉, 感聖恩之旁流.《生者, 起死者, 贈恩及泉壤.》昭雪之章, 始發於穆陵《宣朝陵號.》庚午之際, 贈職之典, 繼出於正宗己未之年.《卽, 先大王二十四年, 己未六月六日改.》惟玆興嘆於當時, 曠感於來後, 寔是不泯者, 天理所同者人心.

무릇 소(小)가 가고 대(大)가 오는 것은 천도가 회태(回泰 : 다시 크게 돌아옴)한다는 증험입니다.《을사의 원신(寃伸 : 누명을 벗음)은 선조조에 제현의 손으로 이루어졌는데 당시 제향은 막혀 있었습니다.》 사생하는 골육에 성은이 방류하니 감격하여《생자는 사자를 일으켜 천양(泉壤)[79]에 은혜가 미친다.》소설(昭雪 : 원통한 죄를 밝혀 누명을 씻음)의 장(章 : 글)은 목릉《선조 능호》경오년(1570년) 비로소 발의되기 시작해 정종 기미년(1799년)《즉 선대왕 24년(선조 23년의 오기) 기미(1799년) 6월 6일 고침》에 증직지전되었습니다. 오직 이 당시 탄식이 일어나도 내후(來後)에 감흥이 일어나 이처럼 불민(不泯 : 없어지지 않음)되지 않는 것은 천리로 인심이 같은 바가 있었기 때문입니다.

近聞, 安城邑晩遯之鄉, 經始靜叟公, 妥靈之院.《靜叟, 卽柳公 仁淑, 三大臣之一也. 後孫, 居安城邑南 晩遯村, 而壬午, 鄉人倡議尸祝, 因號晩遯社.》以先生, 一體并享之擧, 倡士林, 萬口和同之論.《靜叟公, 奉安之時, 始發先生并享之論.》雖不幸繼姓之無傳.《自先生, 四傳, 而姓替.》足可感斯文之有尙, 在他人猶有懷仰之切, 矧旁裔, 豈無尊奉之議.

근래에 들으니 안성읍의 만둔지향이 정수공의 타령지원(妥靈之院 : 영혼이 편히 쉬는 집)으로 처음 경영하는 곳이라 합니다.《정수는 곧 유인숙[柳公仁淑]으로 세 대신 중의 한 명이었다. 후손이 안성읍 남쪽 만둔촌에 거하고 있는데 임오년(1762년) 향인들이 시축(尸祝 : 제사를 올림)을 창의했고 그로 인하여 만둔사로 불렀다.》선생을 일체로 함께 향사(享祀)하는 일로 많은 사람이 서로 의견을 화동(和同 : 서로 뜻을 맞춤)하는 논의를 이끌었다.《정수공 봉안할 때 처음으로 선생을 함께 향사하자는 논의가 발의되었다.》비록 불행하게도 계성(繼姓 : 대를 이음)이 전해지지 못했으나《선생으로부터 4대가 전하다가 성(姓 : 집안 또는 대 이음)이 쇠퇴했다.》족히 사문(斯文 : 유학자)의 숭상함이 있어 감격할 만하여 다른 사람들은 오히려 앙망하는 마음이 간절한데 하물며 방예(傍裔 : 직계가 아닌 후손)로서 어찌 존봉(尊奉 : 존경하여 받듦)하는 의식이 없겠습니까?

---

79 천양(泉壤) : 땅 밑을 지칭하는 말로, 죽은 뒤에 넋이 돌아간다는 곳. [유사어] 구원(九原). 구천(九泉).

機會不可失, 士論不可停. 固宜將事聚財無其方, 協贊無其力, 曷以告功. 然以
苟若有誠, 不患無物, 若令畿儒之文論, 猝地飛到必也, 吾宗之幹當, 臨時岡措.
兹敢通告爲, 此前期, 伏願, 四派諸宗, 幸須一心併力, 畢成躋享之盛得擧, 無嫌
發言之輕微.

《七代 傍孫煥, 謹發文于四派僉宗. 己卯五月十五日.》

기회는 잃어서는 안 되고 사론도 정지할 수 없습니다. 그런데 진실로 장차 모
시는 데 있어 취재(聚財 : 재물을 모으고)하는데 그 방도가 없고 협찬하는 데도 그
힘이 없으니 어떻게 공(功 : 일, 직무)을 고할 수 있겠습니까? 그러나 만약 정성이
있다면 물(物)이 없는 것을 근심하지 말고, 경기 유림으로 하여금 통문으로 유
시(文論 : 글로 깨우쳐 알림)하여 갑자기 날아온다면 우리 종중이 주관할 때까지 임
시로 조급하게 조치할 수 있습니다. 이에 감히 통고하오며 기일에 앞서 삼가
원하건대 4파의 여러 종친은 부디 한마음으로 모두 힘을 합쳐 향사하는 성대함
을 이루게 하옵소서. 발언의 가볍고 작은 것은 혐의(嫌疑)치 마소서.

《7대 방손 환, 삼가 4파 첨종께 발문합니다. 기묘(1819년) 5월 15일.》

【宗中通文(종중통문)】

右文爲通諭事, 伏以, 惟我傍祖, 乙巳名賢, 贈直提學公, 追遠立祠之事, 曾所
發通, 已有年矣.《卽, 己卯年通文.》須不必疊床, 而凡我同宗之人, 誠意淺薄, 論
議懈弛, 文歸虛套, 事寢不行. 是豈非一門之慨款, 而百世之嗟感者乎.

우(右)와 같이 통유(通諭 : 일반에게 깨우쳐 알림)하는 일은 다음과 같습니다. 삼가
생각건대, 우리 방조 을사명현인 중 직제학공을 추원(追遠 : 조상의 덕을 돌이켜 생각
함)하여 사당을 세우는 일로 일찍이 발통한 지 이미 여러 해가 되었습니다.《즉
기묘년(1819년) 통문.》모름지기 중첩하여 말할 필요는 없지만, 우리 동종(同宗 :
같은 문중)의 모든 사람은 성의가 부족하고 논의가 해이해 문(文)은 허투로 돌아가

고 일은 중지되어 시행하지 않고 있습니다. 이 어찌 한 가문의 개탄스러운 일이 아니겠으며 백 대 후세의 탄식이 아니겠습니까?

嗚呼至矣. 贈職之典, 卽先朝, 曠世之殊恩, 立享之擧, 盖士林公議之齊聲, 則其所以尊賢尙德者, 出於秉彝之天, 而固不可有泯黙者也哉. 吾宗慕先之道, 豈不殫誠, 而盡力乎.

아아, 지극합니다. 증직의 은전은 곧 선조(정조)께서 내리신 세상에 드문 특별한 은혜이며 입향(立享 : 사당을 세워 배향함)의 거조(擧措 : 말이나 행동의 태도)는 대개 사림의 공의가 일제히 한목소리를 낸 것이니 어진 그것은 존현상덕(尊賢尙德 : 현인을 높이고 덕을 숭상함)한 바, 이는 떳떳한 천성에서 나온 것으로, 진실로 묵묵히 침묵할 수 없는 까닭이 있을 것입니다. 우리 종친이 선조를 사모하는 도리로 어찌 정성을 다해야 하지 않겠으며 그 힘을 다해야 하지 않겠습니까?

竊惟再昨年, 以來宗鄕士論, 屢有齊發, 而將至立祠之境, 則必也鳩財, 而後可以準事. 故玆敢通告, 伏願, 僉宗一心倂力, 完議收合一, 以遂慕先之誠一, 以副士友之責, 千萬幸甚.

삼가 생각하건대, 재작년 종향의 사론이 누차에 걸쳐 일제히 일어나 장차 사당을 세우는 지경에까지 이르게 되었으니 반드시 구재(鳩財 : 재물을 구함)하고 나서야 일을 이룰 수 있었을 것입니다. 그러므로 이에 감히 통고하오니, 삼가 바라건대 첨종(僉宗 : 여러 종중원)의 한결같은 마음과 힘으로 의논을 완결하여 하나로 모으고, 마침내 선조를 사모하는 정성을 하나로 함으로써 사우들의 책임에 부응하신다면 매우 다행이겠습니다.

《壬午 三月十五日, 發文. 煥, 宗老, 壽得, 泰聖, 履聖.》

《임오(1822년) 3월 15일, 발문. 환, 종로, 수득, 태성, 이성.》

【同安書社 儒生抵晚逝書社 通文(동안서사 유생저만둔서사 통문)】

右文爲通論事, 崇獎名節, 有朝家之賦典, 闡明幽潛, 待後世之公議, 樹風聲扶
斯文, 莫祠若也. 列聖朝四百年, 培養之化, 環東土三百郡興起之, 感吁如何哉.
然則可院而不院, 可祠而不祠者, 朝家之欠典. 士林之責任也. 其祠之也, 或以杖
履衣履之鄕, 而腏享焉. 又或而同德一体之義, 而并侑之者, 難以一二計也.

우(右)와 같이 통유하는 일은 다음과 같습니다. 명절(名節 : 명분과 절의)을 숭장 (崇獎 : 숭상토록 장려함)하는 것은 조가(朝家 : 정치를 논의하고 집행하는 곳)의 성전(賦典 : 빛나는 일)으로 깊숙이 감춰진 것을 밝게 드러내는 데 있으니, 후세의 공의(公議 : 여럿이 모여서 어떤 일을 의논함)를 기다려 풍속을 세워 사문(斯文 : 유학)을 부지하는 데 사우만한 것이 없을 것입니다. 열성조(列聖朝 : 여러 시대의 임금) 400년간 배양 한 교화(敎化 : 가르치고 이끌어 올바르게 함)가 동토(東土 : 우리나라)에 돌아와 300군(郡) 에서 흥기했으니 감우가 어떠하겠습니까? 그런즉 원(院)을 두는 것이 옳은데 원 을 두지 않고 사(祠)를 두는 것이 옳으나 사를 두지 않은 것은 조가의 흠전(欠典 : 흠이 되는 일)이라 할 수 있습니다. 사림의 책무는 그 사(祠)를 두는 것에 있는데 어떤 경우는 장리의리(杖履衣履)[80]의 향(鄕)으로 철향(腏享 : 제사를 받듦)하기도 합니다. 또 어떤 경우는 동덕일체의 의(義)로 함께 하기도 합니다. 배향하는 것은 하나 나 둘로 계산하기는 어렵습니다.

粵前文貞公, 靜叟, 柳先生, 道學忠節, 久愈不泯, 遠愈有不忘, 倘使八域章甫,
抱章叫閤, 建院腏享. 夫孰曰, 不可之緣事, 鋸力綿尙, 今未遑爲士林之所共, 嗟
惜矣. 何幸遠近士論之竣發, 將擧鄕社, 俎豆之禮, 奚口吾鄕之美事, 實爲斯文之
盛擧也.

아! 이전 문정공 정수 유선생(柳先生)의 도학과 충절은 오래될수록 사라지지 않고 멀어질수록 잊히지 않았으니 팔도의 유생이나 상소를 안고 건원하여 철향

---

80 장리의리(杖履衣履) : 지팡이와 신발 신고 옷 입고 신발 신고, 즉 살고 있던 곳.

할 것을 규혼(叫閽 : 궁궐에 호소)했습니다. 누군가 말하길, 큰일이란 해서는 안 되는데 거력(鉅力 : 큰 힘)이 얽혀 있기 때문으로 지금은 사림이 함께할 겨를이 없다고 말하니 안타깝기 그지없었습니다. 그런데 얼마나 다행인지 원근의 사론이 준발하여 장차 향사(鄕祠 : 시골의 사당)로 조두지례(俎豆之禮)[81]를 거행할 수 있게 되었으니 어찌 우리 고향의 아름다운 일이자 실로 사문(斯文, 유학 또는 유학자)의 성대한 거조(擧措 : 말이나 행동)가 되지 않겠습니까?

前其, 卽三大臣之一心誠忠, 因共享併侑, 而又有不可不并擧, 而配侑者, 乙巳
太史, 贈直提學, 安公, 諱名世, 是也. 太史, 嚴毅正直, 宿抱重望, 及其修史辨別
忠, 遂不避時諱, 無難直書, 不幸爲奸凶, 尹元衡, 李芑, 陳復昌輩之搆揑鍛鍊, 竟
被戊申之酷禍.

전에 세 대신과 한 마음의 성충으로 함께 제사를 지내고자 했고, 또 함께 거행하지 않으면 안 되는 것이었는데 배향할 분은 을사년(1545년) 태사로 증 직제학 안공 휘 명세, 바로 이분이십니다. 태사는 엄직하여 중망을 품고 그 사초를 편수하여 충(忠)을 분별하셨는데 마침내 시휘(時諱)[82]를 피하지 않고 직서를 어려워하지 않았습니다. 불행하게도 간흉 윤원형, 이기, 진복창의 무리에게 구열(搆揑 : 얽어 만듦)되어 단련(鍛鍊 : 시련을 당함)되고 마침내 무신년(1548년)에 혹화(酷禍 : 잔인한 화)를 당하셨습니다.

嗚呼, 慘矣. 且其衣履之藏在於果川, 而天理莫測, 伯道無兒, 而英靈無限, 白
楊不老, 香火莫薦, 草木嗚悒, 山水嗚咽空. 使鄕人指點, 只增志士之感, 涙而已矣.

아, 참담하기 그지없습니다. 또 그 의복지장(衣履之藏 : 묘소, 옷과 신발을 묻음)은 과천에 있었는데 하늘의 이치를 헤아리기 어려워 백도(伯道)[83]에게 아이가 없어

---

81 조두지례(俎豆之禮) : 俎는 적을 담던 도마이고 豆는 물기가 있는 제물을 담던 그릇으로, 제사 올림을 뜻함.

82 시휘(時諱) : 그 시대에 있어서 용납되지 않는 언행.

83 백도(伯道) : 진(晉)나라 하동태수(河東太守) 등유(鄧攸)가 석늑(石勒)의 병란 때에 아들과 조카를 데리고 피난하다가 둘을 모두 다 보호할 수 없겠다고 판단하고는 자기 아들은 버려두어 죽게 하고 먼저 죽은 동생의 아들을 대신 살렸다. 그 뒤에 끝내 후사를 얻지 못하자 사람들이 안타까워하며 "하늘이 무지해서 백도에게 아들이 없게 했다.[皇天無知 使伯道無兒]"라고 탄식했다는 고사가 『진서(晉書)』 권 90 등유전에 나온다. 백도(伯道)는 등유의 자이다.

서 영령을 잡지 않아 백양(白楊 : 버드나뭇과에 속하는 큰 나무)은 늙지 않고 향(香)을 피워 올리는 것도 없었습니다. 이에 초목도 근심으로 흐느껴 울고 산수도 목메어 쓸쓸히 오열하였으니 향인으로 하여금 손가락질을 받고 있습니다. 많은 지사가 느끼기에 눈물이 날 뿐입니다.

在先朝己未六月, 贈弘文館, 直提學, 猗我聖考, 以曠世之感, 以贈之典, 斷自
재 선 조 기 미 육 월   증 홍 문 관   직 제 학   의 아 성 고   이 광 세 지 감   이 증 지 전   단 자
宸衷, 褒崇於幾百年, 寥寥之後, 獎名節, 闡幽潛之盛德, 至善於戲休哉. 盖公正
신 충   포 숭 어 기 백 년   요 요 지 후   장 명 절   천 유 잠 지 성 덕   지 선 어 희 휴 재   개 공 정
德戊寅生, 甲辰文科, 以弘文檢閱, 戊申被禍, 宣廟庚午復官.
덕 무 인 생   갑 진 문 과   이 홍 문 검 열   무 신 피 화   선 묘 경 오 복 관

선조(정조 23년) 기미년(1799년) 6월, 증 홍문관 직제학, 아! 우리 성고께서는 광세지감(曠世之感)[84]으로써 추증하는 특전이 있으셨습니다. 그것은 전하의 뜻에 따라 결단[斷自宸衷 : 임금 스스로의 결정]한 것으로 몇백 년 동안 포숭(褒崇 : 칭찬하고 높임)하여 적막한 후 명절을 장려하고 숨은 성덕을 천명한 것으로 선왕의 성대한 덕을 밝히셨으니, 지극히 선하여, 아! 아름답기 그지없습니다. 대략 공(公)은 정덕 무인생(1506년)으로 갑진년(1544년) 문과에 급제했고 홍문관 검열로 무신년(1548년) 화를 당하셨다가 선묘(宣廟 : 宣祖) 경오년(1570년)에 복관되셨습니다.

東閣雜記曰, 弘文博士 安名世, 曾爲史官, 乙巳間日記, 直書不避, 後日入史局
동 각 잡 기 왈   홍 문 박 사   안 명 세   증 위 사 관   을 사 간 일 기   직 서 불 피   후 일 입 사 국
者, 見之語李芑, 指安名世護逆, 修史不實, 鞫于殿庭, 裂衣服上疏, 以明自古無
자   견 지 어 이 기   지 안 명 세 호 역   수 사 불 실   국 우 전 정   렬 의 복 상 소   이 명 자 고 무
殺史臣之時, 冀悟, 上心, 陳復昌參鞫, 却而不受. 遂被誅, 朝服車載以出, 見者莫
살 사 신 지 시   기 오   상 심   진 복 창 참 국   각 이 불 수   수 피 주   조 복 거 재 이 출   견 자 막
不隕淚.
불 운 루

동각잡기에 이르길 다음과 같습니다. 홍문관 박사 안명세는 일찍이 사관이 되어 을사(1545년) 연간의 일기를 편찬할 때에 회피하지 않고 사실대로 썼다. 후일에 사국에 들어간 자가 그것을 보고 이를 이기에게 말해서 안명세는 역적을 옹호하여 사초를 사실대로 쓰지 않았다고 지목되어 전정(殿庭 : 궁궐의 마당)에서 국문당하자 (자신의) 의복을 찢어 상소하기를, 예로부터 사관을 죽인 적이 없

---

84 광세지감(曠世之感) : 세상에 유례가 없는 느낌.

었다는 것을 밝혀 임금의 마음을 깨우칠 수 있기를 바랐지만, 진복창이 국문에 참여해서 그 소(疏)를 물리치고 받지 않았다. 마침내 참형을 당하게 되어 수레에 실려 나오니 이를 보는 사람들은 모두 눈물을 흘리지 않은 사람이 없었다.

國朝要覽曰 初芑, 錄衛社勳時, 請出, 時史以撰武定寶鑑, 安名世史草有曰, 柩前, 殺三大臣, 柩前謂, 仁宗殯前也. 殺者謂, 無辜也. 三大臣謂, 柳灌, 柳仁淑, 尹任也. 文定大怒, 轘裂其四肢, 慘慘.

『국조요람』에 이르길 다음과 같습니다. 처음에 이기가 위사훈록을 할 때 받아냈는데『무정보감(武定寶鑑)』[85]을 찬술할 때 안명세의 사초에 이르길, "영구[柩] 앞에서 세 대신을 죽였다."라고 썼습니다. 영구 앞[柩前]이란 인종빈전을 말하고, 살자는 무고함을 말하고, 세 대신은 유관, 유인숙, 윤임을 말합니다. 문정왕후가 대로해서 그 사지를 환열(轘裂)[86]했는데 참으로 참혹했습니다.

重峰趙先生, 上疏有曰, 白仁傑, 安名世之危言直筆, 砥柱頹波, 而公議昭垂. 又有曰, 李之菡, 目見安名世之赴市, 周流海島, 佯狂逃世云云.

중봉 조선생(조헌)이 상소하며 이르길, "백인걸과 안명세는 바른말과 직필로 퇴락한 물결[頹波] 속에 지주(砥柱)[87]가 되어 공의를 밝게 드리웠습니다." 또 이르길, "이지함이 직접 안명세의 부시(赴市)[88]를 목도하고 해도를 주류하면서 미친 행세를 하면서 세상을 도피했다."라며 여러 이야기를 하였습니다. (운운)

以若安公卓甫之事業, 炳烺之名節, 尙無俎豆之享者, 實爲士林慨恨之事也. 而其斬伐之禍, 實由, 乙巳之直筆, 而三大臣之德業誠忠, 祐因安公之直筆, 而公議昭垂, 則眞記謂, 同功一體者也. 若無三大臣, 俎豆之禮, 則已, 如有之, 則於安

---

85 『무정보감(武定寶鑑)』: 속 무정보감(續 武定寶鑑)으로 조선 전기 제9대 성종부터 제13대 명종 초까지 발생한 모든 내우외환을 진압한 내용을 수록한 역사서

86 환열(轘裂): 두 수레가 양쪽에서 끌어당겨서 인체(人體)를 찢어 죽이던 형벌.

87 지주(砥柱): 중국 황하강 중류에 있는 기둥 모양의 바위로 난세에 절개를 지키는 선비의 비유.

88 부시(赴市): 문맥상 '사시(肆市)'가 적합한 듯하나 원문으로 번역했음.

公, 豈可分, 而異之.
공 기 가 분 이 이 지

  안공의 훌륭한 사업과 빛나는 명절이 이와 같은데 아직도 제사를 지내는[俎豆
之享] 것이 없으니 실로 사림들이 개탄하고 한스럽게 일이라 여기고 있습니다.
그리고 참벌된 화(禍)는 실제 을사년의 직필로 인한 것이었는데 세 대신의 덕업
과 성충이 또한 안공의 직필로 공의를 밝게 드리웠으니 진기는 동공일체라 말
할 수 있습니다. 만약 세 대신에게 제사 지내는 예가 없었다면 그만이지만, 만
일 있다면 그것을 어찌 안공과 안 나눌 수 있으며 그것이 다르다고 하겠습니까?

  且或三大臣沒, 未并享安公之配侑, 恐不可已也. 今於靜叟先生, 安靈之所, 以
  차 혹 삼 대 신 몰 미 병 향 안 공 지 배 유 공 불 가 이 야 금 어 정 수 선 생 안 령 지 소 이
安公一体配侑於情, 於禮亶合事理. 故鄙等, 不揆陋拙, 只從秉彝之收將, 玆敢一
안 공 일 체 배 유 어 정 어 례 단 합 사 리 고 비 등 불 규 루 졸 지 종 병 이 지 수 장 자 감 일
通愚見幸望, 僉君子, 俯循輿論, 并舉縟儀, 士林幸甚.
통 우 견 행 망 첨 군 자 부 순 여 론 병 거 욕 의 사 림 행 심

  또 세 대신은 돌아가셨지만 아직 안공을 함께 배향하지 않고 배향을 권하지 않은
것은 불가하다 함이 두려워서입니다. 지금 정수 선생의 타령지소(安靈之所 : 혼령이 편
안할 장소)에 안공과 일체로 배향하는 것이 예에 진실로 합당할 것입니다. 그러므로
우리[鄙等]는 졸렬함을 헤아리지 못하지만 병이(秉彝 : 하늘로부터 타고난 본성)를 수렴하
여 이에 감히 한 통의 우견으로 바라건대, 첨군자께서는 여론을 굽어살펴 성대한
의식을 병거(并擧 : 함께 거행함)하신다면 사림에게 매우 다행이라 하겠습니다.

  同安社 儒生 閔礪世 等 發文.
  동 안 사 유 생 민 려 세 등 발 문

  此通出於辛巳某月,
  차 통 출 어 신 사 모 월

  而壬午三月二十一日, 本草, 自鎭村來.
  이 임 오 삼 월 이 십 일 일 본 초 자 진 촌 래

  동안사 유생 민려세 등 발문.

  이 통문은 신사년(1821년) 모월 발행해서

  임오년(1822년) 3월 21일 본초가 진촌에서 왔다.

【宗中通文(종중통문)】

  右文爲通諭事, 伏以頃者, 以直學公立祠, 鳩財之意, 已有通告之文, 想必知悉
  우 문 위 통 유 사 복 이 경 자 이 직 학 공 립 사 구 재 지 의 이 유 통 고 지 문 상 필 지 실

矣. 第伏念, 惟我, 僉宗, 齊會廳坐, 發例收錄. 然後事体鄭重, 且有實效. 故宗會
의　제복념　유아　첨종　제회청좌　발예수록　연후사체정중　차유실효　고종회

日發定今初九, 惟願, 僉宗, 以右日, 齊會于鯉潭, 千萬幸甚.
일발정금초구　유원　첨종　이우일　제회우리담　천만행심

壬午四月二日, 發文, 煥.
임오사월이일　발문　환

우(右)와 같이 통유하는 일은 다음과 같습니다. 삼가 지난번에 직학공의 입사에 관한 일로 구재하는 뜻을 이미 통문으로 보내어 잘 알고 계실 것입니다. 가만히 생각해 보니 우리 첨종은 일제히 모여 청좌(廳坐 : 마루에 모여)하여 발의된 예(例 : 입사에 대한 일)를 수록하고자 합니다. 그런 뒤에야 사체(事体 : 일의 모양새)가 엄정하고 또 그 효과가 실제 있을 것입니다. 그러므로 종회의 날을 이번 초 9일로 발의하여 정하고자 합니다. 오직 바라건대, 첨종은 우일에 이담에서 제회(齊會 : 모두 회의에 참석)한다면 천만다행이겠습니다.

임오(1822년) 4월 2일, 발문, 환.

【道基書院 齋中書(도기서원 재중서)】

伏惟, 闡幽潛於百代, 樹風聲於四方者, 莫祠院若也. 如有卓然. 自拔於千萬之
복유　천유잠어백대　수풍성어사방자　막사원약야　여유탁연　자발어천만지

中, 不畏殺身之禍, 而有所樹立, 則崇獎而褒旋之. 自有朝家之盛典, 發輝, 而表
중　불외살신지화　이유소수립　즉숭장이포선지　자유조가지성전　발휘　이표

揚之, 實是士林之責任也.
양지　실시사림지책임야

삼가 생각건대, 백 대에 숨은 공덕을 드러내고 사방에 아름다운 풍속을 세우는 데 사원보다 더 나은 것은 없을 것입니다. 마치 탁연(卓然 : 뛰어남)히 앞에 서 있는 듯하고 천만 중에서 저절로 뽑은 듯하여, 살신의 화를 두려워하지 않고, 수립(竪立 : 꼿꼿하게 세움)한 바가 있다면 그를 숭장(崇獎 : 존경함을 장려)해서 포선(褒旋 : 찬양하여 널리 알림)하는 것은 조가(朝家 : 임금과 신하가 정치를 논하는 곳)의 성전(盛典 : 성대한 의식)으로 그것을 발휘하고 표양(表揚 : 겉으로 드러내 찬양함)하는 것이니 진실로 이것은 사림의 책임일 것입니다.

環東土數千里, 前賢前烈之, 或祠或院, 俱之俞久. 而不泯者, 何限, 而若其直
환동토수천리　전현전렬지　혹사혹원　구지유구　이불민자　하한　이약기직

書不諱, 舍生取義者. 孰有如乙巳太史, 贈直提學, 安公乎. 噫以松庵 柳公, 靜叟
서불휘 사생취의자   숙유여을사태사   증직제학   안공호   희이송암 류공   정수

柳公, 贊成 尹公, 三大臣之宿德貞忠, 同受慘禍.
류공   찬성 윤공   삼대신지숙덕정충   동수참화

　동토(우리나라) 수천 리 땅에 전현과 전열을 모시는 것으로 혹은 사(祠)이거나
혹은 원(院)이 갖춰진 지 오래되었으나 멸하지 않는 것에 무슨 제한이 있겠습니
까? 다만 그 직서를 근거로 숨기지 않고 또 목숨을 버리고 의를 취하는 것에 그
누가 있어 을사년(1545년) 태사(太史 : 중국에서 기록을 맡아 보던 관리)인 증 직제학 안
공과 같은 분이 있겠습니까? 아[噫]! 송암 유공(柳公 : 유관), 정수 유공(柳公 : 유인
숙), 찬성 윤공(尹公 : 윤임)은 세 대신으로 숙덕(宿德)[89]과 정충(貞忠 : 올곧은 충성)했으
나 함께 참담한 화를 입었습니다.

　陰陽晦, 而忠逆混矣. 乃有太史之直筆, 而昭垂百世之公議, 竟遭赴市之酷禍.
　음양회   이충역혼의   내유태사지직필   이소수백세지공의   경조부시지혹화

嗚呼, 三大臣, 一太史可謂, 同功一體者也. 堂堂直節, 凜凜毅烈, 不可以世之云
오호   삼대신   일태사가위   동공일체자야   당당직절   름름의렬   불가이세지운

遠, 而遂爲泯沒也.
원   이수위민몰야

　당시는 음양이 어둡고 충과 역이 뒤섞여 있을 때였습니다. 이에 태사의 직필
로 백세의 공의를 밝게 드리웠으나 마침내 부시의 혹독한 화를 만났습니다. 아
(嗚呼), 세 대신은 태사와 하나였으니 동공일체한 것이라고 말할 수 있습니다.
당당한 절개(直節 : 곧은 절의)와 늠름한 의렬(毅烈 : 굳센 위엄)은 진실로 세월이 멀어
져도 마침내 영원히 사라졌다라고 말할 수는 없습니다.

　本郡之晩遯祠, 卽靜叟 柳先生, 安靈之所也. 奧在己卯, 鄙等, 以太史配侑之
　본군지만둔사   즉정수 류선생   타령지소야   오재기묘   비등   이태사배유지

議, 通告, 吾黨卽衆論歸一, 將以明春奉安, 庶可有光於士林, 有辭於來世矣.
의   통고   오당즉중론귀일   장이명춘봉안   서가유광어사림   유사어래세의

　본 군의 만둔사는 곧 정수 유선생의 타령지소입니다. 기묘년(1819년) 비등은
태사를 배하자는 논의를 통고했는데, 우리 당의 중론이 하나로 정해져 장차 내
년 봄에 대부분 사림에 빛이 있기를 바라며, 이로 인하여 후세에 할 말도 있을

89　숙덕(宿德) : 오래도록 학식과 덕망을 쌓은 선비.

것입니다.

昔濯纓 金公, 以直載, 佔畢文, 終及於禍, 而及其伸雪, 同祠配享. 今以太史,
석 탁 영 김 공   이 직 재   점 필 문   종 급 어 화   이 급 기 신 설   동 사 배 향   금 이 태 사
而配享靜叟則事, 會之偶, 合義理之相符, 與佔畢, 濯纓不以古今, 而有間矣.
이 배 향 정 수 즉 사   회 지 우   합 의 리 지 상 부   여 점 필   탁 영 불 이 고 금   이 유 간 의

지난날 탁영 김공(김일손)이 점필재(佔畢齋 : 김종직 선생)의 글을 직재하여 끝내
화가 미쳤지만 급기야는 신원(伸寃 : 신분이 회복됨)되어 같은 사당에 배향되었습니다.
이제 태사를 정수(靜叟 : 유인숙 선생)에 함께 배향해 섬긴다면 짝이 되어 의리가
서로 부합되어 잘 어울릴 것입니다. 점필과 탁영처럼 고금을 달리하는 것이 아
니라 칸[間]의 차이가 있을 뿐이니 어찌 훌륭하지 않겠습니까?

豈不偉哉. 第今大事之幾成, 出於公議, 大事之竣成, 在於物力也. 公議, 則純
기 불 위 재   제 금 대 사 지 기 성   출 어 공 의   대 사 지 준 성   재 어 물 력 야   공 의   즉 순
同, 而物力, 則無地, 且太史, 不幸無直孫, 主管無人, 將有無物不成之慮, 幾非嗟
동   이 물 력   즉 무 지   차 태 사   불 행 무 직 손   주 관 무 인   장 유 무 물 불 성 지 려   기 비 차
歎感慨之深者乎. 竊念, 傍祖猶祖, 傍孫, 猶孫, 鄙等之就, 謨不於太史之傍孫, 而
탄 감 개 지 심 자 호   절 념   방 조 유 조   방 손   유 손   비 등 지 취   모 불 어 태 사 지 방 손   이
更於何人哉.
갱 어 하 인 재

다만 지금 큰일을 이루는 것은 공의(公議 : 여럿이 모여 의논함)에서 나온 것이지
만 큰일을 완성하는 것은 물력에 달려 있습니다. 공의는 완전히 같지만 물력은
나올 데가 없습니다. 또 태사께서는 불행히도 직손이 없고 주관할 사람도 없어
장차 물력의 유무에 따라 완성하지 못할 염려가 있으니 깊은 탄식과 한탄할 일
이 얼마인지 모르겠습니다. 삼가 생각건대, 방조도 유조(猶祖 : 할아버지의 형제)와
같은 것이며 방손, 유손(猶孫 : 형제의 손자)도 같은 것이니 우리[鄙等]가 나아가 태사
의 방손과 이 일을 도모하지 않는다면 누가 다시 그런 일을 할 수 있겠습니까?

玆敢聯名仰告, 伏願, 安氏僉執事, 竭誠主事, 另力鳩財期, 於成凍前領輸, 晚
자 감 련 명 앙 고   복 원   안 씨 첨 집 사   갈 성 주 사   령 력 구 재 기   어 성 동 전 영 수   만
遯會面商議, 邊豆之具, 奉安之節, 預先經紀, 畢完大事, 則奚但爲士林之幸也.
둔 회 면 상 의   변 두 지 구   봉 안 지 절   예 선 경 기   필 완 대 사   즉 해 단 위 사 림 지 행 야

이에 감히 연명하여 우러러 아뢰니, 삼가 바라건대, 안씨의 모든 집사가 정성
을 다하여 일을 주관하고 별도로 힘을 모아 기한을 정하여 구재한 것을 겨울[成
凍] 전 보내시고, 만둔사에 모여 대면으로 변두지구(邊豆之具 : 제사를 지내는 제기를

갖춤)와 봉안지절(奉案之節 : 사당에 위패를 모시는 절차)을 상의하여, 미리 경영하여 대사를 다 끝낸다면 어찌 다만 사림으로서 다행이 아니겠습니까?

嗚呼, 烈哉. 太史之風也, 安氏之光也, 俯諒如何. 餘不備, 伏惟, 僉照謹拜上狀.
오 호 렬 재 태 사 지 풍 야 안 씨 지 광 야 부 량 여 하 여 불 비 복 유 첨 조 근 배 상 장

아아, 열렬합니다! 태사의 풍(風 : 충절의 기풍)은 안씨의 광영이니 굽어살피심이 어떠하신지요? 나머지는 갖추지 않았습니다. 삼가 생각건대, 살펴주시기를 바라며 삼가 장을 올립니다.

忠原鯉潭, 安生員, 僉座執事, 入納. 壬午九月十五日, 齋中 閔礪世, 楊中立, 鄭濯,
충 원 이 담 안 생 원 첨 좌 집 사 입 납 임 오 구 월 십 오 일 재 중 민 려 세 양 중 립 정 탁

李商鉉 等拜.
이 상 현 등 배

충원 이담의 안생원, 첨좌와 집사 입납.

임오년(1822년) 9월 15일 재중 민려세, 양중립, 정탁, 이적현 등 배(拜).

【白峰書院 通文(백봉서원 통문)】

右文爲通諭事, 伏以, 獎名節, 而樹風聲, 實由國家之盛典, 配祠院而享俎豆,
우 문 위 통 유 사 복 이 장 명 절 이 수 풍 성 실 유 국 가 지 성 전 배 사 원 이 향 조 두

遷係士林之公議. 若其配享之義, 則或以道學之相承, 或以事實之相孚. 如金濯纓
천 계 사 림 지 공 의 약 기 배 향 지 의 즉 혹 이 도 학 지 상 승 혹 이 사 실 지 상 부 여 김 탁 영

之祀侑於佔畢齋.《金馹孫 號 濯纓, 佔畢齋, 金宗直之文人, 以太史直書, 李克墩
지 사 유 어 점 필 재 김 일 손 호 탁 영 점 필 재 김 종 직 지 문 인 이 태 사 직 서 이 극 돈

之惡, 克墩惡之囑, 柳子光, 子光, 自註, 佔畢齋所作弔義帝文, 以成肩比義帝項
지 악 극 돈 악 지 촉 류 자 광 자 광 자 주 점 필 재 소 작 조 의 제 문 이 성 견 비 의 제 항

籍比燕山, 以進於燕山. 燕山大怒, 佔畢齋剖棺, 濯纓斬, 後以濯纓配享於佔畢齋
적 비 연 산 이 진 어 연 산 연 산 대 노 점 필 재 부 관 탁 영 참 후 이 탁 영 배 향 어 점 필 재

之院. 戊午名人金淨, 號冲庵, 鄭文翼公, 光弼, 同被己卯之禍, 八賢之首冶. 後
지 원 무 오 명 인 김 정 호 충 암 정 문 익 공 광 필 동 피 기 묘 지 화 팔 현 지 수 야 후

以, 冲庵配享於文翼之祠, 卽道學相承, 事實相孚.》
이 충 암 배 향 어 문 익 지 사 즉 도 학 상 승 사 실 상 부

우(右)와 같이 통유(通諭 : 일반에게 깨우쳐 알림)하는 일은 다음과 같습니다. 삼가 명분과 절의를 권장하고 문교를 세우는 것은 실로 국가의 성전(盛典 : 성대한 의식)에 말미암은 것으로 사원에 배향하여 제사를 올림은 사림의 공의(公議 : 여럿이 모여 의논함)와도 관계됩니다. 그 배향하는 의는, 즉 어떤 것은 도학으로 서로 이어받는 것이며 어떤 것은 사실을 서로 믿게 한 것과 같아서 마치 김탁영(김일손)을

점필재(김종직)에 배향하는 것과 같습니다. 《김일손의 호는 탁영으로 점필재 김종직의 문인이자 태사(太史 : 사관의 별칭)로서 이극돈의 악을 직서했는데 이극돈의 악을 유자광이 보고 점필재가 지은 조의제문(弔義帝文)[90]을 스스로 역주하여 의제(義帝)[91]와 항적(項籍 : 초나라 패왕 항우의 본명)을 견주어 연산군과 비교해서 그것을 연산군에게 올렸다. 연산군이 크게 노하여 점필재를 부관참시하고 탁영을 참했다. 그 후 탁영은 점필재의 서원에서 배향되었다. 무오년(1498년) 명인호 충암 김정(金淨)[92], 정문익공(鄭文翼公) 광필(光弼)[93]이 함께 기묘년(1519년) 화를 당했는데 8현 중 으뜸이었다. 그 후 충암은 문익사에 배향했는데 도학을 이어받고 사실을 서로 믿었다.》

金冲庵之腏享, 於鄭文翼者, 非一二, 而豈有若古太史 安先生, 諱名世之. 於乙巳三大臣也, 志同道合事實相, 因義正名立, 前後并美者乎. 噫嗚呼, 乙巳戊申之禍, 尙忍言哉. 乙巳, 卽松庵 柳公, 靜叟 柳公, 贊成 尹公, 被禍之歲也. 三先生, 以屢朝宿德, 見誣於奸壬, 同受慘禍. 于斯時也, 義理晦, 而陰陽易, 忠逆, 混而黑白莫分.

김충암(김정)을 정문익에 배향한 이유는 한둘이 아니겠지만, 어찌 옛날 태사 안선생 휘 명세와 같겠습니까? 을사년(1545년) 세 대신과 뜻이 같아 도(道)가 그 사실과 부합되고 의(義)를 따라 정명을 세워 전후에 아울러 찬미한 것입니다. 슬프기 그지없습니다. 을사년(1545년)과 무신년(1548년)의 화를 어찌 차마 말할

----

90 조의제문(弔義帝文) : 조선 성종 때의 학자 김종직이 수양대군이 단종을 몰아내고 왕위를 찬탈한 내용을 풍자한 글.

91 의제(義帝) : 전국시대 초(楚) 회왕(懷王) 손자로 민간에서 남을 위해 양 치는 일을 하다가, 진(秦) 말기 농민반란 때 왕으로 세워지나 진이 망한 후 서초패왕(西楚覇王)이 된 항우(項羽)가 그를 의제(義帝)로 받들다 암살하자 유방(劉邦)이 그 소식을 듣고 의제를 위해 장례를 치르고 사흘 동안 곡을 하고 그런 다음 각 지역의 제후들에게 호소해 의제를 죽인 항우를 토벌함.

92 김정(金淨) : 중종 때 문신으로 장원급제 후 여러 관직을 거쳐 병조판서를 역임하였으나 기묘사화 시 제주에 위리안치 후 사약을 받고 사사됨.

93 정문익공(鄭文翼公) 광필(光弼) : 조선시대 문신으로 기묘사화 시 파직되었다 복직되어 좌의정, 영의정을 지냄.

수 있겠습니까? 을사년(1545년)은 곧 송암 유관[94], 정수 유인숙[95], 찬성 윤임[96]이 화를 입은 해입니다. 세 선생은 누조(屢朝 : 여러 왕조)의 숙덕(宿德 : 오래도록 쌓은 덕망)으로 간신에게 무고를 당해 함께 참담한 화를 입으셨습니다. 이때는 의리가 어두워져 음양이 서로 바뀌고 충(忠)과 역(逆)이 뒤섞여 있어 흑백을 분별할 수 없었습니다.

翰林安公, 以剛毅正直之性, 慨忠良湛滅之禍, 及其修史之日, 遂舊董狐之筆,
한 림 안 공　이 강 의 정 직 지 성　개 충 량 담 멸 지 화　급 기 수 사 지 일　수 구 동 호 지 필
直書時史. 而卜別淑慝, 不避時諱, 而昭載記註. 竟爲奸凶, 尹元衡, 李芑, 陳復昌
직 서 시 사　이 변 별 숙 특　불 피 시 휘　이 소 재 기 주　경 위 간 흉　윤 원 형　이 기　진 복 창
輩搆捏鍛鍊, 慘被戊申赴市之禍. 嗚呼, 痛矣.
배 구 열 단 련　참 피 무 신 부 시 지 화　오 호　통 의

한림 안공은 강의(剛毅 : 의지가 확실하여 매사에 굴하지 않음)하고 정직한 성품이어서 충량이 멸족을 당하는 화를 개탄하여 수사(修史 : 사초를 씀)하는 날에 이르러 마침내 옛날 동호지필(董狐之筆)[97]처럼 당시 사초를 직서하셨습니다. 그리고 변별숙특(卜別淑慝 : 선악을 구분)하여 불피시위(不避時諱 : 꺼림을 피하지 않음)하고 분명하게 기록과 주석으로 기재해 놓았습니다. 결국, 간흉 윤원형, 이기, 진복창[98] 등의 무리가 선생의 사초를 얽어 날조해서 무신년(1548년) 부시의 화를 당하셨습니다. 아, 애통하기가 그지없습니다.

竊稽東閣雜記曰, 弘文博士 安名世, 曾爲史官, 修乙巳間日記, 直書不避, 後日
절 계 동 각 잡 기 왈　홍 문 박 사　안 명 세　증 위 사 관　수 을 사 간 일 기　직 서 불 피　후 일

---

94 송암 유관 : 1507년(중종 2년) 급제. 1519년 기묘사화 시 사림파를 비난하고 현량과의 혁파 등을 주장하였고 인종 때 좌의정이 되었으나 1545년 을사사화에 윤임, 유인숙과 함께 삼흉으로 몰려 서천으로 귀양 가던 도중 온양에서 대역죄로 처형.

95 정수 유인숙 : (1510년(중종 5년) 급제. 사림파로 활동, 1519년 기묘사화 때 투옥되었다가 그 뒤 호조참의가 되었으나 1521년 신사무옥에 삭직 1537년 병조참의 1545년 우찬성 겸 판의금부사로 명종이 즉위하면서 윤임(尹任), 유관 등과 함께 탄핵을 받아 무장에 유배되던 도중 사사. 1570년 신원, 1577년 복관. 시호는 문정.

96 윤임 : 인종의 외숙으로 을사사화 때 화를 당했다. 중종의 비 장경왕후의 오빠로 1537년 10월 김안로가 사사되면서 윤로, 윤원형 일파가 집권하고 소윤 일파와 대립, 인종이 즉위하자 형조판서·찬성에 올라 윤로, 윤원형을 파직시켰으나 명종 즉위 후 을사사화에 남해로 귀양 가던 중 충주에서 사사.

97 동호지필(董狐之筆) : 사실을 숨기지 않고 그대로 씀을 이르는 말이다. 춘추시대 진(晉)나라의 사관이었던 동호(董狐)가 위세를 두려워하지 않고 사실을 사실대로 직필했다는 데서 유래함.

98 진복창 : 별시문과에 장원급제, 부평부사 등을 지낸 사람으로 을사사화 때 사림의 숙청으로 사관들은 독사(毒蛇)로 기록됨. 자기를 추천한 구수담까지 역적으로 몰아 사사하는 등 극적(極賊)이라는 혹평을 듣고 공조참판에 올랐으나 파직되어 삼수(三水)에 유배 후 죄가 가중 위리안치(圍籬安置) 배소에서 죽음.

入史局者, 見之語李芑, 指安名世護逆, 修史不實, 鞫于殿庭, 裂衣服上疏, 以明
입사국자 견지어이기 지안명세호역 수사불실 국우전정 렬의복상소 이명

自古無殺史臣之時, 冀悟, 上心, 陳復昌參鞫, 知而不受. 遂被誅, 朝服車載以出,
자고무살사신지시 기오 상심 진복창참국 지이불수 수피주 조복거재이출

見者莫不隕淚.
견자막불운루

상고해 보면, 《동각잡기》에 이르길 다음과 같습니다. 홍문관 박사 안명세는 일찍이 사관이 되어 을사(1545년) 연간의 일기를 편찬할 때에 회피하지 않고 사실대로 기록하였습니다. 후일에 사국에 들어간 자가 그것을 보고 이를 이기에게 말해, 안명세는 역적을 옹호하여 사초를 사실대로 쓰지 않았다고 지목되어 전정에서 국문당하자 (자신의) 의복을 찢어 상소하기를, 예로부터 사관을 죽인 적은 없었다는 것을 밝혀 임금의 마음을 깨우칠 수 있기를 바랐지만, 국문에 참여한 진복창은 이를 알고 그 소(疏)를 받아들이지 않았다. 마침내 참형을 당하게 되어 수레에 실려 나오니 이를 보는 자들이 모두 눈물을 흘렸습니다.

國朝要覽曰 初芑, 錄衛社勳, 請出, 時史以撰武定寶鑑, 名世史草有曰, 柩前,
국조요람왈 초기 록위사훈 청출 시사이찬무정보감 명세사초유왈 구전

殺三大臣, 柩前謂, 仁宗殯前也. 殺者謂, 無辜也. 三大臣謂, 柳灌, 柳仁淑, 尹任.
살삼대신 구전위 인종빈전야 살자위 무고야 삼대신위 류관 류인숙 윤임

文定大怒, 輾裂其四肢, 嗚呼慘矣
문정대노 환렬기사지 오호참의

『국조요람』에서는 처음에 이기가 위사훈록을 할 때 받아냈는데 『무정보감』을 찬술할 때 안명세의 사초에 이르길, "영구[柩] 앞에서 세 대신을 죽였다."라고 했습니다. 영구 앞[柩前]이란 인종 빈전을 말하고, 살자는 무고함을 말하고, 세 대신은 유관, 유인숙, 윤임을 의미합니다. 문정왕후[文定]가 대로해서 그 사지를 환열(輾裂)[99]했는데, 아 ! 참으로 참혹했습니다.

重峰趙先生, 上疏有曰, 白仁傑, 安名世之危言直筆, 砥柱頹波, 而公議昭垂.
중봉조선생 상소유왈 백인걸 안명세지위언직필 지주퇴파 이공의소수

又有曰, 李之菡, 目見安名世之赴市, 周流海島, 佯狂逃世云.
우유왈 이지함 목견안명세지부시 주류해도 양광도세운

중봉 조선생(조헌)이 상소하며 이르길, 백인걸과 안명세는 바른말과 곧은 글로

----

99 환열(輾裂) : 두 수레가 양쪽에서 끌어당겨 인체를 찢어 죽이던 형벌.

퇴락한 물결 속에 지주가 되어 공의를 밝게 드리웠습니다. 또 이르길, 이지함이 직접 안명세의 부시(赴市)[100]를 목도하고 해도를 주류하면서 미친 행세를 하면서 세상을 도피했다고 이야기했습니다.

及至先朝己未六月, 特贈弘文館, 直提學, 猗我聖考, 以壙世之感, 貤贈之典,
급지선조기미육월 특증홍문관 직제학 의아성고 이광세지감 이증지전
斷自宸衷, 嗚呼休哉. 安公之遘禍, 實由於直書, 三大臣, 被禍之事, 而以之垂, 萬
단자신충 오호휴재 안공지구화 실유어직서 삼대신 피화지사 이이지수 만
世之公議, 闡三臣之忠貞, 則生而與三先生, 孤忠直節樂而同歸矣. 沒而與三先
세지공의 천삼신지충정 즉생이여삼선생 고충직절락이동귀의 몰이여삼선
生, 腏享院宇, 一体俎豆者, 以情以禮, 允爲合宜.
생 철향원우 일체조두자 이정이례 윤위합의

선조(정조 23년) 기미년(1799년) 6월에 이르러 홍문관 직제학으로 특증하셨는데, 아! 우리 성고께서는 광세지감(壙世之感)[101]으로서 추중하는 특전이 있으셨습니다. 그것은 전하의 뜻에 따라 결단[斷自宸衷 : 임금 스스로의 결정]한 것이었으니, 아! 아름답습니다. 안공이 화를 당한 것은 실제 직서에서 비롯되었는데, 세 대신이 화를 입은 일을 직서로 드러내어 만세의 공의로 3신(臣)의 충정을 밝힌 것이었으니, 즉 살아서는 세 선생의 고충(孤忠 : 외로운 충성)과 직절(直節 : 곧은 절개)의 즐거움을 함께하고 귀의하신 것이었으며, 몰(歿)해서는 세 선생과 원우에 철향(腏享 : 제사를 올림)하되 일체의 제사는 정(情)과 예(禮)에 의하여 진실로 합하는 것이 마땅할 것입니다.

而三先生中, 松庵 柳先生, 美溪之院, 見燬於壬辰兵燹, 方營重建, 而姑未告
이삼선생중 송암 류선생 미계지원 견훼어임진병선 방영중건 이고미고
成. 唯靜叟柳先生, 晚遯之祠, 在於安城. 今以 安太史先生, 配享於晚遯祠之意,
성 유정수류선생 만둔지사 재어안성 금이 안태사선생 배향어만둔사지의
同志會議, 詢謀僉同, 庶敢馳文布告.
동지회의 순모첨동 자감치문포고

세 선생 중 송암 유선생의 미계서원[美溪之院]은 임진병선(壬辰兵燹 : 임진왜란)으로 화를 당하여 장차 중건하여 경영하려고 하지만 우선은 아직 완성을 고하지 못하고 있습니다. 다만, 정수 유선생의 만둔사가 안성에 있습니다. 지금 태사

----

100 부시(赴市) : 문맥상 '肆市'가 적합한 듯하나 원문으로 번역했음.
101 광세지감(壙世之感) : 세상에 유례가 없는 느낌.

안선생님을 만둔사에 배향하는 뜻을 함께 모여 의논했는데 여러 사람에게 묻고 상의하니 모두가 동의했으므로 이에 감히 급히 글로 고하는 바입니다.

伏願, 僉尊同心齊聲 求助鳩財, 以爲亟擧, 縟儀之地, 而第財力必須不少, 而後
복원 첨존동심제성 구조구재 이위극거 욕의지지 이제재력필수불소 이후

方可竣事. 而安先生, 不幸無直孫, 聞其傍裔多在貴境, 向慕之誠, 必倍餘人, 亦
방가준사 이안선생 불행무직손 문기방예다재귀경 향모지성 필배여인 역

須於士林中議, 及於旁孫, 以爲畢各出力助補期於從速配享之地, 千萬幸甚.
수어사림중의 급어방손 이위필각출력조보기어종속배향지지 천만행심

《癸未八月日, 發文. 鄭鴻書, 進士 洪始謹, 幼學 權勛睦, 贊中 李孝成, 洪始元,
계미팔월일 발문 정홍서 진사 홍시근 유학 권훈목 찬중 이효성 홍시원

權重華, 尹光勉, 柳㘉(기), 李仁采, 安光國, 洪文全, 李仁譽, 金享錫, 朴處勳 等.
권중화 윤광면 류 이인채 안광국 홍문전 이인곡 김향석 박처훈 등

敬通于忠原校宮. 八月十五日, 到本校.》
경통우충원교궁 팔월십오일 도본교

삼가 원하건대, 첨존은 같은 마음, 한목소리로 구재를 도와 속히 거행하고자 합니다. 성대한 의식을 행하는 곳에 다만 재력이 반드시 적지 않으므로 후에나 큰일을 완성할 수 있을 것입니다. 그런데 안선생께서는 불행히도 직손이 없고, 들기에 그 방계의 후손들이 대부분 귀경(貴境 : 관할 구역 내)에 있다 합니다. 향모하는 정성에는 반드시 많은 사람이 필요하니, 또한 사림의 중론이 방손에게 미쳐서 각각 힘을 다해 일을 도와 속히 배향하도록 한다면 매우 다행이겠습니다.

《계미년(1823년) 8월 어느 날 발문.

정홍서, 진사 홍시근, 유학 권훈목, 찬중 이효성, 홍시원, 권중화, 윤광면, 유기, 이인채, 안광국, 홍문전, 이인곡, 김향석, 박처훈 등(等). 충원교궁에서 공경히 통문하여 8월 15일 본교(本校 : 충원향교)에 도착했다.》

【宗中通文(종중통문)】

右通論事, 伏以, 今春以贈直學公, 立祠事, 會議, 鳩財列錄成卷, 收捧之期, 定
우통유사 복이 금춘이증직학공 입사사 회의 구재렬록성권 수봉지기 정

以初冬矣. 各沮疹優, 尚此未違, 而今則疹訂稍霽, 歲色垂窮.
이초동의 각저진우 상차미황 이금즉진정초제 세색수궁

우(右)와 같이 통유하는 일은 다음과 같습니다. 삼가 금년 봄 중 직학공의 입사하는 일로 모여 의논하면서 구재에 관하여 열록하면서 책을 만들었고 수봉

(收捧)[102]하는 기일은 초겨울로 정했습니다. 각자 천연두[疹憂]를 막느라 아직까지도 이렇다 할 겨를이 없었는데 지금은 홍진(紅疹 : 천연두)의 증세도 점점 잦아지고 장차 한 해가 저물려 하고 있습니다.

故以來月十五日, 將爲收合物財, 玆以通告. 伏願, 四派僉宗, 以右日, 各持某
고 이 래 월 십 오 일　장 위 수 합 물 재　자 이 통 고　복 원　사 파 첨 종　이 우 일　각 지 모
物一齊, 來會于鯉潭, 亟力收財, 以完大事之地, 千萬幸甚.
물 일 제　내 회 우 이 담　극 력 수 재　이 완 대 사 지 지　천 만 행 심.

그러므로 다음 달 15일에 물재를 수합(收合 : 거두어 모음)하기 위해 통문을 보냅니다. 삼가 바라건대, 사파의 첨종께서는 우일(右日) 각각 모모(某)의 물건을 지니고 일제히 이담에 모여 신속히 재물을 거둬 대사를 완전하게 하도록 해주신다면 천만다행이겠습니다.

壬午十一月二十日, 發文. 宗末 煥.
임 오 십 일 월 이 십 일　발 문　종 말 환.

《右敬通于鯉潭, 桂潭, 荷潭, 大寺, 虎岩, 大相, 丹邱, 項洞, 開谷, 花山, 口洞,
우 경 통 우 이 담　계 담　하 담　대 사　호 암　대 상　단 구　항 동　개 곡　화 산　　동
鳥谷, 陽谷僉宅. 道基書, 與此通當在, 白峰通文之上.》
조 곡　양 곡 첨 택　도 기 서　여 차 통 당 재　백 봉 통 문 지 상.

임오년(1822년) 11월 20일, 발문 종말(宗末)[103]

《우(右)와 같이 공경히 통문하는 곳은 이담, 계담, 하담, 대사, 호암, 대상, 단구, 항동, 개곡, 화산, 口동, 조곡, 양곡의 여러 댁(宅)》

※ 도기서(道基書 : 도기서원의 서신)와 더불어 이 통문은 당시 백봉통문의 위에 있음.

【本邑校宮儒會通文(본읍 교궁(충원향교) 유회통문)】

右文爲通論事, 伏以, 誦德慕義, 秉彝所同, 立祠尊賢, 古禮攸徵. 故先賢往哲
우 문 위 통 론 사　복 이　송 덕 모 의　병 이 소 동　입 사 존 현　고 례 유 징　고 선 현 왕 철
之學行節義, 有可以矜式乎一代, 炳烺乎百世.
지 학 행 절 의　유 가 이 긍 식 호 일 대　병 랑 호 백 세.

우(右)와 같이 통유하는 일은 다음과 같습니다. 삼가 덕을 찬송하고 의를 사모하며 떳떳한 본성을 지닌 사람이라면 다 같이 입사하여 존현하는 것은 고례에

102　수봉(收捧) : 세금(稅金)을 징수함. 남에게 빌려준 돈이나 외상값 따위를 거두어들임. 수쇄(收刷).

103　종말(宗末) : 종족(宗族)의 웃어른에게 자기를 낮추어 이르는 말. 종기(宗記), 족하(宗下), 종하생(宗下生).

서 이미 징험(徵驗 : 징조를 경험함)한 것입니다. 그러므로 선현께서는 명철한 학행과 절의를 행하셔서 한 시대를 긍식(矜式 : 모범으로 삼음)하여 백세토록 빛나게 하는 것입니다.

則莫不有院宇之享, 鄕社之祭, 一以寓慕
즉막불유원우지향 향사지제 일이우모
仰之誠, 一以盡表章之道. 是蓋吾儒之公議, 斯文之盛擧也. 嗚呼, 忠臣直士, 身
앙지성 일이진표장지도 시개오유지공의 사문지성거야 오호 충신직사 신
當不幸之會, 守志不撓視死, 如歸百代之下聞風, 而釀涕者從.
당불행지회 수지불요시사 여귀백대지하문풍 이양체자종

즉 현인을 배향하지 않은 원우가 없고, 향사에서 제사를 올리는 것은 한편으로는 사모하는 정성을 붙이고 한편으로는 표장의 도리를 다하는 것입니다. 이는 대개 우리 유학의 공의이자 사문(斯文 : 유교의 도의나 문화 또는 유학자)의 성대한 거조(擧措 : 말이나 행동의 태도)입니다. 아! 충신과 직사가 불행한 때를 당해도 뜻을 지켜 꺾이지 않고 죽음을 보았으니 만약 백 대 뒤에라도 그 풍문을 듣는다면 눈물을 흘리며 따를 것입니다.

古何限, 而豈有若, 贈直提, 行翰林 安公, 其義至烈, 其禍至慘, 其事功悲者乎.
고하한 이기유약 증직제 행한림 안공 기의지렬 기화지참 기사공비자호
乙巳之禍, 羣奸旁伺善類俱狀, 盈庭百僚, 無不怵禍, 畏威, 惴惴慄慄, 若不保呼吸.
을사지화 군간방사선류구장 영정백료 무불출화 외위 췌췌률률 약불보호흡

예로부터 무슨 제한이 있겠습니까만, 어찌 증 직제학 한림 안공과 같이 그 의가 지극히 맹렬하고 그 화가 지극히 참혹하여 사공(事功 : 공적, 일의 성취)이 이처럼 슬프겠습니까? 을사년(1545년)의 화(禍)는 여러 간흉이 곁에서 엿보고! 선류(善類 : 선량한 사람)를 모두 죽였는데, 뜰에 가득 찬 백관이 모두 그 화를 두려워하지 않는 사람이 없었으니, 그 위엄에 두려워하여 벌벌 떨며 마치 숨을 부지하지 못할 것 같았습니다.

而公以簪筆之新進三十之妙岭, 秉陽秋之斧鉞, 抱南史之簡册, 直書不諱昭示奸
이공이잠필지신진삼십지묘령 병양추지부월 포남사지간책 직서불휘소시간
正之別, 其奇禍之立至不待, 知者, 而知也, 公之心獨不曰, 孫盛之筆, 不使桓溫,
정지별 기기화지입지불대 지자 이지야 공지심독불왈 손성지필 불사환온

而懼之, 則千載之下, 孰謂董狐之中, 又直乎.《嘗, 孫盛直書, 桓溫之惡, 溫怒謂
이 구 지　 즉 천 재 지 하　 숙 위 동 호 지 중　 우 직 호　 증　 손 성 직 서　 환 온 지 악　 온 노 위

其子曰, 自是關君門戶事, 其子請改盛不許. 董狐, 魯良史也.》
기 자 왈　 자 시 관 군 문 호 사　 기 자 청 개 성 불 허　 동 호　 로 량 사 야

공은 잠필(簪筆)[104]에 뽑혀 30세에 춘추의 부월을 잡고 남사(南史 : 당나라 이연수가 지은 중국의 남송, 제, 양, 진 네 나라의 역사)의 간책(簡册)[105]을 안고 직서했는데 숨김이 없고 간정(奸正 : 간사함과 올바름)을 구분하여 밝게 보이셨으니 그 기이한 화(禍)에 이르기를 기다리지 않고서도 알 만한 사람들은 알 수 있었습니다. 공의 마음을 자신이 말하길, 손성(孫盛)[106]의 글이 환온(桓溫)[107]으로 하여금 근심하지 않을 수 없게 했으니 천년 후 누구나 동호(董狐)[108]를 말하며 모두가 바르다(直) 하였습니다.《예전에 손성이 환온의 악을 직서했는데, 환온이 노하여 그 아들에게 말하길, "이로부터 그대 문호의 일이 막힐 것이다."라고 하자 그 아들이 고치자고 청했으나 손성은 허락하지 않았다. 동호는 노나라 양사(良史 : 훌륭한 사관)이다.》

確乎有守. 熊魚之取捨, 已定, 狂狙之猖噬不顧. 故及其車載就市, 顏色不變,
확 호 유 수　 웅 어 지 취 사　 이 정　 광 제 지 은 서 불 고　 고 급 기 거 재 취 시　 안 색 불 변

是豈蒼黃凌遽之所 可辨也. 卽謹按, 宣廟朝丁丑, 復官之敎若曰, 安名世之史筆秉直.
시 기 창 황 릉 거 지 소　 가 판 야　 즉 근 안　 선 묘 조 정 축　 복 관 지 교 약 왈　 안 명 세 지 사 필 병 직

지키는 것이 확고했습니다. 웅어(熊魚 : 곰 발바닥과 물고기)의 취사(取捨 : 취하고 버림)는 이미 정해진 것으로[109] 미친 듯이 사나운 은서(猖噬)[110]에도 뒤를 돌아보지 않으셨습니다. 그러므로 수레에 실려 저자에 나아가서도 그 안색은 변하지 않았으니 이것이 어찌 창황(蒼黃 : 어찌할 사이도 없이 매우 급작스러움)한 능거(凌遽 : 떨며

---

104 잠필(簪筆) : 사관(史官). 옛날 중국 사람이 일이 있을 때 쓰기 위하여 붓을 머리에 꽂고 홀(笏)이나 독(牘)을 몸에 지니고 다녔다는 고사(故事)에서 유래된 말.

105 간책(簡册) : 책으로 엮어 글자를 적는 데 쓰인 가늘고 긴 대쪽.

106 손성(孫盛) : 진나라의 유명한 사학자.

107 환온(桓溫) : 중국 남북조시대 동진(東晉)의 장군으로 혁(奕)을 황제에서 폐하고 간문제(簡文帝)를 세우는 등 정권을 장악함.

108 동호(董狐) : 사실을 숨김없이 바르게 쓴 춘추시대 진(晉)나라 사관(史官) 동호를 의미함.

109 맹자의 고사성어를 인용한 것으로 추정됨. 그 의미는 삶도 내가 바라는 바이고 의도 내가 바라는 바이지만, 그 둘을 가질 수 없다면 삶을 버리고 의를 취하겠다는 것을 의미함.

110 은서(猖噬) : 개가 으르렁거리며 물어뜯는다는 뜻으로, 남을 괴롭히거나 못살게 구는 것을 비유하여 이르는 말.

두려워함)의 곳에서도 그 힘을 쓰실 수 있었단 말입니까? 삼가 살펴보건대, 선묘조 정축년(1577년) 복관하는 교지에 말하기를 안명세의 사필은 곧다고 했습니다.

趙中峰, 甲戌《趙公憲, 宣廟 甲戌, 上陳弊疏.》之疏有曰, 危言直筆, 砥柱頹波,
조중봉 갑술 조공헌 선묘 갑술 상진폐소 지소유왈 위언직필 지주퇴파
公議昭垂. 又曰, 李之菡, 目見安名世之赴市, 佯狂避世.《李公號, 土亭, 裂衣血
공의소수 우왈 이지함 목견안명세지부시 양광피세 이공호 토정 렬의혈
書以餞, 公受刑之行, 仍佯狂避世, 周流海島.》
서이전 공수형지행 잉양광피세 주류해도

조중봉의 갑술년(1574년)《조공헌은 선묘 갑술년에 진폐소(陳弊疏 : 陳復昌의 편단)를 올렸다.》상소에 말하길, "바른말과 곧은 글로 퇴락한 물결 속에 지주가 되어 공의를 밝게 드리웠습니다."라고 했습니다. 또 이르길, 이지함이 직접 안명세의 부시(赴市)[111]를 목도하고 미친 행세를 하면서 세상을 도피했다고 했습니다.《이공의 호는 토정으로, 옷을 찢어 혈서하여 수형하는 행차에서 공(公)을 전별하고 그대로 미친 듯이 세상을 피하며 해도를 돌아다녔습니다.》[112]

宋尤庵, 撰閔立岩《閔公齊仁, 神道碑文一依公史草, 以徵其誣.》碑文曰, 安公
송우암 찬민입암 민공제인 신도비문일의공사초 이징기무 비문왈 안공
名世, 修直史, 而遭極形. 又曰, 公之終始, 俱在史氏, 我仍修之, 以篆其隧.
명세 수직사 이조극형 우왈 공지종시 구재사씨 아잉수지 이전기수

송우암(송시열)이 민입암《민제인의 신도비문은 공(公)의 사초에 의거했으며 그 무고함을 징험했다.》은 비문을 찬하면서 이르길, 안명세는 직사를 쓰다가 극형을 당했다라고 했습니다. 또 말하기를 공(公)의 종시(終始 : 끝과 시작, 즉 평생 동안)는 모두 사씨(史氏 : 사관)에 있었는바, 나는 비문을 지으며 전(篆 : 쪽지라는 의미로, 즉 사초)을 따랐습니다.

東閣《李公廷所編》雜記曰, 鞠于殿庭, 公裂衣服, 上疏, 以明自古, 無殺史臣之
동각 이공정소편 잡기왈 국우전정 공렬의복 상소 이명자고 무살사신지
時, 冀悟上心, 被陳復昌之所沮, 遂被誅車載, 而出見者, 莫不隕淚.
시 기오상심 피진복창지소저 수피주거재 이출견자 막불운루

----

111 부시(赴市) : 문맥상 '사시(肆市)'가 적합한 듯하나 원문으로 번역했음.

112 다른 글에서는 옷을 찢어 혈서하여 상소 글을 적은 이는 한림공인데, 이 글에서만 혈서의 주체를 한림공으로 보기 어렵고, 혈서의 주체는 이지함으로 추정된다.

동각《이정 편찬》잡기에 이르길, 전정에서 국문당했는데, 공(公)은 의복을 찢어 상소하기를, 예로부터 사관을 죽인 적이 없었다는 것을 밝혀 임금의 마음을 깨우칠 수 있기를 바랐지만 진복창이 그것을 막아서 마침내 참형을 당하게 되어 수레에 실려 나오니 이를 보는 자들이 모두 눈물을 흘렸다고 했습니다.

國朝要覽曰, 安名世, 史草曰, 柩前殺三大臣, 柩前謂, 仁宗殯前, 殺者謂無辜也, 三大臣謂, 柳灌, 柳仁淑, 尹任也云云.

『국조요람』에 이르길, 안명세의 사초에서는 영구[柩] 앞에서 세 대신을 죽였다라고 했는데, 영전(柩前 : 영구 앞)이란 인종 빈전을 말하고, 살자는 무고함을 말하며, 세 대신은 유관, 유인숙, 윤임을 말한다고 했습니다.

此盖公被禍實蹟, 於國史野乘之大略也. 靑汗之文凜, 奸諛之誅骨, 碧血之痕慘, 婦孺其酸臭.《書於竹簡, 故史謂, 靑汗冤血化爲碧, 故曰碧血.》東市《漢 鼂錯, 以朝服東市行刑.》朝服視刀鉅, 而含笑, 北寺鉤黨.《北寺, 獄名, 東漢黨, 賢陳竇等, 囚於此鉤黨, 連及黨人, 鉤鉅拔出, 故曰, 鉤.》併獜鳳而同踣.

이것이 대개 공이 화를 입은 실적으로 국사와 야승(野乘 : 재야인이 서술한 역사)에 있는 대략입니다. 청한(靑汗 : 푸른 땀. 정의를 기록하려는 노력)한 문장이 아첨꾼에게 그 골육을 주벌(誅罰 : 칼로 베는 벌)당해 벽혈의 흔적이 참혹하여 부유(婦孺 : 부녀자와 어린이)에 쉰 냄새가 진동했습니다.《죽간에 쓴 고사로 청한의 원통한 피가 벽(碧 : 푸른색)으로 변한 것을 말하는데, 그러므로 벽혈이라고 한다.》동시(東市)《한(漢) 조조(鼂錯)[113]는 조복을 입은 채 동시에서 처형당했다.》에서 조복을 입은 채 도거(刀鋸 : 큰 칼)를 보고도 웃음을 머금고 북시(北寺)[114]에서 구당(鉤黨 : 한 무리로 몰아 하옥 또는 사형)을 당하셨다.《북시는 옥명이고 동한당이 현인[賢]인 진두 등을 이 구당에 가두고 당인과 연급하기 위해서 유도신문으로 뽑아냈기 때문에 구

---

113 조조(鼂錯) : 전한의 관료로 오초칠국의 난 때 황제는 조조와 평소의 원수지간이었던 원앙(袁盎)의 참언을 듣고 장안 저잣거리에서 참수해 반란군을 달랬다.

114 북시(北寺) : '寺'는 보통 '사'로 읽으나 여기에서 관청 시로 해석함.

(鉤 : 갈고리, 낫 등)라 했다.》인봉(獜(麟)鳳 : 기린과 봉황)이 함께 넘어졌습니다.

陰消陽長, 繼天道之循環, 時移事往, 尙感涕之無窮. 使天下後世, 有以知國史
음 소 양 장   계 천 도 지 순 환   시 이 사 왕   상 감 체 지 무 궁   사 천 하 후 세   유 이 지 국 사
之筆, 不可不嚴也. 忠逆之分, 不可不昭揭也. 捨生取義, 不可不預定也. 公之一
지 필   불 가 불 엄 야   충 역 지 분   불 가 불 소 게 야   사 생 취 의   불 가 불 예 정 야   공 지 일
身, 其關係世道, 日星昏衢者, 其功之大, 謂如何哉.
신   기 관 계 세 도   일 성 혼 구 자   기 공 지 대   위 여 하 재

음이 점차 소멸하면 양이 성장하고, 천도의 순환으로 이어가고, 시대가 바뀌고 일이 흘러가도 오히려 감흡(感吸 : 느낌을 알고) 눈물이 무궁하기만 합니다. 천하에 있는 후세 사람들에게 국사의 필적을 알게 했으니 국사는 엄하게 하지 않을 수 없는 것입니다. 충과 역의 구분을 밝게 게시하지 않을 수 없으니 삶을 버리고 의를 취하는 것은 불가불 미리 정해져 있는 것입니다. 공의 일신은 세도와 관계되어 어두운 길에 해와 별이 비치는 것과 같았으니 그 공의 위대함이 그 얼마나 되겠습니까?

且稽, 金省庵所撰, 墓碣曰, 公生而秀異, 直截, 割方不妄言, 笑稍長. 從朴松
차 계   김 성 암 소 찬   묘 갈 왈   공 생 이 수 리   직 절   할 방 불 망 언   소 초 장   종 박 송
堂.《召名, 英, 己卯名人.》學常以近思錄, 性理大全, 自隨敦履博洽, 勉勉不懈,
당   소 명   영   기 묘 명 인   학 상 이 근 사 록   성 리 대 전   자 수 돈 리 박 흡   면 면 불 해
孝于親, 刑于妻, 御子弟, 僮僕有恩, 義閨門內外, 皆悅豫云云.
효 우 친   형 우 처   어 자 제   동 복 유 은   의 규 문 내 외   개 열 예 운 운

또 상고하니 김성암이 찬한 묘갈에 이르기를, 공은 나면서부터 유달리 뛰어나 직절(直截 : 곧바로 판단함)했으며 베일 때에도 망언을 하지 않고 웃음이 조금씩 길어졌다고 했습니다. 박송당《소명은 영(英)이며 기묘명인이다.》을 좇아 배우고 항상 근사록(近思錄)[115]과 성리대전(性理大全)[116]을 익혀 스스로 돈독한 마음으로 널리 통하고 부지런히 힘을 쏟고 게을리하지 않았으며, 어버이에게 효도하고 처와 자제[御子弟]에게 모범이 되었고, 동복(僮僕 : 아이와 종.)에게 은혜를 베풀어 그 의(義)로 규문(閨門)[117]의 내외에서 모두 기뻐했다고 했습니다.

其踐履之篤, 實制行之純, 備素有如此者, 而蔚, 有淵源之可述, 則公之所成就
기 천 리 지 독   실 제 행 지 순   비 소 유 여 차 자   이 울   유 연 원 지 가 술   즉 공 지 소 성 취

---

115 근사록(近思錄) : 중국 남송(南宋)의 철학자 주희와 여조겸이 공동 편찬한 성리학 해설서.

116 성리대전(性理大全) : 명나라 호광이 주자(周子), 장자, 주재(朱子) 등 송 · 원나라 성리학자 120명의 성리설을 한데 모은 책.

117 규문(閨門) : 집안에서 부녀자가 거처하는 곳.

益自學問中出來. 且於通籍之初, 請斬普雨.《妖僧普雨, 廣張佛法, 出入宮禁, 居
處僭擬. 又設無遮會於檜岩寺, 其費萬計. 公請斬之後, 十四年明宗乙丑, 黜外, 流
濟州未幾死. 罷兩宗禪科.》之疏, 凜然如霜, 闢邪衛正之功, 有光於斯文者, 於名
賢之錄.

　　그 천리(踐履 : 실제로 이행함)가 돈독하여 실제 행(行)이 순수하게 갖춰진 것이 평
소 이와 같이 훌륭한 연원을 말할 수 있은즉 공이 성취한 바는 모두 그 학문에
서 나온 것이었습니다. 또 관적에 오른 초기에 보우를 참할 것을 청하는《요승
보우가 불법을 크게 떠벌리고, 궁궐을 출입하고, 거처하는 곳이 참람하게 컸
다. 또 회암사에서 무차회(無遮會)[118]를 베풀었는데 그 비용이 1만 냥 정도나 들
었다. 공이 보우를 참할 것을 청한 후 14년 명종 을축년(1565년) 보우를 지방으
로 쫓아내어 제주에 귀양보냈는데 얼마 되지 않아 죽었다. 양종의 선과가 폐지
되었다.》상소를 올렸는데 늠름한 것이 서리와 같았고 벽사위정(闢邪衛正)[119]한
공(功)은 사문(斯文 : 유교의 도의나 문화)의 빛으로 남았으며, 명현록(名賢錄)[120]에 기
록되어 있다.

　　則凡爲吾儒者, 尊慕公, 依仰公者, 豈但視之爲一時, 辦死之名節而已耶. 嗟呼,
伯道《鄧攸 字》之魄絶, 而無絶仲雍之祀, 忽諸已久. 粤我先大王, 貤贈之典, 寔
出於曠世, 崇奬之盛德至意.《正宗朝二十四年己未, 六月六日, 贈直學.》而祠版
追題之擧, 憑施無地, 後孫詢訪之敎, 向問無處.

　　무릇 우리 유자들이 공(公)을 존모하고 의앙하는 것인데 어찌 다만 공을 한때
목숨을 건 명절로만 볼 뿐이겠는가? 아(嗟呼)! 백도(伯道)《등유(鄧攸)[121]의 자(字)》

---

118 무차회(無遮會) : 승속(僧俗)을 가리지 않고 누구나 참여하여 공양하고, 베풀고, 설법을 듣고 서로 질문하여 배우는 모임.

119 벽사위정(闢邪衛正) : 사교를 물리치고 정도를 지키는 것.

120 명현록(名賢錄) : 신라에서 조선 선조 때까지 유학자들의 사우 관계를 정리한 책. 1682년 박세채가 편찬함.

121 등유(鄧攸)의 자(字) : 진나라 하동 태수로 석늑의 난으로 피난을 가다 동생이 어린 아들을 두고 죽자 자기 아들을 버리고 조카
　　를 지켰으나 등유는 끝내 자식을 두지 못함.

132　　　　　　　　　　　　　　　　　　　　　　　　　　　　　　　　　　　계담서원

의 넋이 끊어졌고 중옹(仲雍)[122]의 제사가 끊어져 문득 여러 해가 지나 오래되었습니다. 아! 우리 선대왕께서 이증지전(貤贈之典 : 사후에 벼슬을 높여 줌)한 것은 이것으로 나온 것으로 세상을 밝혀 성덕을 숭장하는 이 지극한 뜻에 있습니다.《정종조(正宗朝) 24년[123] 기미년(1799년), 6월 6일 증 직학》 사판(祠版 : 죽은 사람의 이름을 적은 위패)에 추제(追題 : 추가로 기재함)하여 거행하려 하나 시행할 곳이 없고 후손을 순방하라는 하교에도 물어볼 곳이 없었습니다.

使此千古之榮感, 莫及於九原之幽魂, 其爲當時之欠事, 後人之齎恨, 容可極哉.
사 차 천 고 지 영 감   막 급 어 구 원 지 유 혼   기 위 당 시 지 흠 사   후 인 지 재 한   용 가 극 재

竊念, 公之學問行誼, 已合於古所謂, 鄕先生祭社之典. 矧乎直節危忠布護, 後世
절 념   공 지 학 문 행 의   이 합 어 고 소 위   향 선 생 제 사 지 전   신 호 직 절 위 충 포 호   후 세

之耳目, 宜有士林之表章, 而歲月浸久, 尊尙無所, 其可曰, 樹風奬節之道乎.
지 이 목   의 유 사 림 지 표 장   이 세 월 침 구   존 상 무 소   기 가 왈   수 풍 장 절 지 도 호

이 천고의 영감이 구원(九原 : 사람이 죽어 영혼이 사는 곳. 즉 구천)의 유혼에 미치지 못하게 되었으니 그 당시의 흠사(欠事 : 잘못이 있는 일)와 후인이 품은 한이 지극히 크다고 할 수 있습니다. 삼가 생각하건대, 공의 학문과 행의(行誼 : 바르고 점잖은 행실)는 이미 예로부터 선생의 마을[鄕]에 제사지전(祭社之典 : 사당에서 제사를 올림)으로 이른바 이미 합쳐져야 했습니다. 하물며 직절과 위충(危忠 : 바른 충성)이 널리 퍼져 후세에 이목이 되었으니 마땅히 사림들의 표장(表章 : 공적이나 선행 따위를 널리 세상에 알려 칭찬함)이 있어야 했으나 세월이 오래됨에 따라 존상(尊尙 : 높이 받들어 공경하고 소중히 여김)할 장소조차 없으니 과연 풍속을 세우고 절의를 권장하는 도리라고 말할 수 있겠습니까?

所以建祠餟享之論, 始起於道基.《安城 金沙溪 書院.》 白峰 安性 洪南坡書院.
소 이 건 사 체 향 지 론   시 기 어 도 기   안 성 김 사 계 서 원   백 봉 안 성 홍 남 파 서 원

之院, 同安書社《安城兪氏家 家社.》之諸章甫, 而靜叟書院《柳公仁淑, 號靜叟,
지 원   동 안 서 사   안 성 유 씨 가 가 사   지 제 장 보   이 정 수 서 원   류 공 인 숙   호 정 수

卽安城 晩遯社.》一體配侑之意, 薦有通告之文, 益可驗公議之愈久不泯, 而遠近
즉 안 성 만 둔 사   일 체 배 유 지 의   천 유 통 고 지 문   익 가 험 공 의 지 유 구 불 민   이 원 근

---

122 중옹(仲雍) : 주나라 고공단보의 차남으로 형(태백)과 함께 동생(계력)이 아버지의 뒤를 잇게 하기 위하여 다른 나라로 이주. 나중에 오나라의 군주가 됨.

123 23년의 오기.

之沕然一辭也.
지물연일사야

　이런 까닭에 사당을 세워서 체향(禘享：신에게 제사를 올림)하자는 의론이 비로소 도기서원《안성 김사계(金沙溪：김장생 선생) 서원》에서 일어나 백봉서원《안성 홍남파서원》동안서사《안성유씨가 가사》의 여러 장보가 정수서원《유인숙[柳公仁淑]의 호는 정수로 곧 안성 만둔사이다.》에서 일체 배향하자는 뜻을 천거한 통고문이 있었으니 이는 공의가 오래될수록 없어지지 않는다는 것을 더욱 증험할 수 있는 것으로, 원근에서 하는 말이 모두 같은 것이었습니다.

　惟彼吾鄕之鯉潭, 卽公先塋《或云, 卽公叔父, 棲息之兩》之下, 而杖屨之所, 嘗
　유피오향지이담　즉공선영《혹운　즉공숙부　서식지량》지하　이장구지소　상
及也. 安氏之爲公旁裔者, 多在於斯, 顧雍俎豆之議, 輿情所同, 則安靈之地宜,
급야　안씨지위공방예자　다재어사　고옹조두지의　여정소동　즉타령지지의
講所宜. 而上有松楸之密, 近下有旁裔之瞻依者, 固無若鯉潭一區, 方欲鳩財伐
강소의　이상유송추지밀　근하유방예지첨의자　고무약이담일구　방욕구재벌
木, 營建堂宇. 譬之, 別廟稍廣, 制度較之影堂少, 有折衷, 一以申貤贈未題之恨,
목　영건당우　비지　별묘초광　제도교지영당소　유절충　일이신이증미제지한
一以爲節義尊尙之擧, 於情於禮, 亶合事宜.
일이위절의존상지거　어정어례　단합사의

　생각해 보면 오향의 이담은 곧 공의 선영《혹자는 곧 공의 숙부가 서식(棲息)한 두 곳이라 한다.》아래로 장구지소(杖屨之所：생활하던 곳)로 일찍이 언급하던 곳입니다. 안씨 중에서 공의 방예(旁裔)가 된 사람들이 이곳에 많이 있습니다. 돌아보니 제향의 논의[俎豆之議]도 여론과 같은 바가 있습니다. 결국 이담은 타령지지(妥靈之地：영혼이 편히 쉬는 곳)도 마땅하고 강소(講所)로도 마땅합니다. 그리고 위로는 조상의 묘소[松楸]가 빽빽하고 가까이 있는 아래쪽은 방예가 보고 의지할 수 있는 곳으로, 진실로 이담의 한 구역과 같은 곳이 없으니 장차 구재하고 벌목하여 당우를 영건(營建：건물을 지음)하고자 합니다. 비유하자면 별묘가 제도보다 조금 넓고 영당(影堂：초상화를 모시는 곳)보다는 작지만 둘을 절충해서 하나는 이증(貤贈)[124]을 아직 써서 달지 못한 한(恨)을 펴는 것이고 하나는 절의를 숭상하는 거

124　이증(貤贈)：종2품 이상의 직위에 올랐을 때, 죽은 아버지, 할아버지, 증조할아버지에게 벼슬을 내리는 일을 이르던 말로 한림공의 추증을 의미함.

조로 삼는 것이니 정(情)과 예(禮)에 따라 진실로 합하는 일이 마땅할 것입니다.

故不揆鄙等之陋見, 竊循詢同之僉議, 奉以聞之, 伏願諸君子, 特從輿論, 助擧
고불규비등지루견 절순순동지첨의 봉이문지 복원제군자 특종여론 조거

盛典, 則一鄕與榮, 士林幸甚. 玆以敬通于道內, 僉君子.
성전 즉일향여영 사림행심 자이경통우도내 첨군자

그러므로 헤아림이 부족한 비등의 누견(陋見 : 좁은 의견)으로, 삼가 여러분께서
돌면서 자문하니 같은 논의를 받든다고 들었습니다. 삼가 원하건대, 여러 군자
께서는 특별히 여론에 따라 성대한 의식을 돕고 있으니 일향의 영광이요 사림
에 다행이라 하겠습니다. 이에 공경히 도내의 첨군자께 통문하옵니다.

癸未十一月十八日, 發文. 進士 李象會,
계 미 십 일 월 십 팔 일 발문 진사 이 상 회

本校齋任 進士 申用顯, 幼學 李章會, 李之人, 李大峻, 幼學 洪鍾,
본 교 재 임 진사 신 용 현 유 학 이 장 회 이 지 인 이 대 준 유 학 홍 종

此以下 凡員. 進士 李基祏, 柳澱, 洪喆休, 李晩峻, 幼學 南信中, 金鼎夏, 崔漢
차 이 하 범 원 진사 이 기 석 류 곡 홍 철 휴 이 만 준 유 학 남 신 중 김 정 하 최 한

俊, 李基鎭, 李憲基, 李致會, 柳瑗, 李晋遠, 進士 洪秀學, 幼學 沈啓顯, 沈東和,
준 이 기 진 이 헌 기 이 치 회 류 원 이 진 원 진사 홍 수 학 유 학 심 계 현 심 동 화

南鍾英, 朴孝華, 許深, 南潝, 宋恩修, 南一中, 李秉憲, 李秉九, 李基東, 洪舒浩,
남 종 영 박 효 화 허 심 남 흡 송 은 수 남 일 중 이 병 헌 이 병 구 이 기 동 홍 서 호

李嘉會, 洪近模, 金秀南, 洪尙模, 李秉周, 洪尹謨, 申惠模, 洪謁謨, 權順協, 洪
이 철 회 홍 근 모 김 수 남 홍 상 모 이 병 주 홍 윤 모 신 혜 모 홍 알 모 권 순 협 홍

翼冑, 李基後, 洪禹謨, 成始詠, 洪琦謨, 沈啓夏, 閔夏, 元用霖, 進士 李華延, 幼
익 주 이 기 후 홍 우 모 성 시 영 홍 기 모 심 계 하 민 하 원 용 림 진사 이 화 연 유

學 韓鎭九, 韓致恒, 金宗百, 許構, 許澈, 金用兩, 南民中, 閔在相, 朴章明, 進士
학 한 진 구 한 치 항 김 종 백 허 구 허 철 김 용 량 남 민 중 민 재 상 박 장 명 진사

金明淵, 徐儀輔, 徐慶輔, 洪萬詠, 尹鳳烈, 趙錫永, 鄭一復, 鄭肇煥 等,
김 명 연 서 의 보 서 경 보 홍 만 영 윤 봉 렬 조 석 영 정 일 복 정 조 환 등

名帖 過半當會 進士 李基祏, 洪喆休, 洪集休, 洪秀學, 幼學 南信中, 李憲基,
명 첩 과 반 당 회 진사 이 기 석 홍 철 휴 홍 집 휴 홍 수 학 유 학 남 신 중 이 헌 기

李致會, 李昇甲, 李秉憲, 李秉九, 李秉, 宋恩修,
이 치 회 이 승 갑 이 병 헌 이 병 구 이 병 송 은 수

司馬齋有司 進士 李象會,
사 마 재 유 사 진사 이 상 회

本校有司 進士 申用顯, 幼學 李障會, 李大峻.
본 교 유 사 진사 신 용 현 유 학 이 장 회 이 대 준

계미년(1823년) 11월 18일, 발문, 진사 이상회.

본교 재임(임원) 진사 신용현, 유학 이장회, 이지인, 이대준, 유학 홍종,

이하 모든 원. 진사 이기석, 유곡, 홍철휴, 이만준, 유학 남신중, 김정하, 최

한준, 이기진, 이헌기, 이치회, 유원, 이진원, 진사 홍수학, 유학 심계현, 심동화, 남종영, 박효, 허심, 남흡, 송사수, 남일중, 이병헌, 이병구, 이기동, 홍서호, 이철회, 홍근모, 김수남, 홍상모, 이병주, 홍윤모, 신혜모, 홍알모, 권순협, 홍익주, 이기후, 홍우모, 성시영, 홍기모, 심계하, 원용림, 진사 이화연, 유학 한진구, 한치항, 김종백, 허구, 허철, 김용량, 남민중, 민재상, 박장명, 진사 김명연, 서의보, 서경보, 홍만영, 윤봉렬, 조석영, 정일복, 정조환 등(等),

회의 과반이 명첩(名帖 : 자신의 이름 등을 적어 놓은 종이)을 남겼다.

진사 이기석, 홍철휴, 홍집휴, 홍수학, 유학 남신중, 이헌기, 이치회, 이승갑, 이병헌, 이병구, 이병, 송은수,

사마재유사 진사 이상회,

본교유사 진사 신용현, 유학 이장회, 이대준.

검열사의 건립과정 : 「건원일기」 - 용담 안환

  본 서원은 전술한 바와 같이 1818년 처음 안성지역의 유림에서 한림공의 숭모사업으로 만둔사 배향이 제기되기 시작하여 1822년부터 본격적으로 논의되기 시작하였고, 1823년 11월 지역 사림과 협의하여 유림의 공의(公議)로 한림공의 연고지인 이담에 타령지소(妥靈之所)를 건립하기로 하였다. 그리하여 1824년 1월 11일 서원부지가 결정되면서부터 서원의 창립은 본격적으로 시작되었다.

  서원 건립을 위해서는 여러 가지를 감안하여 모두 자급자족 형태로 진행되었을 것으로 추정된다. 기록의 정황으로 보아 기술이 필요한 부분은 목공(木工), 와공(瓦工), 단청장(丹靑匠) 등을 고용하였고, 기타 공사는 대부분 문중원들이 인력을 부담하였다. 전체적인 소요 사업비에 대한 기록은 없으나 인건비, 자재비 등 많은 사업비를 문중원과 유림들의 성금으로 추진되었음을 알 수 있다. 그만큼 지역에서 한림공에 대한 숭모가 컸고 또한 지역의 유림 발전을 위한 노력이 있었을 것이다.

  당시 서원 건립을 추진하신 어른들의 노력은 우리가 생각하는 것보다 노고가 무척 대단하였다. 서원을 건립하며 자금과 자재가 부족하여 건립추진을 위하여 각지로 다니며 모금 활동을 전개하였다. 우선은 가까운 영동(永同) 황간(黃澗) 일원으로 낙향한 방손(傍孫) 일가에 서원 건립의 당위성 설명과 함께 황간 종중의 적극적인 협조를 요청하는 통문을 충주파 종중에서 발송하고 충원(忠原) 사마재(司馬齋)에서도 적극적인 협조를 바라는 통문을 보냈다.

  또한 충원 사마재에서는 도내 유림에게도 서원 건립에 동참해 주실 것을 촉구하는 통문과 함께 충주파 문중에도 분발을 촉구하는 충원 사마재의 통문이 도착하였다.

  그럼에도 불구하고 농업이 주업이던 그 시절 1932년과 1933년의 혹독한 흉년의 연속으로 인한 기근, 또 당시 역병(疫病 : 천연두)의 창궐 등은 서원의 건립을 부진하게 하는 요인들로 서원의 건축 중단과 재개가 반복될 수밖에 없었다.

그러나 문중에서는 단청재(丹靑材) 확보를 위하여 안동까지 가서 흙을 채취해 오고, 비가 옴에도 불구하고 현 수안보(水安堡)에서부터 문짝을 만들 목재를 가져왔다. 부족한 서까래 확보를 위하여 문중원들은 개인 산의 나무를 선뜻 내놓았고, 서원의 원장(垣牆 : 담장)을 각 소종중(小宗中)에서 분담하여 추진하는 등 노력을 아끼지 않았지만 모두 15년이 소요되었다. 끝까지 포기하지 않고 추진한 결과 1838년에서야 한림공의 위패를 봉안할 수 있었다.

그간의 어려움과 노력이 이 건원일기(建院日記)에 고스란히 담겨 있다. 이런 노력이 오늘의 계담서원을 있게 하였다는 사실을 잊지 말고, 또한 그분들의 노고 앞에 우리는 더욱 겸손해야 할 것이고 아울러 현재의 서원 발전에 대한 책무도 가져야 할 것이다.

지역의 사림과 문중의 공의로 시작된 서원의 건립을 개략적으로 살펴보면,

- 1824년 2월 1일 내동(內洞 : 현 대상동 안골) 충주파 종중산에서 목재를 베는 것으로 시작되었다.
- 2월 3일에는 충원향교 유회에서 서원 건축을 위하여 부문별 담당(擔當) 유사(有司)가 정해졌고
- 2월 6일부터는 서원의 터 닦기가 시작되었다.
- 2월 10일에는 순흥안씨 문중에서 건축을 감독할 부문별 유사를 정하였으며
- 2월 24일에는 목재, 개와(蓋瓦) 등이 부족하여 현 하문리에 있던 문중의 재실(齋室)을 철거하여 활용하기로 하고 철거를 시작하였다.
- 3월 1일에는 정당(正堂)과 강당(講堂)의 터 닦기를 완료하고 터 다짐을 시작하였고
- 3월 22일에는 정당의 기둥이 세워졌으며
- 3월 25일에는 40여 명의 유림이 모인 가운데 대들보를 올리는 상량을 하였다.
- 4월 7일에는 강당의 기둥을 세우고

- 4월 10일에는 강당에 상량을 하였다.
- 5월 15일 지붕에 기와를 올리기 시작하였으며
- 6월 13일에는 기와가 부족하여 강당의 지붕을 순채(띠)로 덮고
- 6월 29일에는 정당의 신문(神門)을 완료하였다.

그리고 7월부터는 자금이 부족하여 건립이 중단되고 자금 모금을 위한 노력에 집중한 것으로 추정된다. 이를 위하여 문중과 유림을 방문(訪問)과 통문을 전하고 기타 서원의 공인(公認) 절차 등 일을 추진하며 공사를 중단하고 자금 모금에 집중하는 한편 안성 등지를 방문하여 서원 건립에 대한 일들을 협의하였다.

그리고 이듬해인

- 1825년 2월 23일 정당 등 건물의 벽체공사(壁體役事)를 시작하여
- 4월 20일 토공(벽체공사)을 완료하였다.
- 4월 27일 정당의 미장공사를 시작하고 5월 초에는 정당의 원장(서원의 담장) 공사를 소종중에서 담당하여 추진하였다.
- 6월 2일 정당에 대한 단청(丹靑)을 위하여 재료 채집에 착수하였으며
- 7월 29일에는 봉안문(奉安文) 부탁을 위하여 화산(花山), 신석(薪石) 등을 방문하였다.
- 8월 8일, 정당 단청을 시작하여 12일에 완료하고 다시 건축공사는 중단되었다.

다시 이듬해인 1826년에는

- 3월 1일, 기와 제작을 위한 공사를 시작하였으며
- 8월 22일, 강당에 대한 지붕 개와(蓋瓦) 공사를 마쳤다.

다시 부족한 건립자금 확보를 위하여 이듬해까지 노력하였으며

- 1827년 2월 10일, 관리사(管理舍)를 매입하고 특별한 공사 진척은 없었다. 역시 자금 모금을 위하여 문중회의를 개최하여 각 소종중에서 부담(負擔) 등 공사의 재개를 위하여 노력하였으니 많은 고심이 엿보인다.
- 1828년 3월 8일, 강당의 벽 설치를 위한 토공이 시작되고 가을에는 무너

진 담장과 신문(神門) 등을 보수하였다.

1829년에는 특별한 내용 없이 건립공사는 또다시 중단되고 서원의 직무를 수행할 사람들의 명단 등을 등록하고 성금 모금에 많은 노력을 하였으나 어려움이 많았고 연말에 순흥안씨 충주파 각 소종중에서 다소의 자금이 수금(收金) 되었다.

이어 1930년에는

- 3월 22일, 강당 보수를 시작하여 벽면(壁面)의 초벽(初壁)[125]과 합벽(合壁)[126]을 실시하였으며
- 4월 2일에는 곳집[管理舍]을 시작하였고 하반기에는 정당과 강당에 대한 지도리, 자물쇠 등의 공사를 하였다.
- 1931년 8월 24일, 정당에 묘방(廟房)을 시작하였으며
- 10월에는 설서(說書 : 세자 시강원의 정7품 벼슬) 민태용(閔泰用)으로부터 봉안문 (奉安文)을 받아 왔다.

그러나 1932년과 1933년에는 연이은 큰 흉년으로 서원의 건립추진은 또다시 중단되고 말았다. 1934년부터 1937년까지는 흉년의 영향 등으로 확보된 서원 토지에서의 수입(收入) 중단 등 어려움이 가중되고 또 한편으로는 천연두 등 전염병의 창궐 등으로 서원 건립을 멈출 수밖에 없었다.

어느 정도 여건이 안정되어 1938년이 되어서야 건립 재개가 다시 논의되었다.

- 그리하여 1938년 2월 7일에 봉안(奉安)을 협의하기 시작하여
- 2월 9일에는 고직(庫直 : 관리인)이 선정되어 입주하고
- 3월 7일과 10일에 읍내(충주 시내)로 가 봉안 일시를 협의하고
- 3월 15일 유회에서는 서원을 관리할 유사(有司)들이 선임되었다.

----

125 초벽(初壁) : 외를 엮은 위에 진흙 등을 이겨 초벌로 안팎을 바르는 것.

126 합벽(合壁) : 흙벽을 할 때 안쪽에서 먼저 초벽을 하고 그것이 마른 다음에 겉에서 마주 붙이는 벽(壁).

- 3월 16일부터는 정당 등 건물과 경내 계단작업 및 정당의 단청 등 보수작업을 시작하여 4월 21일까지 실시하는 한편
- 4월 22일에는 정당(正堂) 내 제상(祭床)과 주독(主櫝 : 신주 보관함) 제작을 시작하여
- 4월 24일에 제상과 위판(位版) 제작을 완료하고
- 4월 28일에는 봉안제(奉安祭) 봉행(奉行) 통문을 발하니 봉안 준비가 완료되었다.
- 윤4월 1일부터 봉안제 제물(祭物)을 준비하고
- 윤4월 6일 새벽에 봉안제를 올리고, 7일에는 손님들을 전별(餞別)하니 이것으로 서원의 창립이 마무리되었다.

한림공을 연고지인 계담에 서원을 건립하여 배향을 추진한 지 15년 만에 봉안하니 참으로 길고 긴 여정이었다. 서원 건립을 위한 여러 가지 여건들이 미흡한 가운데 추진된 역사(役事)로 수많은 어려움을 겪은 여정들이 건원일기(建院日記)에 담겨 있다. 이러한 선대 조상님들의 숭고한 정신을 보전하기 위하여 창립을 위한 구재(鳩財 : 자금 모금) 노력과 건원일기를 본 서원지(書院誌)에 담는다.

【 建院日記 】
건 원 일 기

○ 甲申 (今上二十三年) 二月初一日 乙未. 1824년 (금상 23년) 2월 초 1일 을미.
갑 신   금상이십삼년   이월초일일 을미.

始伐內洞木.《內洞, 卽八代七代祖, 先塋也. 伐邱木三十五株, 七十介, 木手 七
시 벌 내 동 목   내 동   즉 팔 대 칠 대 조   선 영 야   벌 구 목 삼 십 오 주   칠 십 개   목 수 칠
人, 伐木軍 三十名, 俱是連抱巨材.》
인   벌 목 군 삼 십 명   구 시 연 포 거 재

비로소 내동의 나무를 베기 시작했다.《내동은 곧 8대, 7대조의 선영이 있는 곳이다. 구목(邱木)[127] 35그루를 베어 70개를 만들었는데 목수 7명, 벌목군 30명이었고, 모두 연포(連抱)로[128] 거재였다.》

----

127   구목(邱木) : 무덤 주위에 있는 나무.
128   연포(連抱) : 아름드리.

○ 二日. 1824년 2월 2일.

伐虎巖木.《虎岩, 卽族人廷恒家, 私養山也, 定價三十兩. 俱是連抱, 而先營廟
宇, 非此木, 則末可柰何. 百餘年, 無樣善長之材備用, 於今抑亦有陰符預定之理
耶. 三日四日連伐是木, 伐木軍三十餘名, 曳木軍八十名.》

호암에서 나무를 베었다.《호암(현 범바위 마을)은 곧 족인 정항의 집, 사양산인
데 정가는 30냥이었다. 모두 아름드리였는데, 먼저 묘우(廟宇 : 사당 등 건물)를 짓
는 데 있어 이 나무가 아니었다면 끝내 이 일을 어찌할 수 있었겠는가. 백여 년
동안 아무 일 없이 모양 좋고 잘 자란 재목으로 준비되어 사용할 준비가 되어
있지 않았다면 지금에 이르러 또한 음부(陰符)[129]를 미리 정할 수 있는 이치가 있
었겠는가? 3~4일간 이 나무를 연속해서 베었는데 벌목군 30여 명에 예목군(曳
木軍)[130] 80명이 들었다.》

○ 三日. 1824년 2월 3일.

士林齊會校宮, 排定營建所有司, 各出薦紙合二十八員.《九伐 洪羲應, 北郭 沈
啓顯, 月灘 洪翼冑, 北郭 金公雨, 撻川 睦權中, 新塘 沈啓南, 氷峴 李太會, 南郭
南一中, 崔漢俊, 八峰 柳熀, 松亭 沈東和, 李完基, 楮田 朴友仁, 公里 洪喆謨,
金灘 權頤恊, 龍院 宋恩修, 舟村 元用霖, 南倉 南鍾爀, 荷潭 沈啓夏, 李基後, 東
郭 洪進士 秀學, 水山 李昇儒, 鍾浦 洪世謨, 南郭 李秉憲, 洪信學, 商山 李秉謙
也. 諸有司, 相距之遠近式, 異事務之劇歇, 亦殊不能齊集, 替相往來董役焉.》

사림이 교궁(校宮)[131]에서 제회하여 영건소 유사를 배정했는데 각각 천지(薦
紙)[132]를 뽑는 데 합이 28원이었다.《구벌 홍희응, 북곽 심계현, 월탄 홍익주, 북
곽 김공우, 달천 목권중, 신당 심계남, 빙현 이태회, 남곽 남일중, 최한준, 팔봉

---

129 음부(陰符) : 은밀한 신표, 부적 등의 뜻이 있으나 암합(闇合 : 뒷거래)과 같은 뜻도 있는바, 여기에서는 뒷거래의 의미로 해석함.

130 예목군(曳木軍) : 나무를 운반하는 인부.

131 교궁(校宮) : 향교(鄕校)의 별칭. [참고어] 향교(鄕校).

132 천지(薦紙) : 서원의 임원(任員)인 원장(院長)과 재유사(齋有司)를 뽑는 것으로 '천망(薦望)'이라 함.

유엽, 송정 심동화, 이완기, 저전 박우인, 공리 홍철모, 금탄 권이협, 용원 송은수, 주촌 원용림, 남창 남종혁, 하담 심계하, 이기후, 동곽 홍진사 수학, 수산 이승유, 종포 홍세모, 남곽 이병헌, 홍신학, 적산 이병겸이다. 모든 유사는 상거(相距 : 서로 거리가 떨어짐)한 원근에 따라 사무가 어느 정도 달랐고, 또한 함께 모이지 못하고 번갈아 서로 왕래하면서 역(役 : 일이나 공사)을 감독했다.》

O 六日. 1824년 2월 6일.
　　육　일

午時開院基.《院基, 卽族人家墓位田也, 定價三十兩. 祀土神, 獻官李基後, 祝
오 시 개 원 기　　원 기　 즉 족 인 가 묘 위 전 야　 정 가 삼 십 량　　사 토 신　 헌 관 이 기 후　　축

元用霖, 開基軍十餘名. 田地, 則北過小園從人.》
원 용 림　 개 기 군 십 여 명　　전 지　 즉 북 과 소 원 종 입

오시에 개원기(開院基 : 서원의 터 닦기)를 했다.《원터는 곧 족인가의 묘위전(墓位田)[133]으로 정가 30냥이었다. 토신에게 제사하는 헌관은 이기후, 축은 원용림이며, 개기군은 10여 명이었다. 전지는 즉 북쪽을 지나 작은 원을 따라서 들어간다.》

O 七日. 1824년 2월 7일.
　　칠　일

伐虎巖木.《軍丁, 十餘名.》
벌 호 암 목　 군 정　 십 여 명

호암의 나무를 베었다.《군정(軍丁)[134] 10여 명을 썼다.》

O 八日. 1824년 2월 8일.
　　팔　일

設役廳, 治木于虎巖.《自此以後, 逐日看役木手八名.》
설 역 청　 치 목 우 호 암　　자 차 이 후　 축 일 간 역 목 수 팔 병

역청(役廳 : 공사 관리소)을 설치하고 호암에서 치목(治木)[135]을 했다.《이날 이후부터 날마다[逐日] 간역(看役)[136]했는데 목수는 8명이었다.》

O 十日. 1824년 2월 10일.
　　십　일

自宗中分定, 看役有司.《營建所都監 安宗老, 安壽得, 安鉉老, 安煥. 都廳有司
자 종 중 분 정　 간 역 유 사　　영 건 소 도 감　 안 종 로　 안 수 득　 안 현 로　 안 환　 도 청 유 사

安煥, 安星老, 安廷柱, 安廷觀, 安廷泰. 別有司 安呂聖, 石役有司 安廷百. 運材
안 환　 안 성 로　 안 정 주　 안 정 관　 안 정 태　 별 유 사 안 려 성　 석 역 유 사 안 정 백　 운 재

133　묘위전(墓位田) : 소출(所出)을 묘소(墓所)의 제사 비용으로 쓰게 지정된 논밭. [유사어] 묘위답(墓位畓), 묘위토(墓位土), 묘전(墓田).

134　군정(軍丁) : 군적에 있는 지방의 장정(壯丁)을 의미하기도 하나 이 글에서는 부역에 종사하는 장정을 의미함.

135　치목(治木) : 나무를 깎고 다듬어 재목으로 만드는 일.

136　간역(看役) : 집을 짓거나 고치는 일을 보살핌.

有司 安廷圭. 造瓦所有司 安一老, 安廷柱, 安廷恒, 安廷穆, 安夢良, 而造瓦 則
<small>유사 안정규 조와소유사 안일로 안정주 안정항 안정목 안몽량 이조와 즉</small>

停役. 收錢有司 安星老 安煥 安廷觀 安用老. 掌錢有司 安煥, 安夢良, 安廷益,
<small>정역 수전유사 안성로 안환 안정관 안용로 장전유사 안환 안몽량 안정익</small>

安廷恒, 安廷百, 安廷濟, 安星老, 安廷柱. 別有司 安廷晉. 接賓有司 安煥, 安廷
<small>안정항 안정백 안정제 안성로 안정주 별유사 안정진 접빈유사 안환 안정</small>

恒, 安廷觀, 安用老, 安星老, 安呂聖, 安英老, 安㝡良, 安廷鳳, 安敬良. 鉄物有
<small>항 안정관 안용로 안성로 안려성 안영로 안최량 안정봉 안경량 선물유</small>

司 安廷珏. 回通有司 安濟老, 安廷穆, 安廷憲, 安廷鳳, 安廷標, 安廷衡, 安廷
<small>사 안정각 회통유사 안제로 안정목 안정헌 안정봉 안정표 안정형 안정</small>

藎, 安松老, 安九老, 安商老, 安廷奎, 安敬老, 安翊良, 安廷八, 安廷玉, 安兢良,
<small>신 안송로 안구로 안적로 안정규 안경로 안익량 안정팔 안정옥 안긍량</small>

安渭老, 安廷祥, 安廷濟, 安友良, 安㝡良. 諸般有司 一心敦役, 亦不無遠近閑作
<small>안위로 안정상 안정제 안우량 안최량 제반유사 일심돈역 역불무원근한작</small>

勞逸之不齊焉.》
<small>로일지불제언</small>

   종중으로부터 간역(看役)하는 유사를 분정했다.《영건소 도감(都監 : 총감독)은 안
종로, 안수득, 안현로, 안환이다. 도청유사(都廳有司 : 건축담당)는 안환, 안성로,
안정주, 안정관, 안정태이다. 별유사는 안려성, 석역유사(石役有司 : 돌 공사 담당)
는 안정백, 운재유사(運材有司 : 목재운반 담당)는 안정규이다. 조와소유사(造瓦所有
司 : 기와제조 담당)는 안일로, 안정주, 안정항, 안정목, 안몽량인데 기와를 만드는
역(役)은 곧 멈췄다. 수전유사(收錢有司 : 세입 담당)는 안성로, 안환, 안정관, 안용
로이다. 장전유사(掌錢有司 : 자금 관리)는 안환, 안몽량, 안정익, 안정항, 안정백,
안정제, 안성로, 안정주이다. 별유사는 안정진이다. 접빈유사(接賓有司 : 손님 접
대 담당)는 안환, 안정항, 안정관, 안용로, 안성로, 안여성, 안영로, 안최량, 안정
봉, 안경량이다. 선물유사(鉄物有司 : 철물 담당)는 안정각이다. 회통유사(回通有司 :
서신 등 의사전달)는 안제로, 안정목, 안정헌, 안정봉, 안정표, 안정형, 안정신, 안
송로, 안구로, 안적로, 안정규, 안경로, 안익량, 안정팔, 안정옥, 안긍량, 안위
로, 안정상, 안정제, 안우량, 안최량이다. 제반유사는 한마음으로 부지런히 역
을 했고, 또 원근에 따라 한가로움이 없지는 않았고 수고로움과 편안함도 일정
하지 않았다.》

   ○ 十二日. 1824년 2월 12일.
<small>십 이 일</small>

士林有司看役 且議院基《以院基事式有舞童, 偏勝之論故也. 而元用霖, 沈啓
<small>사림유사간역 차의원기 이원기사식유무동 편승지론고야 이원용림 심계</small>

夏, 李基後 諸員會焉.》
하   이기후 제원회언

사림과 유사가 역을 감독하고 원의 터에 대해 논의했다.《원의 터에 관한 일을
법식에 따라 무동(舞童 : 사당패)에 두었는데 치우쳐져 있다는 논의 때문이었다.
원용림, 심계하, 이기후 등 여러 원이 거기에 모였다.》

○ 十三日. 1824년 2월 13일.
   십 삼 일

以廟宇制度往八峰, 爲議, 卽停行.《元斯文用霖, 沈斯文啓夏, 欲八峰模本, 卽
이 묘 우 제 도 왕 팔 봉   위 의   즉 정 행   원 사 문 용 림   심 사 문 계 하   욕 팔 봉 모 본   즉
止不行.》
지 불 행

묘우 제도에 관한 일로 팔봉에 가서 논의했으나 곧 멈추었다.《원사문(元斯文 :
사문(斯文)은 유학자) 용림, 심사문 계하가 팔봉서원을 모본(模本)[137]으로 하고자 했
으나 곧 그치고 시행하지 않았다.》

○ 二十日. 1824년 2월 20일.
   이 십 일

廟材初番, 治鍊畢.《元体 材木 僅治.》
묘 재 초 번   치 련 필   원 체 재 목 근 치

묘재의 최초 당번[初番 : 처음으로 한 일]으로 치련(治鍊)[138]을 마쳤다.《원체(元體)[139]
가 되는 재목을 겨우 다듬었다.》

○ 二十二日. 1824년 2월 22일.
   이 십 이 일

廟宇制度定, 以單立, 空前後浮椽兼, 營講堂八間, 更定工錢, 移役所于桂潭院
묘 우 제 도 정   이 단 립   공 전 후 부 연 겸   영 강 당 팔 간   경 정 공 전   이 역 소 우 계 담 원
基. 運木于桂潭, 而四派中分定, 運來軍丁, 合計八十名, 大樑[140]曳運, 用力甚艱
기   운 목 우 계 담   이 사 파 중 분 정   운 래 군 정   합 계 팔 십 명   대 량   예 운   용 력 심 간
也. 自正月晦日, 至今日, 給木手, 而日工錢, 每名一日, 工錢四錢二分. 自今以
야   자 정 월 회 일   지 금 일   급 목 수   이 일 공 전   매 명 일 일   공 전 사 전 이 분   자 금 이
後, 合廟宇講堂定, 以間工錢, 前用日工, 三十三兩也, 間工二百六十四兩.
후   합 묘 우 강 당 정   이 간 공 전   전 용 일 공   삼 십 삼 량 야 , 간 공 이 백 육 십 사 량

묘우의 제도를 정했는데 단립으로 하고, 빈 곳의 앞뒤는 부연(浮椽 : 서까래 끝
에 덧붙이는 사각의 짧은 서까래)으로 둘러싸고 강당은 8칸으로 짓게 하였다. 공전(工

---

137 모본(模本) : 본보기.

138 치간(治鍊) : 쇠, 돌, 나무 등(等)을 불리고 다듬음.

139 원체(元體) : 으뜸이 되는 몸.

140 樑 : 원문에서는 '량(樑)'으로 보이나 의미상 '량(樑)'이 적합하므로 이하 글에서 '량(樑)'으로 탈초하고 번역함.

錢)¹⁴¹을 다시 정했으며 역소(役所 : 공사 사무소)를 계담원터로 옮겼다.《계담으로 운목(運木)하는 것을 4파(四派 : 이담 4개 파의 소종중)에서 운반해 오는 것을 분정했는데 군정의 합계가 80명이었고 대들보를 끌어 운반하는 데 힘을 쓰기가 매우 어려웠다. 정월 그믐날부터 금일까지 목수에게 지급한 하루 공전은 각자 1일마다 공전 4전 2푼이었다. 지금 이후부터 묘우에 강당을 합하여 칸으로 공전을 정했다. 앞으로 하루에 사용하는 공전은 33냥으로 1칸의 공전 264냥이었다.》

○ 二十三日. 1824년 2월 23일.

廟材, 再鍊焉.《俱以生木, 施工甚難.》

묘당의 재료를 재련(再鍊 : 다시 다듬기)하였다.《모두 생목이어서 시공하기가 무척 어려웠다.》

○ 二十四日. 1824년 2월 24일.

毁河潭齋室.《物力甚少材木又難, 而齋室看守無人, 勢將頹壞, 瓦材并棄, 故姑爲仍用瓦材於院所, 以待他日, 更營齋室於他處, 而二間, 則勿毁仍置置, 墓直一人別置, 若干物財, 以待重建之日, 而亦不知的在何時極爲, 掛心留責之. 地二百餘年傳宇之室, 決不可一別焉. 毁撤而無憑, 惟願諸宗餘蘊此心無忘, 而勉勗哉. 且念齋室之刱立不紀其在等, 何代而重建. 瓦覆, 正宗十一年丙午 四月, 而主間句當, 先父兄 與族人益老氏, 而四派諸族之所同協也. 其後, 三十六年, 今上二十六年辛巳 五月, 余與族人夢良主幹, 仍亦諸族之同力也. 修葺繕正, 以免傾懷矣. 纔經四年, 旋失看守之策, 竟有今日, 擧措者, 全由人事之勤慢, 而抑或有物理之成毁耶. 自鬪草揷花之時, 以至今杖鳩髮鶴之境, 詩書講課, 風月流賞, 迨無虛歲矣. 自此以後, 望仙齋樓, 禮佛, 香合龍巳屬先天, 幻一夢辭切切追想, 不勝嗟感之懷.》

하담(현 하문리)의 재실을 헐었다.《물력(物力 : 자재)이 매우 적었고, 또한 재목을

---

141 공전(工錢) : 일에 대한 대가로 지급하던 품삯. [유사어] 공임(工賃).

확보하기 어렵고 재실을 간수할 사람이 없어서 그 형세가 장차 퇴괴(頹壞 : 낡아서 허물어짐)하여 기와와 재목도 아울러 버려야 할 상황이었다. 그러므로 우선 원소의 기와와 재목을 그대로 쓰고 후일을 기다렸다가 타처에 다시 재실을 꾀하고자 2칸은 헐지 않고 묘직(墓直 : 묘지 관리인) 한 사람을 별도로 두어 약간의 물재로 중건하는 날을 기다린다. 또한 어느 때에 할지는 분명하게 알 수 없으나 마음에 걸어 두어 그것을 책임지게 하였다. 200여 년간 전해져 온 땅과 건물을 결코 다르게 할 수 없었다. 훼철하면 의지할 근거가 없어지니, 바란다면 모든 종친이 남겨둔 이 마음을 잊지 말고 힘써 권면했으면 한다. 또 생각건대, 재실을 창립하면서 그 위치 등을 기록하지 않는다면 어느 대에 중건하겠는가? 기와를 덮은 시기는 정종(정조) 11년(10년의 오기로 추정) 병오년(1786년) 4월이었는데 직임을 주간한 이는 선부형(先父兄)[142]과 족인 익로 씨였고 4파의 모든 족인이 협동한 바였다. 그 후 36년이 지난 금상 26년(21년의 오기로 추정) 신사년(1821년) 5월에 나는 족인 몽량과 함께 주간했는데, 또한 모든 족인이 힘을 같이하여 수즙(修葺)[143] 하고 보수하여 바로잡아 기울어 떨어지는 것을 면할 수 있었다. 그런데 겨우 4년이 지나자마자 이내 간수하던 책(策 : 방안)이 없었는데 마침내 금일의 거조(擧措)[144]가 있었던 것은 전적으로 인사(人事 : 사람이 할 일)를 태만하게 하지 않고 부지런함으로 물건과 이치가 성훼(成毁 : 물건 등이 훼손됨)되지 않았기 때문이다. 투초(鬪草)[145]하여 꽃을 꽂던 때부터 발학(髮鶴)[146]이 되어 지팡이를 짚는 지경에 이르기까지 시서를 강의하고 풍류를 감상하지 않은 해가 거의 없었다. 이로부터 선

---

142 선부형(先父兄) : 세상(世上)을 떠난 부형(父兄).
143 수즙(修葺) : 집을 고치고 지붕을 새로 이는 일.
144 거조(擧措) : 어떤 일을 꾸미거나 처리하기 위한 조치.
145 투초(鬪草) : 여러 가지 풀잎을 견주는 풀싸움으로, 이어지는 문맥에 따라 어린 시절을 의미함.
146 발학(髮鶴) : 머리카락이 학처럼 흰 것을 의미하는 것으로 노년 시절을 의미함.

재루를 바라보며 예불하는데 향(香)이 선천에서 용사가 합하는 듯했다. 한바탕 꿈과 같았는데 말이 너무도 간절하여 추모하는 마음을 이길 수 없었다.》

○ 二十五日. 1824년 2월 25일.

運齋室材瓦.《材木, 以丁夫運, 瓦則諸族, 雖不集數 近百員 間一步次次列立 傳授以運. 三憩, 而渡水狀如俗稱, 輸木塊之戲焉.》

재실의 재목과 기와를 운송했다.《재목은 장정(丁夫)[147]이 운반하고 기와는 여러 족인(族人)이 운반하였는데 비록 모인 인원이 많지 않았지만 거의 백 원(百員 : 백 명)에 달했다. 1보(步)의 간격으로 차례대로 늘어서서 전수(傳受)하면서 운반했다. 세 번 쉬었는데 물을 건너는 형상이 마치 속칭(俗稱)으로 목괴(木塊)[148]를 나르는 놀이와 같았다.》

二十六日. 1824년 2월 26일.

運材瓦.《運法亦如前日, 費三日僅致河潭水岸, 或致於院所. 軍丁合, 用一百三十餘人.》

재목과 기와를 운반했다.《운반법은 전날과 같았고 3일을 허비하여 겨우 하담의 수안에 이르렀거나 혹은 원소(院所 : 서원 자리)에 이르게 되었다. 군정은 합하여 130여 인을 사용했다.》

○ 二十八日. 1824년 2월 28일.

院所役廳, 三間成.《結構, 以長木, 上窿下濶, 可容二百餘人. 每間, 各役, 二模 湯木 而治木一模木, 各用二木手, 都副兩人, 持繩墨, 裁削焉. 木手合十名, 軍丁 用十五名. 飛盖入四十束, 木手食所, 自春, 大家移定, 族人家行廊.》

원소역청 3칸을 완성하였다.《결구는 장목으로 했는데 위는 활처럼 휘고 아래는 광활하여 200여 명을 수용할 수 있었다. 매 칸마다 각 역(役)에 2개의 모탕목이 들었는데 하나의 모목을 치목하는 데 각각 2명의 목수를 썼으며 도편수와

---

147 정부(丁夫) : 전역(丁役)이 밑가 잡역(雜役)의 일을 하는 장정(壯丁).

148 목괴(木塊) : 나무토막.

부편수 두 사람이 승묵(繩墨)[149]을 지니고 재삭(裁削 : 재단)했다. 목수는 합하여 10명, 군정은 15명을 사용했다. 비개(飛盖)[150] 40속(束)이 들어왔다. 목수가 식사하는 곳은 봄부터 대가에서 족인 가(家)의 행랑으로 이정했다.》

○ 二十九日. 1824년 2월 29일.
이 십 구 일

具地占棧械.《長木二介, 巨索百餘把. 自初一日, 至晦逐日看役.》開講堂基址,
구 지 점 잔 계   장 목 이 개   거 삭 백 여 파   자 초 일 일   지 회 축 일 간 역   개 강 당 기 지

定以辛坐.
정 이 신 좌

사다리 등의 연장을 놓을 땅을 구비했다.《장목 2개, 거삭(巨索)[151] 100여 파(把)이다. 초 1일부터 그믐까지 날마다 역을 감독했다.》강당의 기초를 여는 곳으로는 신좌로 정했다.

○ 三月初一日甲子. 3월 초 1일 갑자.
삼 월 초 일 일 갑 자

始地占于廟宇與講室兩基.《有司 柳熀, 元用霖, 李基厚, 來觀. 其他隣近觀瞻
시 지 점 우 묘 우 여 강 실 양 기   유 사 류 엽   원 용 림   이 기 후   래 관   기 타 인 근 관 첨

之人, 諸族會集之員, 執杵築登之丁, 合三百餘人, 漫被院基之前後山野. 酒食之
지 인   제 족 회 집 지 원   집 저 축 등 지 정   합 삼 백 여 인   만 피 원 기 지 전 후 산 야   주 식 지

廛成列於左右, 四波, 各具物八大缸, 八大器, 酒餠全用軍丁, 四次分饒. 其餘買
전 성 렬 어 좌 우   사 파   각 구 물 팔 대 항   팔 대 기   주 병 전 용 군 정   사 차 분 요   기 여 매

食於廛, 以此軍丁, 雖多醉飽無艱也. 地占軍, 合七十餘名.》
식 어 전   이 차 군 정   수 다 취 포 무 간 야   지 점 군   합 칠 십 여 명

비로소 묘우와 강실의 두 터가 자리를 잡았다.《유사 유엽, 원용림, 이기후가 와서 보았다. 그리고 기타 인근에 사는 이웃의 많은 사람과 집안사람들이 모였는데 저축(杵築 : 나무더미)을 잡고 올라간 장정의 합이 300여 인으로 원의 터[院基] 앞뒤 산야에 질펀하게 덮었다. 주식(酒食 : 술과 음식)의 좌판이 좌우에 줄지어 있었고 4개의 파는 각각 여덟 개의 큰 항아리와 여덟 개의 큰 그릇을 준비하여 술과 떡을 군정에게 전부 이용토록(먹도록) 하였는데 모두 네 차례에 걸쳐서 넉넉했다. 그 나머지는 전(廛 : 상점)에서 구매하여 먹도록 했다. 이 때문에 군정이 많이 마시고 배불리 먹는 데 큰 어려움이 없었다. 지점군(地占軍 : 터다짐을 하는 사람)

---

149 승묵(繩墨) : 먹줄. 먹통에 딸린 실줄.
150 비개(飛盖) : 명확한 의미 파악 불가. 문맥에서는 건축물을 지을 때 사용하는 '비계(飛階)'로 추정됨.
151 거삭(巨索) : 큰 동아줄.

은 도합 70여 명이었다.》

○ 二日. 1824년 3월 2일.
　이 일

運虎巖木.《軍丁 二十名.》
운 호 암 목 　군 정 　이 십 명

호암의 목(木)을 운반했다.《군정 20명을 썼다.》

○ 三日. 1824년 3월 3일.
　삼 일

運虎巖木.《軍丁 三十名.》
운 호 암 목 　군 　정 　삼 십 명

호암의 목(木)을 운반했다.《군정 30명을 썼다.》

○ 三日. 1824년 3월 3일.
　삼 일

改擇, 廟宇上樑日.《庚兌龍, 酉坐卯向, 艮得申卯破洪, 乙丑金, 正戊辰木. 開
개 택 　묘 우 상 량 일 　경 태 룡 　유 좌 묘 향 　간 득 신 묘 파 홍 　을 축 금 　정 무 진 목 　개

基, 二月初六日午時, 先東列礎, 定礎, 三月十九日先午, 立柱三月二十二日午時,
기 　이 월 초 육 일 오 시 　선 동 열 초 　정 초 　삼 월 십 구 일 선 오 　립 주 삼 월 이 십 이 일 오 시

上樑二十五日午時.》
상 량 이 십 오 일 오 시

묘우의 상량일을 다시 잡았다.《경태룡의 유좌묘향(酉坐卯向)[152]이며, 간(艮)은 신
묘, 파홍을 얻고, 을축은 금(金)을 얻어 무진의 목(木)을 바르게 했다. 개기식[開
基 : 터를 닦음]은 2월 초 6일 오시에 먼저 동쪽으로 주춧돌을 벌려 놓고, 정초
(주춧돌)는 3월 19일 이른 오시에, 입주는 3월 22일 오시에, 상량은 25일 오시
로 정했다.》

○ 四日. 1824년 3월 4일.
　사 일

始礎役.《工一, 助役一, 有司一.》
시 초 역 　공 일 　조 역 일 　유 사 일

비로소 초역(礎役 : 주춧돌의 역)을 시작했다.《장인 1명, 조역(助役 : 돕는 사람) 1명,
유사 1명을 썼다.》

○ 十日. 1824년 3월 10일.
　십 일

運虎巖木.《軍三十名.》
운 호 암 목 　군 삼 십 명

호암의 목을 운반했다.《군 30명을 썼다.》

----

152 유좌묘향(酉坐卯向) : 유방(酉方)을 등지고 묘방(卯方)을 향한 좌향. 곧 서쪽에서 동쪽으로 향한 좌향.

○ 十一日. 1824년 3월 11일.

畢運虎巖木.《俱是大柱大樑, 故曳輩而來, 軍三十名.》《二次, 餉木手酒.》
필운호암목　구시대주대량　고예배이래　군삼십명　　이차　향목수주

호암의 목을 운반하는 것을 마쳤다.《이 모두 대주, 대량(대들보)이어서 끄는 무리가 왔는데, 군(일꾼)은 총 30명이었다.》《2차에 걸쳐 목수가 먹을 술을 보냈다.》

○ 十二日. 1824년 3월 12일.

有司 洪羲應, 元用霖甫, 發簡於諸有司家.《通告, 上樑日, 以是日齊會, 而相議
유사 홍희응　원용림보　발간어제유사가　　통고　상량일　이시일제회　이상의
院事兼董役事之焉.》《合, 二十餘丈.》
원사겸동역사지언　　합　이십여장

유사 홍희응과 원용림 씨가 모든 유사의 집에 서찰을 발송했다.《통문은 상량일을 알리는 것으로, 이날 제회해서 원사와 역을 감독하는 일을 상의할 예정이다.》《합 20여 장(丈 : 어른)이었다.》

○ 十三日. 1824년 3월 13일.

伐椽木于內洞.《余與廷柱, 廷晉, 廷觀甫, 往內洞, 使伐椽八十餘介, 搜岩 卽族
벌연목우내동　　여여정주　정진　정관보　왕내동　사벌연팔십여개　루암 즉족
人廷柱之先壟也. 伐椽木, 二十介, 俱是長大如矢, 可堪承瓦, 軍丁三十名.》
인정주지선롱야　벌연목　이십개　구시장대여시　가감승와　군정삼십명

내동에서 연목(椽木 : 서까래)을 베었다.《나는 정주, 정진, 정관 씨와 내동에 가서 서까래 80여 개를 베게 했다. 누암은 곧 족인 정주의 선산이다. 연목 20개를 베었는데 모두 장대한 화살과 같아서 기와를 받들 만했다. 군정 30이었다.》

○ 十四日. 1824년 3월 14일.

剝去椽木皮.《軍丁, 卄名》廟基二次地占.《承月夜且雨後, 易尋, 故卒丁四十名
박거연목피　군정　입명　묘기이차지점　승월야차우후　이심　고졸정사십명
至, 夜深而罷.》
지　야심이파

연목의 껍질을 벗겼다.《군정 20명.》묘기(廟基 : 사당터)를 2차로 지점(地占 : 터다짐)했다.《달빛이 있는 밤이었고, 또 비가 내린 뒤라 새로워질 것으로 생각되었고, 졸정 40명이 도착했고, 밤이 깊어서 파했다.》

○ 十五日. 1824년 3월 15일.

三次地占.《亦夜占, 軍丁五十名.》
삼차지점　역야점　군정오십명

3차 지점을 했다.《또한 밤에 군정 50명이 터다짐을 했다.》

○ 十七日. 1824년 3월 17일.
　십칠일

運礎石.《石樣甚不少, 以轝曳運, 軍丁四十餘名.》
운초석　석양심불소　이여예운　군정사십여명

초석(주춧돌)을 운반했다.《석양(石樣 : 돌의 모양)이 매우 적지 않아 수레로 끌어
운반했다. 군정 40여 명이었다.》

○ 十八日. 1824년 3월 18일.
　십팔일

運礎石.《有司廷百 監董殫力 而石重, 地遠難於輪致. 一石運用丁二十浮, 費近
운초석　유사정백 감동탄력 이석중　지원난어수치　일석운용정이십부　비근
一兩. 期日在明, 勢不稽緩, 故族中, 年少氣齡之人, 不無左右引助之, 勞爲用丁
일량 기일재명　세불계완　고족중　년소기령지인　불무좌우인조지　노위용정
四十名.》院基, 四次地占畢.《又仍昨雨 而堅, 尋用丁, 又四十名.》 以院事有邑
사십명　　원기　사차지점필　우잉작우 이견　심용정　우사십명　이원사유읍
行.《廷恒, 廷觀甫, 入邑以索文事也. 余則病留看役, 只修書于南郭, 北郭.》
행　정항　정관보　입읍이색문사야　여즉병류간역　지수서우남곽　북곽

초석을 운반했다.《유사 정백이 감독에 탄력(殫力 : 힘을 다함)을 다하였는데, 석
재[石]가 무겁고 거리가 멀어 실어나르는 데 어려움이 있었다. 하나의 석재를
운반하는 데 장정 20명이 들어야 했고 근(近) 1량의 비용이 들었다. 기일은 분
명히 있는데 시기가 더디고 계완(稽緩 : 느려지다)해서 족속 중에 나이가 젊은 사람
이 좌우의 구분 없이 끌어서 그것을 도와주었는데 장정 40명이 일을 하였다.》원
터[院基]의 4차 터다짐[地占]을 끝냈다.《또 어제 비가 내리면서 견고하게 다지는
데 장정 또 40명을 썼다.》원(院)의 일[事]로 읍행(邑行 : 충주를 감)이 있었다.《정항,
정관 씨가 글[文]을 구하는 일로 읍에 들어갔다. 나[余]는 병으로 인해 머무르면
서, 역을 감독하면서, 다만 남곽과 북곽에게 서신을 썼다.》

○ 十九日. 1824년 3월 19일.
　십구일

列礎石.《午時, 先南 元用霖來.》
열초석　오시　선남 원용림래

초석을 벌려 놓았다.《오시에 선남 원용림이 왔다.》

○ 二十日. 1824년 3월 20일.
　이십일

定礎石.《軍丁十名, 植礎地平, 給院基, 田價三十兩.》 上樑文, 自邑北來.《廷
정초석　군정십명　식초지평　급원기　전가삼십량　　상량문　자읍북래　정
恒, 廷觀甫 覓文而來, 且有金雲山, 洪進士答書.》
항　정관보 멱문이래　차유김운산　홍진사답서

초석을 정했다.《군정 10명이 땅을 평평하게 고르고 초석을 놓았다. 원의 터에 대한 전가(田價 : 밭의 가격)로 30냥을 주었다.》상량문이 읍의 북쪽으로부터 왔다.《정항, 정관 씨가 상량문을 찾아왔고, 또 김운산과 홍진사의 답서가 있었다.》

○ 二十一日. 1824년 3월 21일.

伐講堂椽木.《槐山有倉地, 一則余家先壟, 而伐十六介. 一則廷錄家先壟, 而伐二十介. 而使兩家墓下村人, 運來役所.》《當初立議, 椽木則不用錢, 諸族私養山分等, 大小伐椽以用. 而或有先後觀望甲乙改異之端, 故長侄逸老, 族人廷錄, 率丁先伐.》《元友用霖來.》

강당에 사용할 연목(椽木)을 베었다.《괴산 유창(有倉 : 현 감물면 오창리 유창마을)으로 하나는 나의 집 선롱(先壟 : 선영)으로 16개를 베었고 하나는 정록의 집 선영으로 20개를 베었다. 그리고 두 집안의 묘소 아래에 사는 마을 사람들이 역소까지 옮겨 오도록 했다.》《당초 입의(立議) 때, 연목에는 돈을 쓰지 않고 제족(諸族 : 여러 집안)의 사양산으로 나누어 크고 작은 서까래를 쓰기로 했다. 그런데 혹 앞뒤로 관망하며 갑과 을이 다르게 고쳐서 하려나 하므로(서로 눈치를 보고 있으므로), 장질인 일로와 족인인 정록이 장정을 거느리고 먼저 베었다.》《벗 원용림[元友用霖]이 왔다.》

○ 二十二日. 1824년 3월 22일.

午時立柱.《以酒脯, 享地神, 報施錢五兩.》《有司 李基後, 來軍丁十餘名.》《報施, 五兩木一匹.》

오시에 기둥을 세웠다.《술과 포[酒脯]로 지신께 제사를 올렸으며, 보시(報施 : 격려금)는 전(錢) 5냥이었다.》《유사 이기후가 군정 10여 명을 데리고 왔다.》《보시는 5냥에 목(木 : 광목) 1필이었다.》

○ 二十三日. 1824년 3월 23일.

運廟椽, 于內洞.《軍丁, 三十餘名.》伐講堂椽木, 於防尋谷與虎巖.《余 與廷觀, 廷柱甫, 往焉. 防谷, 卽族人老先壟也, 伐十介, 又伐三十介於虎巖.》

내동에서 사당에 사용할 연목을 운반했다.《군정 30여 명이 하였다.》방심곡과 호암에서 강당에 사용할 연목을 베었다.《나는 정관, 정주 씨와 함께 거기에 갔는데, 방곡은 집안 인로의 선영이었다. 10개를 베고 또 호암에서 30개를 베었다.》

　○ 二十四日. 1824년 3월 24일.
　　　　이 십 사 일

營建有司來.《或値事, 故不能齊會.》廟宇, 體木與甍桷等, 物畢再治鍊焉.
영 건 유 사 래　　혹 치 사　고 불 능 제 회　　묘 우　체 목 여 맹 각 등　물 필 재 치 련 언
《始治鍊椽木.》
　시 치 련 연 목

　영건유사가 왔다.《어떤 사람은 일이 겹쳐서 다 모이지 못했다.》묘우의 체목
(體木)[153]과 대마루[甍桷] 등의 재목을 다시 치련(治鍊)[154]하는 것을 마쳤다.《연목
치련을 시작하였다.》

　○ 二十五日戊子. 1824년 3월 25일 무자(戊子).
　　　　이 십 오 일 무 자

午時, 上樑諸有司齊會于院所, 正坐監董.《有司 洪羲應, 睦權中, 沈啓顯, 李
오 시　상 량 제 유 사 제 회 우 원 소　정 좌 감 동　　유 사 홍 희 응　목 권 중　심 계 현　이
太會, 柳熀, 權頤協, 李完基, 宋恩修, 李昇儒, 元用霖, 李基後, 凡員 權頤性, 李
태 회　류 엽　권 이 협　이 완 기　송 은 수　이 승 유　원 용 림　이 기 후　범 원 권 이 성　이
世基, 柳鏈, 李樂遠, 李禮遠, 洪永燮, 李漢良, 李持容, 趙學謙, 洪宿斗, 全錫烈,
세 기　류 련　이 락 원　이 예 원　홍 영 섭　이 한 량　이 지 용　조 학 겸　홍 숙 두　전 석 렬
金義中, 李泰儒, 柳嘯, 金以鐸, 金循鐸. 有司 沈啓夏, 凡員 朴熙陽, 沈啓明, 合
김 의 중　이 태 유　류 소　김 이 탁　김 순 탁　유 사 심 계 하　범 원 박 희 양　심 계 명　합
四十餘員. 早朝雨, 故邑內與諸處, 當日赴會之人, 具不來, 接賓之道, 頗不如意
사 십 여 원　조 조 우　고 읍 내 여 제 처　당 일 부 회 지 인　구 불 래　접 빈 지 도　파 불 여 의
者, 以其設饌供合於窮村常漢之家, 接賓盖是初擧烹鉎之節, 難以適宜, 且値霖雨
자　이 기 설 찬 공 합 어 궁 촌 상 한 지 가　접 빈 개 시 초 거 팽 임 지 절　난 이 적 의　차 치 림 우
頭緖沒策, 凡具告乏臨時措決, 雖有諸族某某人之同心共勞, 亦此奈何. 飯所權
두 서 몰 책　범 구 고 핍 임 시 조 결　수 유 제 족 모 모 인 지 동 심 공 노　역 차 내 하　반 소 권
定, 庫直 金春卜家也, 宿所 則分三處族人 呂聖, 廷柱, 九老之家.》《報施, 白木
정　고 직 김 춘 복 가 야　숙 소　즉 분 삼 처 족 인 려 성　정 주　구 로 지 가　　보 시　백 목
二匹, 錢十兩, 白米一斗.》
이 필　전 십 량　백 미 일 두

　오시에 상량 등으로 여러 유사가 원소에 모여 바로 잡으면서 감독했다.《유
사는 홍희응, 목권중, 심계현, 이태회, 유엽, 권이협, 이완기, 송은수, 이승유,
원용림, 이기후이고, 모든 원(員) 권이성, 이세기, 유련, 이낙원, 이례원, 홍영
섭, 이한량, 이지용, 조학겸, 홍숙두, 전석렬, 김의중, 이태유, 유소(柳嘯)[155], 김

153　체목(體木) : 가지와 뿌리를 잘라 낸 등걸 또는 집을 짓는 데 쓰는 기둥·도리 등(等)의 재목(材木).

154　치련(治鍊) : 쇠, 돌, 나무 등(等)을 불리고 다듬음.

155　소(嘯) : 원문에서는 '日+肅'이 결합된 글자이나 현재는 사용하지 않는 글자이므로 이하 '嘯'으로 처리함.

이탁, 김순탁이다. 유사는 심계하이고, 모든 원은 박희양, 심계명 등 합(合) 40여 원이다. 이른 아침에 비가 와서 읍내의 여러 곳에 당일 참석할 사람 모두가 오지 않았고, 손님을 접대하는 방법이 자못 여의치 않은 듯했다. 궁촌 상한(常漢)[156]의 집에서 음식을 차려놓고 손님을 접대했는데, 대부분 손님 접대 초기에 모두 삶아 놓아 습기가 차서 예절에 적합하다고 하기 어려웠다. 또 장마철을 맞아 조리(條理 : 앞뒤가 잘 맞음) 있는 계책이 없었다. 모두 고핍(告乏 : 소모)되어 임시로 조처했다. 비록 여러 족속의 아무개가 한마음으로 수고한 것이었으니 또한 이것을 어찌하겠는가? 반소(飯所 : 식사 장소)도 임시로 정한 곳은 고직(庫直 : 관리인) 김춘호의 집이었고, 숙소는 3곳으로 나누었는데, 족인 려성, 정주, 구로의 집이었다.》《보시는 백목 2필, 전 10냥, 백미 1두였다.》

○ 二十六日. 1824년 3월 26일.

有司諸章甫留董役《雨不發行故也. 而兼治木手不能之任. 且治木渡津吏之罪焉, 津吏之罪實由領洞某姓人, 沒覺之致而不卽船. 船賓不克渡, 仍宿南倉. 雖以廷觀, 廷稷甫躬謝, 卄五明始到院所, 而主人之不安, 會賓之貽勞 如何哉.》

유사와 여러 장보(章甫)[157]가 머물면서 역(役)을 감독했다.《비가 내려 출발하지 못했기 때문에 목수가 하지 못한 직무와 함께 다스렸다. 또 목도(木渡 : 나루터)를 다스리는 진리(津吏)[158]의 잘못이 있었는데, 진리의 잘못은 실로 영동의 아무 성(姓)인 사람이 몰각(沒覺 : 알지 못함)해서 즉시 배를 몰지 않은 것에서 기인한 것이었다. 선빈이 건너지 못하고 남창에서 묵었다. 비록 정관, 정직 씨가 몸소 사례하여 25명이 비로소 원소에 이를 수 있었는데 주인이 불안하여 모인 손님에게 수고를 끼쳤으니 어찌한단 말인가?》

○ 二十七日. 1824년 3월 27일.

----

156 상한(常漢) : 상놈. 신분이 낮은 남자를 낮잡는 뜻에서 이르던 말.

157 장보(章甫) : 유생(儒生)의 이칭(異稱).

158 진리(津吏) : 나루터를 관장하는 향리. 고려 현종 때 향리가 세분화되어 진장(津長)으로 불리게 됨.

有司僉章甫返斾, 始治講堂材木.《內洞木具, 是柯木難運, 故前自治木棹其所而
今始運.》

유사와 여러 장보가 돌아왔고 비로소 강당의 재목을 다듬었다.《내동의 목구
는 가지목[柯木]이어서 운반하기 어려웠다. 그러므로 전에 나무를 다듬던 곳에
서 지금에서야 비로소 운반해 왔다.》

○ 二十八日. 1824년 3월 28일.

運內洞木. 軍丁, 三十名.

내동의 나무를 운반했다.《군정 30명을 썼다.》

○ 二十九日. 1824년 3월 29일.

運內洞木.《軍丁, 四十名.》列掛廟椽.

내동의 목재를 운반했다.《군정 40명을 썼다.》묘(廟 : 사당)의 서까래를 나열했다.

○ 三十日. 1824년 3월 30일.

運內洞木.《軍丁, 五十名.》《四派各出力, 以運柱樑. 曳運每介入八名, 大樑二
介每介入三十名. 大樑一介, 伐治木, 族人廷柱家後園林, 卽院所咫尺之地. 其大
最重, 若在內洞, 則未知入幾許名, 而運致焉.》

내동의 목재를 운반했다.《군정 50명, 4파(派 : 이담 소종중 4개 파)에서 각각 힘을
내어 주량(柱樑 : 기둥과 대들보)을 운반했다. 운반할 때마다 매 1개당 8명이 들어
갔는데 대량 2개는 매 1개당 30명이 들어갔다. 대량 1개를 베어 다듬은 곳은
족인 정주의 집 후원림이었는데 곧 원소에서 지척의 거리였다. 가장 크고 무거
운 것은 내동에 있었는데 몇 명이 들어가서 운반해 오는지는 알 수 없었다.

○ 四月初一日甲午. 1824년 4월 초(初) 1일 갑오(甲午).

運講堂礎石.《四派分定四介, 不用石工琢磨.》

강당의 주춧돌[礎石]을 운반했다.《4파에 4개를 분정했는데 석공을 쓰지 않고
연마했다.》

○ 二日. 1824년 4월 2일.

以鳩財事定, 有司往槐産.《安廷憲, 齊通往槐山東面受名帖.》

구재(鳩財 : 재물을 모음)를 정하는 일로 유사가 괴산에 갔다.《안정헌이 괴산 동면에서 명첩(名帖 : 자금의 납부를 약속한 문서)을 받아 왔다.》

○ 三日. 1824년 4월 3일.

槐山松谷, 儒錢來.《松谷洪章甫, 紳猷袖來百文, 可感.》

괴산 송곡에서 유전(儒錢)[159]이 왔다.《송곡의 홍장보(洪章甫 : 홍씨의 높임말) 신유가 소매에 백문(百文 : 문=푼)을 가져왔는데 감회를 느낄 수 있었다.》

○ 六日. 1824년 4월 6일.

列講堂礎石. 十四介.

강당의 주춧돌[礎石]을 벌려 놓았다.《40개.》

○ 七日. 1824년 4월 7일.

午時, 立講堂柱木.《施錢, 二兩.》

오시에 강당의 주목(柱木 : 기둥나무)을 세웠다.《시전 2냥이었다.》

○ 八日. 1824년 4월 8일.

以酒肴, 饗木手.

주효(酒肴 : 술과 안주)로 목수를 대접했다.

○ 九日. 1824년 4월 9일.

鐵物, 一百六十七束來.《冶漢旴人, 全已分付. 價三十金.》

철물 167속(束 : 묶음)이 들어왔다.《야한ㅁ인(冶漢ㅁ人)[160]에게 전(前)에 이미 분부(分付 : 나누어 냄)했던 것으로 값은 30금이었다.》

○ 十日. 1824년 4월 10일.

午時講堂上樑. 俱是柯木其重倍他材, 不能偏擧, 累積長木至于樑底, 完作平地,

---

159 유전(儒錢) : 조선시대에 지방의 유림이 각출하여 향교 운영과 보수를 위해 모은 돈.

160 야한ㅁ인(冶漢ㅁ人) : 세 번째 글자에 변형이 있어 확인하기 어려우나 글자의 의미로 보아 대장간과 관련한 일을 하는 사람으로 짐작됨.

架樑棹理, 長曳之層具, 以大索縛曳, 以進三大樑. 則每樑, 治用四十餘名, 縛曳
가량도리　장예지층구　이대삭박예　이진삼대량　즉매량　흡용사십여명　박예

以上, 用力最多, 軍丁, 入四十餘名. 報施, 四兩, 白木 一匹.
이상　용력최다　군정　입사십여명　보시　사량　백목 일필

　　오시에 강당의 상량을 했다.《모두 가목(柯木 : 큰 나무)으로 그 무게가 다른 재목의 2배(倍)여서 기울여도 들 수 없어 대들보 밑까지 장목을 누적해 쌓아 완전히 평평한 땅처럼 만들었다. 가량(架樑 : 긴 나무로 시렁같이 만듦)과 도리(棹理 : 지붕의 서까래를 걸치는 가로대)가 긴 것을 끌어 층층이 하고 큰 밧줄로 묶어 끌고 와서 세 개의 대들보를 세웠다. 곧 매량마다 40여 명을 사용했고, 묶어 올릴 때 가장 많은 힘을 들여 군정이 40여 명 들어갔다.》《보시 4냥, 백목 1필이었다.》

　　○ 十一日. 1824년 4월 11일.
　　　　십 일 일

儒錢一兩, 自丹邱, 廷晉許來. 又一兩自大床, 廷益許來. 鎭川錢 四兩二錢, 甲
유전일량　자단구　정진허래　우일량자대상　정익허래　진천전 사량이전　갑

山錢 三兩, 自丹邱, 廷觀許來. 鳥谷訪, 三兩, 自鯉潭來. 氷峴錢 三兩 自桂潭來.
산전 삼량　자단구　정관허래　조곡방　삼량　자이담래　빙현전 삼량 자계담래

此非一日之事, 連類而書.
차비일일지사　연류이서

　　유전 1냥이 단구에서 왔는데 정진이 찾아왔다. 또 1냥이 대상에서 왔는데 정익이 찾아왔다. 진천 전 4냥 2전, 갑산 전 2냥이 단구에서 왔는데 정관이 찾아왔다. 조곡을 방문해 3냥이 이담에서 왔다. 빙현 전 3냥이 계담에서 왔다. 이것은 하루의 일이 아니고 연류(連類 : 계속 이어짐)된 것이라 적었다.

　　○ 十三日. 1824년 4월 13일.
　　　　십 삼 일

伐講堂椽木, 十五偶於內洞.《卽廷柱派 先壟 大椽非此山 不合於用, 而此是再
벌강당연목　십오우어내동　즉정주파 선롱 대연비차산 불합어용　이차시재

擧, 窺有甲乙之論 故余與廷觀甫 廷柱 九老甫 商議歸好, 往而伐之.》
거　규유갑을지론 고여여정관보 정주 구로보 상의귀호　왕이벌지

　　강당의 연목(椽木 : 서까래) 15짝[偶]을 내동에서 베었다.《곧 정주파의 선산인데 큰 연목은 이 산이 아니면 쓰기에 알맞은 것이 없어서, 이는 재차 거론된 것으로 첫째고 둘째고 논의를 살펴봄이 있었다. 그러므로 나는 정관 씨, 정주, 구로 씨와 들어가도 좋다는 것을 상의하고 가서 그것을 베었다.》

　　○ 十四日. 1824년 4월 14일.
　　　　십 사 일

列講堂椽木.《治木不精, 故雖用更治, 而猶不洽意.》治所一間成.《前此買釘多
열강당연목　치목불정　고수용갱치　이유불흡의　치쇼일간성　전차매정다

158　　　　　　　　　　　　　　　　　　　　　　　　계담서원

不適用, 更加鍛鍊, 斧矩等屬 淬礪之節亦難, 招來貿釘冶工張觀, 出別構冶所, 以
부 적 용　갱 가 단 련　부 구 등 속　쉬 려 지 절 역 난　초 래 무 정 야 공 장 관　출 별 구 야 소　이
繼更鍛, 然新釘不如齋宮舊釘. 正堂列椽, 全用舊釘.》
계 갱 단　연 신 정 불 여 재 궁 구 정　정 당 열 연　전 용 구 정

강당의 연목을 벌여 놓았다.《치목이 정밀하지 못했다. 그러므로 비록 다듬었
으나 여전히 흡족하지는 못했다.》치소 1칸을 완성했다.《이전에 못을 샀는데
용도에 맞지 않는 것이 많아서 다시 더 만들어 냈고, 부구(斧矩 : 도끼, ㄱ자 자) 등
도구를 연마하는 절차 또한 어려웠다. 정(釘 : 못)을 거래해 온 야공(冶工 : 대장장
이), 장관을 불러와 별도로 야소를 만들어 다시 단련했으나 새 정이 재궁의 예
전 정만 못했다. 정당에 나열한 연목은 모두 예전의 정을 사용했다.》

○ 十六日, 七日, 八日. 1824년 4월 16일, 17, 18일.
　　十 六 日　칠 일　팔 일
畢, 列椽編正堂, 散材.《用, 丁十餘人.》
필　열 연 편 정 당　산 재　용　정 십 여 인
정당(正堂 : 사당)에 벌여 놓은 연목을 엮는(간격에 맞춰 고정시킴) 일을 마치고 흩어
져 있는 목재를 정리했다.《장정(丁) 10여 인을 썼다.》

○ 十九日. 1824년 4월 19일.
　　십 구 일
畢正堂浮椽.
필 정 당 부 연
정당의 부연(浮椽 : 긴 서까래 끝에 덧붙이는 짧은 네모진 서까래)을 마쳤다.

○ 二十日. 1824년 4월 20일.
　　이 십 일
布浮椽, 盖版.《朴空》
포 부 연　개 판　박 공
부연을 펴고 위에 판을 덮었다.《박공(朴空)[161]》

○ 二十一日. 1824년 4월 21일.
　　이 십 일 일
始鋸役.《或二械, 各鉅用力甚難, 鉅刀工不來, 故代以鉅多用傭人.》
시 거 역　혹 이 계　각 거 용 력 심 난　거 도 공 불 래　고 대 이 거 다 용 용 인
비로소 거도(鉅刀)[162]를 사용하는 역을 시작했다.《거도가 두 개로 각 톱 사용에 힘
이 들어 무척 어려웠다. 거도공(鉅刀工)이 오지 않았기 때문에 많은 고용인을 썼다.》

161　박공(朴空) : 지붕의 양면이 합쳐질 때 생기는 삼각형 모양의 공간으로 박공도 판으로 덮었다는 의미로 추정됨.

162　거도(鉅刀) : 톱의 한 가지. 한쪽에 자루가 박혀 있어 혼자서 쓰게 되었다. 거도(鋸刀).

○ 二十四日. 五日. 1824년 4월 24일, 25일.

講堂, 間架, 粗成.《僅入中房, 引房之屬.》

강당의 간가(間架)[163]가 대략 완성되었다.《겨우 중방(中房)[164]과 인방(引房)[165]을 연결하였다.》

○ 二十六日. 1824년 4월 26일.

木手遊息.《以明日還家之故也.》

목수가 편하게 쉬었다.《명일, 집으로 돌아가야 하기 때문이었다.》

○ 二十七日. 1824년 4월 27일.

木工十人, 各歸家鄉, 以留後期.《以難家, 日久, 端陽漸近, 各慰家室之示, 人情固然. 以來月望留期而去.》

목공 10인이 각각 집으로 돌아가 기한을 더 늦췄다.《형세가 어려운 집안(難家)[166]으로 날이 오래되고 단오가 점점 가까워져 오는바, 각각 가실을 위로함이 평시의 인정으로 본디 그러한 것이다. 돌아오는 보름을 기한으로 정하고 갔다.》

○ 二十九日. 1824년 4월 29일.

作邑行.《商山 李上舍, 適來. 且有相議事, 故與廷恒, 廷觀甫, 偕入邑, 留邑二日.》

읍행(邑行 : 충주로 감)을 했다.《적산 이상사(李上舍 : 생원 또는 진사시에 급제한 사람의 높임말)가 만나러 왔다. 또 상의할 일이 있어서 정항, 정관 씨와 함께 읍(邑)에 들어가, 읍에서 2일을 머물렀다.》

○ 五月二日甲子. 1824년 5월 2일 갑자.

清州院錢一兩來《寂良以回文, 有司往焉.》清女儒錢, 有追後之文.《有司 廷稷甫往.》

청주에서 원전 1냥이 왔다.《최량이 회문을 가지고 유사로 갔다.》청안 유전

---

163 간가(間架) : 간살의 넓이. 집의 칸수(間數)를 말함. [참고어] 간각(間閣).

164 중방(中房) : 벽 가운데를 가로지르는 나무.

165 인방(引房) : 문의 아래와 위에 가로놓아 벽을 지탱하는 나무.

166 난가(難家) : 형세(形勢)가 어려운 집안.

은 추후에 내기로 한 문서였다.《유사 정직 씨가 갔다.》

○ 七日. 1824년 5월 7일.
칠 일

買門木于安保驛村.《廷柱, 廷觀甫 窮搜, 延豊, 覺淵, 柳山, 諸處, 竟至安保,
매 문 목 우 안 보 역 촌   정주   정 관 보 궁 수 연 풍   각 연   유 산   제 처   경 지 안 보
買十餘板, 而來, 費四日力.》
매 십 여 판   이 래   비 사 일 력

문목을 안보역촌에서 샀다.《정주, 정관 씨가 연풍, 각연과 유산 등 제 처를
샅샅이 뒤져 마침내 안보에 이르러 10여 판을 사서 왔는데 비용은 4전이었다.》

○ 十四日. 1824년 5월 14일.
십 사 일

盖瓦始役.《瓦匠一人, 亦十三丁而來, 傭三戔也.》
개 와 시 역   와 장 일 인   역 십 삼 정 이 래   용 삼 전 야

기와를 덮는 역을 시작했다.《와장 1인과 또 13명의 장정이 왔다. 품[傭]은 3전(戔)
이었다.》

○ 十五日. 1824년 5월 15일.
십 오 일

盖瓦.《傭丁 十六名, 傭三戔也. 瓦匠 一漢又來.》
개 와   용 정 십 육 명   용 삼 전 야   와 장 일 한 우 래

기와를 덮었다.《용정(傭正) 16명인데 품(傭)은 3전(戔)이었다. 와장(瓦匠) 1명이
또 왔다.》

○ 十六日. 1824년 5월 16일.
십 육 일

午時畢正堂盖瓦.《工錢, 六兩給, 合費 十五兩. 收麥移秧交于一時霖雨, 且頻
오 시 필 정 당 개 와   공 전 육 량 급 합 비 십 오 량 수 맥 이 앙 교 우 일 시 림 우   차 빈
勢, 不得已傭價倍入過於初, 料限不早時盖瓦.》
세   부 득 이 용 가 배 입 과 어 초   료 한 불 조 시 개 와

오시 정당의 기와를 덮는 일을 마쳤다.《공전은 6냥이며 합계 비용은 15냥이었다.
보리를 거두어들이고 모내기를 할 시기이며, 또 번갈아 장맛비가 자주 내리는
형세여서 부득이 품삯이 처음보다 갑절로 들었다. 재료가 한정되어 이른 시기
는 아니었지만 기와를 덮었다.》

○ 二十日. 1824년 5월 20일.
이 십 일

門木, 自安保而來.《族人 廷珏甫, 弟兄 七孫甫, 載領門木, 門木, 四馱, 八介.
문 목 자 안 보 이 래   족 인 정 각 보 제 형 칠 손 보 재 령 문 목 문 목 사 타 팔 개
終日冒雨其誠可感.》
종 일 모 우 기 성 가 감

문목이 안보로부터 왔다.《족인 정각 씨와 제형 칠손 씨가 영(領 : 안보)에서 문목을 실어 운반했는데 문목이 4개의 짐에 8개였다. 하루종일 비를 무릅쓰고 하니 그 정성을 느낄 수 있었다.》

○ 二十五日. 1824년 5월 25일.
　　이십오일

木手來.《四名, 先來.》
목수래　사명 선래

목수가 왔다.《4명이 먼저 왔다.》

○ 二十六日. 1824년 5월 26일.
　　이십육일

治, 正堂, 風遮木.
치 정당 풍차목

정당의 풍차목(風遮木)[167]을 다듬었다.

○ 二十七日. 1824년 5월 27일.
　　이십칠일

治風遮木, 買軒木於南倉.《廷恒甫, 往南倉, 鄭生員家, 買一間軒木.》
치풍차목 매헌목어남창　정항보 왕남창 정생원가 매일간헌목

풍차목을 다듬고 남창에서 헌목(軒木 : 집을 철거하고 나온 목재)을 사 왔다.《정항 씨가 남창에 가서 정생원의 집에서 1칸의 헌목을 샀다.》

○ 二十八日. 1824년 5월 28일.
　　이십팔일

木手來.《六名, 又來, 而材木未聚, 故四人許送 開谷 李友家 私廟之役.》伐風
목수래　육명 우래 이재목미취 고사인허송 개곡 이우가 사묘지역　벌풍
遮帶枋木二柱, 於內洞.《枋木, 長至二十餘尺, 猝難得用, 開谷 李友聖集甫, 幸借
차대방목이주 어내동　방목 장지이십여척 졸난득용 개곡 이우성집보 행차
自家私奉邱木, 厚意可感.》
자가사봉구목 후의가감

목수가 왔다.《6명이 또 왔는데 재목이 모이지 않아서 4명을 개곡(開谷)의 벗 이씨 집안의 사묘 역(役 : 공사)에 보냈다.》풍차에 두르는 방목 두 그루를 내동에서 베었다.《방목의 길이는 20여 척에 달해 갑자기 얻기는 어려웠다. 개곡의 벗 이성집[李友聖集] 씨가 다행히 집에서 사사로이 큰 목재로 도와주니 그 후의를 느낄 수 있었다.》

○ 六月一日癸巳. 1824년 6월 1일 계사.
　　육월일일계사

懸風遮.
현풍차

풍차를 걸었다.

167　풍차목(風遮木) : 풍차에 쓰이는 재목. 풍차(風遮)는 바람이 들지 못하게 둘러막은 시설.

○ 二日. 1824년 6월 2일.

始正堂修粧.《卽門楣之厲.》
시 정 당 수 장　　즉 문 미 지 려

비로소 정당을 꾸미기 시작했다[修粧].[168]《곧 문미(門楣)[169]를 갈았다.》

○ 八日. 1824년 6월 8일.

正堂修粧畢.《木不乾, 故鐥不入, 治木不洽.》
정 당 수 장 필　목 불 건　고 선 불 입　치 목 불 흡

정당을 꾸미는 것을 마쳤다.《나무가 마르지 않아 복자[鐥][170]가 들어가지 못하므로 치목을 넉넉하게 하지 못했다.》

○ 九日. 1824년 6월 9일.

始講堂修粧. 修粧之名色材料多入, 而材木告乏艱. 積數堆不滿十工人二日之
시 강 당 수 장　수 장 지 명 색 재 료 다 입　이 재 목 고 핍 간　적 수 퇴 불 만 십 공 인 이 일 지
力. 木工之索木無異, 買客之索錢四求, 分馳逐日繼用, 幸免停役. 心慮之迫促,
력　목 공 지 색 목 무 리　매 객 지 색 전 사 구　분 치 축 일 계 용　행 면 정 역　심 려 지 박 촉
計策之窘拶者, 素非經營, 臨時刱出之致也. 連買開谷諸處之材, 而廷樑甫之從中
계 책 지 군 찰 자　소 비 경 영　임 시 창 출 지 치 야　연 매 개 곡 제 처 지 재　이 정 량 보 지 종 중
贊畫極殫, 誠力可感.
찬 획 극 탄　성 력 가 감

비로소 강당을 꾸미기 시작했다.《다듬고 치장한다는 명목으로 재료가 많이 들어왔는데 재목이 부족해 어려웠다. 누적한 수치가 차지 않아 10명의 공인이 2일의 힘이 소요될 뿐이었다. 목공이 요구한 나무와 다르지 않았지만 물건을 사는 데 요구한 4전을 분치(分馳 : 나누어 전함)하여 날마다 이어 쓸 수 있어서 다행히 역(役)이 멈추는 것은 면할 수 있었다. 마음에 걱정은 급박하고 계책이 궁박한 것은 본디 계획의 운영을 위하여 임시로 만들어 낸 것은 아니었다. 잇달아 개곡의 여러 곳에서 목재를 샀는데 정량 씨의 종중에서 찬획(贊畫 : 계획을 도움)을 다했으니 그 정성과 힘을 느낄 수 있었다.》

○ 十一日. 1824년 6월 11일.
십 일 일

以茆蓋講堂.《造瓦節晚又無買處, 不得已代以茆焉. 初編以細松枝, 更覆以茅,
이 묘 개 강 당　조 와 절 만 우 무 매 처　부 득 이 대 이 묘 언　초 편 이 세 송 지　갱 복 이 모

168　장수(粧修) : 집이나 기구(器具) 등을 손보아 꾸밈.

169　문미(門楣) : 문 위에 가로 대는 나무.

170　선(鐥) : 복자(覆字 : 활자가 없을 경우 적당한 활자를 뒤집어 꽂아 검게 박음).

松薪百餘負飛, 盖七十圈, 軍丁三十餘人, 而別無大端滲漏之患.》
송 신 백 여 부 비 개 칠 십 권 군 정 삼 십 여 인 이 별 무 대 단 삼 편 지 환

순채(蓴茱 : 띠)로 강당을 덮었다.《기와를 만드는 절기가 늦었고 또 살 곳도 마땅치 않고 없어서 부득이 순채로 대신했다. 처음에는 가느다란 소나무 가지로 엮었다가 다시 띠[茅]로 덮었고 옹이가 있는 소나무 100여 장으로 받쳤다. 70권을 덮었는데 군정 30여 인이 사용되었다. 그다지 크게 물이 들 걱정은 없었다.》

○ 十三日. 1824년 6월 13일.
　십 삼 일

講堂修粧畢, 始揭長構.《十七尺.》木於大廳, 始軒版鉅役.《鉅役用力最難, 諸
강 당 수 장 필 시 게 장 구 십 칠 척 목 어 대 청 시 헌 판 거 역 거 역 용 역 최 난 제

宗各自殫力, 而爲日愈久頗生怠忨, 幸以丹床虎桂之齊心, 僅成軒役, 閑昨之不同
종 각 자 탄 력 이 위 일 유 구 파 생 태 완 행 이 단 상 호 계 지 제 심 근 성 헌 역 한 작 지 부 동

難以毛擧.》
난 이 모 거

강당을 꾸미는 것을 마무리하고 비로소 장구를 걸기 시작했다.《17척》 대청 목에 비로소 헌판(軒版 : 현판)의 큰 역(役)을 시작했다.《거사로 힘을 쓰는 데 가장 어려움이 많았다. 제종에서 제각기 힘을 다했지만 날이 갈수록 점점 나태해졌다. 다행히 단상(丹床 : 丹邱와 大床)과 호계(虎桂 : 虎岩과 桂潭)가 같은 마음으로 겨우 헌역을 완성해 잠깐 한가했다. 한가로움이 지난날과 같지 않아 낱낱이 거론하기는 어려웠다.》

○ 十四日. 1824년 6월 14일.
　십 사 일

始講堂軒役.《軒版不繼鉅, 役尤多.》
시 강 당 헌 역 헌 판 불 계 거 역 우 다

비로소 강당의 추녀[軒]에 관한 역을 시작했다.《추녀의 판목에 큰 것을 잇기 어려워서 역(役)에 더욱 많은 공력이 들어갔다.》

○ 十九日. 1824년 6월 19일.
　십 구 일

軒役畢.《是夜大風東來, 折木拔屋, 令人悸魂, 講堂覆茅多捲.》
헌 역 필 시 야 대 풍 동 래 절 목 발 옥 령 인 계 혼 강 당 복 모 다 권

추녀를 올리는 역[軒役]을 마쳤다.《이날 밤 대풍이 동쪽에서 불어와 나무를 부러뜨리고 지붕이 젖혀지면서 사람들을 놀라게 하고 넋을 놓게 했다. 강당 지붕을 띠[茅]로 덮었는데 대부분 둘둘 말아 감겼다.》

○ 二十日. 1824년 6월 20일.
　이 십 일

始門役.《正堂双牖六隻, 講堂双牖四隻, 隻牖二隻, 張牖六隻, 板牖六隻. 金木
手一人, 自開谷來, 此是善門者.》

비로소 문역을 시작했다.《정당은 양쪽 쌍유(双牖 : 쌍문)로 6척(隻 : 개), 강당은
양쪽 창문으로 4척이며, 외짝 들창[隻牖]은 2척, 장유는 6척, 판유는 6척이었다.
김목수라는 사람이 개곡에서 왔는데 이 사람은 문을 잘 다루는 사람이었다.》

O 二十七日. 1824년 6월 27일.

始正堂神門.《一脚三間.》

비로소 정당의 신문(神門)[171]을 시작했다.《일각은 3칸이었다.》

O 二十八. 1824년 6월 28일.

文牖之役畢.《木手告歸, 工錢未傳, 終發出債之論. 廷柱, 廷稷甫屛往槐邑, 出
債八十金 而來.》

창문을 다는 일을 마쳤다.《목수가 돌아간다고 고해 왔는데 공전이 아직 전해
지지 않아 결국 출책(出債 : 자금을 빌려옴) 논의가 있었다. 정주, 정직 씨가 함께
괴산읍[槐邑]에 가서 80금(金)의 자금을 차용해 돌아왔다.》

O 二十九日. 1824년 6월 29일.

正堂神門成. 是日木役具畢, 冶役先畢.《冶工之事, 難以逐日入錄, 先貿釘, 太
半不足更爲貿鐵作釘, 前後所入又過十有餘金.》

정당의 신문이 완성되었다. 이날 목역이 모두 갖춰져 마쳤는데, 야역(冶役 : 대
장간 일)을 먼저 마쳤다.《야공(冶工 : 대장장이)의 일은 날마다 들어가 기록[入錄]하
기 어려워서 먼저 정(釘 : 못)을 구입하고 태반 부족한 것은 다시 철을 구입해서
정을 만들었다. 전후로 들어간 비용이 또 10여 금(金 : 량)이 넘었다.》

七月一日壬戌. 1824년 7월 1일 임술.

設小酌, 以餉木匠十人.《設酒肴饌飯之物以含之, 工錢二百六十金給焉, 木手等

---

171 신문(神門) : 종묘, 문묘, 향교, 서원 등의 출입문을 가리키는 유교 용어. 신삼문.

才不庸牧牲不巧刻, 半年同若情念不薄, 臨行告歸不無悵然底意.》
<small>재 불 용 목 생 불 교 각 반 년 동 약 정 념 불 박 임 행 고 귀 불 무 창 연 저 의</small>

목장 10명에게 작은 술자리를 마련하여 주었다.《술자리를 열어 음식을 제공하여 그것을 먹었다. 공전 260금(金)을 주었는데 목수의 등급 중 재주에 따라 재주가 없는 자는 목생(牧牲 : 동물 모양)을 교묘하게 새기지 못했다. 반년 동안 정(精)이 너무 박하지는 않았나 하는 생각도 들고, 돌아간다고 고하니 섭섭한 뜻이 없지 않았다.

○ 七月二日. 1824년 7월 2일.
<small>칠 월 이 일</small>

木工去.《双牖等屬置於廷柱甫家.》
<small>목 공 거 쌍 유 등 속 치 어 정 주 보 가</small>

목공들이 돌아갔다.《쌍유(双牖 : 쌍문) 등을 정주 씨의 집에 두었다.》

○ 九月二十一日. 1824년 9월 21일.
<small>구 월 이 십 일 일</small>

作邑行.《以收錢通文事, 與廷觀甫入邑, 適值自傷, 計不如意, 浹旬留連, 有所
<small>작 읍 행 이 수 전 통 문 사 여 정 관 보 입 읍 적 치 자 상 계 불 여 의 협 순 류 연 유 소</small>
區劃.》
<small>구 획</small>

읍내(충주)를 다녀왔다.《돈을 거두는 통문의 일로 정관 씨가 읍에 들어왔을 때 마침 근심하고 있었는데 계책이 여의치 않아 열흘 동안 머무르며 구획(區劃 : 계획을 마련)한 바가 있었다.》

○ 二十六日. 1824년 9월 26일.
<small>이 십 육 일</small>

有荷潭之行.《閔和順致文, 卽立庵齊仁之後孫, 樂聞先生立社之論云. 故欲借先
<small>유 하 담 지 행 민 화 순 치 문 즉 입 암 제 인 지 후 손 락 문 선 생 입 사 지 론 운 고 욕 차 선</small>
容之力, 而聲息不交, 而荷潭 閔同知卽和順之至親方欲聞焉. 廷觀甫還家, 余仍
<small>용 지 력 이 성 식 불 교 이 하 담 민 동 지 즉 화 순 지 지 친 방 욕 문 언 정 관 보 환 가 여 잉</small>
向荷潭有所酬酌.》
<small>향 하 담 유 소 수 작</small>

하담에 갔었다.《민화순 치문은 곧 즉 입암 제인의 후손인데 선생의 사(社)를 세우는 논의를 즐겁게 들었다고 했다. 그러므로 먼저 허용된 힘을 빌리려 했는데 소식이 끊겨 교류가 없었다. 그런데 하담 민동지(閔同知 : 동지(同知)는 조선 초기 중추부의 종2품 벼슬), 즉 화순과 지친(至親)[172]하여 장차 듣고자 한다고 했다. 정관

----

172 지친(至親) : 더할 수 없이 혈통(血統)이 가까운 사이라는 뜻으로, 지극히 친(親)함. 아버지와 아들, 언니와 아우, 작은아버지와 조카 사이를 이르는 말.

씨는 집으로 돌아가고 나는 그대로 하담으로 향하여 수작(酬酌)[173]한 바가 있었다.》

○ 二十七日八日. 1824년 9월 27일 28일.
　　이십칠일팔일.

有堯谷, 鍾浦, 石橋, 北倉之行.《堯谷 洪世謨 校宮有司 而收財之通列書其名,
유 요곡　종포　석교　북창지행　요곡　홍세모　교궁유사　이수재지통열서기명

故先爲通知焉, 將欲呈于春曹, 故往鍾浦 洪義明甫家, 有所退託, 又往北倉 李秉
고선위통지언　장욕정우춘조　고왕종포　홍희명보가　유소퇴탁　우왕북창　이병

周家, 亦以此事相議, 轉向李丈基東氏家, 有所酬酌.》
주가　역이차사상의　전향이장기동씨가　유소수작

　　요곡, 종포, 석교, 북창을 다녀왔다.《요곡의 홍세모 교궁유사가 재물을 거두
는 통문에 그 이름을 나열해 기록하고 먼저 통지하여 장차 춘조(春曹 : 예조)에 바
치고자 했다. 그러므로 종포의 홍희명 씨의 집에 가서 청탁한 바가 있었고, 또
북창 이병주의 집에 가서 또 이 일을 상의했으며, 이장 기동 씨의 집으로 돌아
가 수작한 바가 있었다.》

○ 二十九日. 1824년 9월 29일.
　　이십구일.

還留邑南.《留南郭與商山合議, 往北郭以通文事, 有託往金雲山家, 有所商議.
환류읍남　류남곽여적산합의　왕북곽이통문사　유탁왕김운산가　유소상의

三十日 午後回程, 昏宿子思谷, 李友家, 十月一日帶雨還家.》
삼십일　오후회정　혼숙자사곡　이우가　십월일일대우환가

　　읍(충주)의 남쪽으로 돌아와 머물렀다.《남곽과 적산에 머물면서 합의하고, 통
문하는 일로 북곽에 갔다가 부탁할 일이 있어 김운산의 집에 가서 상의한 바가
있었다. 30일 오후에 회정(回程 : 다시 돌아옴)하였는데 날이 저물어 자사곡(子思谷)
에서 친구인 이씨의 집에서 묵고 10월 1일에 비가 내릴 때 집으로 돌아왔다.》

○ 十月六日. 1824년 10월 6일.
　　십월육일.

有砧嶺之行.《卽洪台義浩也, 將有呈單之意, 而砧嶺金又由章氏, 以龍岩金公
유침령지행　즉홍태의호야　장유정단지의　이침령김우유장씨　이용암김공

忠甲, 立祠事, 先有呈單, 受牒之擧, 故往問委折. 且觀春曹下牒, 則花岩配侑已
충갑　입사사　선유정단　수첩지거　고왕문위절　차관춘조하첩　즉화암배유이

有成命, 與額院無異云. 而幕屬十名, 諸般役事, 自官優助, 彼則已有成命之公案
유성명　여액원무이운　이막속십명　제반역사　자관우조　피즉이유성명지공안

實例, 而自念, 此院之事, 異彼公案, 先啓之文蹟, 而春曹之許施不可預定億度,
실례　이자념　차원지사　이피공안　선계지문적　이춘조지허시불가예정억도

而卒易呈文事涉遙濶, 故姑待呈禮之行, 以待後日. 花岩, 槐山, 退溪書院也, 前
이졸역정문사섭요활　고고대정예지행　이대후일　화암　괴산　퇴계서원야　전

173　수작(酬酌) : 술잔을 서로 주고받는다는 뜻에서 말을 서로 주고받음. 또는 주고받는 그 말.

有配侑金公之上敎故云, 已有成命金公, 亦乙巳名人. 余與廷觀輔, 偕往砧嶺, 終
유 배 유 김 공 지 상 교 고 운　이 유 성 명 김 공　역 을 사 명 인　여 여 정 관 보　해 왕 침 령　종

日酬酌而來》.
일 수 작 이 래

　괴산 침령을 다녀왔다.《예조판서는 바로 홍의호[洪台義浩]인데 장차 정단(呈

單)[174]하려는 뜻이 있었다. 침령의 김유장 씨가 용암 김충갑[金公忠甲]의 사당을

세우는 일에 대해 먼저 단자를 올려 직첩을 받은 일이 있어서 그 곡절을 묻기

위해서 갔다. 예조의 하첩을 보니 화암에 배향하라는 명이 이미 있어 사액서원

과 다름이 없었다고 했다. 막속(幕屬 : 관청에 소속된 사람) 10명이 각종 역사에 대

하여 관청에서 넉넉히 도와주고 있으니 저것은 이미 성명(成命 : 신하의 신상에 대하

여 임금이 내린 명령)이 있는 공안(公案 : 공무에 관한 문안)의 실례였다. 그러나 스스로

생각건대, 이 서원의 일은 저들이 공안에서 먼저 아뢴 문적과는 달리 예조의

허락으로 그 시행을 미리 헤아리거나 추측할 수 없었다. 그리고 갑자기 글을

올리는 일은 아득히 먼 일이니 우선 예의(禮意 : 예조의 뜻)가 나오기를 기다렸다

가 뒷날을 기다려야만 했다. 화암, 괴산, 퇴계서원은 전에 김공을 배향하라는

상(上 : 임금)의 하교가 있었기 때문이라 하며, 이미 김공도 또한 을사명인으로

명(命)이 있었다. 나는 정관 씨와 함께 침령에 가서 종일토록 수작하고 왔다.》

　○ 十八日. 1824년 10월 18일.
　　　십 팔 일

建院, 鳩財通文, 校宮而來.《司馬齋, 有司發文.》
건 원　구 재 통 문　교 궁 이 래　　사 마 재　유 사 발 문

　건원을 위한 구재통문(鳩財通文 : 비용 모음에 대한 서신)이 교궁에서 왔다.《사마재

유사가 문(文)을 발송했다.》

　○ 二十八日, 九日. 1824년 10월 28일, 29일.
　　　이 십 팔 일　구 일

會于桂潭.《以槐山, 償錢事.》
회 우 계 담　이 괴 산　상 전 사

　계담에서 모였다.《괴산 차용금(借用金)의 상환 때문이었다.》

　○ 十一月己丑. 1824년 11월 기축.
　　　십 일 월 기 축

174　정단(呈單) : 관아에 명단이나 단자(單字)를 제출하는 일.

往桂潭.
계담에 갔다.

○ 二日. 1824년 11월 2일.

又往桂潭.《將收宗中零錢, 終不入量, 槐錢之期限已過, 逢困可慮. 故不得已與廷穉甫, 偕往桂潭, 金生員家, 貸利, 四十金, 仍留宿桂潭. 以爲充數, 未借之計也.》

또 계담에 갔다.《종중에서 부담할 남은 돈을 걷으려 했으나 끝내 양(量)이 들어오지 않았다. 괴전(槐錢 : 괴산 차용금)의 기한이 이미 지났으므로 곤란을 당할까 염려스러웠다. 그러므로 부득이 정직 씨와 함께 계담 김생원의 집에 가서 이자 40금(金)을 빌리고 이어 계담에서 유숙했다. 충분한 수(數 : 금액)로 여기기엔 아직 덜 빌린 수치였다.》

○ 三日. 1824년 11월 3일.

償槐錢一百四兩.《二十四兩, 利錢.》
괴전 104냥을 상환하였다.《24냥은 이전(利錢 : 이자)이었다.》

○ 六日. 1824년 11월 6일.

宗中有司, 往鎭川.《道利宗中, 院錢不來, 故定送族人廷標甫, 遲留多日, 未克收刷, 只領四百文而來.》

종중 유사가 진천에 갔다.《도리 종중의 원전이 오지 않았기 때문에 족인 정표 씨를 정하여 보냈는데 여러 날을 지체하였으나 아직 다 수쇄(收刷 : 원전을 거두어 모음)하지 못하고 단지 400문(文 : 1문=1푼)만을 받아서 왔다.》

○ 十六日. 1824년 11월 16일.

行大宗稧事. 仍用稧錢四十兩, 償桂潭錢.
대종계의 일을 하였다.《이어 계전 40냥을 써서 계담의 차용금 상환하였다.》

○ 二十日. 1824년 11월 20일.

作驪州三田之行.《廷觀甫, 不行居憂, 故與廷恒甫, 偕行而一馬隻僮行理, 間關, 寒逼骨宿痾添苦.》

여주 삼전에 갔다.《정관 씨가 불행히 거우(居憂)[175]를 당했기 때문에 정항 씨와 함께 갔는데 말 한 마리와 종이 따랐다. 길은 구불구불하고 추위가 뼈에 핍박(逼迫 : 바싹 죄어 괴롭힘)하니 오래된 병(病) 때문에 더욱 고통스러웠다.》

○ 二十三日. 1824년 11월 23일.

歷訪, 陰竹 閔安州家.《安州, 卽致誠, 立岩後也. 方在任所不逢, 與庶弟致德, 半向談話.》

음죽(陰竹)[176] 민안주의 집을 역방(歷訪 : 차례로 찾아감)했다.《안주는 곧 치성으로 입암의 후예였다. 현재 임소(任所 : 지방 관원의 근무지)에 있어 만나지 못하고 서제(庶弟)[177] 치덕과 반향(半向 : 돌아감)하며 이야기를 나누었다.》

○ 二十四日. 1824년 11월 24일.

留三田閔判書家. 主人世鏞, 卽監察致殷子, 判書命爀孫, 和順致文侄也. 和順 方在任所不逢, 與年少主人講詩世誼, 細考立岩集中史算日記後, 因提起建院事, 則頗有周章謀忠之意焉. 因寫儒通一張 以爲他日表信之資焉. 世鏞甫, 年纔弱冠, 已爲老成有古家遺風. 其弟, 卽本倅金候之新壻, 而年纔十六, 夙言已播家舍墻園之美, 接待款厚之風, 與陰竹殊異焉.

삼전 민판서의 집에 머물렀다.《주인 세용은 곧 감찰 치은의 아들이며 판서 명혁의 손(孫)인 화순 치문의 조카이다. 화순은 현재 임소에 있어 만나지 못했고 나이가 어린 주인에게 시(詩)와 세의(世誼)[178]를 강(講)하고 입암집 중 사산일기를 자세히 고찰한 후 서원을 건립하는 일을 제기한즉 자못 주장(周章)[179]하기도 했으나 모충(謀忠)[180]하는 뜻이 있었다. 이에 유통 한 장을 베껴 타일 표신의 바탕

----

175 거우(居憂) : 상중(喪中)에 있음. [유사어] 거상(居喪). 기중(忌中). 상중(喪中).

176 음죽(陰竹) : 경기도 이천 지역의 옛 지명.

177 서제(庶弟) : 서모(庶母)에게서 태어난 아우.

178 세의(世誼) : 한 가문에서 다른 가문과 대대로 사귀어 온 정의(情誼).

179 주장(周章) : 놀라서 어찌할 바를 모름. 허둥지둥함.

180 모충(謀忠) : 남을 위하여 꾀를 내어 줌.

으로 삼고자 했다. 세용 씨는 이제 겨우 나이가 약관이 되었는데 이미 로성(老成 : 경험이 많아 노련하고 익숙함)한 집안의 유풍을 가지고 있었다. 그의 아우는 곧 본 고을 수령인 김후의 새로운 사위였다. 나이가 이제 겨우 16세를 지났는데 말을 잘하여 이미 가사와 장원의 아름다움을 전파하고 있었다. 접대 시 넉넉한 풍속이 음죽과는 사뭇 달랐다.

○ 二十五日. 1824년 11월 25일.

歷向鎭村.

진촌(鎭村 : 경기도 안성에 있는 마을)을 향해 갔다.

○ 二十七日. 1824년 11월 27일.

轉向龍仁譜廳.《與謂性甫, 商議譜事, 且語到建院, 三致意焉. 翌日, 宿太平村族人 性老甫家, 晦日, 留鎭村, 十二月初二日, 還家.》

용인의 보청(譜廳)[181]으로 전향(轉向 : 방향을 바꿈)했다.《위성 씨와 족보를 만드는 일을 상의했고, 또 건원을 말하며 재삼 뜻을 표시했다. 다음날 태평촌의 족인 성로 씨의 집에서 묵었고 그믐날 진촌에 머물렀다가 12월 초 2일에 집으로 돌아왔다.》

○ 十二月一日己未. 1824년 12월 기미.

槐山儒錢來.《前此四月, 族人廷憲甫 以有司往槐山南面, 諸章甫家, 收帖, 而留後期, 今至月晦間, 更往槐山, 收儒錢七兩五錢, 而來.》

괴산에서 유전(儒錢)[182]이 왔다.《이보다 앞서 4월 족인 정헌 씨가 유사로 괴산 남면의 여러 장보 집에 가서 첩문을 거두고 훗날 다시 온다고 기약했었다. 지금 동짓달 그믐 무렵에 다시 괴산으로 가서 유전 7냥 5전을 걷어서 왔다.》

○ 四日. 1824년 12월 4일.

----

181 보청(譜廳) : 족보(族譜)를 만드는 사무소.
182 유전(儒錢) : 조선시대에 지방의 유림이 각출하여 향교 운영과 보수를 위해 모은 돈.

清安儒錢來.《前春, 廷稷甫, 所收帖處, 合十七兩, 十兩先來.》
청안유전래　전춘　정직보　소수첩처　합십칠량　십량선래

청안에서 유전이 왔다.《지난 봄에 정직 씨가 거둔 첩(帖)은 도합 17냥이었는데 10냥이 먼저 왔다.》

○ 七日. 1824년 12월 7일.
칠일

槐山儒錢來.《前春, 㝡良甫, 收帖處, 槐山西北面也, 七兩三錢先來.》
괴산유전래　전춘　최량보　수첩처　괴산서북면야　칠량삼전선래

괴산에서 유전이 왔다.《지난 봄에 최량 씨가 수첩(收帖 : 명단을 거둠)한 곳은 괴산 서북면인데 7냥 3전이 먼저 왔다.》

○ 十三日. 1824년 12월 13일.
십삼일

償槐錢.《前月, 債用十兩於槐邑人, 故槐錢七兩五錢, 又入他錢, 具恩而償.》
상괴전　전월　채용십량어괴읍인　고괴전칠량오전　우입타전　구은이상

괴전을 상환했다.《지난달에 괴읍 사람에게 10냥을 빌려 썼으므로 괴전 7냥 5전을 또 다른 돈으로 넣고 상환했다.》

○ 十八日. 1824년 12월 18일.
십팔일

有邑行.《前此, 三田之行, 閔世鏞甫留後, 面弟之卄一日, 過婚之期, 故待其時, 而入邑.》
유읍행　전차　삼전지행　민세용보류후　면제지입일일　과혼지기　고대기시　이입읍

읍행이 있었다.《이보다 앞서 삼전에 가서 민세용 씨 집에 머문 후에 읍으로 향했다. 아우의 과혼이 21일 예정되어 있어서 그때까지 기다렸다가 읍에 들어갔다.》

○ 二十日. 1824년 12월 20일.
이십일

與閔和順致文接話.《是日昏後婚式到, 和順 與其侄世鏞 俱以邀行 而來下處, 定於南山新番吏房之家. 本倅之接待官隷之趨走, 姑無進接暇隙, 待其夜談而往, 則適値納采之時, 撓撓未穩. 而和順之爲人, 甚詳密綜核, 初頭酬應頗有款款之意, 因提到院事募屬, 香口之節, 雖是聚切等事, 初面言深, 有所煩瀆, 姑察其厭, 聽可否第略略言之. 則彼, 亦以第言爲蒼紛撓之際, 似不盡意退託矣. 移時談話之際, 本倅請之甚急, 故和順入衙中, 與其侄世鏞酬酢還下處, 鷄已鳴.》
여민화순치문접화　시일혼후혼식도　화순　여기질세용　구이요행　이래하처　정어남산신번이방지가　본졸지접대관예지추주　고무진접가극　대기야담이왕　즉적치납채지시　요요미온　이화순지위인　심상밀종핵　초두수응파유관관지　의　인제도원사모속　향　지절　수시취절등사　초면언심　유소번독　고찰기염　청가부제략략언지　즉피　역이제언위창분요지제　사부진의퇴탁의　이시담화지제　본졸청지심급　고화순입아중　여기질세용수작환하처　계이명

민화순 치문과 만나 이야기를 하였다.《이날 저녁 혼식이 이른 뒤 화순과 그 조카 세용을 모두 영접하고 와서 남산 신번(新番 : 새로 정한 순서)인 이방의 집을

하처(下處)[183]로 정했다. 본 고을 수령은 접대로 관예(官隷)[184]들이 분주히 움직였는데 잠시도 야담을 기다릴 틈도 없이 갔으니 공교롭게도 납채(納采 : 신부댁에 예물을 보냄) 때를 만나서 일을 어지럽히는 것은 온당하지 못했다. 그러나 화순의 사람됨은 매우 치밀하여 처음 수응(酬應)[185]하는 것에 자못 정성스러운 뜻이 있었는데 이로 인하여 본원의 일[院事]인 향□지절(香□之節 : 제향 등 서원 운영 절차)에 대하여 찬찬히 모아 엮었다. 비록 이렇게 간절히 모으는 일 등으로 초면에 말을 깊게 하면 번거롭게 해 드리는 바가 있어 우선 그가 싫어하는지를 살펴서 가부만을 간략하게 말했다. 저쪽도 다만 창황(蒼黃 : 매우 급작스러움)하고 소란스러울 때라 뜻을 다하지 못했다고 핑계를 대는 듯했다. 잠깐 담화할 때 본 고을 수령에게 청하는 매우 급한 일이 있었기 때문에 화순이 관아에 들어가 그 조카 세용과 함께 수작하고 숙소로 돌아왔는데 닭이 울고 말았다.》

○ 二十一日. 1824년 12월 21일.

更與和順倅敍話.《早朝往于下處, 則和順以無暇, 未克發說, 本倅云. 而更留後期, 故仍留于邑底, 而二十二日, 和順作楸行, 姑不與語. 夕逢世鏞甫於路次更留期於秩廳下處, 而此南山下處, 在尤劇要路紛撓甚難往來, 耳目多煩矣.》

다시 화순 수령과 이야기했다.《이른 아침에 하처(下處 : 숙소)로 갔더니 화순은 겨를이 없어서 발설하지 못했다고 본 고을 수령이 말해서 다시 뒤를 기약하고 그대로 읍저(邑底 : 감사의 사무실 외 관아가 있는 마을)에 머물러 있었다. 22일 화순의 추행(楸行)[186]이 있어 잠시도 더불어 이야기하지 못했다. 저녁에 세용을 길에서 만났는데 두 시간 후 질청(秩廳 : 지방관청 하급관리의 사무실)의 하처에서 만나기를 기약했다. 이 남산의 하처는 더욱 심한 요로에 있으면서 어지럽고 또 어려

----

183 하처(下處) : 손이 객지에서 묵는 곳.
184 관례(官隷) : 관가(官家)에서 부리던 하인들.
185 수응(酬應) : 남의 요구에 응함.
186 추행(楸行) : 조상(祖上)의 묘소에 성묘하러 감. 후손들이 조상의 무덤가에 가래나무를 심은 데서 유래.

워 왕래하는 이목이 많아 번거로웠다.》

○ 二十四日. 1824년 12월 24일.
이십사일

又與和順倅酬酢而別.《卄三夜, 往于下處, 値營本官之, 具到未克從容. 是日晨
우여화순졸수작이별 입삼야 왕우하처 치영본관지 구도미극종용 시일신

朝進與詳問, 則答云, 果爲說到於本倅 則似有背意云, 而若請奉安文於本倅, 則
조진여상문 즉답운 과위설도어본졸 즉사유배의운 이약청봉안문어본졸 즉

尤好云矣. 然本倅意, 下適不知如何. 和順還官之後, 更無通奇之路, 疑信未決事,
우호운의 연본졸의 하적불지여하 화순환관지후 갱무통기지로 의신미결사

樣漸緩甚問甚問. 姑與世鏞甫, 更託後日之信, 而歸.》
양점완심문심문 고여세용보 갱탁후일지신 이귀

또 화순 수령과 수작하며 이별했다.《23일 밤 하처에 가서 영본관을 만났는데 찬찬히 갖추어 조용히 청할 수가 없었다. 이날 새벽에 나아가 상세히 물었더니 그가 대답하기를, 과연 본 고을 수령에게 말을 아뢴즉 거부하는 뜻이 있는 것 같다면서 본 고을 수령에게 봉안문을 청하면 더욱 좋을 것 같다고 했다. 그러나 본 고을 수령의 뜻이 아래에 적합한지 알지 못하니 어찌하겠는가? 화순이 관(官)으로 돌아온 후 다시 통지할 길이 없었으며 믿을 수가 없었다. 아직 결정하지 못한 일에 점점 느슨해져 간절히 묻고 싶었다. 우선 세용 씨에게 다시 부탁하며 뒷날의 신의를 부탁하고 돌아왔다.》

○ 乙酉二月十五日. 을유(1825년) 2월 15일.
을유이월십오일

罷造瓦之役.《前此瓦工來, 決工錢, 十三日開造瓦之基, 十四伐內洞邱木二百餘
파조와지역 전차와공래 결공전 십삼일개조와지기 십사벌내동구목이백여

株, 以繼瓦薪矣. 更考衆議工錢太高物力難辨, 已役之事, 不得已停止, 已伐之木,
주 이계와신의 갱고중의공전태고물력난변 이역지사 부득이정지 이벌지목

不得已斥賣. 事若兒戲反受譏責. 講室, 則雖發覆茆之論, 目見甚爲迂 且疏矣, 其
부득이척매 사약아희반수기책 강실 즉수발복묘지론 목견심위우 차소의 기

悶曷道.》
민갈도

기와를 만드는 일을 파(破)하였다.《앞전에 와공이 와서 공전을 결정했고, 13일 기와를 만들 터전을 열고, 14일에 내동에서 구목 200여 그루를 베어 와서 와신(瓦薪 : 기와를 굽는 땔감)을 준비하였다. 다시 중의로 생각해 보니 공전이 고가로 물력을 판별하기 어려우므로 기와 만드는 일은 부득이 정지하고 이미 벤 나무는 부득이 내다 팔아야 했다. 일이 마치 아이의 장난과 같아 도리어 질책을 받았다. 강실은 비록 띠[茆]로 덮자는 논의가 제기되었으나 눈으로 보기에 매

우 허술하고 또 엉성하니 그 근심을 어찌 말할 수 있겠는가.》

○ 二月二十三日. 1825년 2월 23일.

伐院宇椳木.

원우에 사용할 외목(椳木)[187]을 베었다.

○ 二十六日. 1825년 2월 26일.

龍結椳木.《瓦工招來適値事端, 未卽施役.》

외목을 엮어 묶었다.《와공을 불러와 일을 끝내려 했는데 아직 역(役)을 시행하지 못했다.》

○ 三月十八日. 1825년 3월 18일.

士林有司, 洪斯文學魯, 宗中有司, 廷桂甫, 自黃澗諸處收帖, 而來.《黃澗派八代祖, 仲氏, 諱耀之後, 與吾派最近, 以翰林旁裔言, 亦與吾派無異, 故以鳩財事, 定有司齋通委告, 而似無實效可款. 初五日, 發程今始還.》

사림유사 홍사문(洪斯文 : 사문은 유학자를 말함) 학노, 종중유사 정주 씨가 황간(黃澗 : 영동군 황간면) 여러 곳으로부터 첩(帖)을 걷어서 왔다.《황간파는 8대조 중씨 휘 요의 후손으로 우리 파와 가장 가깝고 한림의 방예라 말할 수 있었다. 우리 파와 다를 것이 없어서 구재의 일에 유사로 정하여 통문으로 알렸다. 실효는 없는 것 같지만 그 정성은 확인할 수 있었다. 초 5일에 출발했는데 이제야 비로소 돌아왔다.》

○ 二十九日. 1825년 3월 29일.

與廷益, 廷恒甫, 同發西行.《欲與就議於齋洞安東坊谷者以院事也, 往質於永平者, 荷潭公, 斥和事也. 齋洞坊谷, 卽閔和順致文, 義城致和之家也. 永平, 則李相書之退居村庄, 以先朝遺敎, 方刊定尊周錄, 故謹齋, 荷潭公, 遺狀, 欲爲質請入錄之計也.》

---

187 외목(椳木) : 벽을 만들기 위하여 나뭇가지 등으로 만든 골조.

정익, 정항 씨와 서행을 출발했다.《재동, 안동, 방곡에 나아가 의논을 모으려는 것은 원(院)의 일이었고 영평에 가서 질문한 것은 하담공(荷潭公 : 세마 안술 선생)의 척화에 관한 것이었다. 재동과 방곡은 곧 민화순 치문과 의성 치화의 집이 있었다. 영평은 곧 이상서가 퇴거한 촌장(村庄 : 시골에 마련한 별도의 집)으로 선조의 유교(遺敎 : 전해 내려오는 가르침)를 장차 존주록으로 간행하려 정(定)한 것이어서 근재(謹齋 : 안축 선생) 하담공(荷潭公 : 안술 선생)이 남긴 글을 받아 입록을 청하려고 한 계획이었다.》

○ 四月九日. 1825년 4월 9일.
사 월 구 일

《往齋洞下, 逢和順, 而歸.》
왕 재 동 하   봉 화 순   이 귀

《재동으로 내려가서 화순을 만나고 돌아왔다.》

○ 十一日. 1825년 4월 11일.
십 일 일

始, 正堂土役. 余三人, 則方在京中, 廷柱, 廷觀甫, 在家, 而始敦土工, 土匠一,
시   정 당 토 역   여 삼 인   즉 방 재 경 중   정 주   정 관 보   재 가   이 시 돈 토 공   토 장 일

傭丁每三. 正堂初壁.
용 정 매 삼   정 당 초 벽

비로소 정당의 토역을 시작했다.《내가 3인과 함께 현재 서울에 있고 정주, 정관 씨가 집에 있어서 비로소 토공을 시작했다. 토장 1명 당 용정(傭丁 : 일꾼) 매 3인이었다.》정당에 초벽(初壁)을 시공하였다.

○ 十七日. 1825년 4월 17일.
십 칠 일

《往齋洞, 和順, 自任所, 伊日適來. 坊谷, 則往其子, 沃川衙, 不逢. 呂州, 三
왕 재 동   화 순   자 임 소   이 일 적 래   방 곡   즉 왕 기 자   옥 천 아   불 봉   여 주   삼

田, 閔世鏞, 亦不上來, 而錦伯 金學淳, 則是日發錦行.》
전   민 세 용   역 불 상 래   이 금 백 김 학 순   즉 시 일 발 금 행

《재동에 가서 임소에서 화순을 만났는데 그날[伊日] 마침 왔다. 방곡은 그 아들이 있는 옥천의 관아에 가서 만나지 못했다. 여주 삼전의 민세용 또한 올라오지 않고 금백(錦伯)[188] 김학순은 이날 금행(錦行 : 공주로 감)으로 출발했다.》

----

188 금백(錦伯) : 충청도 관찰사를 달리 이르는 말. 감영(監營)이 금강(錦江) 가의 공주(公州)에 있었기 때문에 붙여진 이름. [유사어] 금찰(錦察).

○ 二十日. 1825년 4월 20일.

畢.《除其歇日, 全用七日工.》
필　제 기 헐 일　전 용 칠 일 공

토공을 마쳤다.《쉬는 날[歇日]을 제(除)하고 공사에 전체 7일을 사용하였다.》

○ 二十二日. 1825년 4월 22일.

往齋洞.《余廷恒, 往焉. 主人, 則適值客, 撓未做穩討略略酬酌, 只與其侄世鏞,
왕 재 동　여 정 항　왕 언　주 인　즉 적 치 객　요 미 주 온 토 략 략 수 작　지 여 기 질 세 용
移時, 打話, 仍留後期於三田. 午後, 發程渡江.》
이 시　타 화　잉 류 후 기 어 삼 전　오 후　발 정 도 강

재동에 갔다.《나는 정항과 그곳에 갔다. 주인이 마침 손님을 만나고 있어 온전치 못해서 대충 응작했고 그 조카 세용과 한참을 대화하며 머무르다 나중에 삼전에서 만남을 기약했다. 오후에 길을 떠나 강을 건넜다.》

○ 二十七日. 1825년 4월 27일.

始正堂沙壁. 是日, 余亦還家直抵院所觀畢, 與廷柱, 廷觀甫, 握敍.
시 정 당 사 벽　시 일　여 역 환 가 직 저 원 소 관 필　여 정 주　정 관 보　악 서

비로소 정당의 사벽(沙壁)[189]을 시작했다.《이날 나도 집으로 돌아와 곧장 원소에 가서 마치는 것을 보았다. 정주, 정관 씨와 손을 잡았다.》

○ 五月二日. 1825년 5월 2일.
오 월 이 일

畢正堂土役.《凡費日十二, 工錢九兩, 用丁三十, 合用十八兩.》
필 정 당 토 역　범 비 일 십 이　공 전 구 량　용 정 삼 십　합 용 십 팔 량

정당의 토역을 마쳤다.《모두 12일에 공전(工錢 : 인건비) 9냥이 들었고 장정 30명을 사용하였으며, 합하여 18냥을 썼다.》

○ 三日. 1825년 5월 3일.
삼 일

始正堂墻垣之役.《四派, 各分一面, 以其役事之替成, 工費之各當.》
시 정 당 장 원 지 역　사 파　각 분 일 면　이 기 역 사 지 체 성　공 비 지 각 당

비로소 정당 장원(墻垣)[190]의 역(役)을 시작하였다.《4파(四派 : 이담의 1, 2, 3, 4파)에서 각 한 면씩 나누어 맡아 그 역사를 교대로 완성했으며 공비도 각각 부담하였다.》

○ 五日. 1825년 5월 5일.
오 일

《一派, 則畢.》
일 파　즉 필

----

189 사벽(沙壁) : 모래와 흙을 섞어서 바른 벽.

190 장원(墻垣) : 담. 집의 둘레나 일정한 공간을 둘러막기 위하여 쌓아 올린 것.

《1파가 공사를 마쳤다.》

○ 七日. 1825년 5월 7일.
　칠일

《二派, 則畢.》
　이파　즉필

《2파가 공사를 마쳤다.》

○ 六日. 1825년 5월 6일.
　육일

廷益甫, 往永平 竣成荷潭公遺事, 而還.《自三晦發行, 至四卄二日, 洽踰一月,
정익보　왕영평　준성하담공유사　이환　자삼회발행　지사입이일　흡유일월

而質問諸處, 終未得刊錄, 的行之報, 又無考遺蹟之記載, 故徊徨落漠而歸. 行到
이질문제처　종미득간록　적행지보　우무고유적지기재　고회황락막이귀　행도

鎭村, 從兄家 適逢朴斯文民和, 槩間的報, 而余與廷恒, 病不能進, 廷益甫, 自鎭
진촌　종형가　적봉박사문민화　개간적보　이여여정항　병불능진　정익보　자진

村中途族發柿向永平願, 其誠力今人可感. 一月同行中路分離, 于心悵缺, 曷以形
촌중도족발시향영평원　기성력금인가감　일월동행중로분리　우심창결　갈이형

言. 猶冀愼涉修程極竣先事, 而來矣. 洽費旬日, 果得竣成, 而還. 而荷潭公之諱
언　유기신섭수정극준선사　이래의　흡비순일　과득준성　이환　이하담공지휘

日, 只隔一宵, 洋洋如在想必俯鑑於冥冥. 春秋秉執之節, 尊攘, 扶顚之功, 繡梓
일　지격일소　양양여재상필부감어명명　춘추병집지절　존양　부전지공　수재

鋟金藏之史庫, 永傳來, 後者抑有晦代相感之理, 各德不朽之巖, 而繼孫之闡休,
침금장지사고　영전래　후자억유회대상감지리　각덕불방지암　이계손지천휴

亦有辭於今日也. 余不勝感喜進參侑酌之末, 退而竣肅, 若將承顔, 而警咳焉.》
역유사어금일야　여불승감희진참유작지말　퇴이준숙　약장승안　이경해언

　정익 씨가 영평에 가서 하담공(荷潭公 : 세마공 안술 선생)의 유사를 완성하고 돌아
왔다.《3월 그믐[三晦]부터 발행하여 4월 22일까지 한 달이 넘도록 여러 곳에 문
의했으나 끝내 기록하지 못했다. 분명한 행적을 알렸으나 또 유적의 기재를 상
고하지 못해서 배회하다가 낙담만 하고 돌아갔다. 가다가 진촌에 도착하여 종
형의 집에서 마침 박사문 민화를 만나 대략을 알려주었다. 그리고 나는 정항과
병으로 나아갈 수 없었다. 정익 씨가 진촌에서 중도에서 발을 떼고 영평을 향
하여 오기를 원했으니 그 정성이 오늘의 사람들에게 감동할 만했다. 한 달간
동행 중 길을 나누어 헤어지니 마음이 섭섭하고 서운한 것을 어찌 말로 다 형
용하겠는가? 오히려 조심하여 일을 잘 끝내고 먼저 돌아오기를 바랄 뿐이었는
데 열흘을 쓰고 과연 완성하고 돌아왔다. 그런데 하담공의 휘일(諱日)[191]이 단지

191　휘일(諱日) : 조상(祖上)의 돌아가신 날.

하룻밤밖에 남지 않았으니 반드시 지하에서 굽어보고 계실 것이리라. 춘추에 본래 가지고 있는 절개인 존양(尊攘 : 존황양이(尊皇攘夷)의 준말. 임금을 높이고 오랑캐를 물리침)과 부전(扶顚 : 엎어짐을 붙잡음)의 공(功)을 간행하고 새겨 금장(金藏 : 금을 감춤)의 사고(史庫 : 실록을 보관하는 서고)에 영전(永傳 : 영원히 전함)하면 후대의 사람들은 얼마 되지 않아 서로 감응하는 이치가 있을 것이며, 각각 덕이 흔들리지 않는 바위가 될 것이며, 손(孫)으로 이어져 훌륭함을 천명할 것이니, 또한 금일을 말하는 바가 있을 것이다. 나는 감희(感喜)를 이루 다 할 수 없어 말석(末席)에라도 나아가 참석하고, 물러나 장차 얼굴을 들고 가르침을 입을 것이리라.》

○ 十二日. 1825년 5월 12일.
십 이 일

來屋于講堂.《四派各出, 中捲合四十捲, 節晚限少難免滲謡》.
래 옥 우 강 당 사 파 각 출 중 권 합 사 십 권 절 만 한 소 난 면 삼 편

강당에 옥(屋 : 지붕 덮개)이 왔다.《4파(四派 : 이담의 1, 2, 3, 4파) 각각 출연하니 합이 40권이었다. 절기가 늦어 한없이 지체하는 것을 면하기 어려웠다.》

○ 二十三日. 1825년 5월 23일.
이 십 삼 일

往鳥谷鄭生員家, 議廟宇, 丹臒事.《安東地有白土, 色與理洽似好粉, 採取之
왕 조 곡 정 생 원 가 의 묘 우 단 확 사 안 동 지 유 백 토 색 여 리 흡 사 호 분 채 취 지
方, 全賴鳥谷之指揮. 二月分作行, 凍而不採. 四月更往採五斗許而來. 三爲程道,
방 전 뢰 조 곡 지 지 휘 이 월 분 작 행 동 이 불 채 사 월 갱 왕 채 오 두 허 이 래 삼 위 정 도
再度往來, 若非誠看之極, 豈至此乎. 厚意可感可感, 仍爲追謝其惠. 翌日以朱土
재 도 왕 래 약 비 성 간 지 극 개 지 차 호 후 의 가 감 가 감 잉 위 추 사 기 혜 익 일 이 주 토
事, 與廷圭, 偕往釖磋, 試採朱之方, 而石間帖生, 艱如採玉.》
사 여 정 규 해 왕 일 등 시 채 주 지 방 이 석 간 첩 생 간 여 채 옥

조곡 정생원의 집에 가서 묘우의 단확(丹臒)[192]에 관한 일을 논의했다.《안동 땅에는 백토가 있는데 색과 무늬가 흡사 좋은 분(粉)과 같았다. 채취하는 방법은 전적으로 조곡 정생원의 지휘에 의지해야만 했다. 2월에 나누어 작업을 하고자 했으나 얼어서 캐지 못했고 4월에 다시 가서 5두(斗) 정도를 채취해서 왔다. 세 번 정도 길을 나섰고 두 번이나 다녀왔는데 만약 지극한 정성이 아니라면 어찌

---

192 단확(丹臒) : 단청(丹靑)으로 목재의 표면에 바르는 칠공사의 일종으로 비바람에 의한 풍화나 병충해로부터 건축물을 보호하는 역할을 함.

이 정도에 이를 수 있었겠는가? 후한 뜻에 감동할 만했으니 그대로 그 은혜를 좇아 감사할 따름이었다. 다음날 주토에 관한 일로 정규와 함께 일등(釖磴)에 가서 시험 삼아 주토를 채취해 보았는데 돌 사이가 첩(帖 : 문서의 묶음)과 같이 생겨 옥(玉)을 채취하는 것처럼 어려웠다.》

○ 六月二日. 1825년 6월 2일.

採朱釖磴.《與廷植 廷恒改名, 廷觀, 廷柱, 廷稷甫, 偕往永日所採, 僅至五升.》

일등에서 적토[朱]를 채취하였다.《정식(廷植:정항(廷恒)의 개명), 정관, 정주, 정직 씨와 함께 여러 날 동안 채취하였지만 겨우 5승(升 : 되)에 불과했다.》

○ 十二日. 1825년 6월 12일.

又採朱於釖磴.《與廷圭甫, 偕焉, 而僅採五升餘. 合取亂杵, 水飛四度, 其理甚細, 乾可四升餘.》

또 일등에서 적토[朱]를 채취하였다.《정규 씨와 함께 거기에 가서 겨우 5승(升) 남짓 채취했다. 어지러이 절구질하여 취합한 것을 4회 정도 수비(水飛)[193]하니 그 성질이 매우 미세해졌고 말리니 4승 남짓 되었다.》

○ 七月一日. 1825년 7월 1일.

墻垣畢.《三派, 四派, 至是了役.》

담장공사를 마쳤다.《3파와 4파가 이때에 이르러 일을 마쳤다.》

○ 九日. 1825년 7월 9일.

以靑土事, 有水回諸處之行.《家兒吉充, 與廷柱甫, 偕行, 遍問於人, 不得出靑之所.》

청토에 관한 일로 수회 등 여러 곳의 행(行)이 있었다.《가아(家兒)[194] 길충이 정주 씨와 함께 다니면서 사람들에게 두루 물어보았지만 청토가 나는 곳을 얻지 못했다.》

○ 二十四日. 1825년 7월 24일.

---

193 수비(水飛) : 곡식 가루나 그릇 만드는 흙 등을 물속에 넣어 휘저어서 잡물을 없앰. 또는 그런 일을 하는 사람.

194 가아(家兒) : 남에게 자기 아들을 이르는 말.

商老, 往葛峴, 見靑土, 而來.《貰人, 輸至水回市, 爲約.》

상로가 갈현에 가서 청토를 보고 왔다.《사람을 빌려(貰人 : 품을 사서) 수회 시장까지 수송하기로 약조하였다.》

○ 二十六日. 1825년 7월 26일.

靑土, 五斗, 輸來.《廷樂甫, 往水回, 輸來.》

청토 5두(斗)를 옮겨왔다.《정락 씨가 수회에 가서 옮겨왔다.》

○ 二十九日. 1825년 7월 29일.

與廷益, 廷植, 㝡良, 往花山, 轉向薪石.《李判官獻裕, 密城君之後, 謫居薪石, 朴監司 基正之家, 而與本倅金候芝淳, 交厚, 奉安文, 欲請於本倅, 不知意向, 如何. 聊以判官, 爲先容之地, 初面酬酢頗不落漠.》

정익, 정식, 최량과 화산에 갔다가 신석으로 전향했다.《판관 이헌유는 밀성군의 후손으로 신석에 있는 박감사 기정의 집에서 적거(謫居)[195]하고 있었다. 본읍(충주) 수령 김지순과 교후하고 있어 봉안문을 본읍 수령에게 청(請)하고자 하였으나 의향이 어떠했는지 알지 못했다. 다만 판관이 먼저 수용하려는 여지가 있어 초면에 수작(酬酢 : 이야기를 나눔)하였으니 자못 낙담할 것만은 아니었다.》

○ 八月二日. 1825년 8월 2일.

更往薪石.《廷益, 廷植 還家, 余與㝡良, 更進移時打話, 暮抵厚洞 沈友啓商家, 翌日雨阻, 四日還也. 晦宿族人廷傳家, 八月一日宿薪石, 族人成汝家, 店心於廷傳, 許因語譜册事.》

다시 신석에 갔다.《정익과 정식은 집으로 돌아갔고 나는 최량과 함께 다시 한참 동안 이야기를 나누고 날이 저물어 후동의 벗 심계상[沈友啓商]의 집에 이르렀다. 다음날 비[雨]에 막혀서 4일 돌아왔는데 잠시 족인 정전의 집에서 묵

---

195 적거(謫居) : 귀양살이를 하고 있음.

었다. 8월 1일 신석에 있는 족인 성여의 집에서 묵었고 정전과 점심(店心)[196]을 먹으면서 보책에 대한 일을 허(許 : 승낙 또는 맡기다)하였다.》

○ 初八日. 1825년 8월 8일.
초 팔 일

始院廟丹雘.《一從鳥谷鄭生員之指揮, 而諸宗之共費周旋焉. 材料 則安東之白
시원묘단확   일종조곡정생원지지휘   이제종지공비주선언   재료 즉안동지백
土, 葛峴之靑, 丹邱之黃, 松面之黑煤, 俱可適用和, 用阿膠水, 間以靑和餹之花
토   갈현지청   단구지황   송면지흑매   구가적용화   용아교수   간이청화회지화
彩完, 然畫地皎如侈儉得中.》
채완   연화지교여치검득중

비로소 원묘에 단청을 시작하였다.《한결같이 조곡의 정생원의 지휘를 따랐고 모든 종친이 함께 비용을 대고 주선하였다. 재료는 곧 안동의 백토, 갈현의 청토, 단구의 황토, 송면의 역청탄[黑煤]이었다. 모두 아교수를 써서 적합하게 섞어 쓰고 간간이 청색을 섞어서 화채로 꾸며 완전하게 했지만 그림이 깨끗하여 사치스러움과 검소함의 중도(中度)를 얻었다.》

○ 九日, 十日, 十一日. 1825년 8월 9일, 10일, 11일.
구 일 십 일 십 일 일

僅畢前面.
근 필 전 면

겨우 전면을 마쳤다.

○ 十二日. 1825년 8월 12일.
십 이 일

畢後面.
필 후 면

후면을 마쳤다.

○ 十三日. 1825년 8월 13일.
십 삼 일

畢風遮. 十二日, 鄭生員歸家.
필 풍 차 십 이 일 정 생 원 귀 가

풍차(風遮)[197]를 마쳤다.《12일, 정생원이 귀가했다.》

○ 十四日. 1825년 8월 14일.
십 사 일

往鳥谷, 謝㿇鄭生員家. 以鷄米小計, 以申其惠, 受鷄而不受米焉.
왕 조 곡 사 정 생 원 가 이 계 미 소 계 이 신 기 혜 수 계 이 불 수 미 언

----

196 점심(店心) : '점심(點心)'을 의미하는 것으로 추정됨.

197 풍차(風遮) : 바람이 새어들지 못하게 둘러막은 시설.

조곡에 가서 정생원 댁에 감사를 표했다.《닭과 쌀을 조금 계획하여(가져가) 그 은혜를 갚고자 했으나 닭만 받고 쌀은 받지 않았다.》

○ 十月. 1825년 10월.
　　십 월

竹山, 宗人, 性老, 許賻錢, 二兩來.《字, 日昇, 居太平村.》
죽산 종인 성로 허부전 이량래　자 일승 거태평촌

죽산 종인 성로가 부전을 맡기어 2냥이 왔다.《자(字)는 일승이며 태평촌에 거주하고 있다.》

○ 十二月 二十四日. 1825년 12월 24일.
　　십이월 이십사일

償桂潭金生員家, 推用錢八兩.《土役時所用, 以月利償之》
상 계담김생원가 추용전팔량　토역시소용 이월이상지

계담 김생원 댁, 추용전 8냥을 상환하였다.《토역 때 소용된 것을 월리로 상환하였다.》

○ 丙戌二月七日. 병술(1826년) 2월 7일.
　　병술이월칠일

廷植以院事, 入邑留一日而來.《廷植, 卽廷恒, 改名.》
정식이원사 입읍류일일이래　정식 즉정항 개명

정식이 원사의 일로 읍에 들어가 하루를 묵고 왔다.《정식은 정항의 개명한 이름이다.》

○ 九日. 1826년 2월 9일.
　　구 일

與廷稷議瓦事.《十日, 招瓦匠.》
여 정직 의 와 사　십일 초 와 장

정직과 함께 기와와 관련한 일을 논의하였다.《10일, 와장(瓦匠 : 기와를 만드는 사람)을 불러들였다.》

○ 二十九日. 1826년 2월 29일.
　　이 십 구 일

瓦匠, 四名來.
와 장 사 명 래

와장 4명이 왔다.

○ 三月一日. 1826년 3월 1일.
　　삼 월 일 일

作瓦舍.《伐內洞木》
작 와 사　벌 내 동 목

와사를 지었다.《나무는 내동에서 베어 왔다.》

○ 六日. 1826년 3월 6일.
　　육 일

盖瓦舍.《送, 飛盖十圈, 丁夫三人盖, 四派齋, 力而或有不均.》

와사 지붕을 덮었다.《비개(飛盖 : 거적) 10권(圈)을 보내어 정부 3인이 덮었다. 4파
(四派 : 이담 1, 2, 3, 4파)에서 일제히 했는데 간혹 힘이 균등하지 못했다.》

○ 十三日. 1826년 3월 13일.

設瓦竈.《用丁不少, 工費頗多.》

와조(瓦竈)[198]를 설치했다.《장정을 쓰는 것이 적지 않았고 공사비가 자못 많이
들었다.》

○ 二月. 1826년 2월.

買瓦土田.《以宗錢二十兩, 添入他錢二兩, 買六斗落田於赤岸坪.》《追書 : 自
三月以後, 各出丁牛, 連木踏土, 殆無虛日, 而惟有不齊之歎焉.》

와토전을 매입하였다.《종전 20냥에 다른 돈[他錢] 2냥을 첨입(添入 : 합하여)하여
적안평에 6두락 전(田)을 매입하였다.》《추서 : 3월 이후 각각 장정과 소를 동원
하여 나무를 연결해 흙을 밟았는데 일이 없는 날이 거의 없어서 생각이 일정하
지 않다는 탄식이 있었다.》

○ 五月四日. 1826년 5월 4일.

始往瓦所.《適以賤疾, 經歲伏枕, 今始往見, 使飮工人酒.》

비로소 와소에 갔다.《마침 천양(賤恙)[199]으로 한 해 내내[經歲] 병석에 누워 있다
가 지금에야 비로소 가서 보고 공인에게 술을 마시게 하였다.》

○ 六月二十七日. 1826년 6월 27일.

出債十兩, 入瓦所.《出債於柳從家其後, 飛盖家八錢, 米價六錢, 亦債用焉.》

10냥의 돈을 빌려 와소에 주었다.《돈을 빌린 곳은 유(柳) 씨 기후의 집으로 비
개(飛盖 : 거적) 값 8전과 미가(米價 : 쌀값) 6전을 또 빌려서 썼다.》

----

198 와조(瓦竈) : 기와 굽는 가마.

199 천양(賤恙) · 천한 몸이 앓는 병이라는 뜻으로, 자기의 병을 겸손하게 이르는 말. 천질(賤疾).

○ 八月十日. 1826년 8월 10일.
팔 월 십 일

盖瓦, 工人來.
개 와 공 인 래

공인이 기와를 덮기 위해 왔다.

○ 十一日, 二日. 1826년 8월 11일, 12일.
십 일 일 이 일

《伐院後柯木, 斧破散材.》
벌 원 후 가 목 부 파 산 재

《원(院)의 뒤에서 가목을 베었는데 도끼로 벤 목재들이 흩어져 있었다.》

○ 十三日. 1826년 8월 13일.
십 삼 일

編散材, 鉅連檻.《撤去, 松峁之覆.》午後, 始盖講堂瓦.
편 산 재 거 연 함 철 거 송 묘 지 복 오 후 시 개 강 당 와

흩어진 목재를 엮어 큰 난간을 이었다.《송묘(松峁 : 소나무 가지와 띠)로 덮은 것
을 철거하였다.》오후에는 강당에 기와를 덮기 시작하였다.

○ 十四日. 1826년 8월 14일.
십 사 일

編散材畢.
편 산 재 필

흩어진 목재 엮는(모으는) 것을 마쳤다.

○ 十六日. 1826년 8월 16일.
십 육 일

着延檻. 雨, 不起役.
착 연 함 우 불 기 역

길게 연이은 난간을 붙였다.《비[雨]가 내려서 공사를 하지 않았다.》

○ 十七日. 1826년 8월 17일.
십 칠 일

盖前面半.《丁夫 十名.》
개 전 면 반 정 부 십 명

전면의 반을 덮었다.《정부(丁夫 : 일꾼) 10명을 썼다.》

○ 十八日. 1826년 8월 18일.
십 팔 일

盖前面與西面.《丁夫 十名.》
개 전 면 여 서 면 정 부 십 명

전면과 서면을 덮었다.《정부 10명을 썼다.》

○ 十九日. 1826년 8월 19일.
십 구 일

盖後面半.《丁夫 十三.》
개 후 면 반 정 부 십 삼

후면의 반을 덮었다.《정부 13명을 썼다.》

○ 廿日. 1826년 8월 20일.

盖東面.《丁夫 八名.》

동면을 덮었다.《정부 8명을 썼다.》

○ 廿一日. 1826년 8월 21일.

盖後面與室脊.《丁夫 十八名.》

후면과 용마루[屋脊]²⁰⁰를 덮었다.《정부 18명을 썼다.》

○ 廿二日. 1826년 8월 22일.

午後, 畢盖瓦役.《用丁六十餘名, 工錢七兩, 雜費合用錢十六兩, 輸瓦之費, 四派各當. 而運用瓦五訥, 破傷者, 亦入其中.》

오후에 기와를 덮는 일을 모두 마쳤다.《장정 60여 명을 썼고, 공전 7냥, 잡비를 합해 전(錢) 16냥을 썼다. 기와를 옮기는 비용은 4파(四派 : 이담 1, 2, 3, 4파)에서 각각 담당했다. 운반한 기와는 5눌(訥 : 5천 장)²⁰¹이었는데 파괴되고 부서진 것 또한 그중에 들어있었다.》

○ 九月一日. 1826년 9월 1일.

果川三峴, 墓直來.《出債二兩, 而一兩路費給, 一兩貿花, 給食債又二錢.》

과천 삼현의 묘직(墓直)²⁰²이 왔다.《2냥을 차용하여 한 냥은 노비(路費 : 여비)로 주고 한 냥은 여러 곳에 사용하였으며, 또 급식비로 2전을 차용하였다.》

○ 丁亥正月十六日. 정해(1827년) 1월 16일.

償瓦所債錢於柳從家.《以譜冊錢, 十一兩四錢, 家錢一兩六錢, 并合十三兩利償.》

와소를 위하여 유종가에서 차용한 돈을 상환하였다.《보책전(譜冊錢 : 족보 제작을 위한 돈) 11냥 4전과 가전 1냥 6전을 합쳐 13냥으로 이자와 함께 상환하였다.》

○ 閏五月廿六. 1827년 윤 5월 26일.

----

200 옥척(屋脊) : 용마루. 지붕 가운데 부분에 있는 가장 높은 수평 마루.

201 눌(訥) : 우리. 기와를 셀 때 1천 장을 이르는 말.

202 묘직(墓直) : 남의 묘를 지키고 거기에 딸린 일을 보살피는 사람.

往丹邱, 會計瓦匠工錢.《前後出入, 用錢迫至三百餘金. 推貸推償, 或賣瓦助
役, 記至周歲, 姑不典要詳錄, 別有造瓦收錄焉. 盖宗人廷稷之力, 居多而廷柱,
廷植, 廷觀, 俱左右之. 虎岩, 象谷, 丹邱, 三族人, 借竈而瓦以覆私室, 別出訥
半, 以納院中焉. 陽谷李益家, 亦借竈, 而捧四兩銅以助負債.》

단구에 가서 와장의 공전을 계산하였다.《전후로 출금, 입금하여 사용한 돈이
300여 금(金)이나 되었다. 더러는 차용하고 더러는 상환하였으며, 혹은 기와를
팔거나 역(役)을 돕기도 했다. 만 1년간 기록하고 우선 기록되지 않은 것을 상
세하게 기록했는데 별도로 기와를 만든 것도 수록하였다. 대개 종인 정직의 힘
과 주변에 거주하는 다수, 즉 정주, 정식, 정관이 함께 좌우에서 도왔다. 호암,
상곡, 단구의 세 족인(族人)이 기왓장을 빌려 가서 사실을 덮고, 별도로 기와 천
장[訥]을 내어 반이나 원중에 제공하고, 양곡의 이익 집에서 4냥의 동(銅 : 돈)을
차용한 것을 숨기고 바쳐 채무의 부담을 도왔다.》

○ 上二月十日. 1827년 2월 10일.

買庫舍次, 五間屋於族兄呂聖, 許.《族兄適賣 而將營庫直家 則不可舍此, 便近
而院物本無, 故姑爲自當以買, 而價則十一兩.》

고사(庫舍 : 사당 관리인의 거주 및 물품을 보관할 건물)를 매입하는 데 족형인 려성의 5칸
집을 매입하기로 하였다.《족형이 마침 팔아서 장차 고직(庫直 : 사당 관리인)의 집
으로 만들고자 한즉 이 건물이 아니면 안 되고, 편리하고 가까우며, 본래 본원
에 건물이 없으므로 마땅히 매입하니 그 값은 11냥이었다.

○ 上三月十九日. 1827년 3월 19일.

: 廷植, 廷觀, 以院事入邑.《宿疴不差, 故未克偕往.》

정식, 정관이 원의 일 때문에 읍으로 갔다.《묵은 병이 차도가 없어 함께 가지
못했다.》

○ 四月六日. 1827년 4월 6일.

本邑, 儒錢十兩三錢來.《儒林名帖錄 一券, 儒林連札 一張, 龍址洪上舍別札

一張, 并封校單 一張, 司馬齋單 一張, 八峰院單 一張, 合封校隸 一漢, 領來 盖
邑底, 知舊中出力, 優惠可感可感.》

본읍 유전 10냥 3전이 왔다.《유림명첩록(儒林名帖錄 : 기부자 명단) 1권, 유림연찰

(儒林連札 : 유림의 서신) 1장(張), 용지 홍상사 별찰(別札 : 별도의 서신) 1장, 병봉교단

(并封校單 : 교단(校單)은 돈을 받은 영수증) 1장, 사마재단 1장, 팔봉원단 1장, 합봉교

예(合封校隸 : 함께 가져온 향교 일을 도와주는 사람) 1명[漢]이 왔는데, 여러 읍에서 이르

렀으니 구중(舊中 : 친구들)의 힘을 알 수 있으며, 넉넉히 베풀어 주었으니 감격스

럽고 감사했다.》

○ □□日. 1827년 5월 □□일.

院中募屬十五名,《印帖自官來. 印帖三件, 一置於官, 一置於吏廳, 一置于院中,
廷稷極有周旋之力焉.》

원(院)에 모집된 15명[院生]의 인첩(印帖)[203]이 관(官)에서 왔다.《인첩은 3건으로,

하나는 관아에 두고, 하나는 이청에 두고, 하나는 본원에 두었는데, 정직이 주

선하는 힘이 매우 컸다.》

○ 五月十四日. 1827년 5월 14일.

瓦所傭價一兩入.《廷稷以瓦事來, 儒錢一兩用.》

와소 용가(傭價 : 품삯) 1냥이 들어왔다.《정직이 기와에 관한 일로 와서 유전 1냥

을 썼다.》

○ 八月十九日. 1827년 8월 19일.

主峴, 墓直兩入來.《因留四日, 給路費 五錢綿花十斤.》

주현의 묘직 두 사람이 왔다.《4일을 머물러서 여비 5전과 면화 10근을 주었다.》

○ 十月十日. 1827년 10월 10일.

修行大宗稧, 因發院中加收之議.《四派各出, 四十五兩式.》

---

203 인첩(印帖) : 어음 용지. 계약서 용지이나, 본지에서는 서원의 관계자(원생)에 대한 서류로 추정됨.

대종계를 열었는데 종회에서 서원건립 추진을 위하여 더 거두자는 논의가 나왔다.《4파에서 45냥씩 출연하였다.》

○ 戊子二月十五日. 무자(1828년) 2월 15일.

黃澗宗中賻錢十兩來. 黃澗宗人同十也, 分派之親最, 爲特力於院事, 而齋通告論迄至三歲, 終無曳日. 故更定, 宗中有司, 廷柱, 廷標 以往烟坮, 諸宗頗無出力玉田, 諸宗只 出十兩, 除其回還之費, 則徒勞而已. 一爲快歎世情, 且甚落漠院事.

황간 종중에서 부전 10냥이 왔다.《황간 종인은 총 10명이었다. 분파 중 가장 친하며, 원사(院事)의 일로 특별히 힘을 기울였지만, 통문한 지 3년에 이르러도 끝내 오지 않았다. 다시 종중 유사로 정주와 정표로 정하여 연대(烟坮 : 지명으로 추정됨)에 갔다. 모든 종친이 자못 힘을 내어 좋은 밭[玉田]을 내지 않고 단지 10냥만 내어 돌아오는 비용을 제하면 수고로울 뿐이었다. 하나는 세정을 탄식할 일이고, 또 원사를 매우 쓸쓸하게 하는 일이었다.》

○ 三月八日. 1828년 3월 8일.

始營講堂土役.《分派定間, 而役先自廳.》

비로소 강당의 토역을 시작했다.《분파가 정해졌고 역(役)은 청(廳 : 대청)에서부터 먼저 시작되었다.》

○ 九日, 十日. 1828년 3월 9일, 10일.

連役.《廳二間畢.》

역(役 : 흙을 바르는 일)을 계속했다.《청(廳 : 대청) 2칸을 마쳤다.》

○ 十一日. 1828년 3월 11일.

東二間畢.

동쪽 2칸을 마쳤다.

○ 十二日. 1828년 3월 12일.

西二間畢.《三, 四派.》只是初番仰土也.

서쪽 2칸을 마쳤다.《이담 종중의 3, 4파.》단지 초벌 앙토(仰土)[204]일 뿐이었다.

○ 十七日. 1828년 3월 17일.
십 칠 일

《廷柱, 廷標, 柳嘯, 偕往江陵諸處.》
정주 정표 류소 해왕강릉제처

《정주, 정표, 유소 모두 강릉 제처에 갔다.》

○ 二十九日. 1828년 3월 29일.
이 십 구 일

與廷觀, 入邑.《爲幕屬事, 而竟不如意而還.》
여 정 관 입 읍 위 막 속 사 이 경 불 여 의 이 환

정관과 읍(충주)에 들어갔다.《막속(幕屬 : 서원 일을 할 사람)을 위한 일이었는데 결국 여의치 않아서 돌아왔다.》

○ 四月初九日. 1828년 4월 초 9일.
사 월 초 구 일

清安賻錢一兩來.《卽庶堂叔敬休也.》
청 안 부 전 일 량 래 즉 서 당 숙 경 휴 야

청안에서 부전 1냥이 왔다.《곧 서당숙 경휴였다.》

○ 十三日. 1828년 4월 13일.
십 삼 일

江陵儒錢二兩來.《河潭 其宇田 自二派入, 長路田 自四派而入, 耽宇田 自三派
강릉유전이량래 하 담 기 우 전 자 이 파 입 장 로 전 자 사 파 이 입 탐 우 전 자 삼 파
而入》
이 입

강릉에서 유전 2냥이 왔다.《하담(河潭 : 현 불정면 하문리)의 기우전이 2파(세마공 종중)에서 들어왔고, 장로전이 4파(악정공 종중)에서 들어왔고, 탐우전이 3파(충의공 종중)에서 들어왔다.》

○ 卄三日. 1828년 4월 23일.
입 삼 일

以瓦冶所運木次給一兩.《給雲會.》
이 와 야 소 운 목 차 급 일 량 급 운 회

와야소(瓦冶所 : 기와소와 대장간)에 운목으로 1냥을 지불했다.《운회에서 주었다.》

○ 五月初五日. 1828년 5월 초 5일.
오 월 초 오 일

新恩 李晩奎來訪, 因觀院宇.《退溪後孫, 彙璋之子, 鳳巖之孫.》
신 은 이 만 규 래 방 인 관 원 우 퇴 계 후 손 휘 장 지 자 봉 암 지 손

신은 이만규가 내방하여 원우를 보았다.《퇴계의 후손으로 휘장의 아들이자

----

204 앙토(仰土) : 서까래 사이에 바르는 흙. 치받이.

봉암의 손(孫)이다.》

○ 七月十四日. 1828년 7월 14일.
칠 월 십 사 일

三峴墓直, 來.《卽公之墓也.》
삼 현 묘 직 래 즉 공 지 묘 야

삼현 묘직(墓直 : 묘 관리자)이 왔다.《곧 공(公)의 묘이다.》

○ 二十一日. 1828년 7월 21일.
이 십 일 일

始定堂神門役.《甲申後, 成神門頹仆, 故更立.》
시 정 당 신 문 역 갑 신 후 성 신 문 퇴 부 고 갱 립

비로소 정당 신문(神門)[205]의 역(役)을 시작했다.《갑신(1824년) 후, 완성한 신문이

무너지고 넘어져서 다시 세웠다.》

○ 八月七日. 1828년 8월 7일.
팔 월 칠 일

神門役事畢.
신 문 역 사 필

신문을 세우는 역사를 마쳤다.

○ 八日. 1828년 8월 8일.
팔 일

《給工人工錢二兩.》
급 공 인 공 전 이 량

《공인에게 공전(인건비) 2냥을 지급했다.》

○ 廿一日. 1828년 8월21일.
입 일 일

始修正堂墻院.
시 수 정 당 장 원

비로소 정당의 장원을 수리하기 시작했다.

○ 廿三日. 1828년 8월 23일.
입 삼 일

又修垣《四派.》
우 수 원 사 파

또 담장[垣]을 수리했다.《4파(악정공 종중).》

○ 廿六日. 1828년 8월 26일.
입 육 일

修垣.《一派.》
수 원 일 파

담장[垣]을 수리했다.《1파(사촌공 종중).》

----

205 신문(神門) : 종묘, 문묘, 향교, 서원 등의 출입문을 가리키는 유교 용어. 신삼문.

○ 卄八日. 1828년 8월 28일.

修垣墻.《三派.》
원장(담장)을 수리했다.《3파(충의공 종중).》

○ 十一月二十日. 1828년 11월 20일.

結院錢加收合事.《四派, 各四十五兩.》
원전을 더 거두는 일을 바로잡았다.《4파 각 파별로 45냥이다.》

○ 卄二, 卄六. 1828년 11월 22일, 26일.

院錢二十兩以將理給.《卽大床族人廷益.》
원전 20냥을 장리(將利 : 이자를 받기 위해 빌려줌)를 주었다.《즉 대상 족인 정익이었다.》

○ 己丑三月初七日. 기축(1829년) 3월 초 7일.

以幕屬事入邑.《廷植, 廷觀, 廷稷, 入邑出債二兩, 以送院, 收十名, 布屬五名
出成牒, 一置官廳, 一置院中, 燃以未奉安之致, 無實效, 只爲紙上空文.》
막속에 관한 일로 읍에 들어갔다.《정식, 정관, 정직이 읍에 들어가 2냥을 차
용하여 원(院)으로 보냈으니 10명에게 받은 것이다. 포속(布屬 : 서원 근무자) 5명에
대해 성첩(成牒 : 서류를 만듦)하여 하나는 관청에 두고 하나는 원에 두었다. 그러
나 아직 봉안하지 않았기 때문에 실제 효과는 없고 단지 종이에 작성한 헛 문
서일 뿐이었다.》

○ 十一月二十日. 1829년 11월 20일.

宗會于桂潭.《收錢事也.》
계담에서 종회를 하였다.《원전(院錢)을 걷는 일이었다.》

○ 卄六日. 1829년 11월 26일.

捧院錢.《四派之錢, 都不決, 意準捧頗多商, 且姑恩之患焉.》
원전을 바쳤다.《4파(이담의 소종중 1, 2, 3, 4파)의 돈은 모두 결정되지 않아 뜻에
따라 거두었는데 자못 많았으니 이에 대한 보은이 걱정이다.》

○ 十二月 二日. 1829년 12월 2일.

宗會于下村.《卽院錢事也, 昏扶, 今還仍發改瓦.》

하촌에서 종회를 하였다.《곧 원전에 관한 일로 저녁까지 지속되다가 이제야 돌아와 이어서 기와를 고쳤다.》

○ 庚寅三月十五日. 경인(1830년) 3월 15일.
경 인 삼 월 십 오 일

以院宇修理事發通于宗中
이 원 우 수 리 사 발 통 우 종 중

원우를 수리하는 일로 종중에게 통문을 보냈다.

○ 廿二日. 1830년 3월 22일.
입 이 일

整立講堂柱
정 립 강 당 주

강당 기둥을 정립(整立 : 바로 세움)하였다.

○ 廿四日. 1830년 3월 24일.
입 사 일

結椳.
결 외

외(椳 : 흙을 바르기 위한 뼈대)를 엮었다.

○ 廿五日. 1830년 3월 25일.
입 오 일

初壁.
초 벽

초벽(初壁)을 했다.

○ 廿九日. 1830년 3월 29일.
입 구 일

合壁.
힙 벽

합벽(合壁)을 했다.

○ 三十日. 1830년 3월 30일.
삼 십 일

庫舍開基.
고 사 개 기

고사(庫舍 : 곳집, 관리사)의 개기(開基 : 터 닦기)를 했다.

○ 四月初一日. 1830년 4월 초 1일.
사 월 초 일 일

《運買舍材木於新基.》
운 매 사 재 목 어 신 기

《신기에서 재목을 매입하여 운반했다.》

○ 二日. 1830년 4월 2일.
이 일

立庫舍.《午後以雨停役.》
립 고 사 　 오 후 이 우 정 역

고사(庫舍 : 곳집, 관리사)를 세웠다.《오후에 비가 내려 역(役)을 멈췄다.》

○ 七日. 1830년 4월 7일.
  칠 일

始講堂沙壁.
시 강 당 사 벽

비로소 강당의 사벽(沙壁)[206]을 시작했다.

○ 十二日. 1830년 4월 12일.
  십 이 일

始埃役.
시 돌 역

비로소 굴뚝을 만들기 시작했다.

○ 十四日. 1830년 4월 14일.
  십 사 일

送土匠.《五錢二兩, 雇錢三兩.》
송 토 장   오 전 이 량   고 전 삼 량

토장을 보냈다.《5전 2냥, 고전(雇錢)[207] 3냥이었다.》

○ 卅日. 1830년 4월 20일.
  입 일

庫舍椽不足, 又買十偶椽.
고 사 연 부 족 우 매 십 우 연

고사에 쓸 서까래가 부족해서 10짝[偶]의 서까래를 또 매입하였다.

○ 卅六日. 1830년 4월 26일.
  입 육 일

編散材.
편 산 재

흩어진 목재를 모았다.

○ 卅七日. 1830년 4월 27일.
  입 칠 일

上土盖屋.
상 토 개 옥

상토(上土 : 양질의 흙)로 지붕을 덮었다.

○ 卅九日. 1830년 4월 29일.
  입 구 일

設庫舍初壁.
설 고 사 초 벽

고사의 초벽을 설치했다.

----

206 사벽(沙壁) : 모래와 흙을 섞어서 바른 벽.

207 고전(雇錢) : 품삯.

○ 閏四月初五日. 1830년 윤4월 초 5일.
윤 사 월 초 오 일

合庫舍壁.
합 고 사 벽

고사의 벽에 합벽을 하였다.

○ 六日. 1830년 윤4월 6일.
육 일

置庫舍房堗.《講堂修理, 庫舍造成時, 有司俱極彈力, 而渭老 與廷鳳尤焉. 逸
치 고 사 방 돌   강당수리   고사조성시   유사구극탄력   이위로 여정봉우언   일
老 餘□老, □老 等 贊成焉. 余就病不參. 諸宗之誠益可感可尙病枕□有喜色.》
로 여   로,   로 등 찬성언. 여취병불참. 제종지성익가감가상병침   유희색.

고사에 방돌(房堗 : 구들장)을 놓았다.《강당을 수리하면서 곳집을 조성할 때라
고 유사들 모두 강력히 말했는데 위로가 정봉과 같이 더욱 주장했다. 일로, □
로(□老), □로(□老) 등이 찬성했는데 나는 병으로 인해 참석하지 못했다. 여러
종친의 정성이 더욱 감격스러워 오히려 병이 좋아져 낯빛이 돌았다.》

○ 五月二日. 1830년 5월 2일.
오 월 이 일

以族人倩看講堂.《給白紙金門戶.》
이 족 인 천 간 강 당   급 백 지 금 문 호

족인에게 강당이 잘되었는지 살펴보도록 부탁했다.《백지와 문호를 지급했다.》

○ □月. 1830년 □월
월

正堂講堂 戶樞鎖鑰 等 物成, 匠人天銀處, 講不庫舍役.《所入十二兩八錢九分,
정 당 강 당 호 추 쇄 륜 등 물 성 장 인 천 은 처   강 불 고 사 역   소 입 십 이 량 팔 전 구 분,
而四派錢十一兩七錢, 一兩一派錢.》
이 사 파 전 십 일 량 칠 전   일 량 일 파 전

정당과 강당의 호추(戶樞 : 지도리)와 자물쇠 등 물건이 완성되어 장인에게 천은
(天銀 : 좋은 은)을 주고 고사의 역(役)은 하지 않았다.《소요된 비용은 12냥 8전 9
푼인데 그 가운데 11냥 7전은 4파의 돈, 1냥은 1파의 돈이었다.》

○ 辛卯八月二十四日. 신묘(1831년) 8월 24일.
신 묘 팔 월 이 십 사 일

始廟房役.《開房, 虎岩, 赤德等處, 起役, 運石.》
시 묘 방 역   개 방 호 암 적 덕 등 처 기 역 운 석

비로소 묘방의 역(役)을 시작했다.《개방(開房)[208]하는데 호암, 적덕 등 처에서
역(役)을 일으켜 석재를 운반했다.》

----

208 개방(開房) : 건축 용어로 추정되나 명확한 의미는 파악 불가함.

二十六日. 1831년 8월 26일.
이 십 육 일

房役畢.《開房諸家畢役. 塗之措石以堅固 卽老之手工置石之, 周章渭老力焉.》
방 역 필　개방제가필역　도지조석이견고　즉노지수공치석지　주장위로력언

방(房)을 만드는 역(役)을 마쳤다.《개방하는데 여러 집에서 역을 마쳤다. 진흙
과 섞어 놓아둔 돌이 견고하였는바 바로 숙련된 자가 돌을 세웠다. 돌아다니며
찾은 위로의 힘이었다.》

○ 十月. 1831년 10월.
십 월

改莎 司果公墓 受奉安文 兩丁祝於 閔說書 泰鏞
개사　사과공묘　수봉안문　량정축어　민설서　태용

사과공(한림공의 아버지)의 묘 사초를 하였으며 민설서(閔說書 : 설서(說書) / 세자 시강
원의 정7품 벼슬) 태용으로부터 봉안문을 받았다.

○ 十一月三十日. 1831년 11월 30일.
십일월삼십일

院田 自一派 而入. 石橋田十三斗落, 與頃畝三斗落, 價六十七兩五錢.
원전　자일파　이입　석교전십삼두락　여경무삼두락　가육십칠량오전

원전이 1파로부터 들어왔다.《석교전 13두락과 경무 3두락인데 가격은 67냥
5전이다.》

○ 壬辰. 임진(1832년).
임 진

《逢大歉.》
봉 대 겸

《대겸(大歉)[209]을 만났다.》

○ 癸巳. 계사(1833년).
계 사

《又遭大歉.》
우 조 대 겸

《또 큰 흉년을 만났다.》

○ 甲午. 갑오(1834년).
갑 오

《自經壬癸劫運, 諸處賭地, 俱不捧至于今年, 頃畝橋石田, 各收三十餘斗, 項後
자경임계겁운　제처도지　구불봉지우금년　경무교석전　각수삼십여두　항후

賭地十四斗而已.》
도 지 십 사 두 이 이

임계년(임진년과 계사년)부터 큰 겁운(劫運)[210]이 들어 여러 곳의 도지(賭地 : 토지 임대료)

----

209 대겸(大歉) : 흉년(凶年)이 크게 듦. 또는 큰 흉년.
210 겁운(劫運) : 큰 액운. 겁난을 당할 운수.

를 모두 거두지 못해서 금년에 이르러 경무, 교석전 각 30여 두(斗)를 거뒀고 지난번 도지는 14두뿐이었다.

○ 乙未. 을미(1835년).
을미

《只捧橋頃田畓, 賭地數包諸處俱不持.》
지봉교경전답 도지수포제처구불지

《단지 바쳐진 교경 전답의 도지는 모든 곳을 포함하여 모두 유지되지 않았다.》

○ 丙申. 병신(1836년).
병신

《石橋頃同田畝, 賭地二石捧諸處, 賭地俱不持.》
석교경동전무 도지이석봉제처 도지구불지

《석교는 지난번 전묘와 같이 도지 2석을 제 처에서 바치는 것이었으나 도지는 모두 유지되지 않았다.》

○ 丁酉. 정유(1837년).
정유

《河潭卄斗落田, 丙申夏作賣, 只捧四兩五錢, 而今年只捧橋田賭地, 頃畝亦作
하담입두락전 병신하작매 지봉사량오전 이금년지봉교전도지 경무역작
賣, 二十三兩焉. 所請三派耽宇田六斗落, 果四派長洛田 四斗落, 賭地不捧者, 至
매 이십삼량언 소청삼파탐우전육두락 과사파장락전 사두락 도지불봉자 지
于今八年, 日月寢久, 宗記鮮地畫宵憂慮, 恐無成效, 中心之悶, 祠宇溢先無知也.》
우금팔년 일월침구 종기선이주소우려 공무성효 중심지민 사우일선무지야

《하담 : 현 불정면 하문리) 20 두락전을 병신년(1836년) 여름에 팔았는데 단지 4냥 5전만 바쳐졌고 금년에도 단지 교전의 도지만 바쳐졌다. 경무 또한 23냥에 팔았다. 3파의 탐우전을 6두락(斗落 : 6말 정도의 종자 파종 가능 면적)으로 조정하고 마침내 4파의 장락전은 4두락으로 했는데 도지가 걷히지 않은 것이 지금에 이르러 8년이었다. 세월이 오래 지나 문궁의 기강이 해이해져서 낮이나 밤이나 걱정거리였고 아무런 효과도 없어 마음속의 근심이 사우에 넘쳐나도 아는 바가 없었다.》

○ 戊戌二月初七日. 무술(1838년) 2월 초 7일.
무술이월초칠일

與柳斯文嘯.《字明吾》族人廷柱往, 虎岩族人廷植家, 始發奉安之議. 堂宇旣
여류사문소 자명오 족인정주왕 호암족인정식가 시발봉안지의 당우기
成, 歲月虛曠, 連經大歉, 物力漸耗經忝, 先祖欺負山林, 亦已久矣. 空拳赤手, 妄
성 세월허광 연경대겸 물력점모경첨 선조기부산림 역이구의 공권적수 망
論白地未分, 誠意淺眇, 自諒已事, 口不敢遽囁嚅趑趄狃, 與兒輩仰屋長歎而已.
론백지미분 성의천묘 자량이사 구불감거섭유자저뉴 여아배앙옥장탄이이
今始以奉安之說, 倡發於口, 而向人言焉.》
금시이봉안지설 창발어구 이향인언언

유 사문(柳 斯文 : 유 유학자) 소(嘯)《자, 명오》와 족인 정주와 호암 족인 정식의 집

에 가서 처음으로 봉안하는 발의를 의논했다. 당우가 이미 완성되었지만 세월만 허비하고 연달아 큰 흉년을 겪어 물력이 점점 소모되었다. 선조의 산림을 속이고 저버린 지도 이미 오래되었다. 맨손으로 망령되이 논의하니 백지가 아직 구분되지 않았고 성의가 얕고 미미했다. 스스로 헤아리니 이미 일은 섭유(囁嚅)[211]할 수 없으니 아이들과 집을 바라보며 긴 탄식만 할 뿐이었다. 지금에야 비로소 봉안하겠다는 말을 입에서 꺼내어 사람들을 향하여 말하게 되었다.》

○ 初八日. 1838년 2월 초 8일.

往桂潭廷柱家, 更說, 昨日未盡之意焉.

계담 정주의 집에 가서 다시 설명했는데 작일 미진한 뜻이 있었기 때문이다.

○ 九日. 1838년 2월 9일.

往桂潭以李大卜强定, 庫直名色.《此乃先兆倡事之名.》

계담으로 가 이대복을 강제로 고직(庫直 : 사당 관리인)으로 정하였다.《이는 선조의 제단 관리인을 부르는 이름이다.》

○ 十日. 1838년 2월 10일.

往桂潭, 使庫直, 移入庫舍, 擇定日子.《庫舍, 講堂, 有倩看之人, 故使之先通, 此共預定出入日子.》

계담으로 가서 고직이 고사를 옮기는 날짜를 가려 정하게 하였다.《고사와 강당에는 부탁해 관리하는 사람이 있기에 먼저 통지하게 해야 하므로 이에 고사의 출입 일자를 미리 정하기 위함이었다.》

○ 二十日. 1838년 2월 20일.

庫直移入庫舍.

고직이 고사로 옮겼다.

○ 三月初六日. 1838년 3월 초 6일.

---

211 섭유(囁嚅) : 머뭇거리면서 말을 제대로 하지 못하고 입만 벌렸다 오므렸다 함.

往柱潭廷植家, 考院中文書.《收拾舊券新錄, 而專事曠蕩, 不欲刻剝. 自己官殖
者 董六十二兩六錢, 廷柱許所出者, 只十二兩而已. 衆意, 誰不落落難合也云.》

계담 정식의 집에 가서 원중의 문서를 살펴보았다.《구권(舊券 : 오래된 문서)을
수습하여 새로 기록하고자 했는데 오로지 일을 크게 하고 각박하게 하려 하지
않았다. 관식(官殖 : 일의 추진)이 근(董) 62냥 6전이었는데 정주가 나가는 것을 허
락한 것은 단지 12냥뿐이었다. 여러 사람의 의견이 누가 허락하지 않거나 허락
하거나 합치되기 어렵다고 했다.》

○ 七日, 十日. 1838년 3월 7일, 10일.

《與廷植, 定入邑日子.》

정식과 읍(충주)에 들어가 일자를 정했다.

○ 十三日. 1838년 3월 13일.

作邑行.《與廷植, 廷步, 偕行, 夕食於李戚秉憲家, 宿於龍北洪上舍丈家, 乃詳
細講論, 則其指揮方畧功, 功簡精鍊熟. 凡他接待之具一一賴勑於使人區處之宜焉.》

읍행을 하였다.《정식, 정보와 함께 가서 저녁은 친척인 이병헌[李戚秉憲]의 집
에서 먹고 용북 홍 상사(上舍 : 생원시 또는 진사시에 합격한 사람) 어르신 댁에 묵으면
서 이에 상세히 강론하니 그 지휘하는 방도는 대략 같았으나 공(功 : 일)은 간단
했지만 정련(精鍊 : 몸과 마음을 단련함)하고 숙련하여야 한다. 무릇 접대할 때는 모
든 도구를 하나하나와 서로 의지하며 주관하여 처리하게 하고 사람을 시켜 처
리하도록 하는 것이 마땅하다.》

○ 十四日. 1838년 3월 14일.

訪諸章甫家.《與廷植早飯於龍北丈家 某某處 累累酬酌, 日暮而夕食於黃岡影
堂庫直處, 又留宿於龍北, 達曉談話.》

여러 장보(章甫)[212]의 집을 방문했다.《정식과 용북 어르신[洪上舍] 댁에서 조반

----

212 장보(章甫) : 유생(儒生)의 이칭(異稱).

(早飯 : 아침식사)하고 여러 곳에서 여러 차례 수작(酬酌 : 이야기를 함)하다가 날이 저물어 황강 영당(影堂 : 초상화를 모신 사당) 고직 처(處)에서 저녁을 먹고 또 용북에서 유숙하며 새벽에 이르도록 담화를 나누었다.》

○ 十五日. 1838년 3월 15일.

儒會於竜岡影堂.《氷峴 李鎭士 基祥, 柳大諫 芝容, 洪進士 喆休, 復休, 龍北 洪進士 集休氏, 諸丈老, 與 洪奎學, 沈用慶, 權命履, 洪履休, 南鍾五, 李昌來, 會焉. 仍定有司.》

齋任薦目成.《都有司 前大諫 柳滎, 掌議 李翼會, 李海竣, 色掌 李鳳基, 嚴錫泰.》

황강 영당에서 유회를 하였다.《빙현(氷峴) 이진사 기상, 류대간 지용, 홍진사 철휴, 복휴, 용북의 홍진사 집휴 씨 등 여러 장로, 홍규학, 심용경, 권명리, 홍이휴, 남종오, 이창오, 이창래가 모였고, 이어 유사를 정하였다.》재임천목(齋任 薦目 : 서원 임원추천 목록)을 완성하였다.《도유사 전대간 유영, 장의 이익회, 이해준, 색장 이봉기, 엄석태가 있었다.》

○ 十五日. 1838년 3월 15일.

宗會始修院宇之役.《諸宗各出, 家丁董役, 而使各特点次, 不用公下之物, 結議焉. 舉始修墻垣役, 而衆心和同羣力畢, 具頗有竣事之望焉云.》

종회에서 원우를 수리하는 역(役)을 시작했다.《여러 종친이 각각 집안의 장정들을 내어 역을 감독하면서 각각 특점(特点 : 지정)하여 관에서 지급한 물건은 사용하지 않는 것으로 결의했다. 비로소 담장을 수리하는 역을 시작했는데 동심동력으로 끝내려 하니 일을 마칠 가망성이 매우 많았다고 했다.》

○ 十六日. 1838년 3월 16일.

自邑還家.《與廷植, 承暮而還, 則垣役旋, 畢而盖瓦, 改正堂東間中枋. 前此邑中出入, 與廷觀偕焉, 同心力同甘苦, 不幸前春先歸泉下. 今行與廷植重踏답, 然岺十步一憩, 而每每起想, 況如在前在後偕讀, 忘勞酬酌之稱停不勝感歎矣. 十三日始往龍北, 則主人老丈遽起, 而先問日, 聖璉置何, 而躬來乎云. 後修寒暄焉, 置

何口來之說, 耳不堪听, 心不自定, 與廷植瞠然相顧而已. 吾輩之嗟惜 請如何.
東而龍北之厚意, 亦不小焉.》

읍에서 집으로 돌아왔다.《정식과 저물어 돌아왔는데 담장을 고치는 역이 돌고 있었고 기와를 덮은 것과 정당의 동쪽 칸[間] 중방을 고치는 역은 마쳤다. 이전에 읍에 출입할 때 정관과 함께 갔는데 그와 동심동고하며 고락을 같이했다. 그런데 불행하게도 지난봄에 먼저 황천길로 떠났다. 지금 행차에 정식과 함께 가면서 고갯길에서 10보에 한 번씩 쉬는데 번번이 생각이 일어났으며 더구나 전에 있던 것처럼, 뒤에 있는 것처럼 화합하고 부르는 것 같아 노고를 잊고 말을 주고받았는데 감탄을 금할 수 없었다. 13일 비로소 용북에 갔는데 주인인 노장이 갑자기 일어나 먼저 묻기를, 성련(聖璉 : 廷觀의 字)은 어디에 두고 몸소 직접 왔는가?라고 했다. 이후 수한훤(修寒暄 : 인사를 주고 받음)하고 무엇인가 두고 온다고 말했는데 귀가 잘 들리지 않고 마음도 안정되지 않아 정식과 휘둥그레 서로 돌아다볼 뿐이었다. 우리가 그것을 얼마나 탄식하며 애석하게 여겼겠는가. 동쪽으로 내려오니 용북의 넉넉한 뜻이 또한 작지 않았다.》

○ 十七日. 1838년 3월 17일.

《葺正堂 還堂後, 東北兩柱, 立矢木, 改正立, 而採具不一而未畢.》

정당의 지붕을 덮었다[葺].《사당으로 돌아온 후 동북의 양 기둥에 살목(矢木)[213]을 세워 바르게 고쳐 세우려 했는데 채구(採具 : 도구를 갖춤)한 것이 하나도 없어 일을 마치지 못했다.》

○ 十八日. 1838년 3월 18일.

《始正立, 正堂兩柱, 而別立兩矢木, 超石等諸具.》

《비로소 정당의 두 기둥을 바로 세우고 별도로 두 개의 살목(矢木)을 설치하였으며 주춧돌 등이 모두 갖춰졌다.》

213　시목(矢木) : 살목. 집을 살잡이할 때 기둥을 솟구는 지렛대. 전목(箭木).

○ 十九日.　1838년 3월 19일.
십 구 일

《結椳兩壁, 仍初壁設, 又築正堂前階砌.》
결외양벽　잉초벽설　우축정당전계체

《양벽에 외(椳)²¹⁴를 엮어 초벽을 설치하고, 또 정당 앞 계단을 쌓았다.》

○ 廿日.　1838년 3월 20일.
입 일

《築, 外階祭床, 價二兩五錢, 給廷稷.》
축　외계제상　가이량오전　급정직

《바깥쪽 계단과 제상(祭床)²¹⁵을 축조했고 그 값으로 2냥 5전을 정직에게 지급했다.》

○ 廿一日.　1838년 3월 21일.
입 일 일

以瓦事往, 大床金斯文家.《各商礪宇士悅時, 在居憂, 與廷植, 廷泰, 柳嘯, 偕
이와사왕　대상김사문가　각상려우사열시　재거우　여정식　정태　류소　해
往出亞室於議焉. 合壁.》
왕출아실어의언　합벽

기와와 관련한 일로 대상 김사문의 집에 갔다.《우사(宇士 : 집에 관한 일을 처리하는 사람)는 기쁠 때나 걱정이 있을 때를 각각 잘 헤아려야 하므로 정식, 정태, 유소와 함께 아실(亞室 : 현 감물면 구월리 율리마을)에 가서 의논했다. 합벽을 했다.》

○ 廿二日.　1838년 3월 22일.
입 이 일

立神門柱, 又往床谷瓦議成.《瓦七百餘張, 瓦椽十八介, 特以賻儀許用云. 神門
입신문주　우왕상곡와의성　와칠백여장　와연십팔개　특이부의허용운　신문
之役, 若非此瓦, 則萬無別策, 而賴此而亟成不啻, 千金之重而其厚, 共之出, 例
지역　약비차와　즉만무별책　이뢰차이극성불시　천금지중이기후　공지출　예
永失不忘傳, 與來後吾宗之.》人焉卅三列門椽, 築外階砌.《地形傾仄, 連築廥階,
영실불망전　여래후오종지　인언삽삼열문연　축외계체　지형경측　연축괴계
運石之役, 極爲造汗人力倍入.》
운석지역　극위조한인력배입

신문 기둥을 세우고 상곡에 가서 기와를 완성하는 것에 대해서 의논했다.

《기와 700여 장과 기와 서까래 18개가 특별히 부의(賻儀 : 돈이나 물품으로 도와 줌)로 허락되어 쓰겠다고 했다. 신문의 역사는 이 기와가 아니면 별다른 대책이 없었다. 이에 힘입어 빨리 완성된 것일 뿐 아니라 천금의 무게이자 후의를 함

214　외(椳) : 벽을 만들기 위해 가는 나무나 수수깡 따위로 가로세로 얽은 것.

215　제상(祭床) : 제사 때 제물을 벌여 놓은 상(床). 제물상(祭物床). 제사상(床).

께 낸 것은 영원히 잊지 않고 후세에 전할 것이니 후대에는 우리 종중과 함께 할 것이다.》사람들이 33개의 문(門) 서까래를 벌려 놓고 밖의 계체(階砌)[216]를 쌓았다.《지형이 기울어짐에 따라 이어서 계단을 쌓았고 돌을 운반하는 역(役)은 매우 조성하기 어려워 사람의 힘이 배로 들어갔다.》

○ 廿四日. 1838년 3월 24일.
입 사 일

立門楣.
입 문 미

문미(門楣)[217]를 세웠다.

○ 廿五日. 1838년 3월 25일.
입 오 일

族人大良, 自邑來.《有龍北回告》
족 인 대 량 자 읍 래   유 용 북 회 고

족인 대량이 읍에서 왔다.《용북에서 돌아와 고했다.》

○ 廿六日. 1838년 3월 26일.
입 육 일

植平橋.《以雨停役.》
식 평 교   이 우 정 역

평교를 세웠다.《비 때문에 역을 멈췄다.》

○ 廿七日. 1838년 3월 27일.
입 칠 일

始門瓦役.《鐵物, 一兩三錢.》
시 문 와 역   철 물   일 량 삼 전

비로소 문에 기와를 올리는 역을 시작했다.《철물은 1냥 3전이었다.》

○ 廿八日. 1838년 3월 28일.
입 팔 일

神門覆瓦畢.
신 문 복 와 필

신문에 기와를 덮는 일을 마쳤다.

○ 四月初四日. 1838년 4월 초 4일.
사 월 초 사 일

神門成.《探白土於智任, 探黃土於丹邱, 得直紅土於釖磴.》
신 문 성   채 백 토 어 지 임 채 황 토 어 단 구   득 직 홍 토 어 일 등

신문을 완성했다.《백토는 지임에서 채굴했고 황토는 단구에서 채굴했으며 홍

---

216 계체(階砌) : 보통 무덤 앞에 평평하게 만든 땅[階節]에 놓는 장대석(長臺石)을 말함. 그 외 건물에서도 일종의 섬돌로 사용했음. 계체석(階砌石).

217 문미(門楣) : 문얼굴 위에 가로 대는 나무.

토는 일등에서 직접 구했다.》

○ 初九日. 1838년 4월 초 9일.

送有司, 薦紙於諸處.《使新定西齋池, 低劣爲書格且運, 有龍北札送焉.》

유사를 보내어 여러 곳에 천지(薦紙 : 제관 추천 서신)했다.《서재지(西齋池 : 서재의 물길)를 새로 정하고 약간 머뭇거리다 서격(書格 : 글씨의 격식 즉 편액을 쓸 서체)을 만들고 용북으로 서찰을 보냈다.》

○ 十一日. 1838년 4월 11일.

始正堂丹艧.《十二, 十三, 十四, 十五, 十六, 十七, 十八, 而止.》神門丹艧畢. 《布莎院場使立平正, 被莎於後面 成他處, 以堅傾免傀無崩施. 用鯉潭丁十名.》

비로소 정당의 단확(丹艧)²¹⁸을 시작했다.《12, 13, 14, 15, 16, 17, 18일까지 하고 멈췄다.》신문의 단확을 마쳤다.《원(院)의 마당에 잔디[莎]를 깔아 평평하게 하고 바르게 했다. 뒷면의 다른 곳까지 잔디를 입혀 완성했는데 기울어진 곳을 견고하게 해서 무너지지 않게 했다. 이담의 장정 10명을 썼다.》

○ 廿一日. 1838년 4월 21일.

築講堂階砌畢.《用荷潭丁五名, 虎岩丁三名, 虎岩丁三名特点而來荷潭五名. 始用公下, 盖田大寺之不察焉.》

강당의 계체석을 쌓는 역을 마쳤다.《하담 장정 5명, 호암 장정 3명을 썼는데, 호암 장정 3명이 특점(特点 : 특별히 정함)한 하담 5명을 오라고 했다. 비로소 공하(公下)²¹⁹를 사용하기 시작했고 대사(大寺 : 계담마을 서쪽에 있는 한 절로 추정됨) 밭에 덮여 있는 물건은 살피지 않았다.》

○ 廿二日. 1838년 4월 22일.

始, 祭床主櫝等, 事焉.《送, 家貯防板等木, 於虎岩焉.》

----

218 단확(丹艧) : 단청(丹靑)을 단확(丹艧)이라고도 하며, 목재 표면에 바르는 칠 공사의 일종으로 비바람에 의한 풍화나 병충해로부터 건축물을 보호하는 역할을 함.

219 공하(公下) : 관아에서 돈이나 물품 따위를 지급함.

비로소 제상과 주독(主櫝)[220] 등의 일을 시작했다.《집에 비축해 둔 방판(防板 : 말린 판재) 등의 목재를 호암에 보냈다.》

○ 卄三. 1838년 4월 23일.
입 삼

窓戶紙三卷, 白紙二十五卷, 買來
창 호 지 삼 권   백 지 이 십 오 권   매 래

창호지 3권과 백지 25권을 매입하였다.

○ 卄四日. 1838년 4월 24일.
입 사 일

祭床與主櫝位板成.《誠力所到極爲精緻.》
제 상 여 주 독 위 판 성   성 력 소 도 극 위 정 치

제상과 주독의 위판을 완성했다.《성의와 정력을 다하여 정교하고 치밀했다.》

○ 卄五日. 1838년 4월 25일.
입 오 일

《與廷植往, 訪趙光州雲明於佳谷酬酌半晌, 說到院事, 頗有差晚興歎之奇焉.》
여 정 식 왕   방 조 광 주 운 명 어 가 곡 수 작 반 상   설 도 원 사   파 유 차 만 흥 탄 지 기 언

《정식과 함께 가서 가곡에 있는 조광주 운명을 방문해서 반나절 정도 이야기를 주고받다가 원(院)의 일을 말하니, 자못 늦어지고 있는 것에 대한 탄식이 있었다.》

○ 卄六日. 1838년 4월 26일.
입 육 일

祭罇二件, 自京貿來.《諸族中觀光之人, 是時科行者, 卄餘人. 俱爲穩到喜幸極
제 준 이 건   자 경 무 래   제 족 중 관 광 지 인   시 시 과 행 자   입 여 인   구 위 온 도 희 행 극

矣. 且詳問設科之方, 則二十二歲, 幼冲之主刱成. 四百餘年, 所未聞之盛規, 雨
의   차 상 문 설 과 지 방   즉 이 십 이 세   유 충 지 주 창 성   사 백 여 년   소 미 문 지 성 규   우

露之恩, 洽浹八城廣大, 以規軼進三代, 慰悅人心, 皆有少須臾無死之願. 寔是吾
로 지 은   흡 협 팔 성 광 대   이 규 질 진 삼 대   위 열 인 심   개 유 소 수 유 무 사 지 원   식 시 오

東邦, 千百年鞏固無强之休也. 不勝野人獻芹[221]之忱牽連 而載錄焉.》
동 방   천 백 년 공 고 무 강 지 휴 야   불 승 야 인 헌 근   지 침 견 연   이 재 록 언

제사에 사용할 제주 항아리 2건을 서울에서 거래하여 왔다.《제족(諸族 : 문중원) 중 관광을 하는 사람이 있었다. 이때 과거를 보러 가는 사람들이 20여 명 있었는바 모두 평안했으니 무척이나 기쁘고 다행이었다. 또 설과(設科 : 과거시험의 종류) 내용을 상세히 물으니 22세 어린 나이로 임금이 되어 처음으로 열었다고 했는데, 4백여 년간 듣지 못한 성대한 규례로, 우로지은(雨露之恩 : 은혜가 골고루 미

----

220 주독(主櫝) : 신주(神主)를 모시어 두는 궤.

221 헌근(獻芹) : '변변치 못한 미나리를 바친다'는 뜻으로, 윗사람에게 물건을 선사할 때나 자기 의견을 적어 보낼 때 겸손하게 이르는 말.

침)이 팔성(八城 : 팔도의 성, 즉 전국)에 광대하게 두루 젖어 들어, 법규는 3대에 나아가서 사람들의 마음을 위로하고 기쁘게 해주는 것이 모두 조금이라도 더 머물러 죽지 않기를 바라고 있었다. 이는 우리 동방이 천백 년 동안에도 공고해져서 강함이 멈추는 일이 없을 것이니 야인(野人 : 벼슬을 하지 않은 사람)이 바치는 정성을 이기지 못하여 엮어서 기록한다.》

O 廿七日. 1838년 4월 27일.
    입 칠 일

塗壁於講堂, 兼塗窓戶. 各送通文於境內隣邑諸書院.《本邑雲谷院, 知非社, 八
도 벽 어 강 당   겸 도 창 호   각 송 통 문 어 경 내 인 읍 제 서 원   본 읍 운 곡 원   지 비 사   팔
峰院, 累岩院, 延豊源川社, 淸風黃江院, 槐山花岩院, 淸州華陽院.》
봉 원 루 암 원 연 풍 원 천 사 청 풍 황 강 원 괴 산 화 암 원 청 주 화 양 원

강당에 도벽(塗壁)[222]하고 아울러 창호를 칠했다. 각각 경내 인읍의 여러 서원에 통문을 보냈다.《본읍 운곡서원, 지비사, 팔봉서원, 누암서원, 연풍 원천사, 청풍 황강서원, 괴산 화암서원, 청주 화양서원이다.》

O 廿八日. 1838년 4월 28일.
    입 팔 일

發簡於諸章甫家.《無論遠近, 與境內, 境外 三四邑, 諸處, 通用一例, 至于晦
발 간 어 제 장 보 가   무 론 원 근   여 경 내   경 외 삼 사 읍   제 처   통 용 일 예   지 우 회
日, 而止.》
일   이 지

여러 장보(章甫 : 유학을 공부하는 선비)의 집에 서찰을 보냈다.《원근을 막론하고 경내와 경외 3, 4읍(邑) 여러 곳에도 같은 예로 서찰을 통하다가 그믐에 이르러서야 멈췄다.》

O 廿九日. 1838년 4월 29일.
    입 구 일

分定宗中, 看檢諸有司.
분 정 종 중   간 검 제 유 사
종중을 나누어 간검(看檢)[223]하는 여러 유사를 정했다.

O 卅日. 1838년 4월 30일.
    삽 일

講堂, 東西兩退軒成.《前構之板, 俱爲見失, 臨時鳴聚材木, 難繼草, 草沒樣.》초
강 당   동 서 양 퇴 헌 성   전 구 지 판   구 위 견 실   임 시 명 취 재 목   난 계 초   초 몰 양

---

222 도벽(塗壁) : 벽에 종이나 흙을 바름.
223 간검(看檢) : 일이 어긋나지 않고 잘되어 가는지의 여부를 조사하게ㅏ 감독함.

강당의 동서 양 퇴헌(退軒)**224**을 완성했다.《이전에 만든 판은 모두 잃어버려서 임시로 모은 재목으로 어렵게 초(草 : 기초(起草)의 준말로. 처음 만들어 모양이 일정하지 않은 상태)로 이어 모양이 일정하지 않았다.》

○ 閏四月初一日. 1838년 윤4월 초 1일.
윤 사 월 초 일 일

市使庫直貿諸件物, 且買牲猪.
시 사 고 직 무 제 건 물   차 매 생 저

시장에서 고직(庫直 : 서원 관리인)에게 여러 가지 물건을 사게 했으며, 또 생돼지를 매입했다.

○ 二日. 1838년 윤4월 2일.
이 일

裒聚草席等物.《使收納於諸宗家焉.》
부 취 초 석 등 물   사 수 납 어 제 종 가 언

초석(草席 : 제사에 사용하는 자리) 등의 물건을 모았다.《여러 종가에서 물건 등을 거두어들였다.》

○ 三日. 1838년 윤4월 3일.
삼 일

祭脯成.《鹿脯, 魚醢, 魚鱐, 果棠, 芹菹之屬, 皆俱焉.》
제 포 성   록 포   어 해   어 숙   과 당   근 저 지 속   개 구 언

제포(祭脯)**225**를 완성했다.《녹포(鹿脯)**226**, 어해(魚醢)**227**, 어수(魚鱐)**228**, 과당(果棠 : 과일과 과자류), 근저(芹菹)**229** 같은 것들이 모두 갖춰졌다.》

○ 四日. 1838년 윤4월 4일.
사 일

夕後邑內尊賓, 與有司, 俱爲惠然光臨焉.《他處之賓, 亦多來焉.》《時適以吐瀉
석 후 읍 내 존 빈   여 유 사   구 위 혜 연 광 림 언   타 처 지 빈   역 다 래 언   시 적 이 토 사
疾病臥, 不能周旋於延賓之席, 不勝悶歎.》
질 병 와   불 능 주 선 어 연 빈 지 석   불 승 민 탄

저녁 이후에 읍내의 귀빈과 유사가 모두 혜연(惠然)**230**하고 광림(光臨)**231**했다.《다

---

224 퇴헌(退軒) : 퇴말루(退抹樓)와 같음. 퇴말루(退抹樓) = 툇마루.

225 제포(祭脯) : 제사에 쓰는 포.

226 녹포(鹿脯) : 말린 사슴고기.

227 어해(魚醢) : 생선으로 담근 젓갈.

228 어숙(魚鱐) : 변(籩)에 담는 제물 가운데 건어나 포 따위의 마른고기.

229 미나리김치.

230 혜연(惠然) : 따르는 모양. 호의를 표시하는 모양.

231 광림(光臨) : 남이 찾아오는 것을 높이어 일컫는 말.

른 곳의 손님[賓] 또한 많이 왔다.》《때마침 토사와 질병으로 누워 있어서 연빈

(延賓 : 귀한 손님을 맞이함)하는 자리에서 주선할 수 없었으니 안타까운 마음을 금

할 수 없었다.》

○ 五日. 1838년 윤4월 5일.
　　오 일

《各處章甫齋集, 而使分排安歇於諸有司家.》《午前分定祭官, 而本孫不得參觀
　각처장보재집　이사분배안헐어제유사가　　오전분정제관　이본손부득참관

於排定. 擧案之時, 非但本孫, 凡士林使不得參焉. 揮屏而書祭是愼重之意也. 午
어배정　거안지시　비단본손　범사림사부득참언　휘병이서제시신중지의야　　오

後, 封祭物, 擧行之節, 俱是西齋之任焉.》
후　봉제물　거행지절　구시서재지임언

《각처의 유생들이 재(齋)에 모여들어 여러 유사의 집에 분배하여 편히 쉴 수

있도록 했다.》《오전에 제관을 분정했으나 본인은 배정하는 데 참관하지 못했다.

거안(擧案)[232]할 때는 본 손뿐만 아니라 모든 사람이 참여하지 못하도록 했는데

이것은 신중히 하는 뜻이었다. 오후에 제물을 봉(封)하고 거행하는 절차는 모두

서재의 임무였다.》

○ 初六日丁丑. 1838년 윤4월 초 6일 정축.
　　초 육 일 정 축

質明奉安行祀禮, 辰時行相揖禮後, 擊食堂鼓.《日吉辰良, 平安行奉安, 享祀之
질명봉안행사례　진시행상읍례후　격식당고　　일길진양　평안행봉안　향사지

禮, 棠是天幸天幸. 俎豆之禮, 揖讓之儀, 人所罕見, 濟濟秩秩之風, 肅肅翼翼之
례　포시천행천행　조두지례　읍양지의　인소한견　제제질질지풍　숙숙익익지

誠, 固非尋常筆力, 所能形容描得, 而只切忠之感幸也. 已徊徨想像, 自被禍之,
성　고비심상필력　소능형용묘득　이지절충지감행야　이회황상상　자피화지

戊申三月十五日, 至奉安之. 戊戌閏四月六日, 計其年數, 則二百九十年也. 寥寥
무신삼월십오일　지봉안지　무술윤사월육일　계기년수　즉이백구십년야　요요

幾百載之後, 豈知有今日乎. 聖主之褒獎, 貤贈之啣奉題於祠板, 士林之崇慕倡發
기백재지후　기지유금일호　성주지포장　이증지함봉제어사판　사림지숭모창발

之議, 得伸於尸祝. 嗚呼, 今日自古有之, 今日之今日來後有之, 則先靈之慰悅後
지의　득신어시축　오호　금일자고유지　금일지금일래후유지　즉선령지위열후

後裔之追感, 都在於今日之今日也. 已往之今日, 姑不起論, 而來後之今日, 固無
후예지추감　도재어금일지금일야　이왕지금일　고불기론　이래후지금일　고무

盡焉, 則嗟我諸宗無忘, 今日之盛擧永守, 今日之照誠焉.》
진언　즉차아제종무망　금일지성거영수　금일지조성언

동이 틀 무렵[質明][233] 봉안하는 사례를 행하고 진시에 상읍례를 행한 뒤 당고

----

232 거안(擧案) : 공회(公會)에 참여하는 자의 명함.

233 질명(質明) : 동이 틀 무렵을 말함. [유사어] 여명(黎明).

(堂鼓)²³⁴를 치며 식사했다.《길한 날 길한 시간에 평안하게 봉안하고 향사를 위한 예를 행했는데 진실로 이는 천행이었다. 조두(俎豆)²³⁵의 예와 읍양(揖讓)²³⁶의 의례는 사람이 보기 드문 일이고, 즐비하고 가지런한 풍도와 엄숙하고 장엄한 정성은 본디 보통의 필력으로만 형용할 수 있는 것이 아니었으니, 다만 간절한 충심(衷心)을 느낄 수 있었으니 다행이었다. 머뭇거리고 상상만 하였으나 화를 당하신 무신년 3월 15일부터 봉안한 무술년 윤4월 6일까지 그 연수를 헤아려 보니 곧 290년이었다. 백 년이 지난 뒤에 어찌 금일과 같은 일이 있을 줄을 알았겠는가. 성주(聖主 : 인덕이 뛰어난 임금)께서 포장(褒獎)²³⁷하여 추증한 직함[卿]을 사판에 받들어 기재하고 사림들이 숭모하여 발한 논의를 시축(尸祝)²³⁸으로 펼쳤다. 아! 금일은 옛날부터 있었으니 금일은 금일이 온 후에 있는 것인즉 선령을 위로하여 기쁘게 한 뒤 후예의 추감이 있는 것이니 모두 금일에 금일이 있는 것이리라. 이미 지나간 금일은 잠시 제기하지 않고 앞으로 올 금일은 진실로 다 말씀드리지 못한즉 아! 우리 종친은 잊지 않고 금일의 성대한 거조(擧措 : 말이나 행동의 태도)는 영원히 지켜질 것이니 금일의 성의를 다하소서.》

○ 七日. 1838년 윤4월 7일.
  칠 일

諸賓盡爲餞別.
제 빈 진 위 전 별

여러 손님을 모두 전별했다.

○ 十二日. 1838년 윤4월 12일.
  십 이 일

宗會于講堂, 修正公下用度, 與餘在物目之案焉.
종 회 우 강 당   수 정 공 하 용 도   여 여 재 물 목 지 안 언

강당에서 종회했고, 관(官)에서 지급된 물품[公下]의 용도를 수정했고, 그 나머

---

234 당고(堂鼓) : 큰 북의 한 가지.

235 조두(俎豆) : 제기(祭器)의 이름. 조(俎)에는 고기를 담고 두(豆)에는 채소를 담음. 제례(祭禮)의 일.

236 읍양(揖讓) : 읍하여 겸손한 뜻을 표시함. 연례(燕禮)나 대사례(大射禮), 향사례(鄕射禮) 등 군신 또는 사대부들의 모임에서 예법을 갖출 때 읍양의 예로부터 시작했음.

237 포장(褒獎) : 표창(하다). 장려(하다).

238 시축(尸祝) : 제사에서 축문(祝文)의 낭독.

지는 물목의 안(案)에 있다.

【開基祝文(개기축문[239])】

進士 洪集休, 製崇禎四甲申二月初六日.
진사 홍집휴 제숭정사갑신이월초육일

진사 홍집휴가 숭정 4년 갑신년(1824년) 2월 초 6일 지음.

天闢靈奧, 地蘊墜蜳, 函蓄精英, 以待于人, 如玉在璞, 停光戢耀, 及爲瑚璉, 乃
천벽령오 지온진돈 함축정영 이대우인 여옥재박 정광집요 급위호련 내
薦淸廟.
천 청 묘

하늘이 신령한 곳을 열고 땅이 진돈(墜蜳 : 설레이고 설레임)을 쌓아, 함축한 정영
(精英 : 걸출한 사람) 발하여 사람을 기다리니, 박옥 속에 박혀 있는 옥(玉)과도 같
아, 머무르는 빛을 거둬 빛나, 이르러 호련(瑚璉 : 제사에 오곡을 담는 그릇)이 되니,
이내 청묘(淸廟 : 깨끗한 사당)에 천거(薦擧 : 어떤 일에 추천됨)되었네.

太白之枝, 北迤西折, 蹲于博達《山名》, 脉起精結, 俗離《俗離山, 三派水, 鯉
태백지지 북이서절 준우단달 산명 맥기정결 속리 속리산 삼파수 이
潭, 卽其一.》之流, 九曲七遙. 滙于鯉湖, 彎訾(眉)圍腰, 飛龍《山名》之下, 寔爲桂
담 즉기일 지류 구곡칠요 회우이호 만 미 위요 비룡 산명 지하 포위계
潭, 荷麓(荷潭山)左秀, 鷹峰右尖, 講山姸好, 如書于案.
담 하록 하담산 좌수 응봉우첨 강산연호 여서우안

태백의 가지, 북(北)으로 잇닿다가 서로 꺾이어 달(達)《산 이름 : 박달산》에 둥
글게 웅크리니, 맥(脉)이 일어나 정기가 응결되었고 속리《속리산은 세 갈래의
물이 있는데 이담은 곧 그중의 하나이다.》의 물결, 아홉 구비에 일곱 번 흔들렸
네. 이호(이담의 앞강)에 모여 눈썹처럼 굽어져 허리를 감싸네. 비룡《산 이름(비룡
산 : 계담 뒷산)》의 아래에서 진실로 계담이 되고, 하록《하담산(현 상봉산)》의 왼쪽
에서 높이 솟고 응봉(한절산)이 오른쪽에서 뾰족하니, 강산(산해경(山海經)에 나오는
산 이름)같이 아름다워, 마치 책상 위에 놓인 서책과도 같네.

靈神所宅, 晶光外爛, 昔在中葉, 國有名臣, 諱曰名世, 竹溪之安, 學醇姿高, 早
령신소택 정광외란 석재중엽 국유명신 휘왈명세 죽계지안 학순자고 조
歲蜚英. 時當乙巳, 獨抱忠貞, 秉筆蘭坮, 一部獜經, 誅奸衛正, 斧鉞日星, 東市刀
세비영 시당을사 독포충정 병필난대 일부린경 주간위정 부월일성 동시도

踞, 怡然色笑.
거 이 연 색 소

　영신이 기거하는 곳, 맑은 빛 밖으로 빛나고, 지난 중엽(중세)에 나라에 명신이 있었으니, 휘 명세로, 죽계(순흥)의 안씨이며, 학(學)이 순수했으며 풍모가 고상했으니, 어린 나이에도 빼어나셨다. 을사년(1545년) 당시, 홀로 충정을 품어, 붓을 쥐고 난대(蘭坮)[240]에서 한 부의 인경(獜經)[241]으로 간신을 베고 바른 것을 지켰는데, 부월(斧鉞 : 작은 도끼와 큰 도끼)과 같은 해와 별은, 동시에 도거(刀踞 : 칼 앞에 앉음) 당하셨으나 태연한 안색으로 미소지으셨다.

　碧血藏寃, 靑汗筮照, 時移事往, 慕義無窮, 俎豆之禮, 迄今未隆, 建祠之議, 一
　벽 혈 장 원   청 한 서 조   시 이 사 왕   모 의 무 궁   조 두 지 례   흘 금 미 륭   건 사 지 의   일
倡千和, 衿神聞風, 動色相賀, 詢謀旣同, 及相其基, 諏于堪輿, 莫如玆宜, 矧又玆
창 천 화   금 신 문 풍   동 색 상 하   순 모 기 동   급 상 기 기   추 우 감 여   막 여 자 의   신 우 자
邱, 杖履所憩.
구   장 리 소 게

　벽혈(碧血 : 파란색 피, 즉 정의를 위해 흘린 피)로 원한을 품고, 청한이 비추는데, 시대가 바뀌고 지난 일이 되었으나, 의(義)를 사모하기는 무궁하며, 조두지례는, 지금까지 내려오지 않다가, 건사의 의논이, 한번 부르짖자 모두가 화답하네. 가슴과 혼이 풍문을 듣자, 반색하면서 서로 축하하며, 여러 사람 의견 이미 다 똑같으매, 그 터에 서로 이르러, 감여(堪輿)[242]를 자문하니, 이보다 마땅함이 없으리니, 하물며 또 이 언덕은 쉬셨던바 장리(杖履 : 살던 곳)이다.

　上有先壟, 下聚旁裔, 卜藏日吉, 畚鍤俶載, 天慳地秘, 若有所待, 伏願明神, 克
　상 유 선 롱   하 취 방 예   복 장 일 길   분 삽 숙 재   천 간 지 비   약 유 소 대   복 원 명 신   극
垂睠惠, 靈氣所鍾, 永久無替, 堂廟順成, 芬苾常處, 衣冠揖讓, 進退無愆, 一辦心
수 권 혜   령 기 소 종   영 구 무 체   당 묘 순 성   분 필 상 처   의 관 읍 양   진 퇴 무 건   일 판 심
享, 陳此告辭. 神其永佑, 千億爲期.
향   진 차 고 사   신 기 영 우   천 억 위 기

　위에는 선롱(선영)이 있고 아래로는 방예가 모여 있으니 길한 날을 정해 삼태기와 삽으로 일을 시작하여 천지가 비밀히 아낀 곳이라, 마치 기다리는 바가 있는 것 같아, 삼가 명신께 원하노니 지극한 은혜를 내려주소서. 모두 신령스

240　난대(蘭坮) : 나라의 사적을 보관하는 관서.

241　인경(獜經) : '일부인경'이란 '춘추대의'를 의미하는 말.

242　감여(堪輿) : 풍수지리.

러운 기운이 모인 곳으로, 영원히 쇠하지 않게 하시며, 당묘가 순조롭게 완성 되도록, 향기로움이 항상 서리도록 의관을 겸손히 하고 공경의 예를 올리오니, 진퇴에 탈이 없도록 마음을 담은 한 조각의 향을 피워 이 고사를 진달하옵니다. 신령이시어, 길이 보우하시어 영원하길 바라나이다.

【鯉潭書院上樑文(이담서원상량문)】

伏以握袞鉞而昭, 姦慝者, 賁育不能奪, 其志蹈湯鑊, 而勵危行者, 杞檜《唐盧杞, 宋秦檜》不能毀其名, 雖暴風迅霆逞一時之怒, 而嚴霜皎日流萬代之淸輝.

삼가 생각하건대, 곤월(袞鉞 : 옳고 그름이나 착하고 악함을 판단)을 잡아 밝히길, 간특한 자는 분육(賁育)[243]을 뺏을 수 없으니 그 뜻은 탕확도 밟을 수 있으며[244], 위태로움을 행하기를 권면하는 자는 기회《당나라 노기(盧杞)[245]와 송나라 진회(秦檜)[246]》라는 그 이름을 훼손할 수 없으니, 비록 폭풍이 불어서 천둥과 번개가 굳세게 한꺼번에 몰아쳐도 된서리처럼 날마다 비춰 흐르니, 만대에 맑게 빛날지어다.

嗚呼, 南史之廬《春秋, 齊莊公時人, 崔杼殺君, 太史直書二人死, 南史, 在外聞抱簡而往.》久空, 東觀《漢之史閣.》之藏徒峙作佳傳, 而規利秉曲筆而徇時, 崇兜而比皐《驩兜, 皐陶》蠻夷而爲蹻《伯夷跖蹻》若此類.

아(嗚呼)! 남사의 려(廬)는《춘추 제(齊)나라 장공 때 사람으로 최저가 임금을 살해한 것을 기록해 직서한 태사(太史 : 사관) 두 사람을 죽였다. 남사씨가 태사가 죽었다는 소식을 듣고 죽간을 들고 왔다가 돌아갔다.》오래되어, 동관(東觀) 《한(漢)나라의 사각(史閣 : 실록 보관소)》에는 가전(佳傳 : 아름다움을 전함. 즉 사실대로 씀)

---

243 분육(賁育) : 진(秦)나라 무왕(武王) 때 용사였던 맹분(孟賁)과 하육(夏育)을 말함.
244 도탕확(蹈湯鑊) : 탕확(湯鑊)은 가마솥에 삶아 죽이는 형벌로, 본문의 '탕확도 밟다[蹈湯鑊]'는 끓는 물에 삶기는 형벌도 두려워하지 않는다는 의미를 말함.
245 노기(盧杞) : 덕종 때의 간신으로 교활하고 음험하여 자신에 반대하는 안진경 등 많은 신하를 모함하여 해침.
246 진회(秦檜) : 송나라의 역적이었던 간신.

을 높이 쌓여 있으나 이익을 엿보아 곡필(曲筆 : 거짓으로 왜곡하여 씀)을 잡고 시세를 따랐으며, 환두(驩兜)[247]와 고요(皐陶)[248]와 견주어 만이(蠻夷 : 오랑캐)가 교만하니 《백이척교(伯夷跖蹻)[249]》 이러한 종류들입니다.

何代無之聞, 公之風宜知愧矣. 何代無之聞公之風宜 知愧矣. 故內翰安公, 學問
하 대 무 지 문   공 지 풍 의 지 괴 의   하 대 무 지 문 공 지 풍 의   지 괴 의   고 내 한 안 공   학 문
之充養, 有素士夫之名節, 自持行直而方夙, 傳賢師《朴松堂英》之緒, 氣剛而大,
지 충 양   유 소 사 부 지 명 절   자 지 행 직 이 방 숙   전 현 사 박 송 당 영   지 서   기 강 이 대
欲正妖僧《普雨》之誅始發, 軔於鴻逵旋珥筆《史筆》, 於螭陛, 于時國疑主少《明
욕 정 요 승   보 우   지 주 시 발   인 어 홍 규 선 이 필   사 필   어 리 폐   우 시 국 의 주 소   명
宗沖年嗣服》百六運丁《國之否運》.
종 충 년 사 복   백 육 운 정   국 지 부 운

어느 시대인들 들리지 않겠습니까만 공(公)의 풍(風 : 성격이나 인품)으로 보면 마땅히 부끄러워해야 할 것입니다. 그러므로 안으로 한림안공은 학문을 충양하는데 본디 사대부의 명절에 있어서 스스로 곧게 행동했으며, 이른 시기부터 현사(賢師)《송당 박영》로부터 전수받아 기개가 강직하고 커서 정(正)을 지키고자 요승《보우(普雨)》을 참할 것을 처음 발의하여 기러기의 깃이 선회하는 것을 멈추게 하는 이필(珥筆 : 붓을 관(冠)의 옆에 꽂음)《사필(史筆 : 사관 특유의 문체)》로 궁의 섬돌에서 펼쳤으나 시국은 백륙(百六 : 액운, 재난)의 운(運)에 당(當)하시고 말았습니다.[250]

黨連勢成, 二三羣壬《李芑, 鄭順朋, 尹元衡 等.》乃於忠順堂, 入對攀號令, 祠
당 연 세 성   이 삼 군 임   이 기 정 순 붕   윤 원 형 등   내 어 충 순 당   입 대 반 호 령   사
簾帷《文定王后, 垂簾於忠順堂, 而芑等誣告文定, 有密旨之非擧.》欲效, 袞貞輩
렴 유   문 정 왕 후   수 렴 어 충 순 당   이 기 등 무 고 문 정   유 밀 지 지 비 거   욕 효   곤 정 배
所爲屠善良於觀闕《金光準輩, 倡義于中學曰, 三大臣爲慈殿, 所疑密旨降, 于宰
소 위 도 선 량 어 관 궐   김 광 준 배   창 의 우 중 학 왈   삼 대 신 위 자 전   소 의 밀 지 강   우 재
相之門. 又有匿名書, 流言未已宮間洶懼, 若不先抒從輕善處. 則恐事出他逕, 貽
상 지 문   우 유 특 명 서   류 언 미 이 궁 문 흉 구   약 불 선 서 종 경 선 처   즉 공 사 출 타 경   이
禍國家. 雖知彼之暗昧, 揆以時勢不容嘿嘿. 座中鄭希圭, 鄭希登, 金鸞祥, 李彦
화 국 가   수 지 피 지 암 매   규 이 시 세 불 용 묵 묵   좌 중 정 희 규   정 희 등   김 란 상   이 언
忱, 閔起文, 朴光佑, 柳希春等, 皆奮然曰, 此乃奸人, 構禍之事, 決不可爲也. 持平
침   민 기 문   박 광 우   류 희 춘 등   개 분 연 왈   차 내 간 인   구 화 지 사   결 불 가 위 야   지 평

---

247 환두(驩兜) : 고대 중국 신화에 등장하는 악신.

248 고요(皐陶) : 순(舜)임금의 신하로 구관(九官)의 한 사람이다. 정치가로 법리에 통달하여 법을 세우고 형벌을 제정.

249 백이척교(伯夷跖蹻) : 백이(중국 은나라의 충신)는 탁(濁)하다 하고, 도적인 척교(도척과 장교로, 중국 춘추전국시대 전설적인 도적의 우두머리)는 청렴하다 함.

250 백륙(百六) : 액운을 말함. 4,500년이 일원(一元)인데, 일원 가운데 다섯 번의 양액(陽厄)과 네 번의 음액(陰厄)이 있으니 양액은 한발이 되고 음액은 수재가 된다고 함. 106년에 양액이 있기 때문에 '백륙회(百六會)'라고 함.

金諸曰, 非但爲任, 而抒忠賢魚肉實寔基於此, 己卯之禍, 言之鼻酸, 謂今之君子,
又踵袞貞之所爲乎. 意不從彦.》

당(黨)이 연속해서 세력을 이어 2, 3의 무리가 맡아《이기, 정순붕, 윤원형 등》
충순당에 들어가 입대(入對 : 궁에 들어가 임금을 뵙고 자문에 응하는 일)하여 부여잡으
며 주렴에서 호령하고자 하였습니다.《문정왕후가 충순당에 수렴을 했는데 이
기 등이 문정왕후에게 무고하여 밀지가 있었으나 행(行)한 것은 아니었다.》남
곤과 심정의 무리는 선량을 관궐(觀闕 : 궁성의 문)에서 죽이고자 하였다.《김광준의
무리가 중학에서 창의하며 말하길, 세 대신이 자전(慈殿 : 임금의 어머니)에서 의심
한바, 밀지가 재상의 문(門)에 내려졌다. 또 사특한 이름이 서신에 있어 떠도는
말이 그치지 않아 궁문에까지 미쳐 흉흉했으나 미리 법을 따라 선처하지 못했
으니 일이 다른 경로에 나와 나라에 화를 미쳤다. 비록 저들이 암매(暗昧 : 떳떳하
지 못함)한 것을 알지만 시세를 헤아려 볼 때 입을 닫고 침묵할 수밖에 없는 형편
이었다. 좌중에 정희규, 정희등, 김난상, 이언침, 민기문, 박광우, 유희춘 등이
모두 분연히 말하기를, "이것은 곧 간사한 인간이 화를 만들어 낸 일이니 결코
불가한 일이다."라고 하였습니다. 지평 김저가 말하길, "비단 임무를 맡을 뿐만
아니라 충현을 도륙한 것이 여기에서 하였으며, 기묘의 화는 말하기 비참한 것
이었습니다." 지금에 그것을 이르자면, 군자는 또 곤정(袞貞 : 조선중기 문신 남곤과
심정을 일컫는 말로 소인의 대표적 인물로 매도)이 하는 바를 따라도 그 뜻은 따르지 않
은 것이다.》

危言吐血閤外, 見削藁之賢《權冲齋, 撥達夜草啓與家人, 訣家人, 固挽不听旨
闕庭, 遇申光漢, 固止不應. 詣李院相彦迪, 李公視草本, 亦驚曰, 事已至此, 言之
徒惹起不測耳奚益, 公却坐長噫曰, 删沒如此, 不如不爲之爲愈也言之奚益, 盡抹去
危言處, 公却坐長噫曰, 删沒如此, 不如不爲之爲愈也. 因更草欲詣, 李公泣挽之.》

곧은 말로 합문(閤門 : 편전의 앞문) 밖에서 피를 토했으나 상소문이 불사름을 당

한 현인이셨습니다.《권충재(權冲齋 : 권벌)²⁵¹는 가인과 밤새도록 초계(草啓 : 상소문의 초안)를 작성하고, 가인과 작별하며 한결같이 말리는 말을 하지 못하고 궐정(闕庭 : 대궐의 마당)에서 신광한(申光漢 : 을사사화 시 소운에 가담 3등 공신에 책록)을 만났으나 멈추라 함에도 응하지 않았다. 원상(院相)²⁵² 이언적에 이르니 이공(李公)이 초본을 보고 역시 놀라며 말하기를, "형세가 이미 이 지경인데, 말을 해도 예상치 못할 화만 일으킬 것이니 무엇이 유익하리요."하고, 그 위태로운 말이 있는 것을 지워버리니 공(公)이 가만히 앉아서 길게 한숨을 쉬며 말하기를,"깎아 버리기를 이와 같이 하니, 하지 아니함만 못하다." 했다. 다시 초(草)를 작성해서 올리고자 했으나 이공이 울며 그것을 만류했다.》

密旨駭魂, 臺端, 有傳令之卒.《白仁傑狒啓云, 閔齊仁, 以憲長, 聞密旨之下, 牛走數三宰相之門, 有似傳令軍卒, 坮閣之體, 掃地云云. 閔公受, 而爲罪不介嫌焉.》而公目見, 時事, 口欲無言, 國瘁齊人亡, 郭泰發瞻烏之嘆.《東漢黨禍, 李膺, 社密, 范滂 等, 具受禍, 郭公云, 人之亡, 亡邦國盡瘁, 但瞻烏, 爰止于誰之屋以傷之.》

밀지가 대단(臺端 : 사헌부와 사간원의 간관)을 놀라게 해 전령 중 졸(卒)하는 일도 있었습니다.《백인걸이 독계(狒啓 : 강력한 상소문)하며 이르길, 민제인은 헌장(憲長 : 대사헌의 별칭)으로서 밀지를 내렸을 때 소(牛)를 보내어 세 명의 재상집 문에 이르게 했는데 전령과 군졸, 대각(坮閣 : 사헌부와 사간원의 총칭)이 땅을 쓸어 버린 것과 유사했다고 하는 것을 들었다. 민공이 받고, 죄가 될 수 있었으나 개혐(介嫌 : 싫어함)하지 않았다.》그러나 공(公)이 시사를 목견하고 입으로 아무 말도 하고 싶지 않았으니, 나라가 피로하고 모든 사람이 망하여 곽태(郭泰)²⁵³가 까마귀를 바

----

251 권충재(權冲齋) : 권벌, 조선 연산군부터 명종 때까지의 문신, 학자. 예조판서, 우찬성 등을 지내고 양재역 벽서사건에 연루되어 삭주로 유배된 뒤 죽음.

252 원상(院相) : 조선시대 왕이 국정을 처리하기 어려운 시기에 승정원에서 국정을 논의하였던 의정 또는 재상.

253 곽태(郭泰) : 중국 후한 말의 학자이자 사상가로, 높은 학문과 덕으로 추앙을 받았으며 환제 때 조정에서 불렀음에도 거절하고 교육에 전념함.

라보면 한 탄식과 같은 탄식을 하였습니다.《동한당의 화(禍)에 이응, 사밀, 범방 등이 모두 화를 받자 곽공은 사람이 죽어 나라가 망하고 힘을 다하니, 다만 까마귀를 바라보며 이에 누구의 집에 머물러 아프게 하겠는가라고 했다.》

神姦鬼秘, 溫嶠抱燃犀之明.《晉溫嶠, 夜燃犀於牛猪, 衆怪鬼見, 以比羣奸之情
狀盡□無隱.》哀善類之盡殲夷, 思效百身之贖.《詩云, 如可贖方, 人百其身, 以
款三良之死.》

귀신 같은 간사한 비밀에 온교(溫嶠)[254]가 서각에 불을 붙여 밝힌 것과 같았습니다.[255]《진나라 온교가 밤에 소와 돼지의 뿔에 불을 붙여, 뭇사람들이 괴이하게 여긴 귀신을 본 것이 있으니, 뭇 간신들의 정상에 견주어 모두가 없고 숨길 것이 없다고 생각했다.》선류(善類)[256]가 모조리 죽임을 당하여 속죄를 위하여 백신(百身 : 몸을 백 번 바침)하는 것을 생각하니 슬프기만 합니다.《시(詩)에 이르길, 만약 속죄할 수 있다면 사람마다 그 몸을 백 번이라도 바치리라는 삼량(三良)[257]의 죽음에 관한 조목이다.》

念少人之無思憚, 將加千古之誅於是, 墨卿《墨》制刑管侯《□》, 誦法記惡, 必
悉死後, 千百年之傳屬辭甚嚴, 殯前三大臣之殺《直史曰, 殯側殺三大臣, 卽柳灌,
柳仁淑, 尹任也.》

생각건대, 소인은 두려움을 생각하지 않고 장차 천고에 더하니, 이에 베임을 당하게 되니, 묵경이 제지하여 관후에 형벌을 가하니, 법을 암송하여 악행을 기록하는 것은 반드시 모두 죽은 후에 천백 년 동안 전해져, 말이 매우 엄했으니 빈전에서 세 대신을 죽였다고 하셨습니다.《직사에서 말하길, "빈전에서 세 대신을 죽였으니 바로 유관, 유인숙, 윤임이다."라고 했다.》

254　온교(溫嶠) : 진나라 성제 때, 강주자사로 경량과 함께 형주자사 도간(陶侃)을 맹주로 추대하고 반란군을 토벌.

255　온교(溫嶠)의 서각(犀角 : 물소의 뿔)에 관한 고사로, 온교가 여행하다가 무창(武昌)의 저기(渚磯)에 당도했을 때 물이 깊은데 모두 물속에 괴물이 많다 해서 온교가 서각에 불을 붙여 비추니 잠시 후에 수중에 있던 기이한 모양의 여러 고기 떼가 모두 그 모습을 나타내었다고 함.

256　선류(善類) : 선량한 사람이란 뜻으로, 환관을 반대했던 일반 사대부.

257　삼량(三良) : 초(楚)나라 소왕을 보좌했던 세 명신, 즉 극완, 양령종, 진진.

吾猶及史得, 專誅賞之權, 竊取其文, 遂正是非之辨, 俄而盛書溫對.《晋孫盛直
書, 桓溫之惡, 溫大怒, 孫終不改.》浩直魏收《西魏, 崔浩直書魏史, 魏主收殺之.》

우리는 그래도 예전에 사관을 빼놓지 않은 것을 볼 수 있었는데, 상벌의 권한이 독점되어 그 글을 몰래 가져다 마침내 시비의 시비를 바로잡고 잠시 뒤 손성(孫盛)[258]이 직서한 후 환온(桓溫)[259]의 미움을 받았습니다.《진(晋) 손성이 환온의 악(惡)을 직서해서 환온이 크게 노했지만 손성은 끝내 고치지 않았다.》최호는 위수(魏收 : 위서를 지은 학자)에 대하여 직서하였습니다.《서위의 최호는 위사를 직서한 위수를 위주가 죽였다고 씀.》

傾疊而慰, 左僚處危禍, 而心泰《公言於韓智遠曰, 專書者, 我君押名而已, 吾
當死君, 卽免焉. 韓公勸酒, 公盡飮一疊而還, 明日就市, 臨危, 正宜素有如此.》

술잔을 기울여 거듭 위로하니 좌료(左僚 : 한쪽으로 치우친 관리)가 위화(危禍 : 위험과 환난)에 처했으나 마음만은 편안하였습니다.《공(公)의 말에 한지원(韓智遠 : 조선중기 문신으로 선전관 증 좌승지)이 말하길, 전서한 것은 우리 임금의 압명이 있을 뿐이니 우리는 의당 임금이 죽으면 곧 면하게 된다. 한공이 술을 권하여 공이 실컷 마시고 돌아왔는데, 이튿날 저자[市]에 나아갔으니, 위기에 임박해서도 바르고 마땅했으니, 본디 이와 같았다.》

裂衣, 而製尺疏, 引古義, 而舌强.《臨刑, 公裂衣血疏, 以明古無殺史臣之法,
以翼悟上心, 陳復昌沮, 不入疏.》未暴三木之冤.《漢范滂 等受刑, 皆械三木
疊.》仍遭獨柳之慘, 頹波砥柱, 後生之誦義無窮.《趙公憲, 弊疏云, 安某之危言
直筆, 砥柱頹波, 公議昭垂.》東市, 朝衣, 處士之佯狂, 何矣.《李公之函, 裂袖血
書, 以餞公, 仍佯狂避世, 周流海島.》

옷을 찢어 글을 지어 올렸는데 고의(古義)를 인용했으나 그 말씀은 매우 강하

---

258 손성(孫盛) : 동진의 관료, 역사가, 유량(庾亮), 환온(桓溫) 등 부하로 위씨 춘추와 진양추 등 역사가로서 많은 저작을 남김.

259 환온(桓溫) : 동진 사람으로 세 차례의 북벌로 저족, 강족, 선비족 등이 동진을 넘보지 못하게 만들고 대사마에 임명, 특별 대우하여 군권을 장악하고 명망을 높여 동진의 황제가 되려는 야심을 품음.

셨습니다.《형의 집행에 임박해서 공은 의복을 찢어 피로써 상소하여 예로부터 사관을 죽인 적이 없었다는 것을 밝혀 임금의 마음을 깨우칠 수 있기를 바랐지만 진복창이 중간에 막아서 상소가 들어가지 못했다.》아직 삼목(三木)[260]의 원혼을 드러내지 못하고《한나라 범방 등이 형을 받을 때 모두 삼목의 기구가 거듭되었다.》곧 독류(獨柳)[261]의 참상을 당했으니 거센 물결 지주로서 후생들이 송의가 무궁합니다.《조헌[趙公憲]의 폐소에 이르길, "안명세[安某]의 바른말과 곧은 글로 퇴락한 물결 속에 지주가 되어 공의를 밝게 드리웠습니다."라고 했다.》동시에서 조복을 입은 채로 당하셨는데 처사가 미친 척했으니 어떤 의미이겠습니까?《이지함[李公之菡]은 소매를 찢어 혈서하여 수형에 임한 공(公)을 전별하고 그대로 미친 듯이 세상을 피하며 해도(海島)를 돌아다녔다.》

丹書澡枉, 穆陵盡傷之懷.《宣廟朝, 伸冤復官.》紫誥覃恩, 先朝曠感之典.《正
단 서 조 왕   목 릉 혁 상 지 회   선 묘 조   신 원 복 관   자 고 담 은   선 조 광 감 지 전   정
宗朝, 贈直學.》哀榮備, 至風聲益揚. 昔惇史 纂 義帝之文《金馹孫, 之別號, 濯
종 조   증 직 학   애 영 비 지 풍 성 익 양   석 돈 사 찬 의 제 지 문   김 일 손 지 별 호 탁
纓齋, 卽佔畢齋 金宗直之門人, 直書, 李克墩之惡, 克墩嫌之嗾, 柳子光, 自註,
영 재 즉 점 필 재 김 종 직 지 문 인 직 서 이 극 돈 지 악 극 돈 혐 지 주 류 자 광 자 주
金公 弔義帝文, 以逢, 燕山之大怒, 竟被戊午之禍.》貞臣抱正陽之簡《元淏, 號
김 공 조 의 제 문 이 봉 연 산 지 대 노 경 피 무 오 지 화   정 신 포 정 양 지 간   원 호 호
觀瀾, 卽生六臣也. 事載 莊陵誌.》
관 란 즉 생 육 신 야 사 재 장 릉 지

단서(丹書 : 붉은 물감으로 쓰거나 새긴 글)는 씻겨지지 않아 목릉(穆陵 : 선조의 능 이름) 때 슬픈 마음을 품어《선묘조에 신원복관 되었다.》자고(紫誥)[262]의 은전(恩典 : 나라에서 베푼 특혜)을 받는데 선조께서 광감한 은혜를 내려《정종조 증 직학》애영(哀榮)[263]이 갖춰져 풍성이 더욱 드높았습니다. 지난날 돈사(惇史)[264]에 의제지문을《김일손의 별호는 탁영재로, 곧 점필재 김종직의 문인(門人)이자 이극돈의 악(惡)을 직서했는데 이극돈이 싫어하여 유자광을 부추겼으니 유자광이 점필재가 지

---

260 삼목(三木) : 세 가지 형구(刑具)로 칼, 차꼬(발목에 채우는 형구), 족쇄 따위를 말함.

261 독류(獨柳) : 한 그루만 서 있는 버드나무인데 당나라 때 주로 그 나무 아래에서 사람을 사형시킨 것을 인용함.

262 자고(紫誥) : 칙서.

263 애영(哀榮) : 신하가 상(喪)을 당하여 제왕으로부터 시호(諡號), 애책문(哀册文), 부의(賻儀) 따위를 받는 영예.

264 돈사(惇史) : 덕행이 있는 사람의 언행을 기록한 것.

은 조의제문을 스스로 역주(譯註 : 번역과 주석)하여 올리자 연산군이 크게 노하여 마침내 무오(戊午)의 화를 입었다.》찬(纂)하였는데 정신(貞臣 : 지조가 곧고 바른 신하)은 정양지간을 품었습니다.《원호의 호는 관란인데 곧 생육신이다. 일이 장릉지에 기록되어 있다.》

雖斯文之孔厄, 咸多士之永處. 嗟夫, 遺廟, 僅數世傳, 空山無一畝守《四傳而
수 사 문 지 공 액   함 다 사 지 영 처   차 부   유 묘   근 수 세 전   공 산 무 일 묘 수   사 전 이

姓替, 祠墓失記.》潘岳之家風, 莫述, 悼後嗣之云亡, 吳兢之實錄, 終湮傷前躅之
성 체   사 묘 실 기   반 악 지 가 풍   막 술   도 후 사 지 운 망   오 긍 지 실 록   종 인 상 전 촉 지

寢遠.《唐, 武后時人, 著魏元忠實錄.》
침 원   당   무 후 시 인   저 위 원 충 실 록

비록 사문(斯文 : 유학자)이 큰 액운을 당했지만 모두 다 선비로서 영처[265]가 있습니다. 아(嗟夫)! 유묘는 겨우 몇 세(世)를 전하다가 텅 빈 산으로 하나의 묘(畝 : 이랑, 두둑, 즉 묘가 많이 훼손됨을 의미)조차도 없습니다.《4대[四]를 전하다가 성(姓)이 쇠퇴하여 사묘의 기록을 잃어버렸다.》반악(潘岳)[266]의 가풍을 계승하는 이가 없고 후사(後嗣 : 대를 잇는 자식)를 잃은 것이 애석하도다. 오긍이 실록을 편찬해 마침내 자취가 무너졌습니다.《당나라 무후 때의 사람으로 위원충실록을 지었다.》

蓋其高慕仰之思逾久不泯, 所以白峰道基之論, 相繼迭發.《白峰 安城 洪南坡書
개 기 고 모 앙 지 사 유 구 불 민   소 이 백 봉 도 기 지 론   상 계 질 발   백 봉 안 성 홍 남 파 서

院也. 道基 沙溪書院, 亦在安城.》爰卜牲亭之所, 莫如鯉潭之宜, 一壑之親柘成
원 야   도 기 사 계 서 원   역 재 안 성   원 복 생 정 지 소   막 여 이 담 지 의   일 학 지 친 자 성

村, 莫非旁支之裔, 四經之松楸連壠儘, 是先世之藏. 此猶掘地而得, 泉未必水專
촌   막 비 방 지 지 예   사 경 지 송 추 연 롱 진   시 선 세 지 장   차 유 굴 지 이 득   천 미 필 수 전

在, 是苟欲依形, 而求影, 亦應.
재   시 구 욕 의 형   이 구 영   역 응

대개 높이 사모하고 우러르는 생각이 더욱 오래되었는데도 사라지지 않는 것은 백봉서원과 도기서원의 논의로 서로 잇달아 번갈아 발론되었기 때문입니다.《백봉은 안성 홍남파서원이고 도기는 사계서원으로, 또한 안성에 있다.》이에 생정지소(牲亭之所 : 제물을 올리는 장소)를 정하기로 이담만큼 적절한 곳이 없으며, 한 골짜기에서 친족이 성촌(成村)을 이루고 있으니 모두 방지 후예가 아닌 자가 없으며, 사경(四經)에 송추(松楸)[267]가 잇따르니 이것이 선대의 숨겨둔 곳이라. 이것은 땅을

----

265 영원한 안식처

266 반악(潘岳) : 진(晉)나라 반악이 어머니를 수레에 태우고 유람한 것으로, 어버이를 모시는 것을 의미하는 것으로 추정함.

267 송추(松楸) : 산소(山所) 둘레에 심는 나무를 일컬음. 주로 소나무와 가래나무를 심음.

파는 것과도 마찬가지입니다. 이것은 땅을 파서 얻는 것과 같은데 샘은 아직 물이 반드시 생기지는 않지만, 이것은 진실로 형(形 : 형상)에 의지하고, 영(影 : 빛)을 구하면 또한 응할 것입니다.

神不遠人乃審面勢於川原, 敦心匠於棟宇, 庭除夷曠, 橫開十里之郊, 戶牖淨明
신불원인내심면세어천원   돈심장어동우   정제이광   횡개십리지교   호용정명
平, 挹半江之水, 不宏不陋, 略倣三門四表之儀, 有桷有閑.《詩殷武章云, 松桷有
평   읍반강지수   불굉불루   략방삼문사표지의   유천유한   시은무장운   송각유
桷, 旅楹有閑, 寢成孔安, 長也, 閑大也.》
천   여영유한   침성공안   장야   한대야

신(神)이 멀리 있는 사람을 알아보지 못하니, 천원(川原 : 내의 근원)에서 면세(面勢 : 겉으로 드러나 보이는 모양이나 형세)를 자세히 살피고, 동우(棟宇 : 집의 마룻대와 추녀 끝)에서 돈독히 이리저리 생각할 수 있고, 마당은 넓어 평평해서 너머로 10리의 교외를 열어 놓았으며, 선비의 거처[戶牖]로 깨끗하고 평평하며, 강(江)에 물이 읍반(挹半 : 절반이 채워짐)하며, 크거나 누추하지 않았습니다. 대략 삼문과 사표(四表 : 나라 사방의 바깥으로 온 세상을 뜻함)의 의식을 본떴는데 서까래가 있고 한가로움이 있습니다.《시(詩) 은무장에 이르길, 기다란 소나무 서까래에 많은 기둥이 번듯하니 집에 편안히 앉았도다 하니 길고 한가로움이 크다.》

遂成重欄復壁之制繩引《引長尺》交集何必楊潛之都料《梓人, 傅都料匠, 楊潛
수성중란복벽지제승인   인장척   교집하필양잠지도료   재인   부도료장   양잠
卽木手之都偏手也.》木石咸治, 不借武夷之助贐《武夷刱, 考亭書院.》將以崇奉
즉목수지도편수야   목석함치   불차무이지조신   무이창   고정서원   장이숭봉
俎豆, 寓瞻慕之誠, 廣延衿紳, 爲藏修之所.《書院, 卽藏書修身之所.》
조두   우첨모지성   광연금신   위장수지소   서원   즉장서수신지소

마침내 중란(重欄 : 난간의 설치)과 복벽(復壁 : 벽을 두껍게 함)을 완성하고, 승인(繩引 : 밧줄로 당김)으로 만들었습니다.《인장척》교집(交集 : 이런저런 생각들이 마음속에 뒤얽혀 서림)하는데 하필 양잠(楊潛 : 당나라 때 대목수)의 도료(都料 : 목수)가《재인(梓人 : 옛날의 건축설계사)은 도료장의 스승이고, 양잠은 곧 목수 중 도편수(都偏手 : 목수의 우두머리)이다.》목석(木石)을 모두 다루는데 무이의 제물을 빌리지 않았습니다.《무이는 고정서원을 창건했다.》장차 받들어 제향하게 하여 우러러 사모하는 정성을 붙여 널리 펴서 장수하는 곳이 될 것입니다.《서원은 곧 장서와 수신하는 곳이다.》

其爲制也, 可久, 其爲志也, 可傳, 鼎元夙懷高風, 親觀盛擧, 想中學倡議之會,
기위제야   가구   기위지야   가전   정원숙회고풍   친관성거   상중학창의지회
撫世變, 而激仰.《金光準, 倡議中學, 事見上.》讀傳舍, 告訣之書, 考家牒, 而掩
무세변   이격앙   김광준   창의중학   사견상   독전사   고결지서   고가첩   이엄

抑.《金公諸, 謫去時, 有告訣家書.》

그 제도는 오래될 수 있고 그 뜻은 전해질 수 있으니, 정원(鼎元 : 상량문 작성자의 이름)이 일찍부터 품었던 고풍으로 몸소 보러 와 성대하게 거행하오니, 상상해 보면, 중학에서 창의한 모임에 세상의 변화를 어루만져 격앙했습니다.《김광준이 중학에서 창의했는데 일은 위에 보이는 바와 같다.》전사고결(傳舍告訣 : 관원이나 여행객이 잠을 자는 곳에서 이별을 알림)의 글을 읽고, 가첩(家牒 : 한집안의 계보를 적은 책)을 상고하니 엄억(掩抑 : 움츠러들거나 억눌림)합니다.《김저[金公諸]가 적거(謫居 : 귀양살이)할 때 고결가서가 있었다.》

身名埋沒, 俯仰人間, 志氣消磨, 徊徨田畔, 山迢水逝, 懷佳人兮, 不能忘, 世降風移, 抒中情兮, 誰與語, 玆發五噫之詠, 庸備六偉之詞.

명망이 매몰되어, 인간의 위아래로 훑어보면, 지기가 소갈되어 전반에 오락가락 맴돌며, 산이 멀고 물은 흐리며, 가인을 품어, 꿈속엔들 잊을 것인가? 세대가 내려와 풍속이 옮겨가니 조금 위안되지만, 누구와 함께 이야기하겠습니까? 이에 오희(五噫)[268]의 노래를 발하니 육위지사(六偉之詞)[269]를 갖춥니다.

兒郎偉抛樑東, 層巒壁立撐空, 中有白雲時起, 幽冤定薄蒼穹.

여보게들, 대들보 동쪽으로 떡을 던지세나. 층산(層山 : 겹산)과 같은 층벽으로 하늘에 높이 세워, 가운데 백운이 때때로 일어나, 유원(幽冤 : 죽은 사람의 원한)은 푸른 하늘에 닿았네.

兒郎偉抛樑西, 日下五雲望迷, 世間幾回生死, 滿路輝暎簪珪.

여보게들, 대들보 서쪽으로 떡을 던지세나. 하늘 밑 오색구름 한없이 아득한데, 세간에 얼마나 생사를 반복하나, 잠(簪 : 관모 뒤에 꽂는 비녀)과 규(珪 : 홀)의 빛이 길에 가득히 빛나네.

兒郎偉抛樑南, 澗聲松籟相參, 認是曾經杖履, 靈風祝駕仙驂.

----

268 오희(五噫) : 다섯 가지의 슬픔. 북망에 오르니 슬프고, 제경(帝京)을 돌아보니 슬프고, 궁실이 높으매 슬프고, 백성이 수고하니 슬프고, 아득하여 다하지 못하니 슬픔.

269 육위지사(六偉之詞) : 육위(六偉)는 동·서·남·북·상·하 6방위. 사(詞)는 상량문 끝에 붙이는 가사.

여보게들, 대들보 남쪽으로 떡을 던지세나. 물가에 솔바람 소리 썩 어울려, 이곳이 일찍이 장리를 경영할 줄 알았으니 영풍(靈風 : 신령한 바람)에 놀란 선참(仙驂 : 신선)이 축원하네.

兒郞偉抛樑北, 春陽載回陰陸, 剗地欲種芝蘭, 惟憂復滋荊棘.
아 랑 위 포 량 북 춘 양 재 회 음 륙   잔 지 욕 종 지 란   유 우 복 자 형 극

여보게들, 대들보 북쪽으로 떡을 던지세나. 봄에 양(陽)이 재회(載回 : 돌아감)하여 음(陰)을 두텁게 하여, 잔지(剗地 : 깎은 땅)에 지란(芝蘭 : 지초와 난초)을 심으려 하는데, 오직 근심하는 것은 다시 내릴 가시나무이네.

兒郞偉抛樑上, 元氣盤空滴盪, 儘可昭爲列星, 般能迸作奔浪.
아 랑 위 포 량 상 원 기 반 공 훌 탕   진 가 소 위 렬 성   반 능 병 작 분 랑

여보게들, 대들보 위쪽으로 떡을 던지세나. 원기(元氣 : 사물의 기운과 활동력)는 샘솟아 훨훨 날아, 진실로 밝게 열성(列星 : 하늘의 무수한 별)이 될 수 있는데, 능히 서둘러 거친 물결을 만드네.

兒郞偉抛樑下, 華送秩秩薦罕, 卽看世事悠悠, 禮失宜求諸野.
아 랑 위 포 량 하 화 송 질 질 천 가   즉 간 세 사 유 유   례 실 의 구 제 야

여보게들, 대들보 아래로 떡을 던지세나. 화주(華送 : 화(華)는 아름다움, 송(送)은 물품을 보냄) 가지런히 놓고 술잔을 올리니, 즉 세사의 유유(悠悠 : 유구함. 지나온 시간이 길고 오래되다)함을 살펴, 예(禮)를 잃으면 마땅히 제야에서 구하리.

伏願上樑之後, 堂宇靚深, 林巒拱護, 礪峴高聳, 願追, 淬名行之風講, 峰森抽母替, 誦墳典之業, 國史之書, 野史之記, 孰無旋淑之懷, 百歲以後, 千歲以前庶見立懦之效.
복 원 상 량 지 후 당 우 정 심 림 만 공 호 려 현 고 용 원 추 쉬 명 행 지 풍 강 봉 삼 추 모 체 송 분 전 지 업 국 사 지 서 야 사 지 기 숙 무 선 숙 지 회 백 세 이 후 천 세 이 전 서 견 립 나 지 효

엎드려 바라오니, 상량한 뒤에 당우는 고요하고 깊어서, 숲과 뫼로 수호하여 주시옵고, 여현(礪峴 : 거친 고개)은 더욱 수려하고 높게 해 주옵소서. 바라건대, 명행(名行 : 유명한 행실)의 풍(風 : 기질)을 강(講)하고, 봉우리와 삼림이 쇠하지 않도록 하게 하시며, 분전(墳典 : 옛날의 서적, 고전)의 업(業 : 학업 과정)을 외고, 국사의 기록과 야사의 기록 중 어느 것인들 곧고 좋은 생각이 없겠는가마는 백 년 후에도 천년 후에도 효과를 볼 수 있게 하소서.

崇禎後甲申三月二十五日,
숭 정 후 갑 신 삼 월 이 십 오 일

通訓大夫, 前行 司諫院 正言, 月城 金鼎元撰.
통 훈 대 부   전 행 사 간 원 정 언   월 성 김 정 원 찬

숭정 후 갑신년(1824년) 3월 25일.

통훈대부 전(前) 행(行) 사간원 정언 월성 김정원이 찬하다.

이하(以下) 게재하는 서한문은 검열사(檢閱祠 : 일명 계담사) 창립기금 확보를 위한 순흥안씨 충주파 문중과 지역유림들의 노력이 담긴 통문이다. 당시 영동 황간지역의 한림공의 방손(傍孫)들의 참여 독려는 물론 도내(道內) 유림들에 대한 협조 요청 등에 대한 통문으로서 건원일기(建院日記)를 살펴보면 청주, 청안, 괴산(당시 이담은 충주 관할 지역) 지역의 유림 등 도내의 각 유림에서도 동참했음을 알 수 있다. 그만큼 한림공의 절의에 대한 추모가 깊었음을 알 수 있고, 검열사는 순흥안씨 충주파 문중만이 아닌 도내 유림의 협조로 건립된 서원이었음을 알 수 있다.

【抵黃澗宗中書(황간종중에 보낸 편지)】
저 황 간 종 중 서

八舍之地, 固非絕遠, 而百代之誼, 便發相忘, 德音莫接, 哀慶無問. 是豈情理
팔 사 지 지   고 비 절 원   이 백 대 지 의   편 발 상 망   덕 음 막 접   애 경 무 문   시 기 정 리
上, 傾瀉之道, 宗黨間, 敦睦之風乎. 憧憧永歎, 想應一般也已. 卽伏惟高秋, 僉宗
상   경 사 지 도   종 당 간   돈 목 지 풍 호   동 동 영 탄   상 응 일 반 야 이   즉 복 유 고 추   첨 종
氏座下靜候, 萬衛愻儀, 不任區區之至.
씨 좌 하 정 후   만 위 위 의   불 임 구 구 지 지

팔사(八舍 : 이웃들)의 땅이 본디 아주 먼 곳은 아닌데, 백 대의 정의가 발(發)해져야 하나, 서로 잊어 덕음(德音 : 좋은 말씀)을 접하지도 못하고 애경(哀慶 : 슬픔과 즐거움)을 묻지도 못했습니다. 이것을 어찌 정리상으로 쏟아지는 도리이며, 종당 간에 화목한 기풍이라 하겠습니까? 정신없이 길게 탄식하는 것은 아마도 매일반이라 생각됩니다. 곧 삼가 고추(高秋 : 하늘이 높고 기분이 상쾌한 가을철)의 때에 여러 종씨의 좌하(座下 : 상대방을 높여서 이름 다음에 쓰는 말)께서 잘 지내시는 것을 생각하니 저의 마음이 우러러 위로되고 그리운 마음 간절합니다.

就告惟我先旁祖, 贈直提學公, 卓節危忠, 炳烺千古, 而不幸繼姓無傳, 往蹟寢
취 고 유 아 선 방 조   증 직 제 학 공   탁 절 위 충   병 랑 천 고   이 불 행 계 성 무 전   왕 적 침
遠. 東市朝衣碧血, 藏寃短롱. 秋風白楊不老寥寥, 百載從增志士之感淚矣.
원   동 시 조 의 벽 혈   장 원 단 롱   추 풍 백 양 불 로 요 요   백 재 종 증 지 사 지 감 루 의

나아가 고(告)하는 것은 아! 우리 선방조이신 증 직제학공께서는 우뚝한 절의로 그 충정은 천고에 빛나실 것입니다. 그런데 불행하게도 후손이 전해지지 못하고 과거의 자취가 점점 멀어지게 되었습니다. 동시에서 조복을 입은 채 벽혈(碧血 : 푸른색 피. 즉 정의를 위하여 흘린 피)이 되신 작은 언덕에 그 원통함이 있습니다. 추풍에도 백양(白楊 : 버드나무과의 나무)은 늙지 않고 요요하니 백 년 뒤에도 지사들이 따르며 감격의 눈물을 흘릴 것입니다.

猗乎. 貤贈之典,
의 호 　이 증 지 전

特出於先朝之曠感, 餟享之論, 繼發於後學之尊尙, 天人相感之理, 名德不朽之說,
특 출 어 선 조 지 광 감 　체 향 지 론 　계 발 어 후 학 지 존 상 　천 인 상 감 지 리 　명 덕 불 오 지 설

於斯可驗. 而惟吾旁支之心激仰, 奮發之私謂如何哉. 第其牲享之所, 卜此鯉潭者,
어 사 가 험 　이 유 오 방 지 지 심 격 앙 　분 발 지 사 위 여 하 재 　제 기 생 향 지 소 　복 차 이 담 자

牲是詢謀之僉同.
생 시 순 모 지 첨 동

아! 진실로 합당한 일입니다. 이증지전(貤贈之典 : 사후에 벼슬을 높여 줌)은 선조(先朝 : 정조 때 증직이 되심)에서 유례없이 특별히 나온 것으로 향사에 대한 논의가 후학의 존숭으로 잇달아 제기되어 천인이 서로 감응한 이치로 명덕은 썩지 않는다는 설(說)이 바로 여기에서 증명될 수 있었습니다. 이에 우리 방지(旁支 : 본체에서 갈려 나간 가닥)의 마음이 격앙되었으니 분발하도록 이르는 것이 어떠하겠습니까? 다만 그 생향(牲享 : 제물을 올림)하는 곳으로 이 이담을 정한 것은, 이곳은 묻고 자문하여 여러분의 동의를 받았기 때문입니다.

而鳩財之道, 不可專恃於士林, 則其責之偏歸於旁支者, 事勢之固然也. 最近旁
이 구 재 지 도 　불 가 전 시 어 사 림 　즉 기 책 지 편 귀 어 방 지 자 　사 세 지 고 연 야 　최 근 방

裔, 惟鄙等與貴派. 故其協贊之方, 收財之道, 士林之所期望, 堂中與鄙等同者,
예 　유 비 등 여 귀 파 　고 기 협 찬 지 방 　수 재 지 도 　사 림 지 소 기 망 　당 중 여 비 등 동 자

職由是也.
직 유 시 야

재물을 모으는 방도는 사림에게 전적으로 의지할 수 없으니, 그 책임의 한쪽을 방지에게 돌려야 하니, 일이란 본디 형세가 그러합니다. 가장 가까운 방예가 오직 비등과 귀파입니다. 그러므로 그 협찬하는 방도와 재물을 거둘 방도는 사림들이 바라는바, 당중에 비등과 같은 자가 직을 맡는 것은 이 때문입니다.

且院宇之建, 於此者, 以儒論適先發, 於鄙邑之致也, 尊亦想必易地然矣. 自春
차 원 우 지 건 　어 차 자 　이 유 론 적 선 발 　어 비 읍 지 치 야 　존 역 상 필 역 지 연 의 　자 춘

224

至秋, 迄過六朔, 僅立正堂, 講室木役纔畢, 財物旋乏瓦甓丹腰, 萬無繼成, 故姑
지추   흘과육삭   근립정당   강실목역재필   재물선핍와기단확   만무계성   고고
爲停止, 以待明春矣.
위정지   이대명춘의

　또 원우를 건립하는 이것이 유론으로 마침 먼저 발론(發論)되어 비읍에 이르렀
으니 존귀함으로 또한 상상해 보면 반드시 땅을 바꿀 수 있을 것입니다. 봄부
터 가을까지 6개월이 지나서 겨우 정당을 세울 수 있었으며, 강당의 목역이 겨
우 마쳐졌으나 재물이 부족하여 지붕에 기와를 올리고 단청을 꾸미는 것에 계
속 대를 이어 완성할 수는 없는 일이므로 우선 정지하고 내년(1825년) 봄을 기다
리게 되었습니다.

近聞, 士林中, 別定有司, 齋通求助於於貴邊云. 而鄙等之不先通告, 有所疎,
근문   사림중   별정유사   재통구조어어귀변운   이비등지불선통고   유소소
遠外視之嫌. 故玆定宗中有司, 先告委折耳. 伏念僉尊, 慕先向義之心, 高人數層
원외시지혐   고자정종중유사   선고위절이   복념첨존   모선향의지심   고인수층
看, 已所飮聞.
간   이소음문

　근자에 들으니 사림 가운데 별도로 유사를 정하여 귀변에서 통망(通望)하여 도
움을 구한다고 합니다. 그런데 비등에 먼저 알려주지 않아 멀리하고 소원(疎遠)
하게 하는 바가 있어 싫어한다고 합니다. 그러므로 이에 종중의 유사를 정하는
데 있어 먼저 자세히 그 곡절을 고했을 뿐입니다. 삼가 생각건대, 첨존의 선조
(先祖)를 사모하고 의(義)를 향하는 마음이라면 고인(高人)께서도 누차 보고 흠향
하고 들으신 바가 있을 것입니다.

不待鄙等之費, 舌必有先處之道矣. 幸須齊心極力, 急期收送以竣大事, 以副士
불대비등지비   설필유선처지도의   행수제심극력   급기수송이준대사   이부사
友之望, 以紓, 鄙等之私, 千萬幸甚.
우지망   이서   비등지사   천만행심

　비등의 비용을 기다리지 말고 반드시 먼저 처리하는 방도가 있을 것입니다.
부디 마음을 다하여 극력으로 닥쳐온 기한에 맞춰 보내어 대사를 완성할 수 있
다면 사우의 바람에 부응하여 비등은 천만다행이겠습니다.

甲申七月, 宗末煥等拜
갑신칠월   종말환등배
갑신(1824) 7월, 종말 환 등 배.

【 抵黃澗通文(충원향교 사마재에서 황간문중에 보낸 통문)】

右文爲通論事, 伏以鄙等, 以故 贈直提學, 翰林安先生, 建祠腏享事已於昨年
十一月, 齋會于本州之校宮. 積鬱之議, 始發慕義之情, 惟均風聲永樹, 雖百世而
不泯, 矜紳相賀, 環一鄕, 而同辭遂乃發文.

우(右)와 같이 통유하는 일은 다음과 같습니다. 삼가, 비등은 고(故) 증 직제학 한림 안선생의 건사하여 철향(腏享 : 제사를 올림)하는 일로 이미 작년 11월에 본 주 교궁에서 제회했습니다. 적체의 답답함에 의논한 것인데 비로소 모의의 정으로 발의했으니 오직 풍성(風聲)[270]을 고르게 세워 비록 백 세가 지나더라도 민멸(泯滅 : 자취나 흔적이 없어짐)되지 않도록 긍신(矜紳 : 지체가 높음을 자랑함)을 서로 치하하여 한 고을로 돌리고자 한목소리로 마침내 글을 발송하게 되었습니다.

而飛通相與合力, 而鳩財僉以爲本州之鯉潭, 卽先生杖屨之所, 嘗及也. 卜吉安
靈, 莫如玆土, 乃於今二月, 開基董役. 而凡所營建者, 正堂八楹, 講堂十二楹, 計
用工三十餘人, 用財八百餘金. 而木役僅畢財力. 仍屢瓦墍丹雘之役, 尙未始工,
凡此已用之.

그리하여 속히 통문을 보내어 서로 합력하고 구재(鳩財 : 재물을 거두어 모음)하여 모두 본주의 이담으로 삼았으니, 곧 이담은 선생의 장구지소(杖屨之所 : 살던 곳, 연고가 있는 곳)로 일찍이 언급되던 곳입니다. 타령(妥靈 : 영령이 편히 쉼)할 곳으로 길(吉)한 곳을 정하는 데 이 땅만 한 곳이 없을 것이어서, 이에 금년(1824년) 2월에 터를 닦고 역(役)을 감독했습니다. 그리하여 모두 영건한 것은 정당 8영, 강당 12영이며, 계(計)는 공인 30여 명을 쓰고 재물은 800여 금(金)을 써서 목역은 재력으로 겨우 마칠 수 있었습니다. 기와를 덮고 단청을 꾸미는 역은 아직 공사도 시작하지 못했는데 이미 모두 다 사용했습니다.

財始出於鄙鄕士林之, 如于鳩合, 而盖多出, 於先生旁裔之在鄕中諸家. 無論家

---

270 풍성(風聲) : 의(義)를 세우고 윤리와 기강을 붙들어서 그 뜻이 일월과 그 빛을 다투는 소리.

力之鏡乏, 各出各下錢, 極力慘補者也. 今則大役纔始中途旋撤, 勢如以明春更始
력지경핍　각출각하전　극력참보자야　금즉대역재시중도선철　세여이명춘갱시
期, 於峻役. 故今又再通, 於鄕中, 及隣邑, 以爲鳩財之道.
기　어준역　고금우재통　어향중　급린읍　이위구재지도

　재물은 비로소 비향의 사림에서 내기 시작해서 이와 같이 모았는데 대개 선생
의 방계(傍系)로 향중에 있는 여러 집에서 많이 내었습니다. 집안의 재력이 부족한
것을 막론하고 각각 하전(下錢 : 자금을 기탁함)을 내주어 힘을 다해 참여하고 도왔던
것입니다. 지금 큰 역사(役事)가 겨우 중도에 다시 철폐되었으니 내년(1825년) 봄에
다시 시작할 기일을 정하여야 역사를 마칠 수 있습니다. 그러므로 지금 또다시
향중과 인읍(隣邑)에 통문하여 재물을 모으는 방도로 삼고자 합니다.

而竊念, 先生之卓節大義, 日星昭垂, 凡在儒士之列者, 孰不齊聲相役. 而況僉
이절념　선생지탁절대의　일성소수　범재유사지렬자　숙불제성상역　이황첨
君子, 俱以同派之親, 尤切高山之仰. 玆以士林之僉議, 一辭敬通幸望, 貴門僉宗,
군자　구이동파지친　우절고산지앙　자이사림지첨의　일사경통행망　귀문첨종
亦依鄙鄕, 安氏諸宗之例, 限今年內, 合力出財以爲補用之地, 幸甚.
역의비향　안씨제종지례　한금년내　합력출재이위보용지지　행심

　삼가 생각건대, 선생의 탁월한 절개와 대의는 밝게 드리워져 있어 유자(儒者)
의 반열에 있는 자라면 누구인들 한목소리로 서로 역(役)을 돕지 않겠습니까?
더구나 첨군자는 모두 동파의 친족으로서 더욱 고산을 우러러보기 간절합니
다. 이에 사림의 첨의를 모아 한목소리로 공경하고 삼가는 바이니 귀문의 첨종
또한 비향의 안씨 제종에 전례에 따라 올해 안에 힘을 합쳐 재물을 내어 보태
쓰도록 한다면 매우 다행이겠습니다.

尙德慕義, 固同出於秉彛, 敦親厚宗尤有望, 於高門. 故玆擧以聞焉, 想應樂,
상덕모의　고동출어병이　돈친후종우유망　어고문　고자거이문언　상응락
而應之.
이응지

　덕(德)을 높이고 의(義)를 사모하는 것은 본디 똑같이 타고난 떳떳한 성품에서
나왔고 종친을 돈후하게 대하는 것은 고문에 있었습니다. 그러므로 이를 거행
하매 그것을 들으니 기쁘게 응하고 응할 것을 상상하옵니다.

甲申八月十八日, 發文.
갑신팔월십팔일　발문
갑신(1824년) 8월 18일, 발문.

司馬齋 有司 同前.
사 마 재 유 사 동 전

사마재 유사 앞과 같음.

【士林抵安氏宗中書(사림에서 안씨종중에 온 서신)】
사 림 저 안 씨 종 중 서

伏惟, 冬侯乖宜, 僉履起居萬衛, 仰慰且溯之至. 院宇之役, 正堂講齋之得就幾
복 유 동 후 괴 의 첨 리 기 거 만 위 앙 위 차 소 지 지 원 우 지 역 정 당 강 재 지 득 취 기
楹, 岡非貴宗僉座下殫誠. 竭力拔難周章之就, 其在遠近風聲之及, 感歎在中.
영 강 비 귀 종 첨 좌 하 탄 성 갈 력 발 난 주 장 지 취 기 재 원 근 풍 성 지 급 감 탄 재 중

삼가 생각건대, 겨울 날씨가 이상한데 여러분의 기거가 만안하실 것으로 생각하니 저의 마음이 우러러 위로되고 한편 그리운 마음 간절합니다. 원우의 역사[役]로 정당과 강재의 몇 칸을 얻었으니 귀종의 여러 좌하의 정성이 아닌 것이 없습니다. 힘을 다해 어려운 주장을 얻을 수 있었던 것은 모두 멀리 또는 가까이 있어도 풍성(風聲)이 이른 데 있으니 감탄스럽습니다.

第事鉅力綿, 停役日久, 且念成後之事, 較之旣往之役, 則不啻較三十里, 若使
제 사 거 력 면 정 역 일 구 차 념 성 후 지 사 교 지 기 왕 지 역 즉 불 시 교 삼 십 리 약 사
有始勤終怠之弊, 而萬一涉於詩人, 鮮克有終之戒, 則士林之貽羞猶屬, 第二, 其
유 시 근 종 태 지 폐 이 만 일 섭 어 시 인 선 극 유 종 지 계 즉 사 림 지 이 수 유 속 제 이 기
爲貴宗之恥辱, 將復如何.
위 귀 종 지 치 욕 장 복 여 하

다만 일은 큰데 힘이 부족하여 역(役)이 정지된 지가 오래되었고, 또 뒤에 일을 이룰 것을 생각해서 기왕의 역(役)을 비교해 보니 30리 정도의 차이가 있을 뿐이니, 만약 처음에는 부지런하다가 끝에 태만해지는 폐단이 있게 한다면, 만에 하나 시인이 끝까지 잘 마무리하는 자 드물다고 한계[戒]에 해당할 것이니,[271] 사림에게 수치를 끼쳐 오히려 이런저런 수치가 될 것이며, 둘째는 귀종의 치욕일 것이니 장차 회복하는 것이 어떠하겠습니까?

且況直學公之祀事, 忽諸已久. 而貤贈之爵, 一未題於祠板之上者, 尤係貴宗一
차 황 직 학 공 지 사 사 홀 제 이 구 이 이 증 지 작 일 미 제 어 사 판 지 상 자 우 계 귀 종 일
門之責. 顧, 今一半分埃効, 息黥之道, 果不在於書社之成就也耶. 作撤成毁, 今
문 지 책 고 금 일 반 분 애 효 식 경 지 도 과 불 재 어 서 사 지 성 취 야 야 작 철 성 훼 금
正其械, 決不可以一毫疏忽, 使此九分已就之工, 或虧於一簣也兮.
정 기 계 결 불 가 이 일 호 소 홀 사 차 구 분 이 취 지 공 혹 휴 어 일 궤 야 혜

---

271 《시경》〈탕(湯)〉에 "처음이야 잘하지 않는 이 없으랴마는 끝까지 잘하는 이는 흔치 않다(靡不有初 鮮克有終)."라는 구절이 있는데 그 인용으로 추정됨.

계담서원

더구나 직학공의 제사를 매우 오랫동안 소홀히 하였습니다. 이증지작되었으나 한 번도 사판(祠版 : 죽은 사람의 이름을 적은 위패) 위에 제사하지 못한 것은 더욱 귀 종의 일문(一門)과 관계된 책무입니다. 돌아보건대, 지금 반 푼씩 올려서 식경보의(息黥)[272]하는 방법으로 하면 실제 서사를 성취하는 데에 있지 않겠습니까? 지은 것을 철거하고 완성된 것을 허는 것은 이제 그 기회를 바로잡았으니 결코 터럭만큼이라도 소홀히 해서는 안 되니, 이것은 열에 아홉은 이미 이루어진 공사인데 혹 한 삼태기에도 어그러지게 될 수 있습니다.

以鳩財之策, 發通於章甫, 而茲又敬告於貴宗中. 排定有司如是錄. 逡非但, 貴宗之事, 又兼士林之所期望. 而責任非細從前殫竭, 固已可感, 而成頭寄托, 亦無至. 或孤以副遠近, 士林之風聲更仰. 千萬姑不備. 伏惟僉尊照.

이에 재물을 모으는 계책으로 장보에게 통문을 발하는 것으로, 이에 또 공경히 귀 종중에 통고하는 것입니다. 배정된 유사는 이 기록과 같습니다. 마침내 귀 종의 일뿐만 아니라 또 사림이 기대하던 것을 겸하게 되었습니다. 책임이 결코 작은 일이 아닌데 이전에 고갈되어 감응도 없고 몰려들어 의탁하는 일도 없습니다. 혹 외로이 원근이 부응하여 사림의 풍성함이 다시 우러르게 되기를 바랍니다. 많은 말은 다 갖추지 못했습니다. 삼가 바라건대 첨존께서 살펴주시기 바랍니다.

甲申十月初十日.

洪集休, 沈啓顯, 李憲基, 李象會, 洪秀學, 南一中, 崔漢俊 等拜.

갑신(1824년) 10월 초 10일.

홍집휴, 심계현, 이헌기, 이상회, 홍수학, 남일중, 최한준 등 배(拜).

安氏有司排定錄, 安星老, 安煥, 安廷觀, 安廷恒, 安廷稷, 安廷濟, 安廷華, 安九老, 安廷鳳, 安商老.

---

272 식경(息黥) : 형벌을 받아 훼손된 몸을 온전하게 회복한다는 뜻으로, 개과천선을 의미.

안씨유사 배정록, 안성로, 안환, 안정관, 안정항, 안정직, 안정제, 안정화, 안구로, 안정봉, 안적로.

今此諸員係是士林中, 所排定, 則宗事之外, 重以儒林之責, 寄其重. 且大尤非
금차제원계시사림중 소배정 즉종사지외 중이유림지책 기기중 차대우비
前日之比, 幸勿少忽焉. 收錢有司, 不必以薦紙書送, 故錄附書末. 諒之諒之.
전일지비 행물소홀언 수전유사 불필이천지서송 고록부서말 량지량지

지금 이 여러 원(員)은 사림 중에서 배정한 바이니 종사 외에 유림의 책임을 중히 여기어 그 중임을 맡겼습니다. 또 크게 지난날에 비할 바가 아니니 작게 여기지 말고 소홀히 여기지 않는다면 다행이겠습니다. 수전유사는 천지로 써서 보낼 필요가 없으므로 말미의 부록에 기록했습니다. 부디 혜량하시기 바랍니다.

【道內通文(도내 유림에게 보낸 통문)】

右文爲通諭事, 風不有初, 詩人之所刺也, 罔惟厥終, 賢人攸勉也. 吾鄕中, 贈
우문위통유사 풍불유초 시인지소자야 비유궐종 현인유면야 오향중 증
直提學, 翰林安公之書社, 幸因士林之公議之響應. 且賴旁裔, 誠力之殫竭, 正堂
직제학 한림안공지서사 행인사림지공 의지향응 차뢰방예 성력지탄갈 정당
之役, 講堂之工, 今幾垂訖, 統論 事功殆乎. 過半而力綿財, 竭停役已久.
지역 강당지공 금기수흘 통론 사공태호 과반이력면재 갈정역이구

우(右)와 같이 통유하는 일은 다음과 같습니다. 삼가 시인(詩人 : 시경)을 풍자하면 풍(風 : 기질 또는 분위기)은 처음부터 있었던 것은 아니며 끝을 잘 맺도록 도모하는 것은 현인이 면려(勉勵 : 스스로 애써서 노력함)해야 하는 바입니다. 우리 향중에 증 직제학 한림 안공의 서사에 관하여 다행히 사림의 공의로 인하여 향응하는 바가 있습니다. 또 방계 후예가 성력을 다한 것에 힘입어 정당의 역사[役]와 강당의 공사가 이제 거의 마쳤으니, 통론하면, 공적이 거의 이루어졌습니다. 그런데 이제 반을 넘어 힘이 약해서 일을 정지한 지가 이미 오래되었습니다.

白世之湮鬱, 攄以少伸, 一簣之虧功, 將有其慮, 此豈非士林之差臥, 而斯文之
백세지인울 회이소신 일서지휴공 장유기려 차기비사림지차와 이사문지
闕典也耶. 成毀作徹, 今改豪忽之械, 而義不可以始勤而終怠. 故先目本鄕校宮,
궐전야야 성훼작철 금개호홀지계 이의불가이시근이종태 고선목본향교궁
司馬齋, 各院宇, 拔例助財, 而如是通告, 于道內校院, 及諸章甫宅.
사마재 각원우 발례조재 이여시통고 우도내교원 급제장보택

백 세의 울적함을 이제 조금이나마 펴고자 하는데 이지러진 공(功)에 장차 그 염려 또한 있습니다. 이것이 어찌 사림의 잘못이 아니겠으며 사문(斯文 : 유학자)

의 궐전(闕典 : 빠진 부분이 있는 의식)이 아니겠습니까? 성훼(成毁 : 이루어지는 것과 허물어짐)와 작철(作徹 : 만들어짐과 철거함)하는데, 이제 미세한 부분을 고치려 하는데, 의리상 처음에는 부지런하고 끝에서는 태만해서는 안 될 것입니다. 그러므로 먼저 본향의 교궁(校宮 : 향교) 사마재에서 각 원우에 전례에 따라 재물을 돕고자 이와 같이 도내의 교원(校院 : 향교와 서원)과 여러 장보(章甫 : 어른)의 댁에 통고하옵니다.

幸念尊賢尚德之義, 且爲樹風畢敎之道, 拔力優助, 以圖成如成終之方, 千萬幸甚. 右敬通于各校院諸章甫宅.

어진 이를 높이고 덕을 숭상한 뜻을 생각하시고, 또 풍속을 세워 교화를 다하는 방도를 행하시는 것을 생각하시어 힘을 발휘하고 넉넉하게 도와주셔서 이와 같이 완성할 수 있도록 방도를 주신다면 천만다행이겠습니다. 삼가 각 교원과 여러 장보 댁[宅]에 우(右)와 같이 공경히 통고합니다.

甲申十月十八日. 忠原司馬齋, 進士 權定, 李晩峻, 李象會, 幼學 李在實, 李光會, 洪世謨.

갑신년(1824년) 10월 18일.

충원 사마재, 진사 권정, 이만준, 이상회, 유학 이재실, 이광회, 홍세모.

안명세 선생 봉안

검열사(檢閱祠)의 건립을 추진하며 건립자금의 부족 등 많은 어려움을 지역유림의 도움과 순흥안씨 충주파 문중원들이 함께 나누며 15년이라는 시간이 흘렀지만 끝내 서원 건립을 마치고 한림공의 배향을 마칠 수 있었다. 앞의 건원일기(建院日記) 말미에 언급되었듯이 우선은 충원향교(忠原鄕校) 유림과 협의하여

- 봉안 일시를 1938년 윤(閏)4월 6일로 정하였다.
- 이에 앞서 3월 15일 유회(儒會)를 개최하여 서원 운영에 필요한 유사를 추천받아 선임(選任)을 완료하였고
- 또한 서원의 고직(庫直 : 관리인)을 선발하여 서원의 관리사(管理舍)로 입주하게 하고 봉안식 준비에 협조토록 하였다.
- 한편, 안씨문중에서는 서원에 미진한 공사를 마무리하고, "고직을 통하여 봉안제(奉安祭)를 준비하고 봉안제에 참석하시는 유림들의 식사, 숙소 준비 등을 분담하고, 또한 정당에 제상(祭床)과 위판(位版)을 완료하니 정밀(精密)하고 아름다웠다."라고 일기에 쓰셨다.

그리하여 순흥안씨 충주파 문중에서는 봉안제(奉安祭) 제물을 준비하고 윤4월 5일에는 유림들이 모여 제관(祭官)을 정하고, 드디어 윤4월 6일 동이 틀 무렵 유림 200여 명과 문중 인사와 구경꾼 등 600~700여 명이 모여 증(贈) 직제학 안명세 선생을 봉안하고 성대히 봉안제를 올리니 이제 모든 과정이 끝이 났다.

이제야 한림공에 대한 조두지례(俎豆之禮)의 전당이 마련되었으니 한림공의 타령지소(妥靈之所)가 될 것이며 후손과 유림에게는 새로운 배움의 장소가 될 것이다.

선조님들이 검열사를 창건하시고 안명세 선생을 봉안한 1838년!

그리고 184년이 지난 2022년, 그분들의 뜻과 정성이 담긴 검열사가 오늘의 계담서원으로 발전되었고, 또 그 서원에서 교양대학이 운영되고 있으니, 많이

부족하지만 그래도 유훈을 다소나마 이행하고 있으니 천만다행이라 생각할 수도 있겠지만, 우리는 좀 더 깊은 생각과 새로운 공의(公議)가 필요한 시기가 아닐까싶다.

처음 공(公)의 충절을 기려 배향 공의(公議)가 발의된 1818년 !

안성지역 유림들의 만둔사(晩遯祠) 배향협의가 공론화된 1823년 !

1823년 11월, 한림공을 이곳 계담에 배향할 정당을 마련하기로 공의하고 서원 건립에 착수한 것이 1824년 2월 초하루 !

비록 다소 오랜 시간이 소요되었지만, 우리 손으로 한림공의 장리지소(杖履之所)인 이곳에 타령지소(安靈之所)를 건립하니 이제야 그 떳떳함을 세울 수 있었을 것이다.

한편, 용담(龍潭) 안환(安煥)공은 서원을 건립하면서 느낀 어려움을 감안하여 1838년 3월 1일 향후 서원 운영과정에서 유념해야 할 10조(條)의 통문(通文)을 종중원에게 남겼다. 이 통문은 후손들에게 남기는 유훈(遺訓)으로, 지금 서원을 운영하는 분들은 물론 문중원들이 꼭 유념해야 할 사항이다.

지금까지 서원을 건립해 오신 선조님들의 정성을 기록하였다.

그동안 검열사 건립을 위해 고생하셨던 유림의 사문(斯文 : 유학자), 그리고 문중의 선조님들을 통론에 모두 언급하였다. 특히 순흥안씨 문중과 직접적으로 연관은 없었지만 유림의 발전을 위해 노력하였던 그분들의 숭고한 뜻이 오늘에까지 이르고 있으니 새삼 고개가 숙여진다. 물론 전반적인 것은 순흥안씨 문중에서 창건을 추진했지만 충원향교(忠原鄕校) 산하의 유림에서 주관해 주었다.

처음에는 안성지역 유림들께서 한림공에 대한 만둔사 봉향을 발의하여 서원 건립이 촉발되었고 건립과정에서는 충주는 물론 청주에서부터 청안 괴산지역의 유림까지 모든 분이 서원 건립에 유전(儒錢)을 보내 동참해 주셨으니 조그만 시골 마을의 서원이 아니라 도내(道內) 모든 유림들께서 함께한 서원이었다는 점은 다시 한번 더 통찰하여야 할 부분이다.

그러했던 충원향교를 비롯한 모든 사문(斯文), 그리고 선조님들의 정성을 작은 쪽지에 이렇게 적을 수 있으니 이 또한 얼마나 다행스러운 일인가!

앞으로 후손들이 그 정성을 일부라도 기억하고 보전해 주시길 바라는 의미에서 봉안제에서 관련되었던 기록들을 봉안문(奉安文)과 함께 수록한다.

【 戊戌三月十五日, 儒會時到記 】
무술삼월십오일 유회시도기

《무술년(1838年) 3월 15일. 유회시(儒會時) 도기(到記)[273]》

進士 李基祥, 洪喆休, 前大諫 柳濚, 進士 洪集休, 復休, 幼學 安煥, 安廷植,
진사 이기상 홍철휴 전대간 류영 진사 홍집휴 복휴 유학 안환 안정식
權命履, 洪履休, 李勉秀, 洪奎學, 沈用慶, 李昌來, 崔漢俊, 南鍾五, 李致會 追到.
권명리 홍리휴 이면수 홍규학 심용경 이창래 최한준 남종오 이치회 추도

掌議薦 都有司薦
장의천 도유사천

前大諫 柳濚, 前執義 金鼎元, 前承旨 李敏會, 前縣監 崔崑重.
전대간 류영 전집의 김정원 전승지 이민회 전현감 최곤중

掌議薦
장의천

進士 徐有京, 幼學 李翼會, 朴冕會, 趙景和, 進士 洪秀學, 洪淳學, 幼學 鄭在
진사 서유경 유학 이익회 박면회 조경화 진사 홍수학 홍순학 유학 정재
淸, 曹錫永, 申惠模, 洪謂模, 李經九, 李㝡遠, 韓口, 洪典周, 李貞享, 成始泳,
청 조석영 신혜모 홍위모 이경구 이최원 한 홍전주 이정향 성시영
李海峻, 權厚仁, 柳嘯, 金聖雨, 柳季喆, 李秉益, 洪永濩, 李勉季, 洪瑞冑, 洪健
이해준 권후인 류소 김성우 류계철 이병익 홍영호 이면계 홍서주 홍건
冑, 李克愚, 李敏坤.
주 이극우 이민곤

色掌薦
색장천

幼學 沈用慶, 李象準, 南鍾五, 李天九, 李敍九, 金秀宲, 李象健, 嚴錫泰, 李
유학 심용경 이상준 남종오 이천구 이서구 김수포 이상건 엄석태 이
秉駿, 進士 曹承, 幼學 李昌來, 成橞, 李秉斗, 李象一, 李鳳基, 崔秉斗, 李秉鉉,
병준 진사 조승 유학 이창래 성현 이병두 이상일 이봉기 최병두 이병현
徐淳, 李東殷, 崔鍾悳, 崔鍾憲, 李秀漢, 李正根, 金秀南.
서순 이동은 최종덕 최종헌 이수한 이정근 김수남

別有司薦
별유사천

幼學 柳嘯, 安廷鳳, 安大良.
유학 류소 안정봉 안대량

都有司：前大諫 柳濚.
도유사 전대간 류영

----

273 노기(到記) : 조선시대에 실시된 모임의 방명록 또는 유생의 출석부. 시도(時到) 또는 시도기(時到記)라고도 함.

掌 議 : 李翼會, 李海峻.
　　　 장 의　 이익회 이해준

有 司 : 李鳳基, 嚴錫泰.
　　　 유 사　 이봉기 엄석태

別有司 : 柳嘯, 安廷鳳, 安大良.
　　　 별유사　 류소 안정봉 안대량

【逮賓簡式(칙빈간식 : 초청장)】

伏惟淸和, 僉起居增衛, 仰慰且溸. 伏以, 故翰林安先生, 桂潭鄕賢祠, 尸祝之
복유청화 첨기거증위 앙위차소 복이 고한림안선생 계담향현사 시축지
擧發論, 將近二紀, 如役, 亦已有年者. 非但, 事巨力綿, 屢歲歉荒無, 以亟擧縟
거발론 장근이기 여역 역이유년자 비단 사거력면 루세겸황무 이극거욕
儀, 抴到于今, 不勝悚悶如心.
의 타도우금 불승송민여심.

　지금 삼가 청화절(淸和節 : 4월)에 여러분의 기거가 더욱 보중(保重)하실 것으로
생각하니 마음이 우러러 위로되고 사모합니다. 삼가 아뢰옵니다. 고(故) 한림
안선생을 계담의 향현사에서 시축을 거행하는 것을 발론한 지 거의 2기(紀)가
되었으며 역사(役事)도 벌써 몇 년이 되었습니다. 비단 일이 거대할 뿐만 아니라
여러 해 동안 흉년이 들어 지금에 이르러서야 욕의(縟儀 : 꾸미는 의식, 봉안의식)를
거행하고자 하니 송구스럽고 민망하여 마음을 가누지 못하고 있습니다.

　今閏四月初丁, 定行揭虔之禮, 伏願, 僉執事, 赴日賜臨以光一初會同之席, 萬望
　금윤사월초정 정행게건지례 복원 첨집사 부일사림이광일초회동지석 만망
萬望, 餘不備. 伏惟, 尊照. 拜候狀上.
만망 여불비 복유 존조 배후장상.

　이번 윤4월 초정일(初丁 : 일일간지 중 첫 번째 정일)로 게건(揭虔 : 공경함을 걸다)하는
예(禮)를 정(定)하여 행하고자 합니다. 삼가 바라건대, 첨집사가 다가오는 날에
임(臨)하여 같은 자리에서 가까이 뵙기를 간절히 바라옵니다. 많은 말은 다 갖
추지 못했습니다. 삼가 바라건대 여러모로 살펴주시기 바랍니다. 문후(問候)를
드리며 장(狀)을 올립니다.

　戊戌閏四月日, 齋末 等拜.
　무 술 윤 사 월 일　 재 말 등 배

　무술년(1838년) 윤4월 어느 날. 재말 등(等) 배(拜).

【 奉安文 】
봉안문

大義日星, 莫嚴于史, 史失其正, 國而無紀, 文册委正, 筆削屬髦, 不有其人, 曷
대의일성 막엄우사 사실기정 국이무기 문책위정 필삭속모 불유기인 갈

稱垂橋,
칭수도

대의는 일성처럼 빛나는데 사관보다 엄정한 것이 없네. 사관이 그 바름을 잃으면 나라에 기강이 없고, 문책이 굽어지면 필(筆)에 털이 빠진 것이로다. 그런 사람이 있지 않으면 어찌 수도(垂橋 : 나무의 그루터기)라 칭하겠는가.

猗歟先生, 天賦剛方, 敦履博洽, 淵源松堂, 弱不好弄, 詞藻華敏, 近思性理, 向
의여선생 천부강방 돈리박흡 연원송당 약불호롱 사조화민 근사성리 향

裏喫緊, 克孝克友, 內行淳篤, 遷闈高科, 進塗方闢,
리끽긴 극효극우 내행순독 천천고과 진도방벽

아름답도다, 선생이시여! 천성이 강직하고 방정하셨으며, 돈독히 따르며 능통하셨으니, 그 연원은 송당에 있으시다. 젊어서 농(弄 : 희롱, 놀이)을 좋아하지 않고, 시문(詩文)이 아름답고 뛰어나셨다. 근사록(近思錄)[274]과 성리학을 진지하게 공부하셨으며, 효성과 우애가 있으셨고, 내행이 순박하고 독실하셨다. 과거(科舉)에 높이 뽑히시어 나가는 길이 넓게 열렸다.

需于藝苑, 盛之玉堂, 委蛇體明, 鳴珮鏘鏘, 妖髡惑世, 義憤斗激, 尺疏叫閽, 衛
수우예원 성지옥당 위사체명 오패장장 요곤혹세 의분두격 척소규혼 위

道無祚,
도무조

예원(藝苑)[275]이 되시었다가 옥당(玉堂)[276]에서 크게 활동하셨고, 간악함을 두고 공명하게 행하시니 패옥(珮玉)[277]이 맑게 울렸다. 요승(妖僧)이 세상을 미혹하니 의분이 격동하여, 상소하여 대궐 문에 부르짖어 도(道)를 지킴에 부끄러움이 없으셨다.

歲維在乙, 運丁否厄, 亂我義理, 忠正是秖, 國步綴旋, 朝野危疑, 大書特書, 懲
세유재을 운정부액 란아의리 충정시저 국보철선 조야위의 대서특서 징

惡有辭, 孫盛陽秋, 森然鐵鉞, 石室金匱, 以俊後日, 敢啓祕錄, 曾不移時, 猬然吠
악유사 손성양추 삼연철월 석실금궤 이준후일 감계비록 증불이시 은연폐

---

274 근사록(近思錄) : 중국 송나라 때 주재(朱子)가 여동래(呂東萊)와 함께 엮은 책. 주돈이(周敦頤), 정호(程顥), 정이(程頤), 장재
(張載)의 사상을 요약한 책으로 인간세계의 근본원리와 삶의 본질 등을 연구한 책.

275 예원(藝苑) : 전적(典籍)을 보관하던 곳을 말하나 보통 예문관 승문원 등에서 근무하는 관원을 의미.

276 옥당(玉堂) : 조선시대 삼사의 하나로 경서, 서적관리 및 왕의 학문적 자문기관.

277 패옥(珮玉) : 조복이나 제복의 좌우에 차던 장식.

噬, 彼何人斯,
서 피 하 인 사

　을사년에 액운을 당하여 의리와 충정이 어지럽혀지고 나라가 위태로워져서 조야가 두렵고 불안하니, 크고 또 특별하게 기록한바, 악(惡)을 징계하는 말이 있었으니, 손성의 춘추이며 삼엄하기가 쇠도끼 같아, 석실의 금궤 속에 넣어져 후일을 기다렸으나, 감히 비록을 열어 보고는 일찍이 옮기지 않고, 미친 듯이 짖고 물어대니 저들이 어떤 인간이던가?

愛君指天, 隻手無補, 東市朝衣, 碧血不腐, 有狂避世, 有賢公頌冤, 砥柱頹波, 百世
애 군 지 천　척 수 무 보　동 시 조 의　벽 혈 불 부　유 광 피 세　유 현 송 원　지 주 퇴 파　백 세
可淳, 聖朝褒諭, 公忠益白, 逮我先朝, 貤誥有赫,
가 순　성 조 포 유　공 충 익 백　채 아 선 조　이 고 유 혁

　애군하며 하늘을 가리켰으나 아무도 돕는 이 없었으니, 조복을 입으신 채 동시로 끌려가 벽혈이 불멸하셨네. 미친 이는 세상을 피하고 어진 이는 원통함으로 기리며 무너진 물결의 지주로 백세토록 맑을지어다. 성조께서 기리어 유시(諭示)하시니 공(公)의 충(忠)은 더욱 명백해지고 선조(정조)에 이르러 유시를 내리시니 혁혁하도다.

睠茲桂潭, 杖屨留躅, 密邇先塋, 爰建祠屋, 籩豆有潔, 矜紳肅肅, 明靈永妥,
권 자 계 담　장 구 류 촉　밀 이 선 영　원 건 사 옥　변 두 유 결　긍 신 숙 숙　명 령 영 타
啓佑無極.
계 우 무 극

　계담을 돌아보건대 장구(杖屨: 사시던 곳, 연고지)의 자취가 있고 선영에 가까우니 이에 사옥을 세워 정갈하게 제사를 모시며 선비들은 엄숙하오니, 밝으신 영혼이시여, 길이길이 편안하소서, 무궁하도록 인도하여 보우하소서.

說書 閔泰鏞
설 서　민 태 용

【春秋丁祝(춘추정축)】

琅函闢異 椽筆誅奸 百世風聲 砥柱頹瀾
랑 함 벽 이　연 필 주 간　백 세 풍 성　지 주 퇴 란

　랑함(琅函: 편지, 상소문)이 이단(異端)을 물리치시고 충직한 큰 붓으로 간신을 베어 버리시니 백세토록 이어질 풍도(風度)와 명성이 퇴폐한 물결 속에 절의(節義)

를 지키는 기둥이 되시도다.

【戊戌(1838년) 閏四月 初六日 丁丑, 奉安時 祭官 】

祭 官 : 初獻官 前縣監 崔崑重.

　　　　亞獻官 南信圭.

　　　　三獻官 進士 洪集休.

都執禮 : 韓鎭億.

大 祝 : 進士 洪秀學.

題 主 : 幼學 洪民學

合十二員, 凡員二百餘人.

【統 論】 ※ 원문에서는 건원일기 끝부분에 수록 됨

自三月十五日, 重修院宇役事之日, 至于奉安之時, 諸宗逐日看役給繹, 往來同心同力, 以成盛擧諸宗誠一之心可驗於今日, 而有辭於後也夫.

통론(統論 : 맺음말)

　3월 15일, 원우를 중수하려고 역사를 시작한 날부터 봉안할 때까지 여러 종친이 날마다 간역(看役)하고 왕래하면서 동심동력으로 성대히 일으켰으니, 여러 종인(宗人)의 성실한 마음을 금일에야 증험(證驗)할 수 있게 되었으니, 후세에 할 말이 있을 것이리라.

　自始役以後 各出家丁自特点, 用丁迨過二百餘名, 閱了五十日子, 而公下之物, 不用分錢一米如都中点, 亦某某家巡例, 而或有一二三四次, 重傳家饌飯極豊盛也. 供士之節, 則諸宗中排定有司, 各自當行焉. 八有司之極力盛備, 其餘諸有司之出物助力, 以贍公下者, 俱盡其誠可感可賀, 而供士之具, 全不用公下之物焉. 奉安時, 齋會士林迨至二百餘員也, 其他觀瞻之人, 亦如其數焉. 吾宗奔走之人,亦近是數, 合計六七百員, 而粢無乾糧之誚疎歇之責焉, 不勝曾幸也哉.
역 근 시 수   합 계 육 칠 백 원   이 자 무 건 량 지 초 소 헐 지 책 언   불 승 증 행 야 재

역(役)을 시작한 후부터 각각 가정(家丁 : 집안의 장정)을 내어 스스로 특점(特点 : 지정)하여 장정(壯丁)을 쓴 것이 200여 명이 넘었고, 50일이 지나도록 관(官)에서 지급해 준 물건은 돈이나 쌀 한 톨이라도 쓰지 않았다. 또 아무아무 집을 순행한 예도 있었는데, 혹 1, 2, 3, 4차례를 거듭해도 찬반이 매우 풍성했다고 전한다. 선비를 공양하는 절차는 곧 여러 종친 가운데에서 유사를 배정하여 각자 스스로 마땅히 행해야 한다. 팔유사가 있는 힘을 다하여 성대하게 준비했고 그 나머지는 여러 유사가 물건을 내어 조력하여 공하자(工下者 : 관청에서 지급한 물품)가 부족하지 않게 한 것은 모두 정성을 다함이니 감사하고 치하할 만하며, 선비들을 공양하는 도구에 공하(公下)한 물건을 전혀 쓰지 않았다. 봉안할 때 재회의 사림은 200여 원(員)이나 되었고 기타 구경하는 사람 또한 그 수가 비슷했다. 우리 종친 중 분주히 움직이는 사람도 그 수를 합쳐 600~700명에 가까웠는데, 대략 건량(乾糧 : 지니고 다니기 쉽게 만든 음식)이 소홀하다는 비난은 없어서 다행이었다.

自癸未倡議之後, 至于今日, 無非諸士林, 興感尊尙之盛意而主張, 終始之惠,
자 계 미 창 의 지 후   지 우 금 일   무 비 제 사 림   흥 감 존 상 지 성 의 이 주 장   종 시 지 혜
龍北 洪進士集休氏, 松亭 李完基甫 最有重焉. 商山 李進士 象會, 亦倡發之功,
용 북 홍 진 사 집 휴 씨   송 정 이 완 기 보 최 유 중 언   적 산 이 진 사 상 회   역 창 발 지 공
北郭 沈承旨 兄弟, 俱得有左右之力焉.
북 곽 심 승 지 형 제   구 득 유 좌 우 지 력 언

계미년(1823년) 창의한 후부터 금일에 이르기까지 여러 사림이 아니었다면 감흥을 일으키고 존숭하는 성대한 뜻과 주장이 없었을 것인데, 시종(始終)의 은혜는 용북의 홍진사 집휴 씨, 송정 이완기 보(甫)가 가장 중요한 일을 했다. 적산 이진사 상회도 또한 창발한 공이 있으며, 북곽의 심승지 형제가 좌우에서 모두 힘을 썼다.

自今年, 來士林中 別有司 柳斯文嘯甫, 殫其周旋之勞焉. 諸宗中, 逐日往來者,
자 금 년   래 사 림 중   별 유 사 류 사 문 소 보   탄 기 주 선 지 로 언   제 종 중   축 일 왕 래 자
門老, 呂聖氏, 與英老, 商老, 廷柱, 廷凰, 廷稷, 廷鳳, 廷泰也. 佳谷之廷樑, 廷
문 로   려 성 씨   여 영 로   적 로   정 주   정 황   정 직   정 봉   정 태 야   가 곡 지 정 량   정
雲, 間多用盧焉. 臨機應事提起, 衆力門老尤焉. 院宇修葺之規, 祠板精製之方,
운   간 다 용 려 언   임 기 응 사 제 기   중 력 문 로 우 언   원 우 수 즙 지 규   사 판 정 제 지 방

終始盡誠, 廷稷最焉, 左之右之不憚勞苦, 廷柱有焉. 余 與廷植歸後, 追塵欲效萬
종시진성 정직최언 좌지우지불탄로고 정주유언 여 여정식귀후 추진욕효만

一之誠, 而不得焉. 然抱病之物, 近五旬逐日看役, 而宿痾小弛者, 亦可怪也.
일지성 이불득언 연포병지물 근오순축일간역 이숙아소이자 역가괴야

금년부터 사림 중 별유사 유사문(柳斯文 : 유선비) 소(嘯) 씨가 그 주선하는 노고
를 다했다. 여러 종친 중에서 날마다 왕래한 자는 문로, 려성 씨와 정주, 정황,
정직, 정봉, 정태였다. 또 가곡의 정량, 정운이 간간이 염려를 많이 해주었다.
임기응변할 일은 여러 사람의 힘으로 끌어주었는데 문로가 더욱 힘썼다. 원우
를 수리하는 규정은 사판에 정밀하게 짓는 방도(方途)가 있게 했는데 시종일관
정성을 다한 이는 정직이 으뜸이었고 좌우에서 수고를 꺼리지 않았던 정주도
있다. 나도 정식과 돌아온 뒤부터 조금이라도 정성을 바치고자 했으나 실상은
그렇게 하지 못했다. 그런데 병을 안고 있는 사람으로 50일 가까이 날마다 간
역했는데, 오히려 묵은 병이 조금 느슨해진 것 같으니 또한 괴이한 일이었다.

供士之方, 是非未分, 而終始確立主見極遂接待之節, 廷鳳之功焉. 省冗着宲枒
공사지방 시비미분 이종시확입주견극수접대지절 정봉지공언 성용착포창

出, 別規以補公用之物者, 亦廷鳳之力也. 丹雘廟宇, 出納財用, 則迷豚之冒忝其
출 별규이보공용지물자 역정봉지력야 단확묘우 출납재용 즉미돈지모첨기

任也. 周旋於樽俎之節, 進退之際, 則廷廉, 羽良, 善爲相焉.
임야 주선어준조지절 진퇴지제 즉정렴 우량 선위상언

선비를 모시는 방도는 아직 그 시비가 분명하지 않은데도 시종일관 견해를
확고히 확립해 접대 예절에 잘 따르니 정봉의 공이었다. 쓸데없는 것을 줄이고
별도의 규정을 만들어 공용에 보태게 한 것 또한 정봉의 공이었다. 묘우를 단
청(丹雘)하고 재용을 출납하는 것은 곧 미돈(迷豚)이[278] 외람되게 그 직임(職任)을
맡았다. 준조(樽俎)[279] 를 주선하는 절차와 진퇴하는 것은 곧 정렴과 우량이 잘
도왔다.

儒會時, 薦出別有司, 士林之柳嘯甫, 宗中之廷鳳, 大良, 俱得其人焉. 族人中,
유회시 천출별유사 사림지류소보 종중지정봉 대량 구득기인언 족인중

廷觀, 九老, 渭老, 頤老, 廷百, 口老 等, 皆有勤勞於斯役, 而俱作九原之人際,
정관 구로 위로 신로 정백 로등 개유근로어사역 이구작구원지인제

----

278 미돈(迷豚) : 남에게 대한 자기 아들의 낮춤말.

279 준조(樽俎) : 제사 때에 술을 담는 준(樽)과 고기를 담는 조(俎)를 아울러 이르는 말. 또는 예절을 갖추어 하는 공식적인 잔치.

此奉安之時, 頗切於舊之懷. 翌日 戊寅, 以虎岩翁, 翁洪士餘歷哭告於廷觀之灵,
차 봉 안 지 시   파 절 어 구 지 회   익 일   무 인   이 호 암 옹   옹 홍 사 여 력 곡 고 어 정 관 지 령

而呂聖氏, 與廷柱, 廷植, 廷泰, 長侄逸老家, 豚享老, 偕焉. 日哺時, 以家之與歷
이 려 성 씨   여 정 주   정 식   정 태   장 질 일 로 가   돈 향 로   해 언   일 포 시   이 가 지 여 력

哭告於九老之灵, 而呂聖氏, 與廷柱偕焉.
곡 고 어 구 로 지 령   이 려 성 씨   여 정 주 해 언

유회 때 별유사로 사림의 유소씨와 종중 정봉과 태량을 천거하여 모두 그 자
리를 얻었다. 족인 중 정관, 구로, 위로, 신로, 정백, ㅁ로 등은 모두 이 일에
근로(勤勞 : 부지런히 일함)했는데 모두 구원(九原 : 사람이 죽어 영혼이 산다는 세상)의 사
람이 되고 이제 봉안에 이르렀으니 옛날에 품은 뜻이 자못 절실했다. 익일 무
인에 호암옹 홍사여 어르신의 통곡을 정관의 영혼에 고하였는데 려성씨, 정주,
정식, 정태와 장질(長侄 : 큰 조카) 일로, 가돈(家豚 : 아들을 낮추어 부르는 말), 향로가
함께 했다. 저녁밥을 먹을 때 집에서 구로의 영혼에 통곡을 고했는데 려성씨와
정주가 함께 했다.

余, 與廷植, 同庚同學同族同居同老同襄, 然不同者, 心性之仁慈粗糲, 氣質之
여   여 정 식   동 경 동 학 동 족 동 거 동 로 동 양   연 불 동 자   심 성 지 인 자 조 려   기 질 지

沈靜浮虛也.
침 정 부 허 야

而同勞苦, 同誠力, 出入, 如行鴈扶持, 如輔車兼, 以砥礪之藥石之, 推轉環於
이 동 로 고   동 성 력   출 입   여 행 안 부 지   여 보 거 겸   이 지 려 지 약 석 지   추 전 환 어

盤中, 阽盡步於芉頭, 而竟賴僉宗之力成, 此莫重之擧, 一体同功之說, 非敢攘取,
반 중   점 진 보 어 간 두   이 경 뢰 첨 종 지 력 성   차 막 중 지 거   일 체 동 공 지 설   비 감 양 취

而語其宲蹟, 似或有彷彿焉.
이 어 기 포 적   사 혹 유 방 불 언

나는 정식과 동경(同庚),[280] 동학, 동족, 동거, 동로, 동양(同襄 : 같이 돕다)이나 같
은 사람은 아니다. 심성은 인자하나 조려(粗糲)[281]하며 기질은 침정(沈靜)[282]하나
부허(浮虛)[283]했다. 다만 함께 노고했고 함께 성의와 힘을 해서 출입함에 마치 기
러기처럼 부지(扶持 : 돕다)해서 마치 보거(輔車)[284] 같았으며 아울러 약돌을 연마

----

280 동경(同庚) : 동갑(同甲).

281 조려(粗糲) : 품질이 거칠고 궂은 현미.

282 침정(沈靜) : 마음이 차분히 가라앉고 조용함.

283 부허(浮虛) : 마음이 들뜨고 허황(虛荒)함.

284 보거(輔車) : '수레의 덧방나무와 수레바퀴'라는 뜻으로, 서로 도와서 떨어지기 어려운 관계에 있는 것.

하는 것같이 반중에 밀고 전환하는 것 같았다. 간두(竿頭 : 장대의 끝)에 거의 힘을 다 쏟아 마침내 첨종(僉宗 : 여러 宗人)의 힘에 의지해 이룰 수 있었으니, 이 막중한 거조(擧措 : 말과 행동)는 일체 동공이라 말할 수 있으니, 감히 빼앗을 수 있는 것이 아니지만, 그 포적(포蹟 : 실적)을 말한다면 혹 비슷한 점이 있다고 할 수 있다.

嗚呼! 翰林公, 立享之論, 就起於先府君, 先伯氏, 下世之後, 而寥寥. 二百餘年
오호 한림공 립향지론 취기어선부군 선백씨 하세지후 이요요 이백여년
之後, 特蒙聖主, 褒賞, 貤贈之恩, 激發, 士林感歎, 尊奉之論者, 抑由於戊午之追
지후 특몽성주 포상 이증지은 격발 사림감탄 존봉지론자 억유어무오지추
納名賢錄之苦心. 懇誠, 則先事之兆可驗於今. 而他日, 歸陪之時, 先府君, 先伯
납명현록지고심 간성 즉선사지조가험어금 이타일 귀배지시 선부군 선백
兄, 不忘, 於昭之靈必爲悅豫於冥冥之中, 而不肖無狀, 亦可有告達之辭也. 且先
형 불망 어소지령필위열예어명명지중 이불초무상 역가유고달지사야 차선
府君, 倡成, 皐社之事也, 沙村公立祠事, 포一編册子, 而今此桂院之刱立也.
부군 창성 고사지사야 사촌공립사사 포일편책자 이금차계원지창립야

아(嗚呼)! 한림공 입향(立享)의 논의는 선부군(先府君)[285]과 선백(先伯)[286]에게서 시작되어 세상을 떠나신 후 공허해졌다. 200여 년 뒤 특별히 성주(聖主 : 임금)께서 포상하여 추증하는 은혜를 베풀었고 사림이 감탄하여 존봉의 논의가 격발된 것인데, 이로 말미암아 무오년 명현록에 추납하는 고심이 있었다. 정성이 간절했으니 일에 앞서 지금에 조짐을 알 수 있었던 것이다. 훗날 돌아가 배알할 때 선부군(先府君 : 돌아가신 아버님)과 선백형(先伯兄 : 돌아가신 큰형)을 잊지 않는다면 밝은 영령께서는 반드시 지하에서 기뻐하실 것이고 불초하고 무상한 사람이라도 또한 아뢸 말씀이 있을 것이다. 또 선부군께서는 고사(皐社 : 백고사의 건립)를 창성(倡成 : 제안함)한 일이 있었는데, 사촌공 입사에 관한 일로 1편의 책자가 있고, 지금은 이 계원(桂院 : 계담서원)을 창립한다.

不揆僭妄, 謹撰翰林公立祠錄焉. 事有偶同, 豈敢繼述云. 卽徊徨感傷抆淚, 而
불규참망 근찬한림공입사록언 사유우동 기감계술운 즉회황감상문루 이
題於末. 歲在己亥以後, 宿疴轉沈聾啞, 且甓不省世事, 院事 與諸般宗事, 使長侄
제어말 세재기해이후 숙전전침농아 차벽불성세사 원사 여제반종사 사장질
逸老, 統領掌以管焉.
일로 통령장이관언

----

285 선부군(先府君) : 원래 목수(牧守)의 벼슬을 하는 사람을 칭하는 말이었으나 후세에는 관위가 없는 사람도 그 신(身)을 존숭하여 이름.

286 선백(先伯) : 돌아가신 큰아버지.

분수도 모르고 식견도 낮으나 삼가 한림공 입사록을 찬(撰)합니다. 일이 우연히 같아 감히 이어 기술했으나 곧 회황(徊徨 : 일없이 어정거림)하고 감상(感傷 : 마음속으로 슬퍼하거나 아파함)하여 눈물을 닦으면서 말단에 글을 적었습니다. 기해년(1839년) 이후, 오래 묵은 병이 농아(聾啞)[287]로 바뀌었고, 게다가 세사를 살피지 못하니 원사와 제반의 종사를 장조카 일로(逸老)로 하여금 통솔하여 관장하게 한다.

【宗中十條 通文】
종중십조 통문

一. 噫, 山名首陽, 立伯夷之廟菴, 號臥龍, 修諸葛之祠, 以其名, 號之偶同. 猶寓影響之遠忱, 刱祠廟於千載之下, 則何況忝在, 我翰林公, 傍裔之列者, 其尊慕崇奉之心, 謂如何哉. 伏惟, 僉宗感察之焉.

하나(一). 아(噫), 수양산(首陽 : 중국 하남성에 있는 산 이름)에 백이의 묘암을 세우고 와룡이라 불렀는데 제갈공명의 사당[諸葛之祠]과 그 이름이 우연히 같았습니다. 그림자와 메아리처럼 멀어져도 오히려 우거(寓居 : 자신의 주거를 겸손하게 이르는 말)하는 것이니, 천년 지난 뒷날에도 사묘를 세운즉 어찌 하물며 우리는 한림공의 방예로 항렬에 들어있음에 존모숭봉하는 마음을 어떻게 하겠습니까? 삼가 생각건대, 첨종(僉宗 : 모든 종중원)께서는 이것을 감동하여 살피소서.

一. 聖主極褒奬之思, 士林倡揭虔之論, 而堂宇旣成, 歲月虛曠, 貤贈之啣, 未題於祠版, 牲羊之腯, 不係於廟庭. 上以負吐恩, 下以孤士論, 終無以慰報賢祖之明靈, 其惶悚愧怍之心, 謂如何哉. 伏惟, 僉宗痛察之焉.

하나(一). 성주(어진 임금)께서 지극히 포장(褒奬 : 칭찬하여 장려함)하는 생각과 사림이 게건(揭虔 : 공경함을 알림)하는 논의를 주창(主唱)해서 당우가 이미 완성되었으나 세월만 허비하여 이증(貤贈 : 증직을 받음)한 직함[啣]을 아직 사판(祠版 : 위패)에

---

287 농아(聾啞) : 귀로 듣지 못하고 입으로 말하지 못하는 것. 또는 그러한 사람.

쓰지도 못한 채 생양(牲羊 : 제사에 올리는 동물)은 살졌으나 묘정과 관계되어 위로는 짊어진 은혜를 드러내지 못하고 아래로는 외로이 사론을 받들지도 못하여, 끝내 어진 조상의 밝은 지혜를 위로하고 보답하지 못하여 황송하고 부끄러운 마음을 어떻게 하겠습니까? 삼가 바라건대, 첨종께서는 이것을 통렬하게 살피소서.

一. 鮮克有終, 詩人之勸戒, 功虧一簣, 光聖之垂訓也. 顧彼祠宇之剏建, 殫吾
일   선극유종 시인지권계 공휴일궤 광성지수훈야 고피사우지창건 탄오
僉宗之勞, 攘竭吾僉宗之物力, 而迄至于今, 似涉無終, 虧功之境, 其懈弛怠慢之
첨종지로 양갈오첨종지물력 이흘지우금 사섭무종 휴공지경 기해이태만지
心, 謂如何哉. 伏惟, 僉宗重察之焉.
심 위여하재 복유 첨종중찰지언

하나(一). 잘 마무리하는 자는 드물다는 시인(詩人 : 시경을 다르게 부르는 말)의 권계(勸戒 : 잘못이 없도록 주의시킴)가 있으니, 한 삼태기의 흙으로도 공(功)이 무너질 수 있으니, 성인(聖人)이 남긴 가르침입니다. 돌아보건대, 저 사우를 창건한 것은 우리 종종의 노고를 다한 것이며 우리 종족의 물력을 다 쏟아 지금에까지 이른 것인데, 끝이 없는 것 같아 일이 어그러질 지경에 이르렀으니 그 해이하고 태만한 마음을 어떻게 하겠습니까? 삼가 바라건대, 첨종께서는 이것을 중히 살피소서.

一. 一人訾謗, 而人隨毁細事, 糊塗大事隨懷, 況以如此大事, 爲如含, 胡至如此
일   일인자방 이인수훼세사 호도대사수회 황이여차대사 위여함 호지여차
償敗, 竟蹈衆口成雷, 積謗如山之境, 則末梢地頭. 將無以磨勘, 副當蹟出於平蕩
분패 경도중구성뢰 적방여산지경 즉말초지두 장무이마감 부당제출어평탕
地界, 其長却顧之心, 謂如何哉. 伏惟, 僉宗詳察之焉.
지계 기장각고지심 위여하재 복유 첨종상찰지언

하나(一). 한 사람이 헐뜯는 비방을 하자 사람들이 따라서 자잘한 일을 비방하고, 대사를 호도하여 이 생각에 따라 하게 되니, 더구나 이처럼 큰일을 품어 어찌 이처럼 낭패를 당하고 마침내 많은 사람이 입을 놀려서 비방이 산처럼 쌓이는 지경에 이른즉 결국에는 말초(末梢 : 사물의 끝부분) 지두(地頭 : 나라 또는 지역의 경계)에 이르게 될 것입니다. 장차 마감이 없으면 지계(地界 : 땅의 경계)의 평탕(平蕩 : 방탕함을 바르게 함)에 나아갈 수 없는 지경에 이르게 될 것이니 그 장각(長却 : 되돌아감이 길어짐)을 돌아보는 마음을 어떻게 하겠습니까? 삼가 생각건대, 첨종께서

는 이것을 상세히 살피소서.

一. 誣先誣賢之不足, 而欺天欺人, 焉欺天欺人之不足, 而至於失其身失其心,
일　무선무현지불족　이기천기인　언기천기인지불족　이지어실기신실기심
進無齒類之路, 退無牢着之所, 則不免鄕黨之棄物, 土木之俑偶思之及, 此其危惧
진무치류지로　퇴무뢰착지소　즉불면향당지기물　토목지용우사지급　차기위구
咨嗟之心, 謂如何哉. 伏惟, 僉宗 警察之焉.
자차지심　위여하재　복유　첨종　경찰지언

하나(一). 선현을 무함(誣陷)하고 현인(賢人)을 무함하는 것도 부족하여 하늘을
속이고 사람을 속이니 어찌 하늘을 속이고 사람을 속이는 것이 부족하단 말인
가. 그 몸을 잃고 그 마음을 잃음에까지 이르러 나아감에 이를 길이 없고, 물러감
이 전혀 없는 곳에 있어도 향당은 버림받는 물건으로 바꿀 수 없으며, 토목(土木 :
흙과 나무) 용우(俑偶 : 허수아비)로 생각이 미치면 이 얼마나 위태롭고 두려운 마음을
어떻게 하겠습니까? 삼가 바라건대, 첨종께서는 이것을 경계하여 살피소서.

一. 廟宇之建已至十五年之久, 而忨愒成習, 濩慢愈深, 財貨之殖, 小無一半,
일　묘우지건이지십오년지구　이완게성습　환만유심　재화지식　소무일반
今之效, 若此不已, 則就至百年, 終無奈何, 故遽出走坂之步, 借城之計, 敢發奉
금지효　약차불이　즉취지백년　종무내하　고거출주판지보　차성지계　감발봉
安之議, 其借妄躁輕之責, 謂如何哉. 伏惟, 僉宗恕察之焉.
안지의　기차망조경지책　위여하재　복유　첨종서찰지언

하나(一). 묘우(사당)를 건립한 지 이미 15년이나 되었는데, 세월만 보내는 것
이 습관이 되어 모호한 것이 갈수록 심해지고 물자(物資)의 이자가 조금도 없으니,
지금의 효과를 이와 같이하여 그치지 않는다면 백 년 동안에 이르러도 결국 어
찌할 수 없는 것이므로, 선뜻 언덕에 올라가 걸음을 걷듯 성(城)을 빌릴 계책을
세워 감히 봉안하자는 논의를 제기했으니 그 조급하고 경솔한 책임을 어떻게
하겠습니까? 삼가 바라건대, 첨종께서는 이것을 너그러이 살피소서.

一. 孟子曰, 天時不如地利, 地利不如人和, 天地之化, 亦由人和中流行, 而人
일　맹자왈　천시불여지리　지리불여인화　천지지화　역유인화중류행　이인
和之道, 在於誠一也. 誠一之心, 立於一身, 則一家和之百家和, 應一人倡從, 而
화지도　재어성일야　성일지심　립어일신　즉일가화지백가화　응일인창종　이
萬事成焉. 其人和誠一之致, 謂如何哉. 伏惟, 僉宗黙察之焉.
만사성언　기인화성일지치　위여하재　복유　첨종묵찰지언

하나(一). 맹자는 말하기를, 천시(天時)[288]는 지리(地利)[289]만 못하고 지리는 인화(人和 : 민심의 화합)만 못하며 천지의 조화 또한 인화의 유행으로부터 생기는 것이니 사람이 화합하는 도는 성(誠 : 말이나 행동에 잘못이 없는 것), 그 한 가지에 달려 있다고 했습니다. 성(誠), 그 하나의 마음으로 일신을 세우면 한 집안이 화목하고 온갖 집안이 화목할 수 있으니 한 사람이 앞장서서 좇으면 모든 일이 성사됩니다. 그 인화는 성(誠) 하나가 이른 것을 어떻게 하겠습니까? 삼가 생각건대, 첨종께서는 이것을 묵묵하게 살피소서.

一. 無法, 則令不行也. 令不行, 則事不成矣. 嚴立宗法, 整頓條科, 使之綱提,
일 무법 즉령불행야 령불행 즉사불성의 엄립종법 정돈조과 사지망제
而維遺桴擊, 而響應, 然後可以孚信, 可能竣事, 其立法正條之重, 謂如何哉. 伏
이유수부격 이향응 연후가이부신 가능준사 기립법정조지중 위여하재 복
惟, 僉宗俯察之焉.
유 첨종부찰지언

하나(一). 법이 없으면 영(令)이 행해지지 못하게 되며 영(令)이 행해지지 않는다면 일이 이루어지지 않을 것입니다. 종법을 엄하게 세워 조과를 정돈하여, 그것으로 하여금 그물로 끌고 북채를 따라 두드려서 호응하게 한 연후에야 믿음이 될 수 있으니, 일을 끝낼 수 있을 것이라 생각하여 그 법을 세우고 조(條)를 바르게 하는 것이 중한 것을 어떻게 하겠습니까? 삼가 생각건대, 첨종께서는 이것을 굽어살피소서.

一. 無物, 則事不成, 此是第初項, 大緊處也. 凡諸連負之家, 有司之任, 考其勤
일 무물 즉사불성 차시제초항 대긴처야 범제련부지가 유사지임 고기근
慢論, 其賞罰斷當齊群責出, 然荐歉之餘, 不無推恕之道疊, 其形勢察, 其誠僞,
만론 기상벌단당제군책출 연천겸지여 불무추서지도첩 기형세찰 기성위
以從穩迪, 不可膠柱, 其操繼銖衡之密, 謂如何哉. 伏惟, 僉宗謹察之焉.
이종온적 불가교주 기조계수형지밀 위여하재 복유 첨종근찰지언

하나(一). 물건이 없으면 일이 이루어지지 않으니 이것이 첫 번째 항목이며 큰 것입니다. 무릇 여러 차례 책임지고, 있는 집과 유사의 직임(職任)을 맡은 자는 그 근면과 태만함을 따져보아 그 상벌을 결정하여 마땅히 책임을 제출해야 하

---

288 천시(天時) : 천간(天干)과 지지(地支)의 의롭고 허하고 도와줌, 즉 하늘의 도움.

289 지리(地利) : 험하고 막히고 성과 못이 견고함, 즉 기반이 든든함.

나, 거듭 흉년이 든 끝에 미루어 용서해 주는 도리가 없지 않으니, 그 형세를 살피고 참과 거짓을 적용하되 융통성이 없어서는 안 되며, 그 조계(操繼 : 잡음과 이음)와 수형(銖衡 : 무게 단위와 저울대)의 정밀함을 어떻게 하겠습니까? 삼가 생각건대, 첨종께서는 이것을 삼가 살피소서.

一. 大抵, 院事, 一則吾宗之事, 二則吾宗之事也, 一則吾宗之責, 二則吾宗之責也, 而宗無殫壓之人, 或係偏私之情, 是非顚倒, 擧行怠慢, 不得不歸重於士林也. 士林之責, 極可懼焉, 極可懼焉. 其勉礪警惕之道, 謂如何哉. 伏惟, 僉宗統察之焉.

하나(一). 대저 원(院)의 일은 첫째도 우리 종중의 일이고 둘째도 우리 종중의 일이니, 첫째도 우리 종중의 책임이고 둘째도 우리 종중의 책임입니다. 그런데 종중에 다하려는 사람이 없고, 혹 사사로운 정(情)에 관계되거나 시비가 전도되어 거행하는 데 태만하여 사림보다 중하지 않을 수 없는 것입니다. 사림의 책임은 매우 두렵고 매우 두려워해야 할 일입니다. 그들을 면려(勉勵 : 스스로 노력하거나 애씀)하게 하며 경계하고 두려워하는 도리를 어떻게 하겠습니까? 삼가 생각건대, 첨종께서는 이것을 통찰로 살피소서.

嗚呼, 十條不足, 又演餘意, 而統論焉. 東市之慘禍, 千百載, 如新西院之縟儀, 幾許年延拖, 而丹書之澡枉, 紫誥之覃恩, 憑施無地. 賢祖之明靈, 士林之盛意, 慰副無策, 息黥補刖之方, 其不在院事之成就乎.

아(嗚呼), 10조로 부족하지만, 또 여의를 연역(演繹 : 풀어서 폄)하여 그것을 통론합니다. 동시의 참혹한 화가 천년이 지났으나 새 서원의 성대한 의식이 몇 년이나 지연되고 있으니, 단서의 엄정함이 굽혀지고, 조서(詔書)가 내려지는 성은(聖恩)을 입어도 의지할 곳이 없습니다. 현조의 명령을 사림의 성대한 뜻에 부응할 방책이 없고 식경보월(息黥補刖)[290]의 방도(方途)는 아마도 본원의 일에 성취가

----

290 식경보월(息黥補刖) : 이마에 먹물로 죄명의 새김과 발뒤꿈치가 잘린 형벌을 기워 쉬게 함. 즉 형벌을 받아 훼손된 몸을 온전하게 회복한다는 뜻.

달려 있지 않겠습니까?

日月遵邁, 事變難料, 奉安之擧, 其不在春斯時耶. 竊以旣往之役, 較來後之事,
일월준매 사변난료 봉안지거 기불재춘사시야 절이기왕지역 교래후지사

則不啻三十里校也. 嗟我僉宗, 爲而奈何爲之奈何.
즉불시삼십리교야 차아첨종 위이내하위지내하

해와 달이 따라 이어져, 일은 변하여 어려워졌으니, 봉안을 거행하는 것은 아
마도 봄인 이때에 하지 않겠습니까? 삼가 기왕의 역(役)으로 후대의 일과 비교
해 보면 30리 정도의 거리에 불과한 교(校 : 빠르다)일 뿐입니다. 아, 우리 첨종이
하는데 어찌하겠습니까? 그것을 하는데 어찌하겠습니까?

第一項, 則和衆心也. 第二項, 則出羣力也. 佛字淫祠之刱, 猶有善施之風, 何
제일항 즉화중심야 제이항 즉출군력야 불자음사지창 유유선시지풍 하

況先祖名賢之事乎哉. 沾滴之水, 可以成川, 積塵之土, 可以爲山.
황선조명현지사호재 첨적지수 가이성천 적진지토 가이위산

제1항은 여러 사람의 마음을 화합하는 것입니다. 제2항은 여러 사람이 힘을
내는 것입니다. 불자(佛字 : 불상을 만듦)와 음사(淫祠 : 부정한 귀신을 모시는 집)조차도
처음 만들 때 오히려 잘 베풀었던 기풍이 있는데 어찌 하물며 선조 명현의 일
은 어떻게 해야 하겠습니까? 물방울이 더해지면 물은 천(川)을 이룰 수 있고 먼
지가 쌓이면 흙도 산(山)이 될 수 있습니다.

凡我諸宗, 各以此意, 爲心燕居, 而仰屋密勿謀室, 父詔其子, 兄敎其弟, 愛及
범아제종 각이차의 위심연거 이앙옥밀물모실 부조기자 형교기제 애급

婦人孺子, 皆有勸感激發之效.
부인유자 개유권감격발지효

우리 여러 종원(宗員)은 각자 이런 마음으로 연거(燕居 : 특별한 일 없이 집안에 한가
히 있음)했으니 옥(屋 : 집 즉 사당)을 은밀히 우러르지 않으며 모실(謀室 : 사당을 꾸밈)
하니, 아비가 그 자식을 가르치고 형이 그 아우를 가르쳐 그 사랑이 부인과 유
자(孺子 : 어린이)에게도 이르러 모두 권면(勸勉 : 남을 타일러 일에 힘쓰게 함)하여 감동
이 격발하는 효과가 있었습니다.

以至同心力, 竣盛擧之地, 千萬幸甚. 不憚重複, 不嫌煩瀆, 嘔出肝鬲之要陳,
이지동심력 준성거지지 천만행심 불탄중복 불혐번독 구출간격지요진

此懇惻之論, 勿以人徵, 而言淺細細垂察之午萬幸甚. 嗟我諸宗, 爲之奈何, 爲之
차간측지론 물이인징 이언천세세수찰지오만행심 차아제종 위지내하 위지

奈何, 勉察之勉察焉. 右敬通于諸宗中.
내하 면찰지면찰언 우경통우제종중

지극한 동심력으로서 성대하게 마치는 자리가 된다면 천만다행이겠습니다. 중복되는 것을 꺼리지 않고 번거로운 것을 꺼리지 않으며, 간(肝 : 정성, 충정)과 격(鬲 : 막힘)에서 구출(嘔出 : 소리가 나옴)되는데, 이처럼 가엾은 논의(論意)는 사람에게 징험(徵驗)하지 마시고 세밀하게 관찰하여 오만(午萬)[291]을 살피신다면 매우 다행이겠습니다. 아, 우리 여러 종친은 어찌해야 하는지 모르겠으니 힘써 살피고 힘써 살피소서. 우(右)와 같이 여러 종중에 공경히 통고합니다.

戊戌三月初一日, 門長 呂聖, 煥.
무 술 삼 월 초 일 일　 문 장 려 성　 환

무술년(1838년) 3월 초 1일, 문장 려성, 환.

끝으로 서원의 건립을 주관하신 용담 안환 선생께서 적어 놓으신 소회(所懷)를 소개한다.

避世, 有賢頌冤, 砥柱頹波, 百世可淳, 聖朝褒諭, 公忠益白, 逮我先朝, 貤誥有
피 세　 유 현 송 원　 지 주 퇴 파　 백 세 가 순　 성 조 포 유　 공 충 익 백　 체 아 선 조　 이 고 유
赫, 睠茲桂潭, 杖履留躅, 密邇先塋, 爰建祠屋, 籩豆有潔, 矜紳肅肅, 明靈永妥,
혁　 권 자 계 담　 장 리 류 촉　 밀 이 선 영　 원 건 사 옥　 변 두 유 결　 긍 신 숙 숙　 명 령 영 타

세상을 피하고, 어진 이는 원통함으로 기리며, 무너진 물결의 지주로 백세토록 맑을지어다. 성조께서 기리어 유시(諭示 : 백성을 타일러 가르침)하시니 공(公)의 충(忠)은 더욱 명백해지고, 선조(先朝 : 정조)에 이르러 유시(諭示)를 내리시니 혁혁하도다. 계담을 돌아보건대, 장리의 자취가 있고 선영에 가까우니, 이에 사옥을 세워 정갈하게 제사를 모시며, 긍신(矜紳 : 선비)들은 엄숙하오니, 밝으신 영혼이시여, 길이길이 편안하소서.

291　오만(午萬) : 모든 것이 뒤섞여 엇갈림

세마공(洗馬公) 하담(荷潭) 휘(諱) 안술(安述) 선생의 추배(追配)

이렇게 안씨문중과 충주지역의 유림들의 창의(倡議)와 참여로 검열사가 창건되고 직제학 안명세 선생을 배향하였다. 선생은 충군효친(忠君孝親)의 품성과 용기와 절개가 충천하셨던 분으로 선생에 대한 설명은 서원배향 명현소개에서 자세히 기술하고자 한다.

직제학공(直提學公)을 배향 후 제향(祭享)을 봉행(奉行)하며 선생의 충절을 기리는 한편 검열사에 유출(流出)되었을 것으로 추정되는 책자 표지를 보면 계담정사(桂潭精舍)라 표기된 책과 그리고 이건(移建)하였던 망선암(望仙庵) 구조를 살펴보면 지역유림들의 강론 장소와 활동의 중심지였음을 알 수 있다.

이후 사우(祠宇)가 발전함에 따라 창건 25년 후인 1849년(헌종 15년) 지역유림의 건의로 직제학공의 방손(傍孫)인 세마 하담 안술 선생을 추배하고 제향을 봉행하였다.

하담 선생은 병자호란 시 척화(斥和)를 주장하시고 유복자(遺腹子)로 성인(成人)이 되어 부친의 묘소를 이장 시 시묘(侍墓)하는 등 효성도 지극하였고, 훌륭한 행실로 조정에서의 부름도 사양한 충효지사(忠孝志士)다. 선생의 행적은 서원배향 명현에 대한 소개 편에 자세히 기술되었으니 이를 참고하기 바라며 선생의 지극한 효성과 척화상소(斥和上疏)로 나라의 앞날을 걱정한 구국의 정신과 종사출세(從仕出世)를 거부한 지조 높은 절의(節義)를 흠모한 지역유림에서는 선생을 검열사에 추배를 공의(公議)하였다.

이에 추배를 위한 충주향교의 통문과 추배시(追配時) 제고(祭告) 한림공문(翰林公文), 승향문(陞享文)을 함께 실어 보전하고자 한다.

【安洗馬公 追配 忠州鄉校 通文】
안세마공 추배 충주향교 통문

右通惟事世之貞忠純孝棹楔於其閭俎豆於其鄕者今古何限而間或以世代久遠子
우통유사세지정충순효도량어기려조두어기향자금고하한이간혹이세대구원자

孫微弱雖有貫日之忠出天之孝名湮沒而不傳其爲志士之感當如何哉
손미약수유관일지충출천지효명인몰이불전기위지사지감당여하재

세상에 정충순효(貞忠純孝)로서 정려(旌閭)가 서게 되고 그 향리(鄕里)에서는 제
사를 지내게 되는 사람이 고금을 통해서 많도다. 간혹 세대(世代)가 오래되고 자
손이 미약하여 비록 굳은 충성과 출천(出天)의 효(孝)가 있었지만 이름이 인몰(湮
沒 : 흔적이 모두 없어짐)하여 전해지지 못할 때 뜻있는 선비의 유감(遺憾)이 어떠하랴.

惟我荷潭安先生粤在丙子之亂以上舍抗疏斥和堂堂大義烈烈正氣雖在千載之下
유아하담안선생월재병자지란이상사항소척화당당대의열렬정기수재천재지하

凜凜然秋霜烈日可以與三學士鄭桐溪並稱蓋三學士則達而在朝故名益彰先生則窮
늠름연추상렬일가이여삼학사정동계병칭개삼학사즉달이재조고명익창선생즉궁

而在野故名不彰然而爲大明一死之心豈有間然
이재야고명불창연이위대명일사지심기유간연

하담 안선생이 병자호란에 상사(上舍 : 생원 진사시에 합격한 사람)로서 척화(斥和)를
상소(上疏)하였으니 당당히 대의(大義)와 맵고도 매운 정기(正氣)는 천년이 흘러도
늠름하기가 추상같고 열일(熱日) 같으니 기(旣)히 삼학사(三學士)[292]와 정동계(鄭桐
溪, 정온)[293]같은 사람과 똑같이 칭찬하리로다. 삼학사는 조정(朝廷)에 있던 연고로
이름이 더욱 빛났으나 선생은 궁하게 야(野)에 있었던 까닭에 이름이 빛나지 못
하였지만 대명(大明)을 위해 한번 죽기를 결심한 것은 어찌 차이가 있으리오.

當時行蹟昭載於尊周錄卽此而瑳瑳可考至於遺腹而追服三年血位柴毁啜粥盧墓
당시행적소재어존주록즉차이차차가고지어유복이추복삼년혈위시훼철죽로묘

以盡其誠仁廟以行誼之篤至特除洗馬而終不就士蓋其心以爲榮養無所故仕而不就
이진기성인묘이행의지독지특제세마이종불취사개기심이위영양무소고사이불취

且四海腥羶不能伸大義於天下則實不欲從仕出世者也
차사해성전불능신대의어천하즉실불욕종사출세자야

당시의 행적이 명백하게 『존주록(尊周錄)』[294]에 기재되었으므로 이제 차례차례

----

292 삼학사(三學士) : 홍익한, 윤집, 오달제.

293 정동계(鄭桐溪, 정온) : 1610년(광해군 2년) 문과에 급제하여 벼슬이 이조참판에 이르렀고, 병자호란 때 끝내 화친을 반대하여
     절의를 굽히지 않았던 문신.

294 『존주록(尊周錄)』 : 이태수(李泰壽)가 조선 역대의 존주양이(尊周攘夷)의 정책 · 이념과 군사력 강화책을 정리한 책으로 병자호
     란의 복수를 주장한 여러 신하의 상소문 등이 실려 있음.

상고(祥考)하노니 유복자(遺腹子)로 3년을 추복(追服 : 상복을 입는 기간이 지난 뒤 상복을 입는 것)하신 사실과 피맺힌 눈물로 죽을 마시며 산소(山所) 노묘(盧墓)하신 일 등 그 정성이 극진하사 인조(仁祖) 때 행동거지가 훌륭하다 하여 특별히 세마(洗馬 : 세자익위사에 두었던 정9품의 직위) 벼슬을 내렸으나 마침내는 나가지 않으셨으니 대개는 영화(榮華)나 호의호식하려는 마음이 없어 벼슬을 구하지 않은 것이고, 또 사해(四海)에 비린내가 나서(즉 세상이 혼탁해서) 능히 큰 뜻을 천하에 펴지 못할 것이므로 종사출세(從仕出世)하고자 하지 않으신 것이라.

此則與桐溪歸臥窮山永辭朝籍同其意也懿德實行差是卓卓而士林崇奉之道尚此
寥寥不勝慨歎兹以通告伏願僉君子齊聲相應祭社之禮從速設行而翰林公院宇旣在
桂潭公於翰林公爲傍裔且節義忠孝同炳千載則同堂並享久合情禮卽此追配幸甚

이것이 동계(桐溪 : 조선 문신 정온(鄭蘊))가 궁산(窮山 : 깊은 산)에 누워 벼슬을 영원히 사양한 것과 한가지니 아름다운 덕과 실행(實行)이 이같이 높되 선비의 숭상하고 받드는 도가 오히려 적막하기만 하니 개탄을 이기지 못하여 이로써 통고하오니 엎드려 원하옵건대 여러 군자께서는 소리를 일제히 서로 응하여 제사의 예를 속히 마련하셔서 한림공 사당(祠堂)이 이미 계담에 있고 공(公)이 한림공의 방계(傍系) 후손이 되시며 절의충효(絕義忠孝)가 똑같이 천년이 흐르도록 밝은즉 동당(同堂)에 아울러 배향함이 인정(人情)과 예의에 참으로 합당하니 이에 추배(追配)하면 다행일까 하나이다.

崇禎後4年 己酉(1849년) 2月 日 發文

鄕校齋任 洪翊周
향교재임 홍익주

姜駿會 柳鎬喆 金芝秀 鄭一任 趙奎永 洪秀學 韓鎭億 李周尙 李敬和 朴基赫
강준회 류호철 김지수 정일임 조규영 홍수학 한진억 이주상 이경화 박기혁

趙明植 李承三 徐弼淳 申在穆 趙完圭 李在碩 崔榮國 尹義浩 尹義敎 洪祐永
조명식 이승삼 서필순 신재목 조완규 이재석 최영국 윤의호 윤의교 홍우영

李時峻 李承弼 鄭海成
이시준 이승필 정해성

【洗馬公 追配時 祭告 翰林公 文】
세 마 공 추 배 시 제 고 한 림 공 문

維崇禎紀元後四己酉十一月甲午朔十九日壬子幼學韓鎭億敢昭告于檢閱
유 숭 정 기 원 후 사 기 유 십 일 월 갑 오 삭 십 구 일 임 자 유 학 한 진 억 감 소 고 우 검 열

贈直提學安先生
증 직 제 학 안 선 생

유 숭정기원후 4세차(四歲次) 기유년(1849년) 11월 갑오(甲午) 삭(朔) 19일 임자일
에 유학 한진억(韓鎭億)은 검열 증 직제학 안선생께 감히 밝게 고(告)하나이다.

璧圃生璧蘭畹茁蘭願厚流長惟順興安在麗文貞學有淵源孝著收尙忠顯訟元亦粤
벽 포 생 벽 란 원 줄 란 원 후 류 장 유 순 흥 안 재 려 문 정 학 유 연 원 효 저 수 상 충 현 송 원 역 월

文敬六合淸風排猖正氣私淑眞工追聞於朝退翁周章有채(卩+血)紹院棣口輝光
문 경 육 합 청 풍 배 창 정 기 사 숙 진 공 추 문 어 조 퇴 옹 주 장 유 채 철 소 원 채 口 휘 광

벽포(璧圃 : 구슬밭)에 구슬이 나고 난(蘭)밭에 난초가 나며, 근원(根源)이 풍부하
면 흐름이 길으니, 순흥안씨는 고려(高麗)에 문정(文貞 : 근재 안축)께서 학문에 연
원(淵源)이 있으시고, 효도가 상주 고을에 나타나고 충성이 송원(頌元 : 원나라에서
도 칭송함)에 현저하시며, 또한 문경공(文敬公 : 문정공 안축 선생의 동생 안보(安輔))께서
육합(六合 : 하늘과 땅과 동서남북)에 청풍(淸風)이시며, 창귀(倡鬼)를 배격하신 정기(正
氣)로 사숙진공(私淑眞工 : 직접 가르침을 받지 않았으나 그 사람을 본받아 도나 학문을 배우거
나 따르는 참된 공부)하시와 조정에 추문(追聞 : 나중에 듣고)하였고, 퇴옹(退翁 : 이퇴계 선
생)과 주장(周章 : 주세붕)이 소수서원(紹修書院)을 창건하여 형제 아울러 배향이 빛
나고 빛나도다.

惟公早顯蘭臺木天狐史直哉麟筆凜然正廟賜贈職忠士妥靈維桂之麓厥有三
유 공 조 현 란 대 복 천 호 사 직 재 린 필 름 연 정 묘 시 증 직 충 사 타 령 유 계 지 록 궐 유 삼

楹荷潭其號洗馬以徵寔公傍裔
영 하 담 기 호 세 마 이 징 식 공 방 예

공(公) 조현(早顯 : 일찍 이름을 날림)하사 난대(蘭臺 : 어사대의 다른 이름)와 호사(狐史
: 진나라 때 사관 동호)의 직필(直筆)이요 인필(麟筆 : 춘추 필)이 늠름하였도다. 정묘(正
廟)에 증직(贈職)되시고 충사(忠士)의 타령(妥靈 : 편안하신 영혼)이 계담 산기슭에 삼
영(三楹)으로 있으시니 하담(荷潭)이 그 호(號)요 세마(洗馬)가 그 벼슬이니 실제 공
(公)의 방계 자손이라.

世德相承除國運否與奴議盟布衣擬疏矢死斥成承旌不起甘作遺逸桐劓杜
세 덕 상 승 제 국 운 부 여 노 의 맹 포 의 의 소 시 사 척 성 승 정 불 기 감 작 유 일 동 사 두

淪迹殊志一
륜 적 수 지 일

세덕(世德)을 대대로 이어받아 공께서 국운(國運)이 부한(否寒 : 꽉 막히다)하여 오랑캐와 화친코자 할 즈음에 재야인(在野人)으로서 죽기를 맹세하고 상소(上疏)하여 화친을 배척하시고 승정불기(承旌不起 : 포상을 받지 않음)하사 유일(遺逸 : 조선시대 초야에 은거하는 선비를 찾아 천거하는 인재 등용책)을 감작(甘作 : 즐겨 만듦)하시니 동사(董史 : 사관 동호)와 두륜(杜倫)이 비록 발자취는 다를지라도 뜻한 바는 한가지시라.

感功存邢錄有尊周日星炳烺名節千秋血泣盧墓服其未服維忠維孝維其實德
감 공 존 형 록 유 존 주 일 성 병 랑 명 절 천 추 혈 읍 로 묘 복 기 미 복 유 충 유 효 유 기 실 덕
懿先生家赫舃聯展也君子垂浚光前
의 선 생 가 혁 석 련 전 야 군 자 수 준 광 전

나라의 존속(存續) 뜻이 간절하시며 『존주록(尊周錄)』의 기록이 있나니 해와 별같이 빛나시고 밝으시며 이름과 절개가 천추(千秋)토록 전해지니라. 어버이 시묘(侍墓)하시는 여막(廬幕)에 피눈물이 맺히고 입지 못한 복(服)을 입으셨으나 효와 충은 오직 공의 참된 덕(德)이시라. 아름다운 선생의 집안이여 ! 혁혁하기가 서로 연(連)하셨도다. 진실하신 군자시여, 후손에게 수훈(垂訓 : 훈계를 드리움)하시와 앞을 빛내셨도다.

茲躋享同堂悅豫神理相感庶依無阻敢以荷潭公躋配謹告
자 제 향 동 당 열 예 신 리 상 감 비 의 무 조 감 이 하 담 공 제 배 근 고

이에 향사(享祀)키로 거사(擧事)하니 동당(同堂)이 기쁘시며 신리상감(神理相感 : 신이 상통하여 고맙게 여김)에 비의무조(庇衣無阻 : 의탁하고 감싸 험함이 없음)로다. 감히 하담공을 배향에 오르시게 하여 삼가 고하나이다.

【洗馬公 陞享祝】
세 마 공 승 향 축

維崇禎記元後歲次四己酉十一月甲午朔十九日壬子進士洪秀學敢昭告于
유 숭 정 기 원 후 세 차 사 기 유 십 일 월 갑 오 삭 십 구 일 임 자 진 사 홍 수 학 감 소 고 우

유(維) 숭정(崇禎) 기원후(紀元後) 4세차(四歲次) 기유년(1849년) 11월 갑오(甲午) 삭(朔) 19일 임자(壬子)에 진사(進士) 홍수학(洪秀學)은 하담 안선생께 감소고(敢昭告)하나이다.

荷潭安先生恭惟先生天姿呂穎詩禮故家忠孝素性高柴行義魯連氣節早游壁沼言
하 담 안 선 생 공 유 선 생 천 자 초 영 시 례 고 가 충 효 소 성 고 시 행 의 로 연 기 절 조 유 벽 소 언

議高潔矞
의 고 결 월

삼가 생각건대, 선생은 천성(天性) 자질(資質)이 소영(疎影 : 멀리 비추고)하시고, 시
례(詩禮 : 시경과 예기)의 가문(家門)이시고, 충효의 소성(素性 : 본바탕의 성질)이시라.
고시(高柴)[295]의 행의(行儀)요 노련(魯連)[296]의 기절(氣節)이시라. 일찍이 벽소(壁沼 : 성
균관의 별칭)에 노셨으며 말과 의론(義論)이 고결하셨도다.

在柔兆瀝血陳章排象斥和力扶綱常氣凌霜雪義揭日星尊周一錄炳若丹靑
재 유 조 력 혈 진 장 배 상 척 화 력 부 강 상 기 능 상 설 의 게 일 성 존 주 일 록 병 약 단 청

병자년에 역혈진장(瀝血陳章 : 피가 흐르는 글을 펼침, 즉 죽음을 각오한 상소)하여 중론
(衆論)을 헤치시고 화의(和議)를 배척하셨으니, 힘으로 강상(綱常 : 삼강과 오상을 이
름)을 붙드셨고, 기운(氣運)은 서리나 눈같이 매서웠으며, 의(義)를 지키는 마음이
해와 별같이 뚜렷하셨고, 존주일록(尊周一錄)이 단청(丹靑)같이 빛나셨도다.

天地腥羶鯉潭淸猗三子命名是彝且以遺腹慟維平生偏侍慈闈終養至誠逮夫維戊
천 지 성 전 리 담 청 의 삼 자 명 명 시 이 차 이 유 복 통 유 평 생 편 시 자 위 종 양 지 성 체 부 유 무

緬事克襄啜粥侍墓追服三霜衰境執禮
면 사 극 양 철 죽 시 묘 추 복 삼 상 쇠 경 집 례

천지가 혼탁하였으나 이담(鯉潭)은 맑았으니 세 아들에게 명명(明命)하여 이에
훈계하셨으며 이에 떳떳하셨도다. 또한 유복자(遺腹子)가 되신 애통(哀痛)이 평생
에 맺히시어 편모슬하에 어머님을 지성껏 봉양하셨고 면례(緬禮 : 묘소를 옮기는 일)
시(時)에 죽을 마시고 시묘(侍墓)하며 3년을 추복(追服)하시어 쇠경(衰境 : 몸이 쇠약
할 즈음)에도 집례(執禮)가 탁행(卓行 : 행동이 높음)하셨도다.

卓行上徹桂祠特除恩遇曠絶永矢考盤恬靜自守危忠純孝名在北斗緬惟桂潭誰享
탁 행 상 철 계 사 특 제 은 우 광 절 영 시 고 반 념 정 자 수 위 충 순 효 명 재 북 두 면 유 계 담 수 향

芬芷
분 지

이로써 상철(上徹 : 임금에게 전달됨)되어 특채(特採)로 은혜와 대우가 넓으나(세마로

----

295 고시(高柴) : 제나라 사람으로 공자로부터 우직하다는 평을 받았으며 작고 못생겼으나 효성과 행실에 법도가 있었음.

296 노련(魯連), 노중련(魯仲連) : 제나라의 장수로 위나라에서 진(秦)나라 왕을 황제로 추대하여 군대를 철수하려 하자 진나라가 무
       도함을 역설하며 진나라가 칭제(稱帝)한다면 자신은 동해에 빠져 죽을 것이라 하며 중지시킴.

벼슬을 내림을 의미함) 영시고반(永矢考槃 : 세상에 은둔하기로 영원히 맹세함)하사 고요하게 사시기를 스스로 지키셨도다. 죽음을 각오하신 충절과 순박(淳朴)한 효도는 북두성(北斗星)같이 빛나셨도다.

從王考翰院秉筆直書無隱名節卓甬前後事殊心則一揆公議僉同日宜追配諏吉陞
종 왕 고 한 원 병 필 직 서 무 은 명 절 탁 용 전 후 사 수 심 즉 일 규 공 의 첨 동 왈 의 추 배 추 길 승
享處奉以禮神理相慰同臨一堂永世香禋庶歆馨香尙 饗
향 처 봉 이 례 신 리 상 위 동 림 일 당 영 세 향 인 서 흠 형 향 상 향

즉 한림공이 붓을 잡아 곧은 글로 숨김없으셔서 이름난 절개 높으셨으니 한림공과 전후의 일은 달랐지만 마음은 한가지시라. 공의(公議)가 다 같아 추배함이 마땅한바 길일(吉日)로 승향(陞享)하여 예로써 받드니 신리상위(神理相慰 : 신이 서로 통하여 위로함)하시고 일당(一堂)에 같이 강림하사 형향(馨香)을 흠향하소서!

검열사 재임록(齋任錄)

위와 같이 1849년 하담(荷潭) 안술(安述)선생을 추배하니 검열사는 성현의 추모 공간과 학문의 전당으로 더욱 완벽하게 자리매김 하였다. 이번에 발굴된 계담사(桂潭祠) 사례(事例)를 참고하면 검열사 운영을 위한 임원들을 두었으니 도유사(都有司)[297], 장의(掌議)[298], 색장(色掌)[299]를 두었다. 본 사례집에 기록된 재임록은 다음과 같다.

○ 제1대 재임(齋任)

- 都有司 大諫 柳 濚(子獻 丁亥 全州人).
  도유사 대간 류 영 자헌 정해 전주인

- 掌 議 幼學 李翼會(文心 己酉 廣州人). 進士 朴海朝(稚宗 己巳 順天人).
  장의 유학 이익회 문심 기유 광주인 진사 박해조 치종 기사 순천인

- 色 掌 幼學 李完溥(和瑢 癸酉 韓山人). 幼學 李海峻(漢叟 乙卯 碧珍人).
  색 장 유학 이완부 화서 계유 한산인 유학 이해준 한수 을묘 벽진인

  幼學 嚴錫泰(文聰 丙寅 寧越人). 幼學 李象基(景輝 己巳 延安人).
  유학 엄석태 문담 병인 영월인 유학 이상기 경휘 기사 연안인

○ 제2대 재임

- 都有司 進士 洪喆休(元吉 乙酉 南陽人).
  도유사 진사 홍철휴 원길 을유 남양인

- 掌 議 幼學 申惠謨(稚順 丁未 高靈人). 幼學 李憲基(定能 庚戌 延安人).
  장의 유학 신혜모 치순 정미 고령인 유학 이헌기 정능 경술 연안인

- 色 掌 幼學 鄭 洽(熙卿 癸酉 延日人). 幼學 李麟根(白仁 庚辰 碧珍人).
  색 장 유학 정 흡 희경 계유 연일인 유학 이린근 백인 경진 벽진인

○ 제3대 재임

- 都有司 幼學 李益亨(士謙 丙戌 延安人).
  도유사 유학 이익형 사겸 병술 연안인

----

297 도유사(都有司) : 향교, 서원, 종중(宗中), 계중(契中)에 관한 사무를 맡은 우두머리를 이르던 말.

298 장의(掌議) : 조선 시대 성균관, 향교, 서원등의 자치기구인 재회의 임원을 이르던 말.

299 색장(色掌) : 조선 시대, 성균관 유생 자치회인 재회(齋會)의 임원인 '빗장을 이두식으로 쓴 말. 주로 식당의 검찰(檢察)과 문묘(文廟)의 청소를 맡아봄.

- 掌　議　進士 洪秀學(公俊 己酉 南陽人). 幼學 李致會(聖育 癸卯 廣州人).

- 色　掌　幼學 李寅赫(　乙丑 全州人). 幼學 李象健(士剛 庚午 全州人).

○ 제4대 재임

- 都有司　幼學 沈東和(覺民 乙未 青松人).

- 掌　議　進士 鄭永朝(元敬 己巳 東來人).

- 色　掌　幼學 李秉圭(錫仲 庚午 全州人).

○ 제5대 재임

- 都有司　進士 朴海朝(稚宗 己巳 順天人).

- 掌　議　幼學 李完基(元人 丁酉 延安人).

- 色　掌　幼學 宋晚達(翠之 戊辰 恩津人).

○ 제6대 재임

- 都有司　幼學 洪喆謨(淑明 壬辰 豊山人).

- 掌　議　幼學 李彙澐(士元 壬子 眞寶人).

- 色　掌　幼學 南兢淵(大臨 丙寅 宣寧人). 進士 趙景和(汝行 癸酉 豊壤人).

○ 제7대 재임

- 都有司　幼學 韓鎭億(大年 辛丑 淸州人).

- 掌　議　進士 洪臣學(浚之 戊午 南陽人). 幼學 李在九(□五 己酉 延安人).

　　　　　幼學 洪世謨(叔顯 丁巳 豊山人).

- 色　掌　幼學 李啓喬(孟羽 丁卯 慶州人). 幼學 柳　奭(景抛 癸未 全州人).

　　　　　幼學 成載禹(公伯 丁卯 昌寧人).

○ **제8대 재임**

- 都有司 進士 洪秀學(公俊 己酉 南陽人).
  _{도유사 진사 홍수학 공준 기유 남양인}

- 掌 議 幼學 李喆基(景再 乙亥 延安人).
  _{장 의 유학 이철기 경재 을해 연안인}

- 色 掌 幼學 李秉勉(公晶 丁丑 廣州人).
  _{색 장 유학 이병면 공욱 정축 광주인}

○ **제9대 재임**

- 都有司 幼學 李洙夏(景源 甲辰 全州人).
  _{도유사 유학 이수하 경원 갑진 전주인}

- 掌 議 幼學 南命淵(君玉 壬戌 宣寧人).
  _{장 의 유학 남명연 군옥 임술 선령인}

- 色 掌 幼學 洪永植(景五 庚辰 南陽人).
  _{색 장 유학 홍영식 경오 경진 남양인}

○ **제10대 재임**

- 都有司 幼學 李秉勉(公晶 丁丑 廣州人).
  _{도유사 유학 이병면 공욱 정축 광주인}

- 掌 議 幼學 崔遇夏(時白 乙卯 朔寧人).
  _{장 의 유학 최우하 시백 을묘 삭령인}

- 色 掌 幼學 李承九(樂緒 戊辰 延安人).
  _{색 장 유학 이승구 락서 무진 연안인}

○ **제11대 재임**

- 都有司 幼學 李秀民(聖俊 己未 韓山人).
  _{도유사 유학 이수민 성준 기미 한산인}

- 掌 議 幼學 睦永錫(允祚 甲申 泗川人). 幼學 李象健(士剛 庚午 全州人).
  _{장 의 유학 목영석 윤조 갑신 사천인 유학 이상건 사강 경오 전주인}

- 色 掌 幼學 申遇鴻(景順 癸巳 平山人). 幼學 南秀瀷(敬五 戊戌 宣寧人).
  _{색 장 유학 신우홍 경순 계사 평산인 유학 남수익 경오 무술 선령인}

○ **제12대 재임**

- 都有司 縣監 趙錫疇(公能 戊午 漢陽人).
  _{도유사 현감 조석주 공능 무오 한양인}

- 掌 議 幼學 洪民學(□秀 庚申 南陽人).
  _{장 의 유학 홍민학 수 경신 남양인}

- 色 掌 幼學 李秉駿(岐□ 戊辰 廣州人).
  _{색 장 유학 이병준 기 무진 광주인}

위와 같이 계담사 사례집에 재임록 기록이 있으나 아쉽게도 재임년도, 임기(任期)등이 기재되지 않아 아쉬움이 남는다. 기록을 살펴보면 도유사 1인, 장의 1~2인, 색장 1~4인 정도를 두었으며 도유사를 기준으로 1대로 재임한 것으로 추정된다. 다소 부족하지만 그래도 본 서원의 역사의 일부로 본지에 담아 기록을 보전하고자 한다.

이렇게 검열사는 학문의 전당으로 잘 운영되고 있었으나 위기가 왔다. 다른 서원들의 정치세력화와 민폐의 발생 등은 결국 서원철폐령 정책을 초래하고 말았으니 서원 창건 41년밖에 안 된 신설 서원이지만 1865년의 서원철폐령을 피해 갈 수 없었으니 아쉬움만 가득하였을 것이다.

검열사(檢閱祠)의 훼철(毀撤)

직제학공(直提學公) 안명세(安名世) 선생은 성품이 강직하고 덕을 숭상하였으니 그 천성이 아름다웠다. 과거에 급제 후 승문원(承文院), 홍문관(弘文館) 등의 사관(史官)으로 봉직하며 성심으로 그 직분을 다하였고, 억울한 모함으로 고초를 겪으심에도 조금도 흔들림이 없었으니 추상과 같은 절개는 그야말로 모든 이의 사표가 되었다.

앞에서 기록한 바와 같이 많은 지사(志士)가 선생을 사모하여 후대에 이르러 공(公)의 억울함이 신원(伸冤)되고 다시 또 후에 증직(贈職)의 포상(襃賞)이 있었으니 이 또한 후세들이 선생의 절개를 흠모함이라. 아울러 선생의 그러한 정신을 기리기 위하여 사림에서는 향사(享祠)를 논의하고 안성(安城)의 만둔사(晩遯祠)에 함께 향사(享祠) 방안 등을 논의하다 지역유림의 공의(公議)와 후손들의 노력으로 1824년 검열사 건립을 착수하여 어려운 여건을 극복하고 1838년 선생을 봉안하고 향사(享祀)를 거행하며 선생의 절개를 흠모해 왔다.

그리고 선생의 방손(傍孫)이신 세마공(洗馬公) 하담(荷潭) 안술(安述) 선생은 유복자(遺腹子)로 3년의 추복(追服)의 효심과 나라를 위한 척화정신(斥和精神)과 혼탁한 시절 종사출세(從仕出世 : 벼슬에 종사하며 세상으로 나감)를 사양하고 은거한 선비정신을 높이 평가한 사림들의 공의(公議)로 세마공(洗馬公)을 1849년 추배하였다. 이에 두 분의 명현(名賢)을 봉안하고 향사(享祀)를 올리고 유훈(遺訓)을 실천하고 배우니 검열사는 명실상부한 지역 유학의 중심지로 후학을 기르고 충(忠), 효(孝), 인(仁), 의(義), 예(禮), 지(智)를 가르치고 실천하는 학문의 전당으로, 그리고 인륜과 도덕으로 지역을 선도하는 사당으로 자리매김하고 있었다.

그러나 시대 흐름에 따라 전국 각지에 많은 사우(祠宇)와 서원이 난립되며 학문연마의 역할보다 사우와 서원의 운영을 위하여 지역에 폐해를 끼치고 당쟁의

검열사를 옮겨 지은 망선암

중심지가 되는 등 그 피해가 심각한 지경에 이르고 서민들의 원성이 심해지니 조정에서는 쇄신책을 강구하게 된다. 이것이 바로 사우와 서원의 철폐령이었다. 지역 학문의 중심 역할을 하던 검열사도 창건 착수로부터 42년, 봉안하고 서는 불과 28년밖에 되지 않았고, 더욱이 특별한 폐단도 없었던 서원이었지만 역시 1865년 서원철폐령을 피해 갈 수 없었다. 안씨문중에서는 서원 창건 시 문중의 하문리(河門里)에 위치했던 재실(齋室)을 철거하여 기와와 목재 등을 활용하며 창립한 검열사도 결국 훼철(毁撤)되었다.

안씨문중에서는 폐사(廢祠)의 아쉬움에서 당시 서원의 강당 건물로 철거하였던 문중의 재실을 복원하기로 하였다. 그리하여 1871년 철거하였던 재실로 복

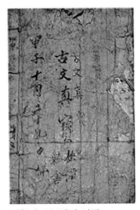

서원에 공부하던 시집

원하였다. 서원 건물을 철거하여 재실로 복원하였다고 아주 쉽게 서술하고 있지만 철거한 기와와 목재를 문중 선산(先山)으로 그것도 길도 제대로 없는 높은 산 중턱까지 운반하고 재건축함에는 또 수많은 경비와 인력이 소요되었을 것이다. 이 또한 안씨문중에서 부담하고 추진하였을 것이니 그분들의 정성과 노고가 눈앞에 선히 그려진다.

철폐된 서원을 재실로 이건한 장소는 하담산(河潭山 : 현 상봉신) 중턱으로 앞으로는 달천이 태극과 같이 휘돌아 감아 흐르고 뒤쪽으로

262

는 상봉(上峯)이 우뚝하고 왼쪽으로는 금벌산이 지켜 주고 주산으로 박달산(朴達山)이 버텨 있고 그 줄기 일부가 달천까지 정기를 이어 주고 달천을 건너 오른쪽에는 발니봉과 응봉(鷹峰 : 현 한절산)이 자리하고 멀리서는 월악산(月岳山)과 조령산(鳥嶺山)이 병풍처럼 보우하고 있다. 재실 아래로는 하담과 이담 뜰이 넓게 펼쳐지니 이곳 또한 명당이라. 옆으론 한림공의 당질(堂姪)인 호군공(護軍公) 안총(安聰) 공과 후손의 영면지지(永眠之地)인 불정면 하문리 산 13번지로 이건과 동시에 망선암(望仙庵)으로 명명하고 학문의 연마와 선대 묘역관리 장소로 활용하고 있었다.

그러나 흐르는 세월을 막을 수 없고 그간의 정성과 노고가 담긴 건물도 따라 낡고 허물어지니 그 형상의 유지를 위한 보수에도 한계가 있어 결국은 1995년도에 많은 아쉬움 속에 원래의 검열사 강당이었던 건물은 역사 속으로 사라지고 말았다. 현재 재실(齋室) 역할을 하는 망선암(望仙庵)은 순흥안씨 충주파 문중에서 성금을 거출, 신축하여 관리하고 있으며 길도 차량통행이 가능한 임도(林道)로 확장되었으나 흔적은 건물이 앉은 터에서만 찾을 수 있으니 왠지 모를 아쉬움이 가득하다.

또한 폐사(廢祠) 당시에 보유하였던 기자재 일부를 후일을 기약하며 뒷산에 매장하였다고 전해져, 본 서원의 복원과 함께 발굴을 시도하였으나 찾을 수 없었다. 당시 선인들께서 공부하시던 책자 등은 흩어져 개인들이 소장하는 등 유물들은 사라지고 말았으니 천추의 한이 아닐 수 없다. 일부 창건 당시 유림(儒林)의 발문(發文)만이 전해져 내려오고 있으니 아쉬움이 많을 뿐이다. 그래도 이번 서원지를 편찬하며 한림공(翰林公) 입사록(立祠錄)의 발견은 나름 큰 수확이라 할 수 있다. 앞으로 좀 더 관심을 가지고, 유실된 유물들의 소재를 파악하고 수집 보관함은 후세들이 하여야 할 중요한 일임을 잊지 말아야 할 것이다.

제4편

계담서원의
복원

서원의 복원준비

검열사(檢閱祠 : 일명 계담사)가 훼철되고 나니 사우(祠宇)에 향불은 꺼졌고, 정당과 강당 자리는 밭으로, 일부는 집터로 변하니 한림공(翰林公)과 세마공(洗馬公)의 충절과 기개를 흠모하는 향사(享祀)와 유림의 글 읽는 소리는 결국 유림과 후손들의 가슴속에 묻히니 빈터에는 아쉬움만 가득하였다. 특히 후손들은 선조님들의 충절과 덕행을 숭모(崇慕)하는 조두지례(俎豆之禮)와 학문의 연마와 강론 중단에 대한 아쉬움으로 서원의 복원 필요성을 꾸준히 제기하였고 순흥안씨 충주파의 숙원이기도 하였다. 그러나 일제강점기와 광복 후 혼란기, 그리고 한국전쟁 등 어려웠던 시절의 연속은 사회적, 경제적 여건이 너무 어려웠고, 결국은 서원의 복원도 어렵게 만들었다.

1990년 폐사된 지 어느덧 125년!

계담서원 복원의 숙원이 드디어 복원에 대한 논의를 시작할 계기가 마련되었다. 순흥안씨 양도공(良度公 : 조선 개국공신 안경공(安景恭)) 종회 회장인 중산(中山) 안동준(安東濬) 선생은 계담서원 복원의 숙원 해결을 주도하고 율촌(栗村) 안병태(安秉泰) 충주파 종약장(宗約長) 등 순흥안씨 문중 인사들께서 중심이 되어 복원추진을 협의하였다.

복원에 가장 문제가 되는 것은 역시 재원 !

이를 해결하기 위하여 중산 선생은 상대(上代) 종회인 양도공(良度公) 종회 재산 일부가 학교 용지로 편입되어 이에 대한 보상금을 받게 되었고, 이 보상금을 의미 있게 활용하기 위한 계획을 검토하였다.

중산 선생은 숭조목족(崇祖睦族)의 종훈(宗訓)의 실천과 선조님들의 충절을 후세에게 전하고 지역의 유학 진흥 등 정신문화의 계승발전을 위하여 계담서원과 함안(咸安)의 신암서원(新巖書院)의 복원을 제안하시고 양도공 종회와 양(兩) 서원의 복원을 협의하였다. 우선 양도공 종회 임원과 각 지파에 계담서원과 신암서원 복원의 필요성을 설명하고 일부 반대 종원을 설득한 결과 서원의 복원 지원 결정을 이끌어 내었다.

이에 순흥안씨 충주파(忠州派) 종중에서는 1990년 3월 9일, 임원회를 소집하여 서원의 복원을 논의한 결과 복원을 추진하기로 결의하였다. 이어 5월 7일에는 다소 협소하지만 유서가 깊은 검열사 구기(舊基) 1,194평 부지 내에 복원을 결정하였다.

우선 중산 안동준 회장님은, 서원의 복원을 위해서는 문중원들의 동참이 무엇보다 중요하므로 계담서원 복원의 필요성을 설명하는 통문을 보내어 종원(宗員)들의 동의와 참여를 당부하였으니 그 내용은 다음과 같다.

【계담서원과 신암서원 복원에 관한 양도공파종회(良度公派宗會) 안동준 회장이 충주파 종원에게 보낸 발문】

순흥안씨 충주파 종회의 종원 여러분!

오늘은 계담서원의 복원에 관한 발의 말씀을 드리고자 합니다.

계담서원은 거금(距今) 166년 전인 순조(純祖) 24년 갑신년(1824년)에 계담리 뒷동산에 모셨다가 그로부터 41년 후인 고종 2년 을축년(1865년)에 훼철 당한 우리의 서원입니다. 그리고 그 서원에는 낙향선조(落鄕先祖)이신 훈(燻) 자(字) 선조의 바로 위 형님 담(燀) 자(字) 선조의 자제 휘(諱) 명세(名世) 조고(祖考)를 주벽(主壁)으로 모시고 세마공(洗馬公)을 추배했던 것입니다.

서원이라 함은 본래 명현의 사당을 지어 위패를 모시고 제사를 지내는 동시에 재실을 지어서 청장년들을 모아 위패를 모신 명현의 정신을 기리고 추모하며 교양을 쌓아서 인재로 육성하던 사학적 교육기관이었던 것은 여러분도 아시고 계셨을 줄 믿사옵니다.

이 제도는 당나라 현종 때에 처음 생긴 제도로서 우리나라에 도입되기는 주

신재(周愼齋 : 주세붕) 문민공(文愍公)께서 경상도 풍기군수로 계시던 1542년에 송나라의 백록동 서원을 모방하여 순흥 읍내에 서원을 짓고 순흥 출신이신 안문성공(安文成公 : 晦軒 安珦)을 제사 지내고 지방의 유생을 모아 교육을 시작한 것이 서원의 시작이었습니다.

주 문민공이 백운동서원(白雲洞書院)을 창설한 지 6년 후인 1550년에 후임 풍기군수로 부임하셨던 퇴계 이황 선생께서 명종 임금께 아뢰어 소수서원(紹修書院)이란 어필(御筆)의 간판을 내리시게 한 것이 사액서원(賜額書院)의 효시가 된 것도 지실(知悉 : 다 알고 있음)하고 계실 줄 믿사옵니다.

이렇게 하여 사액과 더불어 책과 노비와 전결(田結)까지 내리시며 장려하던 서원이 그 증설과 더불어 붕당의 터전이 되는 등 여러 가지 폐단이 생기게 되어 조정에서는 점차 서원에 억제책을 쓰기 시작하였던 것입니다.

불초(不肖)는 어렸을 때 선고(先考)를 따라 하소(荷沼 : 현 하문리) 상봉산(上峰山) 선영에 시향참사를 갔다가 상봉재궁(上峰齋宮)을 처음 보았는데 선고 말씀이 이 재각은 대원군의 서원 훼철령에 따라 계담서원을 철거하여 가져다 지은 것이란 말씀을 들었습니다.

조정에서는 서원에 대한 억제책을 써도 신통한 효과를 거두지 못하자 강권정책을 쓰던 대원군이 125년 전인 1865년에 전국에서 47개의 서원만을 남겨 놓고 여타 서원을 전부 강제 훼철토록 했는데, 그때가 건원(建院)한 지 불과 42년밖에 안 되고 아무 폐단이 없는 깨끗한 계담서원도 강제로 철거를 당했던 것입니다.

그리하여 당시에 하소(荷沼), 이담(鯉潭), 계담(桂潭), 대상(大相), 아사리(雅士里) 등 산하에 사시던 후손은 물론 원근에 퍼져 사시던 후손들이 모두 모여 계담에서 상봉까지 열을 지어 서서 목재와 개와(蓋瓦) 등 계담서원을 철거한 자재 하나하나 손에서 손으로 기와받이로 옮겨다가 상봉재궁(망선암)으로 이영(移榮)하셨다고 합니다. 이와 같은 사실도 만 종원 여러분께서는 전문(傳聞 : 전해 들음)하시어 숙

지하고 계실 줄로 믿사옵니다.

현시대는 서원이 숭상되는 시대는 아니오나 해방 후 전 국민이 우리것을 되찾고자 하고 특히 경제발전에 따라 의식족이지예절(衣食足而知禮節)로 고유문화의 복원발전과 뿌리 찾기 운동의 세계적 팽창으로 우리나라도 전국 각 대성(大姓)이나 뜻있는 유림들께서는 거개가 과거의 혁혁하신 선현이나 명현의 추모사업과 문화시설의 복원 등을 서둘러서 지금은 마무리 단계에 있는 실정입니다.

그런데 우리 안문(安門)에서는 충주파와 함안의 취우정파(聚友亭派)가 선대에서 이룩하였던 계담서원(전 검열사)과 신암서원이 있었는데도 지금까지 그 복원 숙원을 달성하지 못하고 있습니다. 이것은 후손의 도리를 다하지 못하는 부끄러운 일일 뿐만 아니라 선현에게 면목 없는 일이고 남의 빈축을 면하기 어려운 일이라고 아니 할 수 없습니다.

더욱이 계담서원의 주벽(主壁)이신 한림공은 탁월하신 인품과 학행을 겸비하셔서 불원장래에 국가의 대동량(大棟樑)으로 지목되시던 어른이었는데, 추호의 잘못도 없이 간신들에 의해 극형을 받으시지 않았습니까? 그때 한림공은 평상시와 다름없이 홍문관(弘文館)에 등청(登廳)하여 복무 중이신 것을 주상(主上)의 윤허도 받지 않고 간신들이 작당하여 조복(朝服)을 입으신 채 끌어내어 백주(白晝)에 갖은 고문을 다 가하고 촌극(寸隙 : 짧은 시간)도 주지 않고 수레에 실어 장안(長安) 거리를 빠져 남대문 밖에서 극형에 처하였던 것입니다. 이것을 지척에서 목격한 장안의 인사는 누구도 놀라지 않는 자가 없었다며 통분(痛憤)하고 강개(慷慨)하지 않은 시민이 없었다고 합니다.

한림공의 사당이고 재각인 계담서원을 우리가 복원하지 않는다면 어찌 오안문(吾安門)의 충주파가 살아있다고 큰소리를 칠 수가 있겠습니까? 한림공은 오충주파(吾忠州派)의 직조(直祖)가 아니심도 만 종원께서는 지실(知悉 : 잘 알고 있음)하실 줄 믿사옵니다. 그리고 낙향하신 훈(燻) 자(字) 선조가 판서공(判書公) 휘(諱) 우하(友夏) 조고(祖考)의 자제(子弟) 7형제 중 넷째 자제이신데 한림공은 셋째 조고의 자제로서 훈(燻) 선조의 바로 위 형님의 자제로 조카이시고 오(吾) 준(濬) 자(字)의 13대 휘(諱) 충세(忠世) 조고의 사촌동생이 되시는 겁니다.

한림공은 거금 446년 전인 1544년 중종(中宗) 39년 과거에 응시하시어 문과에 급제하시고 승문원(承文院) 검열(檢閱)과 주서(注書)를 거쳐 홍문관(弘文館) 정자(正字)라는 사관으로 공명정대하게 일하시다가 파쟁에 눈이 뒤집힌 간신들의 모함에 의하여 갖은 고문 끝에 가셨습니다.

그러나 고문을 받으시면서 끝끝내 굴하지 않으시고 당당하게 지조와 절개를 지키시며 천추의 한을 남기시고 31세를 일기로 조복을 입으신 채 불의의 극형을 당하셨습니다. 오호라 비통하도다. 그때의 광경을 생각하면 가슴이 미어짐이 어찌 방(傍) 13대 후예 동준(東濬)에게만 국한되는 슬픔이겠습니까?

공의 이 형언할 수 없는 참사를 곁에서 목격하신 문강공(文康公) 토정 이지함 선생은 기막힌 정황을 참지 못해 손가락을 물어 피를 내고 도포를 찢어 혈서를 쓰시며 미친 사람처럼 가장하고 그 자리에서 사라졌다가 얼마 후 그 자리에 다시 가본즉 한림공의 시신이 그대로 있었다고 하지 않습니까? 득세한 간신들의 미친 듯이 날뛰는 화(禍)가 두려워서 아무도 감히 가까이 와서 공의 유해를 거두지 못했던 것입니다. 그리하여 이토정 선생은 자신이 직접 한림공의 시신을 거두어 장례를 모시게 해주었다고 합니다. 그러하오니 우리에게 이지함 선생이야말로 얼마나 의로운 어른이고 고마운 분이십니까.

한림공께서는 과거 공부를 하실 때 작은아버님 댁인 안항(顔巷, 안골 : 괴산군 감물면 대상동)에 오셔서 공부하셨다고 합니다.

등제하신 후 만 5년이 못 되는 1548년 위와 같이 화를 당하신 한림공은 그로부터 22년이 지난 1570년 선조(宣祖) 3년 병오(丙午)에 복관이 되셨고, 229년 후 1799년 정조(正祖) 23년 기미(己未)에는 통훈대부(通訓大夫) 홍문관(弘文館) 직제학(直提學)을 추증(追贈)받으셨고, 1824년 순조(純祖) 24년 갑신(甲申)에는 기호사림(畿湖士林)들의 창의(倡議)에 의하여 계담서원이 창건되었던 것입니다.

역사의 정필(正筆)이란 양(洋)의 동서(東西), 시간의 고금을 막론하고 중요끽긴 지사(重要喫緊之事)이고 치정(治政)의 요도(要道)라고 할 것인바 언론의 창달을 민주화의 전제요결(前提要訣)로 삼고 있는 현금의 세계정치에 조감(照瞰)할 때 간신들에 의한 언론탄압 형식의 희생이야말로 세계사에 경종을 울리는 역천(逆天)하고 역민(逆民)하는 악례(惡例)의 표본이었다고 할 것입니다. 그리고 큰 포부를 가지고 크게 진취하실 공께서 그와 같이 간악한 무리들에 의해 포부와 경륜(經綸 : 나라를 다스리는 데 필요한 경험과 능력)을 미처 펴 보시기도 전에 요절하신 것은 영원토록 그 한이 풀릴 날이 없사오나 뒤늦게라도 선조조(宣祖朝)와 정조조(正祖朝)에 신원복관(伸冤復官)이 되시고 증직이 되셨는데, 이는 공에 대한 방가사직(邦家社稷 : 영토를 보유하고 살고 있는 사람들로 구성된 정치조직과 조정이나 왕조)의 최소한의 당연지사라 할 것이며, 순조조(純祖朝)에 유림창의로 계담사원이 건립된바, 이는 공의 존령(尊靈)을 흠모하고 위로드리고 싶은 유림 일동과 후예들이 공에게 드리는 원만하고 약소한 예절이었던 동시에 공으로부터 배우려고 하는 때늦은 노력의 증좌(證左)였다고 사료되옵니다.

계담서원 건원(建院)의 목적이 위와 같고 별첨 통문과 같을진대 동족으로 한 핏줄을 타고난 충주파의 예손(裔孫)들이 어찌 훼철된 서원을 재건치 않고 그대로 방치해 둘 수가 있겠습니까? 계담 뒷동산에는 서원 터가 그대로 남아있고 당시의 주춧돌뿐만 아니라, 때가 오면 발굴하여 다시 사용하려고 임시로 매비(埋秘)한 신주(神主)와 제구(祭具)가 매혼(埋魂)된 채 그대로 있사온데 만 종원께서는 백년대하청격(百年待河淸格)으로 세월이나 손꼽으며 숙원사업 목록으로만 헤아리고 있어서 될 일입니까?

더군다나 한림공 후에 추배로 모신 세마공은 사마시(司馬試)에 중(中)하신 사림(士林)으로 병자호란 시는 중의(衆意)를 물리치고 홀로 척화(斥和)를 주장하사 민족정기를 굽히시지 않은 진군자(眞君子)이시며 세자비 간택에 공의 따님이 해당되자 본래의 분수를 지키시기 위해 왕가(王家)의 사돈이 되지 않기 위해 따님에게 명하여 궁중 식사 시에 거짓 좌수(左手)잡이인 듯 보이게 하여 낙택(落擇)을 자초케 하신 지조가 강하신 어른이시며 유복자(遺腹子)로서 면봉(緬奉 : 산소를 이장하는 것) 시 3년 시묘(侍墓)를 추복(追服 : 상복을 추후에 입음)하시니 대효(大孝)가 아니겠습니까?

한림공과 세마공은 이와 같이 오(吾) 안문의 사표(師表)이실 뿐만 아니라 만국민의 스승이라 할 수 있는 어른들이시니 그 어른들의 민족정기와 사림의 정신을 기리고 계승하며 배우기 위해서도 충주파로서는 계담서원의 복원은 필요불가결한 초미(焦眉)의 급무라고 아니 할 수 없습니다.

그러나 서원 복원에는 대지(垈地)는 좁은 대로 구대지(舊垈地)를 그대로 사용한다 해도 막대한 재정이 필요함은 췌언(贅言 : 필요없는 말)을 요치 않은 바이옵니다.

함안의 취우정파(聚友亭派)가 전국에 가장 수가 많고 경제적으로 요부(饒富)할 뿐만 아니라 도일(渡日)하여 사업에 성공한 교포가 비일비재라 하는데도 아직 서원이 복원을 보지 못하고 있습니다. 함안 3대성(三大姓) 중에서 서원이 있던 곳은 조(趙), 안(安) 양성(兩姓)인데 조씨는 가히 7~8여억 원을 들여 복원한 지 어언 근어십년전사(近於十年前事)라 하옵는데, 취우정파(聚友亭派)는 비록 부다(富多)하다고는 하지만 해방 이래 사십유여년래(四十有餘年來)로 복원을 구두탄(口頭彈) 같이 외치면서도 아직 성취를 보지 못하고 있습니다. 그래서 조씨, 안씨가 좋은 대조가 되고 있습니다. 이것이 어찌 남의 일인 듯이 오불관언(吾不關焉)할 수 있겠습니까?

삼남(三南)에서 오안문(吾安門)의 관문 역할을 해 온 취우정파의 신암서원 복원사(復元事)가 어찌 해취우정파(該聚友亭派)만의 책임사(責任事)이며 연세(年歲)는 비록 31세에 가셨다고는 하나 을사명신(乙巳名臣)으로 일세(一世)를 진동시키신 한림선조(翰林先祖)의 일이 어찌 명세조(名世祖) 직계만의 일이며 충주종원(忠州宗員)들만이 국한해서 해결할 명분의 일이라 하겠습니까?

어시호(於是乎) 양도공파종회(良度公派宗會) 회장직을 수 다년간 맡아온 불초(不

祭)는 시흥 양도선조(良度先祖)의 사패기지(賜牌基地) 일부가 학교용지로 정부측에 수용됨에 따라 나온 보상금의 일부를 외람되게도 신암서원과 계담서원의 복원 및 소윤공파(小尹公派) 집주지(集住地) 평해(平海)의 실전조(失傳祖) 설단보조조(設壇補助條)로 지원하도록 대종회 임원 제위에게 그 강행을 요청하여 만장일치의 가결을 득하여 놓았습니다. 연(然)이나 보조액이 충분치 못해서 서원 복원에는 신암이고 계담이고 만종원(萬宗員)의 비상한 관심과 물심양면의 적극적인 협력 없이는 불가능할 것으로 사료되옵니다.

이것은 타 소종중파로서는 찬동(贊同)을 꺼리는 일이며 양도공 종회 임원중에서도 지원을 반대하는 의견이 불무(不無, 없지않음)하였습니다. 그러나 일세를 진동시키신 한림선조의 태산 같은 절개를 천세(千歲)에 전하고 앞으로 더욱 계승하라는 장(壯)한 뜻에서 지원결의를 강행한 종사이오니 행여나 불복원으로 지원금이 회수되는 일이 없도록 물실차기(勿失此期)하시기를 간청드리는 바입니다. 불초(不肖) 감히 참월(僭越 : 주제넘음)을 무릅쓰고 이 발문(發文)을 드리오니 만종원이시어 사림들의 창의(倡議)에 의한 한림(계담)서원과 신암서원 복원이라는 대의명분과 아울러 충주파 만종원은 우리의 공통종사(共通宗事)인 훈(燻) 선조에서 덕(德) 자(字) 항렬까지의 세덕사(世德祠)를 병설(倂設)한다는 것을 잊지 마시고 발분(發奮)하시기를 간망(懇望)하는 바입니다.

실은 한림공(翰林公)과 세마공(洗馬公)에 관하여 좀 더 소상히 말씀드려야 할 것이오나 불초의 기다란 요설(饒舌, 수다스럽게 지껄임)보다는 1819년(己卯) 5월 삭망(朔望)에 7대 방손(傍孫) 환(煥)공께서 종중에 발(發)하신 건원통문(建院通文)과 1823년(癸未) 11월에 발한 충원향교(忠原鄉校) 유회(儒會)가 한림서원(翰林書院, 검열사, 계담사) 건원을 위해 발하신 통문과 성암(省庵) 김효원(金孝元) 선생이 찬하신 한림공 비문과 기유(己酉) 2월에 발한 충주향교 통문 추배 시 제고문(祭告文) 등의 원문을 발췌하여 동봉하오니 참고하시기 바랍니다.

단기(檀紀) 4323년 경오(庚午) 서기(西紀) 1990년 음(陰) 4월

순흥안씨 양도공파종회(良度公派宗會) 회장 안동준 백(白)

이렇게 문중원들에 통문이 발송되었고 충주파 문중에서는 계담서원의 복원은 문중의 숙원사업일 뿐만 아니라 또한 후손들에게 한림공과 세마공의 충절과 의로움을 전하고 배우게 함은 종원들의 책임과 의무이다. 이에 모든 종원은 서원 복원은 물론 낙향선조(落鄕先祖)이신 안훈(安燻)공 이하 덕(德) 자(字) 항렬 선조(先祖)까지를 모실 수 있는 사당을 함께 건립하기로 하고 동참을 결의하였다. 이어 문중에서는 1990년 3월 9일 복원추진위원회를 구성하고 체계적인 추진을 위하여 각 소종회(小宗會) 별로 추진위원을 위촉하는 한편 추진위원회 회칙을 제정하고 복원 재원을 양도공(良度公) 종회와 참판공(參判公) 종회 등에 지원을 요청하고 본격적으로 복원을 추진하였다.

【계담서원 복원 순흥안씨 문중 추진위원회 회칙】

제 1조　본회(本會)는 계담서원 복원 순흥안씨 문중 추진위원회(桂潭書院 復元 順興安氏 門中 推進委員會)라 칭한다.

제 2조　본회 사무소는 순흥안씨 충주파 종회관(宗會館) 내(內)에 둔다.

제 3조　본회는 계담서원 복원 사업추진을 목적으로 한다.

제 4조　본회는 순흥안씨 충주파 종회 임원회에서 선정 위촉한 위원으로 구성한다.

제 5조　본회 위원은 계담서원 복원사업을 적극 추진한다.

제 6조　본회는 하기(下記) 임원을 두되 임기는 2년으로 한다.

　　　　위 원 장　1인　　　부위원장　약간인(若干人)

　　　　감　　사　2인　　　총　　무　1인

　　　　공　　무　1인　　　고　　문　약간인

제 7조　위원장, 부위원장, 감사는 위원총회에서 선임하고 총무는 위원장의 추천으로 총회에서 인준한다. 고문은 위원장이 추대한다.

제 8조　위원장은 본회를 대표하고 회무(會務)를 총리(總理)한다.

부위원장은 위원장을 보좌하고 위원장 유고 시는 그 직무를 대행한다.

감사는 회무(會務)를 감시 감사하여 차기 회의 시 보고한다.

제 9조 본회에는 위원총회와 임원회를 두고 수시 필요에 의하여 위원장이 소집한다.

제10조 전조(前條) 회의는 재적위원 과반수 참석 개의(開議) 재석위원(在席委員) 다수결로 의결한다.

제11조 총회는 다음 사항을 의결한다.

　　　　1. 재산의 취득 및 처분에 관한 사항

　　　　2. 임원 선임에 관한 사항

　　　　3. 회칙 변경에 관한 사항

　　　　4. 예산 결산승인에 관한 사항

　　　　5. 회비 책정에 관한 사항

　　　　6. 기타 사업상 중요한 사항

제12조 임원회는 다음 사항을 의결한다.

　　　　1. 재산관리에 관한 사항

　　　　2. 본회 운영에 관한 사항

　　　　3. 본회 목적을 달성하기 위한 사업에 관한 사항

　　　　4. 총회에서 수임(受任)한 사항

　　　　5. 기타 운영상 긴급을 요하는 사항

제13조 본회의 재산은 상대종회(上代宗會)에서의 기여금과 회원의 회비, 찬조 금 및 기타 수입금으로 한다.

제14조 본회는 다음 장부(帳簿)를 비치한다.

　　　　1. 금전출납부.　　　　2. 예금통장.

　　　　3. 회비 및 찬조록.　　4. 수입지출 증빙서.

　　　　5. 회원명부.　　　　　6. 임원명부.

7. 회의록.

제15조 본 회칙은 총회의결로서 개정한다.

제16조 본회는 본회 목적달성 후 모든 재산 및 부책(簿册)을
서원관리위원회에 인계하고 해산한다.

제17조 본 회칙은 서기 1990년 3월 20일부터 시행한다.

〔충주파 계담서원 복원 순흥안씨 문중 추진위원회 구성〕

□ 고 문

동준(東濬), 호준(鎬濬), 갑준(甲濬), 필준(弼濬), 진준(辰濬), 길준(吉濬, 서울),

병열(秉說), 병권(秉權), 철호(喆浩).

□ **위원장**

병태(秉泰 : 충주파 종회장).

□ **부위원장**

상을(商乙), 표준(表濬), 관준(寬濬), 병우(秉祐).

□ 위 원

○ 사촌공파(沙村公派)

상학(商學), 정준(鼎濬), 숙준(肅濬), 락준(樂濬), 화준(和濬), 병서(秉書), 병근
(秉根), 병익(秉翊), 병표(秉杓), 병현(秉鉉), 광래(光來).

○ 세마공파(洗馬公派)

상헌(商憲), 동준(東濬, 음성), 상선(商瑄), 용준(溶濬), 병구(秉龜), 병구(秉九/이
담), 광선(光璿), 기호(基浩), 병억(秉億, 충주), 경준(慶濬), 연준(連濬).

○ 충의공파(忠義公派)

길준(吉濬/계담), 상건(商乾), 기준(器濬), 일준(一濬), 병찬(秉燦), 병조(秉祚/청주),
병조(秉兆/서울), 병일(秉一/충주), 병혁(秉爀), 광태(光泰), 치문(致文).

○ 악정공파(樂正公派)

병태(秉台), 상원(商元), 병관(秉官, 서울), 병천(秉千), 병구(秉九/충주), 일중(日中), 병우(秉祐, 갑산), 병희(秉熙), 병옥(秉玉/계담).

○ 농애공파(農厓公派)

중원(中元), 기준(琦濬), 시준(始濬), 화준(華濬), 제준(濟濬), 병덕(秉德), 길준(吉濬/대상동).

○ 한림공파(翰林公派)

상은(商銀), 준등(俊騰), 창준(昌濬), 병수(秉洙, 서울).

○ 사과공파(司果公派)

경준(慶濬).

또한 안병태(安秉泰) 종약장(宗約長)은 땅에 떨어진 인륜과 도덕을 진작시킬 수 있는 전통예절과 선유(先儒)들의 학문을 공부하고 덕성(德性)을 키울 수 있는 교육기관으로 계담서원을 옛 검열사(檢閱祠 : 일명 계담사) 자리에 창건하고자 하는 계획을 지역 내 괴산, 연풍, 음성, 충주향교의 유림과 전교(典敎)들에게 통문을 보냈다.

【순흥안씨 충주파 종약장(宗約長)이 향교유림(鄕校儒林)에게 드리는 발의문】

삼가 향교 유림께 드리나이다.

불초(不肖)는 괴산군 감물면 구월리에 거주하옵고 순흥안문(順興安門)의 충주파 종약장직(宗約長職)을 맡고 있는 안병태(安秉泰)이옵니다.

비종회(鄙宗會)는 과거 근어삼십년간을 족형(族兄)인 안병열(安秉說) 씨가 맡아오다가 작년에 건강 관계로 물러나시게 되어 불초가 그 뒤를 이어 종약장직을 맡아 오늘에 이르고 있습니다.

취복백(就伏白) 오늘은 유림 제위께 계담서원 복원과 한 분을 더 추배하는 문제로 말씀을 사뢸까 하옵니다.

계담시원은 별첨 문서 제1호 충원향교유회(忠原鄕校儒會)에서 발(發)하신 한림

(계담)서원 건원을 위한 통문 등에 의하여 안한림(安翰林) 휘(諱) 명세(名世) 공(公)을 모신 후 안세마(安洗馬) 휘(諱) 술(述) 공(公)을 추배한 본군(本郡) 감물면 계담리 뒷동산에 지어졌던 서원으로 1865년 대원군의 서원 훼철령에 의하여 철거된 서원이옵니다.

안한림공(安翰林公)은 유림 첨군자(僉君子)께서도 그 역사를 지실(知悉 : 다 알고 있음)할 것으로 사료되와 중언을 피하겠습니다만, 별첨 건원통문에 약기(略記)되어 있는 대로 중종(中宗) 39년 1544년 병과(丙科)에 급제하신 후(後) 홍문관(弘文館) 정자(正字)로 조정(朝廷)의 시정기(時政記)를 맡아 쓰실 때 인종(仁宗) 상(喪)을 당하자 소윤(小尹)에서 대윤(大尹)의 삼대신(三大臣)을 죽인 일을 시정기에 직필한 것이 소윤(小尹)들의 규견(窺見, 몰래 엿봄)과 모함으로 조복을 입으신 채 억울하게 극형을 받으신 것이 아니오니까.

그때 고문에 임하시는데 공의 자세는 당당하고 늠름하신 대인지풍(大人之風)이신데 반하여 간신들이 하는 짓이 하도 기가 막혀서 이를 목격하신 이문강공(李文康公) 토정 선생은 공을 흠경(欽敬)한 나머지 도포를 찢어 혈서를 쓰며 거짓 미친 체하였다고 합니다. 그리하여 수레가 장안 거리를 거쳐 남대문 밖에서 극형을 당한지라 손수 시신을 거두어 주셨다고 전해지고 있습니다.

그리고 다음에 추배되신 세마공(洗馬公)은 사마시에 중(中)하신 후 학행이 출중하시었고 세자비 간택에 입궁하는 따님에게 식사 시에 좌수철반(左手啜飯 : 왼손으로 식사함)토록 명하시어 고의로 낙택(落擇 : 간택에서 떨어짐)케 하신 절개의 지사(志士)이옵고, 특히 병자호란시는 모두가 화의(和議)를 주장하자 공은 홀로 배중척화(排衆斥和)를 주창하신 어른이옵니다. 그리하여 세마공의 절개가 한림공의 절개와 가까우심으로 이를 흠모하는 사림들이 창의(倡議)하시어 서원이 건원되고 추배되셨던 것으로 알고 있사옵니다.

첨군자(僉君子)께서도 알고 계시는 바와 같이 우리나라는 8.15 광복 이후 민족의 자주독립에 힘입어 전국 유림에서 학행과 치적, 그리고 절개와 지조가 높으셨던 명현들의 사우(祠宇)와 서원이 비일비재하게 복원되지 않았습니까.

그러하온데 1823년 충원유림(忠原儒林)들께서 만세사림(萬世士林)의 사표로 추앙하여 한림공과 세마공의 사당 겸 정신교육기관으로 힘겹게 세우신 계담서원은 건원 후 불과 42년 만에 하등의 폐단이나 잘못도 없는데도 불구하고 일괄 철거당하였는데도 아직 복원을 하지 못하고 있사옵니다. 그리하여 불초 등 면내의 유림들이 복원을 기도(企圖)해 온 지가 어언 40여 성상이 되었습니다. 연이나 직방계(直傍系) 후손들이나 면내 유림의 역부족으로 연년세세(年年歲歲) 우리 지방의 숙원사업으로만 뒤처져 내려올 수밖에 없었사옵니다.

어시호(於是乎) 금춘에 비종회(鄙宗會)의 상대종회인 시흥 소재 개국공신 안양도공(安良度公) 종회에서 종산(宗山)인 사패기지(賜牌基地) 일부가 서울시의 학교용지로 수용됨에 따라 받게 되는 보상금 일부를 양도공(良度公)의 후손이신 안한림서원(安翰林書院 : 검열사) 복원사업의 딱한 사정을 동찰(洞察)하시고 지원해 주시겠다는 내락을 알게 되었습니다.

그리하여 불초들은 별첨과 같은 계담서원 복원추진위원회를 발족하옵고 이 일을 추진코자 하오니 첨좌(僉座 : 여러분)께서도 이 추진위원을 수락해 주시고 이 사업 추진에 적극적인 성원을 주시옵기를 앙청(仰請) 드리옵니다.

그리고 서원 복원에 첨가하여 더 한가지 발의 드리옵는 것은 안사촌공(安沙村公)의 추배사(追配事)이옵니다. 첨군자께서도 전문(傳聞)하시어 알고 계실 줄 믿사옵는바 사촌공은 오충주파(吾忠州派) 낙향선조(落鄕先祖) 휘(諱) 훈(燻) 조고(祖考)의 장증손(長曾孫)이옵고 천재에 가까우셔서 4세 때 봄에 괴엽(槐葉)은 천층록(千層綠)이오 도화(桃花)는 만점홍(萬點紅)이라는 오언시(五言詩)를 지시어 널리 중국에까지 조선에 신동이 났다는 소문이 퍼지게 하신 어른이옵니다. 공이 8세 시에는 서호백(西湖伯, 충청감사)께서 지나다가 공을 시험해 보려고 찾아와 안자운(雁字韻)을 내셨는데 공은 낙운성시(落韻成詩)로 즉석에서 칠언율(七言律)을 지으셔서 감사(監司)를 놀라게 하셨다고 합니다. 그리고 공이 16세 시작(詩作)인 영사시(詠史詩)와 한도부(漢都賦)는 고래명시(古來名詩)인 서정시(西征詩)에 견주면서 세인이 전송(傳誦)했다고 하옵니다.

공은 효심이 강하셨는데 어느 엄동(嚴冬)에 모친께서 병환이 나시자 잉어를 얻으시려고 강에 가서 할빙(割氷)하고 물에 들어가 도원(禱願)하신 지성이시라 모친의 병환이 즉시 쾌차하셨다 하오며, 친상(親喪)을 당하여서는 묘 옆에 여막을 짓고 3년 시묘(侍墓)를 하신 대효(大孝)이셨다고 합니다.

갑신년(1583년) 정시(庭試 : 나라에 경사가 있을 때 대궐에서 실시했던 과거)에 응하사 탁괴(擢魁, 장원으로 선정됨)하셨으나 고관(考官)의 파쟁으로 방외(榜外)로 출척(黜斥) 당하시자 옥서장(玉署長 : 삼사의 하나로 궁중의 경서와 사적을 관리하고 왕에게 학문적 자문을 하는 기관의 장) 류서애(柳西厓)께서 누주(漏珠 : 진주가 새어나감)를 심석(深惜 : 크게 안타까워함)하셨다고 합니다. 공은 후에 사마시에 중(中)하셨으나 벼슬에 나가지 않으시고 시서를 벗 삼아 세월을 보내셨습니다.

수석정(漱石亭) 야순(野淳)[1] 선생은 공의 행장(行狀)에서 공은 경륜의 넓음과 포부의 크심이 일세를 덮으셨으나 세상에서 채용되지 못한 것은 천년이 흘러도 지사(志士)로서 유감(遺憾)됨을 씻을 길이 없는 국가적 대손실이었다고 한탄하고 계십니다.

그리고 세마공(洗馬公)은 불초의 11대 조고이신바 유복자이시지만 그 고위(考位) 면봉시(緬奉時 : 묘소를 이장할 때)에는 묘측(墓側)에 여막을 지으시고 3년간 철죽(啜粥, 죽을 마심)하시며 시묘(侍墓)와 추복(追服)을 하셨다고 하오며 학문이 일취월장하여 사마(司馬)에 중(中)하셨고 덕(德)은 봄 날씨와 같이 따뜻하셨고 행(行)은 추상과 같이 강직하셨다고 하옵는데, 이는 오로지 종자(從子)를 친자(親子)와 같이 훈육하신 백부(伯父) 사촌공(沙村公)의 은덕이 아니었던들 감히 생각할 수도 없는 일이라고들 하옵니다.

----

1 야순(野淳) : 퇴계의 9세손으로 자질이 총명하고 문장에 능함, 성리학을 전습하고 과거를 보러 갔다가 무질서와 폐습을 보고는 벼슬길을 단념, 일생을 학문에만 전심, 암행어사 이우재의 추천으로 경기전 참봉, 1821년 국장도감 감조관, 1831년 장악원 주부로 승진되었으나 모두 사퇴하고 취임하지 않음.

이와 같은 점으로 미루어 보더라도 이번에 계담서원을 복원함에 있어서는 만시지탄이 불무(不無)하오나 이제라도 사촌공 추배가 무위통과(無違通過) 되도록 선도(善導)하여 주시옵소서.

괴산유림 첨군자의 건승을 기원하오며 자이(玆以) 발통(發通)을 올리나이다.

1990년 5월 1일

순흥안씨 충주파종회 종약장 안병태 국궁(鞠躬)

통문(通文)을 받아 본 지역유림에서는 당초 검열사(계담사)가 있어 지역 유학 발전에 많은 기여를 하였고 또한 지역 전통문화의 발전과 보전을 위하여 교육을 담당할 전통 교육기관의 복원이 필요한바, 계담서원 복원에 대한 여론이 조성되었다.

통문을 받아 본 지역유림에서는 성균관과 유도회(儒道會)에 계담서원의 복원과 사촌(沙村) 안덕린(安德麟) 선생의 추배뿐만 아니라 순흥의 사현정(四賢井)의 주인(主人)이신 문경공(文敬公) 안석(安碩) 선생과 문정공(文貞公) 안축(安軸) 선생을 함께 추배를 건의하는 발의문(發議文)을 보내게 되니 서원의 복원과 세 분의 명현 추배 등이 더욱더 활발히 추진하기에 이르렀다. 발의문을 성균관 유도회에 제출한 괴산유림에서는 성균관 이쾌섭(李快燮) 전학(典學), 김충식(金忠植) 괴산향교 전교(典敎), 박래근(朴來根) 괴산유도회장, 안상헌(安商憲) 충민사 원장, 심선택(沈先澤) 화암서원 원장의 발의로 1990년 7월 20일 유림회의를 개최하여 계담서원의 복원을 적극 지원할 것을 공의(公議)하였다. 복원을 위하여 우선 추진위원회의 구성과 함께 회칙을 제정하였으며, 추진위원장으로 김충식(金忠植) 전교(典校)를 선출하였다. 또한 인근의 청안, 연풍, 음성, 충주향교에서도 서원의 복원에 대한 동의와 함께 적극 협찬을 약속하였다.

【괴산 유림들의 성균관에 품달(稟達)한 계담서원 복원과

안문경공(安文敬公), 안문정공(安文貞公) 및 안사촌공(安沙村公) 추배 발의문】

신재(愼齋) 주세붕(周世鵬) 선생에 의하여 도입된 서원제도는 명현에의 제사와 아울러 인재를 훈육 양성한다는 견지에서 처음에 조정에서 사액과 더불어 장려책을 썼던 것이나, 이에 힘입어 전국적으로 수많은 서원이 이룩되었는데, 우리 괴산군 내에도 화양서원(華陽書院)을 위시하여 만동묘(萬東廟), 화암서원(花巖書院), 구계서원(龜溪書院) 및 계담서원 등 5개 서원이 이룩되었다.

그러다가 양민이 원노(園奴)가 되어 군역(軍役)을 기피하거나 일부 사림이 서원에 들어가 붕당을 만들어 세력을 형성하여 양민을 토색(討索)하는 등의 폐단이 생기게 되었다. 그리하여 인조조(仁祖朝)부터는 서원에 대한 갖가지 억제책을 강구해 왔다.

대원군 때에 이르러서는 전국에서 47개 서원을 제외하고는 여타의 서원은 일률적으로 훼철(毁撤)케 했는데, 오(吾) 괴산 관내 5개 서원은 그때 모두 다 훼철을 당했던 것이다.

오(吾) 괴산 관내에서 훼철 당한 5개 서원 중에서 화양서원(華陽書院)이 붕당과 기타의 폐단이 있다 하여 남 먼저 훼철을 당한 것은 세인(世人)이 주지하는 바이나 여타의 3개 서원과 전국에서 전기(前記) 47개 사원 외에도 기필코 존속해야 할 만고의 사표가 될 유익한 서원이 많았는데도 불구하고 일괄적으로 훼철된 것은 안타까운 일이 아닐 수 없었다.

그리하여 8.15 광복절에 대한의 독립이 성취되고 경제가 점차 발전됨에 따라 전국의 각 씨족의 종중이나 유림 중 상당수의 육지(育志 : 교육지사)들로서는 과거에 옥석구분격(玉石俱焚格)으로 훼철 당한 사표가 되는 명현들의 원사(院祠)를 복원하는 데 심혈을 경주해 왔던 것이다.

우리 괴산 관내에서도 광해군 14년 임술년(1622년)에 이황(李滉), 허후(許詡), 박세무(朴世茂), 이문건(李文楗), 노수신(盧守愼), 김제갑(金悌甲), 유근(柳根), 전육형(全育亨), 이신의(李愼儀)의 9 선생을 모시기 위해 건립된 화암서원은 해방 후 일찍이 그 후손들과 관내 육지유림(育志儒林)의 적극적인 협력으로 복원을 보았던 것이다.

그러나 여타 4개 서원은 복원은 희망하면서도 그 후손 및 유림들의 역부족으로 지우금(至于今) 복원을 보지 못하여 괴산 관내의 유림들로서는 심히 불민(不敏)하고 아쉬움을 금할 길이 없던 터이다.

그러하던 터인데 이번에 감물면(甘勿面) 구월리(九越里) 거주 순흥안씨 충주파종회 안병태 종약장이 보내온 발의문에 의하면 해(該) 종중에서는 상대종회로부터 불소(不少)한 금원(金源)의 지원내락(支援內諾)을 받았다 하며 이에 힘입어 복원추진위원회를 구성하면서 복원을 유림소간사(儒林所幹事)라 하여 오등(吾等) 괴산 유림 대표를 추진위원의 일원으로 편입했다 하며, 아울러 안사촌공(安沙村公)의 추배사를 품달(稟達)해 왔다.

안한림공(安翰林公)이 조정의 사관으로 시정기(時政記)를 사실대로 직필한 것을 파쟁간신(派爭奸臣)에 의해 연소시절(年少時節)에 부당하게 극형을 당한 것은 청사(靑史)에 소명(昭明)하게 기록된 바요, 후세 조정(朝廷)에서 신원복관과 더불어 증직을 드렸던 것도 세인주지(世人主知)의 사실이다. 그러나 안한림공께서 억울한 극형을 당하시지 않고 타고나신 재질대로 국가의 동량(棟樑)으로 크게 진취하셨을 것을 상기하면 한스럽기 짝이 없는 바이다.

또 안세마공(安洗馬公) 역시도 사림으로서의 절개지조(節介志操)와 민족의 정기가 만인의 사표가 될 뿐만 아니라 현세에 있어서도 세인의 귀감이 되실 만한 어른이다.

이와 같은 탁월하신 두 어른을 모신 계담서원은 오(吾) 향리의 자랑이요 유림들의 정신적 식량을 제공하는 지주(支柱)로서 오등유림(吾等儒林)이 힘이 있었다면 우리 자력으로라도 기히 복원을 선도하고 주선했어야 옳은 일인데 그렇지 못했던 것을 오히려 부끄럽게 여겨온 터였다. 그러던 차제에 금차(今此) 이담(鯉潭) 안씨문중에서 서원 복원의 구체안을 추진함에 있어 오등유림들로서는 한편 미안하고 한편 경사스러운 일이라 아니할 수 없다.

그리고 또 한 분 추배코자 하시는 진사(進士) 안사촌(安沙村) 선생은 숭현사(崇賢

祠)에도 배향되신 명현이시라 4세 시에 기히 시작(詩作)을 하셨다는 출천지재(出天之才)로서 안씨 후손들의 구전(口傳)을 통해서나 사촌문집(沙村文集)을 통해서도 문견(聞見)하고 있는 터이다. 여기서 오등유림 일동은 계담서원을 복원하고 한 두 분을 더 추배코자 하는 차제에 기왕이면 진일보해서 한림(翰林)의 9대조이신 고려(高麗) 명현인 안문경공(安文敬公) 휘(諱) 석(碩)과 안문정공(安文貞公) 근재(謹齋) 선생 휘(諱) 축(軸) 두 어른을 아울러 계담서원에 배향함이 사도창달(斯道暢達, 유교의 도덕을 자유로이 표현하고 전달함)을 위하여 바람직한 일로 유측(維測)하옵기로 안병태 종약장의 계담서원 복원 발의를 찬동하고 나아가 상기 2현을 추가 배향하는 문제를 이에 오등(吾等) 괴산유회(槐山儒會)의 명의(名義)로 이 뜻을 성균관과 유도회총본부(儒道會總本部)에 품신(稟申)하는 바이니, 중앙에서는 널리 동촉(洞燭)사 사업이 촉진되도록 조속한 회시 있으시기를 복망복축(伏望伏祝)할 따름입니다.

1990년 5월 일

괴산유림(槐山儒林) 대표(代表)

〔괴산유림의 계담서원 복원추진위원회 회칙〕

제 1조 본회(本會)는 계담서원 복원추진위원회라 칭한다.

제 2조 본회 사무소는 괴산향교 내에 둔다.

제 3조 본회는 계담서원 복원사업 추진을 목적으로 한다.

제 4조 본회 회원은 본회 목적을 찬동하는 유림으로써 한다.

제 5조 본회에는 아래의 임원을 둔다.

위 원 장 1인   부위원장 2인

총   무 1인   감   사 2인   고   문 약간명

제 6조 위원장, 부위원장, 감사는 위원회에서 선임한다.

총무는 위원장의 추천으로 위원회에서 인준한다.

고문은 위원장이 추대한다.

제 7조　위원장은 본회를 대표하고 총리(總理)하며 위원회를 소집하여 의장이 된다.

제 8조　부위원장은 위원장을 보좌하고 위원장 유고시는 그 직무를 대행한다.

제 9조　총무는 위원장의 지휘에 의하여 회무에 종사한다.

제10조　감사는 본회 사업추진 및 경리상황을 감사하여 차기 위원회에 보고한다.

제11조　고문은 위원장의 자문(諮問)에 응하며 회의에 참석하여 발언할 수 있다.

제12조　본회 회의는 과반수 출석으로 개의(開議)하고 다수결로서 의결한다.

제13조　본회는 계담서원 유회(儒會) 결성시는 모든 사무를 인계하고 해산한다.

제14조　본 회칙은 의결한 날로부터 시행한다.

괴산유림(槐山儒林) 계담서원 복원추진위원(推進委員)

사리 중흥리 전교 김충식(金忠植)	괴산 수진리 지부장 박래근(朴來根)
괴산 동부리 장의 김명수(金明洙)	문광 유평리 평의원 이쾌섭(李快燮)
감물 백양리 장의 이운영(李運榮)	소수 아성리 장의　송병욱(宋秉旭)
괴산 동부리 장의 안이진(安利鎭)	청 안 향 교 전교　연규달(延圭達)
연 풍 향 교 전교 이해명(李海明)	유도회연풍면지부장 경석준(慶錫俊)
연 풍 향 교 장의 장윤덕(張潤德)	음성읍 성균관 전학 김태섭(金泰燮)
음 성 향 교 전교 안동준(安東濬)	유도회 음성군지부장 이종익(李鍾翊)
충 주 향 교 전교 이용신(李庸信)	유도회 증평지부장　최상근(崔相根)
도안 화성리 김갑수(金甲洙)	감물 백양리 이화승(李和承)
사리 화산리 이종록(李鍾祿)	소수 고마리 정순용(鄭淳龍)
문광 유평리 김호준(金好俊)	소수 옥현리 안세순(安世淳)
문광 옥성리 정태익(鄭泰益)	칠성 두천리 박달순(朴達淳)
괴산 동부리 최동로(崔東魯)	칠성 외사리 김용태(金容泰)
소수 수　리 안희균(安熙均)	괴산 동부리 조정의(趙正義)
괴산 동부리 심선택(沈璇澤)	괴산 검승리 김상기(金相岐)

문광 양곡리 김진영(金鎭榮)   칠성 외사리 김한근(金漢根)

불정 지장리 도필학(都必學)   감물 매전리 이용근(李容根)

소수 수 리 김태봉(金泰鳳)   소수 수 리 김용하(金容夏)

칠성 율지리 이정완(李廷完)   문광 대명리 최광옥(崔光鈺)

칠성 두천리 박상희(朴相熙)   문광 문법리 김향모(金享模)

사리 중흥리 유근만(柳根萬)   청천 덕평리 박종록(朴鍾錄)

괴산 능촌리 김용연(金踊淵)   문광 유평리 이상율(李相葎)

소수 몽촌리 유승대(柳承大)   감물 오창리 이창훈(李昌勳)

소수 길선리 김재룡(金載龍)   괴산 동부리 김재덕(金在德)

사리 사담리 손근성(孫根成)   감물 구월리 박세열(朴世烈)

소수 고마리 조종식(趙宗植)   불정 목도리 김명성(金命性)

불정 앵천리 정진헌(鄭鎭憲)   문광 신기리 김명회(金明會)

도안 노암리 연규생(延圭生)   칠성 율지리 송용섭(宋龍燮)

칠성 사은리 임량수(林惊洙)   감물 구월리 조용순(趙容珣)

사리 화산리 김지인(金知仁)   불정 앵천리 김태일(金泰一)

불정 앵천리 정락헌(鄭洛憲)   불정 목도리 이상길(李尚佶)

감물 백양리 이중영(李重榮)   청천 덕평리 손근상(孫根商)

청안 청룡리 김종천(金鍾千)   괴산 서부리 김영수(金榮洙)

괴산 동부리 김성회(金聖會)

한편 문중 추진위원회에서는 괴산향교유회의 몇 분과 유도회 충청북도 본부를 방문하여 서원의 복원추진을 응락받았다.

응락과정에서 유도회 도 본부나 인근 유림들께서는 상대(上代)의 문(文) 자(字) 시호(諡號)를 받으시고 세상에 널리 알려지신 문경공(文敬公) 휘(諱) 석(碩) 선조님과 문정공(文貞公) 휘(諱) 축(軸) 선조님의 추배가 필요하다는 주장이 강력 대두되었다.

이에 일부 내용을 첨가하여 10월 7일 도 유도회 임원과 문중 추진위원회 간부진들은 성균관을 방문하여 괴산유림의 계담서원과 안문경공(安文敬公), 안문정공(安文貞公), 안사촌공(安沙村公) 추배에 대한 발의문을 제출하였다.

발의문을 받은 성균관과 유도회에서는 발의 내용을 심도 있게 검토하였다. 검토 결과 여러 정황을 살펴 고찰한바 계담서원의 복원과 세 분의 명현 추배는 성균관 관례에 따라서도 매우 적절하고 가합(可合)한 공의(公議)로 판단된다는 회시를 받았다. 이는 계담서원의 복원과 위의 3분의 명현 추배의 당위성 공인(公認)과 함께 우리 지역의 전통문화와 정신문화의 보전과 발전에 크게 기여할 수 있는 근간이 되었으니 성균관과 유도회의 회시문을 함께 실어 보전하고자 한다.

【계담서원 복원과 안사촌공(安沙村公) 추배에 관한 성균관 및 유도회 회시(回示)】

우리나라에 주자학(朱子學)을 들여오시고 조상에 제사 지내는 제구(祭具)와 법식(法式)을 도입하시어 도학지조(道學之祖)가 되시고 나아가 미신을 타파하신 분이 순흥안씨의 문성공(文成公)이심은 세인주지(世人主知)의 사실이다.

서원이란 본시 중국의 당나라 현종(玄宗) 시에 마련된 제도로서 명현에 제사하고 학문을 익히기 위한 곳인바 우리나라에 서원제도를 최초로 도입한 것은 풍기군수(豊基郡守)이던 신재(愼齋) 주세붕(周世鵬) 선생이 거금 448년 전인 1542년에 안문성공(安文成公)을 제사 지내고 그 학문을 익히기 위해서 중국의 여정전(麗正殿)과 집현전(集賢殿)의 서원을 본떠서 순흥에 백운동서원을 창설한 것이 효시임도 또한 세인주지의 사실이다.

주문민공(周文敏公)께서 백운동서원을 창설하신 후 1550년에 후임 풍기군수로 부임하신 퇴계 이황 선생께서 임금에게 아뢰어 소수서원이란 액자를 내리시게 하니 우리나라에 사액서원의 시초가 된 것이다.

안문성공(安文成公)께서 세우신 공적은 위와 같이 혁혁하시거니와 3대를 계속해서 봉훈(封勳)을 받아 흥령부원군(興寧府院君)이 되시고 5대를 계속해서 대제학

이 되시고 그 중의 2대의 배위께서 타성(他姓)에 보기 드문 택주(宅主 : 과거 급제자가 많이 배출된 가문의 안주인에게 내린 칭호)의 칭호를 받으신 가문은 여말(麗末)의 학자 근재(謹齋) 안축(安軸) 선생으로부터의 5대를 이은 가문뿐임도 세인공지의 사실이다. 근재 선생은 안문성공의 종손(從孫)이요, 4현정주(四賢井主) 문경공 안석(安碩) 선생의 장남이다. 3군(三君), 5대제학(五大提學), 2택주(二宅主)를 열기(列記)하면, 3부원군은 문정공(文貞公) 안축과 그 자제 문간공(文簡公) 안종원(安宗源)과 그 자제 양도공(良度公) 안경공(安景恭)이시고, 5대 대제학은 위 세분과 양도공의 자제인 정숙공(靖肅公)과 그 자제 안숭선(安崇善)까지 5대이시며, 2택주(宅主)는 문간공의 배위 경혜택주(慶惠宅主) 김씨와 양도공의 배위 의정택주(懿靜宅主) 정씨이다.

충북 괴산향교의 유도회장공으로부터 계담서원 복원에 관한 발의문을 받았는바 계담서원은 일찍이 별첨과 같이 중원향교의 건원통문으로 이룩한 을사명신 안한림공을 주벽으로 모셨다가 후에 안세마술공을 추배했던 서원이다. 이 서원은 대원군에 의하여 1865년 훼철되었던 것이다.

안한림공은 거금 446년 전인 중종(中宗) 39년 병과에 등제(登第)하신 후 승문원(承文院) 검열(檢閱)과 주서(注書)를 거쳐 홍문관(弘文館) 정자(正字)라는 사관이 되시어 조정(朝廷)의 시정기(時政記)를 담당했던 분이다. 중종이 승하하여 소상(小喪)이 미필시(未畢時)에 인종과 명종 지지세력인 대윤(大尹)과 소윤(少尹) 간에 피비린내 나는 암투 중간에서 안한림공은 억울하게 31세의 젊은 나이로 극형을 받으셨다. 안한림은 조복을 입으신 채 고문과 극형을 당하시면서도 시종일관 그 태도가 평상시나 다름없이 당당하고 늠름한 대인지풍을 견지하셨다 한다.

그 당시 이것을 지척에서 목격한 문강공(文康公) 이토정 선생을 위시한 만인으로부터 추앙을 받은 을사명신으로 부각이 되신 장한 분이다. 한림공은 선조조(宣祖朝)에 신원복관이 되셨는데 그 교서(敎書)에 이르기를 위언직필(危言直筆)로 지주퇴파(砥主頹波)[2]이라 하셨고, 후세의 송우암(宋尤庵)이 민입암((閔立庵)의 비문을

---

2 지주퇴파(砥主頹波) : 황하 중류에 거센 물살에도 무너지지 않는 기둥같이 생긴 바위로 절의가 높은 선비를 상징.

지으면서 안명세(安名世)가 이직필(以直筆)로 피극형(被極刑)이라 하셨다.

또한 기히 추배되신 안세마술공(安洗馬述公)은 병자호란 때 만인의 의표(意表)를 깨고 배중척화(排衆斥和)를 주장하신 대장부이시며, 세자비 간택 시에는 따님에게 좌수식사(左手食事)를 명하시어 낙택(落擇)케 하신 수분(守分)의 지사이셨다.

그리고 금차에 계담서원 복원과 더불어 새로 추배코자 발의해 온 안사촌(安沙村) 덕린(德麟) 공은 4세 때 벌써 괴엽(槐葉)과 도화(桃花)의 오언시(五言詩)를 지으시어 신동이란 명성이 중국에까지 떨치신 천재시며 대효자이다. 사마시에 중(中)하셨으나 나가지 않으셨고 성균관의 관원으로서 대신들의 실책을 상소하여 조정을 숙연케 한 경륜지사(經綸之士)요 대포부지인(大抱負之人)이었다. 뿐만 아니라 먼저 배향되신 안세마공은 안사촌공의 중계씨의 자제인바, 중계씨(仲季氏) 덕룡(德龍) 공(公)이 조세(早世)하신 후 그 유복자로 세마공이 출생하셨다 한다. 그리하여 세마공의 교육은 전적으로 그 백부이신 사촌공께서 친자 이상으로 애지중지하시고 교지양지(敎之養之)하셨다 한다.

만일 사촌공이 아니었던들 세마공의 대성은 있기 힘들었을 것이라는 것이며 안사촌공이 천재로서 안씨문중과 방가(邦家 : 영토를 보유하고 사는 사람들로 구성된 정치조직)에 끼치신 공헌도 등으로 미루어 보아 금차 향교의 첨군자께서 품의하신 계담서원 복원에 따른 안문경공(安文敬公), 안문정공(安文貞公) 및 안사촌공(安沙村公) 추배사(追配事)는 성균관의 관례에 따라서도 적절하고 가합(可合)한 공의(公議)로 판정되옵기로 이차회시(以此回示)하오니 원컨대 계담서원의 조속한 성공적 복원을 기망(企望)합니다.

1990년 10월 일

성균관장 김경수(金敬洙)

사단법인 성균관이사장 강주진(姜周鎭)

유도회 사무총장 김복출(金福出)

성균관 전학(典學) 장필재(蔣弼在)

서원의 복원공사

위와 같이 성균관과 유도회에서 가합(可合)한 공의(公議)로 판정한다는 회시를 받으면서 계담서원의 복원은 본격적으로 추진하게 되었다.

우선 추진위원회에서는 복원재원 확보를 위하여 순흥안씨 양도공파(良度公派) 종회에서 지원받기로 하였는바 복원에 필요한 재원 2억 원을 요청하였고, 또한 순흥안씨 참판공(參判公) 종회에서도 7천만 원을 지원하기로 하였는바 양 종회 에서는 당초 지원 약속된 재원을 지원한바 총사업비는 2억 7천만 원으로 복원 사업은 순조롭게 진행되었다.

1) 서원 복원 부지선정

추진위원회에서는 우선 서원을 건립할 토지 확보에 나섰다. 1990년 5월 7일 서원 복원추진위원회에서는 좀 더 넓은 부지를 선정하려 하였으나 절대농지(絕 對農地) 문제 등으로 불가능하여 다소 장소가 협소하나 유서가 깊은 구기(舊基)인 이담리 819, 1009, 산 79번지 1,194평을 부지로 선정하였다. 통문(通文)을 발 송하며 기존에 검열사가 위치하였던 토지는 순흥안씨 충주파 종회 소유지로 부 지 내 건물은 철거하기로 협의가 완료되었다.

2) 서원 복원의 구상

토지 확보가 완료되고 이어 서원 복원을 구상에 착수하였다. 1991년 1월 31 일 13시 원이담 순흥안씨 충주파 종회관(宗會館)에서 회의를 개최하고

- 서원의 정당(正堂)과 이안세덕사(鯉安世德祠)의 위치 선정
- 건축사업자 선정은 집행부(위원장, 부위원장, 총무, 공무)에 위임하고
- 사업자는 고건축(古建築) 기술 면허 소지자로 문중원들이 추천하고
- 비밀 경쟁 견적으로 선정하고 사업실적을 검증하여 결정하며
- 내정가(內定價) 등은 집행부가 정하되 사당 등의 기둥은 육송 기타 목재는

수입목 사용 가능 등을 협의하였다.

　서원 내 성현을 모실 사우(祠宇)와 함께 순흥안씨 낙향선조(落鄕先祖)를 비롯한 선대(先代)를 모실 이안세덕사(鯉安世德祠) 창건을 계획하였으며, 아울러 부속건물로 내삼문(內三門)과 외삼문(外三門), 강당, 관리사(管理舍), 화장실 등 서원 운영에 필요한 시설을 계획하고 시설물을 배치할 위치 선정과 함께 이 건물들을 건축할 건축설계를 위탁하기로 하였다.

3) 건축설계 및 복원부지 조성

　우선 서원 복원을 위한 건물설계를 청주시 서문동 소재 청주건축사 사무소와 설계비 13,700천원에 계약하고 여러 차례의 설계서 검토와 협의를 거쳐 설계를 완료하고 건축허가를 추진하여 1991년 3월 20일 건축허가를 받았다.

　건축부지 조성에는 예정부지인 이담리 산 79번지에 대한 형질변경이 필요하여 이에 대한 산림 형질 변경 허가를 괴산군수로부터 득(得)하였고, 한편 부지정리 사업자 선정을 위하여 정리사업에 대한 견적서를 받았다. 모두 3명이 참여하였는데

- 문광토건 구자원 대표 6,500천 원
- 삼성중기 심연기 대표 14,000천 원
- 안수찬 대표 17,160천 원의 견적이 제출되어 문중의 심의결과 6,500천 원의 견적을 제출한 괴산군 괴산읍 서부리 603-4번지 소재 문광토건(대표 구자원)을 시공자로 선정하였다. 부지조성을 위한 토목공사는 1990년 12월 6일 착공하여 동년 12월 25일까지 완공하기로 1990년 12월 4일 계약을 완료하였다.

　드디어 12월 6일 14시, 토목공사를 계기로 계담서원 기공식을 거행하였다. 곽소열 괴산군수, 교육장, 김충식 괴산향교 전교(典敎), 이쾌섭 전학(典學) 등 관내 기관장과 복원추진위원회 관계자, 안동준 순흥안씨 양도공파 종회장, 안병태 충주파 종약장 및 문중 관계자, 마을주민 등이 성황을 이룬 가운데 기공식과 함께 지진제(地鎭祭)를 올리면서 계담서원의 복원공사가 서막을 올렸다.

　한림공 안명세 선생 배향을 위한 시원의 긴립을 위하여 1824년 2월 6일 개

기의례(開基儀禮)가 있었는데 166년 만에 같은 장소에서 다시 개기의례가 진행되니 문중원이나 괴산유림 등 모든 분은 감개무량하였을 것 같다.

계담사 옛터. 부지 정리 전

부지 정리 중

부지 정리 후

4) 서원 복원공사의 착공

이어서 건축설계가 완료됨에 따라 시공자 선정을 추진하였다. 우선 1991년 2월 20일 1차 공사비 견적을 받았으나 부족하여 3월 11일까지 견적서를 받은 결과

- 정심원(대표 신재언) 2억 3백만 원,
- 유통토건(대표 안병윤) 2억 5천만 원,
- 고상헌 2억 9백만 원의 견적이 제출되었다.

이에 따라 3월 12일 견적 내용을 심사한 결과 충주시 역전동 1901번지 정심원 대표 신재언을 시공자로 선정하고, 1991년 3월 13일 2억 3백만 원으로 공사계약을 체결하였다.

부지정리 완료와 함께 건축계약을 하고 1991년 3월 20일 드디어 서원 건축공사가 시작되었으며 순조로운 공사로 계획대로 추진되어 1991년 6월 13일 사우(祠宇)와 세덕사에 대한 상량(上樑)이 있었고 이어 단하(壇下)에서는 부속건물이 완공되었다. 이는 중산 안동준 선생과 종약장 안병태 선생, 그리고 유림 및 안씨문중 추진위원과 문중의 합심(合心) 추진 덕택이라 하겠다.

서원의 확장복원(擴張復元) 건축 시에는 배향성현을 추모하는 상량문(上樑文)과 함께 계담서원과 세덕사에 대한 봉안문(奉安文)이 봉안되었으니 다음과 같다.

【계담사 중건(重建) 상량문(上樑文)】

敎社之禮는 事上帝요 宗廟之禮는 祀其先이로다.
교 사 지 례　　　사 상 제　　종 묘 지 례　　사 기 선

교사(敎社 : 중국 하나라 때 제사)는 하느님의 섬김이요 종묘(宗廟)의 제사는 조상에 대한 제사로다.

天道之理는 日月星辰이요 人道聖事는 追遠報本이다.

천지자연의 도리는 해와 달과 별이요 사람의 성스러운 일은 조상의 덕을 추모하여 자기의 근본을 잊지 않고 제사를 지내며 은혜를 갚음이다.

竹溪之源은 小白山이요 安氏之源은 興州로되

죽계(竹溪 : 순흥의 별칭) 계곡의 근본은 소백산이요, 안씨의 근원은 흥주(興州 : 순흥)이로다.

恭惟我 文敬先祖

재능이 출중하사 충렬왕 임오(壬午)에 문과에 장원급제하셨으나 은덕불사(隱德不仕)하시고 학덕을 쌓으시면서 제가(齊家)와 교자(敎子)에 힘쓰사 마침내 삼자(三子)와 더불어 세인으로부터 사현(四賢)의 칭호를 받으시니 군수(郡守)로 도임(到任)하신 주세붕 선생이 공이 잡수시던 우물에 사현정비(四賢井碑)를 세우셨도다.

문정(文貞), 문경(文敬) 두 자제는 안문성공(安文成公) 후에 백운동서원에 배향되셨으며 공은 처음에는 봉익대부(奉翊大夫) 밀직제학(密直提學)에 추봉(追封)되셨다가 후에 문경시호(文敬諡號)를 추증(追贈)받으시니 그 유덕(遺德)은 흥령(興寧) 땅에 가득하였도다.

恭惟我 文貞先祖

天姿精明하시고 大節早著하사 正氣千秋하시도다. 文學이 高於東邦이시매 才名이 動於中原이셨도다. 處心이 公正하시고 持家勤儉하시며 敎誨二弟하시니 二弟가 事之如父하시도다.

入元制科試에 응하시니 及天下之壯元이시라. 蓋州守欽慕하여 遺人禮請이로되 我王이 方響用故(方響 : 중국음악에 쓰는 타악기 즉 임금과 함께할 신하라는 뜻)로 不能去國이셨도다.

江陵道存撫受命하시어 關東九郡에 馬蹄相延이었고 臥聞山雨注深更에 耿耿

枕前眠未穩이셨다. 濱海列邑에 政道煩苛하고 貪官汚吏는 日事遊宴일러니 傳播
府君登靑之志하매 守令方伯이 聞風而縮首일러라. 江湖之遠에 則憂君하고 廟堂
之高에 則憂民하시니 進亦憂요, 退亦憂라.

出牧尙州하심은 允忠孝懇에셔였고 歷仕 右文大提學에 乃封興寧府院君이시
니 麒麟閣의 圖形은 더욱 빛을 더하도다.

恭惟我 翰林先祖

學行節義는 可以矜式이요, 頌德慕義는 千世猶頌이로다.

潛筆新進하시니 妙齡 31이요, 陽秋之斧鉞下에 直筆南史之簡册하시도다. 車
載就市에도 顏色不變하시고 含笑 守志不撓하셨으며 視刀鋸而에 視死如歸하시
고 凜然如霜에 闢邪衛正하셨도다. 猗乎(아름다워라) 22字 直寫하시매 爭光于日
星이로다.

土亭의 寫衣之血은 痛憤 哲人之亡이고 昭雪 於穆陵하여 庚午之際 贈職之典
이 慰撫忠魂乎아.

恭惟我 沙村先祖

天賦異質에 穎悟絕이시고 雖以香山白之識이로다. 四歲能詩가 槐葉句이고 八
歲詠詩는 辭海詩로다. 十六歲詠은 漢都賦이니 勝世萬人이 相與誦하니라.

千秋 惜乎 甲申庭試니 沒陽字韻恨且深이로다.

家貧甘旨以親에 朝夕進饌을 必在視하셨도다. 出遇稀饌이면 不敢食이셨고 隆
冬夜半에 輒剖氷孝이셨도다. 焚香禱願에 以身代하시니 天其感之 出天之孝로다.

恭惟我 洗馬先祖

天姿蘊剛하시고 氣宇超邁하시매 高才出倫에 淸標絕世이셨으며 灑灑有風神
이 廊廟之材이셨도다. 家運孔酷이시고 遺腹孤露이시며 沙村께서 以燐其孤苦하
셨도다.

伴宮에 노시니 丙子講和를 率擧排하시고 奮然尊周之義를 主張하시도다. 仁
廟께서 特嘉其行誼하사 以洗馬로 徵召하되 不起하시도다.

長女參入於揀擇엔 敎示入宮左手食事하셨으니 節高標安에 行素履요 有出其
右 誰者乎아.

어자(於玆) 5 현조(五 賢祖) 유덕(遺德)을 기려 구사지(舊祠地)에 계담서원을 중건
(重建)하노니

아~랑 동(東)에 포량(抛樑)하니 금별산 려려자태(麗麗姿態) 강수(江水)에 잠겼어라.

어~랑 서(西)에 포량하니 만학(萬壑)이 고개 숙여 천봉(千峰)이 절을 하네.

어~랑 남(南)에 포량하니 박달산(朴達山) 깊은 총중(叢中) 현학(玄鶴)이 춤을 추네.

어~랑 북(北)에 포량하니 속리(俗離)에서 내린 한수(漢水) 유장(悠長)하게 굽어
돌아 태고적(太古的) 인간사(人間事)를 거짓 없이 말해주네.

위로 포량하니 웅혼(雄渾)한 규모에 서운상풍(瑞雲祥風)이 년년풍요(年年豊饒) 이
루리라.

자이(玆以) 현주(玄酒) 영찬(盈瓚) 기원(祈願)하오니 소령(昭靈)께서 척강(陟降)하사
세세(世世)토록 후예(後裔)를 지켜보아 주시옵소서.

【계담서원 확장복원 봉안문(奉安文)】

여기 대한민국 충청북도 괴산군 감물면(甘勿面) 계담리(桂潭里) 계담사(桂潭祠 : 검
열사) 구기(舊基) 위에 뒷산을 대지로 형질확장하여 고려(高麗) 은덕재(隱德齋) 선생
안문경공부군(安文敬公府君)을 주벽(主壁)으로 근재선생(謹齋先生) 안문정공부군(安文
貞公府君)과 조선 중종조(中宗朝) 문관 안한림공부군(安翰林公府君), 선조조(宣祖朝) 학
자 안사촌공부군(安沙村公府君)과 인조조(仁祖朝) 문관 안세마공부군(安洗馬公府君)의
5위(五位) 사당을 짓고 앞 층계에 내삼문과 외삼문을 세우고 계하(階下)에는 재실
과 강당과 외삼문 내삼문 동쪽에 세삼문(世三門)을 세우고 그 안에 묘우(廟宇)로
세덕사(世德祠)를 건립하고 전체 주위에는 담장을 쳐서 조경하고 홍살문과 정문
을 연결하고 내측에 측간(厠間)을 설치한 계담서원을 건설하였사오며 유림과 후
손들이 전기 5부군(五府君)의 위패를 봉안배향(奉安配享)하고 재실과 강당에는 인

재를 모아 숙식하며 교양(教養)토록 하였사옵니다

계담사는 충주중원(忠州中原)의 유림들의 발의로 거금 168년 전인 순조(純祖) 23년 계미(癸未 : 서기 1824년)에 안한림공의 행적과 정신을 기리기 위한 원사(院祠 : 검열사)를 건립한 후 안세마공을 추가 배향하고 서원 업무를 전개도중(展開途中) 고종 2년 을축(乙丑 : 서기 1865년)에 훼철당하였던 것이옵니다.

전기 문화와 정신적 지주를 잃은 지방 유림과 소손(小孫) 등 후손 일동은 훼철당한 계담사의 복원이 광복 후는 물론 일제(日帝)시 이래의 다년간의 숙원이었사옵니다. 해방 후 전국각처에서는 각성(各姓) 혹은 단독으로 혹은 합동으로 독성(獨姓) 또는 합사(合祀)의 원사복원(院祠復元)이 활발히 전개되었습니다. 이 상황을 전문(傳聞) 혹은 목격하는 소손(小孫)들의 심정은 몸 둘 바를 모를 지경이었습니다. 소손은 양도선조(良度先祖) 이래로 종사(宗事)를 30여 년간 주관해 왔사옵니다.

감사공파내(監司公派內) 함안 종중에서도 훼철 당한 신암서원(新巖書院) 복원을 이루지 못한 채 수순년(數旬年)이고 연래의 숙원으로 간직하고 있음이 문숙공파내(文肅公派內)의 충주종중(忠州宗中)과 같았습니다.

함안군은 조(趙), 이(李), 안(安) 3대성(三大姓) 정주(鼎住)의 웅군(雄郡)으로 훼철서원이 있던 조씨 문중에서는 거액을 들여 복원을 필한 지 어언 순년(旬年)이 되는 형편이옵니다. 함안조씨나 여타(餘他) 복원 타(他) 성씨들에 비해 소손 등이 예손(裔孫)의 도리를 다하지 못하는 무능불효(無能不孝) 불찰지죄(不察之罪)를 어찌 면할 도리가 있사오리까.

어시호(於是乎) 궁어지책을 대비해 주신 것도 양도(良度), 정숙(靖肅) 선조부군(先祖府君)의 선성지은택(先成之恩澤)이었사옵니다. 국가의 진운에 따라 백사동(栢寺洞) 사패기지(賜牌基地)의 지가가 상승하였사옵고 정부의 요청을 피하지 못하고 기지 일부를 국민학교 부지로 수용당함에 따라 그 보상금이 약간 지급되었습니다. 이곳은 기지의 영구보전을 위해 서울시 유형문화재로 지정을 받자와 그 성역화(聖域化) 경비로 활용해야 마땅할 기금이온데 열선조(列先祖)의 유훈을 계승발휘(繼承發揮)한 의표적(意表的) 충효와 학행으로 만 유림의 창의적 발의로 세워진 계담사와 신암서원 복원이 공신선조(功臣先祖) 묘역의 성역화 못지않은 급대사(急

大事(대사)로 배찰(拜察)되옵고 과단성 있는 독단(獨斷)으로 기이할여(其二割餘)를 계담과 신암에 보조하여 서원 복원을 서두르게 하였사옵니다.

계담서원은 복원과정에서 괴산과 청주유림 중 특히 문정공선조부군(文貞公先祖府君) 묘지명을 찬(撰)하신 문효공(文孝公) 한산이가정(韓山李稼亭) 선생의 후손 유림들 발의와 성균관의 승인 절차를 밟아 문경공부군(文敬公府君)을 주벽(主壁)으로 모시고 종래(從來)부터 배향했던 한림공부군(翰林公府君)과 세마공부군(洗馬公府君) 외(外)에 문정공부군(文貞公府君)과 사촌공부군(沙村公府君)을 추가 배향하는 것으로 유림과 성균관의 공의 판정(判定)을 받았사옵니다.

이에 계담서원 복원사업의 구체적 발동(發動)으로 소손이 양도공 종회장으로 충주파 종원에게 보낸 발문과 충주파(忠州派) 종약장(宗約長) 안병태(安秉泰) 보(甫)가 괴산향교 유림들이 성균관에 품달(稟達)한 계담서원 복원과 안문경공(安文敬公)과 안문정공(安文貞公), 안사촌공(安沙村公) 추가배향 발의문과 계담서원 복원과 안문경공(安文敬公), 안문정공(安文貞公) 및 안사촌공(安沙村公) 추배에 관한 성균관 및 유도회(儒道會) 회시문과 계담서원 서원 복원추진위원회 회칙과 조직일람표와 사우배치도(祠宇配置圖)를 좌(左)에 첨부하여 계담서원 복원과 사당 배향에 관한 전말을 소개 드리옵니다.

복원공사는 10월 향사시까지는 준공코자 공사를 서두르고 있사온데 내부 완공까지는 부족 자금을 갹출할 독지가(篤志家)가 요망되는 중이오며 무엇보다도 중요한 것은 준공 후에 사옥(舍屋)을 여하히 잘 유지 관리하느냐 하는 문제와 유림들 참사(參祀)하에 춘추제향(春秋祭享)을 여하히 정성껏 잘 모시느냐 하는 문제와 세 번째로는 충효정신과 도덕과 윤리가 극도로 쇠퇴한 오늘날 사회도의(社會道義) 앙양(昂揚)과 국가의 기강확립과 준법정신 고취 등을 위하여 서원의 강당을 얼마나 유효적절하게 효과 있게 활용하느냐, 그리고 활용할 수 있도록 유능한 계획과 동원(動員)과 자료의 작성 등을 위한 기금을 조성하고 선용하여 소기의 성과를 거두느냐 하는 것이 서원 복원의 궁극적인 목적을 달성하는 관건이라고 믿사옵니다.

27세손 동준(東濬) 근지(謹識)

5) 서원 복원공사의 완료

이렇게 지역유림의 후원과 서원 복원 문중 추진위원회의 노력과 순흥안씨 양도공(良度公) 종회와 참판공(參判公) 종회의 재원 지원으로 건축공사와 주변 조경, 표지석 등 관련 비석의 건립으로 계담서원의 복원을 마무리하였다.

그간의 공사비를 살펴보면,

- 토목 공사비 : 8,198천 원(설계, 측량, 공사비)
- 건축 공사비 : 248,580천 원(설계, 건축, 석공, 정화조, 위생, 난방, 전기시설 등)
- 조경 공사비 : 3,500천 원(회양목, 생울타리, 잔디식재 등)
- 재산 관리비 : 130천 원(등기비용 등)
- 업무 회의비 : 2,647천 원(여비, 사업추진비 등)
- 제향 준비비 : 9,415천 원(위패제작, 제상, 제기, 제복 등)
- 관리 비품비 : 2,985천 원(온풍기, 의자, 전화기 설치 등)
- 기타 시설비 : 11,704천 원(마당포장, 정문설치, 제기선반, 도로 안내판 등)
- 기타 부대비 : 23,472천 원(시설보상, 차용금 변제, 증지대, 현판제작 등)

서원 복원 소요 사업비는 약 310,631천 원 정도가 소요되었다.

다행히도 검열사는 훼철되었으나 그 토지는 지금까지 잘 관리 보전하여 복원에 이르게 되니 그간 재산을 잘 보전하게 해주신 선대 조상님들의 혜안에 감사할 따름이다. 어려운 여건에서 복원은 완료하였으나 지원사업비는 양도공 종회에서 2억 원, 참판공종회에서 7천만 원 등으로 약 4천만 원 정도가 부족한 실정이었다.

이에 안병태 종약장께서는 1991년 10월 25일 상대 종회에 추가 건의하여 양도공 종회에서 1천만 원, 참판공 종회에서 1천만 원을 추가 지원받았으며 지역문중원들의 성금과 지역유림들의 성금 2천만 원으로 복원공사를 마무리하였다.

서원의 복원 준공과 한림공 등 5위 봉안(奉安)

완공된 서원 본전

서원완공 제향

위와 같이 복원공사 마무리와 함께 위패 제작(位牌製作)과 봉안, 그리고 제향에 필요한 제상, 제기와 제복을 마련하고 1991년 11월 3일(음력 10월 6일) 낙성식 겸 첫 제향을 올려 계담서원의 복원을 완료하니 공부상(公簿上) 준공일은 1991년 11월 27일이며 당당히 계담서원으로 명명하였다.

우선 사우와 부속 건물이 완공됨에 따라 훼철되기 전에 배향하였던 직제학공(直提學公) 안명세(安名世) 선생과 세마공(洗馬公) 안술(安述) 선생을 우선 배향하기로 하였다. 그리고 성균관과 유도회의 공의에 따라 복원된 서원에 문경공(文敬公) 안석(安碩) 선생, 문정공(文貞公) 안축(安軸) 선생, 사촌공(沙村公) 안덕린(安德麟) 선생을 추가 배향하기로 하였으니 배향성현 소개를 참고하기 바란다.

서원 준공에 따라 서원의 운영을 위한 계담서원 유회(桂潭書院 儒會)가 구성되고 우선 유회에서는 오현(五賢)을 봉안하였으니 위패봉안도(位牌奉安圖)와 봉안(奉安) 고유축문(告由祝文)과 제향축문(祭享祝文)은 다음과 같다.

처음 검열사(檢閱祠)로 창건되어 훼철된 후 126년!

다시 한림공을 비롯하여 직계 선조 2위(二位 : 문경공, 문정공)와 방계 후손 2위(二位 : 사촌공, 세마공)의 명현(名賢)을 봉안하고 당당하게 계담서원으로 확대 복원하고 126년 만에 다시 제향을 올리니 감개무량하기 한량없었을 것이다. 은총을 주신

298

선대 조상님들과 복원을 위해 노력해 주신 모든 분께 그지없이 감사할 뿐이다.

【계담서원(桂潭書院) 위패봉안도(位牌奉安圖)】

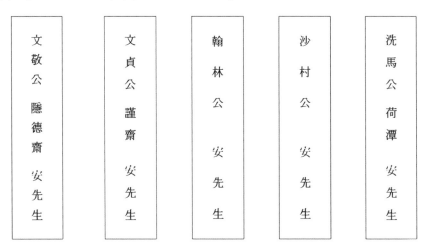

文敬公 隱德齋 安先生

文貞公 謹齋 安先生

翰林公 安先生

沙村公 安先生

洗馬公 荷潭 安先生

【위패봉안(位牌奉安) 축문(祝文)】

維 歲次 ○○年 ○○月 干支 ○○日 干支
유 세 차　　년　　월 간 지　　일 간 지

○○○官 ○○○ 敢昭告于
　　관　　　　감 소 고 우

文敬公 安先生 文貞公 安先生 翰林公 安先生 沙村公 安先生 洗馬公 安先生 伏以
문 경 공 안 선 생 문 정 공 안 선 생 한 림 공 안 선 생 사 촌 공 안 선 생 세 마 공 안 선 생 복 이

桂潭舊止 修築己完 廟宇重建 巍然改觀 三賢追配 二位還安 桑梓松楸 瑞輝自
계 담 구 지 수 축 기 완 묘 우 중 건 외 연 개 관 삼 현 추 배 이 위 환 안 상 재 송 추 서 휘 자

生 獻酌
생 헌 작

謹告 不勝慕情 尊靈鑑茲 昭格歆明 尙
근 고 불 승 모 정 존 령 감 자 소 격 흠 명 상

饗
향

【고(告) 춘추정향(春秋丁享) 축문(祝文)】

《文敬公位》
　　문 경 공 위

維 歲次 ○○年 ○○月 干支 ○○日 干支
유 세 차　　년　　월 간 지　　일 간 지

○○○官 ○○○ 敢昭告于
　　관　　　　감 소 고 우

文敬公 安先生 伏以
문 경 공 안 선 생 복 이

天賦偉姿 間世以生 德崇業廣 一代俊英 位至鼎臣 忠國盡誠 芳徽永昭 竹帛垂名 卓然
천부위자 간세이생 덕숭업광 일대준영 위지정신 충국진성 방휘영소 죽백수명 탁연

功勳 永世不湮 自值春㊝丁 式薦明禋 尙
공훈 영세불인 자치춘 추 정 식천명인 상

饗
향

《文貞公位》
문 정 공 위

維 歲次 ○○年 ○○月 干支 ○○日 干支
유 세차   년   월 간지   일 간지

○○○官 ○○○ 敢昭告于
관   감 소 고 우

文貞公 安先生 伏以
문 정 공 안 선 생 복 이

天賦英姿 道學粹精 位躋崇班 一代名卿 卓然德位 以典文衡 昭乎偉蹟 載史顯
천부영자 도학수정 위제숭반 일대명경 탁연덕위 이전문형 소호위적 재사현

榮 永世 苾芬 愈久愈新 自值春㊝丁 式薦明禋 尙
영 영세 필분 유구유신 자치춘 추 정 식천명인 상

饗
향

《翰林公位》
한 림 공 위

維 歲次 ○○年 ○○月 干支 ○○日 干支
유 세차   년   월 간지   일 간지

○○○官 ○○○敢昭告于
관   감 소 고 우

翰林公 安先生 伏以
한 림 공 안 선 생 복 이

藝苑登科 階至玉堂 功箸忠義 節凜秋霜 記史直筆 氣宇軒昂 卓然毅蹟 永世遺
예원등과 계지옥당 공저충의 절름추상 기사직필 기우헌앙 탁연의적 영세유

芳 義魂 奠安 巍乎成仁 自值春㊝丁 式薦明禋 尙
방 의혼 전안 외호성인 자치춘 추 정 식천명인 상

饗
향

《沙村公位》
사 촌 공 위

維 歲次 ○○年 ○○月 干支 ○○○日 干支
유 세차   년   월 간지   일 간지

○○○官 ○○○ 敢昭告于
관   감 소 고 우

沙村公 安先生 伏以
사 촌 공 안 선 생 복 이

姿品超倫 文學夙成 旣登司馬 非榮晦名 惟孝根天 事親至誠 蠡羽振振 天錫祥
자품초윤 문학숙성 기등사마 비영회명 유효근천 사친지성 종우진진 천석상

禎 不湮 遺芳 彌久彌新 自值春㊝丁 式薦明禋 尙
정 불인 유방 미구미신 자치춘 추 정 식천명인 상

饗
향

《洗馬公位》
세 마 공 위

維 歲次 ○○年 ○○月 干支 ○○日 干支
유 세 차　　년　　월 간 지　　일 간 지

　○○○官 ○○○ 敢昭告于
　　　관　　　　　감 소 고 우

洗馬公 安先生 伏以
세 마 공 안 선 생 복 이

稟賦天性 姿品堅剛 毅然正氣 烈日秋霜 至於丙亂 斥和主張 遺腹血泣 追服居
품 부 천 성 자 품 견 강 의 연 정 기 열 일 추 상 지 어 병 란 척 화 주 장 유 복 혈 읍 추 복 거

喪 純孝 至行 秉彝不渝 自値春(秋)丁 式薦明禋 尚
상 순 효 지 행 병 이 불 윤 자 치 춘 추 정 식 천 명 인 상

饗
향

이어 서원이 복원되니 많은 분의 격려와 축하가 있었고 복원 초기로서 여건
이 매우 어려웠음에도 복원준공을 기념하는 한시백일장(漢詩白日場)을 추진하였다.
이 또한 모두 중산 안동준 선생이 주관하였으니 전국적인 행사로 작은 시골의
서원에서 이 또한 대단했던 일이다.

당시 전국에서 응모한 한시(漢詩)가 906수, 찬조시(贊助詩) 72수, 추모시(追慕詩)
84수 등 1,000여 명의 유림이 참여하는 대성황을 이루었다.

그 결과 장원(壯元, 1등) 1명, 차상(次上, 2등) 2명, 차하(次下, 3등) 3명, 참방(參榜)
10명, 가작(佳作) 15명을 선정하였다. 지면 관계로 아쉽지만 추진 과정과 차하
(次下)까지의 작품만을 기록한다.

○ 한시백일장 안내문

근계시하(謹啓時下) 림우지절(霖雨之節)에 존체 대안하심을 앙축하나이다. 취백
(就白) 저간(這間) 충청북도 괴산 유림들께서 과거 대원군 당시 훼철 당했던 괴산
군 내 계담서원을 복원한바 그 낙성(落成)에 즈음하여 하기 요령으로 한시(漢詩)
를 모집하오니 강호(江湖) 제현(諸賢)께서는 별지 2, 3을 참조하시고 적극적인 성
원과 동참 있으시기 바랍니다.

기(記)

- 시제(詩題) : 계담서원 복원낙성(復元落成).

- 압운(押韻) : 성(成), 명(明), 성(聲), 성(誠), 정(情).

- 투고처 : 서울특별시 강남구 도곡동 869 삼익아파트 1동 302호 안동준.

- 접수기간 : 1991년 9월 7일 도착분.

- 발표 : 1991년 9월 28일 입선자(入選者)에게 개별통지함.

- 시상(施賞)

  • 장원(壯元) : 1인 20만 원　　• 차상(次上) : 2인 각 10만 원

  • 차하(次下) : 3인 각 5만 원　　• 참방(參榜) : 10인 각 3만 원

  • 가작(佳作) : 15인 각 1만 원

단 장원과 차상 입선자는 11월 3일(음 9월 27일) 추계 제향시(祭享時) 서원에서
본인에게 직접 시상하고 여타 입상자에게는 개별 우송함.

- 응모용지 : 동봉하는 소정 용지(별지 1)에 한함.

- 실격처리 : 범제(犯題), 위염(違簾), 실제(失題) 등은 실격 처리함.

- 시집배포 : 응모하여 실격되지 않은 시는 간행시집(刊行詩集)에 등재하고 한
  권씩을 우송할 예정임.

- 주최 : 계담서원.

- 주관 : 사단법인 한국한시협회(韓國漢詩協會).

1991년 8월 1일

계담서원 원장 이수원(李壽源)

한국한시협회 이사장 최면승(崔勉承)

충청북도 유도회장 김우현(金禹鉉) 백(白)

○ 별지(別紙)

계담서원의 주위 환경

- 소재지 : 충청북도 괴산군 감물면 계담리.

- 주위의 산천

- 주산(主山) : 소백산맥의 박달산(朴達山, 해발 825m) 남방 10리 허소재.

- 전면(前面, 南)에 이담평야 : 넓은 들이 있음.

- 내룡(來龍)은 박달산 낙맥이 서북으로 뻗쳐와 멈춘 곳에 회룡고조(回龍顧祖, 박달산)로 계담동리 형성.

- 강 : 속리산에서 발원한 달천이 서북에서 동남동으로 돌아 충주로 내려감.

- 근봉(近峰) : 동에는 상봉산, 동남간방에 금병산, 서남방에는 성불산이 있음.

- 동명유래(洞名由來) : 과거에는 동내에 연지(淵池)가 있고 계수(桂樹)가 있었으나 현재는 무(無).

- 서원 위치 : 계담동리 중앙부 후산 남사면에 위치함.

- 주위 부락 : 주위에 이담리(鯉潭里), 대상동(大相洞), 하문리(河門里), 아사리(雅士里) 등 5~6개 부락에는 순흥안씨가 500년래 집성 거주하고있음.

○ **입상시**(入賞詩)

- 장원(壯元), 경북 안동시 집헌(集軒) 문원택(文源澤)

古基肯構告由成　從此斯文與日明　　境邃尤增佳麗氣　堂高更聽誦絃聲
고 기 긍 구 고 유 성　종 차 사 문 여 일 명　　경 수 우 증 가 려 기　당 고 갱 청 송 현 성
李朝毁撤猶茹限　今世環元別有誠　　環奉二賢三位配　遺芳百世孰忘情
이 조 훼 철 유 여 한　금 세 환 원 별 유 성　　환 봉 이 현 삼 위 배　유 방 백 세 숙 망 정

- 차상(次上), 서울 강남구　서강(曙岡) 박태규(朴泰圭)

數仞宮墻復舊成　槐洲瑞日倍光明　　屛山簇立衝天勢　撻水環流碎玉聲
수 인 궁 장 복 구 성　괴 주 서 일 배 광 명　　병 산 족 립 충 천 세　달 수 환 류 쇄 옥 성
二位還安徵衛蹟　三賢追配克殫誠　　開來繼往儒風振　德業千秋警世情
이 위 환 안 징 위 적　삼 현 추 배 극 탄 성　　개 래 계 왕 유 풍 진　덕 업 천 추 경 세 정

– 차상(次上), 전남 고흥군　월강(月岡) 신철호(申哲浩)

朴達鍾靈院宇成　撻水環帶桂潭明　　無時仰慕羹牆影　咫尺如聞咳唾聲
박 달 종 령 원 우 성　달 수 환 대 계 담 명　　무 시 앙 모 갱 장 영　지 척 여 문 해 타 성
帝濟簪纓先世蔭　洋洋俎豆後孫誠　　曾年毁撤何復說　士議詢同愘盡情
제 제 잠 영 선 세 음　양 양 조 두 후 손 성　　증 년 훼 철 하 복 설　사 의 순 동 각 진 정

- 차하(次下), 전북 전주시　오헌(梧軒) 이을순(李乙淳)

桂潭院宇復元成　畫棟朱欄更煥明　　錦峀巍巍還有色　撻川活活倍添聲
계 담 원 우 복 원 성　화 동 주 난 갱 환 명　　금 수 외 외 환 유 색　달 천 활 활 배 첨 성
先賢遺訓惟崇義　後學禋祀各盡誠　　毁撤積憂今已解　一鄕父老共歡情
선 현 유 훈 유 숭 의　후 학 인 사 각 진 성　　훼 철 적 우 금 기 해　일 향 부 로 공 환 정

- 차하(次下), 경기 양주군 덕촌(德)村 백승기(白承基)

桂潭書院復元成　忠北槐山瑞氣明　崇義儒林同協力　賀功賓客動歡聲
계 담 서 원 복 원 성　충 북 괴 산 서 기 명　숭 의 유 림 동 협 력　하 공 빈 객 동 환 성

千年遺址倉新色　五位祠堂顯舊誠　垂世芳名終未墜　萬隣瞻仰不勝情
천 년 유 지 창 신 색　오 위 사 당 현 구 성　수 세 방 명 종 미 추　만 인 첨 앙 불 승 정

- 차하(次下), 충북 충주시 수헌(守軒) 박기윤(朴基允)

桂潭舊廟復新成　於穆雲仍變葉明　甄氏思亭長寓慕　范公義宅久傳誠
계 담 구 묘 복 신 성　어 목 운 잉 변 엽 명　견 씨 사 정 장 우 모　범 공 의 택 구 전 성

還安二位遺徽蹟　追配三賢載衆誠　朝令曾年何强撤　復元猶慰士林情
환 안 이 위 유 휘 적　추 배 삼 현 재 중 성　조 령 증 년 하 강 철　복 원 유 위 사 림 정

서원의 시설보완

서원을 복원하고 복원 목적에 맞게 명현(名賢)들에 대한 제향(祭享)과 아울러 지역 전통문화와 정신문화, 그리고 도덕적이고 인간적인 한국인 상을 모체로 사회교육과 평생교육을 위하여 충(忠)·효(孝)·예(禮)·신(信)·경(敬)·성(誠)을 교육하는 부설 교양대학을 운영하다 보니 교육시설이 부족하였다. 또한 서원 운영에 관심과 지원을 위해 도서를 기증하시는 분들도 있었고 또한 대학운영에 따른 시설이용객의 증가로 화장실 부족, 교육을 위한 사무실 등이 필요하였다. 이에 서원에서는 연도별 필요시설을 보완하였으니 주요시설 보완내역은 다음과 같다.

1992년에는

우선 서원에 배향되신 명현을 알리기 위한 비석을 3,950천 원을 부담하여 서원 경내(境內)에 건립하였고 또한 복원 시 설치하지 못한 홍살문과 계단의 석공사(石工事)를 2,000천 원의 사업비를 자부담으로 설치하였다.

1993년도에는

3,600천 원의 사업비로 포장되지 않은 서원의 마당 포장과 정문에 출입 보안시설을 설치하였고 1,800천 원의 사업비로 서원 시설 내 수목(樹木) 식재(植栽)로 조경시설을 보완하였다.

1998년도에는

서원의 복원과 함께 서원에 독지가들로부터 도서가 기증되었고 이에 따라 도서관의 설립이 절실하였다. 그러나 서원의 재정 여건상 도서관의 자체 건립이 불가능하였다. 따라서 서원관리위원회에서는 괴산군에 도서관 건립지원을 건의하였고 다행히 괴산군의 예산지원으로 144㎡의 도서관을 4월 29일 착공하여 7월 22일 완공하게 되었다.

총사업비는 121,276천 원이 소요되었으니 군 지원 120,000천 원, 자담

1,276천 원으로

  - 건축공사비(건축, 설계, 학구당 구조개선 등) 109,837천 원,

  - 기타 사업비(도서관 집기, 음향기기, 난방기 등) 11,439천 원이 소요되었으며, 현재
    는 용도(用途)를 조정하여 신축된 도서관을 강의실(강서당)로 활용하고 기존
    강당을 도서관(학구당)으로 변경하여 사용하고 있다.

2001년에는

정보화 수업장 완공

사회의 발전에 따라 모든 것이 정보화되었고, 이에 농촌에도 컴퓨터를 활용할 수 있는 능력이 필요하였고, 또한 정부에서도 정보화 교육을 적극적으로 권장하였다. 그러나 농촌에서는 컴퓨터를 활용할 수 있는 능력 보유자도 없었기에 이에 대한 교육이 필요한 실정이었다. 이 또한 지역민들의 사회교육을 담당하고 있는 서원의 역할이라 생각하여 본 서원에서는 정보화 교육시설 설치 지원을 건의하였다. 그 결과 괴산군에서는 40,000천 원의 예산을 지원하였다. 그리하여 84㎡의 철근 콘크리트 슬라브 건물을 신축하고 지역 주민에 대한 컴퓨터 교육시설을 마련하였다. 이제는 정보화 교육을 완료하고 교양대학의 부속 복지시설로 활용하고 있다.

2002년에는

서원의 사당 시설 대부분이 목조건물로 시간이 지남에 따라 보수가 필요하게 된다. 특히 외삼문에 문제가 발생하여 보수가 시급하였으나 자체 재원이 없어 걱정하

였으나 다행히 군에서 군비 20,000천 원을 지원하여 보수(補修)를 완료하였다.

2004년에는

서원 부속 교양대학의 활성화와 함께 계담서원 운영의 활성화로 내방객(來訪客)이 증가하며 주차 문제로 마을에 불편이 야기되었다. 주차 문제를 해소하기 위해서는 토지를 확보하여야 하는바 서원에서는 토지 소유자를 설득하여 서원에서 토지를 임대하였고 군에서는 군 직영사업으로 정비하였으니 사업비는 20,000천 원이 소요되었다.

또한 서원에서는 명현의 추배에 따라 자체 사업비 5,723천 원으로 문의공(文懿公) 사적비(史蹟碑), 서원 표지석과 서원 입구 표지석, 제학공비(提學公碑)를 건립하고 서원 참배객 편의 도모를 위하여 계단에 난간을 설치하였으며 중산 안동준 선생은 교양대학 수료생인 청명회(淸明會)의 작고(作故) 회원 위령비를 사비(私費)로 건립하였다.

2007년도에는

서원에서는 컴퓨터 교실 내 화장실을 이용하였으나 내방객 증가로 협소하고 불편하였고 또한 사무실이 부족하였다. 서원에서는 재정여건이 열악하여 부득이 이 또한 지속적으로 괴산군에 건의하여 괴산군에서 50,000천 원을 지원받아 화장실 33㎡와 사무실 28.84㎡를 추가로 신축하여 현재의 시설규모를 유지 관리하고 있으니 전체 시설규모는 다음과 같다.

복원된 서원 시설규모 및 현황

- 건축공사 일정   허가 및 착공: 1991년 03월 20일 ｜ 준 공: 1991년 11월 27일
- 용 도 지 역 : 관리지역
- 대 지 면 적 : 3,873㎡(약 1,171평)
- 부속 건축물 : 10동
- 건축 연면적 : 591.46㎡(약 179평)
- 소 유 자 : 순흥안씨 대종중

계담서원(본전)

- **건축연도** 착공: 1991년 03월 20일 | 준공: 1991년 11월 27일
- **구조** : 목구조 이익공
- **지붕** : 기와
- **크기** : 10.8m × 4.5m
- **면적** : 41.04㎡(약 12.4평)
- 3단 계단과 장대석 기단 위에 대리석 | 원형 인공 주초석 위에 민흘림 4 기둥 이익공의 전면 3칸 측면 2칸 | 대리석 고막이 돌 위에 나무 문지방 | 문은 쌍여닫이로 띠 살창 4 문합이며 들어 열기 형식 | 맞배, 기와지붕에 겹처마 | 통판마루 마감 내부, 천장이 드러나는 연등천장

이안세덕사

- **건축연도** 착공: 1991년 03월 20일 | 준공: 1991년 11월 27일
- **구조** : 목구조 포집
- **지붕** : 기와
- **크기** : 8.55m × 4.8m
- **면적** : 48.6㎡(약 14.7평)
- 60cm 높이의 다듬돌 기단 | 원형 인공 주초석 위에 원형 민흘림 기둥 | 이익공 정면 4칸 측면 2칸 맞배 기와지붕 | 흙벽과 3칸의 출입문으로 쌍여닫이에 띠 살창, 들어 열기 형식 | 오른쪽 끝은 문 없이 벽으로 마감, 통 칸 장마루 마감

내삼문

- **건축연도** 착공: 1991년 03월 20일 ㅣ 준공: 1991년 11월 27일
- **구조** : 목구조
- **지붕** : 기와
- **크기** : 6.6m × 2.4m
- **면적** : 15.84㎡(약 4.8평)
- 원형 주초석 위에 주경 17㎝ 원형기둥 ㅣ 지붕 초익공에 홑처마 와가

외삼문

- **건축연도** 착공: 1991년 03월 20일 ㅣ 준공: 1991년 11월 27일
- **구조** : 목구조
- **지붕** : 기와
- **크기** : 5.7m × 1.8m
- **면적** : 10.26㎡(약 3.1평)
- 원형 주초석 위에 원형기둥, 지붕 초익공에 홑처마 와가

학구당(도서관)

- **건축연도** 착공: 1991년 03월 20일 ㅣ 준공: 1991년 11월 27일
- **구조** : 철근 콘크리트
- **지붕** : 기와
- **크기** : 12.0m × 7.0
- **면적** : 103.68㎡(약 31.3평)
- 당초 강당(강의실)으로 건축하였으나 현재는 도서관으로 이용

관리사

- **건축연도** 착공: 1991년 03월 20일 ㅣ 준공: 1991년 11월 27일
- **구조** : 철근 콘크리트 슬라브
- **지붕** : 슬라브, 기와
- **크기** : 12.0m × 9.9m
- **면적** : 73.8㎡(약 22.3평)

※ 건물이 노후되어 2023년 재건축.

강서당(강의실), 1차 증설

- **건축연도** 착공: 1998년 04월 29일 | 준공: 1998년 07월 22일
- **구조** : 철근 콘크리트 슬라브　　　 • **지붕** : 슬라브, 기와
- **크기** : 18.0m × 8.0m　　　　　 • **면적** : 144㎡(약 43.6평)
- 당초 도서관으로 건축하였으나 현재는 강당(강의실)로 이용

식당(구 정보화 교육장), 2차 증설

- **건축연도** 착공: 2001년 2월 1일 | 준공: 2001년 05월 15일
- **구조** : 철근 콘크리트 슬라브　 • **지붕** : 슬라브, 기와
- **크기** : 14.4m × 7.2m　　　 • **면적** : 84㎡(약 25.4평)

화장실, 3차 증설

- **건축연도**　착공: 2007년 06월 20일 ｜ 준공: 2007년 09월 27일
- **구조** : 벽돌　　　　　　　　　　• **지붕** : 슬라브, 기와
- **크기** : 5.5m × 6.0m　　　　　• **면적** : 33㎡(약 10평)

사무실, 3차 증설

- **건축연도**　착공: 2007년 06월 20일 ｜ 준공 2007년 09월 27일
- **구조** : 벽돌
- **지붕** : 경사 슬라브
- **크기** : 7.4m × 3.6m
- **면적** : 28.84㎡(약 8.7평)

계담서원 시설 배치도

❶ 계담서원 (정당)	❹ 외삼문	❼ 사무실	❿ 정문
❷ 이안세덕사	❺ 학구당(도서관)	❽ 관리사	⓫ 화장실
❸ 내삼문	❻ 강서당(강의실)	❾ 편의시설(식당)	⓬ 주차장

위와 같이 복원공사의 준공과 함께 유회(儒會)의 구성, 5현(五賢)의 봉안, 그리고 복원을 기념하는 한시백일장의 추진 등, 이렇게 계담서원의 복원과 기념행사까지 모두 완료하였고 이후 교양대학 운영 등 시설부족에 따른 추가시설보완 등의 완료로 계담서원은 제향시설(祭享施設)뿐만이 아니라 명실상부하게 복원목적에 맞게 평생교육시설로 완벽히 자리매김하게 되었다. 계담서원의 복원은 안씨문중 숙원사업의 해결만은 아니라 생각한다.

　돌이켜 보면 물질문명이 발달하고 전통문화 대신 외래문화가 성행하고 있다. 선진문물을 받아들이고 국제화에 발을 맞추고 함께함도 중요하고, 또 그렇게 해야 선진국으로 발전할 수 있다. 그러나 소중한 우리의 문화를 지키고 보전하고 발전시킴도 이에 못지않게 중요한 일임도 분명한 사실이나 점점 외면받고 인륜과 도덕을 걱정함을 부정할 수 없다.

　온고지신(溫故知新), 법고창신(法古創新)이 필요한 이 시대! 우리의 것을 세계화함은 분명한 우리의 소명이다.

　서원의 복원을 발의해 주신 지역유림의 공의(公議)와 바램을 감안해 볼 때 계담서원은 유학의 진흥과 정신문화 창달에 크게 기여하는 근간이 되어야만 한다.

　계담서원의 복원 30년!

　그리고 서원창설(書院創設) 착수 200주년을 맞이하는 우리는 지금까지 그 일에 최선을 다해 왔지만 우리의 노력은 앞으로도 계속되어야 할 것이다.

서원의 명현 배향과정과 운영

　계담서원은 1991년 11월 건축을 완료하고 11월 3일 복원 준공식과 함께 첫 제향을 올렸다. 복원 준공식에는 관계기관과 지역의 유림과 문중인사 등이 참여하여 성대히 거행함과 동시에 서원의 운영을 시작하였다.

　서원 복원에는 지역유림의 공의와 지원, 그리고 순흥안씨 문중과 후손들의 노력으로 복원을 완료하였으며 특히 서원 복원에 필요한 재원을 지원해 주신 순흥안씨 충주파(忠州派) 상대(上代) 종회인 양도공파(良度公派) 종회와 참판공(參判公) 종회의 공이 지대하다 하겠다.

　어느 문중이라 해도 문중자산이 충분한 문중은 드물 것인바 어려운 여건임에도 불구하고 선현들의 유훈을 추앙하고 후세에 전하며 학문을 강론할 수 있는 서원에 복원에 흔쾌히 재원을 지원함은 매우 고맙고 감사한 일이며 청사에 길이 남겨야 할 일이다.

　이에 순흥안씨 충주파 문중에서는 서원 운영에 만전을 기하고자 노력하고 있다. 배향된 선현에 대한 춘추향사(春秋享祀)는 물론 지역유림과 협력을 도모하는 한편 서원 본래의 목적인 전통문화의 계승과 유학의 발전을 위해 노력하기로 하였다.

교양대학 제1기 수료식

　우선 서원에서는 서원 운영에서 가장 중요한 제향과 서원의 유지관리에 필요한 유회와 서원관리위원회 등 조직을 정비하는 한편 전국 최초로 서원 부설 교양대학을 설치하였다.

　본 서원에서는 서원의 본래 목적에 부응하기 위하여 서원부설 교양대학 운영을 계획하고 1992년부터 교양대학을 운영을 시작하여 어언 30년이 되었다. 물론 다른 서원에서도 사회교육을 위한 프로그램을 운영하고 있으나 교양대학의 운영은 일반서원에서는 드문 사례로 계담서원만의 특징이자 유학의 진흥과 새로운 정신문화 창달을 위한 계담서원의 노력으로 교양대학 운영편에서 보다 자세히 소개하고자 한다.

1) 계담서원의 명현(名賢) 배향

서원을 복원하며 전술한 바와 같이 5위의 선현(先賢 : 文敬公 安碩 선생, 文貞公 安軸 선생, 直提學 安名世 선생, 沙村公 安德麟 선생, 洗馬公 安述 선생)을 배향하고 봉심(奉審), 제향봉행(祭享奉行), 부설 교양대학 운영 등 서원의 운영이 시작되었다.

특히 교양대학의 활성화로 순흥안씨 문중원뿐만 아니라 지역의 유림과 군 내외 주민들의 적극적인 참여로 서원의 역할이 매우 중요하게 되었다. 이에 따라 서원관리위원회와 유회의 결정과 지역유림과 협의하여 학문이 깊고 절의(節義)가 높으신 국현(國賢)과 향현(鄕賢)을 연차적으로 확대 배향하였다.

ㅇ 1992년

서원관리위원회와 유회의 협의를 거쳐 서원 복원 초기로 서원 운영의 효율화와 규모화(規模化)를 위하여 순흥안씨 선조(先祖) 중 문(文) 자(字) 시호를 받으신 분을 기준으로 하여 조선조 초에 강릉 지역민들이 생사당(生祠堂)을 지어 흠모하였던 문간공(文簡公) 쌍청당(雙淸堂) 안종원(安宗源) 선생, 세종조에 병조판서, 예문관대제학(藝文館大提學), 고려사(高麗史)를 찬술하신 문숙공(文肅公) 옹재(雍齋) 안숭선(安崇善) 선생, 한림공(翰林公)의 막역지우셨고 주민구휼(住民救恤)에 솔선하신 문강공(文康公) 토정(土亭)이지함(李之菡) 선생을 추배하였으니 배향명현은 모두 8위(位)이시다.

【이토정(李土亭), 안문간공(安文簡公), 안문숙공(安文肅公) 추배품달서(追配稟達書)】
자(玆)에 괴산, 청안, 연풍의 유림 일동은 작년에 계담서원 복원과 원배향(原配

享) 안한림공(安翰林公), 안세마공(安洗馬公) 외에 안문경(安文敬), 안문정(安文貞), 사촌(沙村) 삼현(三賢)의 배향을 청허하여 주신 성균관에 깊은 감사를 드리옵니다. 연하와 김 관장(金館長)님께서는 작년 가을 성균관장 선거에서 영예의 재선을 하신 데 대하여 축하를 드리오며 과거에 문공부장관으로 업적을 많이 세우신 이(李) 이사장님께서 금반(今般) 제14대 국회의원 총선에서 지역구에 출마하시어 영예로운 재선을 하신 데 대하여 깊은 축하를 드립니다.

취백(就白) 오등(吾等) 괴산 유림 일동은 작년에 성균관으로 김 관장님과 당시의 이사장 강주진(姜周鎭) 박사를 예방하여 품고(稟告) 드린 뒤로 계담서원 복원 공사를 필하옵고 낙성식(落成式)과 추향(秋享)을 성대히 필하였사오며 별첨과 같은 시집(詩集)도 간행된 바 있사옵니다.

금일 다시 품달(稟達)하옵는 것은 이토정 선생, 안문간공(安文簡公), 안문숙공(安文肅公) 삼현(三賢)의 추배 문제이옵니다.

토정 이지함 선생에 관하여서는 설명드릴 필요도 없을 줄 믿사오나 한산이씨의 목은 이색 선생의 후손으로 일찍이 그 형님이신 이지번(李之蕃) 선생과 서화담(徐花潭) 선생으로부터 학문을 익혀 이기설(理氣說)과 역학(易學) 등에 능통하셨으므로 현감으로 다대(多大)하신 치적을 세우시던 중에 아깝게 졸(卒)하셔서 문강(文康)의 시호(諡號)와 이조판서 관직을 추증받으신 장하신 어른이십니다. 선생이 남기신 토정비결(土亭秘訣)은 수백 년간 계속해서 많은 국민이 정초(正初)에 그해 운세 예측을 하는 기준으로 삼아 왔고 작년에는 소설화하여서 세인에게 널리 감화를 주고 있는 탁결(卓訣 : 탁월한 비결)이옵고 특히 안한림공(安翰林公)과는 상대(上代)부터의 세교관계 이외에도 평소부터 친교가 남달리 두터우셨으며 급기야엔 안한림공의 매씨(妹氏)와 정혼(定婚)을 한 사이였는데 수일 후면 예를 올릴 시점에서 처남이 되실 안한림공이 간신들의 모함에 의하여 누명을 쓰고 극형을 받으심으로 토정 선생과 정혼했던 안한림공의 매씨낭자(妹氏娘子)는 관기의 신세가 되시므로 혼사는 파혼이 되었습니다. 그러나 이토정 선생은 안한림공과의 생전의 정분과 의리를 저버리지 않으시고 남대문 밖 처형 현장에 장시간 방치되었던 안한림공의 시신을 직접 손수 거두셔서 장사지내 주신 의리 두터우신 친구요 은인이셨습니다. 이런 점으로 미루어서 금춘(今春)에는 토정 선생을 안한림공이 배향되어 있는 계담서원에 추배코자 합니다.

안문간공(安文簡公) 휘(諱) 종원(宗源) 선생은 고려조(高麗朝)의 태학사(太學士)로서 계담서원에 작년에 배향한 안문정공(安文貞公) 휘(諱) 축(軸) 선생의 자제이십니다. 17세 시에 장원급제하셔서 사한(史翰)이 되셨을 때도 연고위저(年高位低)하신 동료(同僚)에게 사한(史翰) 자리를 양보하시는 덕을 지니신 어른이시고 한때 조정(朝廷)의 많은 사람이 신돈(辛旽)에게 아부하는데도 공은 끝내 굽히지 않으시다가 결국은 강릉부사(江陵府使)로 쫓겨나셨사온데 부사로 도임(到任)하신 이래 어찌나 선정을 베푸셨는지 이임하신 후에는 주민들이 공의 생사당(生祠堂)을 짓고 칭송과 숭모의 행사를 정예적(定例的)으로 행하셨다고 하옵니다. 공은 누진(累進)하시어 문하찬성사(門下贊成事)와 판문하부사(判門下府事)가 되시고 흥령부원군(興寧府院君)이 되신 검박(儉薄)하시고 근면(勤勉)하신 어른이시니 혼탁한 현금의 세도인심(世道人心)의 거울을 삼기 위해서도 이 어른을 금춘(今春)에는 기필코 배향코자 합니다.

끝으로 안문숙공(安文肅公) 배향문제는 실은 작년에 계담서원 배향위(配享位) 품달시(稟達時) 상세한 인적사항을 진달하여 청허(聽許)를 받자온 어른입니다. 연이나 제향시) 제일상좌에 배향되신 안문정공은 주신재(周愼齋) 선생이 입비(立碑)하신 순흥사현(順興四賢)의 한 분이시고 괴산 이담 거주 순흥안문(順興安門)의 직계 선조이신바 사현(四賢)의 칭호를 받게 되신 것이 문정공(文貞公) 삼형제분의 고위(考位)이신 안문경공(安文敬公) 밀직제학(密直提學) 휘(諱) 석(碩) 선생의 은덕불사(隱德不仕)하시고 학문과 도덕에 전념하신 은덕인데 그 어른을 후일로 미루고는 제향을 모실 수 없다는 강력한 주장이 나와서 결국은 문숙공(文肅公)을 금춘에 모시도록 다시 품고 드리기로 하고 최상좌(最上座)에 안문경공(安文敬公) 휘(諱) 석(碩)으로 모셨던 것입니다. 따라서 이번에 안문숙(安文肅) 배향을 청허하여 주시는 것은 작추(昨秋)에 부득이 먼저 모신 안문경공 휘(諱) 석(碩) 선생 배향을 추인(追認)해 주시는 것입니다.

그리하여 계담서원의 위패(位牌)는 향후(向後) 좌(左, 上座)로부터

안문경공(安文敬公) 휘(諱) 석(碩) 선생(先生)

안문정공(安文貞公) 휘(諱) 축(軸) 선생(先生)

안문간공(安文簡公) 휘(諱) 종원(宗源) 선생(先生)

안문숙공(安文肅公) 휘(諱) 숭선(崇善) 선생(先生)

안한림공(安翰林公) 휘(諱) 명세(名世) 선생(先生)

이문강공(李文康公) 휘(諱) 지함(之菡) 선생(先生)

안사촌공(安沙村公) 휘(諱) 덕린(德麟) 선생(先生)

안세마공(安洗馬公) 휘(諱) 술(述) 선생(先生)의 8위(八位)를 일렬 차례(一列次例)로 배향하고 춘추 3, 9월 말 정일(丁日)에 제향(祭享)을 모시고자 합니다.

이차(以此) 두서없이 품달 드리오니 생등(生等)의 품고(稟告)를 청허해 주시옵고 계담서원에 대하여 각별하신 혜념(惠念)과 지도성원 주시옵기를 복망복축(伏望伏祝)하나이다.

단기(檀紀) 4325년 대한민국 73년 서기(西紀) 1992년 임신(壬申) 3월 30일

괴산향교(槐山鄕校) 전교(典校) 김 충 식 (金忠植)

청안향교(淸安鄕校) 전교(典校) 연 규 달 (延圭達)

연풍향교(延豊鄕校) 전교(典校) 이 해 명 (李海明)

괴산유도회(槐山儒道會) 박래근(朴來根) 최동로(崔東魯) 외

유림 일동 근고(謹告)

【계담서원 삼현(三賢) 봉안문(奉安文)】

桂潭書院復元其實創建四賢井之古諸賢麗朝道統中樞繼往開來是三賢朝鮮道學
계 담 서 원 복 원 기 실 창 건 사 현 정 지 고 제 현 려 조 도 통 중 추 계 왕 개 래 시 삼 현 조 선 도 학

眞髓同時奉安未就時斯文憫惜不己 伏惟
진 수 동 시 봉 안 미 취 시 사 문 민 석 불 기 복 유

文簡公 安先生
문간공 안선생

天賦英秀 十七弱年 大科壯元 德崇業廣 以典文衡 偉業載史 永世顯榮 贈諡文簡
천부영수 십칠약년 대과장원 덕숭업광 이전문형 위업재사 영세현영 증시문간

文肅公 安先生
문숙공 안선생

天賦秀明 文藝粹精 道學卓榮 以典文衡 行仁偉蹟 永傳靑史 贈諡文肅
천부수명 문예수정 도학탁영 이전문형 행인위적 영전청사 증시문숙

文康公 李先生
문강공 이선생

率性天稟 至純至秀 理氣性說 克明定立 易學大通 康節雙璧 天理秘訣 永世勸懲
솔성천품 지순지수 이기성설 극명정립 역학대통 강절쌍벽 천리비결 영세권징

又與翰林金蘭義交 世代久遠 孰不崇慕
우여한림금란의교 세대구원 숙불숭모

哉崇三賢六祀式宣發議惟三公喜哉樂哉道統長江一體虔奉異口同聲
재숭삼현육사식선발의유삼공희재락재도통장강일체건봉이구동성

三賢追配 五靈愈安 鯉水溶溶 桂山靑靑
삼현추배 오령유안 리수용용 계산청청

花紅草綠 一氣充滿 仁人必隣 有德不孤
화홍초록 일기충만 인인필린 유덕불고

新院孔隆 丹靑維新 玆擧敬儀 寓庸哀情
신원공융 단청유신 자거경의 우용애정

安日中 謹撰
안일중 근찬

○ 1996년

지금까지는 주로 순흥안씨 문중 위주로 서원을 운영하였으나 서원 운영이 활성화되고 타 문중원의 교양대학의 수료 등 서원의 위상이 조금씩 높아지며 배향 명현의 재검토 필요성이 대두되었다.

본 서원에서도 국현(國賢)을 모시고 그분들을 흠모하고 행적을 배우기 위하여 관계부서와 협의하여 우리나라에 최초로 성리학을 도입하시고 국자감(國子監)을 설치하시고 운영하신 문성공(文成公) 회헌 안향 선생, 순흥의 백운동서원을 우리나라 최초로 소수서원(紹修書院)으로 사액(賜額)을 받게 하신 문순공(文純公) 퇴계 이황 선생, 그리고 10만 양병설을 주장하시고 기호학파(畿湖學派)의 거두이셨던 문성공(文成公) 율곡 이이 선생, 우리나라에 서원을 최초로 백운동서원을 창건하시고 문성공 회헌 선생, 문정공 근재 선생을 배향하시고 흠모하신 문민공(文愍公) 신재(愼齋) 주세붕(周世鵬) 선생을 추가로 배향하니 모두 12위(位)를 배향한 큰

서원으로 발전하였다.

【계담서원에 안문성공(安文成公) **휘**(諱) **향**(珦) **선생, 주문민공**(周文愍公) **휘**(諱) **세봉**(世鵬) **선생, 이문순공**(李文純公) **휘**(諱) **황**(滉) **선생, 이문성공**(李文成公) **휘**(諱) **이**(珥) **선생 등 4 선생 추배**(追配) **품신서**(稟申書)**】**

한국유교의 활성화를 위하여 획기적인 기획과 활동으로 역사적인 대성과(大成果)거양하고 계시는 최근덕(崔根德) 관장(館長) 이하 현하(現下) 성균관 요로 제위(諸位)에게 깊은 감사와 경의를 표하는 바이옵니다.

비(鄙) 계담서원은 을사명신(乙巳名臣) 안한림공(安翰林公) 휘(諱) 명세(名世) 선생과 안세마공(安洗馬公) 휘(諱) 술(述) 선생을 모셨던 서원으로서 대원군의 훼철령으로 철거하였다가 광복 후 복원과 동시에 안한림(安翰林)의 막역지우이자 그의 처형 당시 시신을 거두어 주신 이토정(李土亭) 문강공(文康公) 휘(諱) 지함(之函) 선생과 안한림공의 현조(顯祖)이신 순흥(順興)지방의 사현부자(四賢父子) 문경공(文敬公) 휘(諱) 석(碩) 선생과 안문정공(安文貞公) 휘(諱) 축(軸) 선생과 기자제(其子弟) 안문간공(安文簡公) 휘(諱) 종원(宗源) 선생과 그의 증손(曾孫)이신 안문숙공(安文肅公) 휘(諱) 숭선(崇善) 선생 등 6위를 추배하고 관내 유림일동이 춘추향사(春秋享祀)를 지성껏 봉사하고 있사온 중 특기할 것은 복원 후 제2차 연도부터 매년 동계 농한기 약 5개월간을 통하여 동(同) 서원 학구당(學究堂, 강당)에 가칭 단기대학을 부실하고 추수 후부터 춘경 전까지의 기간 중 유교대의(儒敎大意)와 한문(중용, 대학, 논어, 명심보감), 서예(전 · 예 · 해 · 행 · 초 오체) 및 신구(新舊) 예절 등의 유림교육을 장노년(壯老年) 희망자에게 실시하여 연 4회(매년 1회씩) 폭발적인 인기와 성과를 거양 중에 있사옵니다.

이는 성균관에서도 기히 기소문을 듣고 계실 줄 믿사옵니다.

취복백(就伏白) 오등(吾等) 괴산, 연풍과 청안 3향교 관내 유림 일동은 금후도 전기) 단기대학의 동계교육(冬季敎育)은 제5기, 6기로 계속하여 발전시킬 수 있기를 희망하고 있사오며 오늘 성균관 당국에 품신 드리옵는 것은 위와 같이 관내 유림이 더욱 분발하여 춘추제향(春秋祭享)을 잘 모시는 동시에 단기대학을 더욱 적극적으로 참여할 것으로 확신하고 있사옵는바 이는 현재 교육 담당자들의 열과 성에도 달려 있지마는 더욱 근원적으로는 서원에 배향한 선현(先賢)의 학문의 깊이와 유훈(遺訓)과 유풍(遺風)에도 달려 있은즉 금년 춘향(春 3月 下丁日, 秋 9月 下丁日) 시부터는 한국유교의 중추적이고 핵심적 동량(棟梁)이고 근간이라고 할 수 있는 주자학(朱子學)을 처음 들여오신 안문성공(安文成公) 휘(諱) 향(珦) 선생과 서원제도(書院制度)를 처음 도입하신 주문민공(周文愍公) 휘(諱) 세붕(世鵬) 선생과 한국유학의 양대산맥이라고 할 수 있는 이문순공(李文純公) 휘(諱) 황(滉) 선생과 이문성공(李文成公) 휘(諱) 이(珥) 선생 등 4위를 동 계담서원에 별지와 같이 연대순으로 추가배향하여 주자학과 성리학, 그리고 이기설(理氣說)과 체용일원설(体用一元說) 등 한국 최고의 학설을 겸비한 서원으로 자리 잡을 수 있도록 추가배향을 승허(承許)하여 주시기 바라옵니다.

그리하여 욱일승천(旭日昇天)같이 새 교육의 시범적 서원으로 발돋움하는 계기를 확고하게 하여 주실 것을 서원 대표 및 유림 대표의 연명으로 품신서(稟申書)를 상달하는 바이옵니다.

단기(檀紀) 4329년 서기(書記) 1996년 병자년(丙子年) 2월   日

괴산유도회장 최 동 로(崔 東 魯)	계담서원 부원장 안 병 태(安 秉 泰)
문광면 광덕리 채 훈 병(蔡 勳 秉)	계담서원 부원장 박 기 봉(朴 基 鳳)
연풍향교 장의 이 원 명(李 源 明)	소수면 아성리 지 종 원(池 宗 原)
칠성면 도정리 김 종 관(金 鍾 觀)	감물면 이담리 안 병 기(安 秉 淇)
감물면 이담리 안 광 천(安 光 天)	감물면 오성리 이 대 승(李 大 承)
괴산읍 동부리 임 헌 경(林 憲 慶)	감물면 이담리 이 남 호(李 南 浩)
감물면 대상동 안 상 선(安 商 瑄)	불정면 목도리 채 태 병(蔡 台 秉)

문광면 광덕리 음 재 승(陰在昇)　　괴산읍 동부리 이 춘 택(李春澤)

소수면 입암리 이 재 화(李在華)　　괴산읍 동부리 한 양 자(韓良子)

괴산읍 동부리 이 춘 우(李春雨)　　불정면 하문리 안 상 건(安商乾)

괴산읍 동부리 김 덕 수(金德銖)　　연풍면 삼풍리 이 해 명(李海明)

연풍면 유하리 경 석 준(慶錫俊)　　연풍향교 전교 이 일 호(李一浩)

충청북도향교재단 이사장 이 용 신(李庸信)

충주미덕학원 이사장 안 동 준(安東濬)

충주향교 전교 권 창 식(權昌植)

(별 지)

좌(左)로부터 배향순서, 계담서원 12위(位)

　1. 안문성공(安文成公) 휘(諱)　향 (珦) 선생　1243년 ~ 1306년

　2. 안문경공(安文敬公) 휘(諱)　석 (碩) 선생　1254년 ~ 1329년

　3. 안문정공(安文貞公) 휘(諱)　축 (軸) 선생　1282년 ~ 1348년

　4. 안문간공(安文簡公) 휘(諱) 종원(宗源) 선생　1324년 ~ 1452년

　5. 안문숙공(安文肅公) 휘(諱) 숭선(崇善) 선생　1495년 ~ 1554년

　6. 주문민공(周文愍公) 휘(諱) 세붕(世鵬) 선생　1495년 ~ 1554년

　7. 이문순공(李文純公) 휘(諱)　황 (滉) 선생　1501년 ~ 1570년

　8. 이문강공(李文康公) 휘(諱) 지함(之函) 선생　1517년 ~ 1578년

　9. 안한림공(安翰林公) 휘(諱) 명세(名世) 선생　1518년 ~ 1548년

10. 이문성공(李文成公) 휘(諱)　이 (珥) 선생　1536년 ~ 1583년

11. 안사촌공(安沙村公) 휘(諱) 덕린(德麟) 선생　1563년 ~ 1609년

12. 안세마공(安洗馬公) 휘(諱)　술 (述) 선생　1596년 ~ 1655년

○ 2002년

학행(學行)과 절의(節義)가 높으신 3분의 명현을 추가배향을 모색(摸索)하였으

니, 고려조(高麗朝)에서 외교관으로 원나라의 입성책동(入省策動)을 막아낸 문의공(文懿公) 질재(質齋) 안문개(安文凱) 선생과 한 해에 3회의 과거(科擧)에서 장원(壯元)을 하시고 학행이 높은 문강공(文康公) 저헌(樗軒) 이석형(李石亨) 선생과 스승의 조의제문(弔義帝文)을 사초에 실어 기개와 절의가 높았던 문민공(文敏公) 탁영(濯纓) 김일손(金馹孫) 선생을 배향하는 한편, 그간 모셔왔던 고려조에서 과거에 급제하고도 은덕불사(隱德不仕)한 덕지군자(德智君子)로 밀직제학(密直提學)을 증직 받고 후에 문경(文敬)으로 시호를 받은 은덕재(隱德齋) 안석(安碩) 선생을 이안세덕사(鯉安世德祠) 주벽(主壁)으로 이배(移配)하여 모시기로 하니 국현(國賢) 3위 향현(鄕賢) 11위 모두 14위를 모시게 되었다.

【문의공(文懿公) 안선생(安先生) 배향기(配享記)】

선생의 성은 안씨요 관향은 순흥이고 시조(始祖) 휘(諱) 자미(子美)의 차남(次男) 휘(諱) 영린(永麟)의 증손 검교군기감(檢校軍器監) 밀직부사(密直副使) 상호군(上護軍) 휘(諱) 성철(成哲)의 제3남이시며 안문성공(安文成公)의 재종형(再從兄)이고 은덕재(隱德齋) 안선생은 선생의 재종형이며 문정공(文貞公 : 諱 軸) 문경공(文敬公 : 諱 輔) 형제는 선생의 삼종질(三從姪)이다.

선생은 고려 원종(元宗) 40년(단기 3606년, 서기 1273년) 계유(癸酉)에 출생하사 초명은 균(鈞)이고 자(字)는 국평(國平)이며 호(號)는 질재(質齋)이다.

충렬왕 32년(단기 3639년, 서기 1306년) 병오(丙午)에 문과에 급제하시고 충숙왕 8년(단기 3654년, 서기 1321년) 신유(辛酉)에 내서사인(內書舍人)이 되신바 충숙왕께서 그해 4월 원(元)나라에 들어가실 때 왕을 수행하셨고 왕께서 5년간 머무시는 동안 선생은 원나라와 본국을 여러 번 내왕하시면서 충숙왕에 대한 충성이 지극하셨다.

그리하여 태정(泰定) 을축년(단기 3658년, 서기 1325년) 충숙왕께서 환국(還國)하사 선생을 원훈공신(元勳功臣)으로 삼으시면서 휘(諱)를 문개(文凱)로 개명케 하시고 동한보절진충무극공신(東韓保節盡忠無極功臣)이라는 훈호(勳號)를 내리셨다.

세상에서는 이를 보고 공자(孔子)께서 정공(定公)에게 말씀하신 바와 같이 군(君)은 예(禮)로서 신(臣)을 부리고 신은 충(忠)으로서 군을 섬겨야 한다는 성훈(聖訓)대로 이루어진 일이라고 칭송해 마지않았다.

선생은 진현관대제학(進賢館大提學) 예문관대제학(藝文館大提學) 우문관대제학(右文館大提學)을 지내시고 삼중대광좌정승(三重大匡左政丞) 문하시중(門下侍中) 도첨의찬성사(都僉議贊成事)에 이르셨다.

또한 선생은 국조(國祖)가 어지럽고 왕위(王位)가 흔들릴 때 자신의 위험을 무릅쓰시고 국가와 사직(社稷)을 바로 잡는 데 공이 크시어 순흥부원군(順興府院君)에 피봉(被封)되시고 몰후(歿後)에 문의공(文懿公)의 시호(諡號)를 받으셨다.

선생 서거(逝去) 후(後) 666년

단기 4337년, 서기 2004년 갑신(甲申) 윤(閏) 2월 10일

대한민국 제3, 5, 6, 7대 국회의원

제22대 방손(傍孫) 중산(中山) 안동준(安東濬) 식(識) 서(書)

○ 2005년

지금까지 본 서원에서는 고려 말부터 조선조 후기까지의 학행과 문행, 그리고 절개가 높으셨던 명현을 모시고 흠모하며 향사(享祀)를 봉행하였다.

조선말 열강(列强)의 틈에서 국운이 쇠약해지고 결국은 국권을 탈취당하는 불행했던 근세의 역사와 또 잃어버린 국권을 되찾기 위해 순국(殉國)하거나 일생을 헌신한 열사(烈士)들이 계시기에 우리는 현재를 풍요롭게 살아가고 있다. 우리 후세 사람들은 그분들을 잊지 않고 그분들의 생각과 행동을 교훈으로 삼음은 당연지사라 하겠다. 이에 그분들을 기리기 위하여 절의가 높으셨던 2분을 추배하니, 공조판서를 역임하였으며 일제에 항거하여 대마도에서 단식(斷食) 순국한 의병장 면암(勉庵) 최익현 선생과 평생을 독립운동에 헌신한 백범 김구 선생을 배향하니 모두 16위를 모시게 되었다.

○ 2008년에는

우리 괴산군에도 일제에 항거하여 순국으로 독립운동에 헌신한 절의지사(節義志士)가 많이 있으니, 한일합방 시 금산군수로서 지방관리로는 최초로 자결 순국한 일완(一阮) 홍범식(洪範植) 선생, 그리고 상해 임시정부 의정원(議政院) 충북의원으로 활약하고 군자금(軍資金) 모집 등으로 옥고를 치르고 광복 후 제헌 국회의원을 역임한 원명(圓明) 연병호(延秉昊) 선생으로 이 두 분을 배향을 결정하니 모두 18위를 배향하였다.

○ 2015년

그리고 본 서원의 복원을 주도하시고 4선 국회의원, 괴산향교 전교(典敎) 및 지역교육의 선구자로 충주 미덕학원(美德學院)을 설립한 중산 안동준 선생을 배향하니 국현(國賢) 3위 향현(鄕賢) 16위 모두 19위의 명현을 배향하고 있으니 배향 현황은 아래와 같으며 배향 성현의 행적은 별도로 기술하오니 참고하시기 바랍니다.

계담서원 명현배향(名賢配享) 일람표 : 19위(位)

구 분	휘	호	시호	관 직	행 적	재세(서기)
최초배향 (1838년)	안 명 세 安名世			예문관 검열, 홍문관 정자, 증 직제학	을사명신, 직사부의	1518~1548
1차 추배 (1849년)	안 술 安 述	하 담 荷 潭		불취 세마	천성지효, 안분수신	1596~1655
2차 추배 (1991년)	안 축 安 軸	근 재 謹 齋	문 정 文 貞	우문관대제학, 감춘추관사, 흥령부원군	위민충국, 고려조 문운발전	1282~1348
	안 덕 린 安德麟	사 촌 沙 村		성균관 장의	학행문학 탁월	1563~1609
3차 추배 (1992년)	안 종 원 安宗源	쌍 청 당 雙淸堂	문 간 文 簡	보국숭록대부 판문하부사, 집현전대제학	청렴강직, 위민덕치	1325~1394
	안 숭 선 安崇善	옹 재 雍 齋	문 숙 文 肅	병조판서, 지춘추관사, 예문관대제학	문무겸비, 고려사 수찬	1392~1452
	이 지 함 李之菡	토 정 土 亭	문 강 文 康	포천, 아산현감 증 이조판서	빈민구휼, 역학대통, 안한림 지기지우	1517~1578
4차 추배 (1996년)	안 향 安 珦	회 헌 晦 軒	문 성 文 成	도첨의중찬	주자 성리학 도입, 국자감 설립, 섬학전 운영	1243~1306
	주 세 붕 周世鵬	신 재 愼 齋	문 민 文 敏	대사성, 호조참판, 증 예조판서	소수서원 창설, 인삼 시배	1495~1554
	이 황 李 滉	퇴 계 退 溪	문 순 文 純	홍문관 수찬, 풍기군수, 홍문관 대제학	성리학연구, 사단칠정론 주장	1501~1570
	이 이 李 珥	율 곡 栗 谷	문 성 文 成	대사헌, 대제학, 이조, 병조판서	성리학연구, 10만 양병주장	1536~1584
5차 추배 (2002년)	안 문 개 安文凱	질 재 質 齋	문 의 文 懿	삼중대광 좌의정, 문하시중, 도첨의찬성사	충렬왕 문과, 입성책동 방지	1274~1338
	이 석 형 李石亨	저 헌 樗 軒	문 강 文 康	황해도 관찰사, 판중추부사	연성부원군	1415~1477
	김 일 손 金馹孫	탁 영 濯 纓	문 민 文 愍	이조정랑	춘추관 기사관	1464~1498
6차 추배 (2005년)	최 익 현 崔益鉉	면 암 勉 庵		공조판서, 중추원 참의, 의부찬정	항일 의병장, 대마도에서 단식 순국	1833~1906
	김 구 金 九	백 범 白 凡		임시정부 내무총리, 수반	항일 독립운동, 대한민국 건국 지도자	1875~1949
7차 추배 (2008년)	홍 범 식 洪範植	일 완 一 阮		금산군수	한일합방 반대 자결 순국	1871~1910
	연 병 호 延秉昊	원 명 圓 明		제헌 국회의원	독립군 군자금 모금활동 임시정부 의정원	1894~1963
8차 추배 (2015년)	안 동 준 安東濬	중 산 中 山		4선 국회의원 한국관광공사 총재	국군 창설에 기여, 정치가 및 교육자, 계담서원 복원	1919~2010

2) 서원의 조직과 기능

계담서원에서는 서원의 운영과 관리를 위하여 이원의 조직을 운영하고 있으니 서원의 조직은 아래와 같다.

○ **계담서원 조직도**

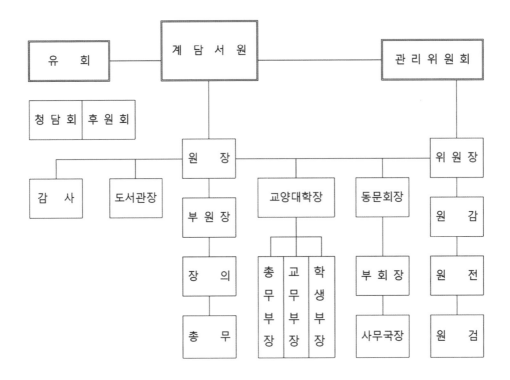

○ **계담서원 유회**(儒會)

유회는 배향 성현에 대한 제향(祭享)의 집행과 부설 교양대학, 도서관 운영 등 제반업무의 계획과 승인 및 실행은 물론 예산의 편성과 집행, 그리고 결과분석과 명년도 사업의 구상 등 제반업무를 추진하여야 하는 조직이다. 이에 따라 제정된 유회의 회칙은 아래와 같으며 서원 운영을 위하여 원장(院長), 부원장(副院長), 장의(掌議) 등 임원을 두고 있으며 임기는 3년이다.

【계담서원 유회(儒會) 회칙】

제1장 총칙(總則)

제1조 : 본회는 계담서원 유회(儒會)라 칭한다.

제2조 : 본회의 사무소는 계담서원 소재지 괴산군 감물면 계담리 계담서원 내에 둔다.

제3조 : 본회는 계담서원의 유지발전을 목적으로 한다.

제2장 사업(事業)

제4조 : 본회는 전조의 목적을 달성키 위하여 아래의 사업을 한다.

① 사업기금의 조달

② 원우(院宇) 재실(齋室) 등의 신축 또는 영선(營繕)

③ 위토(位土) 제기(祭器) 제복(制服) 등의 매수(買收) 또는 신조(新造)

④ 기타 본회 사업목적을 달성키 위하여 필요한 사항

제5조 : 전조의 사업기획 및 사업 집행상 필요한 사항은 장의회(掌議會)에서 정한다.

제3장 회원 및 기금

제6조 : 본회의 회원은 괴산군 내 유림(儒林)으로 한다.

제7조 : 본회의 사업기금은 특별 찬조금 및 이식금(利息金)으로 한다.

제4장 임원 및 직원

제8조 : 본회에 아래의 임원을 둔다.

원장 1명, 부원장 1명, 장의(掌議) 약간명, 총무 1명, 감사 2명, 고문 약간명

제9조 : 원장, 부원장, 장의, 감사는 총회에서 선거한다.

제10조 : 총무는 원장의 추천에 의하여 총회에서 인준한다.

제11조 : 고문은 학식과 덕망이 있는 유림 중에서 원장이 이를 추대한다.

제12조 : 원장은 회무를 통리(統理)하고 장의회(掌議會)를 소집하며 동회(同會)의 의장이 된다.

제13조 : 부원장은 원장을 보좌하며 원장이 유고 시는 그 직무를 대리한다.

제14조 : 장의는 제5조 및 본회 사업을 위한 필요한 사항을 의결한다.

제15조 : 감사는 연 1회 이상 본회 사업 및 회계를 감사하며 그 결과를 차기 총회에 보고하여야 한다.

제16조 : 총무는 원장의 명을 받아 회무에 종사한다.

제17조 : 고문은 원장의 자문에 응하며 장의회에 출석하여 발언할 수 있다.

제18조 : 임원 및 직원은 명예직으로 하고 임기는 3년으로 한다.

제5장 회의(會議)

제19조 : 본회의 정기총회는 연 1회 이를 소집하며 아래 사항을 의결한다.

① 회칙의 제정 또는 개폐

② 임원선거

③ 예산 결산의 심의인정(審議認定) 기타 안건

제20조 : 장의회는 정기회의와 임시회의로 한다. 정기회의 회기는 장의회에서 정하는 바에 의하고 임시회의는 임시긴급을 요할 때 원장 또는 장의 과반수 이상의 연서발의(連署發議)로서 수시 이를 소집한다.

제21조 : 장의회는 재적의원 과반수 출석으로 개회하고 출석의원 과반수 찬성으로 의결한다.

제22조 : 장의회는 아래 사항을 의결한다.

① 사업계획의 결정 또는 변경

② 기금 조성 방안

③ 세입세출 예산의 편성 및 동결산(同決算)의 심의

④ 기타 중요 안건

제23조 : 의장은 의결에 있어 표결권을 가지며 가부동수(可否同數)인 경우에

는 결정권을 가진다.

제6장 자산(資産) 및 회계(會計)

제24조 : 본회의 자산은 찬조금, 이식금(利息金) 및 기타 수입금으로 한다.

제25조 : 전조의 자산은 제3조의 목적 및 제4조의 사업을 달성키 위한 외 (外)에는 사용하지 못한다.

제26조 : 본회의 자산은 장의회의 승인 없이는 그 명목과 이유 여하를 불 문하고 타에 기부 또는 사용할 수 없다.

제27조 : 본회의 자산은 장의회에서 정한 방법에 의하여 원장이 차(此)를 관리한다.

제28조 : 본회의 회계연도는 매년 12월 말일로 결산한다.

부칙(附則)

제29조 : 본 회칙 시행에 필요한 사항은 장의회에서 수시(隨時) 정한다.

제30조 : 본 회칙은 의결한 날로부터 시행한다.

이에 따라 초대임원은 원장으로 신재 이수원(李壽源) 전(前) 괴산군수가 선임되 고 기타 서원의 임원들도 위촉하니 역대 임원의 내역은 아래와 같다.

【역대(歷代) 계담서원 유회임원(儒會任員)】

– 초대 임원(1992~1993년)

- 고　문(3명) : 이쾌섭(李快燮), 안동준(安東濬), 안상헌(安商憲)
- 원　장(1명) : 전(前) 괴산군수 이수원(李壽源)
- 총　무(1명) : 율촌(栗村) 안병태(安秉泰)

– 2대 임원(1993~1994년)

- 고　문(3명) : 이쾌섭(李快燮), 안동준(安東濬), 안상헌(安商憲)
- 원　장(1명) : 김충식(金忠植)

- 부원장(4명) : 김명수(金明洙), 이해명(李海明), 연규달(延圭달), 안병태(安秉泰)
- 장 의(9명) : 최동로(崔東魯), 김재덕(金在德), 김호준(金好俊), 우목규(禹穆圭), 오문규(吳文圭), 이창영(李昌榮), 이용근(李容根), 김용하(金容夏), 임창규(林昌圭)
- 감 사(2명) : 손근성(孫根成), 김한근(金漢根)

- 3대 임원(1995~1996년)
  - 고 문(5명) : 김충식(金忠植), 이화승(李和承), 정순용(鄭淳龍), 김갑수(金甲洙), 안상헌(安商憲)
  - 원 장(1명) : 최동로(崔東魯)
  - 부원장(2명) : 안병태(安秉泰), 임창규(林昌圭)
  - 장 의(12명) : 김재덕(金在德), 박기봉(朴基鳳), 임종국(林鍾國), 경석준(慶錫俊), 김용태(金容泰), 김호준(金好俊), 박온섭(朴蘊燮), 장유원(張有源), 류근만(柳根萬), 김동수(金東洙), 유승대(柳承大), 이완수(李完洙)
  - 감 사(2명) : 김명수(金明洙)
  - 총 무(1명) : 안병기(安秉淇)

- 4대 임원(1997~1998년)
  - 고 문(7명) : 김충식(金忠植), 이화승(李和承), 정순용(鄭淳龍), 김갑수(金甲洙), 김명수(金明洙), 김한근(金漢根), 최동로(崔東魯)
  - 원 장(1명) : 이쾌섭(李快燮)
  - 부원장(2명) : 임창규(林昌圭), 안병태(安秉泰)
  - 장 의(11명) : 김재덕(金在德), 박기봉(朴基鳳), 임종국(林鍾國), 이원명(李源明), 김명회(金明會), 박온섭(朴蘊燮), 신연택(辛演澤), 김성동(金聖鍊), 류근만(柳根萬), 이완수(李完洙), 경기봉(慶箕奉)
  - 감 사(2명) : 경석준(慶錫俊), 최철회(崔哲會)

- 총 무(1명) : 안병기(安秉淇)

– 5대 임원(1999~2001년)

- 고 문(7명) : 김충식(金忠植), 이화승(李和承), 정순용(鄭淳龍), 김갑수(金甲洙),
  김명수(金明洙), 김한근(金漢根), 최동로(崔東魯)

- 원 장(1명) : 임창규(林昌圭)

- 부원장(3명) : 안병태(安秉泰), 박기봉(朴基鳳), 경석준(慶錫俊)

- 장 의(10명) : 김재덕(金在德), 임종국(林鍾國), 이원명(李源明), 김명회(金明會),
  박온섭(朴蘊燮), 신연택(辛演澤), 김성동(金聖鍊), 류근만(柳根萬),
  이완수(李完洙), 경기봉(慶箕奉)

- 감 사(1명) : 최철회(崔哲會)

- 총 무(1명) : 안병기(安秉淇)

– 6대 임원(2001~2003년)

- 고 문(7명) : 김충식(金忠植), 이화승(李和承), 정순용(鄭淳龍), 김갑수(金甲洙),
  김명수(金明洙), 김한근(金漢根), 최동로(崔東魯)

- 원 장(1명) : 박기봉(朴基鳳)

- 부원장(3명) : 안병태(安秉泰), 경석준(慶錫俊), 채태병(蔡台秉)

- 장 의(10명) : 김재덕(金在德), 임종국(林鍾國), 이원명(李源明), 김명회(金明會),
  박온섭(朴蘊燮), 신연택(辛演澤), 김성동(金聖鍊), 류근만(柳根萬),
  이완수(李完洙), 경기봉(慶箕奉)

- 감 사(1명) : 최철회(崔哲會)

- 총 무(1명) : 안병기(安秉淇)

– 7대 임원(2003~2005년)

- 고 문(10명) : 안동준(安東濬), 안병태(安秉泰), 박기봉(朴基鳳), 임창규(林昌圭),
  김홍의(金洪義), 이화승(李和承), 안상선(安商瑄), 최광옥(崔光玉),

김명수(金明洙), 김학응(金學應)

- 원 장(1명) : 채태병(蔡台秉)
- 부원장(3명) : 안병기(安秉淇), 경석준(慶錫俊), 김종옥(金鍾玉)
- 장 의(19명) : 곽동수(郭東秀), 이돈영(李敦榮), 김태옥(金泰玉), 이선영(李宣榮),
  이효영(李孝榮), 안재인(安載仁), 주영호(周永昊), 이원명(李源明),
  박호관(朴浩觀), 김진영(金鎭榮), 이옥출(李玉出), 이재헌(李在憲),
  김용두(金容斗), 이처용(李處容), 박한식(朴漢植), 엄병석(嚴秉錫)
  조원식(趙元湜), 이종욱(李鍾旭), 김종무(金鍾武)
- 감 사(2명) : 김동찬(金東燦), 김영수(金永洙)
- 총 무(1명) : 안철모(安哲模)

- 8대 임원(2005~2006년)
  - 고 문(3명) : 안동준(安東濬), 안병태(安秉泰), 채태병(蔡泰秉)
  - 원 장(1명) : 우홍택(禹洪澤)
  - 부원장(3명) : 안병기(安秉淇), 경석준(慶錫俊), 김종옥(金鍾玉)
  - 장 의(17명) : 곽동수(郭東秀), 김태옥(金泰玉), 이선영(李宣榮), 이효영(李孝榮),
    안재인(安載仁), 주영호(周永昊), 박호관(朴浩觀), 김진영(金鎭榮),
    이옥출(李玉出), 이재헌(李在憲), 김용두(金容斗), 이처용(李處容),
    박한식(朴漢植), 엄병석(嚴秉錫), 조원식(趙元湜), 이종욱(李鍾旭),
    김종무(金鍾武)
  - 감 사(2명) : 김동찬(金東燦), 김영수(金永洙)
  - 총 무(1명) : 안철모(安哲模)

- 9대 임원(2007~2009년)
  - 고 문(4명) : 안동준(安東濬), 안병태(安秉泰), 채태병(蔡泰秉), 우홍택(禹洪澤)
  - 원 장(1명) : 김종옥(金鍾玉)

계담서원

- 부원장(2명) : 경석준(慶錫俊), 임병순(林炳淳)
- 장 의(17명) : 곽동수(郭東秀), 김태옥(金泰玉), 이선영(李宣榮), 이효영(李孝榮), 안재인(安載仁), 주영호(周永昊), 박호관(朴浩觀), 김진영(金鎭榮), 이옥출(李玉出), 이재헌(李在憲), 김용두(金容斗), 이처용(李處容), 박한식(朴漢植), 엄병석(嚴秉錫), 조원식(趙元湜), 이종욱(李鍾旭), 김종무(金鍾武)
- 감 사(2명) : 김동찬(金東燦), 김영수(金永洙)
- 총 무(1명) : 안철모(安哲模)

- 10대 임원(2010~2015년)
  - 고 문(5명) : 안동준(安東濬), 안병태(安秉泰), 채태병(蔡泰秉), 우홍택(禹洪澤), 김종옥(金鍾玉)
  - 원 장(1명) : 경석준(慶錫俊)
  - 부원장(2명) : 임병순(林炳淳), 이재출(李在出)
  - 장 의(13명) : 곽동수(郭東秀), 김태옥(金泰玉), 이선영(李宣榮), 이효영(李孝榮), 주영호(周永昊), 박호관(朴浩觀), 김진영(金鎭榮), 이옥출(李玉出), 이재헌(李在憲), 김용두(金容斗), 조원식(趙元湜), 이종욱(李鍾旭), 김종무(金鍾武)
  - 감 사(2명) : 김동찬(金東燦), 김영수(金永洙)
  - 총 무(1명) : 안철모(安哲模)

- 11대 임원(2015~2020년)
  - 고 문(5명) : 안병태(安秉泰), 채태병(蔡泰秉), 우홍택(禹洪澤), 김종옥(金鍾玉), 경석준(慶錫俊)
  - 원 장(1명) : 최면국(崔勉國)
  - 부원장(2명) : 안철모(安哲模), 이재출(李在出)

- 감 사(2명) : 김동찬(金東燦), 김영수(金永洙)
- 총 무(1명) : 안병두(安秉斗)

- 12대 임원(2020~2022년 현재)
  - 고 문(6명) : 안병태(安秉泰), 채태병(蔡泰秉), 김종옥(金鍾玉),
    경석준(慶錫俊), 최면국(崔勉國)
  - 원 장(1명) : 나용찬(羅勇燦)
  - 부원장(2명) : 안종운(安鍾雲), 안병표(安秉杓)
  - 감 사(2명) : 안광태(安光泰), 이기성(李基星)
  - 총 무(1명) : 안병두(安秉斗)

○ 계담서원의 관리

서원의 유지와 관리, 시설의 수호와 제향의 봉행 등 서원의 운영과 관리를 위하여 관계규정을 정하여 운영하고 있다, 서원 운영을 위한 계담서원관리운영규정과 서원 관리를 위한 계담서원관리위원회회칙과 계담서원 운영 삼역(三役)의 업무 세칙을 아래와 같이 제정하였다.

【계담서원관리운영규정】

제1조(목적) : 본 규정은 계담서원에 배향한 위패(位牌)와 서원의 제 시설을 수호 관리하고 춘추(春秋)로 제향을 받들며 서원을 건원정신(建院精神)에 맞도록 유효하게 운영함을 목적으로 한다.

제2조(운영기구와 관리기구) : 전조(前條)의 목적을 달성하기 위하여 다음의 두 기구를 둔다.

  1) 향사(享祀)와 서원의 대외적 활용을 관장하는 운영기구

  2) 사우(祠宇)의 관리와 서원의 예산집행을 관장하는 관리기구

제3조(두 기구의 임원) : 본원(本院)에는 다음과 같이 임원을 둔다.

1) 운영기구에는 원장, 부원장, 장의, 3직(三職)을

2) 관리기구에는 원감(院監), 원검(院檢), 원전(院典) 3역(三役)을 둔다

제4조(임원의 수) : 임원의 정수는 다음과 같다.

원장 1인, 부원장 4인, 장의 약간명, 원감 1인, 원검 1인, 원전 1인

제 5조(임원의 임무) : 임원의 임무(任務)는 다음과 같다.

1) 원장은 제례(祭禮)의 집행과 서원의 대외적 행사 및 공문서의 수발(受發) 등 서원 운영 업무를 관장한다.

2) 부원장은 원장을 보좌하고 원장 유고 시는 원장이 지명한 부원장이 원장을 대행한다.

3) 장의는 관내(管內) 각 면(面)에 1인씩을 선임하여 제향과 대외적 행사 등 서원 운영 업무를 협조한다.

4) 원감은 위패(位牌)와 제 시설을 수호관리하고 예산을 집행하며 제관(祭官)과 봉심객(奉審客)을 접대 안내하는 등 관리업무를 관장한다.

5) 원검은 수시로 서원을 순찰하며 사우(祠宇)와 제시설 및 경내(境內)를 제소(諸掃), 제초(除草), 정돈하고 화재와 도난의 방지 등 관리실무를 집행한다.

6) 원전은 원무를 감시하고 관리위에 보고한다.

제6조(임원의 선출) : 본원의 원장, 부원장 및 장의 3역(三役)은 유회에서 선출하고 원감은 서원관리위원회에서 선출한다. 원검은 원전의 제청(提請)으로 원감이 위촉하고 원전은 충주파(忠州派) 종약장(宗約長. 부원장)으로 보(補)한다.

제7조(유회와 관리위원회 회칙) : 유회와 관리위원회의 회칙은 별도로 정한다.

제8조(회계연도) : 본 서원의 회계연도는 양(陽) 정월 1일부터 12월 말일까지로 한다.

제 9조(재정) : 본 서원의 재정은 관련(關聯) 각 종중에서 계상(計上)하는 계담서원 향사비(享祀費) 예산지원금과 위토(位土)의 소출(所出) 및 찬조금으로 한다.

제10조(운영 3역의 임기) : 계담서원의 운영 3역(運營三役, 임원)의 임기는

   매회계연도(1년)로 한다.

제11조(예산결산) : 연도(年度) 초에는 해당 연도의 예산을 편성하여 통과시켜야

   하며 연도 말에는 해당 연도 예산의 결산을 보아야 한다.

부칙(附則)

1. 본 규정의 세칙(細則)은 따로 내규로 정한다.

2. 본 규정은 1992년도부터 시행한다.

【계담서원관리위원회 회칙】

제1조(목적) : 본회는 계담서원의 효율적 관리를 목적으로 한다.

제2조(위원회의 구성) : 본회는 관련 각 종중에서 선출한 다음 인원으로 구성한다.

   가. 양도공파(良度公派) 종회(宗會) 9인(문숙공파, 소윤공파, 감사공파 각 3인)

   나. 문숙공파(文肅公派) 종회(宗會) 2인

   다. 참판공파(參判公派) 종회(宗會) 3인

   라. 판서공파(判書公派) 종회(宗會) 5인

   마. 충 주 파(忠 州 派) 종회(宗會)   2인

   바. 한림공파(翰林公派) 종회(宗會) 2인

      계(計)   23인

제3조(위원회의 직능) : 본 위원회의 직능은 다음과 같다.

   가. 회칙규정의 제정 및 개정

   나. 임원 및 원감의 선출

   다. 서원 예산안 및 결산안의 심의

   라. 서원 운영에 관한 중요사항의 협의

   마. 기타 사항

제4조(임원) : 본 위원회에 다음 임원을 둔다. 위원장 1인, 부위원장 2인, 감사 2인

제5조(임원의 선출) : 임원은 위원회에서 선출하되 원감은 부위원장(2인 중 1인)으로 한다.

제6조(임원의 임무) : 임원의 임무는 다음과 같다.

    가. 위원장은 회무를 총할(總轄)한다.

    나. 부위원장은 위원장을 보좌하고 위원장 유고시 위원장이 지명한 부위원장이 위원장을 대리한다.

    다. 감사는 회무(會務)를 감사한다.

제7조(임원의 임기) : 본 위원회의 임원의 임기는 3년으로 한다. 단, 연임할 수 있다. 보선(補選)에 의한 임원의 임기는 전임자의 잔여임기로 한다.

제8조(대외적 행사 관계) : 서원에서 강당 등의 시설을 이용하여 대외적 행사를 개최할 시 원감은 사전에 원장의 승인을 받아야 하고 그 결과도 보고하여야 한다.

부칙(附則)

본 회칙은 1992년 4월 20일부터 시행한다.

【계담서원 운영 3역(運營三役) 세칙(細則)】

1. 당직 : 원감은 음력으로 매월 삭일(朔日)과 망일(望日)을 정기 당직일로 한다.
2. 분향 : 서원 관리 3역(管理三役)은 매월 삭망일(朔望日) 조기(早期)에 각 위패 앞에 분향하여야 한다.
3. 봉심안내 : 원전과 원검은 봉심객(奉審客)을 안내하고 서원의 내력(來歷)과 배향위(配享位)의 행적 등을 설명해 주어야 한다.
4. 문서수발 : 원전은 문서수발부(文書受發簿)를 정리(整理)하고 원장에의 보고 등 필요한 조치를 취하여야 한다.
5. 원검의 감독 : 원감과 원전은 원검을 독려하여 당원관리(當院管理)의 만전을

기하여야 한다.

6. 운영일지와 증빙서 작성 : 원전은 원검과 협의하여 매월 정확한 일지를 기록하여 원감에게 보이고 보관하여야 하며 예산집행에 관한 제반 증빙서를 작성토록 하여야 한다.

7. 시설 및 비품의 점검 등 : 원전과 원검은 제반시설과 제비품(諸備品)의 원수변동(員數變動)과 고장유무(故障有無)를 수시 점검하여 기록에 남기고 그 대안을 강구하여야 한다.

8. 관리업무 : 원전은 원감의 지시를 받아 원무를 집행하고 원감 부재시는 원감의 직무를 대행하고 추후에 보고한다.

9. 원감은 삭망에 원무 집행사항을 감사한다.

위의 관리운영규정에 의하여 서원의 관리운영의 조직이 구성되니 그 내역은 다음과 같습니다.

【역대 계담서원 관리위원회 임원】

- 초대 임원(1992~1994년)
  - 위원장 : 중산(中山) 안동준(安東濬)
  - 원 감 : 초암(草巖) 안일중(安日中)
  - 원 전 : 천민(天民) 안상건(安商乾)
  - 원 검 : 양촌(陽村) 안광천(安光天)

- 2대 임원(1995~1997년)
  - 위원장 : 중산(中山) 안동준(安東濬)
  - 원 감 : 남파(南波) 안길준(安吉濬)
  - 원 전 : 천민(天民) 안상건(安商乾)
  - 원 검 : 양촌(陽村) 안광천(安光天)

- 3대 임원(1998~2000년)
  - 위원장 : 중산(中山) 안동준(安東濬)
  - 원 감 : 율촌(栗村) 안병태(安秉泰)
  - 원 전 : 천민(天民) 안상건(安商乾)
  - 원 검 : 양촌(陽村) 안광천(安光天)

- 4대 임원(2001~2002년)
  - 위원장 : 중산(中山) 안동준(安東濬)
  - 원 감 : 계당(桂堂) 안화준(安和濬)
  - 원 전 : 천민(天民) 안상건(安商乾)
  - 원 검 : 양촌(陽村) 안광천(安光天)

- 5대 임원(2003~2005년)

- 위원장 : 중산(中山) 안동준(安東濬)   • 원 감 : 덕봉(德峰) 안정준(安鼎濬)
- 원 전 : 천민(天民) 안상건(安商乾)   • 원 검 : 양촌(陽村) 안광천(安光天)

- 6대 임원(2006~2008년)
  - 위원장 : 율촌(栗村) 안병태(安秉泰)   • 원 감 : 우암(又巖) 안병기(安秉淇)
  - 원 전 : 천민(天民) 안상건(安商乾)   • 원 검 : 양촌(陽村) 안광천(安光天)

- 7대 임원(2009~2011년)
  - 위원장 : 율촌(栗村) 안병태(安秉泰)   • 원 감 : 송민(淞民) 안철모(安哲模)
  - 원 전 : 천민(天民) 안상건(安商乾)   • 원 검 : 양촌(陽村) 안광천(安光天)

- 8대 임원(2012~2014년)
  - 위원장 : 율촌(栗村) 안병태(安秉泰)   • 원 감 : 송민(淞民) 안철모(安哲模)
  - 원 전 : 천민(天民) 안상건(安商乾)   • 원 검 : 양빈(良彬) 안양준(安陽濬)

- 9대 임원(2015~2017년)
  - 위원장 : 율촌(栗村) 안병태(安秉泰)   • 원 감 : 송민(淞民) 안철모(安哲模)
  - 원 전 : 천민(天民) 안상건(安商乾)   • 원 검 : 양빈(良彬) 안양준(安陽濬)

- 10대 임원(2018~2020년)
  - 위원장 : 송민(淞民) 안철모(安哲模)   • 원 감 : 호산(湖山) 안병혁(安秉爀)
  - 원 전 : 서촌(曙村) 안병두(安秉斗)   • 원 검 : 양빈(良彬) 안양준(安陽濬)

- 11대 임원(2021~현재년)
  - 위원장 : 송민(淞民) 안철모(安哲模)   • 원 감 : 호산(湖山) 안병혁(安秉爀)
  - 원 전 : 서촌(曙村) 안병두(安秉斗)   • 원 검 : 시백(時伯) 안완준(安完濬)

3) 서원 배향성현(配享聖賢)에 대한 봉심(奉審)

봉심(奉審)이란 묘우(廟宇)나 능침(陵寢)을 살피고 점검하는 일을 말한다.

본 서원에서는 매월 음력 삭일(朔日 : 1일, 초하루)과 망일(望日 : 15일, 보름)에 실시하며 참석자는 원장을 비롯하여 서원관리위원장, 원전, 원감 등 관계자들이 참여하여 각 위패에 분향재배를 한다. 분향을 마치면 서원을 살펴보고 시설(施設)을 살펴 청소 등 미비점을 보완하고 당면 현안업무 등을 협의한다.

봉심을 위한 사당 입장   봉심 후 시설정비

4) 배향명현(配享名賢)에 대한 제향(祭享)

본 서원에는 전술(前述)한 바와 같이 국현(國賢) 3분, 향현(鄕賢) 16분 등 모두 19현을 배향하고 있다. 대부분의 서원에서는 배향된 명현(名賢)에 대한 향사(享祀)를 거행하고 있는데 봄철에 제향을 올리는 춘향(春享), 가을에 제향을 올리는 추향(秋享), 모두 2회 정도 제향(祭享)을 올리고 있다. 본 서원에서도 봄철과 가을철에 향사(享祀)를 올렸으나 현재는 추향제(秋享祭)로 거행하고 있다. 본 서원은 서원 내에 순흥안씨 문중 사당인 이안세덕사(鯉安世德祠)가 함께 자리하고 있어 함께 제향을 올렸으나 춘향제, 추향제를 함께 봉행할 경우 너무 혼잡하고 복잡하여 부득이 세덕사는 춘향제로, 서원에 배향되신 명현께는 추향제로 제향을 봉행하고 있다.

제향(祭享)을 봉행함에는 제향의 준비는 서원관리위원회에서 하고 제향의 주관은 유회(儒會)에서 하고 있다. 보통 제향에는 지역 내 유림인사와 관내 기관장, 배향 명현(名賢) 후손들이 참석하고 있다. 그리고 본 서원 제향의 특색이라고 한다면 제향의 진행은 당해 연도 교양대학 수료생들이 진행한다. 유회에서 헌관(獻官)을 선정하고 교양대학 수료생들이 자체적으로 집례(執禮), 축관(祝官), 봉향(奉香), 봉로(奉爐), 집사(執事), 사준(司樽) 등을 선정하여 제향을 진행한다. 나름 교양대학에서 배운 전통예절의 현장실습 겸 체험으로 수료생들에게는 매우 의미 있는 행사이기도 하다.

제향에 대한 일반적인 사항은 다른 서원과 유사하다고 생각이 되며 본 서원의 진설도(陳設圖), 홀기(笏記), 축문 등을 함께 기재한다.

【계담서원의 진설도】

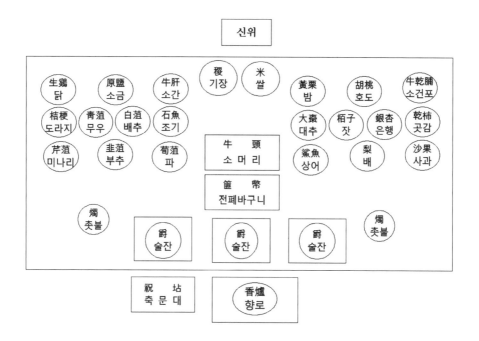

○ 계담서원 제향의 헌관(獻官)과 집사(執事)의 명칭과 임무

• 초헌관(初獻官) : 제사를 주관하는 제관으로 분향과 전폐(奠幣)를 하며 신위에 첫 잔을 올리고 음복(飮福)과 망료례(望燎禮)를 주관한다.
• 아헌관(亞獻官) : 신위에 두 번째로 잔을 올리는 제관.
• 종헌관(終獻官) : 신위에 세 번째로 잔을 올리는 제관.
• 집례(執禮) : 홀기(笏記)를 읽어 제향를 진행하는 집사로 당해연도(當該年度) 부설 교양대학 수료생이 담당한다.

- 대축(大祝) : 축문을 읽는 집사이며 당해연도 부설 교양대학 수료생이 담당한다.
- 알자(謁者) : 헌관을 안내하는 집사로 당해연도 부설 교양대학 수료생이 담당한다.
- 봉향(奉香) : 향(香)을 받드는 집사로 당해연도 부설 교양대학 수료생이 담당한다.
- 봉로(奉爐) : 향로(香爐)를 받드는 집사로 당해연도 부설 교양대학 수료생이 담당한다.
- 봉작(奉爵) : 사준(司樽)이 따른 술잔을 헌관에게 전달하는 집사로 당해연도 부설 교양대학 수료생이 담당한다.
- 전작(奠爵) : 헌관이 올리는 술잔을 받아 신위 앞에 올리는 집사로 당해연도 부설 교양대학 수료생이 담당한다.
- 사준(司樽) : 잔에 술을 따르는 집사로 당해연도 부설 교양대학 여성 수료생이 담당한다.

○ 계담서원 제향의 헌관과 집사의 복장

전면   후면   전면

계담서원

① 양관(梁冠) : 조선시대 백관들이 조복(朝服)이나 제복(祭服)에 착용하던 관모(官帽)로서 초헌관은 5양관(五梁冠), 아헌관은 4양관, 종헌관은 3양관, 집례와 축관은 2양관을 착용한다.

② 수(繡) : 제복의 뒤에 두르는 가리개로 5품 이상은 황(黃)·녹(綠)·적(赤)·자(紫) 4색, 6~7품은 황·녹·적 3색, 8품 이하는 황·녹 2색이며 2품 이상은 운봉(雲鳳 : 구름과 봉황), 3~4품은 운학(雲鶴 : 구름과 학) 5품은 반조(鸋鳥 : 비둘기), 6~7품은 연작(練鵲 : 까치) 8품 이하는 계칙(鸂鶒 : 원앙)을 만들고 밑에는 청색 망(網)을 단다.

③ 패(佩) : 패는 2개로 위는 금갈고리로 형(衡 : 가름대)을 만들고 다음에는 중형(重衡), 가운데는 패옥, 아래는 쌍황(雙璜 : 반쪽 둥근 패옥), 충아(衝牙 : 삼각형 구슬), 쌍적(雙滴 : 물방울 모양 구슬)으로 만든 장식.

④ 중단(中單) : 은회색 비단으로 만들며 소매, 옷자락, 뒷 깃 끝에 검은색 깃을 댐.

⑤ 방심곡령(方心曲領) : 가슴 정면(목 둘레)에 달린 흰색비단의 원형(圓形) 깃 형태.

⑥ 혁대(革帶) : 1품 옥, 2품 물소 뿔, 3~5품 금, 6~7품 은, 8품 이하 동으로 장식한 각대.

⑦ 폐슬(蔽膝) : 무릎 가리개로 붉은 비단으로 만듦.

⑧ 의(衣) : 흑삼(黑衫)이라고도 하며 맨 겉에 입는 제복으로 원래는 청라(靑羅)로 만들었으나 현재는 검은색 비단으로 만듦.

⑨ 대대(大帶) : 붉은색 흰색 비단을 합하여 만든 띠로 수와 연결되어 있다.

⑩ 집사(執事) : 도포와 유건, 행전을 착용한다.

○ 제복(祭服)을 입는 방법

① 한복을 두루마기까지 입는다(양복일 경우 생략).

② 행전을 두르고 중단을 입는다. 붉은색 폐슬이 앞으로 향하도록 입음.

③ 위에 의(흑삼)를 입는다.

④ 수를 의(흑삼) 위에 뒤로(엉덩이 부분) 가리도록 두르고 대대(大帶)를 앞으로 묶는다.

⑤ 혁대에 패를 끼우고 패가 양옆으로 가도록 하여 흑삼 혁대 고리에 끼워 착용한다.

⑥ 양관을 머리에 쓰고 관이 벗겨지지 않도록 비녀를 걸치고 내려진 수술로 묶어 준다.

⑦ 제화(祭靴) 목이 없는 당혜를 신고 벗겨지지 않도록 발등으로 끈을 맨다.

【계담서원 제향 홀기】

홀 기 내 용	해 석 내 용
先 執禮就位 書院開門 諸執事 門外位 선 집례취위 서원개문 제집사 문외위	먼저 집례는 자리에 잡고 서원 문을 열고 집사들은 사당문 앞에 자리하시오.
謁者 祝 諸執事 盥洗位 盥手帨手 알자 축 제집사 관세위 관수세수 入就階間 拜位 再拜 입취계간 배위 재배	알자, 축관, 제집사는 관세위에서 손을 씻고 닦은 후 계단 위 절을 할 자리에 서서 재배하시오.
跪 拜 興 拜興 平身 궤 배 흥 배흥 평신	꿇어앉으시오, 배 흥 배 흥 일어서시오.
陞詣 各就位 祝及 諸執事 開櫝 승예 각취위 축급 제집사 개독	축관 집사는 사당 안으로 들어가 자리에 서고 신주의 함을 여시오.
謁者 引 初獻官 알자 인 초헌관	알자는 초헌관과
各獻官及諸生 入就拜位 再拜 각 헌관 급 제생 입취배위 재배	각 헌관과 모든 참사자를 배위로 안내하고 재배하시오.
諸生 跪拜 興 拜 興 平身 제생 궤배 흥 배 흥 평신	모두 꿇어앉으시오. 배 흥 배 흥 일어나시오.
謁者進 初獻官之前 請 行事 退 復位 알자진 초헌관지전 청 행사 퇴 복위	알자는 초헌관 앞으로 나가 행사의 시작을 요청하고 제자리로 돌아가시오.
行 奠幣禮 행 전폐례	전폐례를 실시하십시오.
謁者 引 初獻官 詣 盥洗位 盥手帨手 알자 인 초헌관 예 관세위 관수세수 引詣香案前 跪 인예향안전궤	알자는 초헌관을 관세위로 안내하여 손을 씻고 닦은 후 향 탁자 앞으로 인도하여 꿇어앉도록 하시오.

홀 기 내 용	해 석 내 용
奉爐進爐 奉香進香 初獻官 三上香 봉 로 진 로 봉 향 진 향 초 헌 관 삼 상 향	봉로는 향로를 내오고 봉향은 향을 내어 놓고 초헌관은 향을 세 번 피워 올리시오.
祝 以幣 授初獻官 獻官 獻幣 授祝 축 이 폐 수 초 헌 관 헌 관 헌 폐 수 축 祝 各神位前 奠幣 축 각 신 위 전 전 폐	축관은 폐를 초헌관에게 주고 초헌관은 헌폐 후 축 관에게 주고 축관은 각 신위 앞에 폐를 올리시오.
初獻官 俯伏 興 平身 초 헌 관 부 복 흥 평 신	초헌관은 부복(허리를 굽혀 엎드림)한 후 일어나시오.
謁者 引 降復位 알 자 인 강 복 위	알자는 초헌관을 자리로 안내하시오.
初獻官 再拜跪 拜 興 拜 興 平身 초 헌 관 재 배 궤 배 흥 배 흥 평 신	초헌관은 재배 무릎을 꿇고 배 흥 배 흥 일어서시오.
行 初獻禮 행 초 헌 례	초헌례를 시작하시오.
謁者 引 初獻官詣 樽所前 北向立 알 자 인 초 헌 관 예 준 소 전 북 향 립 擧冪爵酒 引詣 香案前 跪 거 멱 작 주 인 예 향 안 전 궤	알자는 초헌관을 제주가 있는 곳으로 안내하고 북쪽을 향해 선후 술을 살펴본 후 향 탁자 앞에 꿇어앉도록 하시오
文成公 晦軒 安先生前 執事執爵斟酒 문 성 공 회 헌 안 선 생 전 집 사 집 작 짐 주 獻官授爵 執事受 奠爵 헌 관 수 작 집 사 수 전 작	문성공 회헌 안선생 앞 집사는 잔에 술을 따라 헌관에 게 주고 집사는 헌관이 올리는 잔을 받아 신위 앞에 올 리시오.
次詣 文純公 退溪 李先生 神位前 獻爵 차 예 문 순 공 퇴 계 이 선 생 신 위 전 헌 작	다음에는 문순공 퇴계 이선생 신위 앞에 잔을 올리시오.
次詣 文成公 栗谷 李先生 神位前 獻酌 차 예 문 성 공 율 곡 이 선 생 신 위 전 헌 작	다음에는 문성공 율곡 이선생 신위 앞에 잔을 올리시오.
次詣 文懿公 質齋 安先生 神位前 獻酌 차 예 문 의 공 질 재 안 선 생 신 위 전 헌 작	다음에는 문의공 질재 안선생 신위 앞에 잔을 올리시오.
次詣 文貞公 謹齋 安先生 神位前 獻酌 차 예 문 정 공 근 재 안 선 생 신 위 전 헌 작	다음에는 문정공 근재 안선생 신위 앞에 잔을 올리시오.
次詣 文簡公 雙淸堂 安先生 神位前 獻酌 차 예 문 간 공 쌍 청 당 안 선 생 신 위 전 헌 작	다음에는 문간공 쌍청당 안선생 신위 앞에 잔을 올리시오.
次詣 文肅公 雍齋 安先生 神位前 獻酌 차 예 문 숙 공 옹 재 안 선 생 신 위 전 헌 작	다음에는 문숙공 옹재 안선생 신위 앞에 잔을 올리시오.
次詣 文康公 樗軒 李先生 神位前 獻酌 차 예 문 강 공 저 헌 이 선 생 신 위 전 헌 작	다음에는 문강공 저헌 이선생 신위 앞에 잔을 올리시오.
次詣 文愍公 濯纓 金先生 神位前 獻酌 차 예 문 민 공 탁 영 김 선 생 신 위 전 헌 작	다음에는 문민공 탁영 김선생 신위 앞에 잔을 올리시오.
次詣 文敏公 愼齋 周先生 神位前 獻酌 차 예 문 민 공 신 재 주 선 생 신 위 전 헌 작	다음에는 문민공 신재 주선생 신위 앞에 잔을 올리시오.

홀 기 내 용	해 석 내 용
次詣 文康公 土亭 李先生 神位前 獻酌 차 예 문강공 토정 이선생 신위전 헌작	다음에는 문강공 토정 이선생 신위 앞에 잔을 올리시오.
次詣 直提學公 安先生 神位前 獻酌 차 예 직제학공 안선생 신위전 헌작	다음에는 직제학공 안선생 신위 앞에 잔을 올리시오.
次詣 沙村 安先生 神位前 獻酌 차 예 사촌 안선생 신위전 헌작	다음에는 사촌 안선생 신위 앞에 잔을 올리시오.
次詣 洗馬 安先生 神位前 獻酌 차 예 세마 안선생 신위전 헌작	다음에는 세마 안선생 신위 앞에 잔을 올리시오.
次詣 勉庵 崔先生 神位前 獻酌 차 예 면암 최선생 신위전 헌작	다음에는 면암 최선생 신위 앞에 잔을 올리시오.
次詣 一阮 洪先生 神位前 獻酌 차 예 일완 홍선생 신위전 헌작	다음에는 일완 홍선생 신위 앞에 잔을 올리시오.
次詣 白凡 金先生 神位前 獻酌 차 예 백범 김선생 신위전 헌작	다음에는 백범 김선생 신위 앞에 잔을 올리시오.
次詣 圓明 延先生 神位前 獻酌 차 예 원명 연선생 신위전 헌작	다음에는 원명 연선생 신위 앞에 잔을 올리시오.
次詣 中山 安先生 神位前 獻酌 차 예 중산 안선생 신위전 헌작	다음에는 중산 안선생 신위 앞에 잔을 올리시오.
初獻官 俯伏 興 少退跪 초 헌 관 부복 흥 소퇴궤	초헌관은 부복 후 일어나 물러나 꿇어앉으시오.
大祝進 初獻官之左 東向跪 獻官諸生跪 대 축진 초헌관지좌 동향궤 헌관제생궤	축관은 초헌관 왼쪽으로 나가 동쪽을 향해 꿇어앉고 헌관과 모든 참사자는 꿇어앉으시오.
祝 讀 祝文 축 독 축문	축관은 축문을 읽으시오.
在位者 平身 재 위 자 평신	모든 사람은 일어나시오.
謁者 引 初獻官 降復位 初獻官 再拜 알 자 인 초헌관 강복위 초헌관 재배 跪 拜 興拜 興 平身 궤 배 흥 배 흥 평신	알자는 초헌관을 자리로 안내하고 초헌관 재배 무릎 을 꿇고 배 흥 배 흥 일어서시오.
行 亞獻禮 행 아헌례	아헌례를 시작하시오.
贊引 引 亞獻官詣 盥洗位 盥手帨手 찬 인 인 아헌관예 관세위 관수세수	찬인은 아헌관을 관세위로 안내하고 아헌관은 손을 씻고 닦으시오.
贊引 引 亞獻官詣 樽所前 北向立 찬 인 인 아헌관예 준소전 북향립 擧羃爵酒 引詣 香案前 跪 거 멱작주 인예 향안전 궤	찬인은 아헌관을 제주가 있는 곳으로 안내하고 북쪽을 향해 선후 술을 살펴본 다음 향 탁 자 앞에 꿇이앉도록 안내히시오.

계담서원

홀 기 내 용	해 석 내 용
文成公 晦軒 安先生前 執事執爵斟酒 문 성 공 회 헌 안 선 생 전 집 사 집 작 짐 주 獻官授爵 執事受 奠爵 헌 관 수 작 집 사 수 전 작	문성공 회헌 안선생 앞 집사는 잔에 술을 따라 헌관에게 주고 집사는 헌관이 올리는 잔을 받아 신위 앞에 올리시오.
次詣 文純公 退溪 李先生 神位前 獻爵 차 예 문 순 공 퇴 계 이 선 생 신 위 전 헌 작	다음에는 문순공 퇴계 이선생 신위 앞에 잔을 올리시오.
次詣 文成公 栗谷 李先生 神位前 獻酌 차 예 문 성 공 율 곡 이 선 생 신 위 전 헌 작	다음에는 문성공 율곡 이선생 신위 앞에 잔을 올리시오.
次詣 文懿公 質齋 安先生 神位前 獻酌 차 예 문 의 공 질 재 안 선 생 신 위 전 헌 작	다음에는 문의공 질재 안선생 신위 앞에 잔을 올리시오.
次詣 文貞公 謹齋 安先生 神位前 獻酌 차 예 문 정 공 근 재 안 선 생 신 위 전 헌 작	다음에는 문정공 근재 안선생 신위 앞에 잔을 올리시오.
次詣 文簡公 雙淸堂 安先生 神位前 獻酌 차 예 문 간 공 쌍 청 당 안 선 생 신 위 전 헌 작	다음에는 문간공 쌍청당 안선생 신위 앞에 잔을 올리시오.
次詣 文肅公 雍齋 安先生 神位前 獻酌 차 예 문 숙 공 옹 재 안 선 생 신 위 전 헌 작	다음에는 문숙공 옹재 안선생 신위 앞에 잔을 올리시오.
次詣 文康公 樗軒 李先生 神位前 獻酌 차 예 문 강 공 저 헌 이 선 생 신 위 전 헌 작	다음에는 문강공 저헌 이선생 신위 앞에 잔을 올리시오.
次詣 文愍公 濯纓 金先生 神位前 獻酌 차 예 문 민 공 탁 영 김 선 생 신 위 전 헌 작	다음에는 문민공 탁영 김선생 신위 앞에 잔을 올리시오.
次詣 文敏公 愼齋 周先生 神位前 獻酌 차 예 문 민 공 신 재 주 선 생 신 위 전 헌 작	다음에는 문민공 신재 주선생 신위 앞에 잔을 올리시오.
次詣 文康公 土亭 李先生 神位前 獻酌 차 예 문 강 공 토 정 이 선 생 신 위 전 헌 작	다음에는 문강공 토정 이선생 신위 앞에 잔을 올리시오.
次詣 直提學公 安先生 神位前 獻酌 차 예 직 제 학 공 안 선 생 신 위 전 헌 작	다음에는 직제학공 안선생 신위 앞에 잔을 올리시오.
次詣 沙村 安先生 神位前 獻酌 차 예 사 촌 안 선 생 신 위 전 헌 작	다음에는 사촌 안선생 신위 앞에 잔을 올리시오.
次詣 洗馬 安先生 神位前 獻酌 차 예 세 마 안 선 생 신 위 전 헌 작	다음에는 세마 안선생 신위 앞에 잔을 올리시오.
次詣 勉庵 崔先生 神位前 獻酌 차 예 면 암 최 선 생 신 위 전 헌 작	다음에는 면암 최선생 신위 앞에 잔을 올리시오.
次詣 一阮 洪先生 神位前 獻酌 차 예 일 완 홍 선 생 신 위 전 헌 작	다음에는 일완 홍선생 신위 앞에 잔을 올리시오.
次詣 白凡 金先生 神位前 獻酌 차 예 백 범 김 선 생 신 위 전 헌 작	다음에는 백범 김선생 신위 앞에 잔을 올리시오.
次詣 圓明 延先生 神位前 獻酌 차 예 원 명 연 선 생 신 위 전 헌 작	다음에는 원명 연선생 신위 앞에 잔을 올리시오.
次詣 中山 安先生 神位前 獻酌 차 예 중 산 안 선 생 신 위 전 헌 작	다음에는 중산 안선생 신위 앞에 잔을 올리시오.

홀 기 내 용	해 석 내 용
贊引 引 亞獻官 降復位 亞獻官 再拜 찬 인 인 아 헌 관 강 복 위 아 헌 관 재 배 跪 拜 興 拜 興 平身 궤 배 흥 배 흥 평 신	알자는 아헌관을 자리로 안내하고 아헌관은 재배 무릎을 꿇고 배 흥 배 흥 일어서시오.
行 終獻禮 행 종 헌 례	종헌례를 시작하시오.
贊引 引 終獻官詣 盥洗位 盥手帨手 찬 인 인 종 헌 관 예 관 세 위 관 수 세 수	찬인은 종헌관을 관세위로 안내하고 종헌관은 손을 씻고 닦으시오.
贊引 引 終獻官詣 樽所前 北向立 찬 인 인 종 헌 관 예 준 소 전 북 향 립 舉冪酌酒 引詣 香案前 跪 거 멱 작 주 인 예 향 안 전 궤	찬인은 종헌관을 제주가 있는 곳으로 안내하고 종헌 관은 북쪽을 향해 선후 제주를 살펴본 다음 향 탁자 앞에 꿇어앉도록 안내하시오.
文成公 晦軒 安先生前 執事執爵斟酒 문 성 공 회 헌 안 선 생 전 집 사 집 작 짐 주 獻官授爵 執事受 奠爵 헌 관 수 작 집 사 수 전 작	문성공 회헌 안선생 앞 집사는 잔에 술을 따라 헌관 에게 주고 집사는 헌관이 올리는 잔을 받아 신위 앞 에 올리시오.
次詣 文純公 退溪 李先生 神位前 獻爵 차 예 문 순 공 퇴 계 이 선 생 신 위 전 헌 작	다음에는 문순공 퇴계 이선생 신위 앞에 잔을 올리시오.
次詣 文成公 栗谷 李先生 神位前 獻酌 차 예 문 성 공 율 곡 이 선 생 신 위 전 헌 작	다음에는 문성공 율곡 이선생 신위 앞에 잔을 올리시오.
次詣 文懿公 質齋 安先生 神位前 獻酌 차 예 문 의 공 질 재 안 선 생 신 위 전 헌 작	다음에는 문의공 질재 안선생 신위 앞에 잔을 올리시오.
次詣 文貞公 謹齋 安先生 神位前 獻酌 차 예 문 정 공 근 재 안 선 생 신 위 전 헌 작	다음에는 문정공 근재 안선생 신위 앞에 잔을 올리시오.
次詣 文簡公 雙淸堂 安先生 神位前 獻酌 차 예 문 간 공 쌍 청 당 안 선 생 신 위 전 헌 작	다음에는 문간공 쌍청당 안선생 신위 앞에 잔을 올리시오.
次詣 文肅公 雍齋 安先生 神位前 獻酌 차 예 문 숙 공 옹 재 안 선 생 신 위 전 헌 작	다음에는 문숙공 옹재 안선생 신위 앞에 잔을 올리시오.
次詣 文康公 樗軒 李先生 神位前 獻酌 차 예 문 강 공 저 헌 이 선 생 신 위 전 헌 작	다음에는 문강공 저헌 이선생 신위 앞에 잔을 올리시오.
次詣 文愍公 濯纓 金先生 神位前 獻酌 차 예 문 민 공 탁 영 김 선 생 신 위 전 헌 작	다음에는 문민공 탁영 김선생 신위 앞에 잔을 올리시오.
次詣 文敏公 愼齋 周先生 神位前 獻酌 차 예 문 민 공 신 재 주 선 생 신 위 전 헌 작	다음에는 문민공 신재 주선생 신위 앞에 잔을 올리시오.
次詣 文康公 土亭 李先生 神位前 獻酌 차 예 문 강 공 토 정 이 선 생 신 위 전 헌 작	다음에는 문강공 토정 이선생 신위 앞에 잔을 올리시오.
次詣 直提學公 安先生 神位前 獻酌 차 예 직 제 학 공 안 선 생 신 위 전 헌 작	다음에는 직제학공 안선생 신위 앞에 잔을 올리시오.

계담서원

홀 기 내 용	해 석 내 용
次詣 沙村 安先生 神位前 獻酌 차 예 사 촌 안 선 생 신 위 전 헌 작	다음에는 사촌 안선생 신위 앞에 잔을 올리시오.
次詣 洗馬 安先生 神位前 獻酌 차 예 세 마 안 선 생 신 위 전 헌 작	다음에는 세마 안선생 신위 앞에 잔을 올리시오.
次詣 勉庵 崔先生 神位前 獻酌 차 예 면 암 최 선 생 신 위 전 헌 작	다음에는 면암 최선생 신위 앞에 잔을 올리시오.
次詣 一阮 洪先生 神位前 獻酌 차 예 일 완 홍 선 생 신 위 전 헌 작	다음에는 일완 홍선생 신위 앞에 잔을 올리시오.
次詣 白凡 金先生 神位前 獻酌 차 예 백 범 김 선 생 신 위 전 헌 작	다음에는 백범 김선생 신위 앞에 잔을 올리시오.
次詣 圓明 延先生 神位前 獻酌 차 예 원 명 연 선 생 신 위 전 헌 작	다음에는 원명 연선생 신위 앞에 잔을 올리시오.
次詣 中山 安先生 神位前 獻酌 차 예 중 산 안 선 생 신 위 전 헌 작	다음에는 중산 안선생 신위 앞에 잔을 올리시오.
贊引 引 終獻官 降復位 終獻官 再拜 찬 인 인 종 헌 관 강 복 위 종 헌 관 재 배 跪 拜 興 拜 興 平身 궤 배 흥 배 흥 평 신	알자는 종헌관을 자리로 안내하고 종헌관은 재배 무릎을 꿇고 배 흥 배 흥 일어서시오.
行 飮福禮 행 음 복 례	음복례를 시작하시오.
謁者 引 初獻官詣 飮福位 西向 跪 알 자 인 초 헌 관 예 음 복 위 서 향 궤	알자는 초헌관을 음복할 자리의 서쪽을 향해 꿇어앉 도록 안내하시오.
執事 以爵福酒 집 사 이 작 복 주	집사는 음복할 술을 준비하고
祝 進 割神位前 俎肉 初獻官之左 跪 축 진 할 신 위 전 조 육 초 헌 관 지 좌 궤	축관 신위 앞 고기(안주)를 제기에 담아 초헌관 왼 쪽에 꿇어앉으시오.
以爵 授獻官 獻官 飮 卒爵 祝 受虛爵 이 작 수 헌 관 헌 관 음 줄 작 축 수 허 작	술잔을 헌관에 주고 헌관은 마신 후 빈잔을 축관은 받아 놓으시오.
腹於坫 祝 以俎 授獻官 祝官 受俎 복 어 점 축 이 조 수 헌 관 축 관 수 조	안주제기를 헌관에게 주고 헌관은 음복을 하고 축관 이 제기를 받아 놓으시오.
以授執事 執事 受俎 平身 이 수 집 사 집 사 수 조 평 신	축관은 음복 상을 집사에게 주고 집사는 받아 놓고 축관과 초헌관은 일어서시오.
謁者 引 降自 東階出復位 알 자 인 강 자 동 계 출 복 위	알자는 초헌관을 동쪽 계단으로 자리로 안내하시오.
行 撤籩豆禮 행 철 변 두 례	제기의 철상 예를 거행하시오.

홀 기 내 용	해 석 내 용
祝入 撤籩豆 축 입 철 변 두	축관은 들어가 제기를 철상하시오.
獻官及 諸生再拜 跪 拜 興 拜 興 平身 헌 관 급 제 생 재 배 궤 배 흥 배 흥 평 신	헌관과 참사자는 모두 재배하시오. 무릎을 꿇고 배 흥 배 흥 일어서시오.
祝及 諸執事 閉櫝 축 급 제 집 사 폐 독	축관과 집사들은 신위 함을 닫으시오.
行 望燎禮 행 망 료 례	축문과 폐를 소각 예를 실시하시오.
謁者 引 初獻官詣 望燎位 北向 跪 알 자 인 초 헌 관 예 망 료 위 북 향 궤	알자는 초헌관을 망료위로 안내하고 초헌관은 북향 으로 꿇어 앉도록 하시오.
祝 祝板 及 幣 降自西階 焚祝 燎坎 축 축 판 급 폐 강 자 서 계 분 축 료 감	축관은 축문과 폐를 가지고 서계로 내려와 구덩이에 서 소각하시오.
謁者 引 降復位 알 자 인 강 복 위	알자는 초헌관을 자리로 안내하시오.
祝 及 諸執事 降自 階間拜位 再拜 축 급 제 집 사 강 자 계 간 배 위 재 배	축관과 모든 집사는 사당앞 계단으로 나와 재배 하시오.
跪 拜 興 拜 興 平身 궤 배 흥 배 흥 평 신	무릎을 꿇고 배 흥 배 흥 일어서시오.
謁者 進 初獻官之左 白 禮畢 알 자 진 초 헌 관 지 좌 백 예 필	알자는 초헌관 왼쪽으로 나와 제향의 끝났음을 고하 시오(알자 예필).

【계담서원 제향 축문(桂潭書院 祭享 祝文)】

維
유

檀君紀元 四千三百五拾五年 歲次 壬寅 九月 壬午朔 二十六日 丁未
단 군 기 원 사 천 삼 백 오 십 오 년 세 차 임 인 구 월 임 오 삭 이 십 육 일 정 미

(官職) ○○○ 敢昭告于
관 직 감 소 고 우

文成公 晦軒 安先生　文純公 退溪 李先生　文成公 栗谷 李先生
문 성 공 회 헌 안 선 생　문 순 공 퇴 계 이 선 생　문 성 공 율 곡 이 선 생

文懿公 質齋 安先生　文貞公 謹齋 安先生　文簡公 雙淸堂 安先生
문 의 공 질 재 안 선 생　문 정 공 근 재 안 선 생　문 간 공 쌍 청 당 안 선 생

文肅公 雍齋 安先生　文康公 樗軒 李先生　文愍公 濯纓 金先生
문 숙 공 옹 재 안 선 생　문 강 공 저 헌 이 선 생　문 민 공 탁 영 김 선 생

文敏公 愼齋 周先生　文康公 土亭 李先生　直提學公 安先生
문 민 공 신 재 주 선 생　문 강 공 토 정 이 선 생　직 제 학 공 안 선 생

進士公 沙村 安先生　洗馬公 荷潭 安先生　勉庵 崔先生
진 사 공 사 촌 안 선 생　세 마 공 하 담 안 선 생　면 암 최 선 생

一阮 洪先生　白凡 金先生　圓明 延先生　中山 安先生 伏以
일 완 홍 선 생　백 범 김 선 생　원 명 연 선 생　중 산 안 선 생 복 이

德崇業廣 芳徽永昭 竹帛垂名 卓然功勳 永世不湮 自置秋丁 精禋時宜
덕 숭 업 광 방 휘 영 소 죽 백 수 명 탁 연 공 훈 영 세 불 인 자 치 추 정 정 인 시 의

謹以 牲幣醴齊 粢盛庶品 式陳明薦 尙
근 이 생 폐 예 제 자 성 서 품 식 진 명 천 상

饗
향

(축문 해설 내용)

단군기원 사천삼백오십오년 세차 임인년 구월 임오삭 이십일일 정미일에
○○○는 삼가 밝게 살펴 고합니다.

문성공 회헌 안선생　　문순공 퇴계 이선생　　문성공 율곡 이선생

문의공 질재 안선생　　문정공 근재 안선생　　문간공 쌍청당 안선생

문숙공 옹재 안선생　　문강공 저헌 이선생　　문민공 탁영 김선생

문민공 신재 주선생　　문강공 토정 이선생　　직제학공 안선생

진사공 사촌 안선생　　세마공 하담 안선생　　면암 최선생

일완 홍선생　　백범 김선생　　원명 연선생　　중산 안선생 신위 앞에 엎드려
생각하옵건대

덕을 높이고 업을 넓히시니 꽃같이 아름답게 빛나 대나무와 비단에(역사에)

그 이름이 드리워지니 그 공훈이 우뚝 솟아 영세토록 막힘이 없으니

가을철(음력 9월) 정일을 맞이하여 정성스럽게 제사를 올림이 마땅하므로

삼가 고기와 폐백과 단술과 기장쌀과 여러 제수품을 공경히 분별 진설하여
올리오니

흠향하옵소서.

계담서원 제향사진

제 수 진 설

헌관 및 제집사 상견례

제례 참석 광경

헌관과 제집사

제례진행 모습

집례 모습

전폐례

초헌례

아헌례

종헌례

음복례

망료례

학술대회의 추진

　본 서원에서는 1999년 전국향교서원서당문화발전협의회에서 주관하는 제13차 윤리도덕 재창조 및 정신문화 선양을 위한 학술대회를 유치하여 추진하였다. 지역의 향교도 아니고 시골에 위치한 작은 서원에서 전국 단위 학술대회를 추진함은 전에는 없었던 그야말로 획기적인 일이 아닐까 생각된다.

　본 서원에서는 별도의 추진위원회를 구성하는 한편 지원받은 예산이 700만 원(도비 500만 원, 군비 200만 원)으로 부족한 예산 400여만 원을 순흥안씨 문중에서 부담하는 등 준비에 만전을 기하였다.

　그 결과 국내의 유명한 유학자를 비롯하여 전국의 향교, 서원, 서당의 대표자와 도내 각급 학교의 윤리도덕 담당교사, 본 서원 교양대학 학생 등 700여 명이 참석하여 성대히 추진하였으니 서원의 발전과 우리나라 정신문화 선양에 아주 큰 역할을 하였다.

　이러한 학술대회와 지속적인 연구활동은 유교문화를 담당하고 있는 향교나 서원이 추구해야 할 또 다른 과제라 생각하며 간단히 추진개요를 기록한다.

○ **학술대회 준비위원회**

• 명예위원장 : 계담서원장 이쾌섭(李快燮)

• 준비위원장 : 중산(中山) 안동준(安東濬)

• 제1 부위원장 : 안병태(安秉泰) － 지휘본부 담당

　　음재승(陰在昇), 조확태(趙確泰), 홍종원(洪鍾元), 이효영(李孝永),

　　이원명(李源明), 이승환(李承煥), 최철회(崔哲會), 신주철(申柱澈),

　　안병요(安秉堯), 안광천(安光天)

• 제2 부위원장 : 박기봉(朴基鳳) － 선전, 동원, 효과 담당

　　임병순(林炳淳) 경석준(慶錫俊), 이대승(李大承), 임원빈(任元彬),

배춘열(裵春烈), 이범탁(李範濯), 김정웅(金正雄), 이길훈(李吉勳)

• 제3 부위원장 : 안상선(安商瑄) - 학술논문, 유인물 간행 담당

　　　우홍택(禹洪澤), 김근수(金根洙), 이춘택(李春澤), 박온섭(朴蘊燮),

　　　이돈영(李敦榮), 연기석(延基錫) 이승업(李承業)

• 제4 부위원장 : 채태병(蔡台秉) - 교섭, 후원, 재정담당

　　　김영수(金榮洙), 곽동수(郭東秀), 김남규(金南圭), 안종운(安鍾雲),

　　　홍일표(洪一杓), 임종국(林鍾國), 이재화(李在華), 최영두(崔永斗),

　　　경기숙(慶箕肅) 이정수(李政秀), 유병덕(柳炳德)

• 제5 부위원장 : 김종옥(金鍾玉) - 행사장 접수, 진행담당

　　　안병기(安秉箕), 강태옥(姜泰玉), 채훈병(蔡勛秉), 안철모(安哲模),

　　　장재룡(張在龍), 안표준(安表濬), 유영숙(柳泳淑), 홍규표(洪奎杓),

　　　최상옥(崔相玉) 이시재(李時宰), 정진해(鄭鎭海) 김만응(金萬應)

• 안　　　　내 : 권옥희(權玉喜), 김애경(金愛慶), 오금옥(吳金玉),

　　　지정희(池貞熙), 홍기옥(洪起玉), 김태분(金泰芬), 한양자(韓良子),

　　　곽효순(郭孝順), 김옥숙(金玉淑), 박희자(朴喜子), 연일순(延一順),

　　　권오필(權五弼), 어경자(魚慶子), 이연우(李蓮雨), 이순예(李順禮), 이귀동(李貴童)

○ 학술대회 추진 개요

• 명　　칭 : 제13차 윤리도덕 재창조 및 정신문화 선양을 위한 학술대회

• 일　　시 : 1999년 5월 4일(화) 10:00~15:00

• 장　　소 : 괴산군민회관(계담서원 강당 협소)

• 주　　관 : 전국향교 서원 서당문화 발전협의회

• 주　　최 : 계담서원 학술대회 준비위원회(부설 교양대학 수료생 주축)

• 후　　원 : 성균관, 충청북도, 충청북도교육청, 괴산군, 괴산교육지원청

• 주　　제 : 한국유학의 근본정신과 미래전망

• 발표자

- 전(前) 정신문화연구원 원장 류승국(柳承國) 박사
- 전(前) 단국대학교 부총장 김유혁(金裕赫) 박사
- 관련논문 작성위촉(作成委囑) ⇒ 대회지(大會誌) 게재용(揭載用)
  - 안향(安珦) 관련 : 김유원(金裕遠) 박사
  - 이황(李滉) 관련 : 안병주(安炳周) 박사
  - 이이(李珥) 관련 : 이동준(李東俊) 박사
  - 사화(士禍) 관련 : 이상익(李相益) 박사
- 대회사(大會辭) : 전국향교서원서당문화발전협의회장 김유원(金裕遠) 박사
- 축사(祝辭)
  - 성균관장 최창규(崔昌圭)　　　- 충청북도지사 이원종(李元鐘)
  - 충청북도교육감 김영세(金榮世)　- 국회의원 김종호(金宗鎬)
- 소 요 예 산 : 20,680천 원
  - 보 조 금 : 7,000천 원(도비 5,000천 원, 군비 2,000천 원)
  - 안씨문중 : 4,000천 원
  - 성　　금 : 9,680천 원(중산 1,000천 원, 원장이쾌섭 100천 원, 참석자 8,580천 원)
- 간행물 : 대회지(大會誌), 계담서원 안내서 등
- 기　타
  - 제13차 윤리도덕 재창조 계단서원 학술대회 선언 채택
  - 학술대회 종료 후 계담서원 참배 및 문화유적지 탐방(버스 3대)
  - 학술대회 추진위원회 구성

○ 학술대회 추진 일정

- 접수(10:00~10:20) : 괴산군민회관　　• 개회식 : 사회 김종옥
- 참석인사 소개(10:20~10:30) : 사회자　• 개회선언(10:30) : 이쾌섭 계담서원장
- 국민의례(10:30~10:35) : 사회자　• 대회사(10:35~10:40) : 김유원 회장
- 축사(10:40~11:00)

－ 최창규 성균관장　　　　－ 이원종 충청북도 지사

－ 김영세 충청북도 교육감　－ 김종호 국회의원

• 축전 및 화환 소개(11:00~11:05) : 사회자

• 폐회선언(11:05~11:10) : 김환묵 괴산군수

• 장내정리 및 휴식 : 사회자　•학술발표

　－ 제1 발표(11:15~11:50) : 유승국 전 정신문화연구원장

　－ 제2 발표(11:50~12:25) : 김유혁 전 단국대학교 부총장

　－ 질의응답(12:25~12:40) : 사회자

　－ 대회준비위원장 인사(12:40~12:50) : 안동준 준비위원장

• 중식(12:50~13:50) : 사회자

• 문화사적 탐방(13:50~　) : 버스 3대

　－ 계담서원 봉심

　－ 화암서원, 충민사, 화양서원 탐방 및 해산

【 윤리도덕 재창조 계담서원 학술대회 선언문 채택 】

　윤리도덕과 위민애국(爲民愛國)의 민족정기를 우리 청소년 후세에게 뿌리 깊이 교육하기 위하여 전국향교·서원·서당 지도자는 다음과 같이 선언하고 정부 당국과 각계에 호소합니다.

○ 우리 한민족 고유의 충효우애(忠孝友愛) 예의염치(禮儀廉恥) 근검노작(勤儉勞作)하는 전통정신과 사회기풍을 저해하는 모든 악폐를 철저히 단속하고 계도할 것이며

○ 우리 선조께서 이룩하신 전국 2,054개소의 향교·서원·서당과 산재되어 있는 문화사적(文化史蹟)을 과감히 정화정비하여 우리 국민 모두의 유학사상과 충효 교육장으로 활용할 수 있도록 적극적인 시책을 촉구합니다.

1999년 5월 4일

윤리도덕 재창조 계담서원 학술대회 참석자 일동

제 5 편

계담서원의
배향 명현

문성공(文成公) 회헌(晦軒) 안향(安珦)

회헌 안선생 동상

생애

　선생은 고려조 1243년(고종 30년) 출생하셨고 1306년(충렬왕 32년) 향년 64세로 별세하였다. 옛말에 "정승 세 명이 죽은 대제학 한 명에 미치지 못하고 대제학 세 명이 문묘배향 현인 한 명에 미치지 못한다."라는 말이 있듯이 공께서는 동방 18현 중의 한 분으로 신라, 고려, 조선시대에 걸쳐 최고의 정신적 지주에 올라 문묘에 종사(從祀)된 유학자이다.

　　또한 선생께서는 순흥안씨 1파 4세로서 문중 사현 중 으뜸이다. 선생의 증조부는 순흥안씨 시조인 안자미(安子美 : 1170~1180년 출생 추정)이며 고려 신종(神宗), 흥위위(興威衛) 보승별장(保勝別將)이며 신호위(神虎衛) 상호군(上護軍)으로 추봉(追封)되었으며 공은 삼자(三子)를 생하니 장자는 영유(永儒)로 1201년(신종 4년)에 출생하여 추밀원부사(樞密院副使) 상호군으로 추봉되니 공의 조부이다. 안향 선생의 부친은 안부(安孚) 공으로 1220년에 출생하여 1244년 문과에 올라 관이 밀직부사(密直副使), 판도판서(版圖判書), 태사문하시중(太師門下侍中)으로 추봉되었으며　선생의 모친은 순정군부인(順政郡夫人)으로서 단산우씨(丹山禹氏) 향공진사(鄕貢進士) 우천규(禹天珪)의 딸이자 역학(易學)에 능통했던 우탁(禹倬)의 누이이다.

　1243년 선생이 출생하니 젊어서부터 성리학을 좋아하여 1260년(원종 1년) 나이 18세로 문과에 급제하여 1289년(충렬왕 15년)에 왕을 따라 원나라 연경(燕京)에 유(留)하여 주자서(朱子書)를 베끼고 공자와 주자의 초상을 본떠서 귀국하여 성리(性理)를 강구(講究)하고 정사(精舍)를 축조한 뒤 봉안하고 조석으로 우러러 배알 경모하며 호를 회헌(晦軒)이라 하였다.

소수서원 내 문성공묘 / 보물1402호

문성공묘 제향

선생은 공자와 주자를 존숭하여 도학(道學)을 일으키니 우뚝 동방 도학의 조(祖)가 되었으며 관은 삼중대광도첨의중찬(三重大匡都僉議中贊), 수문전태학사(修文殿太學士)요, 시호는 문성(文成)이며, 1319년(충선왕 6년)에 문묘(文廟)에 종사(從祀)되었다.

1542년(중종 36년)에 문민공(文敏公) 주세붕(周世鵬) 선생이 서원을 순흥 백운동(白雲洞)에 창건하였고, 1549년(명종 4년)에 문순공(文純公) 퇴계 이황 선생이 백록동고사(白鹿洞故事)에 의하여 조정에 주청함으로써 소수서원의 액(額)과 경적(經籍)을 하사받으니 최초의 사액서원이다.

선생의 가계

선생의 배위는 한남군부인김씨(漢南郡夫人金氏)이며 판장작감사(判將作監事) 우간의대부(右諫議大夫) 김녹연(金祿延)의 딸이며 슬하에 1남 5녀를 두었다.

1265년(원종 6년)에 장자 우기(于器)를 생하니 호는 죽옥(竹屋)이요, 문과에 올라 관이 광정대부(匡靖大夫), 검교첨의찬성사(檢校僉議贊成事) 겸 판전의시사(判典醫寺事), 봉호는 순평군(順平君)이고 시호는 문순(文順)이다.

문순공이 이자(二子)를 생하니 장자는 목(牧)이니 호는 겸재(謙齋)이며, 통헌대부(通憲大夫), 정당문학(政堂文學), 진현관대제학(進賢館大提學)으로 봉호는 순흥군(順興君) 시호는 문숙(文淑)이다. 차자는 휘 신(愼)이니 우사의대부(右司議大夫), 노부도감판관(鹵簿都監判官)이다.

순흥군이 삼자(三子)를 생하니 장자는 원숭(元崇)이니 문과에 올라 관이 광정대부(匡靖大夫), 정당문학(政堂文學) 예문관대제학(藝文館大提學)으로 봉호는 순성군(順城君)이며 시호는 문혜(文惠)요, 차자는 원형(元衡)이니 관이 금자광록대부(金紫光祿大夫), 정당문학(政堂文學), 벽상삼한삼중대광(壁上三韓三重大匡), 보국문하시중평장사(輔國門下侍中平章事)요, 좌명공신(佐命功臣)으로 죽성군(竹城君)에 봉하니 시호는 문혜(文惠)이다. 삼자(三子)는 원린(元璘)으로 문과에 올라 관이 정당문학, 검교중추부사(檢校中樞府事)로 탐진군(耽津君)을 봉하니 시호는 문열(文烈)이다.

　판관공(判官公)이 삼자(三子)를 생하니 장자는 훈(勳)이며 판관전교시사(判官典校寺事)요, 차자는 정(貞)이니 예빈윤(禮賓尹)이요, 삼자(三子)는 경(璟)으로 문과에 올라 주부(主簿) 동정낭장(同正郎將)이다.

선생과 고려 정세

　테무진(鐵木眞, 칭기즈칸 1162-1227년, 재위 1206-1227년)은 몽골제국의 건국자이자 초대 대칸으로 인류 역사상 가장 넓은 영토를 확장(세계 영토의 1/2)한 군주로 세계 최대의 정복 군주이다. 또한 상상을 초월하는 대량학살과 잔혹한 전쟁 범죄를 저지른 최악의 학살자이다. 손자 쿠빌라이칸(세조 : 원나라 초대황제, 1215-1294, 재위 1260-1294년, 제국대장공주 부친, 충렬왕의 장인)이 원나라를 개창한 이후 태조라는 묘호를 받았다.

　기마부대를 앞세워 세계를 호령하던 몽골은 1230년(고종 17년)부터 무려 6차례에 걸쳐 고려를 침입한다. 이에 고려 조정은 1231년(고종 18년) 무신 최씨 정권(최우 : 최충헌의 아들, 1219-1249년 집권)이 개경에서 강화도로 천도했으며 수도지역 방위에만 주력했을 뿐 본토 침략에 대해 소홀히 하여 백성들은 약탈당하고 핍박받아 전 국토가 황폐화되어 갔다.

　또한 고려는 불교(부처님)의 힘으로 몽골 침입을 저지시키기 위해 대장도감이라는 관청을 설립하여 16년간(1237-1253년)에 걸쳐 팔만대장경을 완성시켰다.

　그러나 초강대국 몽골에게 30년에 걸친 대몽 항쟁을 끝내고 1259년(원종 원년)

원나라에 항복하고 말았으며 원종 즉위와 함께 원나라 군사력에 의지하여 무신정권(1170-1270년)을 종결시키고 왕정(王政)을 복구하였다.

선생은 몽골 침입이 빈번하던 1243년(고종 30년)에 출생하였으며 어릴 때부터 행동이 장중하여 함부로 말하거나 웃지 않았으며 학문을 좋아했다.

과거에 급제하기 전까지 순흥부 북쪽에 위치한 숙수사에 왕래하며 학문을 연마했으며, 공이 탄생한 곳의 부근에 작은 연못이 있었는데 공이 이곳에서 항상 벼루를 씻었다 하여 후세에 『세연지』라 명명되었다.

1260년(원종 1년) 약관 18세에 마침내 과거에 급제하여 관로에 투신하였으며, 1265년(원종 6년) 순흥에서 한양으로 이주하여 교서랑(校書郎)을 배수하였고, 곧 직한림(直翰林)으로 옮겨 문한(文翰)을 담당하게 된다. 1270년(원종 11년) 무신정권이 종말을 맞게 되자 궁지에 몰린 일부 무신들이 정변을 모의함에 따라 삼별초 항쟁이 발발하였다. 이때 선생이 미처 도피하지 못하고 무신들에게 사로잡혔는데, 당시 반란 무인들은 선생의 명망을 이용하기 위해 "안한림(安翰林)을 놓아준다면 엄벌에 처할 것이다."라고 군중을 협박하였다. 이에 계책을 써서 가까스로 탈출에 성공했고 이를 계기로 왕의 신임이 더해졌다.

1271년에는 서도(西道)/(황해도 일원)에 봉사하였으나 곧 내시원(內侍院)에서 국왕을 보필하며 온갖 폐단을 없애는 데 힘썼고, 강직함과 청렴함이 알려져 1272년 감찰어사를 승보하였다. 1275년(충렬왕 원년)에는 상주판관으로 출보하였다가 3년 후에는 그동안의 치적이 청렴하였다는 포상을 받아 판도사 좌랑을 배수하였고 이어 감찰시어사로 옮겼다가 곧 국자사업으로 승진하였다. 이후 우사의를 거쳐 1288년(충렬왕 14년)에는 좌부승지를 배수하였고, 이어 동지공거가 되어 윤선좌(尹宣佐) 등 33명을 선발했으며 본국유학제거(本國儒學提擧)로 임용되었다.

1289년(충렬왕 15년) 왕이 공주와 세자를 대동하고 원나라 출행 시 공이 배행하였다. 그때 연경(燕京)에 체류하는 동안 원나라 학자들과 교류하면서 비로소 성리학을 수용하기에 이르렀다. 따라서 무인 집권기를 거치는 동안 사상적 이념을 잃고 공동화되었던 당시 고려사회에 성리학을 전수함으로써 사상계에 새로운 좌표를 제시하게 된다. 선생의 노력으로 성리학은 고려, 조선사회의 정치·사회·사상의 이념적 기초로 정착되었다. 선생은 성리학의 전수로 조종(祖宗)되었고 당대의 모든 학자에게 유종(儒宗)으로 존숭 받았음은 물론 최치원 설총에 버금가는 동방의 대유학자로 한국 유교사 흐름에 핵심적인 인물로 전래되고 있다.

1290년 귀국 후 곧 부밀직사사로 배수되었고, 왕의 호종 과정에서 두터운 신뢰를 얻게 된다. 따라서 이후 나라의 중대 사안이 있을 때마다 항상 선생에게 자문을 구하였고 왕실의 질병 시 선생의 집으로 피방(避方)하게 된다.

1294년 동지밀직사사로서 동남도병마사가 되어 합포에 출진하였고, 또한 지공거로서 윤안비 등 33명을 선발하였으며 지밀직사사로 승보하였다. 1295년 밀직사사를 거쳐 1296년 삼사좌사 1297년 첨의참리(僉議參理)와 세자이보(世子貳堡)를 배수하였고 이해에 정자를 신축하고 공자와 주자의 진상을 봉안하며 경모하였고 호를 '회헌(晦軒)'이라 하였다.

1298년(충렬왕 24년) 충선왕이 즉위하여 첨지기무, 행동경유수, 집현전 태학사, 계림부윤을 배수하였고 다시 첨의참리가 되었다.

충렬왕이 복위하고 충선왕은 원나라에 행차하게 될 때 선생이 호종하였다. 1300년(충렬왕 26년) 광정대부 찬성사를 배수하였으나 당시 반대파들의 모함으로 벽상삼한 삼중대광 도참의중찬의 직을 받고 현직에서 물러났다가 찬성사로 복귀하였다. 1304년(충렬왕 30년) 관직에서 퇴임 후에도 지속적으로 교육에 깊은 관심을 가졌다.

1306년 64세의 일기로 별세하니 충렬왕은 선생의 부음을 듣고 장단(長湍)에 있는 대덕산을 장지로 하사하고 문성이라는 시호를 내렸다. 장례식 때 칠관십이도(七管十二徒)의 제생(諸生)들이 모두 소복을 입고 길에서 제사를 올렸으니 당시 선생의 교육 활동이 짐작된다.

좌) 문성공 회헌 안선생 초상화 / 국보 111호   우) 문성공 회헌 안선생 묘소

　1318년(충숙왕 5년) 공의 영정을 문묘에 모셨고, 1319년 그의 문생인 신천 등의 건의를 수용하여 문묘에 배향하였다.

　또한 선생의 공적을 기념하기 위하여 궁중에서 일하던 원나라 화가에 명하여 선생의 초상을 그리게 했고, 이제현의 초상화와 더불어 가장 오래된 초상화로서 매우 귀중한 가치가 인정되어 국보 111호(1962. 12. 20, 소수서원 보관)로 지정되었다.

문성공의 성리학 수용과 후학 양성

　성리학은 공자·맹자사상(유교)을 중국 남송시대 주희(1130~1200년)가 집대성하여 체계화한 학문이다. 학문의 목표는 자연법칙인 리(理)와 기(氣)를 인간의 구성요소인 성(性)과 정(情)으로 확대하여 격물치지(格物致知)로서 마음을 수행하는 것이다.

　『리(理)』는 우주 법계의 보이지 않는 절대법칙, 원리, 질서이며 『기(氣)』는 우주 법계의 보이는 구성물질과 에너지를 말한다. 따라서 『리(理)』는 인간에게도 내재되어 있는 성(性)이며 인의예지(仁義禮智)에 해당된다. 또한 『기(氣)』는 우주작용으로서 인간에게 내재되어 있는 정(精)이며 희로애락(喜怒哀樂)에 해당하는 감정이다.

　격물치지란 천지만물을 지배하고 있는 대자연의 법칙을 이해함(格物)으로써 인간의 지성을 확대하는 것(致知)이다. 즉 천지만물의 『리(理)』와 『기(氣)』를 연구하여 인간의 성(性)과 정(精)에 적용하며 특히 선한 『리(理)』를 이해함으로써 인간의 선한 성(性)을 회복하는 것이다. 이때 인간의 선한 성(性)과 만물의 리(理)를 결합하여 성리학이라 칭한다.

성리학의 도입 전래는 한국사상사와 교육사에 문성공의 업적이 가장 높이 평가되고 있다. 1289년(충렬왕 15년) 원나라 출행 시 성리학을 접하고 즉각 수용하여 귀국 후 17년 동안 선생께서는 성리학을 후학들에게 전수시켜 마침내 조선시대의 건국이념 및 통치이념이 된다.

공의 문하에 명성이 있던 육군자(권부, 우탁, 백이정, 이조년, 이진, 신천)를 필두로 성리학을 보급하는 데 선봉에 서서 마침내 조종(祖宗)으로 추앙받게 된다. 고려말 익재 이제현, 가정 이곡, 목은 이색, 포은 정몽주, 야은 길재, 양촌 권근을 거쳐 삼봉 정도전이 조선시대를 개막시킨다. 이후 조선시대에 이르러 퇴계 이황과 율곡 이이로 이어지며 성리학이 만개하였다.

국자감은 고려시대에 신라의 국학(國學)을 이은 국립대학이었으며, 1275년(충렬왕 5년) 국학으로, 1298년(충선왕) 다시 성균감으로 개칭하였다가 1308년(충렬왕 34년)에 성균관으로 개칭되어 조선시대까지 이어졌다. 1119년(예종 14년) 국학내에 '양현고(養賢庫)'라는 학생 후생재단을 설치하여 운영하다가 고려 후기 몽골의 침입으로 국학이 쇠퇴하고 토지제도가 문란해져 양현고의 재정도 궁핍해지자 1304년(충렬왕 30년) 공이 조정에 건의하여 유학을 위한 장학기금으로 문무관리 6품 이상은 은(銀) 1근씩, 7품 이하는 포(布)를 내게 하였다. 이를 섬학전(贍學錢)이라 하는데 기금을 양현고에 귀속시켜 섬학고(贍學庫)라 하고 기금의 수익으로 학교를 운영하도록 하였다. 이는 선생의 후학 양성을 위한 의지가 반영된 것이며, 사후 1308년(충렬왕 34년)에는 왕도 그 뜻에 찬동하여 양현고에 은 50근을 하사하기도 했다.

따라서 공은 성리학의 도입과 전래를 위해 몸소 선봉에 섰고 실천함으로써 동방의 대유학자이자 참스승으로 자리매김되었다.

안자묘 : 황해 연백군 화성면 송원리

안자묘 : 경기도 의왕시 월암동

문성공의 유적지

- 소수서원(백운동서원 : 경북 영주시 순흥면 내죽리).
- 합호서원(충남 연기군 동면 합강리).
- 도동서원(전남 곡성군 오곡면 오지리).
- 임강서원(경기 장단군 북면 고량포리).
- 곡성 회헌영당(곡성군 오곡면 오지리).
- 숭보사(서울 성균관 동묘).
- 모성사(청주시 동송읍 양지리).
- 안자묘(경기 의왕시 월암동).
- 만수사(전남 장흥군 장동면 만년리).
- 도통사(충북 음성군 생극면 방축리) 등이 있다.

문순공(文純公) 퇴계(退溪) 이황(李滉)

퇴계 이황 영정

생애

이황(李滉)의 본관은 진보(眞寶), 자(字)는 경호(景浩), 호(號)는 퇴계(退溪), 퇴도(退陶), 도수(陶叟), 도옹(陶翁) 등으로 경상도 예안현(禮安縣) 온계리(溫溪里, 지금의 경상북도 안동시 도산면 온혜리)에서 좌찬성(左贊成) 이식(李埴)의 7남 1녀 중 막내아들로 1501년(연산군 7)에 태어났다. 생후 7개월에 아버지의 상(喪)을 당했으나, 현부인(賢夫人)이었던 생모(生母) 박씨(朴氏)의 훈도(訓導) 밑에서 총명한 자질(資質)을 키워갔다.

12세에 작은아버지 이우(李堣)로부터 논어(論語)를 배웠고, 14세경부터 혼자 독서하기를 좋아하여 도잠(陶潛)의 시(詩)를 사랑하고 그 사람됨을 흠모하였다. 18세에 지은 「야당(野塘)」이라는 시(詩)는 그의 가장 대표적인 글의 하나로 꼽히고 있다. 20세를 전후하여 「주역(周易)」공부에 몰두한 탓에 건강을 해쳐서 그 뒤부터 다병(多病)한 사람이 되어 버렸다 한다.

1527년(중종 22년) 향시(鄕試)에서 진사시(進士試)와 생원시(生員試) 초시(初試)에 합격하고 어머니의 소원에 따라 과거에 응시하기 위해 성균관에 들어가 다음 해에 진사 회시(進士 會試)에 급제하였다

1533년 재차 성균관에 들어가 김인후(金麟厚)와 교유(交遊)하고, 『심경부주(心經附註)』를 입수(入手)하여 크게 심취하였다. 이 해에 귀향(歸鄕) 도중 김안국(金安國)을 만나 성인군자에 관한 견문을 넓혔다.

1534년 문과(文科)에 급제하고 승문원 부정자(承文院 副正字)가 되면서 관계(官界)에 발을 들여놓게 되었다. 1537년 어머니 상(喪)을 당하자 향리(鄕里)에서 3년간

복상(服喪)했고, 1539년 홍문관 수찬(弘文館 修撰)이 되었다가 곧 임금으로부터 사가독서(賜暇讀書)의 은택(恩澤)을 받았다.

중종 말년에 조정이 어지러워지자 먼저 낙향하는 친우(親友) 김인후(金麟厚)를 한양에서 떠나보냈다. 이 무렵부터 관계를 떠나 산림(山林)에 은퇴할 결의를 굳힌 듯하다.

1543년 10월 성균관 사성(成均館 司成)으로 승진하자 성묘(省墓)를 핑계 삼아 휴가를 청해 고향으로 되돌아갔다. 을사사화(乙巳士禍) 후 병약함을 구실로 모든 관직을 사퇴하고, 1546년(명종 1년) 고향인 낙동강 상류 토계(兎溪) 동암(東巖)에 양진암(養眞庵)을 얽어서 산운야학(山雲野鶴)을 벗 삼아 독서에 전념하는 구도생활(求道生活)에 들어갔다. 이때에 토계(兎溪)를 퇴계(退溪)라 개칭하고 자신의 아호(雅號)로 삼았다. 그 뒤에도 자주 임관(任官)의 명을 받아 영영 퇴거(退居)해 버릴 형편이 아님을 알고, 부패하고 문란한 중앙의 관계에서 떠나고 싶어서 외직(外職)을 지망하여, 1548년 충청도 단양군수를 거쳐 경상도 풍기군수로 전임(轉任)하였다. 풍기군수 재임 중 주자(朱子)가 백록동서원(白鹿洞書院)을 부흥(復興)한 선례(先例)를 좇아서, 고려 말기 주자학의 선구자 안향(安珦)이 공부하던 땅에 전임 군수 주세붕이 창설한 백운동서원에 편액(扁額), 서적(書籍), 학전(學田)을 하사할 것을 감사(監司)를 통해 조정에 청원하여 실현을 보게 되었다.

이것이 조선조 사액서원의 시초가 된 소수서원이다. 1년 후 퇴임하고, 어지러운 정계를 피해 퇴계(退溪)의 서쪽에 한서암(寒棲庵)을 지어 다시금 구도 생활에 침잠(沈潛)하다가, 1552년 성균관 대사성(成均館 大司成)의 명을 받아 취임하였다.

1556년 홍문관 부제학(弘文館 副提學), 1558년 공조참판(工曹參判)에 임명되었으나 여러 차례 고사(固辭)하였다. 1543년 이후부터 이때까지 관직을 사퇴하였거나 임관(任官)에 응하지 않은 일이 20여 회에 이르렀다. 1560년 도산서당(陶山書堂)을 짓고 아호(雅號)를 '도옹(陶翁)'이라 정했다.

이로부터 7년간 서당에 기거하면서 독서(讀書), 수양(修養), 저술(著述)에 전념하는 한편, 많은 제자를 훈도(訓導)하였다. 명종(明宗)은 예(禮)를 두터이 해 자주 그에게 출사(出仕)를 종용하였으나 듣지 않았다. 이에 명종은 근신(近臣)들과 함께 '초현부지탄(招賢不至嘆)'이라는 제목의 시(詩)를 짓고, 몰래 화공(畵工)을 도산(陶山)에 보내 그 풍경을 그리게 하였다.

그리고 그것에다 송인(宋寅)으로 하여금 도산기(陶山記) 및 도산잡영(陶山雜詠)을 써넣게 해 병풍(屛風)을 만들어서, 그것을 통해 조석(朝夕)으로 이황을 흠모했다 한다. 그 뒤 친정(親政)하게 되자, 이황을 자헌대부(資憲大夫) 공조판서(工曹判書) 대제학(大提學)이라는 현직(顯職/높고 중요한 직위)에 임명하며 자주 초빙했으나, 그는 그때마다 고사(固辭)하고 고향을 떠나지 않았다.

그러나 1567년 명(明)나라 신제(新制)의 사절(使節)이 오게 되자 조정에서 이황의 내경(來京)을 간절히 바라 어쩔 수 없이 한양으로 갔다. 명종(明宗)이 돌연 죽고 선조(宣祖)가 즉위해 그를 부왕(父王)의 행장수찬청당상경(行狀修撰廳堂上卿) 및 예조판서에 임명하였다. 하지만 신병(身病) 때문에 부득이 귀향하고 말았다. 그러나 이황의 성망(聲望)은 조야(朝野)에 높아, 선조는 그를 숭정대부(崇政大夫) 의정부 우찬성(議政府 右贊成)에 임명하며 간절히 초빙하였다. 그는 사퇴했지만 여러 차례의 돈독한 소명(召命)을 물리치기 어려워 마침내 68세의 노령에 대제학(大提學), 지경연(知經筵)의 중임을 맡고, 선조(宣祖)에게 「무진육조소(戊辰六條疏)」를 올렸다. 선조는 이 소(疏)를 천고(千古)의 격언(格言), 당금(當今)의 급무(急務)로서 한순간도 잊지 않을 것을 맹약했다 한다. 그 뒤 이황은 선조에게 정이(程頤)의 「사잠(四箴)」, 「논어집주(論語集註)」, 「주역(周易)」, 장재(張載)의 「서명(西銘)」 등의 온오(蘊奧)를 진강(進講)하였다.

노환 때문에 여러 차례 사직을 청원하면서 왕에 대한 마지막 봉사로서 필생(畢生)의 심혈을 기울여 성학십도(聖學十圖)』를 저술하여 어린 국왕 선조에게 바쳤다. 1569년(선조 2년) 이조판서에 임명되었으나 사양하고, 번번이 환고향(還故鄕)을 간청해 마침내 허락을 받았다.

환향(還鄕) 후 학구(學究)에 전심하였으나, 다음 해 1570년(선조 3년) 11월 종가

퇴계 이황 묘소

퇴계 이황 묘비 탁본

(宗家)의 시제(時祭) 때 무리를 해서인지 우환이 악화되었다. 그 달 8일 아침, 평소에 사랑하던 매화분(梅花盆)에 물을 주게 하고 침상을 정돈시킨 후, 일으켜 달라해 단정히 앉은 자세로 역책(易簀)[1]하였다.

선조는 3일간 정사(政事)를 폐하여 애도하고, 대광보국숭록대부(大匡輔國崇祿大夫) 의정부 영의정 겸(兼) 경연(經筵), 홍문관(弘文館), 예문관(藝文館), 춘추관(春秋館), 관상감영사(觀象監領事)를 추증하였다. 장사(葬事)는 영의정의 예(禮)에 의하여 집행되었으나, 산소(山所)에는 유계(遺戒)대로 소 자연석(小自然石)에 '퇴도만은진성이공지묘(退陶晚隱眞城李公之墓)'라 새긴 묘비만 세워졌다.

이황이 『주자대전(朱子大全)』을 입수한 것은 중종 38년, 즉 43세 때였고, 이『주자대전』은 명나라 가정간본(嘉靖刊本)의 복각본(復刻本)이었다. 가정간본의 대본(臺本)은 송나라 때 간행된 것을 명나라 때 복간한 성화간본(成化刊本)의 수보본(修補本)이었다. '그가『주자대전』을 읽기 시작한 것은 풍기군수를 사퇴한 49세 이후의 일이었다. 이황은 이에 앞서 이미『심경부주(心經附註)』,『태극도설(太極圖說)』,『주역(周易)』,『논어집주(論語集註)』등의 공부를 통해 주자학의 대강(大綱)을 이해하고 있었으나, 『주자대전』을 완미(玩味)함으로써 그의 학문이 한결 심화되었고, 마침내 주희(朱熹)의 서한문(書翰文)의 초록(抄錄)과 주해(註解)에 힘을 기울였다. 그의 학문이 원숙하기 시작한 것은 50세 이후부터

---

1 역책(易簀): 학덕(學德)이 높은 사람이 죽은 것을 말한다.

였다고 한다.

　50세 이후의 학구 활동 가운데서 주요한 것을 열거하면 다음과 같다. 53세에 정지운(鄭之雲)의 「천명도설(天命圖說)」을 개정하고 후서(後序)를 썼으며, 『연평답문(延平答問)』을 교정(矯正)하고 후어(後語)를 지었다. 54세에 노수신(盧守愼)의 「숙흥야매잠주(夙興夜寐箴註)」에 관해 논술하였다.

　56세에 향약(鄕約)을 기초하였고, 57세에 『역학계몽전의(易學啟蒙傳疑)』를 완성하였으며, 58세에 『주자서절요(朱子書節要)』 및 『자성록(自省錄)』을 거의 완결지어 그 서(序)를 썼다. 59세에 황중거(黃仲擧)에게 답해 『백록동규집해(白鹿洞規集解)』에 관해 논의하였다. 또한 기대승과 더불어 사단칠정(四端七情)에 관한 질의응답을 하였고, 61세에 이언적(李彥迪)의 『태극문변(太極問辨)』을 읽고 크게 감동하였다. 62세에 『전도수언(傳道粹言)』을 교정하고 발문(跋文)을 썼으며, 63세에 『송원이학통록(宋元理學通錄)』의 초고를 탈고해 그 서(序)를 썼다. 64세에 이구(李球)의 심무체용론(心無體用論)을 논박했고, 66세에 이언적의 유고(遺稿)를 정리하여 행장(行狀)을 썼고 「심경후론」을 지었다.

　68세에 선조에게 「무진육조소」를 상서(上書)했으며, 『사잠(四箴)』, 『논어집주(論語集註)』, 『주역(周易)』, 『서명(西銘)』 등을 강의하였다.

퇴계서초(일본학자 스구리 교쿠이스
(村土玉水)가 퇴계 선생을 존경하여
18세기 중반에 전10권으로 출판한 책)

퇴계 선생 친필

　임진왜란 후 이황의 문집은 일본으로 반출되어 도쿠가와가 집정(執政)한 에도시대에 그의 저술 11종 46권 45책이 일본각판(日本刻板)으로 복간(復刊)되어 일본 근세 유학의 개조(開祖) 후지와라(藤原惺窩) 이래로 이 나라 유학 사상의 주류인 기본학파 및 구마모토학파에게 깊은 영향을 끼쳤고, 이황은 이 두 학파로부터 대대세세(代代世世)로 신명(神明)처럼 존숭(尊崇)을 받아 왔다.

　죽은 지 4년 만에 고향 사람들이 도산서당 뒤에

계담서원

도산서원

서원을 짓기 시작해 이듬해 낙성(落成)하여 도산서원의 사액(賜額)을 받았다. 그 이듬해 2월에 위패를 모셨고, 11월에는 문순(文純)이라는 시호가 내려졌다. 1609년 문묘(文廟)에 종사(從祀)되었고, 그 뒤 그를 주사(主祀)하거나 종사(從祀)하는 서원은 전국 40여 개 처(處)에 이르렀다.

그리고 그의 위패가 있는 도산서원은 제5공화국 때 대통령의 지시에 의해 국비 보조로 크게 보수, 증축되어 우리나라 유림의 정신적 고향으로서 성역화되었다. 퇴계 이황은 동방 제일의 도학자(道學者)이며, 『퇴계집(退溪集)』은 동방 제일의 교재(敎材)라 아니 할 수 없다.

괴산(槐山) 관련 퇴계 이황의 시(詩)

선유동팔영(仙遊洞八詠)

선유동팔영 시는 경오(庚午) 조선 선조 3년(1570년)에 퇴계 이황 선생 작이다.[2]

① 제1경 松亭待月　칠송정(七松亭)에서 달 기다리기
　　　　　송 정 대 월

제1구 : 松爲作者七人哉　소나무 일곱 그루 사람마냥 서 있고
　　　　　송 위 작 자 칠 인 재

제2구 : 月友成三待影來　달 좋아하는 세 친구 달그림자 기다리네.
　　　　　월 우 성 삼 대 영 래

제3구 : 坐覺千巖成玉界　천암(穿巖)이 옥계(玉界)임을 앉아서도 깨달았으니
　　　　　좌 각 천 암 성 옥 계

제4구 : 一尊今夜共徘徊　한 항아리 술로 오늘 밤 함께 배회하리라.
　　　　　일 존 금 야 공 배 회

② 제2경 广巖修禊 : 엄암에서 수계하기
　　　　　엄 암 수 계

제1루 : 千古山陰勝事傳　천고에 산음(山陰) 땅의 아름다운 고사(故

선유동문(충북 괴산군 청천면 선유동)

2　이황(李滉1501～1570) 「선유동팔영(仙遊洞八詠)」 경오(庚午) 이황(李滉),
　　「퇴계집(退溪集)」, 한국문집총간 291, 민족문화추진회, 1992, 157～158면.

事)³ 전해오니

제2구 : 與君終日賞風煙　그대 함께 종일토록 풍연을 구경하네.
　　　　여 군 종 일 상 풍 연

제3구 : 視今視昔都休問　지금을 보나 옛날을 보나 모두 묻지 마라.
　　　　시 금 시 석 도 휴 문

제4구 : 風詠從來樂自然　풍영(風)은 종래로 자연을 즐기는 것일세.
　　　　풍 영 종 래 락 자 연

③ 제3경 葩串尋僧 : 파곶사(葩串寺)로 중을 찾아가기
　　　　　　파 곶 심 승

제1구 : 踏破林間古逕苔　숲속 오래된 길 이끼 밟으며 걸어가는데
　　　　답 파 림 간 고 경 태

제2구 : 禪房花木爲誰栽　선방 앞에 꽃과 나무 누굴 위해 심었던고
　　　　선 방 화 목 위 수 재

제3구 : 箇中自趁幽閒趣　그 가운데 스스로 유한한 정취 풍기니
　　　　개 중 자 진 유 한 취

제4구 : 不是尋僧問法來　중 찾아 불법 물으려고 여기 온 것 아니네.
　　　　부 시 심 승 문 법 래

④ 제4경 黃楊賞春 : 화양동(華陽洞)에서 봄 즐기기
　　　　　　황 양 상 춘

제1구 : 春入桃源日載陽　도원에 봄이 드니 햇빛은 따사롭고
　　　　춘 입 도 원 일 재 양

제2구 : 巖花澗草發天香　바위에 핀 꽃 시냇가의 풀 자연 향기 뿜도다.
　　　　암 화 간 초 발 천 향

제3구 : 洞仙此日遺蹤杳　선유동의 신선이 날엔 남긴 자취 아득하니
　　　　동 선 차 일 유 종 묘

제4구 : 呼我爲仙亦不妨　나 불러 신선이라 해도 또한 무방하리라.⁴
　　　　호 아 위 선 역 불
　　　　방

⑤ 제5경　沙坪牧牛 : 사평(沙坪)에서 소 기르기
　　　　　　사 평 목 우

제1구 : 叱石爲羊近怪神　꾸짖으니 돌이 양이 되었다는 말이 좀 신이하고⁵
　　　　질 석 위 양 근 괴 신

제2구 : 騎牛遁世亦驚人　소 타고 세상에서 은둔했다는 말⁶ 또한 사람을 놀라
　　　　기 우 둔 세 역 경 인
　　　　게 하는데

제3구 : 何如牧堅烟蕪裏　저건 또 뭐가 어떻게 된 건가? 안개 자욱한 들에 목동이
　　　　하 여 목 견 연 무 리

제4구 : 一笛斜陽弄晚春　석양에 한가닥 피리 소리 늦은 봄을 희롱하는 것은
　　　　일 적 사 양 롱 만 춘

3　산음승사(山陰勝事) : 진(晉)나라 왕희지(王羲之)의 셋째아들인 왕휘지(王徽之)가 산음(山陰)에 살았는데, 대설(大雪)이 내린 날 밤에 흥이 나서, 그 친구 대규(戴逵)의 집에 가다가 그 집 문 앞까지 가지 않고 흥이…… (퇴계 이황 선생 선유팔곡 : 「괴향문화」 제28집 51~57쪽 인용 정리, 박온섭 글)

4　김영진 역주, 『괴산군 시문집』, 괴산문화원, 2000, 85면에서 다음과 같이 번역했다. "신선이 나를 불러도 해롭지는 않겠네(呼我爲仙亦不妨)."

5　돌을 꾸짖어 양이 된 일 : 『신선전(神仙傳)』에 "황초평(黃初平)이 15세에 양을 치는데 한 도사(道士)가 그를 데리고 금화산(金華山)의 석실(石室)로 들어가 40여 년을 지냈다. 그의 형 황초기(黃初起)가 동생을 여러 해 찾았으나 찾지 못했는데 도사를 따라가 동생을 만나 "양이 어디 있느냐?" 하고 물으니 동생 황초평이 "산동(山東)에 있다." 하므로 형이 그곳에 가보니 흰 돌만 보일 뿐이었다. 그래서 초평을 꾸짖으니 흰 돌이 일어나 모두 양이 되었다는 고사.

6　소 타고 세상 피했단 말 : 송(宋)나라 유응지(劉凝之)의 고사.

⑥ 제6경 仙洞訪鶴 : 선유동(仙遊洞)에서 학(鶴) 찾기
　　선 동 방 학

제1구 : 洞裏仙禽省見稀　선유동안에서 학을 찾아보기가 어렵더니
　　　　동 리 선 금 성 견 희

제2구 : 丹砂爲項雪爲衣　단사로 모가지를 만들고 눈으로 옷을 만들었네.
　　　　단 사 위 항 설 위 의

제3구 : 幾時月白風淸夜　어느 때 달 밝고 바람 맑은 밤 되어
　　　　기 시 월 백 풍 청 야

제4구 : 載得雲間子晉歸　구름 사이로 왕자(王子)인 진(晉)[7]을 싣고서 돌아올까?
　　　　재 득 운 간 자 진 귀

⑦ 제7경 花山採藥 : 화산(花山)에서 약초 캐기
　　화 산 채 약

제1구 : 仙山靈雨長瓊苗　선산에 신령한 비가 구슬 같은 싹을 자라게 하니
　　　　선 산 영 우 장 경 묘

제2구 : 採服人言自蛻超　이를 캐 먹으면 저절로 탈바꿈할 수 있다 하네.
　　　　채 복 인 언 자 예 초

제3구 : 欲問仙翁求寶訣　신선에게 그 보결(補缺)을 물어보려고 하는 것은
　　　　욕 문 선 옹 구 보 결

제4구 : 不嫌身老見功遙　내 몸이 늙기 싫어서가 아니라 공업을 이루지 못해
　　　　불 혐 신 노 견 공 요
　　　　　서일세.

⑧ 제8경 岐灘釣魚 : 기탄(岐灘)에서 낚시하기
　　기 탄 조 어

제1구 : 懶向湖西踏軟紅　호서로 향하는데 번화한 지역[8] 거치지 않으려,[9]

제2구 : 淸溪垂釣白雲中　흰구름 떠 가는 맑은 시내에서 낚시 드리우네.

제3구 : 傍人莫說非熊卜　곁에 있는 사람들아, 비웅점(非熊卜)[10]을 말하지 마라,

제4구 : 伯遣沙鷗不近翁　모래 위 갈매기 늙은이를 가까이하지 않을까 두렵네.

이상주, 『충북의 팔경과 팔경 시』, 충북향토문화연구소, 2007, 80~83면, 역주.

증 이거사(贈 李居士)　이씨 선비에게 시를 주다

7　자진(子晉) : 보통 왕자교(王子喬)라고 함. 주(周)나라 영왕(王)의 태자(太子). 이름은 진(晉), 생황(笙篁) 부는 것을 좋아하며 봉명곡 (鳳鳴曲)을 불며 이락(伊洛)의 사이에서 노닐었는데, 도사(道士) 부구생(浮丘生)이 진을 맞이하여 숭고산(嵩高山)으로 갔다. 30여 년 후에 환량(桓良)을 보고 말하기를 "우리 집에 가서 7월 7일에 후씨산(候氏山) 정상에서 나를 기다리라고 알려라."고 했다. 그날 이 되자 과연 백학을 타고 산 정상에 와 머무르니, 바라볼 수 있을 뿐 도달할 수 없었다. 손을 들어 당시 사람들에게 인사하고 며칠 있다가 막 떠나가 버렸다. 『列仙傳』·「香案牘」.

8　연홍(軟紅) : 연홍과 같음. 연(軟)은 연의 본 자. 번화한 도시를 일컫는 말. 소식(蘇軾), 「次韻蔣穎叔錢 穆父從駕景靈宮」 詩. 半白不 差垂領髮, 軟紅猶戀屬車塵.

9　김영진은 앞의 책 86면에서 다음과 같이 번역했다. "충청도 엷은 노을 밟고 가기 게으르고……(懶向湖西…….)"

10　비웅점(非熊卜) : 은둔한 선비가 등용되는 것을 비유함. 주나라 때 여상(呂尙)이 위수(渭水)에서 낚시질하며 때를 기다렸다가 등 용됐던 고사. 『광양잡기(廣陽雜記)』. 渭水非熊態,蓋用呂尙事,而不知飛之爲非也.

제5편　계담서원의 배향 명현　　　　　　　　　　　　　　　　　　　　375

仙洞居士擺一筇　　선유동 거사 지팡이 하나 짚고
선 동 거 사 파 일 축

月嶽龜潭訪淘翁[11]　월악산(月嶽山)과 구담봉(龜潭峰)을 거쳐 도옹(陶翁)을 찾아왔네.
월 악 구 담 방 도 옹

自云走遍諸名山　　스스로 이르기를 여러 명산 둘러보고
자 운 주 편 제 명 산

明朝笑入淸凉[12]中　내일 아침에 웃으며 청량산(淸凉山)으로 들어가리라 하네.
명 조 소 입 청 량 　 중

歸來別我不作留　　돌아갈 때 나와 이별하는데 머물지 않고
귀 래 별 아 부 작 유

飄若一片空雲浮　　표연히 저 허공에 떠가는 한 조각 구름이로다.
표 약 일 편 공 운 부

聊和八詠贈子去　　애오라지 팔영 시 읊어 떠나는 그대에게 주니
요 화 팔 영 증 자 거

好逐洞仙遊處遊　　선유동 신선의 뒤를 따라 노는 것을 좋아하도다.[13]
호 축 동 선 유 처 유

仙遊洞
선 유 동

蒼松如當水跆環　　푸른 소나무는 그림 같고 물은 영롱한데
창 송 여 당 수 태 환

怪石年深固老龍　　괴석이 오래되어 늙은 용처럼 누워 있네
괴 석 연 심 고 노 용

知有仙宮隔咫尺　　신선사는 집이 가까이 있음을 알겠는데
지 유 선 궁 격 지 척

綵雲琪樹幾重重　　채색 구름과 큰 나무들이 빽빽이 가렸네.
채 운 기 수 기 중 중

참고문헌

『퇴계집』.

『퇴계전서』 4, 박온섭 소장.

『퇴계의 생애와 사상』, 유정동, 박영사, 1994.

『퇴계의 생애와 학문』, 이상은, 서분당, 1973.

『퇴계의 교육철학』, 정순목, 지식산업사, 1971.

『충북의 팔경과 팔경 시』, 충북 향토문화소, 2007, 이상주 집필.

『괴향문화』 제28집, 퇴계 이황 선생 선유팔영고, 박온섭.

『괴산군 시문집』, 괴산문화원. 2000년.

11　선유동에서 월악산과 귀담을 거쳐 도옹(陶甕), 즉 이황을 찾아왔다는 뜻.

12　청량(淸凉) : 청량산(淸凉山)을 가리킴. 경북 봉화군 명호면 남쪽에 있는 산, 870미터, 선학봉(仙鶴峰), 신선이 내려와 바둑을 두었다는 신선대(神仙臺), 선녀가 가무를 즐겼다는 선녀봉, 최치원이 수도한 고운대(孤雲臺)와 독서대(讀書臺)가 있다.

13　이만헌, 위의 글. "與成大谷健叔爲莫逆交, 佳辰美景, 或徒步往訪, 而不以爲勞, 庚午間, 往遊丹淸兩郡山水, 踰竹嶺下禮安, 謁退溪先生於陶山精舍先生賜坐開懷而待, 爲賦仙遊八景, 臨別贈古詩八句曰 仙洞居士携一."

문성공(文成公) 율곡(栗谷) 이이(李珥)

율곡 영정

생애[14]

　이이(李珥)는 조선조 제11대 중종(中宗) 31년 병신년 (1536) 12월 26일에 외가인 강원도(江原道) 강릉(江陵) 북평촌(北坪村)에서 출생하였다. 이때는 기묘사화(己卯士禍)가 일어난 지 17년이 되는 해로 당시의 거유 퇴계 이황보다는 35년의 후생이 되는 해이기도 하다.

　성은 이씨(李氏)이며 이름은 이(珥), 자는 숙헌(叔獻), 율곡(栗谷)은 그의 아호이다. 본관은 덕수(德水 : 지금의 開豊)인으로 시조 돈수(敦守)는 고려조의 중랑장(中郎將)이며, 대대로 관계에 진출하여 그 이름을 떨친 명문이다.

　율곡의 조부는 좌참찬(左參贊) 벼슬을 하였으며, 아버지 원수(元秀)는 사헌부감찰(司憲府監察)을 지냈고, 후에는 좌찬성(左贊成)을 사하였고, 외조부는 기묘명현(己卯名賢)인 신명화(申命和)이며 어머니는 당대의 여류명인 사임당 신씨였다.

　이와 같이 본가와 외가가 모두 명문가였는데, 그 후예인 율곡은 어릴 때부터 총명하고 현석하여 3, 4세가 되었을 때 벌써 말과 문자를 배우기 시작했다고

오죽헌

몽룡실

---

14 「율곡집」(명문당, 정종복 역, 율곡집 해설, 이율곡의 일생) 11~15쪽을 인용정리하였음.

제5편 계담서원의 배향 명현

377

한다. 여섯 살에 어머니를 따라 외가인 강릉에서 본가인 서울로 돌아와서 어머니의 깊은 배려 밑에 많은 감화를 받았다. 어머니 사임당은 경서(經書)와 시문(詩文)에 통달하였고 부덕(婦德)이 이미 당세에 널리 알려진 부인이었다.

율곡은 8, 9세에 이미 시문에서 이름이 있었고 13세에 진사 초시에 합격하여 더욱 학문에 정진하였다. 경서만이 아니고 불서(佛書)도 탐독하여 인과응보의 불설(佛說)에서 색즉시공(色卽是空)의 설에 이르기까지 두루 열람하였다.

율곡이 16세 되던 해에 어머니 사임당을 여의고 애통 망극한 나머지 3년 상을 마치고 19세 때 금강산으로 입산수도의 길을 떠났다. 산중의 승려와 교류하며 불경을 음미하고 선(禪)의 체험도 해보았으며, 여기에서 불학 연구가 후일의 율곡 철학에 큰 영향을 미친 것은 부인 못 할 사실이다.

그러나 불과 1년을 넘기지 못하고 다시 속세에 나와 성현의 학문에 뜻을 두고 정진했으며, 23세 되던 해에 영남(嶺南) 예안(禮安)으로 퇴계를 찾아 예방하고 도(道)를 물은 후로는 더욱 깊이 느낀 바 있어 밤낮으로 경서에 매진하였다.

퇴계도 율곡의 재질과 학문에 대하여 그의 문인인 조목(趙穆)에게 보낸 편지에서, '그 사람됨이 명협하고 자못 기람(記覽)함이 많아 오학에 뜻이 있으니 후생이 가외하다[後生可畏]'라는 전성(前聖)의 말이 나를 속이지 않는다고 말하였다.

과연 율곡은 정주(程朱)의 학문을 종(宗)으로 삼고 별도로 사승의 계통도 없이 독학으로 진리를 실천하고 성인을 자기(自期)하면서 도학(道學)에의 지조를 더욱 깊이하였다.

23세 되던 해 겨울에 별시에 급제하고 많은 시험관을 놀라게 했으며 천도책(天道策)에 대한 논문은 국내외에서 유명했던 것이다.

29세에 문과에 장원(壯元)하여 호조좌랑(戶曹佐郎)을 초사(初仕)로 관계에 진출, 해마다 승진하여 내외의 중직을 역임하였다. 외직으로 청주목사·황해도 관찰사를 지냈고, 내직으로는 교리·승지·부제학·대사간·대제학·호조판서·병조판서·이조판서를 역임하였고, 외교계로는 서장관(書狀官)으로 명(明)나라 서울에서 봉사한 일도 있었다. 그러나 율곡의 생애는 학문과 진리의 세계에 있었으므로 매양 관직의 사퇴를 애걸하는 일이 많았다.

선조 2년 34세 되던 해, 교리란 관직에서 제진한『동호문답(東湖問答)』, 선조 7년 39세 때 우부승지(右副承旨)로 있으면서 올린『만언봉사(萬言封事)』, 그 다음해에 홍문관 부제학으로서 제진한『성학집요(聖學輯要)』, 선조 15년 47세 되던 해에 우찬성(右贊成)으로 있으면서 봉교 제진한『시무육조계(時務六條啓)』, 그 외에 호조판서로 있을 때 '경제사(經濟司)' 설치의 건의문이라든지 경연 석상에서의 '양병십만론(養兵十萬論)'의 주장은 모두 그의 철학과 시무(時務)를 위한 유명한 저서와 언론이었다.

당론의 격화와 국사의 혼란에 크게 실망한 율곡은 더 이상 관계에 있을 하등의 필요와 의의를 찾지 못하여 서울에서 멀리 떨어진 석천(石泉) 또는 석담(石潭)이라는 곳에, 선조 10년 그의 나이 42세 되던 해에 거처를 신축한 다음, 형제와 자질들을 모아 놓고 평소에 하고 싶었던 교육을 시작하였다.

율곡이 어릴 때 장공예(張公藝)의 구세동거(九世同居)를 흠모하여 항상 그의 그림을 벽에 걸어놓고 보기를 좋아했으며, 일족과 동거회식을 하고 가족과 같이 사당에 배알한 후 훈사를 적어 가족에게 설명하며 가르치기도 하였다. 또는 악(樂)으로써 화기(和氣)를 돋우며 공동생활의 즐거움을 영위하였다.

율곡은 찾아오는 학생들을 위해 '은병정사(隱屏精舍)'를 창건하고 학규와『격몽요결(擊蒙要訣)』 등을 지어 제생(諸生)을 교훈했으며, 향촌 사회를 위해 유지와 더불어 '향약'과 '사창법(일종의 장학금)'을 마련하여 실시하기도 했다. 이것이 율곡의 해주향약(海州鄕約)이다. 이보다 앞서 청주 목사로 있을 때도 '서원향약(西原鄕約)'을 만들어 실시하기도 했다. 특히 해주향약은 그 규모가 세밀하여 후일의 다른 향약의 전감이 되었다.

이와 같은 향리 생활을 한 지 불과 1여 년 만에 다시 선조대왕의 부름을 받고 부득이 입각했으나 진퇴가 무척 잦았던 것이다.

율곡이 만년에 다시 병조판서에 재임하고 있을 때 병을 얻어 몹시 원기가 없고 사경을 헤매고 있었는데 왕명으로 동북지방 순무(巡撫)의 길을 떠나는 서익(徐益)의 방문을 받고서 국방의 책략을 지시하기 위해 집필한 것이 유명한『육조방략(六條方略)』이다.

율곡 이이의 묘(경기도 파주시 광탄면)
(경기도 기념물 제15호)

이로 말미암아 병이 악화되어 오늘의 서울 인사동(仁寺洞) 우거에서 세상을 떠났으니 향년 49세요, 선조 17년(1584) 갑신 정월 16일이었다.

율곡의 서거(逝去)가 알려지자 학계와 정계는 물론이고 선조대왕도 율곡의 부음(訃音)을 듣고 목 놓아 슬피 통곡했다 하니, 조야(朝野)에서 그에 대한 덕망이 어느 정도였는지를 가히 짐작할 수 있다.

그가 만약에 장수하여 후학을 위해서 그 해박하고 다방면의 식견을 이 세상에 펼 수 있었다면 우리나라를 위해서 얼마나 다행스런 일이었겠는가? 그렇지 못했음은 신(神)이 하는 일이라 말할 수 없을 뿐이다.

율곡은 당시의 사회에서 많은 유학자 중에서도 가장 뛰어난 위인이었으며 경세가였다. 그의 위대함은 비단 학자나 정치가로서 뿐만 아니라, 현명한 두뇌와 명석한 사리 판단과 선견지명은 초인적이라 하지 않을 수 없다.

어려운 시대에 처했으면서 현실의 사리를 잘 분석하고 판단하여 거기에 적당한 처방을 내렸을 뿐 아니라, 어떻게 하면 도탄에 빠진 이 나라의 백성들을 근본적으로 구할 수 있을지 그 방법을 책에서 찾고 고사에서 찾으며 주야로 나라 걱정하며 초조히 애민하고 우국한 그 충정의 정신이 위대한 것이다.

물론 율곡의 사상이나 정견 정책이 실지에 옮겨진 것도 있으나 그렇지 못한 것도 많이 있다. 비단 이전 이상의 정치적 실현의 여부가 문제되지 않고 우리나라에 선하자들이 많이 있었지만, 혹은 자기와 정견이 맞지 않다고 산간전원

(山間田園)으로 돌아가서 시와 정서 생활로 여생을 보낸 분이 있는가 하면, 당파를 작당하여 권력의 화신이 된 이도 부지기수이거늘, 율곡은 담담하게 국사에 임했고 산간 도피가 아니라 유교 철학의 목표라고 할 수 있는 현실 참여, 도탄의 구제, 적극적인 사회 참여의 실천자로서 더욱 각광을 받은 것이다.

율곡 이이가 쓰던 용벼루
(1788년 정조대왕이 벼루 뒷면에 직접 쓴 글씨)

학문을 위한 학문이 아니라 국가와 민족을 위한 구국 애민의 학문을 정진한 율곡의 학행(學行)은 실로 위대한 우국 실천의 학자요, 정치가요, 또한 교육과 우민을 위한 선구자라고 하지 않을 수 없다.

조선조 519년을 통해서 국가와 민족을 위한 학문을 하고 이를 실제로 실행한 학자 중에서 율곡을 이을 만한 학자는 없었으며, 수많은 장군·호걸 중에서 임진왜란 때 그 충혼을 마음 끝까지 발휘한 이순신 장군보다 더 위대한 이를 보지 못하였다. 율곡과 충무공의 문무의 양대 위인은 우리 민족의 자랑이요, 정신이요, 길이 받들 민족의 빛이며, 이 나라와 동양의 천지에 비친 민족의 지도자이기도 했다. 나라를 아끼고 어리석은 백성을 깨우치고 보호하며, 그 얼마나 주야로 고심분투하였던가? 율곡의 붓을 애민 우국의 칼날과 같은 직필이라 한다면, 충무공의 보도는 민족을 왜적으로부터 지키는 방패요, 민족을 수호하기 위해서 그 생애를 바친 영웅의 빛이기도 하리라. 그렇기 때문에 국가의 위기를 만났을 때 율곡의 '양병론(養兵論)'이 빛을 보는가 하면 충무공의 우국충절을 다시 사모하게 되니 이 어찌 우연의 사리로만 넘기리오. 이 민족의 역사와 더불어 영원토록 길이 빛날 것이다.

격몽요결(擊蒙要訣)

『격몽요결』은 조선전기 문신·학자 이이가 일반 학도들에게 도학의 입문을 지시하기 위해서 1577년(선조 10)에 2권 1책으로 간행한 유학입문서로 덕행과 지식의 함양을 위한 초등과정의 교재로 근세에 이르기까지 여러 번 간행되었을 뿐만 아니라 초학자들에게 ≪천자문(千字文)≫·≪동몽선습(童蒙先習)≫·≪훈몽자회(訓蒙字會)≫에 이어 널리 읽혀졌다.

이율곡의 『격몽요결(擊蒙要訣)』

서문에 의하면, 저자가 해주의 은병정사(隱屛精舍)에서 제자들을 가르칠 때, 초학(初學)의 향방을 정하지 못하여 굳은 뜻이 없는 제자들에게 뜻을 세우고 몸을 삼가하며 부모를 봉양하고 남을 접대하는 방법을 가르치기 위해서 이 책을 지었다고 하였다.

본문은 입지(立志)·혁구습(革舊習)·지신(持身)·독서(讀書)·사친(事親)·상제(喪制)·제례(祭禮)·거가(居家)·접인(接人)·처세(處世) 등 10장으로 구성되어 있으며, 책 끝에 사당도(祠堂圖)·시제도(時祭圖)·설찬도(設饌圖)와 제의(祭儀)의 출입의(出入儀)·참례의(參禮儀)·천헌의(薦獻儀)·고사의(古事儀)·시제의(時祭儀)·기제의(忌祭儀)·묘제의(墓祭儀)·상복중행제의(喪服中行祭儀) 등이 수록되어 있다.

구도장원공(九度壯元公)

가장 유명한 일화로 과거시험에서 장원만 아홉 번을 해서 당시에는 구도장원공(九度壯元公)이라고 불렸다. 일반적으로 조선의 과거는 생원과 / 진사과(소과) 초시 → 생원과 / 진사과 복시 → 문과(대과) 초시 → 문과 복시 → 문과 전시의 다섯 번을 거치게 되는데, 이이의 경우는 생원과와 진사과 모두 장원으로 통과, 문과 전 시험 장원으로 통과, 거기에 특별 시험인 별시에서도 장원, 진사과 초시에서도 장원을 한 번 더 해서 총 아홉 번의 장원을 하게 된 것이다. 요즘으로 치자면 사시, 외시, 행시, 고등 고시의 1차, 2차, 3차 시험을 모두 수석으로 합격한 이상의 대업적이다. 그런데 응시자인 양반들 입장에선 아홉 번이나 열

명 단위로 뽑히는 커트라인이 올라간 셈이다.

율곡 이이 형제와 괴산(槐山)

율곡의 형제 중 맏형 이선(李璿)은 괴산인을 사위로 삼았으며 둘째형 이번(李璠)은 괴산에 묘소가 있고 동생 이우(李瑀)는 괴산군수를 지낸 인연이 있어 소개한다.

○ 괴산군수 재임 옥산(玉山) 이우(李瑀, 1542-1609[15]

옥산집(玉山集)

이원수와 신사임당의 칠남매 중 넷째 아들로 1567년 진사시에 합격하였고 비안현감, 괴산군수, 고부군수를 거쳐 군자감정(軍資監正)에 이르렀다. 타고난 자질이 뛰어나 문사(文詞)가 고고하며 서화도 능하였다. 시(詩)·서(書)·화(畵)·금(琴)을 모두 잘한다고 하여 4절(四絶)이라 불렀다. 『옥산집(玉山集)』이 있다.

율곡이 이우의 재주를 평하여 자신보다 낫다고 했으며 조일전쟁 때 괴산군수로 재임하면서 괴산군민을 안전하게 북쪽 골짜기로 피난시켰다.

○ 괴산에 묘소가 있는 정제공(定齊公) 이번(李璠 1531-1590)[16]

이원수와 신사임당의 칠남매 중 둘째 아들로 파주 율곡에서 살았다. 1584년 경상도 비안현감으로 도임하는 옥산공 이우와 함께 7년간 비안(比安)에 머물다가 돌아와 별세하여 경기도 장단에 묘소를 조성하셨다.

1591년 괴산군수로 도임하는 이우(李瑀)와 연고로 후손이 괴산에 살게 되면서 묘소도 괴산군 사리면 화산리 오룡동으로 면례하였다.

○ 율곡의 제자 괴산 조덕용(趙德容, 1564~1638)[17]

율곡의 제자 괴산군 문광면 순창조씨 조덕용(趙德容)은 충신 조복(趙服)의 아들

15 「괴산인물지」(괴산군, 중원대학교 향토문화연구소 발행) 84쪽.

16 「괴산인물지」(괴산군, 중원대학교 향토문화연구소 발행) 77쪽.

17 「괴산인물지」(괴산군, 중원대학교향토문화연구소, 98쪽, 칠충사 입구 비문 참조).

로 율곡의 문하에 공부하였으며 율곡이 조덕용의 재주를 사랑하여 조카사위(율곡의 맏형 이선(李璿 1524-1570)년의 사위)로 삼았다. 김천도(金泉道) 찰방(察訪)을 거쳐 금화사(禁火司)의 별좌(別坐)를 지냈는데, 1628년(인조 6) 최여헌(崔汝獻)이 반란을 일으키니 참전하여 공을 세워 영사(寧社) 원종공신(原從功臣)이 되었다. 괴산군 문광면 칠충사(七忠祠)에 배향되었으며 입구에 본 내용과 함께 공적비가 세워져 있다.

상훈과 추모

증 대광보국숭록대부 의정부 영의정 겸 경연관 홍문관 춘추관 관상감사에 추증(追贈)되었다. 1591년(선조 24) 광국원종공신(光國原從功臣) 일등(一等)에 추록되었다.

문묘에 종향되었으며, 파주의 자운서원(紫雲書院), 강릉의 송담서원(松潭書院), 풍덕의 구암서원(龜巖書院), 황주의 백록동서원(白鹿洞書院) 등 20여 개 서원에 배향되었다. 시호는 문성(文成)이다.

율곡 이이 연보(年譜)

1536년 12월 26일 외가인 강원도 강릉(江陵) 북평촌(北坪村 : 지금의 죽현동)에서 덕수 이씨(德水李氏) 가문의 아버지 원수(元秀)와 평산 신씨(平山申氏) 가문의 어머니 사임당(師任堂) 사이에서 태어났다.

아명은 현룡(見龍), 자(字)는 숙헌(叔獻), 호는 율곡(栗谷)·석담(石潭)·우재(愚齋)이다. 어머니 사임당은 시문(詩文)과 그림에 뛰어나서 일가를 이루었다. 아들의 교육에 온갖 성의를 기울였던 인물이어서 이(珥)가 현유(賢儒)가 된 것도 어머니의 힘이 컸다고 한다.

1548년 13세의 어린 나이로 진사 초시(進士初試)에 급제하여 그의 장래를 미리 가늠하게 하였다.

1551년 16세, 지극히 훈도해 주던 어머니가 세상을 떠났으므로 이이의 슬픔은 말할 수 없이 컸다. 그는 이로부터 3년 동안 집에서 떠나지 않고 어머니의 상(喪)을 지켰다.

1554년 19세, 금강산에 입산하여 불서(佛書)를 읽었으나 뜻하는 바 있어 유학(儒學)에 관심을 두기 시작했음.

1558년   23세, 이 해에 퇴계 이황을 찾아가서 만났다. 이때 그에 대한 퇴계의 말은, "명석하기 이를 데 없고 박현(博賢)한 양이 후세에 큰 기둥감이로다." 하였다 한다.

1561년   26세, 아버지 원수(元秀)가 세상을 떠났다.

1564년   29세, 이 해에 생원시(生員試)와 식년문과(式年文科)에 모두 장원(壯元)하여 구도장원공(九度壯元公)이라 일컬어졌다. 사가독서(賜暇讀書)를 한 뒤에 호조좌랑(戶曹佐郞)에 초임되었으며 그 뒤로 예조좌랑(禮曹佐郞), 정언(正言), 이조좌랑(吏曹佐郞), 지평(持平) 등을 역임했다.

1568년   33세, 서장관(書狀官)이 되어 명나라에 다녀왔음. 귀국 후에는 부교리(副校理)로 춘추관기사관(春秋館記事官)이 되어 『명종실록』 편찬에 참여하였으나 이듬해에 관직에서 물러났다.

1571년   36세, 청주목사(淸州牧使)로 복직했으나 역시 이듬해에 사직하고 해주(海州)로 낙향하였다.

1573년   38세, 홍문관직제학(弘文館直提學)이 되었으며, 이어 동부승지(同副承旨)로서 참찬관(參贊官)을 겸직하였다.

1574년   39세, 우부승지(右副承旨), 병조참지(兵曹參知), 사간원대사간(司諫院大司諫)을 지낸 후, 신병(身病)으로 관직(官職)에서 사퇴하였다. 얼마 후에 황해도관찰사(黃海道觀察使)로 임명되었으나 역시 사직하고 석담(石潭)에서 연구에 몰두하였다.

1581년   46세, 다시 등용되어 사헌부대사헌(司憲府大司憲)과 예문관 제학을 겸하다 후에 양관(兩館)의 제학(提學)을 지냈으며 우참찬(右參贊)을 역임했다.

1583년   48세, 당쟁을 조장한다는 동인(東人)들의 간언(諫言)으로 말미암아 사직하게 되었으나 곧 판돈녕부사(判敦寧府事)로 등용되어 이조판서에 이르렀다. 그러나 동서분당(東西分黨)을 슬프게 생각하고 몸소 그 조정에 나섰으나 끝내 뜻을 이루지 못하고 말았다.

1584년   49세, 병환으로 인해 아까운 나이로 세상을 떠났다. 시호는 문성(文成)이다.

『율곡집』(명문당, 정종복 역).

『자운서원지(紫雲書院誌)』(자운서원지편찬위원회).

『栗谷의 敎育思想』(孫仁銖, 博英社, 1976).

『栗谷全書』上 · 下(栗谷思想硏究院, 大提閣, 1978).

『擊蒙要訣』(孫仁銖, 敎育名著解題, 한국능력개발사, 1979).

『괴산인물지』(괴산군, 중원대학교 향토문화연구소).

네이버, 다음카페 등.

문의공(文懿公) 질재(質齋) 안문개(安文凱)

문의공 질재 안문개선생 여항비

가계(家系)

선생은 1273년(고려 원종14년) 출생하고, 1338년(충숙왕 복귀7년) 향년 66세로 별세하였다.

문성공 안향(安珦) 선생의 재종질이며 순흥 안문 4현(문성공 향, 문정공 축, 문경공 보) 중 한 분으로 추앙 받고있다. 순흥안씨 2세 안영린(安永麟)이 신기별장(神騎別將)에서 밀직부사(密直副使)로 추봉되어 공이 안정준(安貞俊)을 생(生)하니 이부시랑(吏部侍郎)으로 추봉되었으며 공이 안성철(安成哲)을 생하니 검교군기감(檢校軍器監)으로, 원종 계유(1273년)에 아들을 낳으니 바로 안문개(安文凱) 선생이다. 초명(初名) 균(鈞)이요, 호는 질재(質齋)니 문과에 급제하였다. 신익성(申翊聖) 선생이 쓰신 행장에 의하면 태정 을축년 동한보절진충무극공신(東韓保節盡忠無極功臣)의 호를 하사받으시고 삼중대광순흥부원군(三重大匡順興府院君)을 제수받으셨고 지순(至順) 경오년에 밀직부사사(密直副司事) 우문관대제학(右文館大提學)이 되시고 병자년 삼중대광좌정승(三重大匡左政丞) 문하시중(門下侍中) 도첨의찬성사(都僉議贊成事)가 되셨으나 병환으로 사직하고 무인년 윤 8월 향년 66세로 졸하니 시호는 문의(文懿)이다. 순흥 석교리 언덕에 세사단을 설치하고 2파 후손들이 질재선생 여항비(閭巷碑)를 세우고 지(誌)를 찬(撰)하였다. 1988년 추원단 조성 시 여항비를 이전 설치하였다.

복흥 서씨인 병부상서(兵部尚書) 희량(希亮)의 따님을 배위로 맞아 5남 3녀를 생하니, 장자는 휘 천재(千載)니 중랑장(中郎將)이요, 차자는 휘 천서(千瑞)니 통례문지후(通禮門祗候), 삼자는 휘천길(千吉)이니 영랑장(令郎將), 사자는 천선(千善)이니

문의공 질재 안선생
여항비각

질재 안선생 세사단
추원단 전경

문의공 질재 안선생
세사단

문과에 올라 관이 정당문학 보문각대제학(寶文閣大提學)으로 봉순성군(封順城君) 시호 양정(良定)이며 묘는 실전되어 예천 백송동 건지산에 사단(祀檀)이 설치되었으며, 오자는 천송(千松)이니 산원이다.

차자 천서공이 두 아들을 생하니, 장자는 인발(仁發)이니 진사(進士)요, 차자는 원기(原起)니 호조전서(戶曹典書)이다.

사자 양정공(良定公)이 세 아들을 생하니 장자는 손주(孫柱)로 중랑장(中郎將)을 거쳐 찬성(贊成)으로 봉 순성군(封順成君), 시호는 경혜(景惠)이며 묘소 실전하여 양정공과 함께 설단하여 종향(從享)하고 있다. 차자는 천봉(天鳳)으로 예부의랑(禮部議郎)이요, 삼자는 천보(天保)니 관이 보국숭록대부(輔國崇祿大夫) 좌의정(左議政) 영돈령(領敦寧)으로 시호는 소의(昭懿)이다.

당시의 고려 정세

1170년(고려 의종 24년) 정중부의 난이 발발해 문신 귀족 정치를 타도하고 무신정권이 수립되어 무려 100년간이나 무신통치가 이어졌다. 그간 몽골 침공이 6회(1231-1259년)나 이어졌고 최씨 무신정권은 곧장 강화도로 천도하여 38년간(1232~1270년) 정권을 유지했다. 1259년(원종 원년) 몽골에 패하며 30년 몽골항전이 종식되었고 무신정권이 종결(1270년)되자 삼별초 항전(1270-1273)이 발발하게 된다.

이에 1273년(원종 14년) 고려 몽골 연합군에 의해 제주 삼별초(1270년 11월 ~ 1273년 4월 제주지방 지배)가 진압된다. 이후 고려는 원나라의 부마국으로 전락되었으며 따라서 고려의 마지막 천자 24대 원종(1259-1274년 재위)의 아들 충렬왕과

계담서원

원나라 세종(쿠빌라이)의 막내딸인 제국대장 공주와 혼인이 성사됨과 동시에 25대 충렬왕부터 30대 충정왕까지 원나라에게 충성한다는 의미로 충(忠) 자를 붙여 호칭하였으며 31대 공민왕부터 비로소 충(忠) 자가 없어졌다.

비록 몽골에 복속되었더라도 고려가 고유의 정체성을 유지하게 된 결정적 사건은 고려 원종과 원나라 세조와의 불개토풍선언(不改土風宣言 : 몽골의 속국이 되더라도 고유한 풍습은 고치지 않아도 된다는 약조) 또는 세조구제(世祖舊制)를 통해 세조의 유훈으로 불문법 역할을 해왔기 때문이다. 선생께서는 무신정권 종식 후 삼별초 항전이 진압되었던 1273년(원종 14년)에 태어나서 1306년(충렬왕 32년)에 문과에 급제했으며 1321년(충숙왕 8년)에 내사성 사인(內書省 舍人 : 비서실)으로서 왕명을 받아 경상도에 파견되어 여비 성금 모금에 참여했다.

그것은 원나라와 사대(事大) 관계를 갖게 된 이후 원나라의 욕망이 커져 사절의 왕래가 일정하지 않고 수시로 왕래하며 고려 국왕도 때로는 원나라 황제를 알현해야 했는데, 그 경비 충당을 정해진 과목(科目)이 초과되어 정부 관리들에게 그 경비를 징수하기도 하고 혹은 백성들에게 추렴(抽斂)을 수수하였다.

이때에 충선왕(고려 26대 1298-1313년 재위)이 충숙왕(고려 27대 1313-1330년, 복위 1332-1339년)에게 양위했으나 혼혈왕인 충선왕은 오랫동안 북경에 머물러 있으며 서면으로 통치했다고 한다. 따라서 백성들은 물자를 임금에게 상납하는 고통을 겪게 된다. 이러한 때에 엄환(내시)들이 원나라 궁중에 들어가서 사역에 종사하던 '엄안독고사'가 상왕을 모함하는 통에 토번(티벳) 땅의 철사결 지방으로 유배당하게 되니 북경에서 1만 5천 리 떨어진 곳이었다.

이때에 충숙왕이 원나라에 입국하게 되었는데 여비가 많이 필요했다. 처음에는 조정백관과 부자들에게 갹출했지만 나중에는 사신을 보내 경상도에 파견하여 보급했다. 이때 공이 경상도 출신이라 경상도 사람들에게 충성심을 호소하여 모금한 것으로 보인다.

1321년(충숙왕 8년) 충숙왕이 원나라 입국 시 선생도 수행하였는데 6개월 후 북경에서 좌대언(左代言 : 정3품)에 임용되었다. 이는 임금의 측근인 승지나 비서와 같은 직임이었다. 또한 진현관 제학(進賢館 提學 : 정사를 기록하고 왕의 지시사항, 외교문서, 교지 작성 등 왕명출납업무와 지삼사사(知三司事 : 출납회계 총괄))을 겸직했다.

처음 충선왕이 오랫동안 원나라 북경에 체류하면서 본국으로 환국을 안 하려 하니 원나라에서 본국으로 돌려보내려 했다. 이렇게 되자 충선왕은 아들에게 왕위(충숙왕)를 양위하고 자신은 다시 심왕(瀋王)이 되었다. 심왕은 원나라가 심양등로안무고려군민총관부(瀋陽登路按撫高麗軍民摠管府)를 설치하여 만주 일대를 통치하는 제왕으로서 서열 39위로 41위인 고려국왕보다 상위에 있었다.

그리고 조카되는 고(暠 : 충숙왕 사촌)를 심왕 세자로 삼았다. 또한 심왕의 자리도 세자 고(暠)에게 넘겨주고 자기는 스스로 태위왕(太尉王)이 되었다. 이때에 고(暠)는 원나라 왕실의 딸을 맞이하여 아내로 삼았다.

이 무렵에 심왕이 티벳으로 유배당하게 되니 고(暠) 자신이 고려국의 왕위를 넘보게 되어 원나라에 충숙왕을 무고하기에 이르렀다. 따라서 원나라 황제가 충숙왕을 호출하여 책망하고 북경에 억류시켰다. 이에 고(暠)는 고려 백성을 유인하고 협박하여 충숙왕의 실덕을 수차례 말하고 또 선생 등이 백성에게서 모금하여 왕을 위한 경비로 사용하게 한 것을 미워하여 죄로 고하니 이로 인해 원나라 황제는 공을 종정부(宗正府)에 가두고 장류(杖流)시키니 고(暠)의 위세가 대단했음을 짐작할 수 있다.

이렇게 되니 고려를 배반하는 많은 무리가 고(暠)를 따르게 되었으며 원나라 중서성(中書省)에 진정서를 보내어 고(暠)를 고려의 국왕으로 삼으라고 주장하기에 이르렀다.

또한 원나라에 상소하여 고려에 성(省)을 세워 원나라에 흡수시켜야 한다고 청한 무리도 있었으며, 또 충숙왕을 따라 원나라에 가 있던 자들도 많이 배반하고 떠났다.

그러나 오직 선생만이 이국땅에서 곤욕을 당하면서도 한결같이 세조구제(世祖

舊制)를 원나라 공신들과 조율하며 지조를 지켰고 마침내 상왕(충선왕)이 돌아오게 되었고 충숙왕과 함께 환국하였다.

1327년(충숙왕 14년) 11월 국왕이 교서를 내려 언급하길 "과인이 원나라 서울(북경)에 5년 동안 억류되어 있으면서 간신들이 국권을 탈취하려 했으나 나의 시종지신(侍從之臣)이 충절을 다하여 보좌하였고 시종일관 힘을 썼기에 그 공은 가히 등록할 만하다. 그래서 선생으로 하여금 첨의참리(僉議參理 : 도첨의부의 종2품 벼슬)로 삼고 일등공신에 록(錄) 하노라." 하였다.

1330년(충숙왕 17년) 10월에 왕위를 충혜왕에 양위하였고 순흥부원군 안문개를 지공거(知貢擧)로 삼아 진사를 뽑았는데 송천봉 등 33인과 명경은사(明經恩賜 : 정서를 암기해 뜻을 풀이하는 과거시험으로서 임금의 특별 은전으로 합격) 각 2인을 급제시켰으며 합격자들이 고려 말기에 충신으로 이름을 날렸으니 공의 인재 판별 식견이 뛰어났음을 알 수 있다.

행장(行狀)의 기록에 의하면 1325년(충숙왕 12년) 국왕이 원나라에서 환국하여 공을 원훈공신(元勳功臣)으로 삼고 문개(文凱)라는 이름을 내리고 동한보절진충무무극공신(東韓保節盡忠無極功臣)이란 훈호를 내렸다고 하나 행장에만 기록되어 있을 뿐 고려사 등 사기(史記)에는 보이지 않는다. 또한 행장기록에는 광정대부(匡靖大夫) 첨의참리(僉議參理), 예문관사(藝文館事), 전리판서(典理判書) 상호군(上護軍) 영효사관사(領孝思觀事), 순흥부원군(順興府院君)에 오르고 삼중대광우정승(三重大匡右政丞)을 제수하였고, 1330년 밀직부사사(密直副司事) 우문관대제학(右文館大提學)에 제수되어 취사(取士)를 뽑는 일을 맡았으며 또한 삼중대광순흥부원군(三重大匡順興府院君)으로 가봉(加捧)되었다고 하나 내용이 고려사에 없으니 왕의 특명으로 추정된다.

1336년(충숙왕 복위 5년) 선생을 재등용하여 삼중대광좌정승(三重大匡左政丞) 문하시중(門下侍中) 도첨의찬성사(都僉議贊成事)로 삼았으나 선생은 질환과 노쇠로 집에 물러나 있었다.

1338년(충숙왕 복위 7년) 윤 8월 별세하시니 향년 66세였다. 조정에서는 선생을 기려 문의(文懿) 시호가 내려졌으니 근학호문(勤學好問)을 문(文)이라 하고 온유현선(溫柔賢善)을 의(懿)라 하였다. 1543년(중종 38년) 신재 주세봉(문민공 1495-1554년)이 백운동서원(소수서원 사액)을 건립할 때 종향례[從享禮 : 주향/문성공, 종향/문정공, 문경공]에 누락된 것은 고려사에 선생의 전(箋)이 없었기 때문이다. 또한 행장 기록 및 세가편(世家編) 등에 있는 여러 기록이 산만하여 통일하지 못하고 그 학문의 연원이 상세하지 못하였고 그 덕업이 밝혀지지 않았기 때문이다.

무릇 선생의 가학연원이 이미 바로 밝혀졌고 고관직이 드러났으며 그 덕업이 높고 바른 것이 규명되었음에도 더 많은 기록이 있을 것이나 묻히고 가려져 있어 유감스러운 일이다. 선생의 집안 내력을 살펴보면 증손 노포공(蘆浦公)은 이름은 준(俊)이고 포은 정몽주 선생의 문하에서 성리학을 수학하여 공민왕 때 과거 급제하여 판봉상사사(判奉常寺事)에 이르렀고 외임으로 경상, 전라의 체찰사(提察使 정3품 : 왜구토벌 군사 지휘)를 거쳤는데, 고려의 국운이 기울어질 때 우현보, 이색 등과 협심하여 기울어지는 국운을 지탱시키려다 공양왕 4년 포은 정몽주의 당이라 하여 원지로 장류(杖流)하는 형에 처해져 처음에는 의령으로 나중에는 예천에서 귀향살이를 했으며 노포촌에서 기거했으니 선생에 대한 기록이 부실했을 것으로 추정된다.

또한 공의 손자 소의공(昭懿公)은 휘를 천보(天保)라 하였고 벼슬은 좌의정으로 치사하여 영돈녕부사(領敦寧府事)로 되었으며 그의 사위가 심온(沈溫)이니 세종 왕비인 소헌왕후의 아버지로 벼슬이 영의정이었으나 상왕인 태종의 명령으로 참소를 당해 사사(賜死)되었다. 소의공의 외손녀인 소헌왕후(昭憲王后)는 어릴 적 외가인 안씨 집에서 자랐다. 따라서 소의공가도 사위가 가화(家禍)를 당하여 두렵고 조심하는 처지에 있었으니 문의공의 행장(行狀)이나 행적(行蹟)을 온전히 보존하거나 제시할 만한 환경이 아니었음을 짐작할 수 있다.

입성책동(立省策動)의 배경과 분쇄 과정

입성책동은 원나라 간섭기 시절에 원나라에 부역했던 부원배들이 고려를 원나라의 한 지방으로 편입될 수 있도록 획책한 사건을 말한다.

1259년 고려-몽골 전쟁이 끝난 후 이때 고려의 풍속을 바꾸지 않는다는 불개토풍(不改土風)이라는 약속이 이뤄졌으며, 이것이 후일 고려 독립을 유지하는 귀중한 보호막이 된다. 1270년 무신정권이 붕괴되고 개경 환도 및 왕정복구가 이루어졌다. 몽골은 국호를 원(元)으로 바꾼 후 고려뿐만 아니라 1279년(충렬왕 5년)에는 남송을 멸망시켜 중국대륙을 직속령으로 만들었으며 멀리 중앙아시아와 유럽 일부 지역까지 점령하여 세계사를 통해 가장 광활한 영토를 가진 대제국을 건설했다.

세계대국인 원나라가 고려를 직속령으로 만들지 못하고 국왕의 존립과 고려 고유문화를 그대로 인정(불개토풍)한 것은 고려조정과 백성들의 30년간에 걸친 끈질긴 대몽항쟁의 결과였다. 원나라의 간섭기는 1259년부터 공민왕의 반원운동이 성공(1356년)하여 원의 간섭에서 벗어날 때까지 97년이며, 쌍성총관부는 1356년, 무력으로 승복할 때까지 100년 동안 원나라의 영토나 다름없었다.

입성책동은 충선왕 복위 이후부터 약 30년 동안 네 차례에 걸쳐 단속적(斷續的 : 끊어졌다 다시 이어짐)으로 일어났다. 모두가 원나라에 가 있던 고려 사람들에 의해 주도되었고 고려의 왕위계승과 관련되어 일어났다는 공통점을 가진다. 그러나 새로운 행성의 설치는 정동행성의 폐지뿐 아니라 고려의 존재 자체를 위협하는 것이 있으므로 고려의 정치세력도 반대하였고, 원나라도 그 필요성이 절실하지 않아 논의에 그쳤을 뿐 실행에 옮겨진 적은 없었다.

선생은 5년의 억류기간 동안 고려의 2차 입성책동을 막기 위해 원나라 황제와 정부 관계기관에 진정서나 탄원서를 수없이 발송해 정치 외교적으로 탁월한 수완을 발휘했다. 죽음을 각오하고 충숙왕을 구출하였으며 고려의 종묘사직을 보존시키고 입성론을 극렬히 반대해 고려를 구해낸 인물이다. 이러한 저지 활동은 마침내 입성 본국론을 철회시켜 충숙왕과 함께 환국하였다.

마지막 4차 입성책동은 1343년(충혜왕 4년) 기황후의 친정 오빠로 정동행성 참지정사를 역임했던 기철(奇轍)에 의해 강력한 친원파를 결성해 추진되었다. 그러나 1356년(공민왕 5년) 궁궐연회에 참석한 기철, 권겸이 공민왕의 명령으로 철퇴를 맞고 사망하면서 원나라의 고려 입성은 중단되었다. 따라서 입성책동은 공이 별세 후 18년이 지난 후에 완전히 중단(고려의 자주국 확립)되어 역사로 남게 되었다.

종친회(순흥안씨 2파)의 인물 탐구

선생은 원래 자태가 웅장하고 도량과 식견이 깊고 넓어서 특히 어려서부터 학문에 힘썼다. 벼슬길에 나아가서는, 당시 몽골의 지배하에 있던 고려의 국권을 회복하려면 고려 왕실을 바로잡아 보필하는 일이 자신의 책임이고, 또한 사명으로 생각했다.

그리고 약 100여 년간 무신정권과 불교의 폐단에서 벗어나 문사정치(文士政治)로 환원시키는 데 전심 노력하였다. 특히 재종숙(再從叔)인 안향 선생이 처음으로 도입하여 나라에서 수용한 초기의 성리학을 국학 차원으로 확대보급 및 신유학(新儒學)의 발전을 도모하기 위하여 후진 양성에 몸소 심혈을 바친 결과 덕망이 높아 태산북두(泰山北斗)로 숭앙을 받았을 뿐 아니라 선생의 문하에 많은 인재를 배출하면서 66년의 생애를 높은 경륜과 소신대로 의연히 살아온 큰 정치가요, 또 위대한 유학자였다. 세상에서 사람들이 안상국(安相國)은 일대의 유종(儒宗)이라 칭송하였으니 높은 덕망과 깊은 학문을 가히 짐작할 수 있다.

또 문정공 근재 안축(安軸)은 삼종숙(三從叔)인 공의 높은 학덕과 현상(賢相)이었음을 관동와주(關東瓦注)에서 일찍이 다음과 같이 칭송하고 있다. 재화주복견비목(在和州伏見批目) 화주에 있을 때 인사 발령서를 보고,

寄獻大叔質齋相國元凱 삼종숙 질재 재상께 붙여 드리다.
기 헌 대 숙 질 재 상 국 원 개

廊廟經綸係一身 조정에서 경륜이 한몸에 걸려 있고
낭 묘 경 륜 계 일 신

德高山斗老儒臣 덕망 높아 태산북두 존경받는 유신일세.
덕 고 산 두 노 유 신

滿門子姪承餘慶 집안 가득 아들과 조카들은 남긴 경사 이어받아
만 문 자 질 승 여 경

同日遷官六七人 같은 날 관직에 오른 이가 예닐곱이었지.
동 일 천 관 육 칠 인

하면서 삼종숙 질재 선생을 태산북두에 비견하였으며 많은 사람으로부터 숭앙받은 대유신(大儒臣)이요 현상(賢相)이었음을 칭송하고 백성을 위해 좋은 정사를 펴 그 자제들에게 돌아가는 경사야말로 참으로 좋았음을 한 편의 시에 담고 있어 그 감개(感慨)를 한결 더 하고 있다.

선생의 묘소는 황해도 평산에 예장(禮葬)하였다고 하나 실전되어 관향지에 있는 순흥안씨 추원단에 배위와 함께 설단하여 매년 음력 10월 1일에 세사(歲祀)를 드리고 있으며 괴산의 계담서원과 고려통일 대전에 봉향(奉享)되어 조두지례(俎豆之禮)를 행하고 있다.

문정공(文貞公) 근재(謹齋) 안축(安軸)

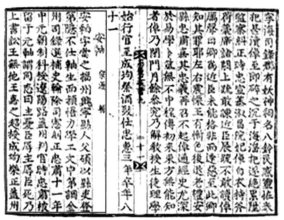

고려사의 안축 편

생애

안축(1282-1348년) 선생은 고려 후기의 학자이자 문인으로, 자는 당지(當之)이고 호는 근재(謹齋)이며 시호는 문정(文貞)이다. 선생은 순흥안씨 6세로 제학공(提學公) 안석(安碩) 공의 둘째 아들로 순흥(順興)에서 태어났다. 아버지 제학공은 급제하였으면서도 은거(隱居)하여 벼슬하지 않았는데 학문을 높이 평가하여 밀직제학(密直提學)으로 증직(贈職)되었다. 어머니 흥녕군대부인(興寧君大夫人) 안씨(安氏)는 검교군기감(檢校軍器監) 성기(成器)의 따님이다. 성리학(性理學)의 시조(始祖)로 일컬어지는 문성공 안향(1243-1306년) 선생은 근재 선생의 조부와 6촌이며, 동향에 있어 자연스럽게 성리학적 분위기 속에서 성장하였다.

수학(修學)과 등제(登第)

선생은 뛰어나게 총명하였다. 부친인 안석(安碩) 공은 현리로 있으면서 과거에 십운시(十韻詩)로 장원(壯元)을 하였다. 부친이신 제학공의 재주와 면학(勉學)의 자세를 배우고 가정교육도 철저하였을 것이다. 선생께서 쓰신 죽계별곡(竹溪別曲)을 보면 순흥 지역의 면학 분위기를 이렇게 묘사하고 있다.

"봉황이 날아들고 용이 서린 것 같은 푸른 산기슭에 종이, 붓, 벼루, 먹을 갖춘 향교가 있다. 거기에서 육경(六經)을 배우고 진리

선생의 친필 유묵

를 구하는 문도(門徒)들이 공부하였다. 3월이면 길게 뻗은 길에 새로 부임하는 스승을 맞이하는 광경이 장관이고, 봄 여름 글 읽는 목소리 낭랑하다.”

선생도 이런 분위기 속에서 이 향교에서 학문을 연마하시며 학문에 전념하셨음을 짐작할 수 있다. 순흥의 향교는 선생을 길러낸 터전이다. 선생은 학문에 진력하였고, 그리하여 1299년(충렬왕 25년) 성균시(成均試)에 합격하였다. 그리고 선생이 26세 때인 1307년 진사시(進士試 : 조선조 문과)에 급제하였으며, 1323년(충숙왕 10년)에 향시(鄕試)에 1등으로 합격하였다. 1324년에는 원(元)나라 과거에 급제하였으니 회시(會試) 경사(京師 : 임금의 궁성이 있는 곳) 정대(廷帶 : 전시(殿試)를 말함)에서 제삼갑칠인(第三甲七人)으로 급제하니 선생이 원나라 제과에 합격한 태정(泰定) 갑자년(1324년, 충숙왕 11년)의 기록은 『고려사』권 109, 「안축열전(安軸列傳)」에 실려 있다. 원나라의 토번(티베트) 대책을 묻는 시험문제와 해답에서 공의 해박한 식견과 논리를 알 수 있으니 선생의 제책(制策)과 논리(論理)를 요약하면 다음과 같다.

“경서(經書)는 도(道)를 실으니 세상을 다스리는 큰 도구이며, 역사서(歷史書)는 일을 기록하니 후세를 권계(勸戒)하는 큰 법도이다. 옛 성현들이 경서를 짓고 역사서를 편수한 의도는 세상과 공유하려던 데에 있다. 경서와 역사서는 우리 유자(儒者)들의 업(業)이라며 시경(時經), 춘추(春秋), 예기(禮記)의 내용과 예를 들며 아버지는 아버지 노릇을 하고, 아들은 아들 노릇을 하며, 임금은 임금 노릇을 하고, 신하는 신하 노릇을 하게 되어 위와 아래를 구별하고 백성의 뜻을 안정시켰으니 겸손하고 윗사람을 능멸하지 않고 아랫사람을 함부로 대하지 않는 것이 중요하다. 이를 집안에서 시행하면 효도와 공경이 수립되어 집안의 법도가 바르게 되고, 밖에서 시행하면 충신과 예의가 흥기(興起)하여 세상이 평안해지게 되며, 변방에 시행하면 가르침이 드넓게 펼쳐져 이민족(異民族)이 교화될 것이라며 서책을 널리 보급해야 한다.”

그 후 선생의 아우인 문경공(文敬公) 안보(安輔) 공도 19세에 과거 급제 후 1345년 또 원나라 과거에 급제를 하였고, 선생의 다음 아우 안집공(安輯公) 문과에 급제하니 근재 선생 형제들의 깊은 학문을 짐작하고도 남음이 있다. 그리하여 선생의 문명(文名)은 고려뿐만 아니라 중국까지 널리 알려지니 당시 학자들은 선생의 문장과 도덕이 크게 뛰어났다고 극찬하였다.

선생의 관직수행(官職修行)과 가치관

선생은 1307년 진사시에 급제하신 후 금주(金州 : 현 김해) 사록(司錄)에 선임되었다가 1308년 예문춘추관(藝文春秋館)의 검열(檢閱)과 수찬(修撰)에 뽑혔다. 이때 충숙왕(忠肅王)이 연경(燕京)에 4년째 억류되어 있었는데, 선생은 동지들에게, "군주가 근심하면 신하는 치욕으로 생각해야 하고, 군주가 치욕을 받으면 신하는 죽어야 한다. 우리는 이렇게 배웠다."라고 말하여 충의를 드러냈다. 그리고 원나라 조정에 글을 올려 충숙왕이 다른 뜻이 없음을 호소하여 풀려나니 충숙왕이 이를 훌륭하게 여겨 성균(成均) 악정(樂正)으로 특진시켰다. 악정을 거쳐 전법(典法), 판도(版圖), 군부(軍簿), 전리(典吏)의 총랑(摠郎)으로 전직되었다가 우사의대부(右司議大夫)로 승진하였다.

백성을 위무하기 위한 강릉도 존무사(存撫使)로 1330년(충숙왕 17년) 5월에 나가 1331년(충혜왕 1년) 9월까지 고을 수령들의 잘못을 살피고 백성들의 고통을 살폈다. 선생은 16개월 동안 관동지방을 순회하시며 백성들의 어려움을 직접 위문하시고 나라를 걱정하고 백성을 구제할 걱정이 선생의 문집에 담겨있다. 이때 개성으로 돌아올 때까지 1년 4개월 동안 관동을 순행하며 느끼신 소회를 읊은 시문집 『관동와주(關東瓦注)』를 남겼다. 1340년 동지공거(同知貢擧)가 되어 이공수(李公遂, 1308~1366) 등 33인을 뽑자 당시 사람들이 제대로 된 선비를 뽑았다고 칭송하였다.

또한 공은 악정에서 감찰대부에 이르기까지 나라의 많은 표문(表文)과 전문(箋文)을 작성하였다. 검교평리(檢校平理)를 지내다가 1343년(충혜왕 복위 4년)에 상주목사(尙州牧使)로 나가 고향 흥녕(興寧 : 순흥)에 모친이 있어 두 고을을 오가며 효도를 다하였다. 1344년 2월에 충목왕이 즉위하여 선생을 밀직부사로 불렀다가 뒤이어 정당문학(政堂文學)으로 승진시켰다. 이듬해에 첨의평리(僉議評理)를 가하고, 또 정2품 찬성사(贊成事)와 우문관(右文館) 대제학(大提學)과 감춘추관사(監春秋館事)를 가하였다. 1346년 이제현(李齊賢) 공(公) 등과 함께 충렬(忠烈)·충선(忠宣)·충숙왕(忠肅王)『삼조실록(三朝實錄)』을 편수(編修)하였다.

1347년(충목왕 3년) 2월 정치도감(整治都監) 판사(判事)에 제수되었고, 그 후 집권자들이 유가(儒家)를 좋아하지 않았기 때문에 관직에서 물러났지만 나중에 흥녕군(興寧君)에 봉해지고 복직되었다. 1348년 다시 정1품 흥녕부원군(興寧府院君)에 오르시고 봄에 병으로 치사(致仕)를 청한 후 6월 21일(음)에 졸(卒)하였는데 향년 67세이셨다. 임금이 부음(訃音)을 들으시고 예를 갖추어 조문을 보내었으며 백관들이 받들어 국장을 치렀다. 7월 11일에 장단군 진서면 대덕산 도솔암 해좌(亥坐)로 비무장지대 북한 쪽에 모셨다. 묘지명은 가정(稼亭) 이곡(李穀) 선생(목은 이색의 부친)이 지었다. 근재(謹齋) 선생을 가까이 따랐던 이곡(李穀)은 "공은 평소에 마음가짐이 공정하였고 집안에서의 몸가짐이 근검하였다. 발언할 때는 명백하게 하고, 꾸미는 말이 없었으며, 관직에 있어선 부지런하고 게으른 기색을 보이는 적이 없었다. 선을 보면 칭찬해 마지않았기 때문에 칭송이 자자했고, 악한 일을 보면 피하고 가까이하지 않았기에 원망이 적었다. 스스로 거처하는 곳을 일러 '근재(謹齋)'라 했으니 그 뜻을 가히 알 만하다."고 묘지명에 썼다.

문정공 군부인 감천문씨의 묘

선생의 효성과 자녀훈육

선생의 군부인(郡夫人) 감천 문씨(甘泉文氏)는 검교(檢校) 군기감(軍器監) 문구(文龜)의 따님이다. 근재의 묘가 장단군 진서면 대덕산 도솔암 해좌인데, 문씨 부인 묘는 봉화군 봉화면 문단리에 모셨다가 2006년 영주시 단산면 병산리 제학공 묘역으로 천장(遷葬)하였다. 감천군부인은 선생이 별세한 후 개경에서 고향 순흥으로 돌아와 90세 전후의 시모(媤母)인 흥녕군대부인(興寧君大夫人) 안씨를 봉양한 것으로 추측된다. 개경에 계속 살았다면 남편이 묻힌 대덕산에 묘를 썼을 것이기 때문이다. 군부인은, 아들 안종원(宗源) 묘지에 의하면, 1355년(공민왕 4년)에 졸(卒)하신 것을 알 수 있다.

선생께서는 2남 1녀의 자녀를 두었다. 장남은 종기(宗基)로 보마배행수별장(寶馬陪行首別將)의 벼슬에 있었으나 선생보다 먼저 졸하였다. 그의 사위가 대호군, 판도판서이며 홍건적을 토벌함에 1등 공신이었던 신순(辛珣)이다. 차남은 종원(宗源)으로 선생 44세 때인 1325년(충숙왕 12년)에 태어났다. 1341년 17세에 과거에 급제하고 벼슬에 나아가 고려 말년에는 삼사판사 서운관영사를 맡았고, 1391년에 삼중대광(三重大匡) 흥녕부원군(興寧府院君)이 되었다. 조선조에 들어와서는 나라의 원로로 보국숭록대부(輔國崇祿大夫) 삼사영사(三司領事) 집현전태학사(集賢殿太學士)를 받았고, 이어 판문하부사(判門下府事)가 되었다가 1394년 2월에 봉사(奉使)로 명나라에 가시다가 돌아와 졸(卒)하였다. 사위는 봉원군(蓬原君) 정양생(鄭良生)이다. 동래인이며 1376년(우왕 2)에 대사헌을 지냈고 중대광(重大匡)에 올랐다.

선생의 부친이신 제학공(提學公) 휘(諱) 석(碩) 공(公)이 일찍 작고하자 두 아우를 자기 소생(所生)처럼 기르고 가르쳤다. 아우 가운데 안보(安輔, 1302~1357년)는 원나라의 과거에 합격하여 요양성 조마에 제수되었다가 귀국하여 우대언을 지냈으며, 안집(安輯) 역시 급제하여 성균(成均) 제주(祭酒 : 교수)를 지냈다. 이것은 모두 형이 길러주고 가르친 결과로, 두 동생은 안축을

영주시 순흥면 읍내리에 있는 사현정

아버지처럼 섬겼다.

선생은 또한 효성이 지극하여 관동을 존무하실 때도 시를 지어 어머님을 그리워하였고, 어머님을 보살피기 위하여 외직(外職)인 상주목사를 자청하였고 어머님을 뵙기 위해 고향인 순흥을 자주 왕래하였다. 이에 대해 이제현은 송안대부부상주목서(送安大夫赴尙州牧序)에서 "봉양을 쉽게 하려고 외직을 힘써 구하였고, 형제들을 내·외직에서 벼슬하게 하였다. 그 청렴하고 겸손한 아름다움, 효도와 우애의 돈독함은 당시를 감동시켰다."라고 하여 그의 효성과 우애를 기리기도 하였다.

이렇게 아버지 안석(安碩) 공과 아들 안축(安軸), 안보(安輔), 안집(安輯) 삼형제모두 과거에 합격하여 이들 네 분이 마시던 순흥의 우물을 주세붕(1495~1554년) 군수가 사현정(四賢井 : 경북문화재 제69호)이라 하고 비석을 세워 기렸다.

관동와주(關東瓦注)와 근재집을 남긴 대문장가(大文章家)

선생의 생애(生涯)와 업적에 관한 기록은 고려사와 여러 문인(文人)의 문집에 실려 있다. 공이 지은 문집 「관동와주(關東瓦注)」와 「근재집」에 시문을 비롯한 행력이 있고, 『고려사』 권 109 열전 22에 「문정공전(文貞公傳)」이 있으며, 가정 이곡 공이 지은 대원(大元) 고(故) 장사랑(將仕郎) 요양로개주판관(遼陽路蓋州判官) 고려국 삼중대광(三重大匡) 흥녕부원군(興寧府院君) 영예문관사(領藝文館事) 문정공(文貞公) 안공 축(安公 軸) 묘지명과 「목은문집(牧隱文集)」, 「권양촌집(權陽村集)」에도 선생을 기리는 시와 행적이 있다.

선생이 지어 전해오는 「근재집(謹齋集)」에는 「한시집(漢詩集)」, 「관동와주(關東瓦注)」와 경기체가인 「관동별곡(關東別曲)」과 「죽계별곡(竹溪別曲)」이 있다. 그중 「관동와주」는 1331년(충혜왕 원년)까지 1년 4개월 동안 강릉도 존무사로 관동지방을 다니며 지은 116편의 시와 4편의 기문(記文)을 모은 것이다. 「정필금자첩(定筆金字帖)」에 옛 성현들의 글씨와 조선조 5대 왕의 어필(御筆)이 담겨 전해지고 있다.

근재 선생은 관동지방을 존무하는 중책을 맡아 순행하면서 관동지방의 많은

명승지도 순행하였고, 객관(客館)에서 유숙하며 백성들의 고초를 목도(目睹)하였다. 때로는 밤중에 잠들지 못하고 나와 백성을 걱정했고 자신을 돌아보았다. 이런 상황을 시문에 담을 때 마음을 와주(瓦注)에 담은 것이다. 여기에 선생께서 민중을 걱정하시던 장시 한 편을 담아본다.

삼탄(參歎)

神農著書論草名	신농씨 지은 책에 풀 이름 논했는데
草中羅參藥最精	풀 중에는 나삼이 약으로는 가장 좋다네.
一根三枝開五葉	한 뿌리에 세 가지 다섯 개의 잎이 피고
理人神效難具評	사람 낫는 신기한 효험 다 말하기 어려워
年年貢獻聖天子	해마다 원나라 천자에게 공물로 바치니
藥局老醫皆嘆驚	약국의 노련한 의원들이 모두 탄식하네.
船車商沽競求買	배와 수레로 상인들이 다투어 사들여
轉賣遠方價不輕	먼 지방에 팔아넘기니 값이 싸지지 않네.
從此官家利其利	이로부터 관가에서 그 이문을 탐내어
歲收編民有期程	해마다 백성들에게 거두는 기한 두었네.
物之貴者本自貴	물건이 귀한 것은 본래 귀한 것이니
非如凡草賤生成	뭇 풀이 천하게 자라는 것과는 다르네.
方民採掘遍山谷	백성이 캐려고 산골짜기 두루 다니며
千探萬索得一莖	천 번 찾고 만 번 찾아 한 줄기 얻네.
何曾計日足銖兩	어찌하면 날짜에 맞춰 근수를 채울 건가.
農衣弊盡披榛荊	베잠방이 가시에 찢기어 다 해어졌네.
是時秋禾臥風雨	때는 가을이라 벼는 비바람에 쓰러져도
畏吏督納忘私營	독촉하는 관리 두려워 내 농사일 잊네
歸來對妻苦悲泣	돌아와서 아내를 보며 괴롭게 슬피 우네.
己有棄土流亡情	이미 땅을 버렸으니 떠나야 할 심정이네.

乾坤生物賦藥性 건곤생물부약성	천지가 만물을 낼 제 약성을 준 것은
本以至仁濟群生 본이지인제군생	본래 지극한 사랑으로 뭇 생명 건지라는 것.
生民一病出於藥 생민일병출어약	백성의 한 가지 병이 약 때문에 생긴다면
理藥之藥其誰行 리약지약기수행	약을 다스리는 약은 누가 만들겠는가.
有能移根種遠方 유능이근종원방	뿌리를 옮겨서 먼 곳에 심을 수 있다면
括根無種非所爭 괄근무종비소쟁	뿌리 뽑고 종자 없애기는 다툴 일 아니지.
吾民寧作至愚民 오민녕작지우민	우리 백성 차라리 어리석은 백성 되어도
不須益智多聰明 불수익지다총명	슬기를 더하여 더욱 총명할 것은 없네.

이 시에는 지역을 살피며 백성들이 산삼 때문에 겪는 고초를 보시고 이를 안타까워하시던 선생의 심정이 고스란히 담겨 있다. 이와 같이 선생은 백성을 아끼고 보살피시던 훌륭한 목민관이었다.

선생께서는 시를 지어 문명(文名)을 날려보자고 생각하지 않았고, 미사여구를 나열하여 꾸미는 일도 없었으며, 마음에 없는 아첨하는 생각을 떨쳐버린 것이다.

이 문집을 막역한 친구이며 문호인 익재(益齋) 이제현(李齊賢) 선생과 졸옹(拙翁) 최해(崔瀣) 공에게 보이고 서문(序文)과 후제를 받았다. 이 문집이 판각(板刻)되어 출간되었다는 확실한 증거를 찾을 수는 없으나 간행사로 보아 1331년 10월 경 처음으로 간행된 것으로 보인다.

두 번째 간행은 "이 문집은 근재 선생이 졸(卒)하시고 12년 후인 공민왕 8년 (1359년) 홍건적에 의한 개경함락으로 사저(私邸)가 전소(全燒)되어 평생 모은 서적과 유고(遺稿)가 소진되었으니 우리 후손들은 통탄할 일이다."하며 공민왕 13년(1364년) 청주 판관인 선생의 데릴사위 정양생(鄭良生)이 문간공 안종원과 함께 간행(중간본)하였다. 이후 근재집은 여섯 차례 발간되었다.

「관동와주(關東瓦注)」초간본(初刊本)은 선생이 강릉도 존무사로 관동지방을 순행하며 백성의 생활상과 자연을 지은 한시 문집이다. 당시의 문장가 최해 공이 발문(跋文)을, 이제현 공이 서문(序文)을 썼다. 판각되어 나왔는지는 기록이 없다.

이어 1361년 홍건적의 개경 침입으로 초간본이 소실되자 1364년(공민왕 13년) 근재 사위인 정양생(鄭良生)이 청주에서 중간본(重刊本)을 간행하였다. 이 문집은 정양생이 청주 판관으로 있을 때, 당시 안렴사 유공(柳公)이 「관동와주」를 구해

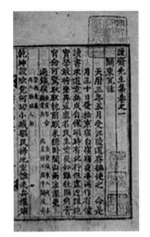

관동와주

주자 정양생은 장인(匠人)들을 모아 판각하면서 잘못되거나 빠진 글자는 선생에게 전해 들은 것을 토대로 교정하였다. 첫머리에 이제현의 서문이 있으며, 시(詩) 110제(題)와 기문(記文) 4편이 실려 있다. 끝에 1331년(충혜왕 1년) 10월 최해(崔瀣) 공이 지은 발문과 1364년 초간 당시 정양생이 지은 발문이 있다. 이 「관동와주」는 뒤이어 간행된 근재집의 원형이 되었다. 2018년 6월 17일 KBS 진품명품 프로그램에 이 책이 출품되었는데, 감정가가 1억 원이 되면서 국보급 문화재로 평가되었다.

관동별곡

세 번째로 간행된 것은 1445년(세종 27년), 선생의 현손(玄孫)인 안숭선(安崇善) 공에 의해 증간보유근재집(增刊補遺謹齋集)으로 간행된 것으로, 초간본의 판목(版木)이 세월이 오래되어 이지러지자 산일(散逸)된 작품을 모으고, 세상 사람들에게 이름난 작품 몇 수를 찾아 「관동와주」 뒤에 덧붙인 것이 권1이며, 안숭선이 보유한 시 4제와 경기체가인 「관동별곡」, 「죽계별곡」 2편, 원나라 급제 때쓴 근재의 제책(制策), 기문과 묘지명이 권2에 실려 있다. 끝에 안숭선의 발문이 있다.

선생의 문집 목판

3간 본이 병란을 거치면서 거의 유실되었으므로, 후손 제주목사(濟州牧使) 안경운과 안필선이 여러 문헌에서 시문을 증보하여 중간본 뒤에 추보(追補)하고, 사전(史傳)의 기록을 덧붙여 네 번째로 간행하였다.

4간 본은 1740년(영조 16년) 제주에서 간행한 목판본 3권 2책이다. 이 책에 아

들 안종원·증손 안순·현손 안숭선의 시문 20여 수를 모은『삼선생세고(三先生世稿)』를 덧붙였다. 이 책은 규장각에 소장되어 있다.

5간 본은 후손 안유상(安有商) 등이 1910년 의주(宜州)·함주(咸州, 함안)의 종인(宗人)들과 협의하여 문집을 개간(改刊)한 것이다. 이 본은 현재 규장각, 성균관대학교 도서관, 연세대학교 도서관 등에 소장되어 있다. 또한 근재집 목판(1979년. 경남도 문화재 지정) 일부가 함안박물관에 전시되어 있다.

6간 본인 활자본은 1935년에 후손 안병은, 안경렬 등이 3권 2책의 활자본으로 문집을 개간한 것이다. 이 본은 편차를 바꾸고 부록에 몇 편을 추가하여『신증별록』이라 하였으며, 이제현·최해·정양생의 글을 권수에 싣고 신직균이 쓴「별록중간서」를 첨부하였다. 또 안병은이 지은 발문을 붙이고「문경공일고」를 부집(附集)하였다. 현재 국립중앙도서관에 소장되어 있다.

다시 2004년 순흥안씨 3파 종회 주관으로 함주본을 국역하여『근재선생문집(謹齋先生文集)』을 발행하니 7간 본이라고 할 수 있으며, 현재 강원도 곳곳에는 선생께서 지으신 시가 시비(詩碑)로 세워져 있다.

속초 영랑호 시비
영랑포범주

태백산 입구 시비
등태백산

양양 낙산사 시비
낙산사

그중에서 강원도 속초시 영랑호에 세워진 시비의 내용을 게재한다.(안상윤 역)

永郞浦泛舟 **영랑호에 배 띄우고**
영 랑 포 범 주

平湖鏡面澄 잔잔한 호수는 거울같이 맑으며
평 호 경 면 징

滄派凝不流 푸른 파도는 엉켜 있어 흐르지 않네.
창 파 응 불 류

蘭舟縱所如 아름다운 배는 빨리 가는데
난 주 종 소 여

泛泛隨輕鷗 갈매기는 배 따라 가볍게 날아오네.
범 범 수 경 구

浩然發淸興 맑은 흥취 가득히 일어나기에
호 연 발 청 흥

溯回入深幽 물을 거슬러 깊숙한 골짜기로 들어갔도다.
소 회 입 심 유

丹崖抱蒼石 붉은 절벽이 푸른 바위를 안고 있어
단 애 포 창 석

玉洞藏瓊洲 마치 옥동이 옥 섬을 품은 듯하네.
옥 동 장 경 주

循山迫松下 산을 돌아 소나무 아래에 배를 대니
순 산 박 송 하

空翠凉生秋 울창한 푸른 소나무 서늘한 가을에 안겨 주네.
공 취 량 생 추

荷葉淨如洗 연잎은 씻은 듯 깨끗하고
하 엽 정 여 세

蓴絲滑且柔 순채나물 줄기는 반들반들하고 부드럽도다.
순 사 활 차 유

向晚欲廻棹 해가 기울어 뱃머리 돌리려 하니
향 만 욕 회 도

風煙千古愁 뿌연 안개는 오래된 근심을 자아내게 하도다.
풍 연 천 고 수

古仙若可作 그 옛날 신선들이 될 수 있다면
고 선 약 가 작

於此從之遊 선경인 이곳에서 그들 따라 놀 수 있었으리라.
어 차 종 지 유

국문학사에 빛나는 가사문학(歌辭文學)

가사문학은 고려 고종 때로부터 조선 선조 때까지 약 350년간 계속된 시가 형태로 대부분 '경긔 엇더하니 잇고' 또는 '경기하여(景幾何如)'라는 구절이 4구와 6구에 있어 「경기체가(景幾體歌)」라 부르게 되었다. 현존 「경기체가」는 모두 25수이다.

근재 선생이 지으신 「관동별곡」은 1331년(충혜왕 1년) 근재 선생께서 강원도 존무사(存撫使)로 강원도 지방을 돌면서 백성을 위무(慰撫)하고 관동의 아름다운 경치를 읊은 노래이다. 형식은 「경기체가」이며 9장으로 되어 있다. 서사(書辭)로 순행(巡行)의 경치를 포괄적으로 쓰고 다음 9장은 철령 화주(영흥)부터 안변, 총석정(통천), 삼일포(고성), 선유람(양양), 임영(강릉), 죽서루(삼척), 울진, 평해, 정선 등의 절경을 노래하셨다. 약 2백여 년 후에 지은 송강 정철의 「관동별곡」은 근재 선생의 「관동별곡」에서 영향을 받은 것으로 보인다.

한편, 「죽계별곡」은 1348년 만년에 고향 순흥에서 지은 것으로 죽령, 소백산,

숙수루, 죽계천 등의 절경을 5장으로 노래한 것이다. 1장은 죽계(竹溪)의 형승(形勝), 2장은 누대(樓臺)·정자(亭子)에서 유흥하는 모습, 3장은 향교에서 공자를 따르는 학도(學徒)들이 봄에는 경서를 외고 여름에는 현(絃)을 뜯는 모습, 4장은 천 리 밖에서 그리워하는 모습, 5장은 태평성대를 중흥하여 태평을 즐기는 사계 모습을 각각 노래한 작품으로 가사문학의 효시로 볼 수 있다.

선생과 교류하고 사모(思慕)한 인사(人士)들

선생은 가깝게 지낸 인사가 많았다. 먼저 선생의 제자이고 선생의 묘지(墓誌)를 쓴 16년 연하의 가정 이곡 공이 있다. 근재 선생의 아우이신 문경공(文敬公 安輔)의 묘지를 쓴 이는 가정의 아들인 목은 이색 공이니, 순흥안씨와 한산이씨 양가의 유대는 깊다. 소윤공(少尹公) 안숭신(安崇信)의 장인은 목은의 손자인 이숙야(李叔野) 공이고, 대사헌공(大司憲公) 안숭효(安崇孝)의 장인도 병조판서를 지낸 목은 손자 이숙무(李叔畝) 공이다.

가정 이곡 공께서 지은 묘지에, 근재 선생께 환우가 있어 문병하니 "늦게 낳은 나의 외아들 종원(44세)을 잊지 말라." 하며 걱정하였는데, 훗날 가정의 아들 목은 이색 공과 선생의 아들 안종원 공은 같은 해 진사에 등과하여 평생의 교우로서 그 인연을 이어갔다.

명신이자 성리학의 대학자 익재 문충공 이제현 공은 선생의 5년 연하이다. 그의 초상화는 국보로 지정되어 있다. 문하시중을 지내고 난 후 근재 선생께서 첨의찬성사(정1품), 감춘추관사를 지낼 때 익재와 더불어 충렬왕, 충선왕, 충숙왕의 『삼조실록(三朝實錄)』을 편찬하였다. 한편, 문성공(文成公 : 안향 선생)의 주자학을 계승한 거유(巨儒)는 이조년(李兆年, 1269-1343년) 선생과 우탁(禹倬, 1263-1342년) 선생이었고, 이어 근재 선생과 익재 이제현 선생이며, 다시 가정 이곡 선생과 문경공(文敬公 : 안보), 그리고 고려 말 삼은(三隱) 목은 이색(1328-1396년), 포은 정몽주(1337-1392년), 야은 길재(1353-1419년) 선생으로 그 맥이 이어졌다.

신재 주세붕(1495-1554년) 선생과 퇴계 이황(1501-1570년) 선생은 근재 선생을 사모하여 「죽계지(竹溪誌)」와 「퇴계록(退溪錄)」에 기록으로 남기고 소수서원과 사현정(四賢井)의 사적(事跡)을 만들었다. 먼저 주세붕 선생은 1542년(중종 37년) 풍기군수로 부임하자 안향의 사묘(祠廟)를 백운동 숙수사(宿水寺)의 옛터에 먼저 건립하고, 1543년 안향 선생의 종가에 있던 유상(遺像)을 가져와 모셨다. 1544년 안축 선생과 안보 선생을 연이어 배향하였다. 훗날 1633년 주세붕 선생도 사묘에 배향되었다.

소수서원내 선생이 배향된 문성공묘

주세붕 선생에 이어 1548년(명종 3년) 10월 부임한 이황 선생은 백운동서원에 대한 사액(賜額)을 조정에 건의하여 1550년(명종 5년) '소수(紹修)'라는 사액을 받아 조선시대 사액서원의 효시가 되었다. 특히 퇴계 선생은 문정공 안축 선생을 사모하여 그의 「죽계지」에 가계도(家系圖)를 그려 발간하셨다.

주세붕 선생은 1544년 「죽계지」를 편찬하며 '안씨행록(安氏行錄)'편을 따로 만들었다. 안향(安珦 文成公傳), 안축(安軸 文貞公傳)과 묘지명, 안보(安輔) 묘지명, 안축 후손인 안종원, 안경공, 안순의 묘지명과 근재 선생이 지은 「봉서루중영기(鳳捿樓重營記)」, 「죽계별곡(竹溪別曲)」 등 시문 4편, 안축 선생에 대한 전송시(傳送詩) 서문 4편 등을 실었는데, 그 연유는 소수서원의 주벽(主壁)이신 안향 선생을 중심으로 행력(行歷)이 뛰어난 안씨 관련 인물의 전기(傳記)와 문헌을 실어 제향의 타당성과 객관성을 보여주려고 한 것으로 보인다. 신재 문민공 주세붕(1495-1554년)은 직제학·도승지·대사성·호조 참판을 역임하고 청백리에 뽑혔으며 예조판서에 추증되었다.

《퇴계 선생 「죽계지(竹溪誌)」의 문정공세계원류도(文貞公世系源流圖)》

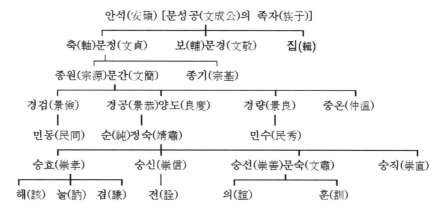

안석(安碩) [문성공(文成公)의 족자(族子)]

축(軸)문정(文貞)　　보(輔)문경(文敬)　　집(輯)

종원(宗源)문간(文簡)　　종기(宗基)

경검(景儉)　　경공(景恭)양도(良度)　　경량(景良)　　중온(仲溫)

민동(民同)　　순(純)정숙(靖肅)　　민수(民秀)

숭효(崇孝)　　숭신(崇信)　　숭선(崇善)문숙(文肅)　　숭직(崇直)

해(該)　눌(訥)　겸(謙)　전(詮)　　의(誼)　　훈(訓)

선생의 품성(稟性)과 대원의식(對元意識)

선생의 품성은 묘지(墓誌)와 『고려사』 열전을 통하여 대강 알 수 있다. 나면서부터 총명하셨고 학문에 부지런히 힘썼다. 학문에 힘씀은 도덕을 숭상하는 일과 일맥상통한다.

가정(稼亭) 선생은 "마음가짐이 공정하시고 가정을 다스림에 검소하며 관직에 계실 때는 부지런하였고, 착한 일에 칭찬을 아끼지 않았으며 악한 일을 보시면 피하고 휩쓸리지 않아서 원망을 사는 일이 없다."라고 기록하고 있다.

선생이 원나라의 과거에 급제하자 개주태수(蓋州太守)는 선생을 요동로(遼東路) 개주판관(蓋州判官)으로 임명하고 취임을 간절히 요청하였으나 선생께서는 "우리 왕께서 뽑아 등용하시니 고려의 관직을 떠날 수 없다."라며 거절하셨다. 당시 원나라의 관직을 갖는 것은 최대의 영광이었을 것이나 거절하였으니 뚜렷한 자주성을 가지고 있었다. 또한 선생은 원제(元帝)에게 건의하여 당시 큰 사회적 문제였던 처녀 징발 중지에 크게 노력하였으니 무엇보다 특기할 일이다.

문민공 신재 주세붕 선생은 1544년 근재 선생을 백운동서원에 배향하며 봉안문(奉安文)에서 允忠允孝 有德有言 展也君子 配我晦軒《진실로 충성되고 진실로 효자로다. 덕행이 있으시고 훌륭한 말씀이 있도다. 진실한 군자로 회헌 선생 옆에 모시도다.》하였으니, 이는 선생의 인품을 간명하게 잘 나타내고 있다.

신재 선생은 다음 해인 1545년 근재 선생 일가가 살았던 옛집 옆 우물에 사현정비[四賢井碑 : 여기서 사현이란 안석(安碩 : 근재 부친), 안축(安軸), 안보(安輔 : 근재 동생), 안집(安輯 : 근재 동생)]를 세우고, 一家孝友悌淸白之風 至今藹然汗竹
  일가효우제청백지풍   지금애연한죽
《집안의 충성되고 효성스럽고 우애가 있으며 청렴결백한 기풍이 지금껏 청사에 빛나고 있다.》라고 극찬하셨다. 선생의 인품과 가문의 훌륭함을 극명하게 나타낸 찬사라 하겠다.

위와 같이 선생은 평소 마음가짐이 공정하셨고 몸가짐 또한 근검하였으니, 언행이 명백하고 꾸밈이 없었고 공무수행에는 부지런하시고 공명정대하였다. 노모에 대한 효성이 지극하였고 일찍 돌아가신 부친을 대신하여 동생들을 훌륭히 교육하여 모두 과거에 급제하였고 형제간의 우애 또한 깊었다.

당대의 제일가는 문장가로 많은 저술을 남겼으니 관동와주, 죽계별곡 등 후대에도 문장가들에게 큰 영향을 주었고, 특히 선생이 쓰신 「경기체가」는 국문학사에 찬란히 빛나고 있다. 충숙왕(忠肅王)께서 원나라에서 고초(苦楚)를 겪으심에 원나라 조정에 충숙왕의 무고함을 상소하여 어려움을 해소하니 충절 또한 높았고, 원나라 과거에 급제에도 원(元)의 관직(官職)에 불취(不就)하시고, 당시의 큰 문제였던 원나라의 처녀 징발 중지에도 큰 노력을 하였는바 자주성도 높았다. 강원도 존무사로 백성들의 어려움을 살피고 애휼(愛恤)에 진력하였다. 이러한 선생의 마음가짐과 학문에 대한 열정, 그리고 우국충정을 숭모함은 당연지사라 하겠다.

문간공(文簡公) 쌍청당(雙淸堂) 안종원(安宗源)

생애

선생은 순흥안씨로 시조(始祖)의 7세손이다. 선생은 문정공(文貞公) 안축(安軸) 선생과 감천군부인(甘川君夫人) 문씨(文氏)의 차남으로 을축년(1325년, 고려 충숙왕 12년) 5월에 출생하였고 갑술년(1394년 : 조선 태조 3년)에 돌아가시니 70세의 수를 누렸다.

수학(修學)과 과거 급제

영주시 단산면 병산리 문간공 묘소

당시 선생의 집안은 조부(祖父) 문경공(文敬公) 안석(安碩) 선생은 은덕불사(隱德不仕)하였으나 학문이 높아 문경의 시호(諡號)를 받았고 부친인 문정공은 원나라의 과거에도 급제하는 등 명문가였다. 선생 역시 출생 시부터 총명하였으며 집안의 학문적 분위기로 책을 좋아하고 희롱(戲弄)을 일삼지 않아 행동거지가 남달랐다. 선생께서는 열심히 공부한 결과 17세의 나이로 진사를 뽑는 성균시(成均試)와 최종시험인 예위(禮闈)에 일거에 합격하였다.

관직생활(官職生活)

선생은 18세에 예문관(藝文館)의 교감(校勘)으로 출사하였으며 이어 수찬(修撰), 전법정랑(典法正郎), 경상도 안렴사(按廉使), 전중시어사(殿中侍御史), 양광도 안렴사, 강릉부사 등을 맡았다. 그리고 40세가 되었을 때 이후 7~8년간은 관직에서 물러나 있었다. 그리고 신돈(辛旽)의 전횡이 끝나고 그가 처형되자 선생은 다시 등용되어 문하부(門下府) 우사의대부(右司議大夫), 성균관 대사성(大司成), 대사헌(大司憲), 밀직제학(密直提學), 밀직사(密直司) 등을 고루 역임하였다.

1379년 45세에 문신의 위계(位階)로서 종1품에게 주는 중대광(重大匡)을 받고 흥령군(興寧君)이라는 존호(尊號)를 받았으며 이어 상의정당(商議正堂)에 대사헌을 겸직하였다. 1381년 순성보조공신(純誠補祚功臣)이 되고 1382년에는 순흥군(順興君)에 개봉(改封)되고 순성익대보리공신(純誠翊戴補理功臣)으로 추대되었다.

선생의 과거 등과록
(고려열조등과록 : 하버드옌칭도서관)

이해에 과거 시험관이 되셔서 훌륭한 인재 33명을 선발하였고 1388년에는 인품이 깨끗하고 신중하여 국가행정의 총괄기관인 문하부의 찬성사(贊成事)로 특별히 임명되고 예문관의 대제학도 겸직하였다. 다음 해에는 판도사(版圖司)의 우두머리인 판사(判事)를 겸하면서 성절사(聖節使)로 중국을 다녀왔다. 1390년 66세에는 삼사(三司)의 판사와 우문관(右文館) 대제학, 그리고 다음 해인 1391년에는 삼중대광(三重大匡) 흥령부원군(興寧府院君)이 되었다.

1392년 공양왕 3년, 고려가 망하고 7월에 조선이 건국되었다. 선생께서 68세였는데 당시 선생은 국가의 원로로 깨끗한 덕과 명망이 높아 특진보국숭록대부(特進輔國崇祿大夫)라는 문신(文臣) 위계의 제일가는 칭호와 영삼사사(領三司事)와 집현전(集賢殿)의 태학사(太學士 : 대제학과 같음)에 제수되었다. 다음 해에 문하부 판사의 직책을 전과 같이 받고 70세가 되시던 1394년 태조 3년 2월에는 사신으로 중국에 가다가 연산점(連山岾)에서 요동도사(遼東都事)로부터 조지(朝旨 : 조정의 뜻)가 있음을 전달받고 돌아왔다.

선생의 휘는 종원(宗源)이고 자는 사청(嗣淸), 호는 쌍청당(雙淸堂)이다. 사후(死後)에 나라에서 내린 시호는 문간(文簡)이다. 그리하여 선생을 보통 말할 때 고려국(高麗國) 흥령부원군(興寧府院君) 조선(朝鮮) 특진보국숭록대부(特進輔國崇祿大夫) 판문하부사(判門下府事) 집현전(集賢殿) 태학사(太學士) 증시(贈諡) 문간공(文簡公) 호(號) 쌍청당(雙淸堂) 선생이라 부른다.

선생의 품성과 생사당(生祠堂)

선생의 성품을 고려사(高麗史)에서는 다음과 같이 평하고 있다.

性簡重風神淸朗勤謹安詳《대범하고 무거우며 풍채가 맑고 명랑하며 부지런
하고 공손하며 안존(安存)하고 자상했다.》

배위인 광주김씨에게는 세 아드님의 등과로 나라에서 경혜택주(敬惠宅主)로 봉해지고 녹봉을 받았다. 선생은 4남 1녀를 두셨는데 장남이신 안경온(安景溫) 공(公)이 안동부윤(安東府尹)으로 부임하실 때 훈계의 말씀 10조(條)를 주었는데 이 훈계의 말씀은 순흥안씨 삼파의 가훈으로 전해지고 있다. 그 내용은 마음가짐과 생활 태도에 대한 내용으로 선생의 자녀교육과 인품이 어떠했는지를 잘 알수가 있다.

선생이 일찍이 수찬(修撰) 벼슬에 계실 때였다. 임기가 만료되어 다른 자리로 전근하게 되셨을 때 동료인 심동로(沈東老)라는 분이 나이가 많음에도 아래 직위에 있는 것을 생각하여 좋은 자리를 사양하고 그분을 추천하여 가게 하는 아량을 보였다. 이 일을 부친이신 문정공(文貞公) 안축(安軸) 선생이 듣고 "겸손은 덕의 시초이니 내가 남에게 겸손하게 대하면 누가 나를 버리겠는가. 우리 집에 사람다운 사람이 있으니 아마 앞으로 크게 번창할 것이다."라며 기뻐하였다. 과연 말씀대로 선생의 세 아들(제학공 경온. 도순공 경량. 양도공 경공)이 모두 과거에 급제하는 영광을 누렸으니 이러한 덕을 쌓은 것에서 비롯된 보람이라는 생각이 든다. 1378년 목은 이색 선생은 선생이 첨서중추원사(簽書中樞院事)로 있을 때로 세 아들의 과거급제 경축연을 열었는데 그때 축하하는 시와 서문을 다음과 같

이 지어 축하하였다.

三子登科古所榮 세 아들의 과거 급제 예로부터 드문 영광
삼 자 등 과 고 소 영

竹溪安氏冠群英 순흥안씨는 참으로 으뜸일세.
죽 계 안 씨 관 군 영

祖崇變世能專美 조상 대대로 가꾸어 온 미덕
조 숭 변 세 능 전 미

父子傳家更戒盈 오늘 부자가 이어받아 집안에 넘치네.
부 자 전 가 경 계 영

頓覺人懽春滿座 이 봄날 경사가 났네, 사람은 즐거워 자리를 메우고
돈 각 인 환 춘 만 좌

便回天氣雪飄城 하늘도 흰 눈을 내려 축하를 보내네.
편 회 천 기 설 표 성

前身日用吾何恨 전날에 조린 마음 무엇을 한하랴.
전 신 일 용 오 하 한

客敬朝來體又乎 손님들은 돌아가고 이 몸은 편안하네.
객 경 조 래 체 우 호

이는 문간공 안종원의 면학(勉學)과 덕행의 보람을 말씀한 것이다.

공민왕 때 중 신돈이 정권을 잡고 정치는 물론 종교, 음양(陰陽) 등에 대한 전권을 휘둘렀다. 자기를 비방하거나 세력 기반을 닦는 데 방해가 된다고 생각하는 사람은 중상모략하여 해치고 자기에게 아부하는 자는 포섭하여 파당(派黨)을 지었다. 이러니 사대부 중에는 신돈에게 줄을 대려 하고 아첨하는 자가 많았다. 갑진년(1364년) 40세 때 선생은 지금의 법무부에 해당하는 전법사(典法司)에서 정4품 총랑(摠郞)으로 있었다.

1365년 어느 날 집권자의 한 사람이 선생에게 "아무개가 선생을 영상(領相 : 신돈)에게 추천하면 지금의 총랑에서 더 높은 사헌부 간관(諫官)이 될 수 있으니 어서 영상을 찾아뵈시오." 하였다. 이런 기회를 잡지 못하여 안달하는 사대부가 많은 때 였으니 '승진할 수 있는 좋은 기회가 왔다.' 하고 달려갔을지 모르겠다. 그러나 선생은 그러지 않았다. "여보시오. 나는 본래 등한하고 게을러서 어떤 세력에 붙고 따르는 것은 못하오. 싫습니다." 하고 거절하였다. 신돈이 영상으로 전횡하는 상황에서 이렇게 말할 수 있다는 것은 참으로 큰 용기요 정의감이었다. 말한 사람이 오히려 부끄럽고 앙심이 생겨 선생에게 없는 죄를 거짓으로 덧씌우고 힐뜯어서 강릉부사로 좌천되고 말았다. 직의 고하를 막론하고 선

생은 직책에 정성을 다하셨다. 강릉부사로 근무하며 은혜로운 정책으로 오직 백성을 위하여 노력하였다. 얼마 되지 않아 강릉부사마저 그만두게 되었음에도 백성들은 선생의 은덕을 잊을 수 없어, 살아있음에도 불구하고 사당을 짓고 화상(畵像)을 걸어 놓고 흠모했다. 생사당을 지었을 만큼 백성들의 감사가 크다면 선생의 인품과 애민정신이 과연 어떠했었는가를 가히 짐작하고도 남음이 있겠다.

선생의 국가관

선생께서는 이후 7~8년간을 벼슬에서 물러나 있었는데 이 기간, 위로 두 아드님이 20세 전후이고, 3남 양도공(良度公) 안경공(安景恭)은 18세, 4남 전서공 안경검(安景儉)은 15세 전후로, 장남은 이미 문과에 급제하셨던 때이니 시서(詩書)를 벗 삼고 자제 교육에 전념하였을 것으로 생각된다.

전에도 참소(讒訴)를 당한 일이 있다. 1360년 시어사(侍御史)가 되고 다음 해 가을 양광도(楊廣道) 안렴사(按廉使)로 있을 때였다. 겨울에 홍건적이 침입하여 공민왕은 수도인 개성을 버리고 남(南)으로 피난하게 되었다. 선생은 먼저 충주로 가서 왕을 맞을 여러 준비에 겨를이 없었는데 못된 신하가 왕에게, "안렴사 안종원이 충주에서 가서는, 고개를 넘어 멀리 도망갔습니다."라고 참소하였다. 그러자 공민왕이 노하여 선생을 잡아 오도록 명령하였다. 사자(使者)가 선생을 체포하려고 충주에 와 보니 도망은 커녕 준비에 정성을 다하고 있지 않은가. 선생과 함께 와서 왕에게 그 사실을 고하니 왕이 거짓임을 알고 불문에 부쳤다. 그러나 다시 참소를 받아 청풍(淸風) 고을의 군사(軍事)라는 하위직으로 좌천되었다가 다음 해에 면직이 되었다. 그러나 죄가 없는 것이 떳떳하게 밝혀져 1363년 도관총랑(都官總郞)이 되었다.

선생이 전법정랑으로 계실 때 송사를 공평하게 판결하여 칭송을 받았고 공민왕 5년 기씨(奇氏) 일파가 처형된 뒤 전중시어사로 발탁되어 나라의 법과 기강을 진작시키는 데 큰 공헌을 하였다. 또 두 번이나 과거시험의 고시관(考試官)을 맡았으나 권세나 부귀에 좌우되지 않았고 사사로이 만나는 것을 금하여 공정을 기하니 모든 사람이 복종하였다.

높은 관직에 있는 사람은 좋은 정책을 만들어서 임금을 보필하고 백성을 편안하게 하는 일이 중요하다. 그런 점에서 볼 때 고려사에서 선생에 대한 기록은 정책에 관한 상소를 많이 포함하고 있어 정책 입안자로서의 면모를 여실히 보여 주고 있다.

우왕(禑王)이 재위하는 동안 두 번이나 환관의 폐해를 시정하도록 상소하였다. 환관 최만생(崔萬生)이 공민왕을 시해한 일을 보면 그 횡포가 얼마나 컸던가를 짐작할 수 있다. 참으로 충성된 10여 인(人)만을 골라 쓰고 국가의 비용도 그만큼 아끼자고 주장하셨다.

또 명나라에서 금과 은, 마필(馬匹)로 세공(歲貢)을 정하여 강요하기 때문에 우리나라에서는 그것을 부담하기에 어려움이 많았고 자연히 암거래로 이익을 보려는 자, 사신의 수행원으로 가면서 몰래 가지고 가서 팔려는 자가 많았다. 선생께서는 수집(收集)과 검색(檢索)의 방법을 철저히 강구하여 시행하도록 상소하기도 하였다.

나이 30세 때 경상도 안렴사가 되셔 지방장관(地方長官)으로서의 직책을 훌륭히 완수하였고 각도의 안렴사들이 모여 왕을 배알할 때 임금이 백성을 다스리는 술책을 물었었는데 선생은 누구보다도 먼저 자세하고 간절하게 시정의 소신을 아뢰어서 임금으로부터 훌륭하다는 칭찬을 들었으니 위정자로서의 뛰어난 자질과 성실을 알고도 남음이 있다.

선생과 교류하신 인사들

한산이씨 가정(稼亭) 이곡(李穀) 선생은 문정공 안축(安軸) 선생에게 배웠고, 또한 문정공의 묘지(墓誌)를 지은 분이다. 문정공의 병환 소식을 듣고 문병 갔을 때, "아들인 선생을 가리키며, 그대가 내 생각과 같거든 이 내 아들을 잊지 말라."고 말씀한 것을 적고 있다. 이씨 집안과의 세교(世交)는 각별했던 것 같다. 가정 선생의 아들이신 목은 이색 선생은 문정공의 동생인 문경공(文敬公) 휘 보

㈜ 선생의 묘지를 썼는데 문간공 선생과 같이 진사 과거에 급제하였다. 목은 선생은 안첨서작동년회(安簽書同年會)에 참석하여 이런 시를 지었다.

九十余人今我人 구십여 인 되던 동년 지금은 몇 사람이 남았는가
구 십 여 인 금 아 인

松堂褐鼓化爲塵 송당에 놀던 장고 한낱 티끌이 되어 버렸네.
송 당 갈 고 화 위 진

蓋籍兄余簽書宅 오늘 첨서 댁에 벗이 함께 모였으니
개 적 형 여 첨 서 댁

爲謝昌和土地神 고맙네, 토지신도 창화하네
위 사 창 화 토 지 신

이와 같이 선생은 친구를 자주 찾고, 또한 집으로 초대하며 벗들과 교류함에서 그 인품을 살필 수 있다.

또한 집 뒤에 정자를 짓고 그 이름을 쌍청당(雙淸堂)이라 하고, 이를 선생의 호(號)로도 사용하였다. 손님이 오면 반드시 술을 내어 대접하였는데 결코 풍족하거나 사치스럽게 하지 않았으며 예로써 우정을 돈독히 하였으니 신선 같은 자태를 상상할 수 있다. 그러한 선생의 풍모를 목은 선생은 이렇게 노래하였다.

三月三日南里游 삼월 삼일 남촌에서 노네.
삼 월 삼 일 남 리 유

微雨點點雲浮浮 가랑비 방울방울 구름은 두둥실
미 우 점 점 운 부 부

雙淸亭上人如玉 쌍청정의 사람 모습 옥과 같은데
쌍 청 정 상 인 여 옥

折得梨花俱揷頭 배꽃 한 송이 머리에 꽂았네.
절 득 이 화 구 삽 두

一杯一杯不停手 한 잔 한 잔 오가는 술잔
일 배 일 배 부 정 수

爲報風光須少苗 경치에 반해서 잠시 머무네.
위 보 풍 광 수 소 묘

1394년 2월 조선 건국 후 1년 반, 국가의 원로로 명나라에 사신으로 출발하였다가 중도에서 돌아온 듯하다. 연세 70이시니 건강도 좋지 못하였겠지만 나라를 염려하시는 마음과 건국 초기로 국가의 기반을 다지는 격무로 심신이 몹시 쇠약해진 것으로 추측된다. 돌아오신 지 얼마 안 된 3월 24일 작고하였다.

양촌(陽村) 권근(權近) 선생은 나라에 크게 공헌하고 만인이 흠모하던 선생을 아래와 같이 만사(挽詞)를 지어 애도하였다.

世傳經術是鴻儒 대대로 내려오는 깊은 학문 참으로 큰 선비이시며
세 전 경 술 시 홍 유

酒落襟懷貯月壺 티 없이 깨끗한 그 마음 가득하여 넘칩니다.
주 낙 금 회 저 월 호

鳥府肅將三院紀 사법부에서 엄숙한 관리자로 기강을 바로 세웠고
조 부 숙 장 삼 원 기

鳳池尊領百寮趨 행정부에서는 존경받는 영도자로 백관이 따랐습니다.
봉 지 존 영 백 료 추

門連節鉞多賢子 집안에는 높은 벼슬을 받은 어진 자손이 많고
문 연 절 월 다 현 자

堂滿簪紳有弟徒 가르침을 받은 유능한 제자들 벼슬길에 많습니다.
당 만 잠 신 유 제 도

崇重老成開國日 건국하는 날 존경받는 원로로서 큰 공을 세우셨는데
숭 중 노 성 개 국 일

却嗟無復獻嘉謨 이제는 돌아가서 좋은 정책을 말할 사람이 없으니 슬프옵니다.
각 차 무 복 헌 가 모

선생이 돌아가셨다는 소식이 전해지자 태조(太祖)께서는 조회(朝會)를 중지하고 문하좌시중(門下左侍中) 조준(趙浚)을 보내시어 깊은 애도의 예를 표하고 문간(文簡)이란 시호를 내렸다. 모든 의례를 갖추어 5월 경신(庚申)일에 국장(國葬)으로 지금의 연천군 서국동에 안장하였다. 그 후 1401년 경북 봉화군 봉화면 문단리 산 183번지 묘좌(卯坐)로 이장하였으며 2006년 경북 영주시 단산면 병산리 제학공 묘역 아래로 천장하였다. 권근 선생이 지으신 묘비명이 있다.

선생의 애민(愛民)과 애국(愛國)의 정성(精誠)

선생이 전법정랑의 직책을 수행하며 전민(田民 : 농민)의 송사를 공평하게 하였고, 전중시어사로 법강(法綱 : 법률과 기강)을 진작시켰다. 이부(吏部)로 옮겨 와서는 최씨 집권 때부터 백관(百官)의 임면(任免), 승강(昇降), 이동(移動) 등 전선(銓選 : 사람을 골라 뽑음)의 대권을 휘둘러온 정방(政房)을 폐지하고 인사행정권을 이부(吏部)와 병부(兵部)로 돌리는데 주동적 역할을 하여 극찬을 받기도 하였다.

선생은 맡은 일을 부지런히 하시고 벼슬이 높을수록 더욱 겸손하였으니 사람의 과실(過失)을 말하지 않으시고 착한 일이 있으면 칭찬을 아끼지 않았다. 이익을 탐내지 않았고 역대(歷代) 조정(朝廷)을 도와 높은 벼슬을 하였지만, 자손을 위해 사사로운 혜택을 구하지 않았으니 참으로 재상으로서의 큰 인품을 갖춘 선생이다.

선생에 대한 고려사 본전(高麗史 本傳) 기록(記錄)

안종원(安宗源)의 자(字)는 사청(嗣淸)이니 나이 17세에 등제하여 충목왕 때에 사한(史翰)에 보(補)하고 질만(秩滿 : 임기 만료)하여 천임(遷任)을 당하니 동료 심동로가 연고위하(年高位下)이거늘 종원이 사양을 하니 축(軸)이 듣고 기뻐하며 왈(曰), "사양함은 덕지선(德之先)이니 내가 사람에게 사양하면 사람이 어찌 나를 버리랴. 내 집에 사람이 있으니 자못 더 창성할진저." 하더니 후일년(後一年)에 비로소 삼사(三司 : 전곡의 출납을 받은 관아)의 도사(都司)가 되었다.

공민왕 초에 전법총랑을 제수(除授)하니 그때에 전민의 형송(刑訟)이 다 전법(典法)에 모인지라 재결이 평윤(平允 : 진실로 공평함)하니 사람들이 그 밝음을 칭송하더라. 여러 번 시어사(侍御史)에 옮겨다가 양광도를 안찰(按察)할 새 왕이 홍두적(紅頭賊)을 피하여 남행하시니 종원이 와서 뵈옵고 먼저 충주에 가서 공어(供御)를 준비하더니 좌우가 참소(讒訴)하여 왈, "안렴(按廉)이 충주에 도착하여 바로 영(嶺)을 넘어 도망하였다." 하니 왕이 곧이듣고 중사(中使)를 보내어 잡아 오라 하였다. 이에 함께 오니 왕이 그 무고함을 알게 되어 석방하고 다시 묻지 아니하였다. 왕이 음죽(陰竹)에 이르니 아전과 백성이 도망가 숨는지라, 종원이 왕을 맞을 준비가 불충분하였다 하여 그를 순군(巡軍)에 내려서 청풍(淸風) 군사(軍事)로 직위를 떨어뜨렸다.

뒤에 전법총랑이 되더니 신돈(辛旽)이 천권(擅權 : 권력을 마음대로 함)함에 사대부가 다투어 붙는지라. 집정자가 말하기를, "오등(吾等)이 영상에게 천거하면 간관(諫官)을 얻을지니 속히 가보라." 하거늘 종원(宗源)이 사양하며 왈(曰), "나는 근본이 엉성하고 게을러서 세력을 좇는 데 능하지 못하다." 하니 집정이 부끄러워 도리어 참소하여 쫓아내서 강릉부사가 되었다.

은혜롭게 백성을 다스렸고 얼마 후 관직이 갈려 떠나니 백성들이 생사당을 세워 제사하였다. 그 후 한가히 7~8년을 유유자적하더니 신돈이 복주(伏誅 : 형벌을 받아 죽음)되자 일어나 사헌시사(司憲侍史)가 되고 우사의대부(右司議大夫)로 옮기더니 신우(辛禑 : 우왕) 즉위에 우사의(右司議) 유순(柳珣)과 문하사인(門下舍人) 김도(金濤)와 기거사인(起居舍人) 박상진(朴尙眞)과 헌납(獻納) 임효선(林孝先)과 정언(正言) 노숭(盧嵩)과 민유의(閔由誼)로 더불어 도당(都堂 : 조선시대 의정부에 해당)에 상소(上疏) 왈(曰), "환자(宦者)의 근심이 극심하여 아(我) 충선왕(忠宣王)이 토번(吐蕃)에 욕(辱)을 당하시고 충혜왕(忠惠王)의 악양(岳陽)의 화(禍)가 다 환관 백안동(伯顏禿) 고사용보(古思龍普)로 말미암음이라. 전일 만생(萬生)에 이르러 대역(大逆)이 극에 달했음이라. 금 주상(主上)이 어리시니 마땅히 노성(老成)한 대신(大臣)으로 하여금 보살펴드려서 덕성을 가르시고, 다시 환관으로 하여금 버릇없이 접근하여 총명을 가리우고 나라를 그르치는 일이 없게 하소서. 혼전(魂殿)에도 이미 도감(都監)이 있어 조석에 경공(敬供)하오니 가히 다시 환관으로 하여금 어지럽게 출입해서 서로 모이는 터전이 되지 않게 하소서. 복유(伏惟) 제상국(諸相國)은 위국심려(爲國深慮)하사 그 충근(忠謹)한 사람 10여 인만 선택하여 궁내(宮內)의 소제(掃除)의 일을 충당하고 그 별사(別賜)와 녹봉(祿俸)을 받지 않게 하여 국용의 소비를 덜게 하고 그 남은 무리들은 각각 형편을 따르게 하여 다시 국가에 환란이 되지 않게 하소서." 하였다.

시(時)에 우왕(禑王)이 어리고 종원이 글을 재상에게 들이고 곧 처리하기를 바랐지만 재상이 염려치 않더라. 성균관 대사성과 우상시를 지내고 대사헌으로 나갔다. 시(時)에 집의(執義) 김성득(金成得) 등이 지윤(池齋)의 뜻에 따라 임박(林樸 : 우왕 반대파)을 베기를 청하였는데 종원은 그 세력이 두려워 말하지 못하였다. (선생이 두려워서라기보다 임박의 주장에 내심(內心) 동조하셨기에 묵묵부답하셨던 것으로 추측되고, 조선 개국에 가담하신 것도 이런 일련의 이유에서라 추측된다.)

판숭경부사(判崇敬府事)로 개임(改任)되고 얼마 안 되어 흥령군(興寧君)으로 봉하고 문하평리(門下評理)로 대사헌을 겸하고 순성보조공신(純誠補祚功臣)으로 사호(賜號)하니 동료와 더불어 상소하여 가로되, "자고로 환시(宦寺)들이 천권(擅權)하면 반드시 나라를 그르치니 언고로 아조종(我祖宗)께서는 신료(臣僚) 중에 덕행 있는 자를 가려서 쓰고 환관은 불과 수인(數人)으로 궁의 청소를 맡게 하여 일찍이 문무관을 시키지 않더니 선왕이 즉위지초(卽位之初)에 역시 옛 제도를 준수하더니 그 뒤에 환시들이 틈을 타서 널리 붕당(朋黨)을 심어 마침내 만생(萬生)의 화가 있게 되었으니 탄식을 어찌 이기리요. 전하(殿下)에 이르러 이득분(李得芬)이 단지 선대의 적은 공으로 벼슬이 찬성(贊成)에 이르러 권세를 부리며 뇌물을 드리어 조신(朝臣)을 참소하니 중외신서(中外臣庶)가 막불절치(莫不切齒)러니 다행히 밝으신 결단으로 밖으로 원찬되었으니 그의 도당들이 오히려 많아서 관직을 받고 녹봉만 허비함이 국가 장래에 실로 염려되나이다. 청컨대, 조종구제(祖宗舊制)에 의하여 총민(聰敏)한 자 불과 10인만 가려서 궁내의 사령(使令)을 갖추고 기여(其餘)는 모두 파출(罷黜)하소서." 하셨다.

다시 장령(掌令) 여극인(呂克禋) 윤취(尹就), 지평(持平) 성석연(成石珚) 등으로 더불어 상소하여 왈(曰), "근래에 명(明)이 우리나라를 견책하여 매양 아국(我國)에서 나지 않는 금·은과 마필(馬匹)을 세공(稅貢)을 정하여 그 수가 심히 많아 문관에 추렴하여 하급관리까지 이르러도 오히려 그 액수가 차지 못하니 이(利)를 탐하고 무식한 자는 대체를 돌보지 않고 사사로이 명인과 상행위(商行爲)를 함이 이롭다 하여 명(明)이 더욱 우리 사신을 정직하게 여기지 않아 사자(使者)를 거절하여 들이지 않는바, 이제 또 명에서 사신을 보내는 데 있어 안위(安危)가 이에 달렸으니 그 사물(私物)은 마땅히 차등(差等)과 정수(定數)를 해서 그 수(數) 외에는 비록 한 필의 포(布)라도 가져가서 행하지 못하게 하고 청백하고 위망(威望)이 있는 자를 선택하여 서경(西京) 안주(安州) 등에 보내어 도순문사(都巡問使)와 더불어 수색 검문하여, 만약 사사로운 물품이나 금은마필(金銀馬匹)과 수 외의 포필(布疋 : 베의 수량)이 있는 자는 극형에 처하며 처자(妻子)와 가산을 몰수하고 그 정을 알고 검속(檢束)하지 않은 자는 관직을 삭탈하고 또 일행 중에 범금(犯禁)하는 사람이 있으면 사신과 부사를 다 벌하게 하소서." 하셨다.

그 상소를 좇아 순흥군에 봉하여 순성익대보리공신(純誠翊戴補理功臣)의 호를 가하고 또 정당문학(政堂文學)을 배 하였다. 최영(崔瑩)이 권신오탐한 자를 베고 종원이 청근(淸謹)하므로 문하찬성사(門下贊成事)로 발탁되어 제조전선(提調銓選)하니 사양해도 불극(不克)이라. 공양조(恭讓朝)에 판삼사(判三司)하여 진(進) 흥령부원군(興寧府院君)하고 사(仕) 조선(朝鮮)하여 판문하사(判門下事)하였으며 졸(卒)하니 연세 70이라.

시호를 문간(文簡)이라 하였다. 성(性)이 간중(簡重)하고 풍신이 명랑하고 근면하고 자상하였다. 일찍이 정자를 지어 쌍청(雙淸)이라 편액(扁額)하고 손이 오면 반드시 술을 내되 풍족과 사치에 힘쓰지 않고 오직 예의로서 충만케 하셨다." 라고 평하고 있다.

『조선왕조실록』의 기록

또한 『조선왕조실록』에서 선생에 관한 기록은 모두 14회 나온다. 태조 1년 영삼사사(領三司事)로 제수(除授)하고 다음 해 태조를 모시고 계룡산으로 가 새로운 도읍 후보지를 살펴보러 간 사실과 판문하부사(判門下府事)로 제수한 기사, 그리고 중국에 사은사로 표문을 보낸 일 등이 있으며, 태종은 대부(大夫)라고 일컬을 수 있는 이는 안종원과 우현보 뿐이라며 사후 극진한 예우를 하였다.

- 태조 1년 7월 28일 – 안종원을 영삼사사로 삼다.
- 태조 2년 1월 19일 – 임금이 계룡산의 지세를 친히 보고 장차 도읍을 정하려고 하니, 영삼사사 안종원, 우시중 김사형, 참찬문하부사 이지란, 판중추원사 남은 등이 따라갔다.
- 태조 2년 7월 22일 – 개국에 공이 있었던 영삼사사 안종원 등 127인에게 포상 교지를 내리다.
- 태조 2년 8월 18일 – 도평의사사에서 경성수축 도감의 판사 안종원 등을 왕륜사에서 잔치를 베풀어 주었다.
- 태조 2년 9월 13일 – 안종원을 판문하부사, 정도전을 판삼사사로 삼다.
- 태조 3년 1월 16일 – 판문하부사 안종원 등이 중국 서울에 가서 사은하게

하였다.

- 태조 3년 3월 7일 – 판문하부사 안종원 등이 연산참에 이르렀으나 중국에 들어가지 못하고 돌아오다.
- 태조 3년 3월 24일 – 판문하부사 안종원의 졸기.
- 태종 9년 4월 2일 – 나라에서 '대부(大夫)'라고 일컫는 자는 오직 우현보 · 안종원 두 사람뿐이다.

선생의 졸기(卒記)

『조선왕조실록(태조실록 5권, 3년 3월 24일, 1394년)』에서 판문하부사 안종원 졸기(卒記)에는 아래와 같이 기록되었다.

"판문하부사 안종원이 졸(卒)하였다. 종원의 자는 사청(嗣淸)이며 본관은 순흥(順興)이니, 첨의찬성사 문정공(文貞公) 안축(安軸)의 아들이다. 젊은 나이에 과거에 올라 예문관에 들어가서 검열과 공봉이 되었다. 관직의 임기가 차서 천직(遷職)하게 되었는데, 동료 심동로(沈東老)가 나이 많은 이유로 그에게 사양하여, 그로 하여금 먼저 천직(遷職)하게 하니 문정공이 이 소식을 듣고 기뻐하면서 말하기를, '사양은 덕의 첫째이니 우리 집이 아마 더욱 번성하겠구나.' 하더니 그 후 1년 만에 곧 천직되었다. 여러 번 옮겨 전법(典法) 정랑(正郞)이 되고, 외직으로 나가서 경상도 안렴사가 되었다.

신축년(辛丑年)에 시어사로 외직으로 나가 양광도 안렴사가 되었는데, 홍건적이 서울을 함락시키매 공민왕이 남쪽으로 파천하여 죽주에 이르니 관리와 백성들이 모두 흩어졌다. 종원이 어찌할 바를 몰라서 능히 접대하지 못하니 공민왕이 노하여 그를 목 베고자 하였으나, 친근한 신하 유숙이 변명하여 구원해 줌에 힘입어 죽음을 면하게 되었다. 갑진년(甲辰年)에 전법 총랑에 임명되었으나 신돈(辛旽)이 국정을 맡으매, 자기에게 따르지 않는다는 이유로 밖으로 내보내어 강릉부사로 삼았는데, 은덕을 베푼 정사가 있었으므로 그가 간 뒤에 백성들이 생사당을 세워 제사 지내었다. 신해년에 신돈이 실패되매 일으켜 사헌시사에 임명하고, 좌사의(左司議)와 우상시(右常侍)를 거쳐 대사헌에 임명되었으며, 밀직사에 들어와서 제학이 되고, 정당문학(政堂文學)으로 승진되었으며, 또 대사헌을 겸직하게 되었다. 임술년(壬戌年)에 지공거(知貢擧)가 되어 유양 등 33인을 뽑았으며, 벼슬이 문하찬성사 판삼사사까지 이르렀다.

종원은 성품이 자상하고 말이 적었으며, 거처하는 정자를 일컬어 쌍청정(雙淸亭)이라 하였다. 사람을 접대하기를 공손하게 하고, 세상의 형편대로 따라 하여 그 몸을 보전하였다. 건국 초기에 이르러 임금께서 고려조의 기로(耆老)인 이유로 발탁하여 판문하부사로 삼았다. 병으로 졸하니 나이 71세였다. 임금이 3일 동안 조회를 정지하고, 좌정승 조준을 보내어 빈궁에 제사 지내고 장사를 다스리게 하였으며, 문간(文簡)이란 시호를 내리었다. 아들 안중온(安仲溫)·안경량(安景良)·안경공(安景恭)은 모두 과거에 올라, 중온과 경량은 벼슬이 중추(中樞)에 이르고, 경공은 개국공신에 참여하여 흥녕군에 봉해졌으며, 경검은 공조전서에 이르렀다."

선생은 천성이 온후하시고 겸손하시니 모든 일을 공정하게 처리하여 칭송이 높았고, 또한 백성을 은혜롭게 보살피니 백성들이 생사당을 지어 흠모하였다. 선생의 우국충정은 고려말 어지러운 국정을 바로잡기 위해 수시 좋은 계책을 상소하시고 조선조에서는 건국 초(初) 나라의 원로로서 국가의 기반 확립에 힘쓰셨다. 백성들의 어려움을 애휼(愛恤)하고자 노력하셨다. 모든 사람을 공경하고 대접하였으나 사치스럽지 않고 검소하셨다. 선생의 이런 행적은 모름지기 우리에게 시사하는 바가 크다. 우리 후세들은 옷깃을 여미고 선생의 행동과 정신을 배우고 계승하여 더욱 발전시킴은 매우 타당한 일이라 할 것이다.

문숙공(文肅公) 옹재(雍齋) 안숭선(安崇善)

생애

선생의 묘소와 신·구 신도비(시흥 소재)

선생(1392년, 태조 1년~1452년, 문종 2년, 61세)의 본관은 순흥(順興)이며, 순흥안씨 10세로서 고조는 문정공(文貞公) 안축(安軸)이며, 증조는 문간공(文簡公) 안종원(安宗源), 조부는 개국공신 양도공(良度公) 안경공(安景恭), 부친은 판중추원사(判中樞院事) 호조판서(戶曹判書) 정숙공(靖肅公) 안순(安純)의 차남으로 출생하였다. 선생의 자는 중지(仲止)이고 호는 옹재로 홍무(洪武) 25년 임신년(1392년) 9월에 3대 부원군과 5대 대제학을 지낸 명문가문에서 출생하였고 조선조 정헌대부(正憲大夫) 예문관 대제학, 의정부 좌참찬, 병조판서를 역임하였으며 시호는 문숙(文肅)이다.

관계(官界)로의 진출

선생은 영락(永樂) 9년(1411년), 20세에 사마시에 합격하여 계성전직(啓聖殿直)으로 출사하였고, 사헌부 감찰을 역임하며, 영남의 수령들이 백성을 불법으로 괴롭힘이 많아지자 어사(御使)로 그 실정을 파악하여 잘못을 바로잡은바 있다. 이때 빠르고 정확한 일처리와 해결로 세종(世宗)의 눈에 들게 되었다. 이어 2년 후인 경자년(庚子年) 과거에서 장원급제하여 사헌부 지평(持平)을 거쳐 예조(禮曹) 정랑(正郎)으로 옮겼으며 다시 이조(吏曹)의 지제교(知製敎 : 왕의 교서를 짓는 직책)를 거쳐 홍문관과 예문관의 직책을 맡았다. 보통 정랑이나 시랑(侍郎) 등의 벼슬은

1~2개월, 그리고 길어야 불과 반년 정도이지만 선생은 성품이 어질어 3년을 재임하시고 경기감영을 거쳐 홍희(洪熙) 원년(元年)인 을사년(乙巳年)에 한성소윤(漢城少尹)으로 끊고 맺음이 분명하여 많은 분이 탄복하였다 한다. 선생은 이 시기에 여러 관서(官署)를 거치며 각 분야의 전문적인 업무를 습득하신 시기였다.

선덕(宣德) 원년인 1426년(세종 8년)에 사헌부 장령(掌令)으로 전임되었으나 구설(口舌)로 성균관 사예(司藝)로 좌천되었으나 무고함이 밝혀져 사헌부 집의(執義)로 발탁되었다가 파직되기도 하였다.

세종의 최고 핵심 측근

기유년(1429년, 세종 11년), 명나라에 금과 은 공납(貢納)의 면제를 요청하는 사절단의 서장관(書狀官)으로 선생이 대호군(大護軍)에 임명되어 임무를 완수하여 그 공으로 임금께 전토를 하사받았다. 이어 1430년(세종 12년) 동부대언(同副代言 : 추후 동부승지로 변경됨)으로 발탁되시고, 이듬해인 1431년 세종은 강원도에 강무(講武)할 때 혹한으로 인해 사졸들이 동상에 걸림을 승정원에 알리지 않아 임금이 크게 노하여 지신사(知申事 : 도승지)를 파직하고, 강직한 성품에 일 처리에 과감하셨던 선생을 발탁하였다.

선생은 조선 세종조의 명신(名臣)으로 5년간 도승지로 국정운영의 중심축을 이루었다. 선생이 도승지로 있을 때가 조정의 조직이 가장 안정되고 개혁의 성과가 이루어진 시기로 볼 수 있다. 이는 32년간 세종실록 기사 제목에 안숭선이 128회 나타날 만큼 세종대의 명신이었고, 『조선왕조실록』에는 공의 행적이 무려 568곳에 기록되어 있다.

지신사(도승지)가 되어 1435년(세종 17년)까지 총 17년 동안 세종을 가까이에서 보필하였다. 세종 통치 32년간의 세종실록 기사 제목에 안숭선은 모두 128회 등장하니, 세종 때 호조판서를 12년 지낸 정숙공(靖肅公) 안순(安純) 공(公)이 46번 등장한 것에 비하면 훨씬 많다. 정숙공은 선생의 부친으로 부자가 세종조의 명신이었다.

임자년(壬子年) 과거시험에서는 선생이 대독관(代讀官 : 시험관)으로 김길통 등 인재 33인을 선발하였으며 1433년(세종 15년) 여진족 정벌 시 의견이 분분하자 세종은 선생에게 의견을 물으시니 선생은 이렇게 대답하였다.

"자고로 무신(武臣)은 징벌을 의논하고 유신(儒臣)은 화친(和親)을 지키나니, 우선 여진족의 수괴가 악역(惡逆)하니 문죄사를 느슨하게 할 수 없사옵니다."

그러자 세종은 그후로 모든 군정기무(軍情機務)를 선생에게 물어 시행하니 군사(軍師)로서 공이 지대하였다. 이에 세종은 선생을 거듭 도승지로 유임하게 하였으나 선생의 노모께서 거듭된 병환으로 해직을 요청하였다. 그러나 세종이 허락지 않자 선생은 옷고름과 허리띠를 풀지 않고 밤을 새워 간호하였지만 몇달 후에 노모께서 끝내 돌아가시자 슬픔으로 병이 나신 효자이기도 하다. 세종은 사람을 보내어 친상(親喪)을 조문하시고 제사를 돕게 하셨으며, 또한 의관과 약을 보내어 선생을 치료하게 하시니 병환의 완쾌하였다.

1437년(세종 19년) 담제(禫祭 : 대상 다음 달에 지내는 제사) 전임에도 선생을 대사헌에 임명하시니 선생은 예(禮)에 맞지 않음을 들어(당시에는 사대부들이 담제 후에야 벼슬에 취임) 극구 사양하였으나 세종은 벼슬의 사양을 윤허하지 않았다.

선생은 할 수 없어 그 자리에 취임하였으나 바로 병환이 재발하여 공조참판으로 옮겼고, 병환이 완쾌되자 다시 예조참판으로 옮기고 가정대부(嘉靖大夫)에 올랐다. 허조(許稠) 공이 상소하기를, "춘조(春曹 : 예조)가 삼예(三禮)를 담당하는 바, 청컨대 모든 면에 뛰어난 사람을 택하여 춘조에 배치하여 그 소임을 오래 맡도록 하소서." 하니 세종은 누가 가(可)한가를 물었다. 이에 허 문경공(文敬公 : 허조)이 대답하기를, "문숙공(文肅公), 즉 안숭선(安崇善)이 가하외다." 하니 세종은 선생을 예조판서로 임명하였다.

이즈음 경기감사가 공석이었으므로 선생을 경기감사로 임명하여 다스리게 하였으나 얼마 후 다시 경사(京師 : 중앙관서)로 돌아왔다. 이때 선생께 많은 청탁이 쇄도하였으나 일절 들어주지 않으시니, 그만큼 선생께서는 청렴하고 강직하였다.

계해년(癸亥年)에는 형조판서에 취임하시니 완벽한 치정(治政)으로 감옥이 텅텅 비었다 하니, 이는 그만큼 공명정대하였음을 이름이 아니겠는가.

갑자년(1444년 : 선생 53세)에 봉폐(奉幣) 금대(金臺 : 2품의 관리가 조복에 두르는 금장식의 띠)하셨고, 중추원사 집현전 대제학, 을축년에 병조판서로 지춘추관사를 겸하고 고려사를 편수하였다.

경태원년(景泰元年 : 1450년, 선생 59세), 명나라 칙사(勅使) 윤봉(尹鳳)이 우리나라에 나왔음에 문종은 선생을 중추원사 의정부 우참찬(右參贊)에 보임(補任)하고, 신미년에는 좌참찬(左參贊)에 전이되었으며, 그해 겨울에 병조판서를 겸직하시게 되니 재삼 간절히 사양하였고, 임신년(1451년, 문종 2년) 봄, 다시 병환으로 퇴임을 청원하였으나 임금께서는 윤허하지 않았다.

선생에 대해 가장 유명한 말은, "견사풍생(見事風生), 즉 안숭선이 일을 보는데 바람이 일어날 만큼 신속하였다."고 한 것인데, 이는 매사 치밀하고 눈치도 빠르며 글씨도 잘 쓰고 박식하여 비서로서의 재간이 출중하다는 뜻이다. 그는 세종의 가장 가까운 자리에서 왕명을 전하는 것은 물론이요, 세종의 말 상대도 하고 다른 신하의 말을 정리하여 보고하였다. 또한 듣기 좋은 말을 골라 하기도 했으며, 세종이 차마 하고 싶지 않은 말을 대신하곤 했다.

양녕대군을 서울로 이주시키려는 세종의 의도에 반대하는 주장을 펴자, 세종은 안숭선을 결국 내치고 공조참판, 예조참판, 경기도 관찰사, 형조판서, 병조판서 등 굵직한 벼슬을 내렸지만, 인사권을 쥐었던 도승지 때의 권력만은 못했다. 안숭선이 도승지로 재직 시 승정원은 의정부와 6조를 능가하는 권력을 가지고 있었기 때문이다.

강직하셨던 선생

선생은 병으로 사직함이 두 번이니 무진년(1448년 : 세종 30년, 선생 57세) 봄에 예문관에서 병환을 치료하게 하였다. 처음 병조에 근무할 때 공착(公錯 : 공사를 착각으로 잘못 처리함)이 있었는데 선생을 시기하는 자가 이를 적발하여 옥사를 일으켜 고성(固城)으로 유배되니 선생이 문벌이 높은 가정에서 나고 자란 몸이 하루아침에 황량하고 궁핍한 바닷가로 귀양을 갔으나 조금도 원망하거나 분개하는 빛이 없었고 오직 시서로 스스로를 위로하며 지내더니 미구에 임금께서 그 무타(無他)함을 살피시고 드디어 유배를 풀었다.

세종 30년, 선생은 지인(知人)의 아들 이종원에게 벼슬을 봐준 사실로 탄핵을 받았다. 선생은 상소를 세종에게 올렸으나 고문만 당하지 않도록 배려하여 고성(固城)과 진천(鎭川)으로 귀양 보냈다. 그러자 대사헌이던 윤형을 필두로 제대로 처벌하라는 상소가 빗발치자 결국 세종은 선생을 공신목록에서 지우는 극단적인 조치를 취하기도 하였다.

선생이 김종서의 시기와 조정 대신에게 원한을 산 것 때문에 지나치게 가혹한 것을 안 세종은, "본디 안숭선은 영민하고 과감했는데 소인의 간계에 넘어가서 이렇게 되었다."면서 31년 당시 세자(문종)의 병이 낫지 않자 선행을 한다는 이유로 안숭선의 귀양을 풀어 한성으로 돌아오게 하였다.

세종은 승하하기 한 달 전인 세종 32년 윤1월 24일에 직접 안숭선의 집을 찾아가 마지막으로 위로하시기도 하였다. 이종원의 화에 말려든 이후 선생은 병환이 깊어져 결국 문종 2년 4월 14일 세상을 떠났다.

돈독하셨던 애민정신(愛民精神)

정묘년(丁卯年)에 서북지방에 기근이 들어 임금께서 재상급 신하들에게 감사를 빨리 천거하라 명하니 전에 선생을 시기하던 사람들까지도 임금께 아뢰기를 선생이 아니면 불가하다 하였다. 연이은 친상(親喪)으로 인해 일신이 어지럽던 시기인지라 직분을 사직하고자 하였으나 선생은 임금의 명령을 받들어 병환을 무릅쓰고 임지로 출발하였다. 임지에 당도하자 즉시 마을마다 다니시며 백성을 구휼하니 백성들은 이에 힘입어 어려움에서 벗어나게 되니 선생의 애민정신 또한 돈독하였던 결과이다.

문장가(文章家), 그리고 최초 양(羊) 사육(飼育) 도입(導入)

또한 선생은 약 20여 수의 시를 지어 옹재집(雍齋集)을 남겼으며, 글씨를 잘 써 윤회 공(公)이 찬(撰)한 양도공(良度公 : 안경공으로 선생의 조부) 신도비의 글씨를 썼으니 진체소정(晋体疏整)으로 우러러 바라볼수록 단아하다. 『해동호보(海東毫譜)』와 『동국금석평(東國金石評)』 등의 책에서는, '문장이 뛰어남은 물론이고 글씨 또한 아름답다.'라고 평하고 있다. 중간보유 근재집 발문도 쓴 바 있다.

특기할 것은 선생이 중국에 사신으로 갔을 때 중국 가정에서 양(羊)을 기르고 있음을 보고 문종 원년(1451년)에 건의하여 중국에서 처음으로 양을 들여와 가축처럼 기르도록 한 것이『문종실록』에 기록되어 있으니 국가산업 진흥에도 크게 기여하였다.

선생의 인품

선생의 용모와 자태가 영달하고 어릴 때부터 호학하여 어렵고 복잡한 글이라도 한번 보면 기억하시고 시부(詩賦)를 잘하여 사람들이 유려(流麗)하다 추앙하였으며 부모에게 지극히 효도하고 친구를 사귐에 신의가 두터웠고 집에 있을 때 이익을 말하지 않았으며 뇌물은 일체 문간에 들이지 않았다. 가난한 사람을 불쌍히 여기고 선비를 좋아했으며 어진 사람들을 예로 공손히 대우하여 악을 미워하고 선을 포양(褒揚)함은 천성이었다. 집에서 일을 처리할 때는 늠름하고 추상같았으나 사람과 더불어 담소할 때는 화기(和氣)가 있어서 따사로웠다.

매죽헌(梅竹軒) 성삼문 선생은 옹재(雍齋 : 안숭선) 선생의 신도비에서 '공의 용모와 자태가 영민하고 총명하며 시가(詩歌)를 잘 지어 유창하고 아름답다고 칭찬받았다. 부모에게 지극히 효도하고 일을 처리함에 늠름하고 추상같이 엄하였다. 세종실록을 저술하고 6년간 임금(세종)께서 공이 아뢴 말과 계책을 따르니 임금의 두터운 대우는 공을 칭찬하고도 남음이 있다.'라고 썼다.

선생은 병환 중에도 세수와 빗질을 폐하지 않았으며 반드시 의관을 단정히 갖추었다. 4월에 병환이 심하여지자 정침(正寢)에 나가 자제들을 불러 모아놓고, "사

황간 가학루의 선생 시 현판

영동 향교 인근의 선생시비

생(死生)은 상리(常理)이니 이제 내가 벼슬이 의정(議政) 묘당(廟堂)에까지 올랐고 또한 60을 넘었으니 어찌 한하랴. 사후에 불사(佛事)를 이루지 말라."고 말씀하고 나서 졸(卒)하니 향년 61세이다.

원근에서 부문(訃聞)을 들은 사람들은, "나라의 어진 재상을 잃었도다."라며 슬퍼하였다. 부문을 들으신 문종은 애통해하사 조회를 폐하고 부의(賻儀)를 내리며 시호를 문숙(文肅)이라 하였다.

선생이 돌아가시자 장단군 진서면 대덕산(판문점 부근)에 모셨다가 다시 파주로 개장하였는데, 다만 언제 하였는지 전혀 알 길이 없다. 이곳은 1461년 예종(睿宗)의 왕비 장순왕후의 공릉(恭陵) 등 삼릉(三陵)이 있으니 길지(吉地)로 점쳐진 곳이었다. 그러나 1985년경부터 조(祖), 고(考), 형제(兄弟)의 산소는 시흥에 있고 선생의 산소는 파주에 선생 한 분뿐이라 고적감이 심하다는 이유로 선생과 배위(配位) 산소를 시흥 선영으로 천묘(遷墓)하자는 논의가 시작되어 1989년 3월 13일이 합폄(合窆)하여 시흥 양도공 계하(階下)로 봉안을 마쳤다.

『조선왕조실록』에서의 선생

『조선왕조실록』의 선생 관련 주요 기사를 살펴보면,

- 세종 2년 3월 22일 : 문과에서 첫째로 합격한 전 감찰 안숭선(安崇善)을 사헌부 지평(持平)으로 삼았다. 임금이 인정전에 나아가 문과 합격한 자를 발표하고, 규례에 따라 술과 과일과 화개(花蓋)를 주었다.
- 세종 13년 2월 29일 : 안숭선을 지신사(知申事 : 도승지)로 삼았다.

- 세종 17년 3월 20일 : 전 도승지 안숭선의 어머니에게 종이와 관곽(棺槨)을 부의(賻儀)로 하사하였다.
- 세종 27년 1월 24일 : 안숭선을 병조판서로 삼았다.
- 세종 30년 3월 11일 : 안숭선을 예문대제학(藝文大提學)으로 삼았다.
- 세종 30년 6월 14일 : 이종원·안숭선 등을 처벌하였다. "이종원(李宗元)은 거짓으로 벼슬을 빌렸으니 베이고, 안숭선은 대신으로서 제멋대로 선용(選用)하였으나 죽는 것은 감한다."
- 세종 31년 3월 1일 : 임금은 안숭선은 영예(슈譽)에 과감하여 일을 보는 데에 바람이 날 만큼 신속하였으나 소인의 간계에 빠졌었다. 이에 안숭선을 직산현으로 양이하고 그 아들 훈(訓)과 의(誼)를 충의위(忠義衛)에 환속(還屬)시키다.
- 세종 32년 윤1월 24일 : 안숭선의 집으로 임금께서 이어(移御)하여 위로하다.
- 문종 즉위년 7월 3일 : 안숭선의 사면(赦免)을 명하다.
- 문종 즉위년 11월 30일 : 안숭선을 의정부 우참찬(右參贊)으로 삼다.
- 문종 1년 8월 5일 : 좌참찬(左參贊) 안숭선이 아뢰기를, "신이 전에 북경에 갔을 때 중국 사람들의 살림집을 살펴보니 집집마다 양(羊)을 잘 기르고 있었습니다. 신이 이런 뜻을 가지고 회계(回啓)하였더니 세종대왕께서 통역 이흥덕을 보내시어 중국으로부터 양을 사오게 하고 널리 기르도록 하였다."
- 문종 2년 3월 28일 : 안숭선에게 정헌대부(正憲大夫)를 가하다.

선생의 졸기(卒記)

좌참찬 안숭선 왕조실록 졸기(卒記)에는,

『文宗實錄』13권, 2년 4월 14일

"좌참찬 안숭선이 졸(卒)하였다. 안숭선의 자(字)는 중지(仲止)이니, 고려의 찬성사인 안축(安軸)의 5세손이다. 집안이 대대로 귀현(貴顯)하여 거실(巨室)이 되었는데, 안숭선은 본디부터 매우 총명하여 여러 사람 가운데 훨씬 뛰어났다. 처음에 문음(門蔭)으로 계성전직(啓聖殿直)에 보직되었다가 여러 번 승진하여 사헌부 감찰이 되었다. 경자년(庚子年) 문과 장원에 발탁되어 사헌부 지평에 임명되었는데, 일을 당하면 빨리 처리하는 것이 손에 바람이 날 정도였다. 이조정랑에 전직되어 이간(吏幹)으로 한 시대에 이름이 나타났다. 세종께서 공녕군을 보내어 북경에 조회할 때 안숭선을 서장관(書狀官)으로 삼았었다. 대호군(大護軍)에 임명되었다가 조금 후에 승정원 동부승지로 발탁되었으며, 마침내 지신사(知申事)로 발탁되어 왕명을 출납함이 공명하고 진실하였다. 매우 총우(寵遇)를 받아서 여러 번 밀지(密旨)를 받았으나 동료들은 참여해 듣지 못하였다. 또 요우(僚友)들을 속박하여 억제하고, 성품이 겸손하고 공손한 데에 결점이 있었으므로 동렬(同列)들이 모두 그를 싫어하였다.

모친상을 당하여 상복을 벗고 나니 대사헌으로 임명되었다가 공조참판으로 옮겨졌으며, 경기도 관찰사로 전직되고, 여러 번 전직하여 병조판서가 되었다. 평안도에서 백성이 굶주리니 안숭선을 천거하여 도 관찰사로 삼았는데 임지에 간 지 두서너 달 만에 병으로 사직하였다. 조금 후에 예문관 대제학으로 임명되었는데 이종원의 사건이 일어나서 고성현으로 귀양 갔으나 스스로 사실이 없었으므로 슬퍼하고 통분(痛忿)하여 병이 되니 세종께서 그가 다른 뜻이 없음을 알고 직산으로 양이(量移)했다가 조금 후에 불러서 돌아오게 하였다.

임금께서(문종) 즉위하시니 중추원사(中樞院事)로 임명하였다가 조금 후에 의정부 좌참찬으로 발탁되고 병조판서의 사무와 세자좌빈객(世子左賓客)을 겸무(兼務)하시게 하였다. 지난날에 사람을 임용한 것이 잘못된 일로서 글을 올려 굳이 사양했으나 임금은 이종원의 사건이 고의로 범한 것이 아니라 하여 마침내 윤허하지 않았다. 중죄를 얻은 후로는 일에 임하여 두려워함이 많았으며, 또 병으로 인해 항상 집에만 있던 중 이때에 이르러 졸(卒)하였다. 불사(佛事)를 시행하지 못하도록 하고 한결같이 가례를 따르도록 유명(遺命)하였다. 조정과 민간에서 그의 사람됨을 애석하게 여겼다.

안숭선은 지조와 절개가 있으며 총명하고 예민하여 굳세고 과단성이 있어 시비를 판단함이 흐르는 물처럼 신속히 처리하여 이르는 곳마다 명성이 자자했다. 다른 사람에게 재간이 있는 것을 보면 이를 사랑하여 마지않았으며, 사람됨이 단정하고 아담하며 온화하고 엄숙하니 사람들이 사랑하면서도 두려워했다. 그러나 과단성이 지나쳐서 좋아하고 미워함이 치우침이 있게 되어 그에게 붙좇는 사람은 반드시 비호하려고 하여 추천 발탁함이 여가가 없을 정도였는데, 이런 일로써 마침내 이종원의 화를 취하게 되었다.

집이 넉넉하여 음식을 매우 정교하게 만들므로 관직에 있을 적엔 비록 성찬이라도 잘 먹지 못하였다. 문숙(文肅)이란 시호를 내렸으니, 배우기를 부지런히 하고 묻기를 좋아하는 것이 '문(文)'이고, 마음을 집중시켜 결단하는 것이 '숙(肅)'이다. 두 아들은 안훈(安訓)과 안의(安誼)이다."

이상은 선생께서 졸(卒)하시자 조정에서 선생을 평가한 졸기(卒記)로, 역사적이고 가장 객관적인 평가라 하겠다.

그리고 매죽당(梅竹堂) 성삼문 선생이 갑술년(1454년)에 찬(撰)한 신도비가 있으나 내용이 비슷하여 본문에서는 생략하고자 한다. 다만, 매죽당 선생은 선생의 신도비를 쓰며 말미(末尾)에, "근일(近日)에 태사(太史 : 『세종실록』을 편찬한 정인지 선생)의 뒤를 좇아 『세종실록』을 닦으며 선생(문숙공 안숭선)께서 하심을 살펴보건대 6년간에 걸쳐 선생께서 임금께 의견을 주달(奏達)하시면 임금께서는 그 의견에 따라 계획을 좇으셨으니 이렇게 두터운 대우(待遇)는 군신상득(君臣相得 : 임금과 신하가 함께 얻는 것이 있다는 뜻)인 동시에 가히 천년에 한 번 있을까 말까 하는 상봉(相逢 : 임금과 신하의 만남)이라 하겠다."라고 하였으니, 선생의 인품과 충성을 높이 평가하며 다음과 같은 비명(碑銘)으로 선생을 추모하였다.

猗歟根有百里盤 아름다워라 굳은 뿌리 백 리까지 뻗어
의 여 근 유 백 리 반
菁蔥蔽日干靑天 푸르게 우거져 푸른 하늘을 가리도다.
청 총 폐 일 간 청 천
竹溪望族姓曰安 죽계의 명망 있는 성(姓)은 안(安)씨요
죽 계 망 족 성 왈 안

謹齋東人仰斗山　근재(謹齋)는 세상이 태산북두처럼 우러렀도다.

文子文孫世有賢　학문 높은 아들 손자 대대로 어질고

箕裘趾美忠孝全　부조(父祖)의 높은 벼슬 계승하여 충효가 온전하도다.

烈烈雍齋直挺然　곧고 강한 옹재(雍齋)는 곧은 막대기 같고

隼翼秋橫太華巓　송골매 가을에 태화산(泰華山) 나는 듯하네.

君臣際會罕千年　어진 신하가 어진 임금 만나기 천 년에 드문데

一逐要觀南海堧　한번 내침에 남해 바닷가로 좌천되었네.

揭來黃閣望如仙　조정으로 돌아오니 신선 같은 용모

向之吠者多厚顏　공을 비방하던 자 뻔뻔스럽기 그지없도다.

與德又壽天所慳　덕을 주고 또 수(壽)하게 했으니 하늘이 아낀 바요.

爲國悲淚令人潸　나라 위해 흘린 눈물 사람 마음 움직이네.

墳前有石字可鐫　묘 앞에 비를 세우고 글자 새기리니

作文留與後世看　글을 지어 후세에 보게 하도다.

위와 같이 선생은 우리나라에서 가장 성군이셨던 세종조의 중신으로 국정을 바르게 이끌고, 일 처리가 신속하고 공명정대하셨으며, 우리나라에 처음으로 양(羊)의 사육을 도입하셨고 백성을 구휼한 애민정신 등은 현대를 살아가는 우리가 늘 가슴에 새기고 본받아야 할 사표이다.

문강공(文康公) 저헌(樗軒) 이석형(李石亨)

생애

이석형(1415(태종 15년)-1477년(성종 8년))은 조선 초기의 문신 · 학자다. 자는 백옥(伯玉)이고 호는 저헌(樗軒)이며 시호는 문강(文康)이다. 본관은 연안(延安)으로 대호군 회림(懷林)의 아들이며, 김반(金泮)의 문인이다.

저헌공 묘(능원리 산 3번지) 경기도 지방문화재 제11호.

1441년(세종 23) 사마시에 합격하고, 이어 식년문과에 장원급제하여 사간원정언에 제수되었고, 이듬해 집현전 부교리에 임명되어 14년 동안 집현전 학사로 재임하면서 집현전의 응교 · 직전 · 직제학을 두루 역임하였다. 집현전 응교로 재임한 1447년 문과중시에 합격하였으며, 왕명에 의하여 진관사(津寬寺)에서 사가독서하였다. 1455년(세조 1년) 첨지중추원사를 거쳐 전라도 관찰사를 역임하였다.

1456년 6월, 이른바 사육신 사건이 전해지자 사육신의 절의를 상징하는 시를 지어 익산 동헌에 남겨서, 치죄하자는 대간의 여론이 있었으나 세조에 의해 묵살되고 오히려 예조

문강재(文康齋)(경기도 용인시 처인구 모현읍 능원리 228)

참의에 올랐다.

1457년 판공주목사에 임용되었다. 이듬해 첨지중추원사로 잠시 한직에 있었으나 세조의 총애를 받아 한성부윤이 되었다. 1460년 세조의 특명으로 황해도 관찰사가 되어 왕의 서계(西界) 지방 순행을 도운 뒤부터 세조로부터 서도주인(西道主人)이라 불리기까지 하였다. 이듬해 사헌부 대사헌을 거쳐 경기 관찰사를 역임하고, 1462년 호조참판을 거쳐 판한성부사에 7년 동안 재임하였다. 1466년 팔도도체찰사를 겸하여 호패법을 철저히 조사하고 정리하였다. 1468년 세조가 죽자 승습사(承襲使)로 명나라에 다녀온 뒤 지중추부사가 되었다. 1470년(성종 1년)에는 판중추부사에 오르고 지성균관사를 겸하여 주문(主文)의 위치를 맡았다. 1471년에는 좌리공신(佐理功臣) 4등에 책록되고 연성부원군(延城府院君)에 봉하여졌다.

집현전 학사로 있을 때 『치평요람(治平要覽)』·『고려사』의 편찬에 참여하였고, 세조 때 사서(四書)의 구결을 정리할 때 『논어』의 구결을 주관하였다. 만년에는 성균관 서쪽에 계일정(戒溢亭)을 짓고 시문에 전념하였으며 글씨를 잘 써서 필법이 신묘하였다고 한다. 저서에 『대학연의(大學衍義)』와 『고려사』에서 권계(勸戒)할 내용을 덧붙인 『대학연의집략(大學衍義輯略)』 21권과 『저헌집(樗軒集)』이 있으며, 편저로는 『역대병요(歷代兵要)』·『치평요람』 등이 있다. 시호는 문강(文康)이다.

성품, 미담 및 공적[18]

천성이 관평(寬平 : 관대하고 공평함)하고 강의(剛毅 : 강직하여 남에게 굴하지 않음)하며, 식견이 초매(超邁 : 고매, 높고 품위가 있음)하고 논의가 정대(正大 : 공명정대, 바르고 큼)하여 대사를 결정하고 법을 정하는 데 의연불요(毅然不撓 : 의지가 강하여 흔들리거나 굽히지 않음)하였다.

의정공(議政公 諱 父 懷林)이 늦게까지 아들이 없어 삼각산에 기도하여 을미(태종

---

18 성품, 미담 및 공적: 연안이씨저헌공자대종회 발행, 「저헌공삼장원사비제막」 책자 18~24쪽을 인용 정리하였다.

15년. 1415년) 10월에 공이 탄생하였다. 공이 태어나기 전날 밤 의정공이 궁중에서 숙직하면서 꿈에 백룡(白龍)이 큰 돌을 깨고 나와 승천하는 것을 보고 깨니 공이 태어났다는 전갈이 왔다.그래서 공의 이름을 석형(石亨)이라 지었다 한다.

세종 23년(1441년), 공이 생원과와 진사과를 동시에 장원급제하였을 때의 일이다. 등과자에게 궁 안에서 주연을 베풀 때 생원과 등과자는 광화문 왼쪽 협문, 진사과 등과자는 오른쪽 협문으로 장원을 앞세우고 입장하게 되어 있는데 공이 생원과와 진사과에 동시에 장원을 했기 때문에 양쪽에서 서로 장원을 자기 줄 맨 앞에 세우려고 승강이를 하는 바람에 입장이 늦어졌다.

임금에게 사유를 고한즉 임금께서 무척 기뻐하며 가운데 문(임금만 출입하는 문)을 열고 장원은 가운데 문으로 입장하도록 명하여 공은 혼자 가운데 문으로 맨 먼저 입장하였다 한다. 또 문과에도 장원급제하여 한 방에 세 번 장원으로 이름이 기록되니 과거제도 생긴(고려 4대 광종 때 쌍기제 과거제도 도입) 이후 최초의 삼장원이 되었다. 임금이 큰 인재 얻음을 크게 기뻐하면서 좌정언 지제교로 임명하고, 삼관에 명하여 사연(賜宴)을 베풀 때 임금께서 공을 위하여 '삼장원사(三壯元詞)' 노래를 지어 궁녀로 하여금 부르게 하고 친히 공에게 술을 따르면서, "오백 년에 왕자(王者)가 나면 반드시 세상에 이름을 떨칠 신하가 따라 나는 법인데 경이 아니겠느냐"고 하였다 한다.

문과 급제 후 공이 좌정언 지제교로 있을 때 세종대왕의 문화창달의 일환으로 추진한 고려사(高麗史)와 치평요람(治平要覽) 및 역대병요(歷代兵要)의 편찬에 참여하였다. 특히 역대병요는 그 후 공이 전라도 관찰사로 있을 때 전담하여 발간하였다.

중시 급제 때의 일이다. 고관(考官)들이 합격자 19명을 뽑고 9위~19위는 서열을 정하였으나 1위, 8위는 서열의 고하를 정할 수 없어 임금에게 과차(科次) 정하는 문제를 고하였더니 임금께서 몹시 기뻐하면서 8인을 대상으로 재시험을 치게 하면서 과제(科題)로 팔준도(八駿圖)[19] 그림을 놓고, 병서(兵書)할 글을 전(箋), 부(賦), 시 (詩), 명(銘), 송 (訟) 중에 취향에 맞는 글을 짓도록 하였다.

공은 전(箋)으로 天佑作之君聖人應千齡之運(천우작지군성인응천령지운 : 하늘이 도와 임금을 내셨으니 성인은 천년 운수에 응하였고), 地用莫如馬神物效一時之能(지용막여마신물효일시지능 : 땅에서 쓰이는 것은 말보다 더한 것이 없으니 신물(神物)이 일시에 재능을 다 바치도다) 하고 두련(頭聯)을 썼을 때 근보 성삼문이 다가와 보고, "대(對)는 잘되었지만 말과 임금을 대로 지었으니 너무 체모가 없지 않은가. 신하로서는 말할 수 있는 것이 아니니 이것이 남에게 전해서는 안 될 듯하다." 하고 가버렸다.

공은 그의 말이 옳다고 생각하여 이를 버리고 다시 장율(長律)로 고쳐 지었다. 공이 답안을 바꾸는 것을 본 성삼문이 공의 연구절을 사용하여 전을 지어 제출하였다. 결과 발표에 성삼문이 장원이고 공은 7등이었다

그 후 두 사람이 만나자 공이 "내 무릎을 남에게 굽히지 않은 지가 오래되었는데……." 하니 성삼문이 답하기를 "남에게 굽히지 않던 자네의 무릎을 내가 굽혔지." 하면서 한바탕 웃었다는 이야기다. 이 이야기는 '공이 이와 같이 사소한 일에 연연하지 않고 대범한 사람이었다'는 것과 공이 성삼문을 비롯한 사육신들과 매우 절친한 사이였다는 것을 말해주고 있다.

세조 1년(1455년), 전라도 관찰사에 부임하여 이듬해 익산을 순시 중에 사육신이 처형되었다는 소식을 전해 듣고 착잡한 심정으로 '次益山東軒韻(차익산동헌운)'이란 짤막한 시 한 수를 지었다.

次益山東軒韻 익산동헌의 운에 따라 짓다.
차 익 산 동 헌 운
虞時二女竹 순임금 때 이녀죽의 슬픈 일이 있었고
우 시 이 녀 죽
秦日大夫松 진나라 때 대부송의 영화로움이 있었네
진 일 대 부 송

----

19 팔준도 : 태조 이성계가 고려 장수로 있을 때 북쪽 야인의 침략과 남쪽 왜인들의 약탈을 토벌하면서 타고 다닌 〈여덟 마리의 말〉 그림이다.

縱是哀榮異　비록 슬프고 영화로움이 다를 뿐이니
종 시 애 영 이

寧爲冷熱容　어찌 냉대하거나 환대함이 용납되리
영 위 냉 열 용

이 시가 세상에 전해지자 대간들이 '사육신을 동정한 시'라며 국문할 것을 간하여 공은 세조 앞에서 국문을 받게 되었다. 세조가 부왕이 아끼던 집현전 학자들을 많이 처형한 지 얼마 안 되었는데, 또 공을 벌해야 할지 모른다는 착잡한 생각 때문이었는지 국문에 앞서 엉뚱한 질문을 하였다.

"경은 정몽주가 고려에서는 어떤 사람이고 우리 조선에서는 어떤 사람이라고 생각하는가?(上問鄭夢周於麗朝何等人我朝何人)"
　　　　　　　　　　　　　　　상 문 정 몽 주 어 려 조 하 등 인 아 조 하 인

공은 세조의 하문을 시로써 답하겠다 하여 시를 지어 올렸다.

李石亨詠詩而獻　이석형이 시로서 지어 올리다
이 석 형 영 시 이 헌

聖周容得伯夷淸　주나라 무왕은 백이숙제의 깨끗함을 알아주어
성 주 용 득 백 이 청

餓死首陽不用兵　병(군사)을 사용하지 않고 수양산에서 굶어 죽게 내버려 두었네
아 사 수 양 불 용 병

善竹橋頭當日夕　선죽교 머리 그날 저녁에
선 죽 교 두 당 일 석

無人扶去鄭先生　정선생을 따르는 사람도 없었는데
무 인 부 거 정 선 생

이 시는 주무왕이 주나라를 반대하면서 주나라 곡식을 먹지 않겠다고 수양산에 들어가 고사리만 뜯어 먹다 굶어 죽은 백이 숙제의 고사와 조선의 개국을 반대하던 정몽주를 선죽교에서 죽인 일을 비교하면서 정몽주는 고려의 신하로서 기울어지는 고려를 붙잡으려 하였으나 이미 대세를 돌이킬 만한 세력을 형성하지도 못했는데, 그를 죽인 것은 도량이 좁은 처사임을 은근히 지적한 것이다.

세조도 공의 깊은 뜻을 이해하고 그 시(익산동헌시)는 시인의 영감을 읊은 것일 뿐 다른 의도가 있는 것이 아니라고 하면서 공에 대한 국문을 중지하고 공을 내직으로 불러들여 예조참의에 임명하였다.

세조 3년(1457년), 공주목사를 비롯하여 공은 전라감사, 황해감사, 경기감사, 개성유수 등 외직에 있을 때 훌륭한 치정(治政)과 함께 권학(勸學)에 힘써 여가에는 친강(親講)에 나서 많은 신비를 훈육하였다.

세조 5년(1459년), 공이 한성판윤으로 있을 때 장차 임금이 서순(西巡 : 황해도 평안도 지역)하려는데 황해도 관찰사가 오랫동안 결원된 채 적임자가 없어 공석으로 있었는데, 공이 임명되어 다음날 부임하자마자 밀려 있던 많은 일을 능숙하게 처결하고 임금을 맞을 준비를 차질 없이 하니 임금이 순시하고 크게 기뻐하며 후하게 포상하였다.

세조 7년(1461년), 공이 사헌부 대사헌(大司憲)으로 있을 때 일전에는 관원들이 언사(言事)로 인하여 억울하게 죄를 받은 자가 많았으나 공은 늠름하고 논리가 정연하여 그런 일이 없었다. 그러나 한 오리(汚吏) 대신을 논핵(論劾)하는 데 소(疏)가 격절(激切 : 언론이 과격하고 절실함)하니 임금이 감탄하면서 어좌(御座)에서 내려와 궁녀에게 명하여 공에게 술잔을 올리도록 하여 어주를 하사하였다.

세조 8년(1462년), 호조참판(戶曹參判)으로 임명되었을 때 호패법이 마련된 지 5년이 지나도록 시행되지 못한 것을 공이 총치(總治)를 위임받아 감장(監掌)함으로써 호패법을 시행할 수 있었다.

세조 12년(1466년), 8도체찰사(八道體察使)로서 전국을 두루 다니면서 호패법의 시행을 독찰(督察)하였다.

공은 경보(敬甫) 김예몽(金禮蒙)과 절친한 사이로 시문을 주고받은 것이 여섯 수가 저헌문집에 전해진다. 어느 날 공의 꿈에 김예몽이 먼 데를 가는데 추종하는 사람들이 거리를 메웠고, 어떤 사람의 손에 무슨 물건을 가지고 앞서가는데 그 물건에 문경공(文敬公)이라 쓰여 있었다.

공은 꿈을 깨어 심히 괴이하다 여겼는데, 1년 후 김예몽이 죽어서 도성에서 문밖으로 상여가 나갈 때 그 시호를 보니 문경이었다. 꿈과 꼭 맞았다는 이야기가 대동야승 해동잡록에 함께 전해진다.

성종 3년(1472), 공은 대학연의(大學衍義 : 대학에 공이 생각하는 바 해석과 주석을 달아 쓴 책)를 찬진(撰進 : 편찬하여 임금에게 올림)하니 임금께서 크게 기뻐하면서 즉시 전교(典書)에 내려 대량 인쇄하여 배포케 하고 공에게 안마(鞍馬) 한 필을 하사하였다.

성종조 대제학(大提學)을 지낸 괴애 김수온(乖崖 金守溫)이 지은 「식우집(拭疣集)」에 수록되어 있는 의원정심규제(醫員正心規制)는 저헌공(樗軒公)께서 대사헌(大司憲)으로 계실 때에 제정해서 상(上)의 윤허를 받고 공포한 후 팔도 도체찰사로 전국을 순회하시며 호패법의 실시를 독찰하며 '의원정심규제'를 훈시하시었다.

공이 만년에 정원(庭園) 못을 파서 연(蓮)를 심고, 못 가에 작은 정자를[20] 지어 이름을 '계일(戒溢)'이라 하고 김괴애가 기문(記文)을 썼다고 대동야승 해동잡록에 전해진다.

계일의 네 가지 가르침

1. 자성(自省)하는 마음 : 일일삼성 반성을 강조한 가르침.
2. 면학근행(勉學勤行)의 정신 : 부지런히 배우고 행하여 제구실을 다하라며 근면을 강조한 가르침.
3. 겸손겸허(謙遜謙虛)한 언행 : 권력을 남용하지 말고, 친절하고 예의 바르게 행동하라는 불교(不驕 : 교만하지 않음) 예절의 가르침.
4. 검소검약(儉素儉約)한 생활 : 제 분수를 알고 정도에서 벗어나지 말라는 수분(守分 : 분수를 지킴) 미덕의 가르침.

생가터 표석 서울대학교 병원 본관 앞   삼장원사(三壯元詞) 시비(詩碑)

계일정과 공의 생가가 있던 자리가 종로구 연지동 서울대병원 경내인데 서울시가 '이석형 생가' 표지석을 세워 놓았다. 또 연지동의 전 이름 연화방(蓮花坊)

----

20 계일 : '넘침을 경계하라'는 교훈을 주는 이름으로 공의 평생 생활철학이며 후손들에 대한 가르침이다.

은 공의 계일정 못에서 비롯되었다고 전해진다.

　조선시대 세종조에 저헌 이석형이 한 해에 최초로 삼장원(三壯元)을 하자 세종이 큰 인재를 얻은 기쁨에 연회를 베풀었다. 그 후 세조는 궁녀들에게 삼장원사(三壯元詞) 노래를 부르게 하였다는 기록이 조선왕조실록에 있어 종중에서 시비를 건립하였다.

참고문헌

『저헌집(樗軒集)』.

『월사집(月沙集)』.

『연려실기술(燃藜室記述)』.

『대동기문(大東奇聞) 해동잡록(海東雜錄)』.

『저헌공 삼장율사비 제막』, 연안이씨저헌공파대종회, 2008년.

『저현 이석형 의원정심규제』, 연안이씨저헌공파대종회, 2000년.

『연안이씨종민』, 연안이씨전국대종회, 2020년.

『한국민족문화대백과사전』

문민공(文愍公) 탁영(濯纓) 김일손(金馹孫)

탁영 선생 묘

생애

문민공(文愍公) 김일손(金馹孫)은 1464년(세조 10년)에 태어나 1498년(연산군 4년)에 타계한 조선 초기의 학자·문신으로 본관은 김해(金海)이고 자는 계운(季雲)이며 호는 탁영(濯纓) 또는 소미산인(少微山人)이다. 아버지는 조선 초기의 문신이며 고령현감 등을 역임한 김맹(金孟)이시고 조부는 조선 초기 효자 정려가 건립된 김극일(金克一)이시고 증조부는 의흥 현감을 지낸 김진(金搢)이다. 부친 김맹(金孟)은 용마(龍馬)가 나오는 꿈을 꾸고 세 아들을 낳았기 때문에 이름에 말[馬] 글자를 넣어서 각각 준손(駿孫), 기손(驥孫), 일손(馹孫)이라 하였다.

김일손 삼형제는 모두 과거에 합격하여 가문의 문명(文名)을 드날렸는데 그중에서도 김일손의 실력이 특히 뛰어났던 것 같다. 김일손은 경상좌도(慶尙左道)의 향시(鄕試)에는 매번 장원을 차지했던 뛰어난 인재였음에도 두 형을 급제시키기 위해 자신의 합격을 미룰 정도였다고 한다. 결국 두 형 김준손과 김기손은 김일손의 힘을 빌려 함께 초시에 합격하였고, 전시를 치르는 날이 되자 김일손은 두 형의 책문(策文)을 대신 지어주고 자기 것은 짓지 않았다고 한다. 이는 부정행위에 속하는 만큼 전해지는 이야기를 모두 믿을 수는 없겠지만, 이러한 이야기가 만들어져 전해질 정도로 김일손의 실력은 형제들 사이에서도 가장 뛰어났던 모양으로 형들에 대한 김일손의 깊은 우애를 반영하여 만들어진 일화이다.

1486년(성종 17년) 7월에 진사가 되고 같은 해 11월에 식년문과 갑과에 제 2인으로 급제하였다. 처음 승문원에 들어가 권지부정자(權知副正字)로 관직 생활을 시작하여 곧 정자(正字)로서 춘추관기사관(春秋館記事官)을 겸하게 되었다. 그 뒤 진주의 교수(敎授)로 나갔다가 곧 사직하고 고향에 돌아가 운계정사(雲溪精舍)를 열고 학문의 연찬에 몰두하였다.

이 시기에 김종직(金宗直)의 문하에 들어가 정여창(鄭汝昌), 강혼(姜渾) 등과 깊이 교유하였다. 다시 환로(宦路)에 들어서서 승정원의 주서(注書)를 거쳐 홍문관의 박사·부수찬, 성균관 전적, 사헌부 장령, 사간원 정언을 지냈으며 다시 홍문관의 수찬을 거쳐 병조 좌랑, 이조 좌랑이 되었다. 그 뒤 홍문관의 부교리, 교리 및 사간원 헌납, 이조정랑 등을 지냈는데 관료 생활 동안 여러 차례에 걸쳐 사가독서(賜暇讀書)를 하여 학문과 문장의 깊이를 다졌다.

그리고 주로 언관(言官)에 재직하면서 문종의 비인 현덕왕후의 소릉(昭陵)을 복위하라는 과감한 주장을 하였을 뿐만 아니라 훈구파의 불의·부패 및 '권귀화(權貴化)'를 공격하는 반면 사림파의 중앙정계 진출을 적극적으로 도왔다. 그 결과 1498년(연산군 4)에 유자광(柳子光), 이극돈(李克墩) 등 훈구파가 일으킨 무오사화에서 조의제문(弔義帝文)의 사초화(史草化) 및 소릉 복위 상소 등 일련의 사실로 인하여 능지처참의 형을 받게 되었다. 그리고 중종 때 홍문관 직제학, 현종 때 도승지, 순조 때 이조판서가 각각 추증되었다.

17세 때까지는 할아버지 극일(克一)로부터 『소학』, 『사서(四書)』, 『통감강목 (通鑑綱目)』 등을 배웠으며 이후 김종직의 문하에 들어가 평생 사사하였다. 김종직의 문인 중에는 김굉필·정여창 등과 같이 '수기(修己)'를 지향하는 한 계열과 사장(詞章)을 중시하면서 '치인(治人)'을 지향하는 다른 한 계열의 인물들이 있었는데 후자의 대표적 인물이었다.

한편, 현실 대응 자세는 매우 과감하고 진취적이었는데 소릉 복위 상소나 조의제문을 사초에 수록한 사실 등에서 그 정치적 성향을 엿볼 수 있다. 이는 세조의 즉위 사실 자체와 그로 인해 배출된 공신의 존재 명분을 간접적으로 부정한 것으로서 당시『회노당기(會老堂記), 『속두유록(續頭流錄)』등 26편이『속동문선』에 수록되어 있다. 자계서원(紫溪書院)과 도동서원(道東書院) 등에 제향되었다.

시호는 문민(文愍)이다. 자계서원(紫溪書院)은 경상북도 청도군 이서면 서원리 85에 있는 서원으로 1518년(중종 13년) 지방유림의 공의로 김일손(金馹孫)의 학문과 덕행을 추모하기 위해 자계사(紫溪祠)를 창건하여 위패를 모셨다.

1576년(선조 9년) 서원으로 승격되었으나 임진왜란으로 소실되었다가 1615년(광해군 7년)에 중건하고 김극일(金克一)과 김대유(金大有)를 추가 배향하였다. 1661년(현종 2년) '자계(慈溪)'라는 사액을 받아 선현 배향과 지방 교육의 일익을 담당하여 오던 중 1871년(고종 8년) 대원군의 서원철폐로 훼철되었으며 그 뒤 1984년에 복원하였다.

자계서원

영귀루

경내 건물로는 3칸의 묘우(廟宇), 신문(神門), 5칸의 강당, 각 3칸의 동재(東齋)와 서재(西齋), 3칸의 전사청(典祀廳), 2층 3칸의 영귀루(詠歸樓) 외삼문(外三門), 비각(碑閣), 4칸의 고자처(庫子處) 등 12동의 건물과 천운담(天雲潭)·탁영대(濯纓臺) 등이 있다. 사우에는 김일손을 주벽(主壁)으로 하여 좌우에 김극일과 김대유의 위패가 봉안되어 있다. 강당은 중앙의 마루와 양쪽 현실로 되어 있는데 원내의 여러 행사와 유림의 회합 및 학문 강론장소로 사용하고 있다. 전사청은 향사(享祀) 때 제수(祭需)를 마련하여 두는 곳이며, 동재와 서재는 유생들이 수학하며 거처하는 곳이다. 영귀루는 원내의 여러 행사 및 유생들이 모여서 시부(詩賦)를 짓기도 하는 곳이며 비각에는 김극일의 효행을 찬양한 것과 신도비(神道碑)와 원정비(院庭碑) 등이 있다. 영귀루. 동재, 서재는 경상북도유형문화재 제83호로 지정되어 있다. 매년 2월 중정(中丁 : 두 번째 丁日)과 8월 중정에 향사를 지내고 있으

탁영금(보물 제957호) 현존 가장 오래된 거문고

며 제품(祭品)은 4변(邊) 4두(豆)이다.

유물로는 칠현금(七絃琴)이 보관되어 있고 문집은 〈연려실기술〉 등 수십 권이 소장되어 있으며 재산으로는 전답 3,000평과 대지 5,000평 등이 있다.

저서로는 『탁영집(濯纓集)』이 있으며, 「회로당기(會老堂記)」·「속두류록(續頭流錄)」 등 26편이 『동문선(東文選)』에 수록되어 있다. 자계서원(紫溪書院)과 도동서원(道東書院) 등에 제향되었다. 시호는 문민(文愍)이다.

사화의 불꽃으로 스러져 역사에 이름을 남기다

○ 최초 사화의 장본인

김일손은 최초의 사화인 1498년(연산군 4년) 무오사화(戊午士禍)의 불씨를 제공한 장본인으로 유명하다. 세조의 왕위 찬탈을 비판한 것으로 평가되는 스승 김종직의 조의제문(弔義帝文)을 사초(史草)에 싣는가 하면 당시 기득권을 쥐고 있던 훈구파에 대한 비판까지도 그대로 사초에 실어 당대의 정치 현실을 비판하려 하였다. 결국, 분노한 연산군에 의해 짧은 생애를 마감하였지만, 그의 꼿꼿한 직필(直筆)의 정신은 이후 사람들의 본보기가 되었다

○ 훈구와 사림

김일손의 행적이 가진 의미를 제대로 음미하기 위해서는 무엇보다 그가 살다 간 시기의 정치 상황에 대한 이해가 필요하다. 세조는 조카 단종으로부터 왕위를 찬탈하였기 때문에, 즉위 초기부터 사육신 사건 등 많은 저항에 부딪혔다.

따라서 그는 이전부터 내려오던 조선의 정치 시스템을 그대로 이용하지 않고 자신이 구축한 세력을 통하여 강력한 왕권을 행사하였다. 그러한 과정에서 세조는 측근들을 고위직에 임명하고 그들에게 공신의 칭호를 수 차례 내리기도 하였는데 세조 사후에도 이들은 조정 내에 기득권 세력으로 자리 잡았다.

그런데 문치(文治)를 강조한 성종의 재위 기간 동안 조정은 새로운 기풍으로 물들고 있었다. 흔히 '영남 사림파'라고 알려진 김종직의 문인들이 언관(言官) 등의 위치에 포진하여 조정의 기득권 세력을 비판하기 시작한 것이었다. 김일손 또한 그중 하나였다.

○ 내 발을 씻으리라(可以濯吾足)

이 구절은 초나라 조정에서 쫓겨난 굴원이 어찌 결백한 몸으로 세상의 더러운 것을 받아들일 수 있겠냐고 하자 어부가 빙그레 웃으며 읊조리고 간 부분이다. 이는 곧 세상의 청탁에 따라서 몸가짐을 달리하라는 뜻으로 세상이 흐리다면 조정에 출사하지 않는 것도 하나의 방책이라는 뜻으로 자주 인용되었다.

그러나 김일손이 '탁영'을 호로 삼은 이유는 바로 자신이 갓끈을 씻을 수 있을 정도로 깨끗한 세상을 만들겠다는 뜻이었다. 조정의 혼탁함을 바로잡아 자신이 몸 담을 만한 곳으로 만들겠다는 의지의 반영이었던 것이다. 실로 원대한 포부가 담겨있으나 조정에서 결국 그가 겪어야 할 고난을 예고하는 것이기도 했다.

김일손은 1486년(성종 17년) 문과에서 2등을 하고 승문원(承文院)에 배속되어 벼슬길에 나섰다. 그는 이후 홍문관. 승정원. 사간원, 사헌부 등의 관직을 두루 거쳤는데, 이는 조선시대 엘리트 관원들이 역임하는 청요직(淸要職)이었다. 그는 주로 언관 활동에 종사하면서 여러 시책을 제시하였다. 그중에서도 특기할 만한 것은 1495년(연산군 1년) 충청도 도사로 있을 당시 시폐(時弊)를 논하면서 현덕왕후의 복위를 요청하였던 사실이다. 이전부터 김시습(金時習), 남효온(南孝溫) 등 세조의 왕위 찬탈에 비판적이었던 인물들과 교유하였던 김일손은 현덕왕후 복위를 주장하며 세조의 왕위 찬탈을 간접적으로 비판한 것으로 보인다. 세조의 왕위 찬탈, 그리고 세조 때 공신들의 기득권 장악 등에 비판적이었던 김일손과 그 동료들의 태도는 결국 무오사화라는 비극적인 결말을 불러오게 된다.

○ **사초**(史草)**와 사화**(士禍)

무오사화의 발단은 바로 김일손이 성종 재위 시 사관(史官)으로 있으면서 썼던 사초(史草)에서 비롯되었다. 사초란 바로 조선왕조실록의 기초가 되는 자료들로, 한 왕의 재위 시절에 써두었던 사초들을 그 왕 사후에 모아서 정리하여 실록이 되는 것이다. 문제는 성종실록을 편수하는 실록청(實錄廳)의 당상이 김일손과 사이가 좋지 않은 이극돈이었던 것이었다.

김일손은 사간원 헌납(司諫院 獻納)으로 있을 때 이극돈에 대해 비판하여 이미 이극돈이 좋지 않은 감정을 가지게 된 바 있었다. 그런데 이극돈이 실록청의 당상이 되어 사초를 살펴보니 김일손이 쓴 사초에 자신에 대한 좋지 않은 평가가 그대로 실려 있는 것이었다. 대표적으로는 정희왕후(貞熹王后)의 국상 당시 장흥의 관기(官妓)와 가까이했던 사건, 뇌물을 받은 사건, 세조 앞에서 불경을 잘 외워 출세했다는 평가가 바로 그것이었다. 이극돈은 자신에 대한 부정적인 평가가 천세 만세 남을 역사서에 실릴 수도 있다는 사실에 대경실색하였다. 이에 염치불구하고 김일손에게 사초를 고쳐 주기를 청하였으나 역사관이 분명한 김일손이 고쳐 줄 리 없었다.

이에 이극돈은 세조의 총신이었던 유자광과 사초 문제를 논의했다. 유자광은 당시의 훈구 대신들과 이 문제를 논의한 후에 이를 다시 연산군에게 고하였다. 연산군은 국왕이 사초를 보지 않는다는 원칙을 깨고 사초를 들여오라 명하였다. 이극돈은 사초 자체를 들이는 것은 원칙에 어긋나는 것이라 하면서도 김일손의 사초 일부를 절취하여 연산군에게 올렸다.

사초를 본 연산군은 진노하여 김일손을 붙잡아오도록 명했다. 세조 대(代)의 일을 함부로 사초에 썼다는 것이 그 이유였다. 예를 들어, 덕종의 후궁인 권 귀인을 세조가 불렀으나 권씨가 분부를 받들지 않았다는 내용의 사초가 있었는데, 덕종은 바로 세조의 아들이므로 이 사초가 혹시라도 실록에 실리게 된다면 인륜을 저버리는 큰 문제가 될 것이었다. 마침 김일손은 소릉 복위를 청하였던 전력이 있었으므로 연산군은 김일손이 세조의 왕위 찬탈을 반대하는 견해를 가지고 있다고 판단하였다.

김일손은 당시 모친의 상을 당해 고향에 내려가 있다가 풍질을 앓고 있던 중이었다. 그는 사초 문제로 붙잡혀 가는 것임을 직감했다고 한다. 국문이 계속되면서 김일손이 스승 김종직의 조의제문을 사초에 실은 것 또한 문제가 되었다. 조의제문은 '의제(義帝)를 조문하는 글'이라는 뜻으로, 김종직이 꿈속에서 항우(項羽)에게 살해당한 의제(義帝)를 만난 후 그의 넋을 위로하기 위해 쓴 글이다. 결국, 모진 형신 끝에 김일손은 온몸이 찢기는 형벌에 처해졌고, 스승 김종직은 무덤에서 꺼내어져 시신의 목이 잘리는 형벌을 당하였다. 김일손의 동료들도 대거 화를 입었다. 김일손이 형벌을 당할 때 그의 고향에 있는 냇물이 별안간 붉게 물들어 3일 동안이나 되돌아오지 않았다고 한다. 이에 그 냇물은 붉은 시내라는 뜻의 자계(紫溪)라 불리게 되었다.

김일손은 역사 서술을 통해 당대 집권 세력에 비판을 가하려 하였으며, 나아가 국왕의 정통성과 관계된 문제까지도 거리낌 없이 서술하여 세조의 왕위 찬탈에 대한 비판적 시각을 드러냈다. 직필(直筆)을 중시한 김일손의 역사관은 형신 과정에서의 문답에서 더욱 분명하게 드러났다. 김일손은 병중에 잡혀 와서 몸이 불편했음에도 불구하고 사초의 일을 캐묻는 연산군에게 꼿꼿한 기개로 답하였다.

"전하여 들은 일은 사관(史官)이 모두 기록하게 되었기 때문에 신 역시 쓴 것입니다. 그들은 곳을 하문하심은 부당한 듯하옵니다."

"사관이 들은 곳을 꼭 물으신다면 아마도 실록이 폐하게 될 것입니다."

"국가에서 사관을 설치한 것은 역사의 일을 소중히 여겼기 때문이므로 신이 직무에 이바지하고자 감히 쓴 것입니다."

역사적 평가를 담당하는 사관의 중요성을 확신한 김일손은 죽음을 눈앞에 둔

김일손 교지

상황에서도 자신의 소견을 굽히지 않았다.

김일손은 연산군을 물러나게 한 중종반정 이후에나 복권될 수 있었다. 이후 그를 기리기 위해 고향 청도에 세워진 서원은 냇물의 이름을 따 '자계서원'이라 명명되었다. 만세에 남는 '역사'라는 수단을 통해 당대 현실을 비판하고자 했던 김일손, 그는 비록 35세라는 젊은 나이에 세상을 떠났지만 그 이름은 조선 중앙정계를 이끈 '사림(士林)'의 명맥 속에 영원히 남게 되었다.

김일손의 문학

추회부(秋懷賦)[21]

탁영 김일손 선생 친필

계축년 가을에 내 서당(書堂)[22]에 있었도다. 창망하게 철 늦는데 세월만 허송했네. 만 권 책 다 못 읽고 해가 문득 서에 숨네. 낮은 무척 짧아지고, 밤은 점점 길어 오는데 들보 위의 제비는 훨훨 날아 둥우리를 하직하고, 변방(塞)의 기러기는 끼룩끼룩 넓게 운다. 잎은 떨어져 뿌리로 돌아가고 귀뚜라미는 귀뚤귀뚤 평상에 가까이 온다. 시절 풍경 변함이 느껴워 나의 회포 슬픔을 더하누나. 책상을 대하고 책을 덮으니 마음속에 무엇을 잊은 듯 말도 없고 웃지도 않으니 문득 앞길이 아득하네. 소용없는 시름, 근심 만사가 양 잃은 듯[亡羊] 목계자(木溪子 : 강혼(姜渾))가 옆에 있다가 괴이히 여겨 묻는다. 어찌해서 그러한가. 문명 시대 몸소 만나 임

---

21 부(賦)란 것은 어떤 일을 펴서 진술하는 것으로 옛 시(詩)의 유파(流派)이다. 시로 부족하므로 부를 지어 그 뜻을 다함이다.

22 문신에게 휴가를 주어 책을 읽게 하던 곳. 사가독서하던 동호(東湖)의 독서당이다.

탁영 선생 문학비

탁영 선생이 심은 나무

금은 성스럽고 신하는 어질도다. 관(館 : 홍문관(弘文館))을 세워 인재 쌓아 조정 반열에 뽑혔구나. 뿌리에 물을 주어 열매를 먹으려고 비광(斐狂)[23]도 버리지 않네. 우리 높은 집에서 황도(皇道)·왕도(王道) 토론하니 어주(御廚)에서 음식 오고 태창(太倉)에서 쌀을 주네. 영화 행복 비할 데 없거니 즐거움도 그지없어라. 저녁놀[落霞][24] 흥취는 멀고 먼데 강산(江山)이 눈에 가득하네. 부르거니 화답커니 아아(峨峨)와 양양(洋洋)이라. 조물(造物)과 짝이 되어 마음이 도(道)와 함께 창성하네. 건곤(乾坤)이 한 고리라. 손 닿는 대로 낮았다 높았다 하네. 사철이 돌고 돎은 천지의 떳떳함이라. 왜 그리도 슬퍼하여 초객(招客)처럼 상심하나. 아이 불러 술 들여다 그대 잔에 가득 권하려네. 나는 잠자코 대답 없이 눈물만 흐르누나. 목계자 일어나 다시 말하기를, 내 알겠노라. 서리 밟고 슬퍼지니 선영(先塋)이 황폐해옴인가. 백발로 〈자식 생각〉 때문에 기대었음은 어머니를 못 모셔 왔음인가. 형제 생각 간절하니 저 언덕에 오름인가. 순채·노어(鱸鰱)의 흥이 나서[25] 강호(江湖) 고향 생각인가. 정든 님 먼 이별에 규방을 그리워함인가. 옛사람을 좋아하나 늦게야 태어났고 마음은 멀고 땅은 한구석이라. 홀로 외롭다 함이냐. 행동이 세상과 어기고 운명이 몸과 서로 맞지 않아 억지로 구불거림이냐. 아름다운 산

---

23 공자는 타국에 있을 때 말하기를, "돌아가야겠다. 우리 고향의 소자(小)들이 광간(簡)하여 비연(斐然)히 문장을 이루었으나 재다할 바를 모른다." 하였다. 광(狂)은 실천이 높은 뜻에 미치지 못한다는 뜻이요, 비연은 문장이 빛난다는 뜻이다.

24 당나라 문인(文人) 왕발의 글에 "떨어지는 놀이 외로운 따오기와 나란히 난다."(落霞與孤鶩齊飛)라는 이름난 구절이 있다. 이때 서당 앞에 있는 한강의 석양 경치가 그러하였던 것이다.

25 진(晋)나라 장한(張翰)이 가을 바람 부는 것을 보고, "고향인 강동(江東)의 순채(蓴菜)나물과 노어회기 그립다." 하고 곧 돌아갔다.

좋은 물에 고상하게 살려하나. 숨을 곳을 얻지 못함이냐. 백성들이 생각에 걸리는데 천한 집에 억울함이 있을세라. 시대를 건져 태평케 하려 함이냐. 내 상고(上古)의 글을 읽고 저 신은 우주(宇宙)에 놀면서, 이 몸을 요순(堯舜) 시대에 올려다 두지 못함이 한이런가. 충성하고 어진 이에게는 느껴워 탄식하며, 음흉 간특한 자는 분하고 미워하여 부질없이 앞 시대의 흥하고 망한 데에 찡그림인가. 또 혹시 어려서 배워 이름이 없어, 장성해서 담에 얼굴을 대고 선 것[面墻]²⁶을 한하고, 이(伊)·락(洛)²⁷으로 거슬러 올라가려던 것이 도리어 막다른 장마물에 배질[航]했네. 속세에 골몰하여 세상일에 분주하여 위로는 성현의 교훈 저버리고 아래로는 사람들의 기대한 것을 못 맞추네. 나라의 녹만 먹고 날을 보내니 내 몸 돌이켜 살피매 감당할 수 없구나. 먼 길을 앞에 두고 해는 절박하고 옛사람 바라보나 힘이 미칠 겨를 없네. 그러나 오히려 묵은 책에서 남은 향기 얻어내어 스스로 구완(九畹)의 국향(國香)이라 하네. 미나리 나물을 바치려는 조그마한 정성²⁸을 가지고, 한갓 먹기만 하고 돌아다닌다. 미인을 생각하니 나이 점점 늦어감이여 소쩍새 울매 꽃다움이 없어진다. 아마도 자네는 이 때에 온갖 느낌이 모여 창자를 찌르리라. 아, 천지는 잠깐 지나는 것 같고, 이 몸은 겨와 쭉정이보다도 조그만 것이다. 젊어서 힘쓰지 않다가 늙음이 장차 이름이여, 백 년 동안을 심상하게 넘기리. 초목과 같이 시들어 마침내 한바탕[一場]으로 녹아 없어지리니 어찌 슬프지 아니하냐. 나는 보니 일원(一元)의 운행함이 쉬지 않고 계속한다. 인생이 품부(稟賦)할 제 음양의 기운 통해 났네. 봄 생각은 화창하고 여름 기운은 느리고 길다. 가을 회포 처량하고 겨울 마음 엄하다. 한마음이 느낌 따라, 철과 함께 풀렸다 버티었다 하네. 생명을 가진 것은 모두 같아 털끝

----

26 공자가 그의 아들에게 말하기를, "사람이 〈시경(詩經)의 주남(周南)·소남(김南)〉을 배우지 않으면 마치 얼굴을 담에 대고 선 것과 같으니라." 하였다.

27 송나라 정자(程子)가 살던 곳에 이수(伊水)와 낙수(洛水)의 두 물이 있다.

28 옛적에 들에 사는 한 백성이 미나리나물을 먹다가 맛이 좋다 하여 임금에게 바치려 하였다. 어리석은 소견이지만 정성은 갸륵하다는 말이다.

만큼도 분간 없다. 오직 가을의 기운은 홀로 이기고 강하다. 온갖 생물이 슬퍼하니 실로 조화의 죽이는 바이다. 그러나 군자는 정(情)을 절제하여 중정(中正)으로 스스로 바루어야 하네. 나는 장차 자네와 함께 가을을 완상(翫賞)하리니, 청컨대, 산에 오르고 물에 다다라 거닐어 보세. 나는 오히려 응하지 않고 소매에 손을 끼고 생각하네. 거문고 들어 한 번 어루만지니 만고(萬古)가 바쁜 것뿐이로다. 바람이 우수수 사립문을 치는데, 그 소리 쟁그랑 쇠를 울림 같네. 일어나 창을 여니 빈 뜰에 낙엽 쌓였는데, 기러기 날아 떨어지는 곳에 강물이 맑구나. 하늘은 높고 먼데 들 빛은 푸릇 누릇.

참고문헌 ───────────────────────────────

『성종실록(成宗實錄)』

『탁영집(濯纓集)』

『점필재집(佔畢齋集)』

『백허정집(白虛亭集)』

『재사당일집(再思堂逸集)』

『허암유집(虛庵遺集)』

『이평사집(李評事集)』

『경현록(景賢)』

『속동문선(續東文選)

『해동잡록(海東雜錄)』

『연려실기술(燃藜室記述)』

『조선전기 기호사림파 연구』(이병휴, 일조각, 1984)

『한국민족문화대백과 사전』 등

문민공(文敏公) 신재(愼齋) 주세붕(周世鵬)

생애

신재 선생 영정
(국립중앙박물관)

주세붕(1495~1554년)은 서원을 창시한 조선의 학자·문신이다. 본관은 상주(尙州), 자는 경유(景遊), 호는 신재(愼齋)·손옹(巽翁)·남고(南皐)이며 시호는 문민(文敏)이다.

주세붕은 이조·병조참판을 지낸 방유령(方有寧)의 문인으로 1522년(중종 17년) 별시 문과에 급제하여 승문원 정자(正字)가 되어 사가독서한 후 검열·부수찬 등을 지내다가 이항의 소지를 공공연한 자리에 꺼낸 문제와 관련하여 김안로의 배척을 받아 좌천되었다. 그 후 곤양군수를 거쳐 풍기군수로 있을 때 여러 가지의 일화를 남겼다.

풍기군수로 있을 때 재산 문제로 동생과 다툰 한 백성이 있었는데, 주세붕은 그 형으로 하여금 아우를 업고 종일 동헌의 뜰을 돌게 하였다. 그가 몹시 지치게 되었을 때 불러 "어릴 적 동생을 업어 기를 때에도 다투어 빼앗을 생각을 가졌었느냐?" 하니 자신의 욕심을 부끄럽게 여기고 물러갔다고 한다. 이러한 과정에서 많은 사람이 주세붕을 비웃었으나 얼마 안 가 그의 솜씨에 감복하였다. 실록의 사관은 "유학을 겨우 알고 있으나 많은 사람을 교화시켰다."라고 그를 평했다.

1542년(중종 37년) 백운동에 고려 말의 학자 안향(安珦)의 사당을 세웠다. 이듬해 백운동서원(소수서원)을 창설하였는데 이것이 한국 최초의 서원이다. 1541년 5월 22일의 실록에서는 '사당의 좌우에 학교를 세워 유생이 거처하는 곳으로 하고, 약간의 곡식을 저축하고 이자를 받아 고을 안의 모든 백성 가운데에서 준수한 자가 모여 먹고 배우게 하였다. 당초 터를 닦을 때 땅을 파다가 구리 그릇 3

백여 근을 얻어 중국에서 책을 사 왔는데, 경서(經書)뿐만 아니라 무릇 정주(程朱)의 서적도 없는 것이 없었으며, 권과도 게을리하지 않았다'고 기록했다.

이항의 분경과 관련한 문제로 비판을 받기도 했지만, 그는 다른 유학자들과는 달리 타 학문에 대한 유연한 사고방식과 백성을 위한 마음가짐의 선비정신을 가지고 있었다고도 기록했다. 흉년이 들었을 때, 자신의 재산을 털어가면서 백성들을 구황하였는데, 그의 구황 실적은 도내 제일이었다. 풍기군수에 제수 되지 1년 뒤 조정에서는 이와 관련한 포상문제를 논하였다. 그 후 직제학, 도승지, 대사성·호조 참판을 역임하고, 1551년 황해 감사로 있을 때 해주에 수양서원(문헌서원)을 창설하였다. 청백리에 녹선 되었으며 죽은 후 예조판서에 추증되었다.

주세붕 묘역
경상남도 기념물 제33호(경남 함안군 칠서면 계대리)

청백리에 뽑히었고, 「도동곡(道東曲)」, 「육현가(六賢歌)」, 「엄연곡(儼然曲)」, 「태평곡(太平曲)」 등 장가(長歌)와 군자가(君子歌)」 등 단가(短歌) 8수가 전한다. 칠원의 덕연서원(德淵書院)에 주향되었고 백운동서원에도 배향되었다.

저서로 『죽계지(竹溪誌)』, 『해동명신언행록(海東名臣言行錄)』, 『진헌심도(進獻心圖)』가 있다. 문집으로 아들 박이 편집했다가 전란으로 없어져 1859년(철종 10) 후손들이 다시 편집한 『무릉잡고(武陵雜稿)』가 있다. 대표작으로 〈의로운 거위 이야기〉, 〈오륜가(五倫歌)〉가 있어 소개한다.

○ 의로운 거위 이야기

고전 수필, 기(記). 〈의로운 거위 이야기〉는 글쓴이의 경험을 통해 얻은 깨달음을 제시하여 독자들에게 교훈을 주고 있는 수필이다. 글쓴이는 누님이 기르던 거위를 데려다 키우면서 거위의 의로운 모습을 보게 되고 이를 신의 없는 인간의 모습과 비교한다. 이를 통해 미물만도 못한 인간을 존귀한 존재인 사람이라 하는 것이나 의로운 마음을 지닌 짐승을 미물이라고 하는 것이 옳지 않다는 것을 깨닫는다. 이러한 깨달음은 인간은 만물의 영장이며 가장 존귀한 존재라는 일반적인 생각과 차이를 보이는 것으로 글쓴이의 개성적인 관점을 엿볼 수 있다.

또한 이익을 위해 친구나 자신을 팔아넘기고 나라에도 충성하지 않는 인간의 모습을 한탄하고 이를 비판하면서 사람들에게 교훈을 주기 위해 이 글을 기록한다는 자신의 의도를 직접적으로 드러내고 있다.　　* 수록 교과서 : 국어천재(박영목)

○ **오륜가**(五倫歌)

이 작품은 서시(序詩)를 포함하여 모두 6수로 이루어진 연시조로, 삼강오륜의 유교 사상을 노래로 표현한 교훈적이고 도덕적인 시조이다. 오륜의 다섯 덕목 중 붕우유신(朋友有信)을 제외하고 대신 형제우애를 첨가하여 한글로 쉽게 풀어 써 노래 부르게 함으로써 일반 백성들을 교화하고자 지은 것이다. 그 내용을 간추리면 다음과 같다.

사롬 사롬마다 이 말숨 드러스라.
이 말숨 아니면 사롬이오 사롬 아니니
이 말숨 닛디 말오 비호고야 마로리이다.

오륜가 제1수

제1수는 삼강오륜(三綱五倫)을 모르면 사람이 아니라고 단정하여 앞으로 이어질 내용의 성격을 암시한다. 이어서 제2수는 초장에서 부생모육지은(父生母育之恩)을 노래하고 종장에서 부모의 은혜가 끝이 없음을 노래하여 훗날 정철의 〈훈민가(訓民歌)〉와 거의 비슷한 내용을 이룬다. 제3수는 군신 간의 관계를 하늘이 맺어 준 것이라고 밝히고 있는데, 여기서 '둉'은 '신하'를, '항것'은 '임금'을 가리키는 것이다. 종장에서는 신하가 임금에 대해 두 마음을 가지는 일이 없이 충성을 다해야 한다는 것을 역설한다. 제4수는 아내가 남편을 하늘처럼 공경하는 마음으로 언제나 손님 대하듯 정성껏 대하라는 교훈이 담겨 있다. 이어 제5수는 형제가 한 어머니 젖을 먹고, 또 지극한 사랑을 받고 장성한 만큼 서로 불화하면 개나 돼지와 같으니 부디 형제간에 우애하고 화목하기를 당부하고 있다. 제6수는 아랫사람이 웃어른을 부모와 형같이 공손하게 모셔야 한다는 점을 강조한다.

백운동서원(白雲洞書院) 설립, 조선 서원의 효시

경상북도 영주에 있는 백운동서원은 조선 서원의 효시로, 최초로 정부로부터 사액(賜額)을 받아 소수서원으로 개칭되었다. 이후 서원은 전국 각지에 세워지며 학문 활동의 중심지이자 지방 사림의 정치적 근거지 역할을 하였다. 1871년(고종 8년) 흥선대원군의 서원철폐령이 있기 전까지 서원의 시대가 열렸던 것이다.

경상북도 영주의 소백산 자락, 마치 거북이 엎드린 듯한 영귀봉(靈龜峰) 아래, 죽계(竹溪)와 소나무가 우거진 풍광이 수려한 곳에 한 서원이 자리 잡고 있다. 바로 조선 서원의 효시이자 최초의 사액서원인 소수서원이다. 건립 당시의 명칭은 백운동서원이며 1543년(중종 38년) 풍기군수로 있던 주세붕이 고려 말의 성리학자 안향(安珦)을 기리는 뜻으로 세운 것이다.

안향을 배향한 서원이 풍기군에 건립된 이유는 바로 안향이 이곳 풍기 출신이기 때문이다. 정확하게 이야기하자면, 안향은 순흥부 출신이며 본관 또한 순흥이다. 그러나 세조대에 순흥부사 이보흠(李甫欽)이 단종의 복위를 꾀하다가 발각되어 순흥 또한 역도의 고장이라 하여 쪼개어져 풍기, 영주 등에 속하게 되었다. 현재 소수서원은 영주시 순흥면에 속해 있다.

주세붕은 1541년(중종 36년) 풍기군수로 임명되어, 부임한 이듬해인 1542년 먼저 안향을 기리기 위한 사당을 지었다. 그 일 년 뒤인 1543년에는 서당 앞에 서원을 지었으니 바로 백운동서원이다. 이는 남송의 대학자 주자(朱子)가 설립한 백록동서원(白鹿洞書院)을 본뜬 것이다. 주세붕은 백운동서원이라 이름한 연유에 대하여, 백록서원이 있던 여산(廬山)에 못지않게 구름과 산과 언덕과 강물, 그리고 하얀 구름이 항상 서원을 세운 골짜기에 가득하였기 때문이라 하였다.

주세붕이 주자의 백록동서원을 본뜬 것은 단순히 서원의 이름뿐만은 아니다. 서원의 설립 목적 또한 향촌의 교화와 성리학의 보급이라는 주자의 목적을 본뜬 것이다. 주세붕은 서원의 설립 과정을 스스로 정리하여 『죽계지(竹溪志)』라는 기록으로 남겼는데, 여기에는 서원 설립의 목적이 잘 드러나 있다.

사실 백운동서원의 설립은 그리 쉬운 작업이 아니었다. 주세붕이 부임한 1541년에는 풍기 지역에 큰 가뭄이 있었고, 이듬해에도 큰 기근이 연이어 닥쳤기 때문에 풍기 지방의 당시 경제 사정은 매우 열악하였다. 따라서 백성들을 쥐어짜 무리한 공역을 추진하였다가는 민심이 이반할 우려가 있었다. 당연히 서원 건립을 반대하는 목소리가 이어졌다. 그 논리는 다음과 같았다. 첫째, 안향의 제사는 성균관에서 지내고 있는데 사당을 다시 세울 필요가 없다는 것, 둘째, 마찬가지로 이미 학교가 있는데도 서원을 다시 세울 필요가 없다는 것, 셋째, 기근을 당하였기 때문에 알맞은 때가 아니라는 것이었다.

서원은 선현(先賢)에 대한 제향(祭享)과 후학(後學)에 대한 교육이 이루어지는 장소이다. 서원 건립 반대의 일차적인 논리는 서원의 기능을 대신하는 기구들이 이미 존재하고 있다는 것이었다. 선현을 위한 제사는 이미 행해지고 있으며 향교에서 교육을 이미 담당하고 있으니 서원 건립은 일종의 중복 투자라는 것이다. 또한 기근이 들어 서원 건립을 위한 자금이 부족하다는 것도 주된 이유였다.

주세붕은 다음과 같이 서원 건립 반대 논리를 반박하였다.

'주자께서 남강에 일 년 머무르는 사이에 백록동서원을 수리하고 또 선현들의 사당을 세우기를 여러 번 반복하셨다. 이때는 금(金)의 오랑캐가 중원을 함락시켜 크게 어지러운 때였고 또한 기근까지 겹쳤었다. 그럼에도 불구하고 주자께서 서원과 사당을 세운 것이 하나에서 그치지 않았으니, 백성이 사람이 되는 까닭은 바로 교육에 있기 때문이다. 사당을 세워 유덕한 이를 숭상하고 서원을 세워 학문을 돈독하게 하는 교육이 난을 그치게 하고 기근을 구제하는 것보다 더 중요하기 때문이다.

백운동 현판 (소수서원의 전신 백운동)

주세붕은 선현에 대한 제사와 후학에 대한 교육이 단순한 의례적 행위에 그치는 것이 아니라 향촌을 교화시켜 결국 국가를 위한 천년만년의 대계(大計)가 된다고 생각하였던 것이다. 그는 주자의 예를 들며 당장의 기근을 구하고 난을 그치게 하는 것보다 서원 건립이 중요하다는 것을 증명하였다.

이렇게만 보면, 주세붕이 마치 이상에만 사로잡힌 맹목적인 몽상가로 보일 수도 있겠다. 그러나 주세붕이 기근 구제를 위한 노력을 전혀 기울이지 않았던 것은 아니다. 그는 서원을 세우기 위해 터를 닦는 와중에 구리 수백 근을 캐내어 밑천으로 삼았다고 하는데, 이러한 사업을 통해 백성들의 어려움을 구제할 수 있었을 것이다. 또한 고을의 황빈(黃彬)이라는 인물이 벼 70석을 내어 건립을 도왔다고 하니, 서원 건립이 백성들에게 큰 부담이 되지는 않았다.

풍기 지역의 사림은 중앙에서 파견되어 온 주세붕이 벌이는 사업을 그리 달갑지 않게 바라보았던 듯하다. 백운동서원이 경상도 내의 모든 유생에게 열려 있었기 때문이다. 그러나 백운동서원이 자리 잡아 향촌 사회의 교화에 효과를 보기 시작하고, 이후 사액을 받아 그 위치를 공고히 하면서 지방 사림 또한 서원 운영에 적극적으로 동참하였다.

1546년(명종1년) 안향의 후손 안현(安玹)이 경상도 관찰사로 부임하면서, 백운동서원은 한층 더 발전하였다. 안현은 서원의 경제기반을 확충하고 서원의 운영 방책을 마련하는 데 큰 도움을 주었다.

조선 최초의 사액서원의 시대를 열다

백운동서원은 지방 사림의 근거지이자 풍속 교화의 중심지로 확고하게 자리

명종어필소수서원현판 (경상북도 유형문화재 제330호)

잡게 되었다. 이러한 백운동서원이 전국적으로 알려지고 역사에 한 획을 긋게 된 계기가 있었으니, 바로 조선 중기의 대학자 퇴계 이황

소수서원 강학 장면 (2022.10.2.)

이 1549년(명종 4년) 풍기군수로 임명되었던 것이다. 조선의 스승으로 꼽히는 이황은 성리학의 정신을 이어받아 향촌사회의 교화에 그 뜻을 두고 있어, 1556년(명종 11년)에는 예안 지역에 실시하기 위한 향약(鄕約)을 설계하기도 하였다. 풍기군수로 부임한 이황은 백운동서원에 대한 사액과 서적, 노비, 토지 등을 내려주기를 요청하여 서원을 국가에서 지원해 줄 것을 주장하였다.

마침내 1550년(명종 5년) 5월, 대제학 신광한(申光漢)이 왕명을 받들어 서원의 이름을 '소수(紹修)'라 지었으며, 국왕 명종(明宗)이 손수 '소수서원(紹修書院)'이라는 편액 글씨를 써서 서책과 함께 하사하였다. 비로소 백운동서원은 소수서원이 되어 조선 최초의 사액서원이 된 것이다. 「소수(紹修)」란 바로 「이어서 닦는다」는 뜻으로 「이미 무너진 교학을 다시 이어서 닦도록 한다(旣廢之學 紹而修之)」는 의미로 서원의 편액을 하사한 것이다. 1633년(인조 11년)에는 서원을 창건한 주세붕을 배향하였다.

소수서원이 사액서원이 되면서 전국적으로 서원 건립이 유행처럼 번지기 시작하였다. 각 지방에 서원이 건립되어 교육과 교화, 그리고 정치의 중심지로 기능하기 시작하였던 것이다. 사림의 시대와 함께 서원의 시대가 열린 것이었다. 그 중에서도 소수서원은 대표적인 서원의 위상을 유지하여, 1871년 흥선대원군의 서원철폐 때에도 철폐되지 않는 47개 서원 중 하나로 선정되었다.

현재에는 사적 제55호로 지정되어 있고, 명종 친필 편액과 편액이 걸린 강당, 국보 제111호로 지정된 안향의 영정(影幀), 보물 제485호인 대성지성문선왕전좌도(大成至聖文宣王殿坐圖)가 안치된 문성공묘(文成公廟) 등의 건물이 그대로 보존되어 있다.

인삼 재배의 선도자 주세붕 군수

풍기인삼협동조합 청사 앞
문민공 주선생 송덕비

풍기 인삼 재배는 450년 전 신재 주세붕 군수가 부임하여 4년 6개월을 재임하면서 오랜 역사 속에서 소백산을 중심으로 산삼이 많이 자생하는 까닭에 당연히 인삼 공납의 부과가 과다하여 민폐가 적지 않아 어떻게 하면 공납폐단을 줄여갈 수 있을까 하는 고뇌 끝에 대역죄의 모험을 감수한 위대한 결단의 산물로 탄생하게 되었다.

당시의 시대 상황으로 볼 때 공공연한 민가 재배는 절대적으로 금지되어 있었다. 따라서 주세붕 군수의 처음 시도를 추측해 볼 때 목민관으로서 선생의 지혜와 슬기를 엿볼 수 있다. 즉 산삼의 성장 과정과 자생 여건을 면밀히 살펴보고 시험 재배한 사실을 문서기록으로는 확인할 수 없지만, 전통적으로 인삼 재배를 꾸준하게 지켜봐 온 금계마을 주민들의 구전에 의해 충분히 고증할 수 있다.

그래서 주세붕 군수의 이러한 고귀한 업적을 기리고 지역특산물을 널리 알림으로써 인삼발전의 역사적인 전환점을 마련하고자 풍기인삼경작조합(조합장 : 신태봉)과 관할 감독기관인 전매청(안동지청장 : 정용팔)의 약 3년간에 걸친 방대한 자료수집과 연구를 수행했고, 그 결과 풍기가 인삼의 최초 가삼 재배지임을 인정받게 되었다. 풍기인삼협동조합 사무청사 입구에 〈문민공 주선생 송덕비〉가 세워져 있다.

죽계지(竹溪誌)

1884년 목활자본으로 간행된 경상북도 영풍군 순흥면에 있는 「백운동서원」

죽계지(竹溪誌)

에 관한 기록을 모은 책으로 주세붕은 죽계지 1책 완질 상태가 좋으며 파장이 없다. 백운동서원에 관한 여러 기록을 수집하여 엮은 책이다. 1544년(중종 39년)에 주세붕(1495-1544)이 편찬한 것을 1803년(순조 3년)에 안시중(安時中)이 3책으로 간행하였는데, 1824년 안향의 20대손 안병열(安昺烈)이 3권 책으로 줄여 출간하였다. 본서는 안시중이 간행한 것을 필사한 것으로 추정된다. 풍기군수 주세붕은 1542년(중종 37년) 백운동(순흥)에 안향(安珦)의 사당 회헌사(晦軒祠)를 세우고 다음 해에 주자(朱子)의 백록동학규(白鹿洞學規)를 본받아 백운동서원을 창설했다. 백운동서원은 지금의 소수서원이라는 편액을 하사받아 사액서원의 시초가 되었으며 대원군의 서원 정리 이후로도 유지되었다. 안향에 더하여 안축(安軸)·안보(安輔)를 추배(追配)하였다. 『죽계지』는 주세붕이 백운동서원을 건립하고 나서 다음 해에 편찬한 것이다. 체제는 목록(目錄), 서(序), 본문(本文), 발(跋)로 이루어져 있다. 주세붕의 자서(自序)에는 회헌사(晦軒祠)와 백운동서원의 건립 경위가 밝혀져 있다. 본문은 〈백운동문성공묘기(白雲洞文成公廟記), 成世昌〉에 이어 〈죽계안씨행록(竹溪安氏行錄)〉 안석(安碩), 안축(安軸), 안보(安輔), 안집(安輯)을 기린 〈사현병비음기(四賢幷碑陰記)〉, 안석·안축 등 순흥안씨(順興安氏) 명인(名人)들의 전기(傳記), 이색(李穡)의 서(序) 등, 순흥봉서루중영기(順興鳳棲樓重榮記)·풍기속상기(豊基俗尚記)·풍기고적기(豊基古蹟記) 안축(安軸)이 있으며, 권2 〈대현록(袋賢錄)〉에는 중국(中國) 백록동서원(白鹿洞書院)의 〈신수백록동서원장(申修白麗洞書院狀)〉, 〈백록동성수선성문(百鹿洞成售先聖文)〉을 비롯하여 주염계(周濂溪)·정호(程顥)·정이(程頤) 에 대한 주희(朱熹)의 사기(祀記), 주희의 〈장절정기(壯節亭記)〉 풍몽득(馮夢得)의 〈고정서원상량문(考亭書院上樑文)〉을 실었다. 다음 〈학전록(學田錄)〉에는 주희의 〈건녕부숭안현학전기(建寧府崇安縣學田記)〉, 〈옥산유씨의학기(玉山劉氏意學記)〉를 수록하여 중국(中國)의 경우를 알리고 〈순흥백운동소수서원학전기문(順興白雲洞紹修書院學田記文)〉을 싣고 순흥백운동서원장서록(順興白雲洞書院藏書錄)〉을 수록하여 소장 서적을 밝혔다. 권3 별록(別錄)에는 주희의 〈백록동부(白鹿洞賦)〉와 주세붕의 〈백운동경차주문공백록동부(白雲洞敬此朱文公白鹿洞賦)〉를 실어 간단한 설명을 붙이고, 주자(朱子)의 〈학구성현연비어약(學求聖賢鳶飛魚躍)〉이라는 친필을 모사하여 설명 및 주세붕의 발(跋)을 붙였다. 말미에는 안병열(安昞列)의 발문(跋文)과 본서간행시(本書刊行時)의 유사(有司) 명단이 있다.

조선시대 중기의 대학자이며 서원의 창시자인 주세붕의 시문집인『무릉잡고』를 간행하기 위해 새긴 책판이다. 책판은 모두 1908년에 새긴 것이다.

『무릉잡고』에서 무릉(武陵)은 칠원의 옛 이름이다. 이 문집에서 주목을 끄는 것은 한글 가사인데,「도동곡(道東曲)」,「육현가(六賢歌)」,「엄연곡(儼然曲)」,「태평곡(太平曲)」 등이 모두 경기체가 형식으로 쓰여 있어 당시의 가곡을 연구하는 데 좋은 자료이다.

「무릉잡고」 목판

광풍각 (목판보관)

무산서당 1

무산서당 2

백운동(白雲洞)과 경(敬)자 바위

주세붕은 '敬'이라는 글자를 바위에 새겨 남겼다. 경 자는 선비의 덕목을 나타

낸 글자로 공경과 근신의 자세를 학문에 집중한다는 의미이다. 경 자 위의 '白雲洞'은 소수서원의 본래 이름이다.

참고문헌 ───

『중종실록』

『명종실록』

『국조방목』

『국조인물고』

『무릉잡고(武陵稿)』

『국조인물지』

『연려실기술』

『해동잡록(海東雜錄)』

『소수서원등록』(조선사편수회 1940)

『靑丘學叢』(柳洪烈 29 · 30, 1937-1939)

『백운동서원의 설립과 풍기사림』(윤희면, 진단학보 49, 1980)

『풍기인삼협동조합 100년사』

문강공(文康公) 토정(土亭) 이지함(李之菡)

토정 이지함 영정

생애

이지함(李之菡)은 1517년(인종 1년)에 충청도 보령에서 태어났다. 본관은 한산(韓山), 자는 형백(馨伯)·형중(馨仲), 호는 수산(水山)·토정(土亭)이다. 일찍이 그는 용산의 마포 강변에 흙을 쌓아 언덕을 만든 다음 아래에는 굴을 파고 위로는 정사를 짓고 스스로 호를 '토정(土亭)'이라고 했다. 그는 체격이 당당했고 키가 커서 보통사람보다 머리 하나가 더 있었다. 얼굴은 둥글고 살이 붙어 있지만 검은 피부에 눈은 빛나고 목소리가 웅장했다.

그는 고려 말의 명현이었던 목은 이색의 7세손이었다. 아버지는 현령을 지낸 이치(李穉)이고 어머니 광산 김씨는 집현전 학사 김맹권의 딸이다. 14세, 16세 때 연이어 부모님이 세상을 떠나자 형 이지번과 함께 한양으로 이사했다. 어렸을 때 글을 멀리했는데 형의 권유로 학문을 익히면서 금세 각종 경전에 통달하고 온갖 사서와 제자백가의 책까지 섭렵했다.

이지함은 당시 뭇 양반 자제들처럼 과거에 응시하려 했는데 이웃 사람이 갑자기 벼슬을 얻어 연회를 베푸는 것을 보고 비천하게 여겨 과거를 포기했다. 23세 때 화담 서경덕의 문하에 들어가 공부하면서 역학·의학·수학·천문·지리 등 각 분야에 해박한 지식을 갖추었다.

그의 성품은 매우 호방하고 따뜻했다. 종실이었던 모산수 이정랑의 딸과 혼인했을 때 그는 초례를 지낸 다음 날 밖에 나갔다가 저고리 차림으로 돌아왔다. 집안사람들이 두루마기를 어디에 두었느냐고 묻자 홍제교를 지나다가 얼어 죽게 된 거지 아이 세 명을 만났는데 그 모습이 하도 가련하여 두루마기를 세 폭으로 나누어 아이들에게 입혀주었다고 대답했다.

그 후 풍습에 따라 충주의 처가에 살던 이지함은 1549년 어느 날 갑자기 가솔들을 이끌고 고향 보령으로 이사했다. 그때 연유를 묻는 형에게 처가에 길운이 없어 그곳에 머물러 있으면 화가 미칠 것이라고 대답했다. 과연 이튿날 장인 모산수가 충주에서 역모를 일으킨 이홍남의 추대를 받았다는 혐의로 체포되어 장살(杖殺) 당하는 참변이 일어났다.

이 사건으로 충주의 양반들이 대거 희생되었고, 충주는 유신현으로 강등되었으며, 충청도라는 명칭이 청홍도로 바뀌었다. 이지함이 만일 충주에 머물러 있었다면 그 참화를 피해 가지 못했을 것이다. 그렇듯 이지함은 일찍부터 앞날을 예견하는 능력으로 세인의 주목을 받았다.

이지함은 한때 승정원 사관 안명세와 매우 절친했다. 그런데 안명세가 을사사화에 대한 내용을 사초에 정확하게 기록했다가 체포되어 모진 고문을 받은 끝에 목숨을 잃는 사건이 일어났다. 이에 실망한 그는 출사의 뜻을 깨끗이 접고 천하를 떠돌았다. 조카 이산해는 〈숙부묘갈명〉에서 당시의 행적을 이렇게 묘사했다.

"배 타기를 좋아하여 큰 바다를 마치 평지처럼 밟고 다녔다. 나라 안 산천을 멀다고 가보지 않은 곳이 없었으며, 험하다고 건너보지 않은 곳이 없었다. 간혹 여러 차례 추위와 더위가 지나도록 정처 없이 돌아다니기도 했다."

토정동상(아산시 영인면 면사무소 내)

토정 묘소(보령시 주포면)

효성과 우애로 세상을 감동시키다

이지함은 기개와 도량이 비범하고 효성과 우애가 지극한 인물이었다. 일찍이 어버이가 돌아가시자 해변에 장사지냈는데 장차 바닷물이 무덤을 덮칠 것이라 예측하고 돌로 제방을 쌓으려 했다. 이 계획은 포구가 넓고 깊어 끝내 실패했지만 그는 포기하지 않고 이렇게 말했다.

"성공하느냐 못 하느냐는 하늘에 달렸으나 자식으로서 어버이를 위해 재난을 막는 계획은 게을리할 수 없다."

그의 조카 이산해는 어린 시절 신동으로 유명해서 당대의 실세였던 윤원형이 사위로 삼으려 했다. 이에 이지번은 벼슬을 버리고 단양으로 피신하여 구담(龜潭)에서 은거했다. 이에 사람들이 그를 구선(龜仙)이라 불렀다.

이때 이지함은 형과 함께 내려가 조카 이산해와 이산보를 가르쳤다. 나중에 서울에 살던 이지번이 병석에 눕자 이지함은 보령에서 도보로 상경하면서도 힘든 내색을 하지 않았고, 마침내 1575년(선조 8년) 12월 1일, 형이 죽자 3년 동안 상복을 입으면서 이렇게 말했다.

"형님이 실상 나를 가르치셨으니 이것은 형님을 위한 복(服)이 아니고 스승을 위해 입는 복이다."

큰조카 이산해는 일찍부터 명성이 높았고 북인의 영수로서 벼슬도 영의정에 오르는 등 출세가도를 달렸지만 상대적으로 작은조카 이산보는 세인의 주목을 받지 못했다. 하지만 그는 이산보에 대하여 "대인은 적자(赤子)의 마음을 잃지 않는 법인데 오직 산보만이 그에 가깝다."고 하면서 "옛날에 어린 임금을 부탁할 만하고 큰 절의를 세움에 임하여 뜻을 빼앗기지 않을 만한 자라는 말이 있는데 산보가 바로 그런 사람이다."라며 칭찬을 아끼지 않았다.

그에게는 산두, 산휘, 산룡 세 명의 적자가 있었는데 산휘는 호랑이에게 물려 죽었고 아내가 50이 넘어 섬에서 낳은 산룡은 12세 때 역질로 죽었다. 서자인 이산겸은 임진왜란 때 의병장으로 활약했다.

당대의 명사들과 교분을 나누다

이지함은 일찌감치 벼슬에 뜻을 접었지만 학문과 인간에 대한 애정은 드높았다. 모처에 도학이 높은 명사가 있다는 소리를 들으면 주변의 시선에 아랑곳하지 않고 달려갔다. 그 과정에서 종종 기이한 면모를 드러내기도 했지만 사람들은 그의 호방한 성품과 높은 학문에 매료되어 사귀기를 망설이지 않았다. 그는 벗을 사귈 때 특정 당파나 학파를 가리지 않았는데 실용적인 학풍을 지향하던 남명 조식을 찾아가 정신적인 교감을 나누었고 율곡 이이와 우계 성혼, 송강 정철과도 매우 가까웠다.

제자 교육에도 충실하여 당대에 이산보의 효우충신(孝友忠信)과 박춘무의 염정자수(恬靜自守)가 모두 그에게서 나왔다는 칭송을 받았다. 그는 또 천민 출신이었던 서기가 뛰어난 재능에도 불구하고 가난 때문에 학문에 진력하지 못하자 사재를 털어 학업의 길을 열어주었다. 그 덕분에 서기는 학문에 일가를 이루었고 신분과 관계없이 제자들을 받아들임으로써 스승의 은혜에 보답했다.

그는 율곡 이이와 가장 친해서 학문은 물론 사사로운 일도 격의 없이 상의했다. 그래서 조정에 붕당이 격화되어 대사간 벼슬에 있던 이이가 동인들의 모함을 받고 사임하려 하자 적극 만류하기도 했다. 한번은 이이가 그에게 성리학을 공부하라고 권하자 자신은 욕심이 많아서 할 수 없다며 거절했다. 이이가 대체 당신 같은 사람에게 무슨 욕심이 있느냐고 묻자 그는 이렇게 대답했다.

"사람 마음의 향하는 바가 천리(天理)가 아니면 모두 인욕인데, 나는 스스로 방심하기를 좋아하고 승묵(繩墨)으로 단속하지 못하니 어찌 욕심이 아니겠는가?"

이이는 1578년(선조 11년) 7월에 쓴 〈경연일기〉에서 그를 다음과 같이 평했다.

"아산 현감 이지함은 어려서부터 욕심이 적어서 외계의 사물에 인색하지 않았다. 기질을 이상하게 타고나서 춥고 더운 것은 물론 배고픈 것도 능히 견딜 수 있었다. 겨울에 벌거숭이로 매서운 바람 속에서도 앉아 견딜 수 있었으며 열흘 동안 곡기를 끊고도 병이 나지 않았다. 천성이 효성스럽고 우애가 두터워서 형제간에 있거나 없거나 자기 소유를 따지지 않았다. 재물을 가볍게 여겨서 남에게 주기를 잘했다. 세상의 화려함이나 음악, 여색에 담담하여 아랑곳하지 않았다. 성질이 배 타기를 좋아하여 바다에 떠서 위태로운 파도를 만나도 놀라지 않았다."

또 그의 제자였던 조헌은 선조에게 이렇게 말했다.

'신이 이 세상에서 스승으로 섬기는 사람이 셋이 있는데 이지함, 성혼, 이이입니다. 세 사람이 성취한 학문은 다른 점이 있지만 깨끗한 마음과 욕심을 적게 가지는 자세, 그리고 뛰어난 행실이 세상의 모범이 되는 것은 똑같은데, 신이 일찍이 그들의 만에 하나라도 닮아보려 했으나 이루지 못했습니다.'

실학의 근본을 설파하다

이지함은 양반의 상업 활동을 주장했을 만큼 뚜렷한 경제관을 지니고 있었다. 그는 양반 중에서 노력을 갖춘 군자가 상업 활동을 해야만 그 이윤을 백성에게 골고루 되돌려 줄 수 있다고 단언했다. 아울러 방치되고 있는 나라 안의 자원을 적극적으로 이용하여 민생을 향상시켜야 한다고 주장했다.

이지함은 평소 "내가 1백 리 되는 고을을 얻어서 정치를 하면 가난한 백성을 부자로 만들고, 야박한 풍속을 돈독하게 하며, 어지러운 정치를 다스려 나라의 보장(保障)으로 삼을 수 있다."라고 자부했다.

그는 민생안정에 대한 자신의 생각을 직접 실천에 옮겼다. 조선팔도를 떠돌며 백성들에게 장사와 기술을 가르쳤고, 그들에게 자급자족의 중요성을 설파했다. 《어우야담》에는 그가 무인도에 들어가 박을 재배한 다음 바가지를 만들어 판 돈으로 곡식을 사들여 빈민을 구제했다는 일화가 실려 있다.

그가 살았던 마포나루는 선박을 통해 조선팔도의 물산이 유통되는 장소였다. 이는 그가 일찍부터 상업과 무역에 눈을 뜬 계기가 되었다. 그리하여 해상무역을 통한 국부 실현과 민생안정의 계책을 제시할 수 있었던 것이다. 후일 실학자 박제가는 《북학의》 외편 〈통강남절상상박의〉에서 신빅을 통해 중국을 비롯하여 해외의 여러 나라와 무역을 함으로써 국력을 강화하고 백성들의 생업을 안정시키자고 주장하면서 이지함의 선견지명을 찬탄했다.

'토정은 일찍이 다른 나라의 상선 몇 척과 통상하여 전라도의 가난을 구제하고자 했으니, 그 뛰어난 소견은 진실로 미칠 수가 없다.'

기행 속에서도 예도를 지키다

이지함은 당대에 뛰어난 풍수가나 예언가로 세인의 주목을 받았다. 그의 기이한 행적과 예언은 야담에 무수히 전해질 뿐만 아니라 정통 사서에도 실려 있다. 이는 같은 시기에 활동했던 남사고나 정렴의 그것이 나중에 혹세무민의 너울을 뒤집어쓴 것과는 전혀 다른 양상이다. 이는 그가 명가의 후예로서 정통 유학자 출신이었기 때문으로 보인다.

'솥을 머리에 쓰고 그 위에 패랭이를 얹어서 밤낮으로 다녔다. 잠을 자고 싶으면 길가에 지팡이를 짚고 서서 잤다. 오가는 소나 말이 부딪혀서 동서로 옮겨 다니다가 5, 6일 후에야 비로소 깼다. 허기가 있으면 솥을 벗어 시냇가에 걸어두고 밥을 지어 먹은 후 씻고 말려 다시 머리에 썼다.'《동패락송》

'십여 일이나 익힌 음식을 먹지 않고 한여름에도 물을 마시지 않았다.'《국조인물고》

'나막신을 신은 채 구부정한 모습으로 성시(城市)에 다니면 사람들이 손가락질하며 웃었으나 그는 아무렇지 않게 여겼다.'《선조수정실록》

이지함은 평소 배를 타고 세상을 떠돌았는데 작은 배의 양쪽 모서리에 표주박을 달고 제주도를 세 차례나 오갔다고 한다. 언젠가 제주목사가 그를 객관에 유숙하게 하고 어여쁜 기생으로 하여금 유혹하게 했지만 끝내 넘어가지 않았다. 그처럼 이지함은 기행 속에서도 올곧은 선비로서의 체통을 굳게 지켰다. 젊은 날 여러 수령과 군수가 그를 숱하게 시험했지만 끝내 굴복시키지 못했다.

포천 현감이 되어 시무책을 건의하다

을사사화로 얼룩진 명종 대를 지나 선조가 등극한 뒤 사림이 본격적으로 정계에 진출하기 시작했다. 1573년(선조 6년) 탁행지사(卓行之士)를 추천하라는 선조의 명에 따라 이지함을 비롯하여 조목·정인홍·최영경·김천일 등 다섯 명의 인사가 발탁되었다. 이들은 참봉이나 생원, 혹은 과거에 급제하지 않은 학생 신분이었는데 그 중 조목을 제외한 네 명이 문과 급제자에 준하는 6품직을 제수받았다.

당시 56세였던 이지함은 포천 현감에 제수되었다. 명망이나 나이에 걸맞지 않은 대접이었지만 자신의 포부를 실제로 펴보고 싶었던 그는 선선히 벼슬을 받아들였다. 그런데 현지에 부임해 보니 고을의 사정이 실로 비참했다. 그의 표현에 따르면 '어미 없는 고아 비렁뱅이가 오장이 병들어서 온몸이 초췌하고 고혈이 다했으며 피부가 말랐으니 아침이나 저녁나절에 죽을 형국'이었다.

이지함은 관내의 빈민을 구제하기 위해 녹봉까지 털었고, 양반들에게는 재물도 글 못지않게 중요하다면서 경제활동을 재촉했다. 《연려실기술》에 따르면, 그는 유민들이 해진 옷을 입고 걸식하는 것을 가엾게 여겨 큰 집을 지어 그들을 수용했고, 사농공상 중 하나를 생업으로 정하게 하여 직접 일을 가르쳤다. 그중에 능력이 떨어지는 자에게는 볏짚을 주어 미투리를 삼게 하고 친히 일을 감독하여 하루 10짝을 만들어 시장에 내다 팔게 했다.

그렇듯 사람들마다 각자의 자질에 따라 자립할 수 있는 일거리를 만들어 주었지만 정치적인 단안 없이 한 사람의 지혜와 의욕만으로 도탄에 빠진 현실을 뒤바꿀 수는 없었다. 궁리 끝에 그는 조정에 〈이포천시상소(莅抱川時上疎)〉라는 상소를 올려 현재 비어 있는 전라도의 어촌과 황해도의 염전을 임시로 포천현에서 쓰게 해달라고 간청했다.

'전라도 만경현에 버려져 있는 양초주와 황해도 초도정을 포천에 비지(飛地)로 소속시켜 주면 고기 잡는 일과 소금 굽는 일을 일으켜 수년 내 수천 석 곡식을 얻어 백성 구제에 힘쓸 것입니다.'

'덕은 본(本)이고 재물은 말(末)이지만 본말이 상호 보완하고 견제해야 사람의 도리가 궁해지지 않습니다. 재물 생산에도 본말이 있으니, 농사가 본이고 염철

은 말입니다. 포천의 실정은 본이 이미 부족하니 말을 취해 보충해야 합니다.'

'고기잡이와 소금 굽는 일에 지원자를 모집해 그 이익을 백성과 나누면, 국가는 한 섬의 곡식도 소비하지 않고 한 사람의 인력도 번거롭게 하지 않고서도 만 사람의 삶을 건질 수 있으며, 현은 백 년을 보존할 수 있습니다.'

이것은 일찍이 천하를 주유하면서 팔도의 사정을 손바닥 보듯 알고 있었던 그만이 꺼내 보일 수 있는 카드였다. 여기에는 일시적인 대안이 아니라 농업 외에 다양한 산업을 통해 생업의 다각화를 꾀함으로써 항구적인 민생의 안정을 꾀하자는 그의 경제관이 오롯이 담겨 있었다. 하지만 조정에서 건의를 묵살하자 그는 1574년(선조 7년) 8월 망설임 없이 벼슬을 내놓고 고향으로 돌아갔다.

아산 현감으로 민생을 돌보다

그로부터 4년 뒤인 1578년(선조 11년) 조정에서는 이지함을 얼마 전 병을 핑계로 사직한 아산 현감 윤춘수의 후임으로 임명했다. 그해 5월 5일 사헌부에서 임금에게 이지함과 김천일을 외직에 임명한 이조의 처사가 잘못되었으니 시정해야 한다고 아뢰었다.

"임하(林下)의 어진 사람을 버려둔 지 이미 오래되었는데도 부직(付職)시킬 뜻이 없다가 공의(公議)가 시끄럽자 그제야 비로소 제배했으니 이미 잘못되었습니다. 그리고 지난번 학행으로 부름을 받은 신하를 즉시 외관에 보직했으므로 사람들이 실망하고 있으니 이조의 당상과 색낭청을 추고하소서. 아산 현감 이지함과 임실 현감 김천일을 체직하여 상당한 직에 제수하소서."

이지함과 김천일 두 사람을 학문의 깊이나 명성에 비해 보잘것없는 외직에 임명한 것은 부당하니 내직에 임명하라는 것이었다. 하지만 임금은 어진 사람을 등용하는 것이 백성을 다스리기 위해서인데 그게 아니라면 어디에 쓰겠느냐면서 윤허하지 않았다.

이때 현지에 부임한 이지함은 걸인청(乞人廳)을 만들어 관내 걸인과 노약자 구

호에 나서는 한편, 평소 구상했던 시무책을 담은 상소문을 조정에 올렸다. 그 내용은 백성들의 곤궁한 생활상을 알면서 군역에 넣는 그릇된 실태를 지적하고 시정을 요구한 것이었다. 이에 선조는 그의 뜻이 옳다고 답했을 뿐 정사에 반영하지는 않았다.

그로부터 두 달 뒤인 1578년(선조 11년) 7월 1일 이지함은 이질에 걸려 신음하다가 62세의 나이로 세상을 떠났다. 그의 부음이 알려지자 아산의 백성들은 노소를 막론하고 부모의 상을 당한 것처럼 슬퍼하여 거리를 가로막고 울부짖으며 앞다투어 고기와 술로 제사를 올렸다.

임진왜란을 예견하다

≪영조실록≫ 1745년(영조 30년) 11월 27일 기사에서 사간 이민곤은 이지함이 죽기 전에 임진왜란을 예견했다고 밝혔다. 그의 말에 따르면, 당시 이지함이 초상을 당한 조헌을 조문하기 위해 인천에 갔는데, 그날 밤 혜성이 하늘에 뻗치자 조헌이 조짐을 물었다. 그러자 이지함은 이렇게 대답했다.

"혜성은 길면서 더딘 것과 짧고도 빠른 것이 있는데, 이것은 10여 년 뒤에 천하에 반드시 큰 난리가 있어 백성이 참살당해도 세상에 이를 감당할 사람이 없을 것이다. 그대는 더욱 옛글을 읽어서 국가에 보답하라."

≪토정유고≫에도 비슷한 내용이 실려 있다. '15년 뒤에 피가 천 리를 흐르게 함이 있을 것이다.'라 하여 장래에 큰 난리가 일어날 것을 예측한 것이다. 과연 1592년(선조 25년)에 왜적이 쳐들어오자 사람들은 그의 예언이 들어맞았다며 놀라워했다.

≪동패락송≫에는 또 그가 조헌에게 '나는 아산에서 죽을 것이고 자네는 금산에서 죽을 것이다.'라고 말했는데, 실제로 자신은 아산 현감으로 재직 중 죽음을 맞이했고 조헌은 임진왜란 당시 의병을 이끌고 승장 영규와 함께 금산에서 적과 맞서 싸우다 순사했다. 그때 이지함의 서자인 이산겸이 의병장으로서 조헌의 남은 군사를 거두어 왜군과 맞서 싸웠고, 조카 이산보는 무군사 당상으로 1년여 동안 군량을 운송하고 기민을 진휼하다가 지친 나머지 병사했다.

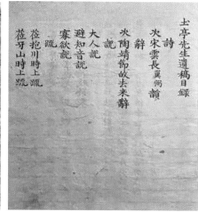

토정유고(土亭遺稿, 1652년, 효종 3년 이지함의 현손 이수경이 편찬)

≪토정비결≫로 세상에 기억되다

≪토정비결≫은 19세기 말부터 급격하게 유행의 물결을 탔던 비결서이다. 순조 대의 학자 홍석모가 쓴 ≪동국세시기≫에 의하면 당시 정초에 한 해의 신수를 보는 방법은 ≪토정비결≫이 아니라 윷가락 같은 나무조각을 사용하는 오행점(五行占)이었다. 그러므로 ≪토정비결≫은 순조 이후부터 민간의 세시풍속으로 자리 잡았음을 알 수 있다.

≪토정비결≫이 인기를 얻은 것은 이전에 점술서로 쓰인 ≪주역≫보다 점치기가 훨씬 쉬웠기 때문이다. ≪주역≫은 개인의 사주에서 생년월일시를 모두 포함하지만 ≪토정비결≫은 시(時)를 제외하고 연월일(年月日)을 괘에 맞추어 숫자로 분류한다.

총 144개로 이루어진 ≪토정비결≫의 점괘는 '북쪽에서 목성을 가진 귀인이 와서 도와주리라.', '구설수가 있으니 입을 조심하라.', '봄바람에 얼음이 녹으니 봄을 만난 나무로다.'처럼 개인의 길흉화복을 시적으로 묘사하고 있다. 그런데 점괘의 대부분이 길조를 담고 있고 나머지도 흉조이지만 불행을 극복할 수 있는 대안을 제시함으로써 사람들에게 최선의 삶을 독려한다.

최근 학자들은 ≪토정비결≫이 이지함의 저작이 아니라 민간에서 전해져 온 책자에 예전부터 친숙했던 그의 이름을 붙인 것으로 판단하고 있다. 세도정권의 전횡과 탐관오리들의 가렴주구가 극에 달했던 당대에 궁핍한 삶에서 헤어날 길이 없었던 백성들의 마음속에 언제나 자신의 편이었던 토정 이지함이 희망을 주는 비결서의 저자로 낙점되었던 것이다.

아산 현감 이지함의 졸기

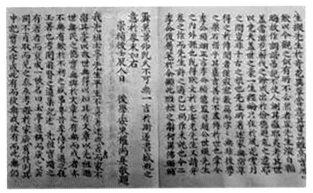
수암 권상하 제문

아산 현감 이지함이 졸(卒)하였다. 지함의 자(字)는 형중(馨仲)인데, 그는 기품이 신기하였고 성격이 탁월하여 어느 격식에도 얽매이지 않았다. 모산수(毛山守) 정랑(呈琅)의 딸에게 장가들었는데 초례를 지낸 다음날 밖에 나갔다가 늦게야 들어왔다. 집 사람들이 그가 나갈 때 입었던 새 도포를 어디에 두었느냐고 물으니 홍제교(弘濟橋)를 지나다가 얼어서 죽게 된 거지 아이들을 만나 도포를 세 폭으로 나누어 세 아이에게 입혀주었다고 하였다.

그는 어려서 글을 배우지 않았었는데 그의 형 이지번(李之蕃)의 권고를 받고 마침내 분발하여 학문에 주력하면서 밤을 새워 날이 밝도록 공부하곤 했다. 그리하여 경전(經傳)을 모두 통달하고 온갖 사서(史書)와 제자백가의 책까지도 섭렵하였다. 이윽고 붓을 들어 글을 쓰게 되면 평소에 익혀 온 것처럼 하였다. 그래서 과거에 응시하려고까지 하였는데 마침 이웃에 신은(新恩)을 받고 연희(宴戲)를 베푼 자가 있었다. 그것을 본 그는 마음속으로 천하게 여기고 마침내 그만두었다. 하루는 그 부친에게 고하기를, "아내의 가문에 길할 기운이 없으니 떠나지 않으면 장차 화가 미칠 것입니다." 하고는 마침내 가솔을 이끌고 떠났는데, 그 다음 날 모산수 집에 화가 일어났다. 그는 사람들을 관찰할 때 그들의 현부와 길흉을 이따금 먼저 알아맞히곤 했는데 사람들은 그가 무슨 수로 그렇게 알아맞히는지 아무도 몰랐다.

그는 평소에 형제와 우애를 돈독히 하여 따로 거처한 적이 없고 상사(喪事)와 제례에 있어서 전부 고례(古禮)대로만 하지 않았다. 죽은 사람 섬기기를 살아 있는 이 섬기듯이 하였는데 형이 죽자 심상(心喪) 삼 년의 복을 입으면서 '형님이 실상 나를 가르치셨으니 이것은 형님을 위한 복이 아니고 스승을 위해 입는 복(服)이다.' 하였다. 그리고 그는 처신하기를 확고히 하되 여색을 더욱 조심하였다. 젊은 시절에 주·군(州郡)을 유람한 적이 있는데 수령과 군수가 이름난 기생을 시켜서 온갖 수단을 다하여 시험해 보았지만 그는 끝내 마음을 움직이지 않고 극기(克己)로 색욕을 끊었다.

그는 열흘을 굶고도 견딜 수 있었으며 무더운 여름철에도 물을 마시지 않았다. 초립(草笠)을 쓰고 나막신을 신은 채 구부정한 모습으로 성시(城市)에 다니면 사람들이 서로 손가락질하며 웃었으나 그는 아무렇지 않게 여겼다. 어떤 때는 천리 먼 길을 걸어서 가기도 하였으며 배를 타고 바다에 떠 다니기를 좋아하여 자주 제주도에 들어가곤 하였는데, 바람이 일어날 것을 미리 알고 조수의 시기를 알았기 때문에 한 번도 위험한 고비를 겪지 않았다.

지함은 일찍이 용산(龍山)의 마포 항구(麻浦港口)에 흙을 쌓아 언덕을 만든 다음 그 아래에는 굴을 만들고 위에는 정사(亭舍)를 지어 자호를 토정(土亭)이라 하였다. 그 뒤에 비록 큰물이 사납게 할퀴고 지나갔지만 흙 언덕은 완연하게 그대로 남아 있었다.

또 선친의 산소를 위하여 바닷물을 막아 산을 만들려고 수천 석의 곡식을 마련하여 모았지만 끝내 이루지 못하고 말았다. 교우 관계로는 이이가 가장 친했는데 이이가 성리학을 공부하라고 권하자, 지함이 말하기를, "나는 욕심이 많아서 할 수가 없다." 하니, 이이가 말하기를, "공(公)은 무슨 욕심이 있는가?" 하자, 지함이 말하기를, "사람 마음의 향하는 바가 천리(天理)가 아니면 모두 인욕인데, 나는 스스로 방심하기를 좋아하고 승묵(繩墨)으로 단속하지 못하니 어찌 욕심이 아니겠는가?" 하였다. 그는 항상 말하기를, "내가 1백 리 되는 고을을 얻어서 정치를 하면 가난한 백성을 부자로 만들고 야박한 풍속을 돈독하게 만들고 어지러운 정치를 다스리게 하여 나라의 보장(保障)으로 만들 수 있을 것이다." 하였는데, 말년에 아산군(牙山郡)에 부임하여 정치를 하게 되었다. 그의 정치는 백성 사랑하는 것으로 주장을 삼아서 해를 없애고 폐단을 제거하는 것으로써 한창 시설을 갖추어 나갔는데 갑자기 병으로 졸하니, 고을 사람들은 친척이 죽은 것처럼 슬퍼하였다.

서원 영건통문(괴산 한명철 제공)

우암 송시열 발문

화암서원(토정 배향)

서원 참배(계담서원 임원)

참고문헌

『실용서로 읽는 조선』, 규장각한국학연구원, 2013.

『조선의 슈퍼스타, 토정 이지함』, 이태복, 동녘출판사, 2011.

『조선평전』, 신병주, 글항아리』, 2011.

『조선을 구한 13인의 경제학자들 : 18세기 조선 경제학자들의
부국론』, 한정주, 다산초당, 2010.

『이지함 평전』, 신병주, 글항아리, 2008.

『한국 사상사』, 2002.

『민족문화대박과사전』

『사료로 본 초정 이지함』, 온양문화원, 2013.

직제학공(直提學公) 안명세(安名世)

선생의 묘소와 묘비

생애

선생의 본관은 순흥(順興)으로 순흥안씨 14세이다. 무인년(1518년, 중종 18년) 부호군(副護軍) 안담(安燂) 공과 원성변씨(原城邊氏)의 외아들로 태어났으니 휘(諱)는 명세(名世)이고 자(字)는 경응(景應)이다.

수학(修學)과 출사(出仕)

선생은 나면서부터 재주가 뛰어나고 남달랐으며 솔직한 성격으로 망령되게 말하거나 까닭 없이 헤프게 웃는 일이 없었다. 8세부터 시를 잘 지어 이름이 났었다. 9세의 일화(逸話)로 진달래꽃을 꺾어다가 연적(硯滴)에 꽂아 놓았는데, 아버지인 담(燂) 공이 보고 그 꽃을 주제로 시를 짓도록 하였더니 바로 다음과 같이 시를 지었다.

杜鵑花一萼 아름다운 진달래 여린 한 송이
두 견 화 일 악
來自碧山中 푸른 산속을 떠나서 여기 왔다네.
래 자 벽 산 중
硯滴生涯寄 연적 물에 일생을 맡기고 사니
연 적 생 애 기
他鄕旅客同 아 ! 타향의 외로운 길손 같구려.
타 향 여 객 동

부호군공(副護軍公)은 이 시를 보시고 그 뜻이 슬퍼하고 괴로워하는 것임과, 특히 그 모양이 오래도록 생존하지 못함을 알고 눈물을 흘렸다 한다.

더 성장하여서는 당시에 학자로 유명한 송당(松堂) 박영(朴英) 선생의 문하에 들어가 늘 근사록(近思錄)과 성리대전(性理大全)을 가까이하여 성리학의 오묘한 이치를 탐구하셨다. 어버이에게 효도하고 아내에게는 본보기가 되어 따르게 하였으며 아들과 종복(從僕)들에게도 항상 은혜로움으로 거느리니 가정이 기쁨으로 찼었다.

선생이 27세 때인 1544년(중종 39년) 별시문과(別試文科)에 급제하였다. 처음에는 중국과의 교섭에 관한 직무를 맡아 보는 기관인 승문원(承文院)에 발탁되었다가 예문관(藝文館) 검열(檢閱)로, 1545년에는 주서(注書)로 옮겼다. 다시 궁중의 경서(經書)와 사적(史籍)을 관리하며 문서를 처리하고 왕의 자문에 응하는 기관인 홍문관(弘文館)의 정자(正字)로 근무하였는데 홍문관은 학자들의 기관으로 속칭 옥당(玉堂), 옥서(玉署), 영각(瀛閣)이라고들 하였다.

당시의 시대상

병과 12위 급제

선생이 관직에 출사한 당시는 매우 어수선한 때였다. 중종(中宗)은 장경왕후(章敬王后) 윤씨에게서 인종(仁宗)을 낳고 문정왕후(文定王后) 윤씨에게서는 명종(明宗)을 낳았다. 중종이 승하하고 인종이 즉위하게 되자 왕의 외숙인 윤임(尹任)이 득세하여 사림의 명사(名士)를 많이 등용하였다.

그러나 당시 뜻을 얻지 못한 사람들은 명종의 외숙인 윤원형(尹元衡) 밑에 모여서 사림과 반목하고 반격의 기회를 엿보고 있었다. 인종이 왕위에 오른 지 8개월 만에 승하하시니 나이 불과 12세의 명종이 즉위하여 문정대비(文定大妃)가 뒤에서 정사를 보살피게 되니 형세는 역전되고 말았다. 그리하여 이번에는 윤원형이 득세하여 지중추부사 정순붕(鄭順朋), 병조판서 이기(李芑), 호조판서 임백령(林百齡), 공조판서 허자(許磁) 등 심복들과 더불어 계책을 꾸미고, 또 한편으로는 윤원형의 첩 난정으로 하여금 문정대비와 명종을 선동하여 형조판서 윤임(尹任)과 그 일파인 이조판서 유인숙(柳仁淑), 영의정 유관(柳灌) 등이 재위 8월에 승하한 인종의 후사로 명종이 아니라 계림군(桂林君)이나 봉성군(鳳城君) 가운데 현인을 선택하려 했다는 설을 퍼뜨린 것이다. 결국, 문정왕후의 밀지를 받은 이기(李芑)·윤원형(尹元衡)·정순붕(鄭順朋) 등이 주도하여 윤임(尹任)·유관(柳灌)·유인숙(柳仁淑) 등을 반역 음모죄로 몰아 귀양을 보내던 중에 사사(賜死)하고 그 외에도 10여 인(人)을 무고(誣告)로 죽였다. 이것이 을사년(1545년) 명종이 즉위한 7~8월에 걸쳐서 있었던 을사사화(乙巳士禍)이다.

이 여파는 그 후 5~6여 년에 걸쳐 을사사화 이후에도 계속 고변(告變)과 옥사(獄事)가 이어졌다. 1547년 9월의 양재역 벽서(壁書) 사건, 1548년 2월의 사관 안명세(安名世) 피화 사건, 1549년 4월의 을사사화에 연루된 이약빙(李若氷)의 아들 이홍윤(李洪胤) 역모 사건 등, 윤임 등을 찬양하였다는 등의 갖가지 죄명으로 유배되고, 또는 죽은 자의 수가 거의 1백여 명에 달하였다.

선생이 기록한 사초(史草)

을사사화가 일어난 때 선생께서는 예문관(藝文館) 검열(檢閱)직에 있었는데 이 벼슬은 보통 한림(翰林)이라고 칭하였다. 비록 품계(品階)는 하위(下位)이지만 춘추관의 기사관(記事官)을 겸하여 사관(史官)을 업무를 수행하기 때문에 대단히 중요하게 여기는 자리였다. 임명하는 절차도 매우 까다로웠고 그만큼 영광스러운 자리였다.

선생은 그때그때 행해지는 정사의 기록을 하고 있었다. 이런 기록은 가장 정직해야 하고 정의로워야 하며 사실대로 기록하여야 한다. 기록된 사초(史草)는 실록(實錄)의 원고가 된다. 따라서 왕이 죽고 난 후에야 개봉이 된다.

선생은 당시의 상황을 가장 엄정하게 "중종대왕(中宗大王) 소상미과(小祥未過) 인종시(仁宗時) 미발인(未發靷) 상어빈측(上於殯側) 살삼대신(殺三大臣) : 중종대왕의 소상이 지나가지도 않았고 인종이 돌아가시어 아직 발인도 하지 않았는데 빈소 곁에서 삼 대신(유관, 윤임, 유인숙)을 죽였다."라고 집필하였고, 24 공신전(功臣傳)

을 지어 잘못을 기탄없이 기록하였다.

윤원형 일당(소윤이라 함)의 서슬에 모두 두려워하여 바르고 곧은 말을 하지 못하고 충신과 반역자가 누구인가를 가려내지 못하여 후세에 정당한 평가가 사라질 뻔했는데 오직 선생께서는 용기와 절개가 충천하여 공자(孔子)가 춘추(春秋)를 기록할 때의 근엄한 법을 본받고 서릿발 같은 필법으로 이것을 기록한 것이다.

이를 두고 후세에 칭찬이 끊이지 않았다.

"아름답도다! 22자(字)를 곧게 써 해와 별빛보다 더 빛났도다. 높도다! 천백 세의 정론(正論)이 사책(史冊)에 살아 있도다."

선생께서는 중종(中宗)의 초상(初喪) 때 문정왕후(文定王后)가 죽 세 대접을 먹은 것을 기록하셨으며 문정왕후의 신임을 받아 여러 가지로 간섭하고 사치스러운 법회 개최 등 권력을 남용하던 중 보우(普雨)를 베어야 한다고 상소한 일도 있었다. 이것 역시 선생의 정의감과 충성심에서 나온 것이었다.

선생의 품성과 신념

선생은 스스로 "대의명분을 밝힌 손성(孫盛)의 곧은 기록이 동진(東晉)의 환온(桓溫)으로 하여금 두려워하게 아니하면 천년 후에 누가 위세에도 눌리지 않고 사실대로 기록한 진나라 동호(童狐)의 역사책을 바르고 곧은 책(冊)이라 하겠는가?"라고 하였으니 이렇게 선생은 정직함을 사관으로서의 신념으로 가지고 있었던 것이다.

을사사화(乙巳士禍)가 일어난 지 2년이 되는 해였다. 1547년(명종 2년) 정미년(丁未年)이었다. 중종의 3녀 효순공주(孝順公主)와 결혼하여 왕의 사위가 된 구사안(具思顔)이란 자가 있었다. 명종 1년에 위사원종공신(衛社原從功臣)이 되었다. 경사(經史)에 밝은 편이었지만 성질이 교활하고 욕심이 많았으며 비루(鄙陋)하였다. 이 사람이 선생이 사실대로 곧게 쓴 내용을 알고 이기(李芑)와 정언각(鄭彦慤)에게 넌지시 밀고하였다. 실록에는 "같은 사관 한지원(韓智源)이 선생께서 직필하심을 넌지시 엿보고 칭찬을 했는데 후에 음흉하게 이기(李芑)에게 밀고하였다."

라 기록하고 있다.

정언각(鄭彦愨)이 충청감사(忠淸監司)로 양재(良才)에서 숙박할 때 벽에다가,

"女主執政 于上奸臣 弄權於下 國之危亡 可立而待 여왕이 집정(執政)하고 간
　여주집정　우상간신　롱권어하　국지위망　가립이대
신 이기(李芑) 등이 권세를 휘둘러 나라가 망하려 하니 이를 보고만 있을 것인가?"

라고 익명으로 자보(字報)를 써 붙여 놓고는 이것을 자신이 발견한 양 거짓으
로 꾸며 윤인경(尹仁鏡), 이기(李芑), 정순붕(鄭順朋) 등에게 알렸는데, 이것이 소
위 벽서사건(壁書事件)이다. 정언각은 그 후 이 일로 인해 권세를 마음대로 휘두
르며 횡포를 자행하고 1551년 이열(李悅)의 노비를 약탈한 죄로 파직되었고,
1556년 경기도 관찰사로 있을 때 낙마하여 비참하게 죽었다. 그리고 선조 때
조정에서는 그의 관직을 빼앗고 이름을 삭제해 버렸다.

이때 선생은 사관으로서 을사사화를 일으켜 많은 현신을 없애버린 역사를 기
록하는 부서에 있어 그때의 사정을 춘추직필(春秋直筆)에 따라 왕조실록에 담기
위하여 위의 내용과 같이 시정기(時政記)를 작성하였다.

끝까지 당당하셨던 선생

1548년(명종 3년) 정순붕, 이기, 윤원형 등이 을사사화의 정당성을 천명하기
위하여 『무정보감(武定寶鑑)』을 찬집할 때, 을사년 당시 함께 사관으로 있었던 한
지원(韓智源)이 시정기와 그 내용을 이기, 정순붕에게 밀고함으로써 결국 체포되
어 국문을 당하였다. 문제가 된 시정기에는 인종의 장례식 전에 윤임(尹任) 등 3
대신을 죽인 것은 국가적인 불행이라는 지적과 이기 등이 무고한 많은 선비를
처형한 사실, 그리고 이를 찬반(贊反)한 선비들의 명단 등이 담겨 있었다.

당시 시정기를 춘추관에서 내올 때 예문관 이문형(李文馨) 등은 당대의 역사
기록은 역대 어느 임금도 열람한 적이 없고, 춘추관이라도 역사를 수찬하여 보
관한 다음에는 보지 못한다고 강력하게 항의하였다. 또한 무정보감을 찬집하
려면 시정기가 아니더라도 승정원일기나 죄인들에 대한 내용이 존재하므로 굳
이 시정기를 꺼내 볼 이유가 없다는 것이었다. 이에 명종도 수긍하여 다시 시

정기를 춘추관으로 돌려보냈다.

그러나 명종의 처분에도 불구하고 시정기에 있는 사관들의 사론(史論)과 정황 설명을 트집 잡아, 을사사화를 정당화하려는 이기(李芑) 등이 사관을 대상으로 벌인 해코지로 안명세와 손홍적(孫弘績)이 역적 윤임을 옹호하고 명종을 욕보였다고 하여 죽이자고 상소한 것이다.

이들 일파는 사류(士類)들을 그물로 새 잡듯 마구 체포했다. 선생께서 체포된 것은 물론이고 또 옥사(獄事)가 일어난 것이다. 선생께서는 마침 숙직(宿直)으로 한림원에 들어가 있었는데 조복(朝服)을 입은 채로 끌려가셨으니 명종 3년 2월 12일이었다.

「동각잡기(東閣雜記)」에 보면 선생께서 궁중 뜰에서 심문받을 때 선생이 옷을 찢어 충심(衷心)을 나타내며, 역사를 기록하는 신하를 죽인 때가 없음을 밝혀서 임금의 마음을 깨우치려 하셨지만 뜻을 이루지 못하였다. 입에 담을 수 없는 고문이 가해졌지만 선생은 간신 이기, 정순붕 등의 죄악상을 낱낱이 폭로하였다. 마침내 진복창(陳復昌)이 말을 저지하고 끌어내었다. 간신들은 이미 선생을 죽이고자 하는 계획을 수립하고 있었던 것이다. '중종의 소상(小祥)이 지나지도 않은 때, 더구나 인종이 승하하여 장례도 지나지 않은 빈소가 있는 때, 근신하고 슬퍼해야 할 때 옥사를 일으켰다는 사실은 불충스러운 일이 아닐 수 없다. 거기다 아무런 잘못도 없는 나라의 대신(大臣)을 세 사람이나 죽였다는 것은 백성들의 눈이 무섭고 하늘이 두려운 일이다. 어떻게 하든 정당화하고 철저하게 감추어져 드러나지 말아야 하는데, 이것을 그대로 역사에 기록하여 영원히 간신으로 악당으로 낙인찍히게 하다니 참을 수 없는 일이다. 죽여야 한다. 안명세는 죽여 없애야 한다.' 이렇게 소윤(少尹) 일파는 이미 사전에 정해 놓았던 것이다.

명종 3년 2월 12일, 끌려간 선생이 죽을 위기에 처하자 선생의 장인인 이은우(李殷雨) 공은 급하게 움직이며 구명운동에 나섰다. 안면이 있는 이기, 정순붕에게로 달려가 선생을 살려 달라고 눈물로 애원하였으나 그들은 외면했다. 2월

13일, 세 차례나 혹독한 고문을 받았으나 자복하지 않고 조금도 숨김없이 사실대로 말하였고, 2월 14일, 한양 당현(唐峴)에서 참수되었다. 형을 당할 때 흐트러짐이 없이 태연하여 평상시와 같았다. 그의 재산은 관에서 몰수하였다. 이때 나이 31세였다.

선생의 최후를 실록에서는 그의 사람됨은 단중(端重)하고 과묵하였는데, 처형에 임해서도 안색이 조금도 변치 않고 평소와 같았으므로 사람들이 모두 장(壯)하게 여겼다. 그의 마지막 장면은 「연려실기술」에, "안명세는 드디어 죽음을 받았으니 조복(朝服)을 입은 채 수레에 실려 형장으로 가는 것을 보고 눈물을 흘리지 않는 사람이 없었다. 시장 사람에 이르기까지 모두 울었다."라고 기록하고 있다.

전해 오는 이야기에 따르면, 선생은 진복창(陳復昌)에게 심문을 받았는데, 그는 선생이 옥중에서 옷을 찢어 임금께 올리는 상소문을 썼으나 임금께 올리지 않았고 선생에 대한 형을 집행할 때 선생의 눈앞에서 그 상소문을 소각하였다고 하니 참으로 참혹한 처사가 아닐 수 없다.

진복창은 을사사화 때 대윤(大尹)에 속한 사림들의 추방에 크게 활약했던 자로, 마음에 들지 않는 사람은 모두 죽여서 사관들에 의해 독사(毒蛇)라고 기록되었다. 스승인 구수담(具壽聃)의 충언까지도 못마땅히 여기고 역적으로 몰아 죽게 했다. 그에게 역적으로 몰리면 집안의 어린이까지도 생명을 잃게 되었으니 당시의 사람들은 그를 극적(劇賊)이라고 혹평하였다. 후에 상전인 윤원형도 그를 간교하고 음험한 사람이라며 미워하였고, 결국에는 유배되었다가 그곳에서 죽었으니 사필귀정이 아닐까 싶다. 그는 성품이 교활한 한편 그의 어머니까지도 행실이 방종(放縱)하여 지탄 받은 사람이다.

이런 독사요 사나운 짐승 같은 진복창에 의해 역적으로 몰렸으니 선생에게 가해진 고문이 어떠했겠는가를 짐작할 수 있다. 미친개와 같이 으르렁거리고 물어뜯었다. 2월 12일, 중죄인으로 심문을 받고 곤장 30대를 맞고 바로 옥에 갇혔다. 그리고 2월 13일에도 계속해서 모진 고문과 심문이 이어졌다. 심문

받은 어떤 사관은 본심이 아니고 착오였다고 변명하여 생명을 구하기도 하였다. 하지만 선생께서는 굽힘이 없으셨고 정정당당하였다. 마침내 수레에 실려 밖으로 끌려 나가게 되니 이를 보는 사람들은 모두 눈물을 흘렸다. 그러나 선생께서는 얼굴빛 하나 변하지 않고 의연하였다. 이렇게 황급하게 최후를 맞이하게 될 줄이야 어찌 알았겠는가? 선생은 지금의 남대문 근처에서 참형을 당하셨다. 때는 무신년(1548년, 명종 3년) 2월 14일로 선생의 나이 31세였다.

또한 「연려실기술」은 선생께서 처형되는 시각에 앞서 그의 교우이자 인척인 안자유(安自裕 : 1517-1588년, 10년 은거 후 홍문관 직제학을 거쳐 공조판서를 지냄) 선생이 술을 권하니 선생은 "잘 있어라 !" 하시고 나서 집안사람들에게 유언하시기를, "부디 자식들은 글을 가르치지 말라." 하셨다. 선생이 형을 받는 과정을 기록한 사관은 "국가가 망하지 않은 것만도 다행이다."라고 적고 있다. 선생은 사실에 엄정하고 기록에 강직하셨음을 알 수 있었으니 후세 사가(史家)들은 선생을 사표(師表)로 삼았다.

후세(後世)들의 선생에 대한 평가

공의 의기가 지극히 열렬하고 그 화는 지극히 참혹했으며 그때의 일은 절절히 사무쳐 슬픔이 더한다. 악이 사라지고 선이 제자리를 찾으며 천지의 도리가 순환하여 때가 바뀌고 사건이 지난 후 선생을 생각할 때 그 거룩함에 머리가 숙여지고 눈물이 앞을 가린다. 후세에 역사 기록의 필법은 가장

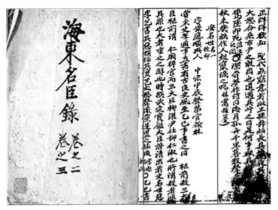

해동명신록에 기록

엄하여야 하고 충신과 역신의 구분은 분명하게 밝혀야 함을 알게 하였고 목숨을 버리고 정의를 취한 선생의 행동은 세상 도의를 일으키고 혼란한 때에 해와 별같이 빛나니 그 공적은 붓으로 다 표현할 수가 없다.

계담서원

세상 사람들은 무고하고 바른 신하가 처형당하는 것을 보고 겉으로는 말 못하고 속으로 치를 떨었다. 역신의 무도한 횡포에 천벌을 바라며 세상을 한탄하였을 것이다. 공포 분위기에서 어쩔 줄을 몰랐다. 현명한 인사들은 원통함을 호소하였다. 토정 이지함은 목은 이색 선생의 후손으로 200여 년 전 선생의 선조이신 문정공(文貞公) 근재(謹齋) 안축(安軸) 선생 때부터 각별한 세교(世交)로 사귄 집안이었다. 학문과 잡술(雜術)에 능통했던 토정 선생은 32세의 선비로서 선생의 형장에 이르러 너무도 엄청나고 원통한 일을 눈앞에서 보고는 옷을 찢어 거기에 혈서를 써서 용기와 절개가 해처럼 빛나는 사관 안명세의 최후를 전송했다. 그뿐만 아니라, 세상 불의가 들끓는 악의 세상을 등지고 거짓 미치광이가 되어 여러 섬으로 떠돌아다녔고 괴상한 행동을 많이 하였다.

취부(醉夫) 윤결(尹潔, 1517-1548년) 공은 선생보다 한 해 먼저 출생한 분인데 과거에 급제하여 주서(注書) 벼슬을 하다가 1548년 초에 부수찬(副修撰)이 되었다. 어느 날 그가 구사안(具思顔)의 집에 놀러 가서 취중(醉中)에, 선생께서 사책(史冊)에다 그들이 한 짓을 사실대로 기록한 것을 찬양하고 무고로 선생을 죽인 것을 책망하며 눈물을 흘렸다. 구사안은 이 사실을 밀고했고, 진복창은 윤결 선생을 잡아 가두고 참혹하게 고문하며 때려서 죽게 하였다. 당시 안명세 선생의 행동이 선비들에게 얼마나 감동적이었나를 말해 주는 사건이다.

중봉(中峰) 조헌(趙憲) 선생은 갑술년(1574년, 선조 7년) 당시의 폐단을 고치기 위하여 상소문을 올렸는데 그 글 가운데 "안명세의 바른말 곧은 문장은 난세에 처하여 의연히 빛나는 절개이며 후세에 밝게 전해졌다."라고 칭찬하였다. 선조 때의 명신(名臣) 학봉(鶴峯) 김성일(金誠一) 선생은 퇴계 선생의 제자인데, 사관으로 있었을 때 안명세 선생의 억울함을 풀고자 퇴계 선생에게 여쭌 일이 있었는데 퇴계 선생께서는 지금의 사관은 먼저 사관으로 있었던 분의 억울함을 논하여 원통함을 풀어야 한다고 말씀하였다.

불우했던 선생의 집안

선생이 당한 화는 온 집안에 미쳤다. 공의 시신이 누구에 의해서 어떻게 수습이 되었는지 확실치 않으나 경기도 양주(楊州)에 묘가 만들어졌다. 집안은 적몰(籍沒)이 되었고 중죄인이라 하여 재산을 모두 몰수당했다. 가족 역시 사람들 모르게 떠나갔을 것으로 추측된다. 백부와 숙부가 살아 계셨고 4촌 형제가 많았는데 세상에 이름을 밝히고 떳떳하게 나설 처지가 못 되었다. 둘째 백부 안요(安燿) 공은 벼슬에 뜻을 잃고 현 충북 영동군 매곡면으로 은거하시고 선생과 10촌 간인 소윤공파 14세인 안오상(安五常) 공께서는 황해도 관찰사였으나 크게 강등되어 현 경북 평해로 추방되다시피 했다. 선생의 숙부이신 안훈(安燻) 공도 현 괴산군 감물면 이담으로 낙향하였는데 선생께서 화를 당하시자 4촌인 안충세(安忠世) 공도 이담 고향으로 돌아왔으나 전해오는 이야기로는 수시(隨時)로 충주목으로 불려가 문초를 받고 형장(刑杖)으로 업혀 오시는 등 고초를 겪었다고 한다. 선생의 집안은 직접 피해자로 근근히 명맥을 이어오다가 4세(世) 후에는 혈육마저 끊어지게 되니 숙부인 사과공(司果公) 안훈(安燻) 공의 자손이 양자로 들어가 후사를 잇게 되었다. 지금의 성남시 심곡동은 당시에는 깊은 산골이었다. 여기 안씨가 많이 살고 있으니 선생의 자손들이 숨어 산 것으로 추측할 수 있다.

선생에 대한 신원(伸冤)과 증직(贈職)

선생이 원통한 죽임을 당한 지 20년이 지난 1568년 선조(宣祖)께서 새로 왕위에 오르니 여러 선비의 요청으로 역신(逆臣)이란 원통한 죄명이 벗겨지고 경오년(1570년, 선조 3년)에 관직이 회복되었다. 지하에 묻히신 원통한 영혼이 비로소 눈을 감으시고 편히 잠드실 수 있었다. 그리고 기미년(1799년, 정조 23년) 6월 2일, 선생의 공(功)을 기려 통훈대부(通訓大夫) 홍문관(弘文館) 직제학(直提學 : 정3품의 품계에 해당) 지제교(知製敎) 겸 경연시강관(經筵侍講官) 춘추관(春秋館)의 편수관(編修官)으로 추증(追贈)되었다.

이는 당시의 탄식과 후세의 감동을 크게 느낀 일로 하늘의 이치며 인심이라 아니 할 수 없다. 우리가 한림공(翰林公)이라고 부르는 것은, 선생이 예문관(藝文館) 검열(檢閱)이라는 정9품의 벼슬에 있었고 이 자리에서 사초를 작성하는 일을 맡아 보았는데, 이를 일명 사신(史臣)이라고 하였으며 또 한림(翰林)이라고 달리 부르기도 하였기 때문이다.

1588년 선조 21년 선생의 장남인 현감(縣監) 안천지(安千之)와 차남인 찰방(察訪) 안백지(安百之) 공이 선생의 묘를 양주에서 과천 삼현(三峴)으로 이장하였다. 이때 부친이 되시는 부호군공(副護軍公)의 묘도 같이 옮겼다. 그리고 묘비를 세우고자 유명한 학자인 성암(省庵) 김효원(金孝元) 선생께 비문(碑文)을 청하였다. 그러자 김효원 선생은, 선생의 바른 도리와 의로운 일들이 사람들에게 해와 별과 같이 빛 나지만 자신은 재능과 지식이 부족하여 만분의 일이라도 표현할 수 없어 여러 번 사양하다가 감히 기록한다며 비문을 지었다. 이 비문을 당대의 대서가(大書家)인 석봉(石峯) 한호(韓濩) 선생이 써서 비를 세웠다. 또한 포천(抱川) 현감(縣監) 유명위(柳明渭) 공은 선생의 묘소가 무너진 것을 빨리 알고 사초(莎草)를 하여 그 후에도 선생의 묘역이 잘 보전될 수 있게 하였다. 과천 삼현에 이장한 후 후손이 없어 여러 해 동안 묘를 제대로 관리하지 못하였다. 더욱이 그 산이 타인의 소유라서 상의를 거듭하여 경기도 성남시 심곡동으로 옮겨 모시고 석물을 다시 갖추어 세웠다.

선생의 추모와 배향(配享) 공의(公議)

이후 1800년경 선생의 절의(節義)를 추모하던 경기 안성지역 유림에서 선생을 사당에 모시자는 여론이 있었고, 비로소 1823년 순조 23년에 경기지역의 사림에서 선생의 사당을 지어 모시자는 협의가 있었다. 유림은 선생을 높이 사모하고 의지하여 앙모(仰慕)하는 것이 어찌 한때 죽음을 무릅쓴 절개만으로 인(因)하겠는가. 슬프다. 큰집에 자손이 끊겼고 둘째 집에서 제사가 소홀하였음이 이미 오래라.

정조(正祖)께서 벼슬을 추증하신 것은 세상에 장려하시고자 하는 지극한 생각에서 나온 것으로, 사당을 만들어 제사코자 하나 베풀 땅이 없고 후손을 찾아

상의하라는 교시도 물을 곳이 없어 천고의 영광과 은혜와 감격도 황천(黃泉)의 원통한 혼(魂)에 이르지 못하니 후인의 한(恨) 됨이 많았다.

그윽이 생각건대, 선생의 학문과 행하신 바는 당연히 추모하고 제사를 지내는 것이 예에 부합하나니, 하물며 곧은 절개와 충성심은 후세 사람에게 비쳤으니 더 말할 것이 없도다. 마땅히 사림의 표창(表彰)이 있을 것이로되 세월이 점점 오래되어 숭상함이 희박해지더니 아름다운 풍속을 일으키고 충절을 장려하는 도리로서 사당을 세우자는 논의가 비로소 도기의 백봉서원(白峰書院)과 동안서사(同安書社)에서 일어나고, 안성의 유인숙(柳仁淑) 선생을 모신 정수서원(靜叟書院)에서는 선생을 함께 배향하자는 의견이 거듭 일어났다. 이러한 공론이 오랠수록 없어지지 않고 원근의 모든 사람이 같은 의견으로 합쳐지는 것이다.

검열사(檢閱祠 / 일명 계담사)의 창건

"이담은 선생의 숙부가 살고 있었고 선생도 일찍이 왕래하던 곳으로서, 사당을 세울 장소로 이곳 이담만 한 곳이 없을 것이다."

이것은 사림들이 돌린 건원(建院) 취지문의 일부이다. 순흥안씨 문중에서도 취지문을 돌리고 협력하였다. 이리하여 1824년 순조 24년 사당 건립이 시작되었다. 그러나 자금의 부족, 흉년에 의한 대기근(大饑饉), 천연두의 창궐 등은 사당의 건립을 어렵게 만들었으나 문중원과 유림의 노력으로 1838년 검열사를 세우고 선생을 배향하였으며 지역에서는 계담사, 한림사 등으로 부르기도 하였다.

민태용(閔泰鏞) 공이 지은 봉안문(奉安文)에는, "이에 사옥(祠屋)을 세워 정갈하게 제사를 모시며 옷깃을 엄숙하게 여미오니, 밝으신 영혼이시어, 편안하소서. 도움이 무궁하소서."라며 끝을 맺었다.

또 상향문(上享文)을 지었는데, "맑고 맑은 상소문은 이단자(異端者)를 물리치고 날카로운 붓끝은 간신을 베었네. 백세(百世)에 빛나는 인품, 난세에 우뚝한 기둥이로다."라며 선생을 기리었다.

1865년 서원철폐 정책으로 검열사(계담서원)도 철폐되는 불운을 피해 갈 수 없었다. 다시 선생을 흠모하는 향불이 사라졌으나 다시 이담 일원에 거주하는 순흥안씨 삼파 충주파 문중의 노력으로 1992년 다시 웅장한 계담서원으로 복원되어 다시 선생을 모시고 곧은 절개를 추모하며, 서원 내에 부설(附設) 교양대학을 설립, 운영함으로써 지역의 유학진흥과 사회발전에 기여하고 있으니 참으로 보람되고 다행한 일이 아닐 수 없다.

현대에서의 선생에 대한 평가

무엇보다 선생에 대한 유림의 평가는 앞에 서술한 입사록(立祀錄) 중 선생의 조두지례(俎豆之禮) 공간을 마련하기 위한 유림의 통문(通文)에 잘 나타나 있다. 그러나 그것은 과거의 관점에서 평가이지만 현대에서 선생에 대한 평가는 어떨까?

다음은 2002년 9월 9일 국민일보에 실린 기사 내용으로 그대로 인용하였다.

『현대의 사관(史官)들은 보아라…

조선 대표 사관 안명세의 삶, EBS 역사극장서 조명』

『한국 근현대사 교과서의 현 정부에 대한 기술을 둘러싸고 최근까지 많은 논란이 일었다. 교과서 집필자와 검정위원들, 나아가 언론인 등 역사를 기록하는 자의 소임과 사명감은 어떠해야 할까?

사실과 소신에 기반한 직필의 당위와 정치권력의 위세에 눌린 곡필의 유혹 사이에서 중심을 못 잡는 이 시대의 많은 사람, 그리고 그들의 프리즘을 통해 시대의 기록을 읽고 판단하는 국민에게 450여 년 전에 죽은 한 인물이 강렬한 시사점을 던진다.

드라마 형식을 빌려 역사를 재조명하는 EBS의 '역사극장'(수요일 밤 10시, 연출 김유열)은 11일(2002년 9월) '목숨과 바꾼 기록 정신-사관 안명세'편을 방영했다. 조선 중기 문인인 안명세(1518-1548년)는 1544년(중종 39년) 별시문과에 급제해 사관의 직무를 맡는다. 1545년 장경왕후의 아들 인종이 즉위 8개월 만에 죽고 문정왕후의 아들인 경원대군, 즉 명종이 열두 살의 어린 나이로 조선 제13대 왕에 올랐다. 인종이 생존했을 때 경원대군을 세자로 책봉하는 문제를 둘러싸고 장경왕후의 오빠 윤임(대윤)과 문정왕후의 동생 윤원형·윤원로(소윤) 형제간에 치열한 암투가 벌어졌는데 명종 즉위 직후 윤원형 측은 을사사화를 일으켜 결국 윤임 일파를 숙청했다.

이때 사관 안명세는 을사사화의 진행 과정을 있는 그대로 기록하려 애썼다. 그것이 본연의 임무였고 사관의 존재 이유이기도 했기 때문이다. 그러나 권력욕을 실현하고, 그에 대한 역사적 미화까지 욕심내는 이들에게 안명세의 소신은 한 줌의 가치도 없는 것이었다. 안명세는 당시의 상황을, "임금(명종)은 끝내 한 말씀도 하지 않았다. 대왕대비(문정왕후)가 윤임 등을 사사하라는 전교를 내리자 정순붕, 이기, 홍언필 등은 의기양양해서 큰 소리로 웃고 떠들었으며, 이언적, 윤개, 정옥형, 민제인 등은 몹시 비통한 표정이었다. 돌아가신 선왕(인종)이 아직 빈소에 계신데 같은 날 세 대신을 죽이니 이 어찌 불행한 일이 아니겠는가"라고 기록했다.

"사초는 당대에 절대 공개하지 않는 것이 원칙이었고 임금 역시 볼 수 없었다. 그러나 동료 사관 한지원은 집권 세력들에게 안명세의 기록을 일러바쳤다. 1548년, 사관 안명세는 결국 참수형을 당한다. 그리고 토정 이지함은 친우 안명세의 억울한 죽음에 충격받아 세상을 등지게 된다. 힘 있는 자들과 타협해 훗날을 기약할 수도 있었으나 끝까지 사관의 책무를 다하고자 했던 안명세를 『조선왕조실록』은 목숨을 걸고 직필을 한 대표적 사관으로 기록하고 있다."』

이상은 국민일보 기사내용이다. 현대에 와서도 이와 같이 선생의 절의는 높이 평가되고 있다. 또 아주 최근(2010년대 후반기)의 한 정치적 사실에 대하여 선생의 직필 정신을 계승하라는 어느 사람의 글이 네트워크에 올라오기도 했다. 이처럼 470여 년의 세월이 흐른 지금도 선생의 정신은 드높이 평가되고 있으며 앞으로도 영원히 빛날 것이다.

한동안 선생을 기리는 향불이 꺼져 안타까움이 있었지만 앞으로는 선생을 기리는 향화(香火)가 영원하기를 소망하며, 많이 부족하지만, 선생의 절의(節義)에 재배(再拜)하며 감히 선생의 행적을 기록한다.

사촌공(沙村公) 안덕린(安德麟)

불정면 하문리 소재의 선생 묘소와 묘비

생애

선생의 본관은 순흥(順興)이며 순흥안씨 16세로 계해년(1563년, 명종 18년) 현(現) 괴산군 감물면 이담리에서 출생하였다. 선생의 휘는 덕린(德麟), 자는 인서(仁瑞), 호는 사촌(沙村)이다.

천재(天才)라 일렀던 사촌(沙村)

선생은 어려서부터 남다르게 영리하여 당나라의 백낙천(白樂天)이 생후 7개월에 지(之) 자 무(無) 자를 알았다던 슬기로도 따르지 못할 정도였다고 한다. 불과 네 살 때 시를 지었는데 소문이 자자하여 신동이라 알려졌었으니 그 시(詩)는 다음과 같다.

槐葉千層綠 홰나무잎은 우거져서 푸르름이 넘치고
괴엽천층록

桃花萬點紅 복숭아꽃은 만발하여 붉게 물들었네.
도화만점홍

천층(千層)과 만점(萬點), 녹(綠)과 홍(紅)의 대구(對句)의 묘미와 수량화된 무성한 모양이 눈앞에 한 폭의 그림으로 나타나 찬란하게 한다. 중국까지 소문이 퍼지고 알려졌는데 중국의 시인들이 깎아내릴 곳을 찾아도 찾지 못하고, "천(千)이니 만(萬)이니 하는 것보다 더 큰 수를 썼으면 더 좋았을 것이다."라고 궁색한 의견을 달았다 한다. 사람들이 퇴계 선생께서 "죽계(竹溪)의 모든 안씨가 이름을 중국까지 떨친다." 했었는데 맞았다고들 했다.

어느 날 작은아버지인 농애공(農厓公) 안지(安志) 공이 주역에서 길흉화복을 나타내는 64괘(卦)를 긋다가 틀려 다시 확인하게 되었는데 선생이 곁에서 괘를 손으로 지적하며 "이 괘가 틀렸습니다." 하였다. 그때 겨우 글자를 배울 어린 나이라 농애공께서 놀라고 이상히 여겨 "모래 위에 그림을 그릴 수 있는 나이도 못 되는 아이가 이 복잡한 괘의 수를 알다니 우리 가문에 명성을 떨칠 아이로구나!" 하며 감탄하였다 한다.

선생께서 8세 때의 일이다. 충청감사가 지방 순시를 나왔다가 돌아가는 길이었던지 선생의 명성을 시험해 보기 위해 불렀다. 그리고 기러기 안(雁)을 시의 제목으로 하고 운(韻)을 불러주며 시를 짓도록 하였다.

8세의 선생은 즉석에서 다음과 같이 시를 지었으니

辭海來時葉受霜　바다를 떠나올 때 나뭇잎에 서리 내리고
(사 해 내 시 엽 수 상)

別江歸處柳含黃　강을 떠나 돌아갈 땐 버들가지 누렇게 물드네.
(별 강 귀 처 유 함 황)

起群遙浦風驅陣　먼 갯가 떼 지어 나르니 한바탕 바람이 일고
(기 군 요 포 풍 구 진)

寫字澄空月送行　맑은 하늘에 글자 이뤄 날으니 달은 한 무리 보내네.
(사 자 징 공 월 송 행)

胡地哀鳴愁永夜　차가운 북쪽 땅 슬피 울어 기나긴 밤 수심에 드새고
(호 지 애 명 수 영 야)

楚天高拂帶斜陽　따뜻한 남쪽 하늘 높이 날아 활개 치니 저녁노을 띄었네.
(초 천 고 불 대 사 양)

身隨寒暑征南北　추운 때 더운 때 철 따라 남으로 북으로 가니
(신 수 한 서 정 남 북)

一任生涯是兩鄕　한번 태어난 일평생 고향이 둘이라네.
(일 임 생 애 시 양 향)

기러기의 한평생이 사실적으로 잘 그려져 있다. 칠언율시(七言律詩)로 운이 맞아서 리듬이 있고 대구(對句)가 되어 뜻을 한층 돋우니 감사(監司)를 비롯한 많은 사람이 찬탄을 아끼지 않았다.

그 당시 사람들이 중국의 유명한 서정부(西征賦)의 남산시(南山詩)에 비교하며 애송하던 선생의 영사시(詠史詩)와 한도부(漢都賦) 같은 시문(詩文)도 16세 때 지은 것이니 놀라운 일이다.

임진왜란 때 중국의 오총병(吳摠兵 / 총병 : 무관 벼슬)을 맞이하여 위문하는 글을 지었는데, 당시의 대가들도 혀를 차며 칭찬하지 않는 이가 없었다 하니 참으로

타고난 천재라 아니할 수 없다. 이러한 재주로 많은 저작(著作)이 있었을 것이지만 병란(兵亂)에 흩어지고 잃어버려 겨우 약간 편이 남아 있어 「사촌집(沙村集)」이라는 문집을 1823년 안정록(安廷錄) 공께서 주관하여 발간하였는데, 정조 때의 시인이며 판서였던 한치응(韓致應) 공이 서문을 썼다.

선생의 의리와 지도력

1583년(선조 16년) 21세 때 성균관에 재학 중이었는데 박승임(朴承任) 선생이 대사간(大司諫)으로 당시의 모 권세가를 배척하다가 오히려 창원부사(昌原府使)로 좌천되었다. 이때 사대부들이 같은 파(派)로 몰릴까 두려워서 찾아가 위로하기는커녕 서로 만나는 것조차 피하였다. 그러나 선생께서는 박(朴) 공(公)이 떠나는 날 제천정(濟川亭)까지 나가서 시를 지어 전송하였는데 그 끝 구절이 이러했다.

此日浪邊船尙穩 오늘 떠나는 물가의 배가 오히려 안온하니
차 일 랑 변 선 상 온

他年應作望仙圖 후일에 응당 망선도를 지으리라.
타 년 응 작 망 선 도

시의 뜻이 좋아서인지 얼마 후에 박(朴) 공(公)이 돌아왔다. 선생의 의리와 깊은 인격을 볼 수 있는 일이다.

선생께 과거의 운은 따르지 않았나 보다. 1584년 22세에 나라의 경사(慶事)로 대궐 뜰에서 과거를 보인 정시(庭試)에 응하여 으뜸으로 발탁이 되는 순간이었는데 시험관들이 각자 자기 의견을 고집하여 합의가 어렵게 되자 아예 권외(圈外)로 돌려 버리고 말았다. 이때 서애 유성룡 선생이 과거 사무를 관장하는 예조판서로 지경연(知經筵) 춘추관사(春秋館事)를 겸직하고 있었는데, 시험지를 찾아보고 탈락함을 애석하게 여기시며 빨리 경서(經書)를 강론하는 자리에 두지 못한 것을 한탄하셨다 한다.

1603년 선조 36년 선생께서 40세에 비로소 진사와 생원을 뽑는 사마시(司馬試)에 응하여 합격하였는데 늦게 명예욕이나 출사(出仕)의 생각을 가지고 하신 것이 아니라 한번 시험을 해본 것일 뿐이었다. 이때 4촌인 안덕봉(安德鳳) 공도 함께 급제하였다.

1591년, 선조 24년 29세 때의 일이다. 겨울에 성균관의 유생들이 일어나 재상(宰相)이 나라를 그르쳤음을 의논하고 상소하였는데 그 의론을 관장한 사람이 바로 선생이었다. 선조께서 이 상소문을 보시고 아름답게 생각하셨으나 권력을 가지고 있던 간신들의 무고로 3일 만에 상황이 뒤바뀌어 선생께서는 잡히어 화를 당하시게 되었다. 그러나 유생들이 연달아 상소하여 바로 풀려났다. 선생의 뛰어난 식견과 강직함과 지도력이 이와 같았다.

임진왜란과 선생의 고뇌

1592년 임진왜란이 일어났다. 사세가 불리하여 선조(宣祖)는 의주까지 몽진(蒙塵)을 해야 했고 국정의 파탄으로 백성들의 고난은 형언할 수 없었을 것이다. 그래도 이순신(1545~1598년) 장군의 선전과 의병들의 활약으로 1594년 왜란이 다소 진정국면이 되었다. 그러나 왜군은 완전히 철수하지 않았고 나라에는 큰 기근이 들고 인심은 불안하기 그지없었다. 선생이 35세 때인데 나라를 사랑하고 걱정한 나머지 임금에게 어려움을 해결하고자 하는 상소문을 썼으나 이루어지기 어려울 것을 짐작하시고 소각해 버렸다. 선생은 당시 서로 모함하고 배척하는 당쟁의 폐해를 보시고 큰 혁신이 필요한 때이나 이를 실행할 힘이 조정과 관료들에게서 찾기 어려움을 고려하셨을 것으로 짐작된다.

그 글의 반은 잃어버렸지만 각 조목에서 정성스러웠던 바를 볼 수 있다. 여덟 가지 조목이 있었으니

- 휼민은야(恤民隱也) 백성의 측은함을 규휼(揆恤)해야 한다.
- 수군정야(修軍政也) 군정(軍政)을 잘 닦아야 한다.
- 광언로야(廣言路也) 언론을 널리 창달(暢達)하여야 한다.
- 정임선야(精任選也) 관리의 임면(任免)을 공정하게 해야 한다.
- 진강기야(振綱紀也) 기강을 확립해야 한다.
- 정규모야(定規模也) 규모(規模)를 정해야 한다.
- 명도덕야(明道德也) 도덕을 밝혀야 한다.

• 포성신야(布誠信也) 정성과 신의를 지켜야 한다.

오늘날에도 버릴 것이 없는 중흥계책이다. 이런 강조점과 왜적의 섬멸과 상하의 정(情)과 내외의 다스리는 공적과 정사(政事)의 요체(要諦)와 근본을 역설한 것 등이 찬란하게 갖추어져 기재되었고 구절구절이 간절하고 조목마다 빈틈이 없었지만 애석하게도 올리지 못하고 태워 버리게 된 것이니 경륜이 넓고 포부가 큰 것이 그때 채용되지 못한 것은 선생 개인만의 불행이 아니라 나라를 위해서도 불행이라고 아니할 수 없다. 선생의 이런 상소가 상달(上達)하여 채택되고 실행이 되었더라면 우리나라는 일찍 국력이 신장되고 안정되었을 것이다.

선생의 효심과 우애

1592년 봄, 선생께서는 지금의 시흥 선영에 성묘를 갔었는데 그런 중에 왜란이 일어났고 한 달도 안 되어 한양이 함락되는 비참한 지경에 이르렀다. 선생께서는 위험을 무릅쓰고 급히 고향으로 돌아오니 마을은 불타 터만 남았고 사람의 그림자도 없었다. 참고로 당시 왜군은 연풍의 새재를 넘어 충주로 향했고 충주 탄금대에서 신립 장군이 방어하고 있었으나 신립 장군은 패하고 말았다. 이 담은 연풍 새재와 인접하고 있어 왜군에 의한 피해가 심하였을 것으로 추정된다.

선생은 하늘을 우러러 통곡하고 갈 바를 몰라 이리저리 되는 대로 가시던 중 공중에서 문경(聞慶) 만수동(萬壽洞)으로 가라는 사람의 말이 들리고 그때부터 문득 어둠 속에서 그 길을 인도하는 것같이 밝았다. 이를 따라 동리에 다다르니 바로 만수동이었다.

선생의 둘째 계씨(季氏)인 안덕창(安德昌) 공께서 양친을 모시고 마을 앞의 가창산(可昌山 : 현 율리 입구의 산) 석굴 속으로 피신하였다. 그러나 왜병에게 발각되어 위험한 순간을 맞았으나 덕창 공은 이들을 물리치는 등 많은 어려움을 겪으며 10여 일 후 이곳으로 피난 하였던 것이다. 양친께서는 무사하셨으니 선생의 효심과 지성에 하늘이 도움을 주심이 아닐까 한다.

또한 선생은 어버이 섬김에 지극한 바가 있었으니 집이 매우 가난하였으나 조석으로 드리는 찬에 연하고 맛있는 고기를 빠뜨리지 않았고, 춥고 더운 때를 살펴 반드시 돌봄이 있었고, 밖에서 귀한 반찬을 만나면 감히 먹지를 않았다. 모친께서 병환이 심하여 위독하였을 때 마침 한겨울인데 선생이 밤에 문득 얼음을 깨고 목욕하여 몸을 깨끗이 하고 향을 피워 경건히 기도하며 자신이 대신하기를 원하였더니 부인께서 홀연히 정신이 차차 드시며 깨어나셨고, 꿈에 어떤 사람이 나타나 이르기를, "부인의 아들을 하늘이 보고 계시니 병을 근심치 말라." 하더니 과연 보람이 있었다.

1594년 여름에 모친상을 당하니 임진왜란 때라 모두 형편이 궁핍하였지만 원근의 친구들이 서로서로 알려 부의(賻儀)와 수의(壽衣) 등을 적극적으로 주선해 와 장례를 치렀다. 선생은 착하고 신의를 중히 여기는 결과가 사람들에게 깊었음을 알 수는 일이었다. 장례 후 산소 곁에 여막(廬幕)을 짓고 조석으로 슬퍼함을 초상(初喪) 때와 같이하고 죽만 마시며 3년을 지냈으니 잠시라도 예의에 어긋나는 일이 없었다.

이러한 효성은 전부터 끊어진 때가 없었다. 선생은 선조를 사모함이 매우 커서 조상에 관한 일이라면 지체없이 착수하여 밝혀내셨다. 선생의 선조이신 밀직제학(密直提學) 안석(安碩) 공 이하 3세(世)께서 사시던 곳이 풍기와 영주에 접하여 있는 흥주(興州 : 순흥의 옛 지명)가 폐하여 격하(格下)되고부터 자손이 흩어져 묘역(墓域)을 잃어버린 지 오래되었는데 선생은 수차 이산 저산을 찾아다녀 비로소 찾게 되었다. 1592년 3월 19일, 선생께서 문중에 돌린 통경중문(通京中文)에 자세히 기록되어 있다. 앞서 시흥에 성묘 가신 일을 말하였는데 아마 통문을 돌려 안석 공의 산소 앞에 비석을 세울 것을 계획하셨고 그런 일로 시흥에 가신 것으로 추측된다. 그러나 임진왜란으로 인해 못하고 16년 후인 1607년 선조 40년에 선생의 힘으로 비석을 다시 세우시고 향화(香火)가 예전대로 거행하게 되었다.

선생께는 세 아우가 있었으니 덕룡(德龍), 덕창(德昌), 덕선(德宣)으로 형제간의 우애가 매우 깊었다. 다만 바로 아래 아우인 덕룡 공이 일찍 별세한 것이다. 그리하여 동생의 아들, 즉 조카는 유복자로 출생하였고, 선생은 이 조카를 극진한 정성으로 양육하였는데, 그분은 함께 배향된 세마공(洗馬公) 하담(荷潭) 안술(安述) 선생이다. 1636년 인조(仁祖) 14년 병자호란으로 나라가 짓밟히고 조정에서 화친을 주장하자 안술 선생은 분연히 척화(斥和)를 부르짖어 충의의 기개를 세상에 드높이셨다. 이는 평상시 백부(伯父)이신 사촌(沙村) 선생이 의로움을 가르친 결과로 판단된다.

소수서원(紹修書院)에서 학문을 장려하시다

1603년경, 재덕을 감추고 나무가 우거지고 내가 흐르는 산중에, 그리고 조상의 산소가 있는 곳에 은거하시기로 정하고 소백산(小白山) 넘어 처가가 있는 기천(基川)마을, 즉 풍기 근처로 이사를 하였다. 어려서 기러기를 읊은 시에 "한번 태어난 일평생 고향이 둘이라네."라는 구절이 있는데, 오히려 선생의 처지가 곧 이와 같음은 아닐는지. 시에 나타난 생각이 이미 전에 정해진 것과 같다고 하는 말이 바로 여기에 해당하는 것 같다. 깨끗하고 조용한 풍채(風采)와 높은 운치(韻致)는 대개 천성에서 얻어지는 것으로, 선생께서 산원유일(山園遺逸)을 지으시니 그 마을 이름과 서로 어울리는 것을 기뻐한 데서 나온 것이다. 자연 속에 묻혀 물욕에서 떠나고 근심이나 기쁨의 감정도 버리고 오직 사서삼경(四書三經)을 공부하고 밭에 나가 약초를 심고 소요(逍遙)하면서 시를 읊었다.

風色入前溪 산골짜기 시냇물에 바람이 불어오니
輕凉生暮樹 서늘한 기운으로 나무에 생기가 돋네.
山陰採藥來 산속에 약초 캐어 재 넘어오는 길에
衣上千峰雨 높은 산에 가득한 비는 옷으로 스며드네.

자연 속에 녹아들어 하나가 되니 자연이 곧 나이고 내가 자연인 경지에 이르고 있다. 마음속에 한 점의 잡념이 없고 순수한 그대로의 마음이다. 자연을 자연 그대로 바라볼 수 있는 마음은 참으로 아름답다. 여기에 시심(詩心)이 움트게 되는 것이다. 선생은 본래부터 산수에 흥취를 가져서 금강산, 영랑호(永郎湖), 백마강, 도담삼봉(島潭三峯) 등을 두루 다니셨고, 늘 말씀하시기를 조금의 티끌도 없어야 마음이 편하다고 하였다.

소백산에서는 가장 높은 좋은 곳을 정하여 축대를 쌓고 숲을 깎아 산의 한쪽 면을 드러나게 하고 종일 돌아가기를 잊었다. 오묘한 자연의 이치를 깨달은 것이니 "좌견일산진면목(坐見一山眞面目)"이라 읊으셨다. 회포와 흉금이 크고 넓어서 적절한 곳을 만나면 스스로 통하고 평범한 사람같이 단순한 경치를 유람하지 않았다.

이렇게 자연에 묻혀 살면서 동지들과 더불어 퇴계 선생의 향약(鄕約 : 조선시대 자치 마을규약)을 따라서 지방의 덕행장려(德行獎勵), 상호협조 등을 위하여 만든 판계(板契) 등의 항목을 정하여 마을 사람들이 규정을 지키고 서로 돕도록 힘썼다.

풍기는 바로 백운동(白雲洞) 가까이에 있다. 선생께서는 백운동주(白雲洞主 : 소수서원 원장)로 계시며 죽계(竹溪)의 경치를 감상하셨을 것이다. 더구나 일찍이 문정공 근재 안축 선생께서 죽계곡(竹溪曲) 9장을 지은 것이 있는데, 그것을 읊고 감개무량해 하였다. 약 300여 년 전에 죽계를 따라 오르내리며 시를 읊고 경서를 읽으며 명상과 토론을 하시던 문정공의 발자취를 따라 걸으면서, 문정공의 풍류를 상상하며 큰 감회에 젖었을 것이다.

또한 현 소수서원의 원장으로 임란(壬亂) 이후 배움의 장소가 퇴폐하였는데 학풍(學風)을 일으키고 유림의 활동을 왕성하게 하시고 풍속(風俗)을 바로잡는 것에도 힘을 쏟았다. 날마다 학생을 불러 맞아들여 서로 읍(揖)하고 강의하는 자리에서 어렵고 의문점을 자세히 분석하고, 또 한편으로는 부족한 것을 보충하고 중요한 곳을 가락을 붙여 읊게 하였다. 임진란 이후에 학교가 퇴폐하니 동리의 풍속을 통제하여 바로잡고, 유림을 왕성하게 일으킨 공적과 덕망이 거의 이전 사람들에 필적하여 부끄러움이 없었다. 여러 선비와 학문을 닦는 젊은이들을 불러서 학풍(學風)을 도도하게 일신(一新)하였다. 이런 공석과 넉망은 이전 사람

계담서원

들을 능가하고도 남음이 있었다.

선생께서 지은 글은 온후하고 넓고 예스러운 무게가 있어서 케케묵고 부패한 말이 전혀 없으며, 말의 뜻이 밝고 이치가 분명하며 문장을 꾸미는 데 힘쓰지 않았다. 선생은 일찍 서애 유성룡 선생과 한강(寒岡) 정구(鄭逑) 선생 같은 유명한 학자의 문하에 출입하며 학문을 닦으셨고, 또 퇴계 선생의 높은 제자인 월천(月川) 조목(趙穆)의 부용산사(芙蓉山舍)에 왕래하였다. 박소고(朴嘯皐), 김백암(金柏巖), 홍만전(洪晚全) 선생들과 더불어 도의로써 사귀며 인품을 닦는 사이였으니 교제가 넓었음을 알겠다.

유림(儒林)에서 보는 사촌 선생

1609년 광해군 1년, 47세로 일찍 세상을 뜨시니 참으로 애석하기 한이 없다. 더구나 부친이신 호군공(護軍公) 안총(安聰) 공은 71세로 생존해 계시는데 먼저 돌아가시니 효심이 지극하셨던 선생은 차마 눈을 감기가 어려웠을 것이다. 자녀들은 선생의 묘소를 고향 이담에서 강을 건너 하담산에 모셨다. 그리고 유림에서는 선생을 기려 1790년 정조(正祖) 14년 풍기 숭현사(崇賢祠)에 배향하였다.

사촌 선생 문집

선생께서는 훌륭한 재질을 가지고 명문가에 태어나 선조(先祖)의 뒤를 이어받고자 학문과 덕행에 힘썼다. 그리고 스승을 존경하고 벗에게는 아량이 있었으며 가정에서는 단란한 즐거움을 이루도록 하였다. 우아하게 노닐며 도를 밝히고 저서(著書)가 많이 있어서 후세 사람들에게 많은 혜택을 주었을 것이지마는 가정적으로 또 사회적으로 여러 가지 연고가 많았고 불에 타 없어지고 말았으니 아까운 일이다. 남은 것은 얼마 안 되는 시문(詩文)과 가례용학(家

禮庸學)과 의문점에 대한 기록 등 약간 편이니 선생의 실상(實像)을 만분의 일도 찾을 수 없었다. 남은 것을 모아 선생의 5세 후손인 안환(安煥) 공과 7세손 안정록(安廷錄) 공이 1822년 순조 22년에 사촌(沙村) 선생의 문집인 「사촌집(沙村集)」을 간행하였다.

큰 뜻을 마음껏 펴지 못하시고 일찍 세상을 떠나셨지만 선생을 아는 사람들의 평가는 매우 높았다. 방촌(芳村) 이당(李塘) 공이 우리나라의 문장(文章), 도덕(道德), 학문(學問), 효우(孝友)의 각 항목에 뛰어난 분을 뽑아 기록하는데 선생에 대해서는 어느 한 가지가 아니라 네 가지 모두 뛰어난 사람이라고 기재하였으니 이것은 이방촌 공만의 생각이 아니라 모든 사람의 공통된 의견이었다.

서애 유성룡 선생은 일찍이 시를 보내 주었는데 다음과 같다.

謹齋其有後 위대한 근재 선생 보람이 있어
근 재 기 유 후

今子是雲孫 10세손 덕린 오늘에 있네.
금 자 시 운 손

德業光全軌 덕행은 선조의 발자취 더욱 빛내고
덕 업 광 전 궤

文章濬道源 문장은 도리어 근본을 깊이 파냈네.
문 장 준 도 원

端如阿閣鳳 단정하기는 저 아방궁의 봉황새
단 여 아 각 봉

壯似北溟鯤 장대하기는 저 북해의 큰 물고기
장 사 북 명 곤

繡句霏瓊雪 빼어난 글재주 아름다운 눈송이 날리듯 하고
수 구 비 경 설

淸香襲惠蓀 맑은 기품은 향기 짙은 품위에 가득 찼네.
청 향 습 혜 손

당세(當世)의 어진 선비와 대가들이 이와 같이 평하였으니 더 보탤 말이 없고 이 한마디로 능히 선생의 사람됨을 만분의 일이라도 상상할 수 있을 것이다.

선생을 알 수 있는 글로는 순조(純祖) 때의 학자 이야순(李野淳) 선생이 쓴 행장과, 역시 같은 때의 유태좌(柳台佐) 선생이 지은 묘갈명(墓碣銘)과 판서(判書) 한치응(韓致應) 선생이 쓴 사촌집 서문이 있다.

이야순 공의 말씀을 인용하여 참고해 보면 선생을 사모하는 후세들의 정성과 효심이 얼마나 큰지 짐작할 수 있다.

"어떤 일로 이퇴계 선생 재실(齋室)에 갔었는데 안덕린(安德麟)의 후손 정록(廷錄)과 환(煥) 등이 나를 찾아와 유사(遺事) 한 통을 주며, 이것이 환의 선친께서 만든 것인데 사적이 누락된 것이 많고 첫머리와 끝부분이 성하지 못하여 초고(草稿)에 지나지 않지만, 이제 100여 년이 흘러 그나마 옛일들이 점점 멀어져 오늘 완성해 놓지 않으면 점점 증거할 수 없게 될 것이라며 나에게 차례대로 기록해 달라고 요청하였다. 내가 사촌 선생이 사셨던 마을을 지날 때 문득 많은 사람의 존경을 받은 선생의 생각이 일어났다. 그러나 내가 지식이 얕고 이런 일은 해본 경험이 없을뿐더러 행적이 위대한 분에 관한 것이니 어찌 감히 외람되게 다른 글을 모방해서 지을 수 있겠는가 하는 생각이 들어 백 번 사양했었다. 그러나 그 후 정록이 다시 찾아왔는데 정성을 다하여 다시 오기를 한두 번이 아니고 선생이 지으신 좋은 시를 찾아냈으니 선생의 평생 행적을 기록한 글이 없을 수 없다고 수고해 달라는 부탁을 간절히 했다. 내가 7~8년간 완고하고 둔해서 고집을 부려 지체하였는데도 불구하고 이토록 간청하니 감격하지 않을 수 없었다. 감히 외람됨을 헤아리지 않고 억지로 붓을 들어 기록하는 것은 자손의 간절한 효에 감동되어 응하는 것이다."

진사(進士) 황우한(黃羽漢) 공이 지은 다음의 축문(祝文)을 보면 공이 어떤 분인지 한 마디로 잘 나타내 주고 있다.

德業光前 文章掩後 遺風慮教 山高水瀏 덕행은 선인(仙人)을 빛내고 문장은 후세 사람들을 덮으며 남기신 풍도(風度)와 교훈은 산같이 높고 물과 같이 맑도다.

비록 선생께서는 과거에서 장원 제외와 함께 선외(選外)의 불운을 당하시고, 임진왜란과 어수선했던 정국(政局) 등으로 인해 결국 은거하였지만, 명예와 부를 추구하지 않고 오직 학문과 효행, 그리고 인재 양성과 주민을 위해 노력하신 선생의 덕행(德行)에 대해선 현대를 살아가는 우리가 가슴에 새겨야 할 것이다.

세마공(洗馬公) 하담(荷潭) 안술(安述)

생애

감물 도전 소재 묘소

선생은 순흥인(順興人)으로 순흥안씨 17세손이다. 선생의 부친은 호군공 (護軍公) 안덕룡(安德龍)이시고 모는 숙 인(淑人) 경주최씨(慶州崔氏)로, 두 분의 유복자(遺腹子)로 1596년(선조 29년) 11월 7일 출생하셨다. 선생의 휘는 술(述)이 시고 자는 효여(孝汝)이시며 호는 하담(荷潭)이다.

선생의 성품과 수학(修學)

묘비

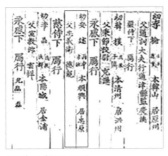
사마(진사)방목 등재

선생은 타고난 성질과 바탕이 깊었으며 기상이 월등하게 뛰어나시고 재주가 출중하셨다. 또 풍 채가 청조(淸操)하시고 고상했으며 논의(論議)가 당 당하여 시대의 본보기가 되시고 조정(朝廷)의 큰 재목으로 기대되었다.

백부(伯父)인 사촌(沙村) 안덕린(安德麟) 공(公)은 선 생의 외롭고 고생됨을 가련하게 여기고 사랑하며 가르쳐서 충효의 마음을 기르도록 인도하며 학문 과 예의에 힘쓰도록 이끌었다.

선생께서는 1619년(광해군 11년) 사마시(司馬試)에 합격하여 진사(進士)가 되셨다. 성균관에 입학하셔서 더욱 학문에 힘쓰시며 시문 공부에 집중하셨다.

충정(忠情)으로 척화(斥和)를 상소(上疏)하다

1636년(인조 14년) 12월, 청나라 태종의 침입으로 병자호란이 발생되었으나 국력은 부족했고 사세가 부득이하여 일부는 강화도로 피난하였고 인조(仁祖)께서도 강화도로 몽진을 서둘렀으나 이미 청나라 군사들이 행주(幸州)까지 당도하니 할 수 없이 진눈깨비가 쏟아져 미끄러운 길을 걸어 남한산성으로 몽진을 하였다.

다음 해 1월, 청나라에 의해 강화도가 함락되고 남한산성은 포위된 지 오래되었다. 조정에서는 남한산성은 포위되고 사세는 급박해져 가므로 강화(講和)를 할 것인지, 그렇지 않으면 계속 항쟁, 즉 척화(斥和)를 할 것인지 의견이 양립되어 논쟁이 분분하였다.

선생은 이때 성균관에 기숙하는 유생들의 대표인 장의(掌議)를 맡고 있었다. 신의를 지키고 죽음으로써 나라를 지켜야 한다는 것이 선생의 뜻으로 분연히 일어나 뭇사람의 말을 제치고 여러 의논을 물리치시고 강화체결을 극력 배척하시며 상소하였다. 여러 사람이 모두 위태롭게 생각하였으나 선생은 개의치 않으시고 분연히 일어나 오랑캐와의 강화 반대를 임금에게 극렬하게 상소하였다.

그러나 인조는 1637년 1월 30일, 왕세자와 함께 삼전도(三田渡 : 지금의 송파 일원)에 나가 항복하고야 말았다. 우리나라는 많은 외침을 받았으나 항복한 적이 없는 나라였다. 역사상 큰 치욕이 아닐 수 없다.

이에 선생께서는 출사(出仕)에 대한 꿈을 버리고 고향으로 돌아와 깊이 은거하며 한양 출입을 끊고 일생을 지냈다. 오랑캐인 청나라에 항복한다는 것은 대의에 벗어나는 일로 선생의 양심으로는 생각조차 할 수 없는 일이었다. 이러한 정신은 세 아들의 이름에서도 잘 나타나고 있다. 즉 홍은(弘殷), 홍로(弘魯), 홍명(弘明)으로 지어 오랑캐와 대립되는 나라의 이름, 즉 은(殷), 노(魯), 명(明) 자를 넣어 지었다. 선생의 우국충정이 서려 있는 작명(作名)이라 할 것이다.

선생의 당당한 대의(大義)와 맵고도 매운 정기(正氣)는 천년이 흘러도 늠름하여 서릿발 같고 밝은 태양 같은 것이다. 삼학사(三學士 : 홍익한, 윤집, 오달제)나 동계(桐溪) 정온(鄭蘊)과 같은 인사(人事)들과 똑같이 칭찬받을 만한 분이다.

따님의 세자비 간택에 낙택(落擇)하게 하다

인조조(仁祖朝)에서 왕세자가 결혼 적령기가 되어 세자비 간택령이 있었고 선생의 장녀가 세자비 후보로 올랐다. 장차 왕비가 될 수 있고, 임금의 장인인 국구(國舅)가 되어 높은 자리에서 권세를 누릴 수 있는 기회였다. 대부분의 사람은 절호의 기회로 생각하여 세자비로 간택되도록 노력을 다하였을 것이나 선생께서는 "시골의 미미한 가정에서 어찌 감히 이 같은 미안스러운 의논을 받아들이겠는가." 하시며 거절하였다. 그리하여 선생은 여식이 궁중에 들어가 식사할 때 왼손으로 식사하라고 일러 보내 고의로 간택에서 떨어지게 하였다. 분수를 지키고자 하는 선생의 인품을 볼 수 있었던 일로 모두 우러러보았다. 그 따님은 나중에 영특함을 인정받아 임금의 친족 집안으로 출가를 하였는데 부군은 종친부의 정2품인 도정(都正) 벼슬을 지낸 이희(李僖) 공(公)이다.

부친의 추복(追服)과 시묘(侍墓)

선생이 53세인 1648년에 부친의 산소를 이장할 때는 관(棺)을 열어 발상(發喪)하며, 유복자로 태어나 부친 3년 상을 하지 못하므로 추후에 3년 상을 모시는데, 죽을 마셔 가며 산소 곁에 초막을 짓고 묘를 모시니 참으로 그 정성이 놀라웠다. 선생께서는 유복자인 까닭에 애통함이 컸고 항상 피맺힌 눈물로, "내가 사람의 아들이 되어 어버이를 받들지 못하고 3년 복(服)을 입지 못하게 하였으니 천지간의 큰 죄인이다."라고 하였는데 그 한을 푼 것이었다. 이러한 선생의 대의와 효행 등이, 역대의 지사와 병자호란 때 척화순절자(斥和殉節者)의 큰 절개를 기록한 존주록(尊周錄)에 모두 기록되어 있다.

선생에 대한 평가와 검열사(檢閱祠) 배향(配享)

인조조에 선생의 의로운 행동이 훌륭하다 하여 특별히 왕세자를 호위하는 기관인 세자익위사(世子翊衛司)의 세마(洗馬)라는 벼슬을 내리고 부르셨다. 그러나 선생은 취임하지 않았다. 이는 선생께서 영화나 호의호식하려는 마음이 없어 벼슬을 구하시지 않은 것이고, 또 세상이 혼탁해서 능히 큰 의(義)를 천하에 펴지 못할 것이므로 응하지 않았던 것이다.

선생은 을미년(1655년) 5월 14일 향년 60에 돌아가시니 선생의 묘는 괴산군 감물면 도전리 묘좌 아버지 호군공 산소 곁에 장사하였다. 멀고 가까운 곳의 선비들과 향리(鄕里)의 노소가 다 모여 상여의 줄을 잡고 슬퍼하며 말하기를, "효자가 돌아가시니 하늘이 어찌 이같이 하시는가?" 하였다. 윤형계(尹衡啓) 공(公)은 만장(挽章)에 말하기를, "재주가 매우 뛰어나서 동배(同輩) 중에 앞섰으니 다투어 말하기를 당대의 제일이라 하네." 하였고, 곽유지(郭攸之) 공(公)도 만장에 쓰기를, "뛰어난 기운이 충만해도 스스로 부족하다 했네. 정금(精金)을 백 번이나 단련하여 참되고 강직하게 했네. 풍신(風神)이 깨끗하고 논의가 당당하여 뭇사람이 복종하도다." 하였고, 한시중(韓時重) 공(公)은 "슬픔이 단풍나무에 얽히니 날로 추모하는 생각이 나고 그림자가 모친 계신 방에 움직이니 자당(慈堂)을 위한 춤이로다."라 추모하였으며, 선생의 행장(行狀)은 현감(縣監) 변세영 공이 찬(撰)하고 판결사(判決事) 이가환(李家煥) 공께서 묘지명을 썼으며 김동진 공이 신도비를 찬(撰)하였다. 그 후 200여 년이 지나고 지역 유림에서는, 절개가 곧고 충성스러움과 지극한 효성과 아름다운 덕행이 높았지만 이를 추모할 공간이 없음을 크게 개탄하여 선비들이 일어나, 안명세 선생의 사당이 이미 계담에 있고 선생은 안명세 선생의 일가 종증손(從曾孫)이 되시니 검열사(檢閱祠/일명 계담사)에 모시자는 여론이 일어났다.

충주향교(忠州鄕校)에서는 선생을 검열사에 추배하고자 다음과 같은 통문(通文)을 발하여 공론화하였다.

"세상에 곧고 충성되고 크게 효성스러워 정려(旌閭) 서게 되고 그 마을에서 제사를 지내게 되는 사람이 고금을 통해 많이 있도다. 간혹 세대가 오래되고 자손이 미약하여 비록 굳은 충성과 출천(出天)의 효가 있었지만 이름이 없어져 전해지지 못할 때 뜻있는 선비들의 섭섭함이 어떠하랴.

하담(荷潭) 안선생(安先生)이 병자호란 때 성균관에서 공부하는 선비로 척화를 상소하였으니 당당한 대의와 매운 정기는 천년이 흘러도 늠름하기가 가을 서리

같고 빛나는 해와 같으니 가히 삼학사(三學士)와 정동계(鄭桐溪) 같은 사람과 똑같이 칭찬할 것이로다. 삼학사는 벼슬이 높아 조정에 있었던 연고로 이름이 더욱 빛났으나 선생은 궁(窮)하게 야(野)에 있었던 까닭에 이름이 빛나지 못하였으나 나라를 위하여 한 번 죽기를 결심한 것은 어찌 차이가 있으리오.

존 주 록

당시의 행적이 명백하게 존주록(尊周錄)에 기재되었으므로 이제 차례차례 상고(上考)하노니 유복자로 3년을 추복(追服)하신 사실과 피맺힌 눈물로 죽을 마시며 산소 여막에서 시묘(侍墓)하신 일 등, 그 정성이 극진하사 인조 때 의로운 행위가 훌륭하다 하여 특별히 세마(洗馬) 벼슬을 내렸으나 마침내는 나아가지 않았으니 대개 영화나 호의호식하려는 마음이 없어 벼슬을 하지 않은 것이고, 또 세상이 혼탁해서 능히 큰 의(義)를 천하에 펴지 못할 것으로 생각하여 벼슬에 나아가 출세하고자 하지 않은 것이라.

이것은 즉 동계(桐溪)가 궁벽한 산속으로 들어가 벼슬을 영원히 사양한 것과 같은 것이니 아름다운 덕과 실제 행동이 이같이 높고 높되 선비들이 숭상하고 받드는 도리가 오히려 적막하기만 했으니 개탄을 이기지 못하여 이를 통고하오니, 엎드려 바라옵건대 여러 군자께서는 소리를 일제히 서로 합하여 제사의 예를 속히 마련하여서, 한림공(翰林公) 사당(祠堂)이 이미 계담(桂潭)에 있고 공이 한림공의 방계 후손이 되시며 두 분의 절의와 충효가 똑같이 천년이 흐르도록 빛나니 같은 사당에 아울러 배향함이 인정과 예의에 참으로 합당한바, 이에 세마공을 추배하면 다행일까 하나이다. (기유년 1849년 2월)"

그 결과 마침내 1849년 헌종(憲宗) 15년 11월 19일 검열사에 추가로 배향이 되었다. 한진억(韓鎭億) 공의 추가배향의 연유를 고하는 축문(祝文)이 있고 진사(進士) 홍수학(洪秀學) 공이 사당에 모시는 내용을 선생에게 고(告)하는 축문이 있다. 또 참판 정홍경(鄭鴻慶) 공이 신주(神主)를 모시는 축문을 지었다.

다음은 하담공(荷潭公) 안술 선생을 추배할 때 직제학공(直提學公) 안명세(安名世) 선생께 올린 고유문(告由文)의 내용이다.

"하담(荷潭)은 그 호이며 세마(洗馬)가 그 벼슬이니 실제 공의 방계자손(傍系子孫)이 되옵니다. 세덕(世德)을 대대로 이어받아 공께서 국운이 막혀 오랑캐와 화친코자 할 즈음에 야(野)에 있으면서 죽기를 맹세하고 상소하여 화친을 배척하시고 계속하여 나아가지 않으시고 달게 은거하시니 칼을 맞으나 물에 빠지나 비록 발자취는 다를지라도 뜻한 바는 한가지이시라. 나라 존속의 뜻이 간절하시며 존주록(尊周錄)에 기록이 있나니 해와 별같이 빛나시고 밝으시며 이름과 절개가 천추(千秋)토록 전해지셨습니다. 또한 어버이 시묘(侍墓)하시는 여막(廬幕)에 피눈물이 맺히고 입지 못한 복(服)을 입으셨으니 효와 충은 오직 공의 참된 덕이셨습니다. 아름다운 선생의 집안이여! 빛남이 서로 연(連)하였도다. 진실하신 군자시여, 후손에게 훈계를 드리워 앞을 빛내셨도다. 이에 향사(享祀)키로 하오니 동당(同堂)이 기쁘시며 신의 이치가 서로 감응하셔서 서로 의탁(依託)함이 막힘이 없으소서. 감히 하담공(荷潭公)을 배향하며 삼가 고하나이다."

홍수학 공은 축문에서 다음의 축문을 써서 선생을 추모하였다.

"죽음을 각오하신 충절과 지극한 효성은 북두칠성같이 빛나셨도다. 그윽이 생각하건대, 계담은 누구의 사당인가. 종증조(從曾祖)의 향사(享祠)로다. 즉 안명세 선생이 붓을 들어 곧은 글로 절개가 높았으니 안명세 선생과 전후의 일은 다르지만 마음은 한가지이시리라. 공론을 합하여 추배함이 마땅하니 좋은 날로 사당에 올려 예로써 받드니 신령께서는 서로 위로하시고 일당(一堂)에 같이 내리셔서 아름다운 향내 맡으시옵소서."

선생의 빛나는 덕행과 충절이 이처럼 천추에 빛나고 있으나 많은 시간이 흐른 지금에는 자기중심적 사고와 이기주의가 충만한 사회로 변하고 도덕이 땅에 떨어졌다고 개탄하는 현실을 직시하며 다시 선생의 충절과 효행을 뒤돌아보고 본받아야 할 때라고 생각한다.

면암(勉庵) 최익현(崔益鉉)

생애

최익현 영정
(한국학중앙연구원)

면암(勉庵) 친필

최익현(崔益鉉)은 1888년 12월 5일(음력) 경기도 포천군 신북면 가채리에서 아버지 최대(崔垈)와 어머니 경주 이씨 사이에서 태어났다. 본관은 경주, 자는 찬겸(贊謙), 호는 면암(勉菴)이다. 어려서 골상을 본 관상쟁이가 "호랑이 머리에 제비 덕(虎頭燕頷)을 지녔으니 한없이 귀하게 될 상"이라고 극찬했다고 하며, 부모는 특출하게 총명한 아이라는 뜻에서 아명(兒名)을 기남(奇男)이라 불렀다. 가세가 빈한하여 호구책을 마련하기 위해 네 살 때(1836) 온 가족이 충북 단양으로 이사해 한동안 금수산 자락에 정착해 살았다. 여섯 살 때 처음 글을 배우기 시작하였고, 아홉 살 때는 시골 선비 김기현에게 수학하였다.

1843년 11세 때 단양 금수산 기슭을 떠나 경기도 양근현 후곡(厚谷, 현 양평군 서종면 서후리 후곡)으로 이사했다. 이 무렵 후곡으로부터 멀지 않은 벽계(碧溪)에서 강학 중이던 화서(華西) 이항로(李恒老)의 문하에 나아감으로써 인생의 전기를 마련하였다. 당시 50대의 완숙기에 이른 이항로는 가장 열정적으로 학문을 연마하면서 원근에 명성을 날리던 큰 학자였다. 화서의 뛰어난 학문적 역량과 그의 문하에서 배출된 걸출한 제자들로 말미암아 뒷날 화서학파는 전국적 문파로 성장하게 된다. 성리학의 거두 이항로(李恒老)의 문하에서 『격몽요결(擊蒙要訣) 대학장구(大學章句)』, 『논어집주(論語集註)』등을 통해 성리학의 기본을 습득하였다. 이 과정에서 이항로의 '애군여부

우국여가(愛君如父 憂國如家)'의 정신, 즉 애국과 호국의 정신을 배웠다. 낙경민직(洛敬悶直) 이항로가 최익현에게 내린 글, 이항로는 특별히 '낙경민직(洛敬悶直)' 네 자를 내려주면서 학문을 권면하였다. 낙양(洛陽)의 정자(程子)가 주장한 거경궁리(居敬窮理)와 민중(民中)의 주자(朱子)가 주장한 경이직내(敬以直內)를 가리키는 것으로, 곧 정자가 강조한 경(敬)과 주자가 중시한 직(直)을 가장 소중한 가치로 여기라는 훈계를 준 것이다. 일생 동안 올곧은 선비의 길을 걸을 수 있었던 바탕은 어린 시절 스승의 이와 같은 훈계와 가르침이었다. 이항로는 뒷날 다시 학문을 궁구하는 목적과 자세에 대해 '마음을 보존하고 이치를 밝힌다'라는 뜻의 '존심명리(存心命理)' 네 글자를 내려주었다.

1855년(철종 6) 명경과에 급제해 승문원부정자로 관직생활을 시작했던 이후 순강원 수봉관(順康園守奉官), 사헌부 지평, 사간원 정언, 신창현감(新昌縣監), 성균관 직강, 사헌부 장령, 돈녕부 도정 등의 관직을 두루 역임하고 1870년(고종 7)에 승정원 동부승지를 지냈다.

수봉관, 지방관, 언관으로 재직 시 불의와 부정을 척결해 강직성을 발휘하였다. 특히 1868년에 올린 상소에서 경복궁 재건을 위한 대원군의 비정을 비판, 시정을 건의하였다. 이 상소는 최익현의 강직성과 우국 애민정신의 발로이며 막혔던 언로를 연 계기가 되었다.

1873년에 올린 「계유상소(癸酉上疏)」는 1871년 신미양요를 승리로 이끈 대원군이 그 위세를 몰아 만동묘(萬東廟)를 비롯한 서원의 철폐를 대거 단행하자 그 시정을 건의한 상소다. 이 상소를 계기로 대원군의 10년 집권이 무너지고 고종의 친정이 시작되었다.

이후 고종의 신임을 받아 호조참판에 제수되어 누적된 시폐를 바로잡으려 했으나 권신들이 반발해 도리어 대원군 하야를 부자이간의 행위로 규탄하였다. 이에 「사호조참판겸진소회소(辭戶曹參判兼陳所懷疏)」를 올려 민씨 일족의 옹폐를 비난했으나 상소의 내용이 과격, 방자하다는 이유로 제주도로 유배되었다.

1873년부터 3년간의 유배생활을 계기로 관직생활을 청산하고 우국애민의 위정척사의 길을 택하였다. 첫 시도로서 1876년 「병자지부복궐소(丙子持斧伏闕疏)」를 올려 일본과 맺은 병자수호조약을 결사반대하였다. 이 상소로 흑산도로 유배되었으나 그 신념과 신조는 꺾이지 않았다.

　유배에서 풀려난 뒤 1895년 을미사변이 일어날 때까지 약 20년 동안 침묵을 지켰다. 이 시기는 일본과의 개국 이래 임오군란, 갑신정변, 동학운동, 청일전쟁 등 연이어 일어나 국내외 정세가 복잡했던 때이다. 특히 1881년에 신사 척사운동이 일어나면서 위정척사사상이 고조되고 있을 때 최익현이 침묵을 지켰다는 것은 이해하기 어렵다.

　그러나 일본의 침략이라는 역사적 위기상황 속에서 최익현의 위정척사사상은 항일투쟁의 지도이념으로 성숙하였다. 이것은 최익현의 위정척사사상이 고루하거나 보수적이지 않은 것은 보여준다. 또 항일정치 투쟁방법도 이제까지의 상소라는 언론 수단에 의한 개인적·평화적인 방법이 아닌 집단적 무력적인 방법으로 바뀌었다.동시에 위정척사사상도 배외적인 국수주의로부터 민족의 자주의식을 바탕으로 한 자각된 민족주의로 심화되었다. 이러한 최익현의 항일 구국이념은 1895년 을미사변의 발발과 단발령의 단행을 계기로 폭발하였다. 오랜만의 침묵을 깨고 「청토역복의제소(請討逆復衣制疏)」를 올려 항일척사운동에 앞장섰다.

　이때 여러 해에 걸쳐 고종으로부터 호조판서·각부군선유대원(各府郡宣諭大員)·경기도 관찰사 등 요직에 제수되었으나 사퇴하고, 오로지 시폐의 시정과 일본을 배격할 것을 상소하였다.

　당시 올린 상소는 1896년에 「선유대원명하후진회대죄소(宣諭大員命下後陳懷待罪疏)」, 1898년 「사의정 부찬정소(辭議政府贊政疏)」와 재소, 「사궁내부특진관소(辭宮內府特進官疏)」와 재소, 1904년 「사궁내부 특진관소」의 삼소·사소, 「수옥헌주차(漱玉軒奏箚)」, 「궐외대명소(闕外待命疏)」와 재소·삼소·사소 등이 있다.

1898년 의정부 찬정, 궁내부 특진관 등 요직에 연이어 임명되었으나 거듭 상소를 올려 모두 사직하였다.

　　1900년에는 68세의 노구를 이끌고 포천을 떠나 충청도 정산(定山) 장구동(藏龜洞)으로 이사하였다. 정산으로 이거한 그해 가을 인근의 선비들을 구동정사(龜洞精舍)에 모아 학문 토론을 명분으로 강회를 열었다. 이 강회는 위태로운 국운과 도학의 앞날을 걱정하고 그 대책을 토론하는 모임이었다. 이어 항일지사들과 교유하면서 구체적으로 회합을 갖게 되는 계기는 역시 정산 이거였다. 1901년 임피(臨陂)의 낙영당(樂英堂. 현 군산시 성산면 고봉산 소재) 강회에 참석하였다. 강회 주인은 후일 을사늑약에 반대해 순국한 연재(淵齋) 송병선(宋秉璿)이었다. 낙영당 강회는 인근의 학자들뿐만 아니라 후일 호남의병을 선도하게 되는 전해산(全海山)과 이석용(李錫庸) 등의 지사들도 참석하였다. 곧이 강회는 지사, 유생들이 상호 결속을 다지고 일제의 침략상을 성토하면서 후일 거사를 도모하고 기약하는 모임이 되었던 셈이다.

　　1902년 재차 궁내부 특진관에 제수되었으나 이를 사직하였다. 그해 70세 때 5개월 동안 서무 영남 지방을 두루 여행하고 지리산에도 올랐다. 1904년 8월 궁내부 특진관과 의정부 찬정에 연이어 임명되었으나 상경하지 않고 사직 상소만 올린 채 계속 정산에 머물렀다. 그해 가을에는 정산 향교에서 인근의 유생들을 모아 향음례(鄕飮禮)를 거행하였다.

　　1906년 6월 4일 전북 태인의 무성서원(武城書院)에서 의병을 일으켰다. 당시 고창의 고석진(高石鎭)과 진안의 최제학(崔濟學), 그리고 태인에 거주하던 전 낙안군수 임병찬(林炳瓚) 등 의병을 도모하던 지사들과 연계하여 호남의병을 결성했던 것이다. 거의(擧義) 당시 구상했던 항일전의 방략은 삼남의 여러 우국지사들과 연계하여 각지에서 동시다발적으로 의병을 일으켜 상호 연합전선을 구축함으로써 항일전을 극대화하는 것이었다.

　　이에 따라 곽한일(郭漢一)과 남규진(南圭振)에게 호서지방에서 의병을 일으켜 영남 호남과 더불어 의각(掎角)의 형세를 이루어 항일전을 전개할 것을 권유하였으며, 화서학파 동문 후배인 유인석에게는 남북에서 협력하여 함께 항일전을 벌여 줄 것을 요청하기도 하였다. 그리고 영남의 문인 조재학(曺在學)과 이양호(李養浩)에게도 지사들을 모아 의병을 일으키도록 지시하는 한편, 영남 각지 인사들에게도 편지를 보내 의병을 일으켜 항일전에 동참해 줄 것을 독려하였다. 이처럼 원대한 전략하에 호서에서 민종식이 홍주의병을 도모하게 되자 즉시 호남으로 내려가 그곳의 항일세력을 규합하여 의병을 일으켰던 것이다.

거의에 즈음하여 의병을 일으킨 이유와 명분, 투쟁 목적을 천명하기 위해 고종에게 「창의토적소(倡義討賊疏)」를 올렸다. 또 한일전의 방략을 협의하고 지원을 요청하기 위해 5월 30일 담양 추월 참의용추사기에서 거두이며 항일의 중심인물이던 기우만(奇宇萬)과 만났다. 용추사 회합 때에는 호남 각지의 명망 지사 50여 명이 회동하였으며 이들과 함께 항일의 주체적 방안도 함께 논의하였다. 또 거의의 정당성을 천명하고 인민의 의병 참가를 독려하기 위한 격문을 발포하였고, 최제학, 임병찬 등 의병에 동참하기로 한 112명의 지사가 연명한 명부인 연명으로 「동맹록 (同盟綠) 을 작성해 항일전에 매진할 결의를 다졌다.

이어 1906년 6월 4일 태인의 무성서원에서 74세의 나이로 의병을 일으켰다. 창의 당시 의병의 규모는 80여 명에 불과하였다. 무성서원을 떠난 의진은 태인 관아로 행군했고 군수 손병호(孫秉浩)는 그 기세에 눌려 도망쳤다. 무혈입성 직후 향교로 들어가 명륜당에 좌정하고 향장과 수서기를 불러 관아의 무기를 접수하는 한편, 군사들을 모아 전력을 강화시켰다.

이처럼 의병을 일으켜 무장투쟁을 시작함과 동시에 일제의 국권 침탈상을 규탄하고 그 맹성(猛省)을 촉구하는 장문의 「기일본정부서(奇日本政府書)」를 일제 통감부에 보냈다. 이 글은 창의에 즈음하여 주민들에게 포고한 격문과 고종에게 올린 상소에 뒤이어, 거의의 명분을 천명하고 일제 침략상을 성토하기 위해 작성된 중요한 문건이다. 여기서는 인간의 성정(性情)과 국가 간의 도의를 상실한 일제의 야만성을 지적한 뒤, 강화도조약 이래 일제가 그들이 한국에 대해 배신과 기만을 자행하면서 국권침탈을 일삼아 온 실상을 폭로함으로써 일제의 야만성과 침략성을 규탄한 것이다.

태인에서 하루를 묵은 그와 의진은 6월 5일 아침 일찍 정읍을 향해 행군하였다. 정읍군수 송종면((宋鍾冕)이 항복했기 때문에 태인에 이어 정읍도 무혈입성했다. 이곳에서도 군충 화승, 탄환 등의 무기를 확보하였을 뿐만 아니라, 1백 명의 장정을 더 모아 의진의 전력을 강화하였다. 의진은 다시 30리를 행군하여 내장사에 들어가 유진하였다. 이 무렵 고창의 고석진이 김재구(金在龜), 강종회(姜鍾會) 등과 함께 전투력이 뛰어난 포군 30명을 거느리고 가세해 와 전력이 보강되었다. 그 결과 의진의 군세는 3백 명 규모로 늘어났다. 6월 6일 내장사를 떠나 순창의 구암사(龜岩寺)로 들어가 그날 밤을 지낸 뒤 다음날 순창읍으로 진격하자, 순창군수 이건용(李健鎔)이 항복함으로써 순창 관아에 의진의 본부를 설치하고 유진하였다. 그동안 채영찬, 황균창, 김갑술, 양윤숙 등이 각기 수십 명의 포군을 데리고 합류해 옴으로써 의진의 전력은 한층 강화되었다.

순창에 도착한 다음날(6월 8일) 남원 방면으로 진출하기 위해 곡성으로 행군하였다. 그곳에서도 주민들이 의병을 환영했으며, 군수 송진옥(宋振玉)이 항복했다. 하지만 곡성에서 남원으로 진출하는 길이 차단당해 다시 순창으로 회군하지 않을 수 없었다. 이 무렵에도 김송현(金松鉉)과 엄덕조(嚴德祚)가 포군 수십 명을 거느리고 합세해 와 전력은 계속 보강되었고, 순창에 다시 집결하였을 무렵 군세는 9백 명 규모로 더욱 불어났다. 하지만 그 가운데 절반이 유생이었기 때문에 실제로 총포를 지닌 의병은 3백 명에 지나지 않았다.

순창에 유진한 의진은 6월 11일 전주와 남원에서 출동한 진위대(鎭衛隊)의 공격을 받고 와해되었다. 이때 광주관찰사 이도재(李道宰)는 의병 해산을 명하는 고종의 조칙과 관찰사 고시문을 보내 해산을 종용했으나 이를 단호히 거절하였다. 거의의 명분과 목적을 이미 상소해 놓았기 때문에 비답(批答)을 받기 전에 자신의 거취 문제를 명령하는 것은 관찰사의 월권이라는 논리였다. 이에 순창읍 북쪽의 금산에는 전주 진위대가, 동쪽인 대동산(大同山)에는 남원 진위대가 각각 포진하여 읍내 관아의 객관을 중심으로 유진한 그의 의진을 압박해 왔다. 이에 진위대 군인을 상대로 한 동족상잔의 비극을 피하기 위해 의진의 해산을 명하였다. 그럼에도 불구하고 끝까지 1백여 명이 남아 주변을 호위하였다.

진위대 관군은 11일 오후 6시경 일제히 의병을 공격해 왔다. 이에 주위를 돌아보며 "이곳이 내가 죽을 땅이다. 제군은 모두 떠나라"고 하며 지휘부가 있던 객관 연청(椽廳)에 그대로 눌러앉았다. 그래도 이때 끝까지 떠나지 않고 남은 사람은 22명을 헤아렸다. 이 중 중군장 정시해는 이때 전사 순국하고 말았다. 이에 진위대는 사격을 중지하고 지휘소를 포위한 채 그대로 밤을 지샜다. 하루가 경과된 후 이튿날 임병찬(林炳瓚), 고석진(高石鎭), 최제학(崔濟學), 양재해(海) 등 세칭 13 의사와 함께 그는 진위대에 체포되고 말았다. 이어 서울로 이송되어 6월 18일 주차헌병대 사령부에 세 번째로 구금되었다. 앞서 와해 된 홍주의진의 중심인물 9명이 먼저 헌병대 사령부에 구금되어 있었으므로 이들과 동시에 같은 장소에 구금되었던 것이다.

8월 14일 대마도 도착 직후 감금소에서 모진 수난을 당하였다. 감금소를 책임지고 있던 대마경비 보병대대장 소에지마(副島以辰) 소좌가 관을 벗고 경례를 하도록 명령한 뒤 억지로 관과 건을 벗기려 하고 총검을 들이대고 위협까지 가했다. 이에 죽을 결심으로 도착 당일 저녁부터 단식에 들어갔고, 고종에게 올린 유소(濡疏)를 임병찬에게 구술하였다. 그 뒤 사태의 심각성을 깨달은 소에지마(副島以辰) 대대장이 단식 3일째 되던 날에 사과하며 단발과 변복을 강요하지 않는다는 서약을 했고, 이에 따라 그날 저녁부터 죽을 먹었다. 노구에 3일간의 단식은 건강에 큰 타격을 가져와 이후 늘 병고에 시달리게 되었다.

대마도 도착 직후 감금소에서 모진 수난을 당하였다.

그 뒤 1907년 1월 1일 새벽 옥고를 견디지 못하고 74세를 일기로 마침내 옥

중 순국하였다. 그의 유해는 이즈하라 시내에 있는 슈젠지에 이틀간 안치되었다가 약진환이라는 배편으로 5일 아침 부산 초량 앞바다에 도착했다. 부산 초량 항구를 떠난 지 132일 만에 유해로 한국에 도착한 것이다. 1907년 5월 12일 사림장(士林葬)으로 논산의 무동산(舞童山, 상월면 지경리 소재) 기슭에 유해를 묻었다가 1909년 예산군 광시로 이장하여 오늘에 이르고 있다

면암 최익현상

사후의 추모 열기는 당시 언론이 주도하였다. 황성신문 1907년 1월 14일자 논설에 「조고찬정 최익현씨(弔故贊政 崔益鉉氏)」라는 제목하에 그의 순국 사실을 알리며 "젊어서도 최익현씨며 늙어서도 또한 최익현씨요, 살아서도 최익현씨며 죽어서도 또한 최익현씨로다"라고 추모하였고, 「대한매일신보」에서도 「우리 동방의 부자 면암 최선생이라 찬양하였고, 그 뒤에도 수차례에 걸쳐 「곡(哭) 면암최선생문」「최면암소본」, 「제(祭) 면암최선생문」 등 면암을 추모하는 글을 연이어 게재하였다. 1908년 46권 23책으로 문집을 간행(무신본)하였으나 일제에게 압수당하고 그 뒤 1931년 48권 24책으로 2차 간행(신미본)되었다.

성리학적 바탕 위에서 위정척사운동을 항일 독립운동으로 전환시켜 간 대표적인 인물로 평가된다. 을사조약 늑결 이후 고조된 항일투쟁의 선봉으로 중기 의병을 선도함으로써 이후 전개되는 독립운동의 정신적 기저가 되었을 뿐만 아니라 후기 의병, 특히 호남의병 확산에 커다란 영향을 미쳤다는 점에서 그 역사적 의의가 크다.

상훈과 추모

1962년 건국훈장 대한민국장이 추서되었다. 최익현의 대의비인 춘추대의비(春秋大義碑)가 현재 충청남도 예산군 광시면 관음리에 있다. 제향은 모덕사(慕德

祠)와 포천, 해주, 고창, 곡성, 순화, 무안, 함평, 광산, 구례, 괴산 등에서 봉향되고 있다.

모덕사 전경

모덕사

선생의 영정을 모신 영당 성충대의

원구지원의 면암 최익현 선생
대의비와 건립자 명단

참고문헌

『면암집(勉菴集)』

『매천야록(梅泉野錄)』

『한국통사(韓國痛史)』

『한민국독립유공인물록』(국가보훈처, 1997)

『독립유공자공훈록』(국가보훈처, 1986)

『한말의 민족사상』(홍순창, 탐구당, 1975)

한국 민족 문화대백과사전 (네이버, 다음)

계담서원

일완(一阮) 홍범식(洪範植)

생애

금산군수 시절의 홍범식

홍범식(洪範植)은 일제의 강제에 의한 1910년 경술국치(庚戌國恥)에 분개하여 자결 순국한 관료 중 최초의 인물이다. 그러나 그에 관한 자료는 많지 않다. 게다가 그의 아들 홍명희의 월북과 북한에서의 행적으로 인해 한동안 논의가 금기시되었던 적도 있었다. 따라서 그의 생애와 순국 과정에 대한 올바른 평가는 제대로 이루어지지 못하였다.

홍범식과 관련된 자료는 송상도의 「기려수필(騎驢隨筆)」, 창강 김택영의 『김택영전집(金澤榮全集)』에 수록된 「홍범식전(洪範植傳)」, 위당 정인보의 『담원문록(薝園文祿)』에 수록된 「금산군수홍공사장(錦山郡守洪公事狀)」 정도가 고작이다. 김택영의 「홍범식전」은 김택영이 중국 남통주에 우거 중일 때 만난 홍명희로부터 전해 들은 이야기를 토대로 정리한 것이다. 특히 정인보는 홍명희와 매우 절친한 사이로 중국으로 같이 망명하여 함께 생활하였고 이후에도 막역한 사이였다. 김택영은 『동사집략(東史輯略)』과 『역사집략(歷史輯略)』을 저술한 한말을 대표하는 역사가이고, 정인보 또한 『조선사연구(朝鮮史研究)』등의 역사서를 저술한 바 있다. 따라서 이들이 기록한 자료들은 홍명희와의 친분 관계나, 또한 기록자가 역사가라는 점에서 신뢰할 수 있을 것으로 판단된다. 이들 자료를 종합하여 홍범식의 생애와 순국에 대해 살펴보기로 한다.[29]

----

29 충북대학교 박걸순 교수의 논문을 인용 정리하였다.

홍범식은 1871년(고종 8년) 충청북도 괴산군 괴산면 인산리에서 참판 승목(承穆)과 파평윤씨 사이에서 장남으로 태어났다. 본관은 풍산(豊山), 자는 성방(聖訪), 호는 일완(一阮)이다. 그의 중시조이자 12대조는 대사헌을 지낸 이상(履祥)으로, 그의 후손 100여 명이 문과에 급제한 명문가였다. 이상(履祥)은 선조 때의 명신으로 성격이 돈후하고 학문을 좋아하였다. 특히 당시는 당쟁이 격화되었던 시기였는데, 그는 어느 당파에도 치우치지 않았고, 자손들에게도 그렇게 처신하도록 당부하여 노론의 명가임에도 불구하고 다른 정파 사람들의 시기를 받지 않을 수 있었다. 증조부는 우의정에 추증된 동돈녕(同敦寧) 정주(定周)였고, 조부는 판돈녕부사(判敦寧府事) 우길(祐吉)이었다. 그의 조부는 문망이 높았는데, 후손이 없자 동생인 우필(祐弼)의 아들 승목(承穆)을 양자로 받아들였다. 승목은 과거에 급제한 뒤 대사간, 대사헌, 형조참판 등을 거쳐 중추원 찬의를 지낸 인물이다.

홍범식은 2세 때인 1872년 할아버지를 따라 서울로 올라왔는데 두진(천연두)에 걸려 죽을 뻔하다 겨우 살아났다. 그는 명문대가의 가풍에서 자라나 겸손하고 검소하였으며, 어려서부터 영특하여 늘 입에서 글을 외우는 소리가 그치지 않았다. 그는 효성도 지극하였는데, 13세이던 1893년 어머니 윤씨의 상을 당하여 슬퍼함이 지나쳐 주위 사람들을 놀라게 하였다.

학문에 정진하던 홍범식은 18세이던 1888년(고종 25년) 성균관 진사가 되었고. 1902년에는 내부 주사가 되었다가 곧 혜민원 참서관이 되었으며. 1906년에 정삼품으로 승진하였고, 이듬해인 1907년 태인군수가 되었다. 그는 관리로 재임 중이던 1905년 을사오조약이 늑결되었다는 비보를 듣고는 매우 비분강개하였다. 또한 민영환이 순절하였다는 소식을 듣고는 "민충정공이 좋은 일을 이루었다."고 하며 그를 깊이 존경하였다고 한다.

홍범식이 태인(泰仁)군수로 부임할 당시는 전국적으로 의병이 봉기하였고 일제의 의병 탄압이 격심하였던 때이다. 그는 위험을 무릅쓰고 직접 군내의 마을을 돌아다니며 의병을 함부로 살해하는 일본군에 항의하고 한편으로는 회유하는 등의 방법으로 의병들을 힘써 보호하여 많은 생명을 구하였다. 뿐만 아니라, 일본군에 피체된 의병들이 압송되며 태인을 지날 때에도 일본군을 설득하여 많은 의병을 구출하였다.

한편, 당시는 지방 관리들의 부정부패와 탐학이 심했다. 그러나 그는 녹봉 이외에는 단 1전도 주민으로부터 거두어들이지 않았고, 백성을 위해 황정(荒政)과 수리사업에 힘써 '전북 제일의 지방관'이란 칭송을 들었다. 이에 감복한 군민들은 군내 38방(坊)에 대비(大碑)를 세워 그의 선정을 기리고자 하였다. 그가 관할하는 태인군뿐만 아니라, 인근의 고부와 정읍군민들도 그의 선정을 기리는 목비를 세웠다. 이로써 보면 태인은 물론 인근 지방 군민들의 그에 대한 존경심을 가히 짐작하고도 남음이 있다. 그러나 그는 부하에게 이를 뽑아 불태우도록 지시하였다고 한다. 현재 정읍시 산외면 오공리 야정 마을에는 당시에 군민들이 자발적으로 건립한 '군수 홍범식 선정비'가 남아 있다.

금산 관아에서 홍범식 군수(흰 한복차림)
※자료제공 : 독립기념관

홍범식은 39세이던 1909년 금산군수로 부임하였다. 그는 이곳에서도 태인군수로 재임할 때와 마찬가지로 군민들에게 선정을 베풀었다. 군의 남쪽에는 예전에 병사들의 훈련장으로 쓰던 곳이었으나, 더 이상 사용하지 않자 주민들이 농사를 지어 수백 두(斗)의 소출을 올리고 매매까지 이루어지던 토지가 있었다. 그러나 홍범식의 전임자가 부훈(府訓)에 따라 이를 모두 국유지로 편입시켜 농민들의 원성이 컸다. 홍범식이 부임하자 많은 군민이 그에게 억울함을 호소하였다. 그는 곧 사실대로 상부에 보고하여 이 토지를 모두 군민들에게 돌려주었는데, 이로써 그를 존경하는 군민들의 칭송 소리는 더욱 높아졌다.

홍범식이 금산군수로 재임 중이던 1909년 10월, 안중근 의사가 우리나라 침략의 원흉인 이토히로부미를 하얼빈역에서 처단한 쾌거가 있었다. 그러나 일제는 이를 계기로 한국 병단의 계획을 가속화하였다. 그는 곧 일제가 일진회를 앞세워 우리나라를 병탄한다는 소식을 듣고는 "안타깝다. 내가 백 리의 땅은 지켜냈으나 나라가 망하는 것은 지켜낼 힘이 없다. 나라가 망한다면 죽는 것이 마땅하다."라며 깊이 탄식하였다.

1910년 8월 29일, 결국 그는 망국의 소식을 듣게 되었다. 이 소식을 접한 그는 한동안 아무런 말도 없이 있다가 자결을 결심한 뒤 아버지와 아들, 그리고 친구들에게 남기는 유서를 쓴 뒤 재판소 서기 김지섭(金祉燮)을 불러 유서를 그에게 맡겼다. 김지섭은 홍범식이 건넨 봉투에 담긴 내용이 무엇인지 궁금하였으나 단단히 밀봉되어 있었고 절대로 뜯어보지 말라는 홍범식의 엄명이 있었기에 그냥 가지고 집으로 돌아왔다.

이윽고 홍범식은 주변의 관속(官屬)들을 물리치고 객사로 나아가 황제께 북향 사배(北向四拜)를 올리고 자결을 시도하였다. 이때 사령(使令) 김은성(金殷成)이 이를 보고 놀라 울면서 달려와 그를 부둥켜안으며 말리고자 하였다. 홍범식은 노하여 그를 밀어제쳤으나 김은성이 완강히 만류하자 모래를 집어 그의 눈에 뿌렸다. 모래가 눈에 들어간 김은성이 어쩔 줄 몰라 하는 사이, 홍범식은 객사 뒤편에 있는 조종산(祖宗山 : 현재 금산읍 상옥리)에 뛰어올라 소나무에 목을 매었다. 순식간의 일이었다. 겨우 정신을 차려 김은성이 황급히 관아로 달려가 사람들과 함께 횃불을 들고 그를 찾아 나섰다. 조금 전에 홍범식으로부터 봉투를 받아 들고 의아하게 생각하였던 김지섭도 불길한 예감에 급히 봉투를 뜯어 보고 유서임을 확인하고 달려 나왔다. 그러나 그들이 발견한 것은 이미 절명한 홍범식의 시신이었다. 그가 목을 매었던 소나무는 가지가 약하여 축 늘어진 상태였고 그의 시신은 땅에 걸쳐져 비스듬히 있어 마치 자는 모습이었다고 한다. 당시 그의 나이는 사십에 불과하였다.

홍범식의 자결 소식을 전해 들은 군민들은 남녀노소를 막론하고 관아로 달려와 대성통곡하였고, 그를 애도하는 분향 인파는 그칠 줄 몰랐다. 그의 순국 소식이 전해지자 온 나라가 충격에 휩싸였다. 특히 유생들은, "홍범식은 나라가 망하자 최초로 순절하였다. 이제 나마저 신민(臣民)들과 신관(宦官) 등 많은 무리가 그의 뒤를 따라 죽을 것이다."라 말하였다. 실제로 그의 뒤를 이어 수십 명의 우국지사들이 자결 순국하였다.

장례를 마친 그의 유해가 본가인 괴산으로 향할 때 수백 명의 군민이 통곡하며 3백여 리 떨어진 괴산까지 따라왔다. 그가 남긴 유서 다섯 통은 일제에 의해 압수당하였으나 아들에게 남긴 유서는 나중에 돌려 받았다고 한다. 또한 후에 그의 가족들이 그의 유품 중에서 오래된 상자를 열어보니 멸망한 고려 왕조에 충성과 의리를 다하기 위해 은거한 두문동(杜門洞) 72현(賢)의 이름과 행적을 기록한 책이 나왔다. 그의 올곧은 지조를 알 수 있는 일화이다. 그가 아들에게 남긴 유서의 내용은 다음과 같다.

"기울어진 국운을 바로 잡기에는 내 힘이 무력하기 그지없고 망국노의 수치와 설움을 감추려니 비분을 금할 수 없어 스스로 순국의 길을 택하지 않을 수 없구나. 피치 못해 가는 길이니 내 아들아 너희들을 어떻게 하든지 조선사람으로 의무와 도리를 다하여 빼앗긴 나라를 기어이 되찾아야 한다. 죽을지언정 친일을 하지 말고 먼 훗날에라도 나를 욕되게 하지 말아라."

홍범식은 망국에 당면하여서는 분연히 자결 순국의 길을 택하였으나 한편으로 그는 정세의 변화에도 민감하고 예리한 통찰력의 소유자였다. 그는 완고한 부친을 설득하여 그의 장남인 홍명희를 상경시켜 신교육을 받게 하고, 또한 일본으로 유학을 보내 신학문을 습득하도록 하였던 것이다.

홍범식의 자결 순국은 그의 아들 홍명희의 생애에도 큰 교훈과 영향을 끼쳤다. 홍명희는 부친의 3년 상을 마친 뒤 그 충격을 이기지 못하고 가족에게 "영영 고토를 작별하고 타국으로 나가노라."는 편지를 남기고 1912년 중국으로 망명하였다. 이후 1918년 귀국하기까지 홍명희는 중국과 남양 일대를 전전하였다. 그러나 이는 단순한 방랑이 아니었다. 그가 상해에서 독립운동 단체인 동제사(同濟社)에 참여하고, 한인 자제들을 교육하기 위해 설립한 박달학원(博達學院)에서 교사로 활동한 것을 보면 국권 회복을 모색하고 그 방법론을 고민하였던 시기로 이해된다.

귀국한 홍명희는 충북 최초의 만세운동인 1919년 3월 19일의 괴산읍 만세 시위를 주도하였고, 신간회 결성을 주도하는 등 독립운동의 전면에 나섰다. 그의 독립운동은 순절한 부친의 유훈에 따른 것이었다. 홍명희는 어느 날 자식들에게, "나는 임꺽정을 쓴 작가도 아니고 학자도 아니다. 홍범식의 아들 애국자다. 일생 동안 애국자라는 그 명예를 잃을까 봐 그 명예에 티끌조차 묻을세라 마음을 쓰며 살아왔다."고 말하였다고 한다. 또한 그는 자신의 책상 왼쪽 벽에 아버지가 남긴 유서를 담은 액자를 걸어 놓고 매일 아침저녁으로 그것을 올려다보며 마음을 다잡기 위해 애썼다고 한다.

괴산읍 동부리 홍범식 고택

"……괴산읍은 조그만 내를 중간에 두고 동서남북 네 부락으로 나뉜다. 내 북편으로 동부 서부의 두 부락이 있고 내 남편으로 동부와 맞은 짝이 역말이요, 서부의 맞은 짝이 향교말이다. ……역말 한복판에 있는 저 기와집, 옛날 조그만 읍내에서는 당치 않게 컸을 듯한 저 기와집, 60년 동안 우리 집안에서 살고 있는 저 기와집, 우리 부조(父祖)의 손때로 더러워진 저 기와집, 오늘까지도 내 꿈에 번거로이 나오는 저 기와집, 쫓아가서 안아보고 싶도록 반갑거니와 나를 맞아 획 내닫는 듯이 그조차 나를 반기는 것 같다. 집 앞에 줄로 섰던 그 버드나무는 다 베어 버렸나? 그 옆에 심었던 진달래 나무도 꽤 컸겠지. ……내가 열일곱 살 때 우리는 이 기와집을 팔아 버리고 묘막(墓幕)을 찾아 읍으로부터 7마장쯤 떨어져 있는 제월리로 떠나갔었다. 그때 우리 아버지, 작은아버지, 종조(從祖), 재종조(再從祖)는 기미년 사건으로 모두 옥중에 계시기 때문에 철없는 내가 늙은 증조부를 모시고 이사 채비를 차리게 되었다. 옛집을 대하니 모든 옛일이 새롭다. 무서(無端)한 우호(憂懷)에 눈자위까지 붉어진다. ……"[30]

안채

사랑채

행랑채(대문)

이 글은 그 자신도 여덟 살부터 열여덟 살까지 10년간 이 집에서 자란 홍범식의 손자 홍기문이 1936년 할머니 회갑연에 참가하기 위하여 어머니를 모시고 제월리 묘막으로 귀향하다가 동부리 고택을 방문하였을 때의 소회를 감상적으로 기술한 것이다.

충북 괴산읍을 가로지르는 동진천(東津川)을 괴산교로 건너면 '임꺽정로'가 나오고, 여기에 쌍곡계곡으로 넘어가는 역말 삼거리 이정표가 있다. 이곳이 괴산읍 동부리 450-1번지 일대인데, 도로 옆 산자락 아래에 고가가 말끔하게 복원되어 있다. 이 고가는 1730년(옹정 8년) 경에 건축된 것으로 추정되는데, 정남향으로 지어진 건물의 안채 구조는 전체적으로 정면 5칸·측면 6칸의 'ㄷ'자형으로 'ㅡ'자형 광채를 맞물리게 하였고, 광채를 합한 안채는 'ㅁ'자형이다. 사랑채는 좌측에 위치해 있으며, 뒷산의 자연경관을 집안으로 끌어들여 조화시키며 오밀조밀한 내부 공간을 연출하였는데, 좌우 대칭의 평면구조를 갖는 중부지방 살림집의 특징적인 건축양식을 보이고 있다. 전반적으로 이 고가는 조선시대 중부지방 양반 가옥의 건축문화를 잘 보여 주는 것으로 평가되고 있는데, 2002년 12월 충청북도 민속자료 제14호로 지정된 '괴산 동부리 고가'이다.

이 고가는 도로변에 '순국의사 일완 홍범식 고택'이란 표지판에서 알 수 있듯이 경술국치에 분개하여 제일 먼저 자결 순국한 금산군수 홍범식이 낳고 자란 곳이다. 뿐만 아니라, 벽초 홍명희가 낳고 자란 곳이기도 하다. 이곳에서는

----

30 洪起文,「故園紀行」,《朝鮮日報》1936년 4월 11일자.

1919년 충북 최초의 만세운동이 계획되었다. 광무황제의 인산에 참배하기 위해 상경하였다가 손병희를 만나고 귀향한 홍명희는 곧 괴산의 만세운동을 계획하였다. 그는 3월 19일의 괴산장날을 이용하여 만세운동을 벌이기로 하고, 18일부터 삼촌인 홍용식, 서부리에 살던 이재성 등과 함께 자신의 집에서 등사판을 이용하여 독립선언서 3백 매를 인쇄하였다.

그들은 19일 괴산 장터에 1,600여 명이 모여 독립선언서를 나눠주고 군중의 앞에 서서 독립만세를 외치며 만세운동을 주도하였다.[31]

홍용식은 홍범식의 이복동생으로 조카인 홍명희와 함께 괴산의 만세운동을 계획하고 주도하였는데 이것이 충북 최초의 만세운동이다. 괴산에서는 다음 장날인 24일에도 다시 만세운동이 일어났는데, 이날의 주도자는 홍명희의 동생 홍성희였다. 홍명희와 홍용식은 이때 피체되어 출판법 및 보안법 위반혐의로 1년 6개월간의 옥고를 치렀고, 홍성희는 보안법 위반 및 소요 혐의로 1년의 옥고를 치렀다. 곧 괴산읍 동부리에 있는 홍범식과 홍명희 고택은 충북 최초 만세운동의 산실로서 역사적 의미를 가지고 있다.

홍범식 일가. 중앙에 관복을 입은 이가 부친 홍승목.
세 번째 양복 입은 이가 홍범식. 뒷줄 맨 왼쪽이 아들 홍명희.

제월리 고가와 선영

괴산 동부리 고가에서 역말 삼거리를 지나 중원대학교를 왼쪽으로 끼고 동부교차로를 이용하여 대덕사거리에서 좌회전하여 '고산정' 방향으로 조금만 가면 오른쪽으로 괴강이 흐르고 왼쪽으로 제월1리가 나온다. 생가에서 불과 3km, 승용차로는 5분 거리에 불과하다.

----

31 박걸순, 『槐山地方 抗日獨立運動史』, 109-111쪽.

제월리 고가

이곳이 홍범식과 그의 아버지 홍승목, 조부 홍우길, 증조부 홍정주의 묘소가 있는 곳이며, 앞의 홍기문 회고에서 나온 바대로 3.1운동 직후 그 가족이 동부리 고가를 처분하고 이곳으로 옮겨 산 곳이다.

괴산읍 제월리 365번지(현재 지명으로는 제월 4길 46)에 있는 고가는 한동안 홍명희의 생가로 잘못 알려져 왔다. 당초 이곳은 풍산홍씨들의 묘소를 관리하던 묘막이었다. 괴산읍사무소에 보관되어 있는 홍범식 일가의『제적부』를 보니 1919년 5월 5일 동부리로부터 이곳으로 옮긴 것으로 되어 있다. 즉 홍명희 등 홍씨 일가가 3월 19일과 24일의 괴산 장날 만세운동을 주도하다가 피체되고 난 뒤 곧 이리로 옮긴 것이었다.

제월리 선영에는 1867년에 사망한 홍범식의 증조부 홍정주의 묘소부터 자리하고 있다. 당시 홍범식의 조부 홍우길은 한성부 판윤과 판의금부사 등 요직을 지내고 있었기 때문에 이곳에 살지는 않았으나 19세기 중반 무렵 이곳에 선영을 마련해 두었던 것으로 짐작된다. 홍정주의 묘소는 묘막에서 볼 때 3대의 묘소 중 가장 우측 상단에 위치하고 있다. 1996년만 해도 묘막에서 묘소 3기가 훤히 보였으나 지금은 나무가 자라 홍정주의 묘소는 묘막에서는 보이지 않고 홍우길의 묘소를 돌아 올라야만 볼 수 있다. 홍정주의 묘소에는 묘갈(墓碣)이 세워져 있고, 제단에는 아무 글자도 새겨져 있지 않다.

그 아래에 홍우길의 묘소가 있다. 이곳에는 묘갈은 없고 제단에 '보국판돈녕부사시효문풍산홍공우길지묘(輔國判敦寧府事謚孝文豊山洪公祐吉之墓)'라 새겨져 있는데, 여기에는 정경부인에 증직된 연안김씨와 정경부인 평산신씨가 합장되어 있다. 홍우길은 1850년(철종 1년) 경술 증광시에 갑과 1위로 급제하였다. 당시 그의 나이는 42세의 고령이었으나 당당히 장원급제한 것이었다. 이후 그는 평안감사, 판의금부사, 홍문관 제학, 사헌부 대사헌, 한성부 판윤, 공조판서, 의정부 좌찬성, 함경도 관찰사, 예문관 제학, 예조판서, 대사판서 등 요직을 지냈고 죽은 뒤 효문공(孝文公)이란 시호도 받았다. 그런데『국조문과방목(國朝文科榜目)』에는 그의 거주지가 청주로 되어 있는데, 그의 대에 이르러서는 풍산홍씨들이 괴산에 자리한 것으로 알 수 있다.

묘소사진
제단에는 錦山郡守一阮先生豐山洪公範植之墓라 새겨져 있다.

홍범식의 묘소는 묘막에서 볼 때 가장 오른쪽에 위치해 있다. 그의 묘소는 1910년 당시 산수동 신좌(辛坐, 서에서 남쪽) 벌에 위치하였다가, 3년이 지난 8월 열사흘에 숙부인에 증직된 은진송씨와 같이 지금의 간좌(艮坐, 동북)로 이장하여 합장한 것이다.

금산군 조종산의 '홍범식 공원'

금산군 금산읍 상옥리에 있는 조종산에는 '홍범식 공원'이 조성되어 있다. 이곳

군수 홍공 범식 일완정

에 오르면 금산읍이 한눈에 내려다보인다. 당초 이 공원은 금산공원(일명 상옥공원)이라 하였으나 금산읍이 '홍범식 군수 순절지 복원사업'의 일환으로 2008년 홍범식의 순절비(殉節碑)와 순절지비(殉節址碑)를 옮겨 세우고, 이미 세워져 있던 정자의 이름도 그의 호를 따서 '一阮亭(일완정)'으로 고치고 공원 이름도 '홍범식 공원'으로 바꿔 그의 순절을 기리고 있다. 당시 복원사업에 참가한 사람들은 순절비 이전 장소로서 홍범식이 자결 순국한 것으로 알려진 조종산 밤나무골을 검토하였는데, 정확한 위치 고증이 어렵고, 또한 그 일대가 사람의 왕래가 적어 접근성과 효율성에 문제가 있다고

판단하여 이곳으로 결정하였던 것이다. 홍범식 공원은 조종산 정상부에 둥그렇게 제단 모양으로 흙을 쌓아 올리고 석축을 하고 이곳에 순절비를 옮겨 세우고 일완정을 세워 두었다.

'郡守洪公範植殉節碑(군수홍공범식순절비)'는 1949년 10월 지방 유림들의 발의로 금산읍 중앙지에 건립된 것이다. 비문은 금산 출신으로 극작가로 활동하던 임희재(任熙載, 1922~1970년)가 지은 것인데, 홍명희의 월북으로 인해 비의 건립을

금산군은 2022년 8월 29일 금산군 상옥리 홍범식 공원에서 제112주기 홍범식 군수 추모제향을 박범인 금산군수가 초헌관으로 봉향하고 있다.

둘러싸고 찬반 논란이 많았다고 한다. 당시 예산군수 박항재는 홍범식의 순절에 대해 왕명 없이 군수가 자결한 것은 잘못된 행동이었다고 비난하였다고 한다. 이 순절비는 충절비라고도 하였는데, 이후 1976년에 남산으로 옮겼다가 2008년 다시 홍범식 공원으로 옮긴 것인데, 금산군 향토유적 제11호로 지정되어 있다. 순절비는 남쪽의 진악산을 등지고 북쪽의 신흥산을 바라보고 있는데, 금산읍 전경이 내려다보이고, 특히 자신이 최초 자결을 시도했던 금산객사(금계관) 자리도 보이는 곳이라 더욱 의의가 크다고 사료된다.

군수 홍공 범식 순절비

'군수홍공범식순절지(郡守洪公範植殉節址)' 비석은 1993년 7월 금산군수가 홍범식의 순절한 곳을 기념하기 위해 조종산 자락에 세운 것이다. 그러나 이 주변에 소방도로가 개설되어 이전이 불가피하였으나 적당한 이전지를 구하지 못하고 석재 공장으로 옮겨 두었다가 순절비와 함께 '홍범식 공원' 입구로 이전한 것이다. 홍범식이 군수 당시 기거하던 금산관아는 헐리고 없는데, 그 위치는 현재의 금산초등학교가 있는 곳으로 알려져 있다. 그가 최초로 자결을 시도했던 금산객사(금계관) 역시 헐렸는데 그 위치는 지금

의 중앙초등학교 부근으로 전해진다.

선생의 순절비는 현재 충청남도 금산군 금산읍 상옥리 산 46-1에 있다. 홍범식 군수의 위국충절을 기리기 위하여 1949년 금산유림에서 발의하여 건립한 순절비이다. 2008년 6월 17일 금산군의 향토유적 제11호로 지정되었다.

괴산에 세운 홍범식 추모비

1988년 괴산군민 명의로 세운 추모비는 당초 괴산군민회관 앞에 세웠으나 홍범식 군수 순국 100주년을 맞이하여 2010년 동부리 생가로 옮겼다.

추모비문은 김근수(金根洙)가 근찬했고 서목서실 서목(西木) 김영수(金永銖) 선생이 근서했으며 조각도안은 홍

1988년 괴산군민 일동이 추모비(비문 김근수 지음)건립
2010년 서거 100주기 추모비 생가로 이전

익대학교 고승관 교수가 무료로 지원하였다.

홍범식 순국의 유훈(遺訓)

홍범식이 자결 순국하자 일제는 10일이 지난 9월 8일자《조선총독부관보》「휘보」의 관리사거(官吏死去) 면에 '금산군수 홍범식이 지난달 30일 사거하였다.'라고 죽음의 원인을 밝히지 않고 단순하게 보도하였다.[32]

일제는 자결한 사람이 생겼다는 소식을 들으면 곧 그 집을 찾아가 가족들에게 절대 사실을 발설하지 못하도록 협박하였다. 홍범식의 경우는 그의 순국이 미칠 파장을 우려하여 일제는 그의 자결 원인을 왜곡하기까지 하였다. 즉 일제는 그의 순국이 일제의 침략에 분개하여 결행한 것이 아니라 '본래 있던 광증이 발하여' 즉 미치광이 증세가 발동하여 자살한 것으로 폄하하였던 것이다.[33]

----

32 《朝鮮總督府官報》, 1910년 9월 8일자. 일제가 그의 순국 일자를 하루 늦춰 발표한 것은 그의 순국이 경술국치와 무관하다는 것을 나타내고자 한 의도적인 것으로 보인다.

33 《신한민보》, 1910년 10월 12일자.

그러나 그의 자결 순국 소식은 순식간에 국내외로 전해지며 엄청난 반향을 일으켰다. 《신한민보》는 그의 자결 순국 사실을 「그래도 하나 있다」라는 제목으로 신속하게 미주 동포사회에 보도하였고 그 이후에도 몇 차례 더 보도하였다.

그의 순국은 독립운동 단체나 해외 동포사회에서 망국일을 맞이하여 독립투쟁의 결의를 다지는 기억과 기념의 소재가 되었다. 상해의 동제사(同濟社)는 1913년 8월 29일의 국치일을 맞이하여 홍범식 추도회를 개최하였고, 《신한민보》 역시 이날을 맞이하여 「대치욕 합병 기사」에서 '홍태수의 강개 순국'이 민족정기가 인멸치 않은 증거라고 설명하였다. 한편, 《독립신문》은 1922년 8월 29일자 「국치일의 해설」 기사에서 홍범식의 자결 순국을 대표적 행위로 칭송하였다.

참고문헌 ─────────────────────────────────

『괴향문화』제8집, 2000년, 홍범식(洪範植, 1871-1910)의 생애와 구국 정신,

　　박걸순(문학박사, 독립기념관 한국독립운동사연구소 수석연구원).

『괴향문화』제18집, 2010년, 홍범식 순국 100년, 그 역사적 기억과 기념, 박걸순

　　(충북대학교 교수).

『괴향문화』 제6집, 1998년, 의사 홍범식 군수, 김근수.

백범(白凡) 김구(金九)

백범 김구

백범기념관 입구 동상

생애

백범 김구(1876-1949)는 27년간 대한민국 임시정부를 이끌어 온 민족 독립운동가이며 광복된 조국을 민족, 통일, 민주, 자유, 문화의 바탕 위에 굳건히 세우려고 애쓰다가 비명에 간 근대 한민족의 큰 스승이다.

백범 김구는 1876년(고종 13년) 음력 7월 11일 황해도 해주의 백운방 텃골에서 아버지 순영(淳永)과 어머니 곽낙원 사이에서 외아들로 태어났다. 초명(初名)은 창암(昌巖)이고 창수(昌洙), 구(龜), 구(九)로 개명하였으며, 자(字)는 연상(蓮上), 초호(初號)는 연하(蓮下), 호(號)는 백범(白凡), 법명(法名)은 원종(圓宗), 환속명은 두래(斗來)이다. 본관은 안동(安東)으로 신라 경순왕과 고려 김방경의 후예이며, 파(派)의 시조 익원공 김시형의 21세손(世孫)이다.

그의 선대는 서울에서 벼슬하다가 방조(傍祖) 김자점의 역모 사건으로 멸문지화를 당하게 되자 서울에서 황해도 해주 백운방 텃골에 자리 잡고 살았다. 백범의 선조들은 낙향 후 양반의 신분을 감추고 상민의 행세를 하려고 역군토와 균역전까지 경작하였다. 이런 형편에서 이웃들로부터 멸시를 받아도 제대로 항변조차 하지 못했다.

백범의 아버지 순영은 4형제 중 둘째로 체격이 좋고 의협심과 정의감이 넘치고 양반에 대한 저항심이 강한 분이었다. 그의 어머니 현풍곽씨는 14세의 어린 나이에 열 살 위인 신랑을 맞아 17세 때 난산 끝에 백범을 낳았다.

백범은 9세 때에 국문(國文)을 배워 익히고 천자문도 어깨너머로 배웠지만 본격적으로 공부하게 된 것은, 백범의 문중에 혼인집이 있었는데, 그의 조상이 사두었던 관(冠)을 밤중에 내어 쓰고 사돈을 대하였던 것이 양반들에게 발각되어 백범의 집안이 다시는 관을 쓰지 못하게 된 일이 있고부터 양반이 되기로 결심, 정문재의 서당에서 한학을 배우며 과거 공부를 하였다.

17세 때인 1892년 임진경과(壬辰慶科)에 응시하고자 해주로 갔으나 매관매직을 일삼는 부패한 과장(科場)을 보고 실망한 백범은 아무리 공부를 열심히 잘하여도 양반 되기는 틀린 세상임을 깨닫고 과거 준비를 더 이상 하지 않았다. 초기의 백범사상 가운데 양반에 대한 분노와 가문을 일으키고자 하는 집념이 강한 것은 이 때문이다.

그는 한때 풍수지리와 관상학을 공부하였으나 적성에 맞지 않아 중단하고 병서(兵書)에 흥미를 느껴 공부하던 중, 이 무렵 해주에서 동학당의 오응선 대접주(吳應善 大接主)의 강론을 듣고 동학(東學)의 평등주의에 매혹되어 18세에 동학에 입도(入道)하고 이름을 창수(昌洙)로 고쳤다. 이후 경전 공부를 열심히 하고 포덕에도 힘써 이듬해인 19세(1894년)에 접주(接主)라는 첩지를 동학 2대 교주인 최시형으로부터 받고 황해도 동학당의 간부가 되었다. 백범 김구의 정치적, 사회적 활동은 이때부터 시작되었으며, 평등사상을 깨닫는 계기가 되었다.

백범은 700여 명의 의혈남아를 거느린 동학군의 선봉장이 되어 척양척왜(斥洋斥倭)의 기치를 들고 탐관오리와 일본인 숙청을 목적으로 해주성 공격에 나섰으나 실패하고 황해도 동학군의 자중지란으로 세력을 잃게 되자 신천 청계동에 사는 진사(進士) 안태훈(안중근 의사의 부친)의 호의를 받아들여 부모를 모시고 청계동으로 들어가 잠시 우거하였다.

백범은 거기서 일생 동안 자신에게 사상적 영향을 끼친 위정척사계(衛正斥邪系)의 유학자 고능선(高能善)을 만나게 되었고, 그로부터 「화서아언(華書雅言)」, 「주자

백선(朱子百選)」 등의 강의를 듣고 성리학의 요체를 배웠으며, 충의지도(忠義之道)의 중요성을 깨닫게 되었다.

애국계몽운동

백범은 1895년(20세) 여름, 청계동을 찾아온 김형진을 만나 구국의 길을 탐색하기로 의기투합, 안태훈의 집을 떠나 만주로 향하였다. 이때는 명성황후가 일본군에 의하여 시해당한 때였다. 김이언(金利言)이라는 장사가 국모 시해의 원수를 갚기 위하여 의병부대를 조직한다는 소식을 듣고 이에 참가하여 압록강을 건너 강계성을 공격하였다. 그러나 이를 미리 알고 매복해 있던 관군(官軍)과 일본군에 의해 참패하고 말았다. 청계동으로 돌아온 백범은 가족과 상봉 후 다시 중국으로 가려고 길을 떠나 안주에 도착했다. 이때 삼남(三南)에서 의병이 맹렬히 일어나고 있다는 소식을 듣고 발길을 돌려 안악(安岳)의 치하포(鴟河浦)에 당도하였다. 그는 이곳 객주집에서 첩보활동을 하고 있던 일본군 중위 쓰치다를 발견하고 그가 명성황후를 살해한 미우라 공사이거나 그 일당의 하나일 것이라고 단정하고 살해하였다. 그리고 '국모의 원수를 갚으려고 왜(倭)를 죽였노라. 해주 백운당 김창수'라고 쓴 방문(榜文)을 벽에 붙여 놓았다. 망명을 권유하기도 하였지만, "국모를 위해 복수한 것은 대장부로서 오히려 통쾌한 일이거늘 어찌 몸을 피하여 구차한 삶을 산단 말이오. 의(義)를 위하여 도저히 할 수 없는 일이오."라며 태연자약하였다. 곧 체포되어 해주 감영을 거쳐 인천 감옥에 수감되었다. 그는 옥중에서 「태서신사(泰西新史)」, 「세계역사지지(世界歷史地誌)」 등 중국에서 발간된 개화 서적을 읽었다. 신학문, 신문명에 접하면서 개화사상을 키웠다. 우리가 옛 사상과 옛 지식으로 위정척사만을 주장하는 것으로는 나라를 지킬 수 없다는 것을 알게 되었다. 재판 결과 사형이 확정되었으나 고종 황제의 특사령으로 사형집행은 면하게 되었다. 그러나 일본의 간섭, 방해로 석방이 어렵게 되자 탈옥하였다. 백범은 탈옥에 따르는 위험을 감추기 위하여 마곡사에 들어가 승려가 되고 원종(圓宗)이란 법호를 받았다.

그러나 그는 민족을 위한 새로운 구상을 하게 되었다. 그가 감옥에 있을 때 신학문을 통해 얻은 깨달음, 즉 풍전등화와 같은 나라를 구하기 위해서는 자신이 취했던 폭력 방식이 아니라 민지(民智)를 깨우쳐 힘을 길러야 한다는 깨달음이 그로 하여금 애국계몽운동의 길로 나서게 한 것이다. 그리하여 더 이상 절에 머물 수 없었던 백범은 1899년 평안도 영천사 방주(房主)를 끝으로 환속하게 되고 1900년(25세) 강화에서 김두래(金斗來)라는 가명으로 아이들을 모아 교육과 계몽운동을 하였다. 이때 이름을 구(龜)로 바꾸고 자(字)를 연상(蓮上), 호(號)를 연하(蓮下)라 하였다.

　1901년 부친상을 당한 백범은 1903년 탈상 후 예수교에 입교하여 구국 교육운동에 나섰다. 예수교와 관련을 맺게 된 것은 예수교가 애국계몽운동에 가장 활발하게 참여하고 있었기 때문이다. 이렇게 백범은 과거 공부와 잡학에서 시작하여 동학, 유학, 불교를 거쳐 기독교에 정착하는 사상적 방황을 경험하였다.

　백범은 장연(長淵)에 봉양학교(鳳陽學校)를 설립하고 교단에서 계몽과 교화에 힘을 쏟았으며, 1904년에는 교회 신자인 최준례와 결혼을 하였다.

　1905년 진남포에서 감리교회의 범청년회 총무 일을 받아보던 백범은 을사조약(乙巳條約) 소식을 듣고 서울에 올라와 상동교회 독립운동가들과 함께 을사조약 반대 상소를 올리고 종로에서 가두연설에 나서는 등 구국운동에 앞장섰으며, 일본군에 쫓기는 몸이면서도 황해도 일대에 신교육 구국운동을 전개하였다. 1907년 전국 규모의 비밀결사로서 신민회(新民會)[34]가 창립되자 백범은 이에 가입하여 황해도 총감이 되었으며, 장기적인 독립운동을 대비하였다.

　을사조약 후 한국 강점을 서두르는 일제(日帝)에 대한 한국인의 저항은 여러 형태로 일어났다. 1909년 10월에는 안중근의 의거, 12월에는 이재명[35]의 거사

34　1907년 도산 안창호가 미국에서 귀국하여 그해 4월 이갑, 진덕기, 양기탁 등과 같이 조직한 비밀결사. 총감독에 양기탁, 총서기에 이동녕, 재무 진덕기, 집행위원 안창호 선출.

35　1909년 12월 22일, 서울종현천주교회(명동성당)에서 열린 벨기에 국왕 레오폴드 2세의 추도식에 참석한 친일파 이완용을 저격하여 중상을 입히고 일경에 체포되어 그 이듬해 사형당하였다.

가 있었다. 백범은 안중근 의사의 이등박문 사살 사건 이후 1910년 서울에서 열린 신민회 간부회의에서 결의하기를 국내에서는 대일항쟁을 전개하고 국외에서는 만주에 무관학교를 세워 광복군을 양성하기로 하여 백범은 이 방침을 실천하기 위하여 활동을 시작하다가 1911년 안악 사건[36]에 연루되어 17년의 징역형을 받았다. 이때 어머니 곽낙원 여사는 백범의 옥바라지를 맡아 혼신을 다하였으며, "경기감사하는 것보다 더 자랑스럽다."라고 말함으로써 백범에게 큰 격려를 주었다.

「백범일지」 첫 장

옥고를 치르는 동안에 이름 구(龜)를 구(九)로 호(號) 연하(蓮下)를 백범(白凡)으로 바꾸었다. "이름을 바꾼 것은 일제의 호적에 들어가지 않겠다는 것이고, 호를 백범으로 한 것은 우리나라에서 가장 천하다는 백정(白丁)과 무식한 범부(凡夫)까지 전부가 적어도 나만한 애국심을 가진 사람이 되게 하자는 내원을 표하는 것이니 우리 동포들의 애국심과 지식의 정도를 그만큼이라도 높이지 아니하고는 완전한 독립국을 이룰 수 없다고 생각한 것이다."_「백범일지」

1914년 두 번의 감형으로 가석방된 백범은 김홍량(金鴻亮)의 동산평농장(東山坪農場)에서 농감(農監)으로 일하면서 소작인들에게 근검절약, 상부상조의 질서를 가르치는 등 농촌계몽 운동을 하던 중 1919년 3.1운동을 맞게 된다.

임시정부와 백범의 독립운동

백범은 3.1운동이 일어나자 상해로 망명, 상해임시정부 경무국장을 시작으로 1945년 11월 23일, 그가 환국할 때까지 27년 동안 대한민국 임시정부와 국

---

36 안명근 사건이라고도 한다. 안명근은 황해도 신천 출생이며 안중근의 사촌동생이다. 1910년 국권이 침탈당하자 무관학교 설립을 위해 황해도의 신석효 등으로부터 자금을 모으다가 밀고로 체포되었다. 이때 안악 일대 독립운동가를 모조리 잡아들인 사건이다.

내외 독립운동을 영도하는 일에 헌신하였다.

임시정부의 형편은 초기에는 모든 독립운동 단체들이 힘을 합쳐 크게 융성하였으나 1921년부터 서서히 시작된 좌·우의 분열이 1923년 1월 더욱 격화되자 임시정부의 통일과 강화를 위하여 모든 독립운동 단체 대표들로 구성된 국민대표회의(國民代表會議)를 열었는데 여기에서 백범은 임시정부 내무총장으로 선임되었다.

이어서 국무총리 대리, 국무령을 지내면서 백범 중심으로 약화된 임시정부를 지키려는 분투가 전개되고 있는 가운데 일제는 대륙침략을 가속화시켜 만보산 사건[37] 등 한·중 간의 이간책을 쓰면서 관동군을 동원, 9.28 만주사변을 일으켜 남북 만주를 강점하고 만주국을 세워 그들의 위성국으로 만들었다. 이로써 독립운동의 중요 해외기지가 무너져 적의 수중에 들어갔다.

백범은 이 난국을 타개하기 위하여 1931년 일본 요인암살을 목적으로 한인애국단(韓人愛國團)[38]을 조직하고 독립투사를 양성하였다.

1932년 1월 백범 휘하에 있던 이봉창의 일본 히로히토 천황 저격을 위한 동경의거(東京義擧)와 4월 윤봉길의 상해 홍구공원의거(虹口公園義擧)를 차례로 거사함으로써 한·중 양 국민의 열렬한 환호를 받았다. 만보산 사건으로 인한 중국인의 감정은 사라지고 미국 하와이에 있는 동포들도 임시정부의 활동을 재인식하고 적극 지원하는 등 백범은 임시정부에서 확실한 지도력을 확립하게 되었다.

백범은 〈홍구공원의거〉를 계기로 1933년 5월 남경(南京)에서 장개석을 만나한·중 항일의 유대를 강화하고 한국의 무관양성소를 낙양중앙군관학교(洛陽央

----

37 한국인들이 만주 길림성 만보산 삼성보에서 토지를 빌려 논으로 개간하기 위해 수로를 시설하려 한 것이 중국인 토지에 피해를 주게 되자 중국인들이 1931년 7월 2일 공사장에 납입하여 수로공사를 중단시킨 일이 일어났다. 일제는 이것을 한·중 양 민족을 이간시키는 데 악용하려고 획책하여 일본 경찰을 동원해서 중국인들을 강제해산시키고 수로공사를 강행하는 한편, 한국 국내 신문에 중국인들의 습격을 받아 한국인들이 다수 살해되었다는 허위보도가 나가도록 공작하였다. 국내 한국인들은 이 허위보도에 격앙되어 인천, 평양, 서울, 신의주 등지에서 100여 명의 중국인을 살해하였다. 생명의 위협을 느낀 6,000여 명의 화교들이 중국으로 돌아갔으며, 만주에서는 중국인들이 한국인들을 습격하기 시작하여 한·중 양 민족의 연대는 완전히 깨어지고 전 중국인들 사이에서 한국인에 대한 증오와 적대 행동이 만연되었다. 이 위에 일제는 1931년 만주를 지배하에 두게 된 사건을 말한다.

38 1931년 백범 김구 선생이 대한민국임시정부의 승인 아래 조직한 의열 투쟁 단체. 의열 투쟁은 1932년 1월 이봉창 의사의 의열 투쟁과 4월 윤봉길 의사의 의열 투쟁이 성공하여 한국 독립운동을 크게 비약시키고 전 세계에 한국민족의 독립운동을 알리게 되었다.

軍官學校)에 설치키로 합의, 지청천, 이범석 등을 교관으로 하여 장래 독립운동을 지휘할 청년들에게 철저한 교육 훈련을 시켰다. 그러나 일본의 강력한 항의로 100여 명을 끝으로 문을 닫고 말았다.

백범은 망명 초, 국무총리 이동휘로부터 공산주의 이념과 노선의 수용을 권유받았으나 거절하였고 그 후 세차게 밀어닥친 여러 이념과 사상의 갈등 속에서도 끝내 그의 지론인 민족주의 이념을 견지하였으며, 민족주의 구현의 테두리 속에서 공산 사회주의, 그 밖의 무정부주의자들과 합작을 모색하는 방향으로 활동하였다.

이를 위하여 1935년에는 이동녕, 이시영, 조완구, 차이석, 김봉준, 엄항섭 등과 함께 한국국민당을 창당하여 한국독립당, 조선혁명당과의 3당 통합을 추진하기도 하였고, 다시 이동녕, 이시영, 조소앙 등과 함께 한국독립당을 창당하여 임시정부의 여당으로 활동하였다.

1937년 중일전쟁의 발발로 일제의 폭격이 심해지자 임시정부는 강소성의 진강, 장사, 광주, 유구, 기강을 거쳐 1940년 중경에 도착, 전시체제로 재정비하였으며, 중경에서 어머니 곽낙원 여사를 여의게 되었다. 임시정부는 1940년 국무위원제를 폐지하고 주석제를 채택하여 주석에 김구, 부주석에 김규식[39]을 선임하였다.

이와 같이 체제를 정비한 백범은 오랜 숙원이던 한국광복군(韓國光復軍)[40]을 창설하고 1941년 독립운동 세력의 통일과 일제 패망 후의 국내에서의 건국을 위한 준비로 의정원의 심의를 거쳐 「대한민국건국강령」을 확정 발표하였다. 이 강령은 조소앙[41]이 제창한 삼균주의(三均主義)에 의거해서 정치와 교육의 균등에

---

39 김규식(金奎植 : 1881~1950). 호는 우사(尤史)이다. 1918년 소년 모스크바에서 개최된 원동약소민족대회에 한국대표로 참가하였고, 1919년 임시정부의 외무총장 자격으로 파리평화회의에 참석하였다. 그해 임시정부의 학무총장, 구미위원회 위원장을 겸임하였고, 1920년 만주로 건너가 대한독립단과 고려혁명단 조직에 참여하였다. 1942년에는 임시정부 국무위원을 지냈으며 1944년 부주석에 올랐고, 8.15광복 후 귀국하여 1946년 민주의원부의장, 입법의원장으로 있었고 1947년 민족자주연맹의장으로서 좌 · 우합작운동의 우측대표로 참여했다. 1948년 남한만의 단독선거에 반대, 통일정부를 수립하기 위해 김구와 함께 남북협상을 시도하였으나 실패하고 정계에서 은퇴하였다.

40 대한민국 임시정부가 임시정부 '국군'으로서 1940년 9월 17일 중국 중경에서 창군한 독립군.

41 조소앙(趙素昻: 1887~1958). 본명은 용은(鏞殷). 1918년 만주. 지린[길림(吉林)]에서 〈무오독립선언서〉를 기초하여 대한민국 임

있어서는 자유민주주의에 의거하고 경제 균등은 사회민주주의 요소를 많이 가미한 것이었다. 1941년 12월, 일제가 태평양전쟁을 도발하자 임시정부의 이름으로 대일 선전포고를 하고 연합국의 일원으로 항일전에 적극 참여하기로 하였다. 백범은 일제의 패망을 내다보고 더욱 독립운동 진영의 통일을 추진하였다. 1942년 광복군과 김원봉[42]이 지휘하던 조선의용대가 합병을 결의함으로써 역사적인 군사 통일이 이루어졌다.

백범은 광복군과 연합군과의 합동작전을 추진하여 영국군과의 군사협정 체결, 미국 전략정보처와 광복군의 국내 진입작전을 위한 특수훈련을 실시하여 본토 수복을 위한 준비를 끝내고 1945년 8월 서안으로 가 광복군의 제1진을 국내에 진입시키려고 시찰하는 도중 일제의 항복 소식을 들었다.

임시정부 요인 귀국기념사진
1945년 12월 3일.

백범은 한없이 기뻤지만, 광복군이 국내 진입작전을 실행하지 못해서 한국민족의 국제간의 발언권이 약하게 되지 않을까 염려하였다.

백범은 1945년 11월 23일, 27년간이나 그리던 조국의 땅을 밟았다. 그러나 미군정이 실시되고 있는 조국에 임시정부는 정부의 자격을 인정받지 못하고 조국을 잃은 망명객의 개인 자격으로 환국하게 되었다. 백범이 귀국할 당시의 정국은 수백 개(205개 정당이 미군정에

<hr />

시정부의 수립에 큰 영향을 주었다. 이듬해 상하이 [상해(上海)]에 대한민국임시정부가 수립되자 적극 참여하여, 임시정부의 국체(國體)와 정체의 이론 정립 및 대외홍보 등에서 주역으로 활동하였으며, 1929년 김구(金九), 이동녕(李東寧), 이시영(李始榮) 등과 함께 한국독립당(韓國獨立黨)을 창당하고, 삼균주의(三均主義 정치·경제·교육의 均等)에 기초하였다.

42 김원봉(金元鳳, 1898-?). 호는 약산(若山). 그는 동지 12명과 함께 1919년 11월 중국 길림에서 일본 관원을 암살하고 관청을 습격하는 무장독립운동단체인 의열단을 결성하여 단장을 맡았다. 그 후 의열단은 부산경찰서 폭파, 밀양경찰서와 동양척식회사 습격 등 활발하게 활동하였다. 의열단 해산 후 김원봉은 1935년 민족혁명당 결성을 주도하였고, 1938년 조선의용대를 편성하고 총대장에 취임하였다. 1941년 조선의용대가 한국광복군에 편입됨에 따라 광복군 군사부장에 취임하였고 해방 후 그는 인임공화국을 창설하여 임정 요인들과는 별개의 활동을 하였다. 1948년 남북연석회의 직전에 월북하였다.

등록)의 정당이 난무한 가운데 좌·우·중립으로 노선이 분화되어 서로 대립하고 있는 혼미의 정국이었다.

백범은 친일파, 민족 반도를 숙청한 단결을 강조하며 민족 세력의 총집결체로서 특별정치위원회의 구성을 준비하였으나 친일파까지 포함한 단결을 지향하고 있는 이승만과 한민당의 계속된 주장 때문에 특별정치위원회의 구성이 쉬울 수 없었다.

이런 때 1945년 12월, 모스크바 3국의 외상 회의에서 우리나라에 대하여 5년간 신탁통치를 결정하자, 이 소식을 접한 백범은 각 정당 대표와 종교, 언론 관계자들을 모아 반탁운동을 새로운 독립운동으로 선포하면서 신탁통치반대국민총동원위원회를 결성하고 반탁운동에 앞장섰다.

이승만과 함께

백범은 조국의 분단을 막고 통일정부 수립을 위한 남북협상을 제창, 김규식과 함께 북으로 가 평양에서 남북 조선 제정당 사회단체 대표가 연석회의를 가졌으나 결국 1948년 8월 15일과 9월 9일 남과 북에서 각각 단독 정부가 수립되어 백범의 통일 노력은 봉쇄되고 집(경교장)에서 칩거 중 1949년 6월 26일 안두희의 흉탄에 맞아 비극적인 인생을 마쳤다.

일생을 조국과 민족을 위하여 바치신 위대한 민족의 지도자요. 근현대 한민족의 큰 스승이신 백범 김구 선생은 74세를 일기로 순국하였다.

국민장으로 효창공원에 안장되시고 1962년 3.1절에 건국공로훈장 중장(建國功勞勳章 重障)을 받으셨으며 계담서원(書院)에 배향(配享)되셨다.[43]

----

43 2008년 괴산군 김물면 이담리 752-5번지 소재 〈원구지원〉에 〈백범김구선산추모비〉가 세워져 있다. 이 비는 백범 서색 기념사업협회서 근찬했으며 안동후인 서옥 김영수 선생이 근서했고 중산 안동준의 옆돌에 기명한 사람 일동이 세웠다.

그리고 백범은 통일 조국 건설을 소망하였다. 다음과 같이 「삼천만 동포에게 立告」을 통해 호소하였다.

백범 선생 묘(서울시 용산구 효창동 255)

백범 김구 친필

"현시에 있어서 나의 유일한 염원은 3천만 동포와 손목잡고 통일된 조국, 독립된 조국의 건설을 위하여 공동 분투하는 것뿐이다. 이 육신을 조국이 수요(需要)한다면 당장에라도 제단에 바치겠다. 나는 통일된 조국을 건설하려다가 38선을 베고 쓰러질지언정, 일신에 구차한 안일을 위하여 단독정부를 세우는 데는 협력하지 아니하겠다."

「삼천만 동포에게 입고(立告)함」

백범은 처음부터 통일조국을 건설하지 않고 38선의 남북에 각각 두 개의 정부를 수립하면 남북분단이 고착되고 동족상잔의 내전이 일어나지 않을까 염려하였다.

그는 자신이 희생하더라도 동포들의 비극을 사전에 막고 세계에서 가장 아름답고 높은 문화를 가진 자유민주의 통일조국을 건설하려고 했던 민족의 영원한 큰 스승이었다.

원구지원에 세워진 백범 김구선생 추모비

좌측은 괴산군 감물면 이담리 〈원구지원〉 정원에 〈백범김구선생추모비(白凡金九先生追慕碑)〉가 세워져 있는데, 2008년 7월 10일 백범김구선생기념사업회가 주관

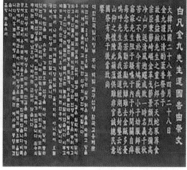

하여 안동후인 서목 김영수가 근서하고 순흥후인 중산 안동 준 외 옆 돌에 기명한 사람 일 동이 근수하였다. 우측 〈백범 김구선생건국고유제문(白凡金 九先生建國告由祭文)〉 비(碑)는 면 암 최익현 선생 신위에 고유제를 지낸 문서가 발견되어 2022년 4월 13일 모덕 사에 세웠다.

참고문헌

『백범연구』 제1, 2집(백범김구선생기념사업협회 편, 교문사, 1985, 1986).

『백범 김구』 생애와 사상(백범전기편찬위원회, 교문사, 1984).

『대한민국임시정부사』(이현희, 집문당, 1982).

『백범어록』(백범사상연구소, 사상사, 1973).

『위대한 한국인』 백범 김구(선우진, 태극출판사, 1972).

『도왜실기』(엄항섭 편, 1949).

『백범주석최근언론집』(엄항섭 편, 1948).

『백범일지』(김구, 국사원, 1947).

원명(圓明) 연병호(延秉昊)

원명 연병호

생애

연병호(延秉昊)는 1894년(고종 31년) 11월 22일 충청북도 증평군 도안면 석곡리 555번지에서 연채우(延彩羽)의 4형제(秉煥, 秉昊, 秉柱, 秉旰) 중의 둘째 아들로 출생하였다. [44]자(字)는 순서(舜瑞), 호(號)는 원명(圓明), 초명(初名)은 병준(秉俊)이며, 본관(本貫)은 황해도 곡산(谷山)이다. 1919년도에 편제된 호적에는 병학(秉學)으로 기재되어 있으며, 독립운동을 하는 과정에서 병호(秉昊), 동학(東學) 또는 병학(秉學)이라는 이름이 쓰였는데 이와 같이 다른 이름을 사용한 것은 자신을 숨기기 위한 계략으로 추정되며, 1921년 7월 대구 감옥에서 출옥하면서 병호(秉昊)로 개명하였다고 하나 근거를 확인할 수 없다.

아버지 연채우는 조선 초 태조 이성계의 명신(名臣)이며, 효자로 이름난 곡산부원군 정후공(靖厚公) 연사종(延嗣宗)의 15세 손으로 통정대부(通政大夫) 중추원의관승가선궁내부시종원부경(中樞院議官陞嘉善宮內府侍從院副卿)의 직책에 있었다.

연병호는 가난한 농부의 아들로 태어나 충청북도 괴산군 청안면에 있었던 중명학원(重明學院)[45]을 수료

연병호 생가(도안면 석곡리 55번지)

---

44 원명 연병호 : 증평군, 증평문화원 발행 인용정리하였다.

45 중명학원(重明學院)은 민명식이 청안향교에 세운 7년제 소학 과정의 학원으로 1912년 폐원했다.

하고 일찍이 중국으로 건너가 연길시 창동학원, 그리고 북경시 중국대학교 등에서 수학했는데, 아마도 중국에서 공부를 하게 된 동기는 영국에서 유학(遊學)을 하고 1910년대 초 중국 연길시 용정촌(龍井村)에서 세관원으로 근무하던 형 병환의 영향을 받은 것으로 짐작된다.

연병호가 출생할 당시(1894년)의 시대 상황은 1873년에 유학자들과 민씨 세력에 의해서 대원군이 정권의 뒷전으로 밀려나고 명성황후가 등장하면서 척족세도를 재현시키는 가운데 외부적으로는 1876년(고종 13년) 일본이 일으킨 운양호 사건을 계기로 강화도조약이 체결되었고, 이후 구미 제국과도 수호통상조약이 맺어지면서 개항을 하게 되었다. 1882년 청나라와 일본 양국의 이해관계가 얽혀서 임오군란(壬午軍亂)이 발생하였으며, 임오군란을 계기로 한국에서 일본세력을 누른 청나라가 대원군의 납치 등 내정에 간섭하자, 자강독립(自强獨立)을 목표로 하는 소장 정치인들에 의해 급진적인 정치개혁이 시도되었으며, 그 결과 1884년에서 갑신정변(甲申政變)이 일어났는데 이 정변은 민중에 기반을 두지 못하고 왜구의 세력에 배경을 둔 것이다.

1890년대에 접어들어 흉년 기근으로 민심이 불안해지면서 1894년에 동학교도들이 신원운동(信寃運動)을 전개하면서 외세침투와 국내모순을 타개하고자 〈인내천(人乃天)〉이란 깃발 아래 동학혁명을 전개하였다.

1904년 러·일전쟁이 일본의 승리로 끝나면서 일본 제국주의자들은 조선에서 보다 우월한 지위를 확보하게 되었고, 동년 2월 한국에 군대를 판견하여 한일의정서(韓日議定書)를 체결하였으며, 이로써 일제는 군사적 목적을 포함한 모든 토지와 인력을 징발하고, 같은 해 8월에는 제1차 한일협약(韓日協約)을 강제로 체결하여 일본 정부가 추천하는 고문을 재무와 외무에 두어 재정권과 외교권을 박탈하였다.

식민지화를 앞두고 열강의 외교적 승인을 얻기 위해 미국과는 1905년 7월 가쓰라-태프트 밀약(가쓰라-Taft 密約), 영국과는 8월에 제2차 영일동맹(英日同盟)

을 맺었으며, 9월에는 러시아와 포츠머스강화조약을 맺어 러시아를 한국에서 배제시켜 식민지화의 국제적 승인을 얻어내면서 1905년 11월 고종을 협박하고 이완용을 매수하여 2차로 강제협약인 을사조약(乙巳條約)을 늑결(勒結)하므로써 우리의 국권을 완전히 강탈했다. 고종은 을사조약의 무효를 선언하고 한국의 주권수호를 호소하기 위해 1907년 6월 헤이그평화회의에 특사를 파견하였지만, 일제는 이것을 빌미로 고종을 퇴위시키고 순종을 즉위시켰으며, 이어 7월 24일에는 정미칠조약(丁未七條約)을 체결하여 한국의 내정(內政)도 완전히 장악하였을 뿐만 아니라 같은 달 27일에는 언론탄압을 목적으로 광무보안법(光武保安法)을 공포하고 한국 식민지화에 최대 장애요인이 되었던 군대를 해산시켰다.

이어서 일제는 항일운동을 적극적으로 진압하기 위해 일명 '남한대토벌작전'을 전개하였으며, 1910년 5월 육군대신 데라우치 마사타케(寺內正毅)를 통감으로 임명하여 한국 식민지화를 단행하였다. 아울러 헌병경찰제를 강화하는 가운데 1907년 10월 한국 경찰도 일본 경찰에 통합시키면서 1910년 6월 종래의 사법경찰권 이외에 일반경찰권까지 탈취하였다. 이어 통감은 1910년 8월 16일 비밀리에 총리대신 이완용에게 합병조약안을 제시하고 그 수락을 독촉하여 같은 달 22일 이완용과 데라우치 마사타케 사이에 합병조약을 조인하였으나 조선인들의 저항이 두려워 당분간 발표를 미루다가 원로대신들을 연금한 뒤 동년 8월 29일에야 순종으로 하여금 8개조로 된 양국(讓國)의 조칙을 내리도록 했는데, 이 조약 제1조에서 '한국정부에 대한 모든 통치권을 '영구히' 일본에 양여할 것을 규정함으로써 519년간 이어져 온 조선왕조가 완전히 멸망하고 말았으니 이것을 일컬어 경술국치(庚戌國恥)라 하였으며, 전국적으로 의분을 참지 못한 유림 56명이 스스로 목숨을 끊기도 했다.

망명과 독립운동

일제에 의하여 이와 같이 주권을 강탈당하자 연병호는 25세가 되던 해인 1919년 중국으로 망명하여 대한광복단에 입단, 중심인물로 활동한 후 상해로

와서 대한독립당에 가입하고 길림군정분서서기장(吉林軍政分署書記長) 참모로 독립운동을 하다가 국내에 있던 임시정부를 후원하기로 하고 동지 송세호와 함께 입국하여 1919년 5월 이병철, 조용주 등과 비밀항일운동 단체인 대한독립청년외교단을 조직, 독립운동자금 모집과 임시정부에 정보제공 등을 목표로 활약하였다.

독립운동가족 (형 연병환, 연병호, 딸 연미당)

한편, 청년외교단 사업의 일환으로 여성들의 비밀결사 조직인 대한애국부인회와 긴밀한 협조를 취하며 군자금 모금 활동을 전개하다 일경에 체포되어 1920년 6월 29일 대구지방법원에서 징역 3년 형을 선고받고 복역하였으며, 출옥 후 다시 상해로 탈출하여 1921년 4월 한인대동(韓人大同)을 목적으로 조소앙과 함께 세계한인동맹회(世界韓人同盟會)를 설립하여 독립운동을 계속하였으며, 1922년 7월에는 국민대표회의 개최 등으로 독립운동 단체들의 분규가 심해지자 안창호(安昌浩), 김현구(金鉉九), 조소앙(趙素昻) 등과 시사책진회(時事策進會)를 조직하여 수습책을 강구하기도 하였다. 그러나 여기서도 서로의 의견이 부합되지 않자 조소앙, 김용철(金容喆), 조완구(趙琓九), 이기용(李起龍) 등과 함께 동회를 탈퇴하였다.

1925년 3월에 대한민국임시정부 의정원에서 대통령 이승만의 탄핵안이 가결되고, 박은식(朴殷植)이 제2대 대통령으로 당선되자, 동년 5월 31일 북경(北京)에서 이천민(李天民), 박숭병(朴崇秉), 김구(金九), 엄항섭(嚴恒燮), 이시영(李始榮) 등과 함께 중국 국민당과 연계하여 한국국민당(韓國國民黨)을 발기 조직하였으며, 1930년 7월에 중국 강서성 남창으로 주소를 옮겨 반일행동에 적극 가담하였다.

한편, 동년 남경에서 김홍일(金弘壹), 민병길(閔丙吉), 성주식(成周寔), 신익희(申翼熙), 윤기섭(尹琦燮), 안재환(安在桓), 염온동(廉溫東), 최용덕(崔容德) 등이 발기하여 한국혁명당을 조직하였는데, 당의 목적은 사상의 정화와 독립운동 진영의 단결을 꾀하는 것이며, 산하에 철혈단(鐵血團)을 조직하여 무력 행동대로 삼아 단장에는 안재환을 선출했으며, 단원으로는 김창화(金昌華), 나월환(羅月煥), 이건호(李建浩), 이영희(李英熙), 최경수(崔景洙) 등으로 《우리 길》이라는 기관지를 발간하여 독립사상을 적극 고취하였다.

1934년 2월에는 윤기섭(尹琦燮)과 함께 재 남경(南京) 한국혁명당 대표로서 재만(在滿) 한국독립당 대표 홍진(洪震), 홍면희(洪冕熹), 김원식(金元植) 등과 회합하고 양 단체를 통합하여 새로이 신한독립당(新韓獨立黨)을 조직하였다.

1935년 1월 재 남경 한국독립당 중앙집행위원회에서는 대일전선통일동맹의 대표자 회의를 개최하기로 결정하였는데, 집행위원이던 연병호는 정무위원회(政務委員會) 주임으로 선출되었고, 의열단(義烈團)을 다시 통합하여 1935년 7월 한국민족혁명당(韓國民族革命黨)으로 발전 조직하였다. 또한 1934년에 임시의정원 충청도 의원으로 선출되어 1935년 10월까지 활동하였으며, 이 무렵에 독립공론(獨立公論)을 발행하여 민족정신 고취에 앞장서기도 하였다. 이와 같이 많은 활동을 하던 중 일제의 앞잡이인 상해거류조선인 회장 이갑녕(李甲寧)의 저격사건이 일어나자 일본 경찰의 추적을 받던 중 1937년 1월 7일 체포되어 국내로 압송되었으며, 징역 8년 형을 받고 공주감옥에서 옥고를 치르고 1944년 10월에 출옥하였다.

아들 성희가 1942년 면회를 갔을 때 '아직 못 나가니 내 걱정은 하지 말고 밖에 가면 왜놈들하고 싸운 곳이 가까운 데 있으니 그곳에 가서 내가 어떻게 싸웠는지 구경이나 하고 가라'고 당부했다는데 '가까운 데'라는 곳이 어느 곳을 지칭한 것인지 알 수 없었다고 한다.

광복 이후 행보

광복 후에는 한독당(韓獨黨) 중앙집행위원 겸 동당 광열사적조사위원장(光烈史跡調査委員長) 겸 훈련부장을 역임했고, 대한민국임시정부 환국준비위원회 영접부장이 되었다.

1948년 5월 10일 최초로 실시된 초대 국회의원선거에 괴산군에서 무소속으로 출마하여 제주도 갑·을구를 제외한 198개 선거구에서 최다득표로 당선되어 헌법기초의원 등을 지냈으며, 제2대 국회의원으로 당선, 문교분과위원으로 광복운동사 편찬과 1949년 8월 20일 민족진영강화대책위원 등 많은 활동은 물론 괴산수력발전소를 건설하는 데 기여했고, 제3대 국회의원선거에 무소속으로 다시 출마했으나 안동준에게 패한 후 서울 동작구 흑석동에서 월셋방을 얻어 정객(政客)들과 교우하면서 청주 정하를 왕래, 하천을 개간하며 궁핍한 생활을 하였다.

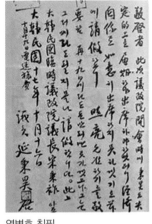
연병호 친필

미국에 거주하고 있는 연윤희(延胤熙)의 진술에 의하면 연병호는 해공 신익희와 가깝게 지냈다고 하는데 1956년 3월 '해공께서 너를 세 번씩이나 통지했는데도 오지 않는다'고 하며 '오늘 만나자 하신다' 하기에 그 길로 선생과 함께 해공을 찾아뵈니 '우리가 중국에 망명 중에는 나라가 같으면 따향우(大鄕友), 도(道)가 같으면 쭝향우(中鄕友), 군(郡)이 같으면 쏘향우(小鄕友)'라고 하면서, '연군은 같은 경기도 광주로 바로 옆 면이어서 쏘향우가 아닌가. 나를 도와주게. 내가 원명께 부탁하였어.' 하므로 그날부터 해공을 돕게 되었다고 한다. 그는 진실한 기독교 무교회주의(無敎會主義)의 신자로 성경을 읽을 때는 두 무릎을 꿇고 정중하게 읽되 소리 내어 읽지 않았고 찬송가도 부르지 않았다고 한다.

흰 두루마기에 검정 고무신을 즐겨 신었는데 "왜 이렇게 하십니까?"라고 여쭈니 "남북통일이 되어 완전 자주독립이 되어 우리나라 사람 모두가 구두 신고 양복 입으면 나도 입겠다."라고 하면서 일축했다고 하며, 권력에 아부하지 않고 권모술수(權謀術數)에 흔들리지 않는 과묵하고 청렴결백한 성격의 소유자로 1947년 봄 창덕궁 비원에서 독립운동을 하다 두 번에 걸쳐 10여 년간 옥고를 치른 '애국지사 연병호 환영연'을 베풀었는데 수많은 사람이 잠석해 축하해 주었으나 사진을 1950년 한국전쟁 시 분실하였다고 회고하고 있다.

사망

연병호는 평생을 독립운동에 몸 바쳐 오다 광복과 더불어 정치가로 변신, 초

명덕정사(영정 봉안)와 송덕비(도안초등학교 앞)

대와 제2대 국회의원으로 당선되었으며 평생을 처 자식 걱정은 하지 않고 오직 나라 걱정만 하면서 살았는데 4형제가 모두 독립운동에 가담했고 자식들

은 중국에서 뿔뿔이 흩어져 친인척은 고향에 남아 있지 않았으며, 부인만 데리고 조국으로 돌아왔으나 그나마 정치를 한답시고 부인만 고향에 남겨 둔 채 혼자서 서울 삼청동에서 생활했다.

제헌국회의원과 제2대 국회의원을 했으면 그 흔한 적산토지 한 필지쯤은 쉽게 마련할 수 있다고 하는데 청렴결백하게 하천을 개간해서 겨우 끼니를 연명

연병호 항일기념관

하는 어려운 생활환경 속에서 부인의 병이 위중하다는 소식을 접하고 1963년 1월 25일 눈보라치는 논두렁길을 급하게 가로질러 집에 당도하니 부인이 몹시 고통스러워하는 모습을 보고는 "내가 가족은 돌보지 않고 나라 걱정만 했다."라고 크게 한탄하시다 그 자리에 쓰러져 다음날 새벽 2시에 운명했다고 하며, 부인 곽씨는 남편의 갑작스러운 죽

음을 지켜보고 시력을 잃었다고 한다.[46]

그 후 부인 곽씨는 지인(知人) 연민희(延敏熙)의 보살핌을 받다 6개월 후 사망하였으나 호적에는 2년 뒤인 1965년 3월 15일 사망한 것으로 기재되었다.

장례는 1963년 2월 3일 괴산군 사회장으로 도안초등학교에서 영결식을 갖고 도안면 석곡리 선영에 안장되었다가 1976년 10월 26일 서울 동작구 국립현충원 애국지사 묘역 167호에 이장되었으며, 정부에서는 그의 공을 기리기 위해 1963년 건국훈장 독립장을 추서하였다. 그 당시 영결식장에는 각계에서 보내온 수천 장의 만장(萬丈)이 10리 길을 나부꼈다고 하나, 장례가 끝나면 모두 불태워 없애는 것이 풍습으로 한 장도 남아 있지 않으니 안타까울 뿐이다.

연 보(年 譜)

1894년 11월 22일	연병호 선생 출생.
1904년 2월 23일	한일의정서(韓日議定書) 조인.
1904년 8월 22일	제1차 한일협약(韓日協約) 체결.
1905년 7월	가쓰라–데프트 밀약.
1905년 11월 17일	박제순과 일본공사 하야시(林權助) 제2차 한일협상조약 [乙巳條約] 조인.
1905년 12월 21일	초대 통감에 이토히로부미 부임.
1907년 5월 22일	이완용 내각 성립.
1907년 6월 16일	총리대신 이완용 고종황제에게 양위를 강요.
1907년 6월 24일	정미칠조약 조인.
1907년 6월 31일	군대해산조직 발표.
1907년 7월	광무보안법(光武保安法) 공포.
1910년 8월 16일	총리대신 이완용·조중응과 통감 데라우치(寺內正毅) 합방에 관한 각서 교부.

---

46 도안면 광덕리 연민희(延敏熙)의 증언.

1910년 8월 22일	이완용·데라우치, 한일합병조약에 조인.
1910년 10월 1일	총독에 데라우치 통감 임명.
1916년 10월 16일	일본육군대장 하세카와(長谷川好道) 조선총독으로 임명.
1919년	연병호 중국으로 망명.
1919년 1월 21일	고종황제 덕수궁에서 승하(3월 3일 국장).
1919년 2월 8일	도쿄유학생 600여 명 기독교청년회관에 모여 조선청년독립단 명의로 독립선언문 발표.
1919년 3월 1일	고종 황제의 국장을 계기로 3.1독립운동 일어남. 손병희 비롯한 민족대표 33인의 이름으로 서울 탑골공원에 모여 독립선언서 발표. 중국 상해에서 대한민국임시정부 수립. 만주 류하현에서 대한독립단 발족. 임시정부 국호를 대한민국으로 정하고 임시헌장 10개조 발표. 이승만을 국무총리로 정부를 구성.
1919년 5월	조용주, 연병호 등 대한청년외교단(大韓靑年外交團) 결성
1919년 8월 12일	사이토(齊勝實) 선임 총독 부임.
1919년 9월 2일	노인동맹단의 강우규 남대문역(서울역)에서 사이토총독에게 폭탄 투척.
1919년 11월	대한민족대표로 임시정부 선언서 및 공약 삼장 등 작성에 참여.
1919년 6월 29일	연병호 대구지방법원에서 징역 3년 선고받고 복역.
1921년 4월	연병호 세계한인동맹회 설립.
1922년 7월 26일	시사책진회에서 조색양·연병호·이필규·김용철·이기룡 등 탈퇴.
1925년 5월 31일	이천민·연병호·박승병 3명, 연서로 박은식 엄징 요하는 교정서 발표.

1926년 6월 10일	6.10만세 사건.
1928년 3월	이동녕 · 이시영 · 김구 등 상해 프랑스 조계(租界)에서 한국독립당 창당.
1931년 8월 4일	연병호 신민단 조직.
1932년 5월	임시정부 상해에서 저장성 고주로 옮김.
1934년	연병호 대한민국임시정부 의정원 의원 선출.
1934년 2월	연병호 한국혁명단 대표로서 한국독립당과 통합 신한독립당 창당.
1935년 7월 5일	한국독립당, 조선혁명당, 의열단, 신한민족당, 대한독립당, 남경에서 민족혁명당으로 통합.
1936년 12월 12일	조선사상범 보호관찰령 공포(12월 21일 시행).
1937년 1월 7일	연병호 중국에서 체포하여 국내로 압송, 징역 8년 형 선고.
1944년 10월	연병호 출옥.
1937년 11월	임시정부 호남성 장사로 이전.
1938년 7월	임시정부 광동으로 옮김.
1939년 3월	임시정부 사천성으로 옮김.
1940년 2월 11일	총독부 창씨(創氏)제도 시행.
1941년 9월 3일	총독부 조선임전보국단(朝鮮臨戰報國團) 결성.
1941년 12월 9일	임시정부 대일 선전포고.
1944년 8월	한국광복진선계(光復陳線系) 중경에서 한국청년회 조직.
1945년 8월 15일	일본 항복.
1948년 5월 10일	제헌국회의원 당선.
1950년 5월 30일	제2대 국회의원 당선.
1963년 1월 26일	연병호 사망.

참고문헌 ───

『한국독립운동사』임정 편

『판결문』1920. 6. 29 대구지방법원

『국외용의조선인명부』, 총독부경무국

『조선민족운동연감』

『한국독립운동사』, 문일민

『한국독립사』, 김승학

『일본고등경찰요사』

『명치백년사총서』, 김정명 제1권, 제2권

『한국민족운동사료』(중국편)(국회도서관)

『임시정부의정원문서』(국회도서관)

『독립운동사』(국가보훈처) 제4권

『독립운동사』(국가보훈처) 제8권

『독립운동사자료집』국가보훈처 제9권, 제10권, 제11권, 제14권

대한민국 국회 제1회 국회속기록 제60호

대한민국 국회 제6회 국회속기록 제51호

대한독립애국단연구, 장석흥

중국관내 독립운동 정당의 활동, 대한민국임시정부연구, 김희곤

『원명 연병호』, 증평군, 증평문화원

『애국지사 연병환, 연병호 전기』 2013년, 애국지사 연병환 · 연병호 선생
선양사업회 연창흠 편집

『애국지사 연병환 · 연병호 · 연미당 화보집』 2016년 애국지사 연병환 · 연병호
선생 선양사업회

중산(中山) 안동준(安東濬)

생애와 수학(修學)

중산 안동준 선생은 1919년 5월 15일 충북 괴산군 감물면 이담리에서 태어났다. 감물면은 1924년 충주군에서 괴산군으로 편입되었고, 이담은 잉어소라는 뜻으로 1545년 홍문관 정자(弘文館 正字)로 을사사화로 현신들이 사사(賜死)되자 춘추필법에 따라 시정기(時政記)를 직필하여 1548년 억울하게 화를 당하고, 정조조(正祖朝)에 직제학으로 증직되었으며 1824년 유림에 의하여 창건된 검열사(일명 계담사) 주벽으로 모셔진 을사명신(乙巳名臣) 안명세(安名世) 선생의 숙부(叔父)인 안훈(安燻) 공이 기묘사화 등 어지러운 세상을 피하여 낙향한 곳으로 그 후손들이 지난 450여 년간 집성촌을 이룬 순흥안씨 충주파의 세거지이다.

선생의 부친은 한학자로 다년간 서당을 운영하며 후학을 양성했고, 성균관 사성과 소수서원장을 역임했던 검재(儉齋) 안상흡(安商潝)공으로, 이런 부친으로부터 충효를 근본으로 하는 유교 교육을 받아 한문과 서예에 조예가 깊었다.

선생은 어려서부터 남달리 총명하고 의협심이 강해 집안은 물론 동리의 많은 어른들의 주목을 받았다. 한 예로 열 살 무렵 백모가 손수 새 옷을 장만해주셨는데, 그 옷을 입고 놀던 때 강 건너 하문리의 한 집에 불이 나 타오르는 것을 보고 강을 건너가 동리 사람들과 함께 지붕에 올라 불을 진화하고 내려오니, 새 옷이 불에 그을리고 훼손된 것도 몰랐다는 일화가 전해진다. 어린 시절부터 남의 불행이나 불의를 그냥 보아 넘기지 않고 적극 나서서 해결하려는 남달리 비범한 모습을 보였다.

부친에게 한학을 배우다가 9세인 1927년 인근의 목도보통학교에 입학하였고, 청주농업학교를 졸업할 때까지 전교 1등을 도맡아 할 정도로 총명했다. 선생은 청주농업학교 졸업 후 금융조합에서 1년여 근무하며 일본으로 갈 최소한의 여비를 마련한 후 집안의 어른들과 상의 없이 일본 동경으로 건너가 주오대(中央大) 전문부 법과 입학시험을 본 후 합격통지서를 부친께 보냈다. 이를 받아본 부친은 지체 없이 그날 밤 집에서 기르던 소를 밤중에 몰고 가 괴산시장에서 팔아 입학금을 보냈다고 한다.

1942년 주오대를 졸업 후 그 대학 연구과에서 고등문관(高等文官)시험을 준비하던 중 일제는 1943년 10월 학도병 특별지원제를 실시하였고, 선생은 이를 피할 수 없어 1944년 1월 20일 징집되어 나고야에 있던 중부 제2부대에서 근무하던 중 일제의 패망이 짙어지자 우리나라의 새로운 국가 건설에 참여하고자 하는 열망으로 탈영을 감행하여 귀국하였다.

학병단(學兵團)과 군(軍)에서의 활동

선생은 일본군을 탈영 후 고향에도 들르지 않고 서울에 도착하여 그 다음날 일제하에 학도병으로 징집되었던 이들의 단체인 학병동맹(學兵同盟)을 찾아갔다. 그리고 왕익권 위원장의 강력한 권유로 총무부장직을 맡았다. 하지만 선생은 학병동맹 지도부가 좌익성향이 뚜렷해지자 우익단원들과 함께 학병동맹을 탈퇴하고, 학병 출신들을 다시 규합하여 1945년 12월 16일 학병단이라는 새로운 단체를 결성하였다. 선생은 학병단장에 선임되었으나 선배를 대신 추천하고 총무부장으로 활동하였고 곧이어 총사령으로 추대되었다.

당시는 나라가 매우 혼란한 상황으로 많은 군사단체가 존재했으나 학병단 만큼 문무가 겸비되고 사상이 뚜렷한 단체가 없었기에 미군정청으로부터 신임을 받았고 군정청 군사국과는 긴밀한 협조관계를 이룰 수 있었다. 군사국이 신설한 군사영어학교(후에 육군사관학교로 변경됨) 신입생 추천의뢰가 있었으며 다수의 학병단 단원을 추천, 입학하였고 졸업과 동시에 임관이 되었다. 그 당시 선생이 추천하여 입학한 단원 중 충북 출신으로는 민기식 장군(제1군 사령관. 육군참모총장. 7·8·9대 국회의원), 김종오 장군(제1군 사령관. 육군참모총장), 충남 출신으로 박병권 장군(제3군 사령관. 국방부 장관), 김종갑 장군(국방부 차관. 국회국방위원장) 등이 있다. 한 마디로 학병단은 대한민국 국군 창설의 초석이 되었다. 한 가지 아쉬운 점은 학병단 총사령이었던 본인은 군사영어학교 입학을 사양하고 대신 많은 단원을 추천하는 것이 총사령의 의무였다고 생각했던 것이다.

다수의 학병동맹 단원이 탈퇴하여 학병단을 결성하자 수세에 몰린 학병동맹은 더욱 공격적으로 변하였으며 이에 따라 학병단 총사령의 안위를 크게 걱정하던 집안 어른들의 강권에 의해 선생은 귀국 2년 만에 처음으로 귀향을 결정한다. 고향에 돌아와 최우선적으로 이담국민학교 설립과 매년 홍수 때마다 범람하는 이담 강변(달천)의 제방 신축공사를 추진하였고 동시에 충주중학교(현 충주고등학교)의 최종인 교장의 요청으로 도보로 출퇴근하며 1년여간 교사로 후학을 양성하기도 했다. 이담학교가 완공되어가자 선생은 다시 부국강병의 신념을 실천하고자 학병단 동료 단원들보다 2~3년 늦게 1948년 8월 육군사관학교를 특 7기로 입학하여 졸업하였다. 소위로 임관되어 1948년 10월에 여순사건이 발생하자 그 진압 작전에 투입되었고, 이 작전이 성공적으로 종료되며 선생은 소위에서 대위로 특진이 되었다. 곧이어 육군참모학교를 졸업하고 이 학교의 인사교관으로 근무 중 한국전쟁이 발발하여 전쟁 중 국방부 인사과장 등 요직에 근무하면서 우리 군의 정신교육에 혼신을 기울였다. 국방부에서 선생이 전념했던 것은 군의 정신교육과 사기진작을 총괄할 수 있는 정훈국이었다. 정훈장교 2백 명을 직접 선발하는 실무역할을 담당하고 정훈국을 창설한 뒤 국방부 제1국 차장을 거쳐 정훈국장을 끝으로 군에서 예편할 때까지 국군장병의 시대 상황에 따른 정신무장 교육뿐만 아니라 대한민국 국군의 다양한 홍보활동과 국군장병의 사기진작을 위한 각종 문화예술활동을 전개하고 많은 기록과 자료를 생성·보존하는 등 정훈국 창설부터 우리 국방의 중요한 부서로 성장할 수 있기까지 지대한 업적을 남겼다.

정계 진출과 주요 의정 활동

　선생은 예정되었던 장군 진급을 포기하고 제3대 총선에 고향인 괴산에서 입후보하여 전국 득표율 3위로 당선되었다. 선생의 정계 진출은 두 가지 면에서 큰 의의가 있다. 첫째는, 선생의 14대조 안훈(安燻) 공이 이담으로 낙향하여 은거 후 수많은 자손 중 근 400여 년 만에 첫 번째로 중앙정계에 진출한 사실이다. 둘째로는, 군 현역 출신으로는 처음으로 국회에 입성하는 인물이 되었고 이로 인해 대한민국 국군에 관련된 각종 법령을 체계적으로 정비하여 제정하는 데 핵심적인 역할을 수행하였다는 점이다.

　선생은 제3대 민의원을 시작으로 5대, 6대, 7대 국회의원을 역임하면서 국회 국방분과위원장과 예산결산위원장을 맡아 군 관련 법령의 정비, 농어촌 발전을 위한 기본법 제정, 경제개발계획의 재정적 뒷받침, 그리고 지역구인 괴산지역의 발전을 위한 각종 사업을 추진하였다.

　군 출신 최초의 국회의원으로 정계에 진출하여 국가를 수호하는 군(軍)과 관련한 각종 법령을 체계적으로 정비하여 법안을 발의하는 등 많은 법을 제정하는데 중요한 역할을 수행하였다. 1956년 국회 국방분과위원장에 압도적인 지지로 당선되어 병역법 개정안을 통과시키는 등 국가안보를 위한 법 제정에 힘썼다. 제대 장병 보도회 부회장으로 상이, 제대, 군경의 김포 정착 농장을 시찰하는 등 제대 장병의 후생과 복지증진에도 기여했다.

　1957년 미국 국무성의 초청으로 미국의 입법제도를 2개월 동안 시찰하며 미국의 의회와 입법기관은 물론 유럽 각국을 시찰하며 네덜란드 헤이그에서는 이준 열사의 묘를 참배하였고, 귀국 후 국회 본회의장에서 각 나라의 선진 사례를 담은 사진전을 개최하였다.

　선생은 의정활동을 하면서 국방 분야와 함께 특히 농업 분야에 관심이 높았다. 이는 5, 6, 7대 의회에서도 일관되었다. 당시 농업은 민생의 근본이었고 국방은 국가의 안위와 직결된 문제로 그만큼 국민과 국가를 위한 충정이 깊었기 때문이다. 선생은 국회 대정부 질의를 통해 군의 후생사업(厚生事業)과 양곡 문제 등을 파헤치고, 국회의원으로서 대한민국 최초로 국내기술로 건설한 수력발전소인 괴산 칠성댐 건설과, 증평의 군부대인 37사단을 유치하는 등 지역민을 위해서도 많은 일을 하였다.

5대 때에는 주요 농산물 적정가격보장법안을 제출하는 등 의욕적인 의정활동을 하였다. 법안의 골자는 국무총리를 위원장으로 하는 주요 농산물 적정가격보장위원회를 설치하고 주요 농산물에 대한 생산비와 이윤을 합한 기준가격을 책정하고 정부에서 등락을 조절하도록 하여 농촌문제에 대한 지극한 관심과 애정을 보여주었다.

1964년 2월 농업기본법안을 국회에 제출하였는데 농업의 생산과 농산물 가격, 유통, 구조개선, 농업 행정기관, 단체, 농정심의회(農政審議會) 등 농업과 관련한 광범위한 분야를 규정한 법안으로 현재 농업 관련 법안의 모태가 되었다. 목표는 농업의 생산성 제고와 농민의 경제적 지위 향상과 농촌의 근대화 촉진으로 농민을 위한 마음이 담긴 법안이다. 이 법안은 이후 제출된 농림부 및 공화당 정책위원회 안을 종합해 단일안으로 정리되어 1966년 12월 21일 국회 본회의를 통과하였다.

1966년 4월 농산물가격안정기금법안을 국회에 제출하였다. 대일청구권(對日請求權) 자금을 활용하여 농협중앙회에 농산물가격안정기금을 설치하는 내용으로 이 법안 역시 기금관리 기관을 대통령령으로 정하도록 하는 등 일부 조항을 수정하여 7월 15일 국회를 통과하였으니 농민을 위한 선생의 마음은 끝이 없었다. 나라 경제가 어려웠던 박정희 대통령 시절 국회 예산결산위원장으로 국가적 사업인 수많은 경제개발사업이 원만하게 진행될 수 있도록 재정적으로 뒷받침하는데 크게 공헌하여 경제개발 2차 5개년 계획의 완성에 공헌하였다.

1969년에는 제3차 경제개발 5개년 계획 심의회 심의위원에 위촉되었다. 심의회는 경제기획원이 마련한 계획안 작성 지침 등을 검토하였는데 국무위원

(각부 장관)과 정부가 위촉하는 각계 인사 등 43명으로 구성되었다. 공화당이나 국회의원 가운데 정부에서 유일하게 위촉하여 참여하였으니 경제개발에 대한 식견 또한 넓었음을 알 수 있다.

또한 선생은 국회의사당 신축 결의안 서명 작업을 벌여 국회의사당 건립 토대를 마련하였고 7대 국회에서도 당과 국회에서 정책통이자 중진으로 활약하였다.

교육입국과 후진양성에 전념

선생은 젊어서부터 교육입국(敎育立國)에 대한 신념이 투철했으며 이를 실천하는데 앞장섰다. 일본 주오대 재학시절 방학을 맞이하여 귀국할 때마다 고향 이담리에 야학을 개설하여 우리 말과 글을 비롯해 새로운 지식과 문명을 가르쳤는데 낮에 일하고 저녁에는 피곤하고 덥고 열악한 조건을 마다하고 250여 명의 부녀자들이 모여 항상 성황을 이루었다고 한다.

옛 이담초등학교 모습

귀국 후 서울에서 학병단 총사령직을 잠시 내려놓고 1947년에 고향을 찾은 선생은 두 가지 일을 착수하였는데 그 하나는 백부로부터 유산으로 받은 전답에 이담국민학교를 손수 설립하는 것이고, 두 번째는 매년 홍수 때마다 피해를 주는 달천변에 제방을 축조하는 것이었다.

이담국민학교는 1948년 2월에 착공하고 그해 10월 2일에 완공하여 이담리와 인근 부락에 살던 학생들이 멀리 목도나 감물로 통학하는 어려움을 덜게 하였고 많은 인재를 배출하였다. 이담학교 설립과 함께 이담 마을 강둑에 제방을 쌓았는데, 이는 들판에 있던 미루나무로 배를 만들어 상봉산 기슭에서 바위와 돌을 운반하여 제방을 쌓는 아주 큰 사업이었는데 온 동리 주민들이 협력하여 마무리할 수 있었다. 이 두 가지 사업으로 대단히 바쁜 와중에도 충주중학교(당시 중고통합 4년제) 최종인 교장의 간청으로 고향 이담리에서 충주를 도보로 오가며 1년여간 교사로 근무하며 후학을 양성하기도 했다.

　1954년 정계로 진출한 다음 선생의 관심사 중 하나는 충주와 괴산 출신으로 서울에서 대학생활을 하는 학생들의 숙식(宿食) 문제였다. 이것을 해결하기 위하여 1955년 을지로 6가에 소재한 한 여관을 매입하여 학생들 기숙사로 활용하였다. 국회의원 시절 지역구인 괴산에 청안중학교와 증평 형석중·고등학교가 설립되었는데 이때 많은 지원을 한 바 있으며, 그리고 정치대학(현 건국대학교)에서 수년간 민법 강의를 하였다.

충주 미덕학원 전경

1965년에 충주 미덕학원을 설립하고 미덕중학교, 충주상업고등학교, 중산외국어고등학교를 개교하여 지구촌 인재양성에 심혈을 기울였다. 1968년부터 충주 미덕학원 이사장을 맡아 1980년대 초반 5년을 제외하고 2004년까지 지구촌 인재양성을 목표로 학교운영에 전념하였다. 충주 미덕중학교는 2010년 전후 국가에서 주관하는 국가수준학업성취도 평가에서 전국 1위를 차지하는 등 뛰어난 학력의 전통을 세웠고, 충주상업고등학교는 충북 상업경진대회에서 항상 최고의 실적을 거두었으며, 취업률에서도 독보적인 성과를 보이고 있다. 충주중산고등학교도 최고의 입시명문학교로 인정받고 있는바, 충주 미덕학원 내 세 학교 모두 지역의 학부모와 학생들에게 신망이 높다.

　선생은 한국사학재단연합회부회장, 동서문화환경연구회장, 한국고전연구회장 등을 역임하였다. 그리고 노년에는 고향인 이담리에 계담서원을 복원한 후 계담서원 부설 교양대학을 설립하여 초대학장을 역임하고, 괴산향교 전교 등으로 활동하며, 후진양성과 평생교육에 헌신했다. 평생동안 배움과 교육을 몸소 실천하며 후학들에게 진정한 선비와 교육자로서 귀감을 보였다. 1983년 국민교육헌장 선포 15주년을 맞아 교육유공자로 선정되어 국민훈장 모란장을 받았다.

다양한 사회활동

국가안보에 대한 투철한 신념으로 학병단 출신의 모임인 1·20 동지회 회장을 역임했고, 서울 동성고등학교에 일제강점하에서 태평양 전선에 참여했던 학도병들의 넋을 기리는'대한조국주권수호일념비'를 세웠다.

서예작품

선생은 서예에 조예가 깊어, 국내외에서 총 12회의 개인 서예전시회를 열었으며, 국회의원 동우회 서화전 등 다수 서화전에 주도적으로 참여하였다. 1978년 세종문화회관, 1980년 신문회관, 1983년 각 문중의 가훈을 수집, 가훈 서예전을 개최하는 등 서예가로서의 위상도 뚜렷하였다. 특히 1984년에는 세종문화회관에서 제6회 중산서예가훈전을 열어, 전국의 유명가훈을 손수 써서 전시하여, 전국 각 집안에 가훈을 보급하는 계기가 되기도 했다. 선생의 필력은 명성이 자자하여 일본 중앙대학교 교정은 물론, 서울을 비롯한 전국 각지 400여 곳의 비석에 새겨져 있다.

1990년에는 이승만 대통령의 한시와 휘호를 수집하여 편찬하고, 허약했던 관계로 요가를 시작하여서 요가협회 이사, 1982년 노장마라톤협회장으로 활동하였고, 이승만, 박정희 대통령 기념사업 등 다양한 활동을 하였다.

국제관광공사 총재로 관광업 발전에 기여

국회의원 활동을 마친 후, 1971년 국제관광공사 총재로 임명되어 책임을 다했다. 취임 직후 국제관광공사의 방만한 경영을 쇄신하고 적자운영에서 흑자운영으로 돌리기 위한 조치를 과감히 실행하였다. 지사(支社) 수를 줄이고 책임경영제를 도입하였으며, 재산 재평가를 통하여 재정의 합리화를 도모하였다. 또한 관광객 33만 명을 유치하기 위하여 한국의 토속미를 홍보하고 여행사와 수시 간담회 개최, 외국어 능통 안내원 배치 등 혁신을 도모한 결과 1972년 흑자경영으로 전환하여 대통령 표창을 받기도 하였다. 국제관광공사 총재를 역임하며 한국의 관광업 발전에 기여하는등 애국, 애족, 애민의 일념으로 나라발전에 이바지하였다.

증평(增坪) 협업농장(協業農場) 설립

농업과 농촌문제에 관심이 많았던 선생은 1968년 현 증평읍 증천동에 협업이상촌(協業理想村)을 설립하였다. 1965년 이스라엘의 농촌을 시찰하고 이스라엘의 키부츠와 모샤브, 일본의 야마기시즘에서 영향을 받았다. 사재(私財)로 증평에 합숙소를 세우고 농촌 청년을 선발하여 연 5회에 걸쳐 협업이상촌에 대한 연찬을 실시하였다. 1969년 연수자 중 5명을 선발해 사재로 전답 2만 평, 하천부지 등 황무지 2만 평을 확보하여 입주시키고 협업을 통하여 민주적인 경영을 시도하였다. 순수익은 사업준비금 50%, 적립금 20%, 교육기금 20%, 후생기금 10%로 배분하고 사업준비금은 노동력과 출자(出資)에 따라 개개인에게 분배하였다. 구성원 1979년 말 9가구 51명이었는데 1975년 당시 평균소득이 발족시보다 약 14배 증가하였다. 증평협업이상촌은 1992년 농업법인 증평영농조합으로 등록되어 지금까지 이어지고 있다.

대한민국헌정회(大韓民國憲政會)의 전신인 국회의원 동우회 창립

국회의원 동우회는 1968년 7월 17일 창립되었는데 사실상 선생이 주도하여 만들어졌다. 1968년 4월 선생은 국회의원상조연금법안을 준비하는 등 국회의원들의 복지문제에 관심을 기울였는데 결국 법안은 제출되지 못하고 친목과 상호부조를 위한 단체결성으로 만족해야 했다. 선생은 전 현직 국회의원의 서예전 개최 등 동우회 활성화를 도모하였고 동우회의 부회장, 상근부회장을 지내기도 했다. 국회의원 동우회는 대한민국헌정회로 명칭을 변경하여 지금까지 그 활동이 이어지고 있다.

역사연구와 저술활동

한족과 고대 일본왕실

선생이 본격적으로 역사연구를 시작한 것은 관광공사에서 퇴직 후였다. 선생이 주로 관심을 기울인 분야는 한국의 고대사(古代史)와 고대한일관계사(古代韓日關係史)였다. 선생은 1978년 『한족(韓族)과 고대 일본왕실』『동이한족(東夷韓族) 오천 백년 왕통사(王通史)』를 출간하였으며, 임승국 씨와 공저로 『한국고대사관견』을 간행하였다. 『한족(韓族)과 고대 일본왕실』은 일본 고대 왕실의 뿌리가 한반도였음을 논증하는 저서로 아스카 문화의 주역이 백제인이고 덴무(天武) 천황이 신라계라는 파격적인 주장을 담고 있다. 한국의 사료뿐만 아니라 『일본서기(日本史記)』와 『고사기(古史記)』『신찬성씨(新撰姓氏)』등을 적극적으로 활용하였다. 이 책은 1993년 『일본왕가의 뿌리』로 제목을 바꾸어 재간행되었다.

오천백년왕통사

선생은 『한국고대사관견』서문에서 고대 한반도의 강역(江域)이 남북만주는 물론 중원대륙(中原大陸)에 걸쳐 있었다고 주장했으며 단군 개국 이래 4천 3백여 년의 역사 가운데 찬란했던 3천여 년의 상고사(上古史)는 망각하고 불과 1천여 년의 역사 중 그늘진 면만 강조해 가르친다고 비판하며 위대한 상고사가 숨겨지고 신화(神話)로 치부되고 있다며 사대주의(事大主

義)와 반도사관(半島史觀)에 왜곡된 역사를 바로잡아야 한다는 점을 강조하였다.

선생은 저술 활동 외에도 1977년부터 한국 고전연구회 회장을 맡아 고전연구 강좌를 주관하였다. 이 강좌의 강사는 안호상(安浩相. 1902-1999), 문정창(文定昌. 1899-1980), 박시인, 윤치도 등 재야 사학계에서 활발한 활동을 하시던 분들로 〈민족의 주체성과 화랑(花郞)〉, 〈단군의 종교와 철학〉, 〈알타이 어족과 우리 민족〉, 〈숨은 국사를 발굴한다〉 등으로 다양하였다. 1981년도에는 정인보(1892-?), 신채호(1880-1936), 손진태(1900-?), 이병도 등 저명한 역사학자들의 논문을 모아 총 6권의 민족문화논총을 간행하기도 하였다.

국조전(國祖殿)의 건립

원구지원 건물 전경

선생은 역사연구와 함께 다양한 방식으로 민족정신을 고양하기 위한 활동을 하였다. 대표적인 것이 국조전(國祖殿) 건립으로 국조전 배향 대상으로 단군은 물론 염제(炎帝), 신농씨(神農氏) 이래 역대 왕조의 군왕(君王)과 각 성씨의 시조(始祖), 충신(忠臣), 명장(名將), 명신(名臣), 명현(名賢), 효자(孝子), 열녀(烈女)로 5년 반을 연구하여 3,689인을 선정하였다. 1978년 세종문화회관에서 국조전 모형을 전시하기도 하였다. 국조전을 건립하고자 한 궁극의 목표는 단일민족이라는 의식을 강화하고 합심과 결속을 도모하고자 하였던 것이다. 선생은 2008년 고향인 감물면 이담리에 원구지원(圓丘之苑)을 건립하였고, 매년 이곳에서 10월 3일 중산아카데미와 괴산군이 공동으로 주관하는 개천절 기념식이 열리고 있다.

순흥안씨 대종회와 3파 종회 창립과 계담서원 복원

순흥안씨 대종회와 3파 종회인 양도공파 종회를 창립하는데 앞장서고 대종회 회장으로 공헌하고, 또한 3파 종회인 양도공파 종회장을 무려 43년 동안이나 역임하면서 족보발간, 장학사업 등에 힘썼으며 사당과 묘역 성역화 사업의 일환으로 순흥안씨 관향지(貫鄕地)인 경북 영주군 순흥면에 순흥안씨 시조(始祖)부터 7대조까지 유허비를 비롯한 대산단을 조성하여 후손들에게 선조들을 기릴 수 있도록 하는 한편, 자강불식(自强不息) 즉 스스로 힘써 몸과 마음을 가다듬고 쉬지 않는다는 생활신조를 몸소 실천하고 평생 가슴에 새길 수 있도록 전하였다.

선생은 순흥안씨 양도공파 종회를 운영하며 양도공 선조가 개국공신으로 하사(下賜)받은 토지와 재산을 5년여의 법정투쟁 끝에 지킨 종회재산으로 서울에 건물 여러 채를 구입하였다. 1977년 임대용 건물을 용산에 마련한 것을 시작으로 오늘날 영진빌딩과 다성빌딩을 구입하는 등 종재(宗財) 운영의 안정적인 기틀을 마련하였다.

또한 종재 일부가 학교용지로 편입됨에 따른 보상금을 바탕으로 고향인 감물면에 있었던 계담사를 계담서원으로, 또한 경남 함안에 있었던 신암서원을 복원할 수 있도록 하였다. 고향인 원이담마을에 은거하여 훼철되었던 계담서원을 126년 만에 복원하고 서원 부설 교양대학을 설립 운영하였고, 괴산향교 전교로서 유교정신을 널리 선양하였고, 90세가 넘어서도 후학양성에 심혈을 기울였다.

선생은 항상 유교정신을 바탕으로 한 애국심과 민족혼을 강조했으며, 향리에 원구지원을 조성하여 단군 및 천조의 사상을 기리며 우리 민족의 정통성 부흥에 주력해왔다. 뿐만 아니라 경기도 시흥에 있는 양도공 선조의 묘역에 부조묘와 추원재를 중건하고 묘역을 정비하여 서울시 유형문화재 제74호로 지정받는데 앞장섰다. 당시 인근의 주민들이 문화재로 지정되면 개발 제한을 우려하여 엄청난 반대를 하였는데, 주민들의 반대와 위협을 무릅쓰고 온갖 고초를 감수하면서도 문화재로 지정될 수 있도록 하였다. 이는 청렴을 신조로 여겼던 선생의 인품과 덕망 덕분에 가능했다. 선생은 순흥 안씨 양도공파를 실질적으로 세우고, 종회를 재정적으로 건실하게 만드는데 결정적 역할을 하여 후손들로부터 양도공파의 중시조로 칭송을 받고 있다.

교양대학 강의중인 중산

1969년에는 괴산군지(槐山郡誌) 편찬위원장을 맡아 처음으로 괴산군의 역사와 문화를 정리하였고 1991년 순흥안씨 양도공파 종회장으로 있으면서 계담서원 복원을 추진하였다. 1824년 창건되어 1865년 서원철폐령으로 훼철된 검열사(일명 계담사)를 본전(本殿)인 계담서원과 문중 사당인 이안세덕사(鯉安世德祠), 학구당(學究堂), 강서당(講書堂), 문모재(文慕齋) 등으로 복원 건립하고 국현(國賢) 3분과 향현(鄕賢) 16분 등 19분을 배향하였다. 서원을 단순히 성현에 대한 제향의 공간만이 아닌 학문의 전당으로 육성하고자 부설 교양대학을 설립하여 초대학장을 맡아 직접 학생들을 가르쳤다. 그리하여 지금까지 31기에 938명의 졸업생을 배출한 큰 서원으로 발전시켰으니 계담서원은 지금도 괴산군의 평생교육기관으로서 중추적인 역할을 하고 있다.

저술 및 상훈

『국군제도 합리화의 요결』, 『타산지석』, 『기적의 나라 이스라엘』, 『중산시조선』, 『예절대요』등의 수많은 저서뿐 아니라, 『한민족과 일본 고대왕실』, 『일본 왕가의 뿌리』, 『한국고대사 관견』, 『한국민족문화논총 전10권』, 『동이한족오천백년왕통사』등 수많은 역사서를 발간하여 재야사학자로서의 면모를 보이기도 했다.

평생을 군인으로, 정치인으로, 학자로, 교육자로 국가발전에 헌신한 공로로 화랑무공훈장(1950), 충무무공훈장(1954), 국민훈장 모란장(1988), 사학육성공로상 봉황장(1997), 괴산군민대상(2002), 충북 도민대상(2002), 우관상(2005), 충청북도 단재교육상(2007) 등을 수상했다.

철학과 사상

선생은 일생 동안 교육과 정치와 군사 등을 통달하여 각 분야마다 탁월한 업적을 거두었는데 이를 하나로 일관되게 통하는 철학사상은 올바른 민족정신의 구현이요 단군정신의 현창이었다. 평생교육과 향토교육의 이념은 홍익인간(弘益人間)이요, 민족의 통일과 인류의 평화를 지향한 정치와 군사의 이념은 이화세계(理化世界)의 정신으로, 한 평생 이를 구현하는 실천가로서의 삶을 살았다.

중산사상의 핵심은 우리 민족의 건국이념이자 교육 이념인 홍익인간(弘益人間), 이화세계(理化世界)정신을 재조명하고 바르게 계승, 실천하여 대한민국이 특등국(特等國)으로 성장 발전할 수 있도록 하자는 것이다. 유교정신을 바탕으로 한 애국, 애족, 애민정신을 실천하여 지구상의 모든 국가와 인류가 보다 평화롭고 친환경적인 세상을 이루고 살아가는데 선도적(先導的)인 역할(役割)을 하자는 것이고, 올바른 민족정신의 함양이 곧 실력과 인성을 겸비한 지구촌 인재를 기르는 일이라는 것이다.

이를 바탕으로 선생은 계왕개래(繼往開來, 옛 가르침을 이어받아 미래 후생에게 가르쳐 전함)의 정통사관을 바로 세워 잊혀져 가기 쉬운 전통사상을 계고(稽考)하여 새로운 전승의 길을 열고, 동서문화의 혼화로 정체성이 혼미해져 가는 것을 계도하여 우리민족의 정통미를 승화시켜가는 정신문명의 터전을 굳건히 다져가는데 공헌하였다.

청사(靑史)에 길이 빛날 중산 안동준

중산 안동준 선생은 2010년 11월 16일 서울 혜화동 서울대학병원 응급실에서 92세를 일기로 타계하여 괴산군 불정면 하문리 선영 하에 안장되었다.

선생의 묘소와 신도비

선생의 공덕을 기리는 송덕비는 경기도 시흥 양도공 묘역 입구에 세워져 있고, 선생의 묘 아래에 최창규 성균관장이 비문 내용을 구성하고 서동형 박사의 글씨로 대한민국헌정회 목효상 회장과 원로회의 이철승 의장, 자유수호운동본부 장경순 총재가 세운 신도비와 함께, 향리인 이담리 입구에 순흥안씨 3파 종회 후손들이 세운 공덕비가 있어 선생의 뜻을 기리고 있다. 또한 계담서원에 여러 성현들과 함께 중산선생의 위패가 봉안되어 있고, 교양대학 졸업생인 청

선생의 송덕비

명회 회원들이 선생의 공덕을 기리는 송덕비를 세워 유지를 받들고 있다.

선생은 굴곡이 많은 시대를 살았으니 일제강점기 치하에서 울분을 삼키며 공부해야 했고, 광복 후 건국을 하였으나 혼란했던 시기에 국군 창설에 기여하고, 국가가 안정되기도 전에 발발한 한국전쟁을 군(軍)에서 겪어야 했다. 예편 후 정치에 입문해서는 4·19혁명, 5·16정변 등 끊임없는 혼란 속에서도 항상 국가와 국민을 위해 헌신하였다. 특히 군 출신 최초의 국회의원으로서, 군 관련 법령을 정비하고 많은 법안을 제정하여 현대 우리 국군의 기틀이 되는 제도화된 군대를 만드는데 주도적인 역할을 수행했다. 강군육성과 부국강병에 힘썼음은 물론 농촌을 지역구로 하는 국회의원으로서 농민들의 생계곤란과 농촌의 어려움을 해결하기 위해 수많은 법안을 발의하고, 구체적으로 민생에 도움이 되는 방안을 찾기 위해 심혈을 기울이는 등 농촌발전을 위해 항상 실천하는 삶을 살았다.

국회 예산결산위원회 위원장으로 수차에 걸친 경제발전 5개년 계획이 성공적으로 완수될 수 있도록 재정적으로 뒷받침하는 역할을 수행했다. 국회의원으로서 지역민들의 삶의 질을 개선하고 생계 문제를 해결할 수 있는 방안을 마련함은 물론, 나라경제의 기틀이 바로 설 수 있도록 헌신하여 우리나라가 세계에서 손꼽히는 경제대국으로 발전하는데 초석이 되었다.

전 재산을 교육사업에 쾌척하여 훌륭한 인재 육성을 위한 기반을 마련하였고, 지금도 많은 학생들이 선생이 설립한 학교에서 지구촌 인재로 성장하기 위해 열심히 수학하고 있으며, 졸업생들은 지역사회 발전의 인재로 활약하고 있다.

선생은 귀향 후 유학자로 후학을 양성하기 위하여 노년까지 노구를 이끌고 헌신하였으니 이는 자신을 희생하고 항상 어려웠던 사람들을 위해 살았던 선생의 깊은 인품에서 나온 것으로 선생의 헌신은 청사(靑史)에 길이 빛날 것이다.

제6편

계담서원의
도서관

도서관 [건물명 : 학구당(學究堂)]의 건립

도서관(학구당) 전경

어느 기관이나 특히 교육기관에는 대부분 도서관을 설치하고 운영하고 있다. 아마도 검열사가 1824년 창건되기 시작하며 지역의 유생들의 학문연마를 위한 장서들의 수집하고 이 책들로 학문을 연마하였음은 자명한 일로 많은 책들을 소장하고 있었을 것이다.

1865년 검열사가 훼철되며 건물 일부는 순흥안씨 충주파 문중의 재실인 망선암으로 이건되었고 소장되었던 유물 등은 후일을 기리며 매장 보관하였다 하나 매립지로 추정되는 곳을 발굴하였으나 유물을 찾을 수 없었다.

그러나 인근의 마을을 살펴보면 고서를 소장하고 있는 집안들이 있는데 이러한 고서가 아마도 당시에 서원에서 유출되었을 수도 있다. 주변에 보면 고문진보, 또는 필사된 시집 등을 볼 수 있고 책자 뒷표지 등에 계담정사 등의 표기가 그러한 심증을 더욱 깊게 하나 심증뿐이니 안타깝기 그지없다.

1991년 검열사를 계담서원으로 복원하며 우선은 서원의 기능 중 가장 중요한 강학시설로 강서당이 복원되고 1992

도서관으로 건축 현재 강의실로 이용
(강서당)

년부터 계담서원 부설 교양대학을 운영하기 시작하였다. 부족하지만 강학기능을 수행하니 도서의 필요성이 크게 대두되었다. 그러나 소장한 장서도 없고 더욱이 책을 보관할 장소는 더더욱 없었으니 아쉬움이 가득하였다.

이에 중산 안동준 선생 등이 중심이 되어 도서관 건축을 계획하고 이를 추진하기 위하여 관계 요로를 찾아 노력한 결과 드디어 그 가능성이 보이기 시작하였다. 우선 괴산군에서 지역주민에 대한 평생교육의 중요성과 필요성을 인정하여 도서관의 건립을 지원하기로 결정하였다. 그리하여 1998년 건축비 120,000천 원의 예산을 지원하니 서원에서는 서원 내에 부지를 마련하고 보조금과 자담 1,276천 원을 부담하여 144㎡의 도서관을 신축하였다. 그리고 건축물의 용도를 검토한바 구조상 신축건물을 강의실로 이용하고 강의실을 도서관으로 구조를 바꾸어 이용하기로 하고 학구당이라 명명하였다.

도서관의 장서 현황

소 장 도 서

서원의 본래의 뜻은 지인(知人), 철인(哲人), 현인(賢人)들의 유훈(遺訓)과 행적(行蹟)을 기리고 인륜도덕과 정신문화, 동서과학, 문명인을 교육함에 있다. 이를 위하여 다양한 도서가 필요하니 참고도서와 교양대학의 필독도서 및 인근 주민과 학생들이 많은 독서를 통한 인격도야와 삶의 지혜를 책 속에서 찾을 수 있도록 문호를 개방하는 것 또한 서원의 기능이다.

그러나 서원에서는 도서를 구입할 수 있는 자산이나 재원이 전무한 실정이었다. 그러나 서원관리위원회에서는 교육을 위한 장서 10만 권 수집을 목표로 도서기증운동을 전개하였다. 먼저 지역의 독지가들이 소장하고 있는 도서기증을 독려한 결과 당시부터 지금까지 지역주민과 기관에서 모두 23,186권의 도서가 기증되어 이를 수장(收藏)하고 있다. 아직 목표의 20% 정도에 머무르고 있어 많이 부족한 것이 사실이나 바꾸어 생각해 보면 시골지역에서 이렇게 기증된 것만으로도 대단한 성과이며 아마도 교양대학 운영과 함께 다른 서원에는 없는 큰 성과라 생각하며 도서를 기증해 주신 분들에게 감사를 드리며 기증 내역을 서원지에 담아 그분들의 공적을 기리려 한다.

【 도서기증 내역 】

많은 분이 도서기증에 참여하여 주셨는바 우선은 서원복원을 주도하신 중산 안 동준 선생이 5,320권의 도서를 기증해 주셨고, 성하 이방석 선생, 을민 안갑준(前 국회의원) 선생께서 많은 양의 도서를 기증해 주셨다. 그리고 지역의 괴산북중학교 에서도 동참해 주셨고, 또 특기할 사항은 한양대학교 교수를 역임하신 이석규 교 수님도 기꺼이 동참해 2천여 권의 도서를 기증해 주시니 고맙고 고마운 일이다.

도서를 기증한 독지가들은 다음과 같다.

- 중산 안동준(中山 安東濬) 5,320권 • 을민 안갑준(乙民 安甲濬) 4,057권
- 성하 이방석(星何 李邦錫) 5,113권 • 고주 조홍식(古洲 趙洪植) 639권
- 남사 정봉구(南沙 鄭鳳九) 520권   • 율촌 안병태(栗村 安秉泰) 220권
- 안규준 (安珪濬) 187권 • 이경훈 (李景薰) 80권 • 김시연 (金始淵) 30권
- 이석규 2,130권 • 고주희 486권 • 괴산북중 174권 • 안길준 106권
- 서촌 안병두 133권 • 안윤수 287권 • 정혜영 141권 • 기 타 327권

도서관의 운영

위와 같이 우선 연차적으로 23,186권의 장서를 확보하고 도서관 운영을 시 작하였다. 도서관 운영을 위하여 도서관장을 선임하고 서원운영 실무를 담당 하고 있는 서촌 안병두 총무가 실무를 담당하였다. 도서관 운영을 시작하였으 나 또 다른 어려움이 초래되었다. 기증된 도서를 받아만 놓았으니 도서의 분류 가 시급하고 필요하였으나 전문지식이 없어 분류에 어려움이 컸다. 이에 서촌 안병두 총무는 계담마을로 귀촌한 안윤수 주민이 도서관 운영과 도서에 대한 식견이 넓음을 알았다. 안윤수씨는 자원봉사로 23,186권을 분류하여 정리하고 목록을 작성하였을 뿐만 아니라 본 서원의 취지에 동참하여 287권의 도서도

함께 기증하니 이 또한 서원의 도서관 운영에 크게 기여하니 고마운 일이다. 본 도서관에서 책의 대여는 서원으로 연락을 주면 언제나 수시로 가능하다. 다만 도서관이 협소하여 도서관 내에서 열람이 어려워 강의가 없는 날은 강의실인 강서당을 이용하고 강의가 있을 경우는 관리사 사무실을 열람 장소로 제공하고 있다.

많은 분이 도서관 운영에 협조하고 있으며 역대 도서관장은 다음과 같다.

《역대 도서관장》

• 초대 : 안화준   • 2대 : 장세진   • 3대 : 김왕기   • 4대(현재) : 안병표

향후 도서관의 운영 방안

본 서원이 각고의 노력으로 도서관을 조성하고 운영 중이나 서원의 여건이 어려워 도서관의 시설은 많이 부족한 실정이다. 우선은 열람 여건이 다소 열악한 실정이며 도서관 내부도 제습 등 도서를 관리함에 있어 많이 어려운 실정이다. 또한 소장 도서도 대부분 발간 연도가 오래되어 관리에 각별한 유의가 필요하다.

앞으로 서원의 과제는 시설의 현대화가 필요하다는 판단으로 도서관이 포화 상태로 공간 확충이 필요하고 시설의 현대화로 전산망을 통한 e-book 등 편의성 제고가 필요하다. 그리고 무엇보다 소장 목표 달성을 위하여 지속적인 기증 또는 도서의 매입이 필요한 실정이니 수요와 공급의 차원에서 도서 구입비의 획기적 확충으로 필요 도서를 파악하여 우선 확보해야 한다. 어려워진 농촌 문제와 노인문제 해결의 일환으로 독서와 기초 소양 강화가 바람직한바 독서는 해결 방안의 하나일 것이다.

계담서원의 도서관은 주변 지역의 유일한 도서관으로 지역정보센터이며 지식의 중심지가 될 수 있도록 공간 확보와 봉사 인력 확보 또한 필요한 실정이다. 계담서원의 도서관이 다른 기관 등의 도서관과 유기적으로 연계되고 주민들의 복지향상을 위하여 지자체의 예산 지원과 도서관 운영의 효율화를 위한 본 서원의 노력은 지속되어야 한다.

제 7 편

계담서원
부설 교양대학

교양대학 설립 목적

　우리 한민족의 유구한 전통과 우월한 정신문화를 모체로 하여 사회교육과 평생교육의 일환으로 지역사회 발전과 주민교화에 기여하고자 본 교양대학을 설립 운영함에 그 목적을 둔다. 선현(先賢)의 학행과 정의를 본받고 원우지향(院宇之享)을 실천하면서 도덕적이고 인간적인 한국인 상을 정신 모체로 성인 남녀를 대상으로 계속하여 교육의 기회를 제공하고, 우리의 후손들에게 규범적 가치와 윤리적 행동질서가 일탈하고 물질적 가치를 우위에 놓으려는 그릇된 가치관을 바로잡는 데 선도적 역할을 하고자 「충(忠) · 효(孝) · 예(禮) · 신(信) · 성(誠) · 경(敬)」의 6대 덕목을 교육의 이념으로 설정하고 올바른 삶을 추구하는 인재 양성을 교육의 지표로 삼았다.

교양대학 표석　　　　교양대학 교기

교양대학 연혁

　1992년 계담서원이 창건되면서 농한기를 이용하여 책을 읽고 선현의 가르침을 배우고 글씨도 쓰면서 유익한 시간을 보내자는 순수한 의미의 교양대학을 1992년 중산 안동준 초대 학장님을 중심으로 10여 명의 수강생으로 시작하여 현재 31회 938명의 졸업생을 배출하였다.

교양대학 교육과정

가. 신입생 모집

신입생은 지역 주민과 외지 희망자를 대상으로 연령, 학력, 직업, 성별 등 조건 없이 등록(신청)하여 수강할 수 있다. 교육기간은 농번기를 피해 11월 1일부터 다음 해 4월 30일까지 6개월간 매주 수요일, 목요일 2일 수업한다.

나. 입학원서

소정의 원서를 작성하여 10월 30일까지 본 대학에 제출한다.

단 본 대학에서 수업 가능한 45인 이상이 되면 신청자와 협의하여 조정할 수 있다.

성 명	한글	漢字	성 별	관향
			남 여	
주소(우편번호)		( )		
연 락 처				
생 년 월 일	음력 년 월 일 (양력 년 월 일)			
최 종 학 력				
최 종 경 력				
추 천 인	성명 HP;			

상기와 같이 계담서원 부설 교양대학 2020○학년도 제○기 입학원서를 제출합니다.

202 년 월   일

지원자 성명;   인

괴산군 감물면 감물로 이담5길 19 (이담리 1009번지)

계담서원 부설 교양대학 귀하

다. 입학식

입학식은 11월 첫째 주 수요일 11:00에 내외 귀빈과 가족을 모시고 식순에 따라 거행된다.

입학식

축사

라. 교육 내용

충(忠)·효(孝)·예(禮)·신(信)·성(誠)·경(敬)의 육대 덕목을 교육의 이념으로 설정하여 농촌문화의 빈곤함을 보완에 기여하며, 후손들에게 규범적 가치와 윤리적 행동 질서를 바로잡는 선도적 역할을 부여하고자 함을 지표로 하고 있다.

① 정규 교과목

가) 전통예절

예절은 사람들이 스스로 실천할 덕목으로 전통예절을 통하여 예절의 본질이라 할 수 있는 성(誠), 경(敬), 애(愛)를 배우고 실천하여 도덕적 인간성 회복을 도모하고 전통문화를 계승발전 시킨다.

나) 서예(書藝)

서예교육을 통한 인성함양과 서체의 기본필법을 습득하고 연마하여 일생생활에서 서체미의 감상력 증진과 취미생활로의 소양을 제고한다.

다) 역사문화(歷史文化)

우리 민족의 역사와 선현들의 삶과 철학을 배우고 지역의 문화재와 인물을 알아서 지역주민으로서의 자긍심을 갖도록 한다.

라) 명심보감(明心寶鑑)

한자의 생성과 모든 글자의 원리를 밝히고 온고지신의 정신으로 선현의 고문을 통해 후손들의 미래 지향점을 밝힌다.

마) 교양(教養)

환경, 보건, 경제, 컴퓨터 교육을 통해 일상생활에 필요한 지식을 습득하고 국가나 지자체 정책에 적극 협조하고 호응하는 기본 소양을 기른다.

역사문화(역사)

교양(노년생활)

② **유명 인사 초청특강**(경향 각지의 명사와 석학)

각 분야의 저명한 인사를 초청하여 다양한 지식과 지혜를 얻을 수 있도록 연 3회 이상 유명인사 초청 특강을 실시한다.

특강(치매예방과 치료)

특강(법률상식)

【초정강사 및 강의내용】

- 정주영 박사 : 왕도와 패도의 도학적 고찰(전 국사편찬위원)
- 김유원 박사 : 전통문화의 계승(대구교대 교수, 향교·서원협의회장)

- 김유혁 박사 : 중용의 인간상(단국대 명예교수)
- 류승국 박사 : 유교의 현대화(정신문화연구원장, 학술원 회원)
- 안동준 선생 : 예절과 인간과의 관계(전 국회의원, 초대학장)
- 최덕근 박사 : 삶의 지혜(성균관장, 성대 유학대학장)
- 최창규 박사 : 인간 중심 교육(서울대 교수, 성균관장)
- 안갑준 선생 : 성실한 생활 설계(전 국회의원, 충북부지사)
- 안필준 박사 : 노인들의 건강비법(전 보사부장관, 대한노인회장)
- 홍청임 작자 : 사군자 기초(국전 초대작가)
- 이만재 박사 : 단전법으로 건강을 찾다(전 국회관리처 사무국장)
- 김태길 박사 : 동서양 철학의 고찰(서울대 교수, 학술원 회원)
- 정규복 박사 : 도연명의 자연관(고려대학교 명예교수)
- 최승순 박사 : 이율곡 선생의 경세관(전 강원대 교수)
- 이방석 박사 : 작금의 한국 정치 조명(건국대 대학원장)
- 이기동 박사 : 동양사상과 현대인의 삶(성균관대 유학대학장)
- 신복용 박사 : 현대사의 재조명(건국대 교수)
- 이훈종 박사 : 노후의 건강 유지(전 건국대 교수)
- 김성회 원장 : 시조 창법(괴산한의원 원장)
- 오재석 선생 : 한시 작법(서울대 한문서당)
- 안일중 선생 : 한시 작법(전 청주고 교감)
- 이원종 박사 : 21세기의 정보화 시대(전 충북도지사, 전 서원대 총장)
- 이태일 박사 : 국토 발전계획(전 충북 국토 개발원장)
- 안건일 박사 : 동서양 예절의 비교(전 세계교양연합회장, 중산외고교장)
- 박용희 박사 : 경제학의 개요(전 한양여대 교수)
- 김정자 회장 : 21세기 유교의 진로(성균관 여성 유도회장)
- 김익수 박사 : 율곡의 인간상(전 한국체대 교수, 율곡학회 회장)
- 안충준 박사 : 국제정치와 한국의 현실(경기대 교수)

- 고동현 박사 : 21세기 미래사회(연세대학교)
- 임경숙 박사 : 농촌의 쌀 소비정책(수원대 식품영양학과 교수)
- 이봉우 선생 : 노후의 생활철학(전 성동고 교감)
- 김주성 박사 : 고구려사의 조명(한국교원대 사회교육대학장)
- 이상은 교수 : 동양고전에서 배우는 삶의 지혜(성균관대 유학대학원 교수)
- 안광복 소장 : 감자 이야기(전 농업기술센터 소장)
- 김근수 회장 : 괴산의 향토사(괴산향토사연구회장, 중산아카데미 이사장)
- 이보규 소장 : 사회변화와 노년 삶의 지혜(21세기 사회발전연구소장)
- 안병록 교수 : 4차 산업혁명과 플랫폼 발전 동향(충청대 교수)
- 박석준 교수 : 논어를 중심으로 공자의 양생법(대구한의대 교수)
- 이보규 소장 : 인생의 꿈과 터닝포인트(21세기 사회발전연구소장)
- 권택환 교수 : 지덕체 교육(대구교육대 교수)
- 박석준 교수 : 노인 건강(대구한의대 교수)
- 조용연 청장 : 자전거 생활(전 경찰청장)
- 장병집 총장 : 미래를 여는 희망교육(전 한국교통대 총장)
- 김태홍 교수 : 귀촌 생활(동국대 명예교수)
- 황태영 교수 : 건강과 가공식품의 관계(중원대 한방산업과 교수)
- 고승관 교수 : 구곡문화의 본향 선인이 노닐던 괴산의 구곡(전 홍익대 교수)
- 안충준 장군 : 글로벌 리더십(유엔평화유지 사령관)
- 최일범 원장 : 유교는 왜 중용을 강조하는가?(성균관대 유학대학원장)
- 이상은 교수 : 사회변화와 노년의 삶의 지혜(성균관대 유학대학원 교수)
- 안충준 박사 : 긍정에너지(경기대 교수)
- 선병한 원장 : 맹자의 말씀 우산의 나무는 아름다웠다(성균관대 한림원 원장)
- 김유혁 박사 : 나라 사랑과 수호는 한마음의 길로 통한다(단국대 명예교수)
- 이보규 소장 : 사람답게 살려면 어떻게할 까요?(21세기 사회발전연구소장)
- 김성기 교수 : 유교와 한국사상(성균관대 유학대학원 교수)

- 이보규 소장 : 인생을 어떻게 마무리할 것인가?(21세기 사회발전연구소장)
- 안충준 교수 : 밥상머리 교육(경기대 교수)
- 임각수 군수 : 군정현황(괴산군수)
- 나용찬 박사 : 따뜻한 공동체 스마트한 국가(전 괴산군수, 한양대 겸임교수)
- 류승국 원장 : 현대생활의 철학적 고찰(정신문화원 원장)
- 나용찬 박사 : 나의 위대함에 불을 지펴라(전 괴산군수, 계담서원장)
- 나용찬 박사 : 신성장 동력과 미래비젼(전 괴산군수, 한양대 겸임교수)

③ 문화답사

지역의 유적지를 답사하여 우리 지역의 문화와 역사를 알고 널리 홍보하고 잘 보전하여 후대에 물려줄 수 있도록 애향심을 고취하며, 전국의 유명 서원을 답사하여 선현들의 업적을 폭넓게 배우고 익히도록 연 3회 실시한다.

배향성현 유적지 답사

문화재 답사

④ 자체 특강

교육생 자체특강

서원원장, 서원관리위원장, 교양대학장이 특강을 통해 서원과 교양대학 재학생 및 졸업생의 발전 방향과 지역사회 발전에 중추적 역할을 할 수 있도록 함께 논의하고 재학생도 각자 발표시간을 주어 다양한 삶의 지혜를 서로 나눌 수 있는 기회를 1~2회 실시한다.

⑤ 졸업식

졸업식은 4월 마지막 주의 목요일 11 : 00시에 내외귀빈과 가족, 동문을 모시고 식순에 따라 거행된다. 졸업 자격은 교양대학 수강생으로 지역사회와 교양대학의 품위를 손상시키지 않은 자로 출석 일수 3/4을 출석하면 교양대학장 명의로 졸업장을 수여한다. 시상은 개근상, 정근상, 공로상을 주고 교양대학 운영위원회의 협의로 별도의 상을 수여한다.

졸업식 시상

졸업식 송사

⑥ 졸업생 현황

1992년 개교하여 2023년 31기가 졸업하였고, 전체 졸업생 수는 938명이다. 기수별 졸업생 수는 표와 같다.

期別	人員	期別	人員	期別	人員	期別	人員	期別	人員	期別	人員
1	14	2	29	3	31	4	24	5	30	6	31
7	39	8	54	9	32	10	36	11	32	12	24
13	37	14	29	15	22	16	41	17	30	18	22
19	29	20	35	21	34	22	24	23	31	24	38
25	29	26	31	27	32	28	32	29	22	30	23
31	21										

⑦ 책씻이 행사

교양대학의 교육과정을 마치면서 전기의 졸업생들이 후배 졸업생의 그간 노고를 격려하고, 향후 발전을 바라는 마음으로 떡과 간단한 다과를 준비하여 선후배 간의 정과 우의를 나누고 졸업생은 꽃다발로 교수님과 서원 관계자에게 감사의 마음을 표한다.

책씻이 행사

책씻이 다과회

⑧ 서원 제향 의례

교육기간 중에 배우는 전통의례 교육의 일환으로 계담서원에 모신 선현의 가을 제향을 당해 연도 졸업생들이 의관을 갖추고 홀기에 따라 엄숙히 제례의식으로 진행한다.

진행을 위한 집사 입장

제향 진행 전경

전폐례 진행

헌작 진행

독축 진행

망료례 진행

기타 교육사업

사제동행 체험교육

지역 초·중·고등학교에서 동계 또는 하계 방학 중 사제동행 체험교육을 의뢰하면 전통예절교육, 옛 선현들의 고문을 통한 인성교육과 민족의식을 가르치고 계담서원에 배향된 선현들의 삶을 가르쳐 미래지향적 자신의 지표를 세우도록 한다.

청소년 여름방학 특강

초·중학생을 대상으로 부모와 함께 명심보감 중에서 청소년의 삶의 지혜와 인성함양에 감명을 받을 수 있는 부분을 강의하여 부모와 세대 간에 교감할 수 있도록 매주 토요일 1개월간 실시한다.

사제동행 체험교육 · 청소년 여름방학 특강 업무협약

지역 초등학교와 연계 교육

2021년 괴산·증평교육지원청과 MOU를 체결하고 초등학생을 대상으로 전통예절교육, 명심보감, 서예를 지도하여 세대 간 공감, 소통을 지도한다. 예절 바른 생활과 가족 친구의 중요성, 서예를 통해 자기 집중과 노력의 기쁨을 느끼도록 한다. 예절교육은 전체 학년이 2시간, 명심보감과 서예는 3, 4, 5, 6학년이 16시간 수업과 체험을 한다.

저학년 예절교육

소학읽기

서예 심화반 운영 (桂香書友會)

　서예에 재능과 취미를 가진 졸업생들이 서예동호회를 조직하여 교수님을 모시고 연중 매주 수요일에 고서(소학, 대학, 논어 등)를 강독하고 서법을 지도받아 매년 전시회를 열고 있다.

　특히 전국 규모의 공모전과 실기대회(한운사예술제, 해동서예전, 김생서예대전, 김생휘호대회, 직지세계문자서예대전)에 출품하여 우수한 입상 활동을 하고 있으며 우리 지역 고추축제서예전에 적극 참여하여 향토서예문화에 이바지하고 있다.

기본필법 교육　　　　　　　　　　　작품전 (심화반)

교양대학의 운영

　교양대학의 운영은 교양대학 학칙에 따라 대학운영위원회에서 계획, 실행하고 운영자금은 정부 지자체 보조금, 서원 자체 예산, 사회단체 및 개인 협조금으로 충당한다.

역대 학장과 교수 및 교무요원

역대 학장

- 初代學長　中山 安東濬
- 2代學長　南溪 安商瑄
- 3代學長　惟省 蔡台秉
- 4代學長　南嘷 金榮洙
- 5代學長　靜遠 林炳淳
- 6代學長　曉星 李在出
- 7代學長　東巖 李綺增
- 8代學長　秋齊 安大植
- 9代學長　雲齊 安光泰

교수(敎授) 및 교무요원

가) 교수

- 서　　예 : 中山 安東濬, 史夏 朴基鳳, 靜遠 林炳淳, 槿南 金鍾玉,
　　　　玄史 徐東亨
- 한　　문 : 南溪 安商瑄, 南嘷 金榮洙, 玄史 徐東亨, 泰巖 金裕鳳
- 전통예절 : 栗村 安秉泰, 曉星 李在出, 雲齊 安光泰
- 역사문화 : 平田 金旺起, 汶江 金炳求, 李碩圭
- 교　　양 : 仙林 朴相瓚, 조민주
- 정치경제 : 東巖 李綺增
- 컴 퓨 터 : 안영미

나) 교무요원

- 교무부장 : 槿南 金種玉, 沁泉 李鎬勳
- 학생부장 : 東巖 李綺增
- 연구부장 : 曉星 李在出, 沁泉 李鎬勳
- 총무부장 : 又巖 安秉淇, 曙村 安秉斗

교양대학 학칙(學則)

제1장 총 칙

제1조(목적) 이 학칙은 교양대학의 교육 목표를 설정하고 이를 달성하기 위하여 필요한 사항을 규정함을 목적으로 한다.

제1조의 2(교육이념 및 목적) 본 대학은 우리 한민족의 유구한 전통과 우월한 정신문화의 교육이념을 바탕으로 민족문화의 계승과 평생교육의 일환으로 지역사회 발전과 주민교화에 기여하고자 본 교양대학을 설립 운영함에 목적을 둔다.

제1조의 3(교육 목표) 제1조 2의 교육이념 및 목적을 달성하기 위하여 우리 민족의 전통예절, 우리 민족의 역사, 세계화 정보화 사회에서 필요한 교양, 지역사회 문화창달을 위한 인력양성에 주력한다.

제2조(교육 방침) 제1조의 교육 목적을 달성하기 위하여 유능한 전문교수 초빙, 각계 유능한 초빙강사 특강, 문화유적 현장답사, 지역 초등학교와 연계 교육으로 세대 간의 이해와 소통을 기른다.

제3조(명칭) 본 대학은 '계담서원 부설 교양대학'이라 칭한다.

제4조(위치) 본 대학은 충청북도 괴산군 감물면 이담5길 19번지에 둔다.

제2장 수 업

제5조(모집 대상 및 인원) 지역에 관계 없이 성인 남녀를 대상으로 하고 모집 인원은 30명 내외로 한다.

제6조(강의 기간) 매년 11월 1일부터 익년 4월 말까지 농한기 6개월간을 수강하며, 수강일은 매주 수, 목요일 주 2일간으로 한다.

제7조(교과과목)

- 교양한문 : 명심보감

- 서　　예 : 예서, 행서, 전서
- 예　　절 : 전통예절, 축문, 홀기
- 문　　화 : 지역문화 및 역사, 문화탐방
- 교　　양 : 정보화 기기, 환경, 건강
- 특　　강 : 유명인사 초빙 특강
- 문화답사 : 전국 유적지, 서원, 향교 등

제8조(수강료) 수강료는 무료이며, 교재 및 교구도 예산의 범위 내에서 지원한다.

제9조(수료 및 상벌) 강의 일수의 3/4을 출석하면 졸업하며 재학 중 대학의 발전과 명예에 공이 있는 자, 친목 도모에 공헌한 자, 기타 타의 모범이 되고 귀감이 되는 자는 포상할 수 있고 대학이나 지역사회에서 명예를 훼손한 자는 졸업을 취소할 수 있다.

위의 사항은 운영위원회에서 심의 결정한다.

제3장 자　금

제10조(운영자금) 본 대학을 운영함에 있어 제반 경비는 다음 각 호에 의한다.
- 최소한의 경비는 계담서원 관리운영위원회에서 부담한다.
- 국가 및 지방정부의 지원에 의한다.
- 각급 단체와 개인의 후원금으로 충당한다.

제4장 조　직

제11조(임기) 교양대학 내에 다음과 같이 조직 체계를 두어 임기를 부여한다.
- 학장　　1인 : 임기는 2년으로 하되 연임할 수 있다.
- 교수　　6인 : 임기는 2년으로 하되 연임할 수 있다.
- 교무부장 1인 : 임기는 4년으로 하되 연임할 수 있다.
- 총무부장 1인 : 임기는 4년으로 하되 연임할 수 있다.
- 학생부장 1인 : 임기는 4년으로 하되 연임할 수 있다.
- 관리인　1인 : 임기는 4년으로 하되 연임할 수 있다.

제11조의 2(임무)

- 학 장 : 교내 학무를 총괄하고 안전관리를 책임지며, 대내외 인사접 견 관리에 책임을 다한다.

- 교 수 : 맡은 학과에 대하여 연구에 노력하고 성실히 강의에 전념한다.

- 교무부 : 학장을 보좌하며 수강생 모집 및 학무 학적 관리, 학과 시간 배정 등 제반 학무를 담당한다.

- 총무부 : 모든 입출금을 관리하며 제반 운영에 관하여 교재, 교구 보 급에 있어 차질이 없도록 시설 계획과 실행에 전념한다.

- 학생부 : 수강생 생활지도 및 출결 사항 관리.

- 관리인 : 총무를 도와 도난과 청결 상태를 유지하며 교수 보조 및 수 강생의 안전에 힘쓰며 냉난방, 수강 분위기 조성에 힘쓴다.

부 칙

1. 본 규정은 필요할 시 관리운영위원회를 거쳐 수정 보완한다.
2. 본 규정은 의결한 날로부터 시행한다.
3. 본 규정은 2012년 10월 10일 의결함. (2022년)

제8편

계담서원
부설교양대학
총동문회

총동문회(前 淸明會) 조직과 운영

1) 총 회 원 수 : 31기 938명

2) 역대 회장

- 초대회장 : 史夏 朴基鳳
- 2대 회장 : 惟省 蔡台秉
- 3대 회장 : 汐波 禹洪澤
- 4대 회장 : 槿南 金種玉
- 5대 회장 : 楓山 金煥黙
- 6대 회장 : 宇德 安鍾雲

3) 총동문회 임원

- 고　　문 : 惟省 蔡台秉, 惟碩 崔勉國
- 회　　장 : 宇德 安鍾雲
- 부 회 장 : 祥雲 朴占石　牛溪 李錫錄
- 총　　무 : 興軒 李基星
- 재　　무 : 茂谷 趙泰範
- 감　　사 : 沁泉 李鎬勳, 文山 趙恒稷

4) 총동문회 운영

- 총동문회 한마당 행사 개최
- 각 기별 모임 활성화
- 문화답사 매년 1회

총동문회 정기총회

총동문회 임원회의

5) 기별 임원단

기별	회 장	부회장	총 무	기별	회 장	부회장	총 무
1기	안병태			2기	강태옥		이무승
3기	김남규		박희자	4기	김종관	이재화 김근수	
5기	김만응		이동섭	6기	김정웅	성찬영	성찬영
7기	곽동수		임원빈	8기	김용두		김용구
9기	노진용		김수영	10기	신동원		우윤원
11기	조주행		김기욱	12기	정태석		이용복
13기	안정헌		신영선	14기	유산종		백종현
15기	서동헌		김영록	16기	이복석		안병철
17기	송규창		안병두	18기	이경섭		김정선
19기	김춘묵		정미숙	20기	조규현		박 순
21기	나용찬		안승현	22기	김성년		유환실
23기	김용인			24기	연효근		김미경
25기	연효근	김장수	황금옥	26기	장태수	신연권	정은숙
27기	최종원		김영희	28기	이완호	김주성	안진한 정연순
29기	박웅희	신동규	안진수 현춘자	30기	김승태	우상섭	양흥모 안윤정
31기	노현호	염규영 박정옥	박옥선				

교양대학 졸업생 명부

□ 제1기 졸업생

松隱 安秉九	南溪 安商瑄
栗村 安秉泰	桂堂 安和濬
梧堂 朴世烈	又岩 安秉淇
謙堂 盧榮愚	南波 安吉濬
史夏 朴基鳳	李基仁
德峰 安鼎濬	慶漢秀
野松 林昌圭	朴鏞大

□ 제2기 졸업생

曙原 李吉勳	素民 朴在熙	砂星 朴喆鎬
南岡 李茂承	紡村 姜泰洙	逸舟 徐寅原
靑峰 李眞承	甫亭 姜泰玉	芝村 安光榮
東峴 李弼承	德軒 金鍾英	陽村 安光天
汐岩 洪奎杓	耕林 盧俊愚	松軒 李敬承
沁石 洪一杓	和亭 盧昌遠	李根宰
海史 洪長厚	常然 朴永官	李大承
史雲 成明煥	志洋 朴榮來	李昌勳
心田 安表濬	省波 朴在衡	

□ 제3기 졸업생

旻山 慶錫俊	錫鉀 朴蘊爕	逸星 林復圭
錦坪 郭熹城	大山 白東勳	世峯 林鍾國
文星 權玉善	思遠 安肯濬	大園 林昌圭
白峰 金南圭	舜民 安秉堯	夏潭 鄭雲權
德香 金榮浩	慧庭 安玄濬	惟省 蔡台秉
甫明 金愛慶	初燕 吳金玉	雲山 孫慶培
凡洲 金鍾國	汐波 禹洪澤	少泉 黃仁九
槿南 金鍾玉	中瑞 李玉出	慶箕奉
佳田 金泰芬	松芭 李杜烈	李世勳
恩汐 南益鉉	和靜 李昌勳	林炳淳
梅村 朴喜子		

□ 제4기 졸업생

思巖 李 彦	普明 蔡勛秉	賢究 金鍾觀
尤碩 李源明	好槿 崔相玉	右峴 金鍾珪
牛耕 李在華	素一 韓良子	天民 安商乾
史苑 李春雨	佰洲 慶緒秀	宇德 安鍾雲
靑蓮 李春澤	民耕 金根洙	始安 陰在昇
又玄 張在龍	豊山 金德洙	東原 李南浩
孝濟 趙寅成	仁山 金東燦	瑞仁 李宣榮
文溪 池昌鉉	白民 金演珍	朴憲慶

□ 제5기 졸업생

島玄 安秉杓	惠園 崔興洛	惠妍 金玉淑
朱玹 延一順	洪起玉	平山 金仁泰
明泉 李光浩	裁白 許永煥	丘峰 金寅吉
西浦 李承煥	宇香 李順禮	凡史 金鎭㷆
和城 李羲宰	東原 慶箕肅	士文 高允錫
芝坪 李奇星	南庚 慶泰顯	智河 朴先東
竹峴 李東燮	凡村 權寧祐	琴堂 朴聖洵
德巖 任完淳	綠山 金建泰	史原 朴用雲
尙甫 鄭淵星	大玄 金基源	朴範熙
玄農 崔哲會	必耕 金萬應	趙容乙

□ 제6기 졸업생

德苑 權寧圭	石晶 安泳鎭	壽峰 李政秀
古琳 金明培	仲梅 魚慶子	海舟 李銃燮
南皡 金榮洙	高民 延基錫	圓石 鄭寅珏
漫波 金正雄	斗馨 柳正烈	一宇 趙元湜
伯芭 金鐘國	素蓉 李貴童	友筍 趙義英
岙峯 金鐘伯	南坵 李敦榮	雲南 趙碻泰
白珍 金泰皓	昰松 李基元	栗林 池貞熙
舜石 朴用勳	思坪 李範濯	中彦 崔相英
白象 成贊永	夏潭 李承業	士鳶 洪鍾國
綠現 安光運	夙香 李蓮雨	史明 洪鍾元
汐津 安光載		

계담서원

□ 제7기 졸업생

斗海	慶東浩	北峯	鄭淳福	觀甫	柳炳德
甫星	郭東秀	梵桂	池明煥	古槿	林昌奎
兌蓉	郭孝順	雲史	崔永斗	秋洋	任元彬
沼亭	權純龜	弘原	崔永善	淞民	安哲模
月村	權五弼	裁玄	許大弘	南丘	安光晉
東園	金鍾建	伊原	鄭淳昌	重岷	李信昌
廷花	裵春烈	德兼	張炳斗	春岩	李京鎬
松陰	朴洙學	尙曉	李丙斗	島田	李濟勳
豊山	朴出東	石津	李時宰	春坡	李孝永
夏林	宋昌憲	宇峴	鄭鎭海	洵民	李海洙
夏潭	申柱澈	漢洲	崔光勳	東剛	李慶燮
守海	嚴允欽	夏松	安秉基	晩均	趙誠俊
鶴田	柳順馨	玄山	柳泳淑	權卯生	
殷杅	鄭淳培				

□ 제8기 졸업생

魯彦	金容九	桑村	沈壯圭	惟芳	李在白
晩村	金永洙	汐海	安秉表	玄松	林淑永
方敬	金永寬	古潭	安達濬	佳林	張二燁
亮山	金學培	桐春	尹義植	必原	鄭寅大
東河	金炳吉	淸湖	延讚欽	北桂	鄭泳采
陶園	金榮漢	白山	吳炳喆	尤陽	趙光烈
楚亭	金正萬	檀琴	李在春	岏史	曺榮琪
如蘭	金榮琴	知憲	林王植	垠溪	周永昊
佳軒	金榮在	東岩	李綺增	普省	蔡東重
淇南	金鎭弼	松軒	李鳳宰	茂松	崔寬植
蘭谷	金泰玉	竹峴	李鍾和	金善永	
尤星	金容斗	一倬	李壽福	李尙治	
丹苑	金鎭平	椿崗	李永鎭	李丙相	
昆鳶	沈光輔	尙夏	李錫斌		

□ 제9기 졸업생

栢峰 金在秀	農峴 林正喆	碧芭 金振兒
慧星 安秉昶	南昊 劉俊相	東夏 慶一求
尤頂 李處容	雲星 趙起英	南鳶 權寧俊
中浲 李勸鎬	豊石 全錫彬	豊苑 權鍾萬
素玄 李萬寧	雲南 蔡周喆	玄松 盧鎭容
石洲 李應仁	史軒 崔再鎬	栽田 朴鍾浩
晉坪 李炳文	珉田 金文奎	淸庵 朴泰浩
倉田 李圭鎬	桐玄 金福會	智海 朴漢植
宜泉 李端午	栢村 金壽永	林 申承讚
重岩 吳洪杓	漫星 金榮銖	金胤中
古耕 林奉植	芳村 金鍾華	

□ 제10기 졸업생

東湖 姜甲淳	南史 安致用	思遠 鄭靑川
彌山 慶時顯	友松 嚴秉錫	普亭 鄭址彦
靜岩 慶允顯	智淵 禹銑源	蒼苑 鄭日秀
松巖 金明衛	月波 劉珍昊	西湖 趙誠恪
逸村 金春植	芝村 李錫永	石津 許萬五
楠丘 金鎭榮	凡山 李在憲	茸苑 林玉姬
松垠 金時培	汐海 李鳳鎬	丹湲 徐承淑
碧泉 朴淳吉	靜舟 李丙煥	夏園 劉淑景
豊村 方達鉉	曉光 李在出	桂成 李鍾旭
鳶岩 申東源	又省 林錫圭	金昊植
淸潭 沈昌秀	春潭 張石鎬	金滿洙
栢山 安載仁	豊谷 張疇福	

계담서원

□ 제11기 졸업생

普星 趙珠行	初雲 朴成今	陵村 李石熙
唐玉 金吉子	槿峯 朴元圭	松園 李漢榮
芳石 金基旭	汐洲 朴浩觀	沁泉 李鎬勳
佳川 慶白順	農邱 方錫翰	友硯 張世光
栢陽 金光星	尙軒 宋壽永	小湖 張春德
台湖 金東旭	佳苑 申英順	凡洋 趙成衍
古楠 金東奎	昰螢 沈長燮	靑派 車銀京
丘峯 金喜寧	倉田 安商得	農岡 洪寬杓
南燕 金仁淑	曉松 柳承光	古潭 金順熙
魯垠 金泰烈	東原 李建尙	江峯 金鍾武
秋鳶 閔庚子	西芭 李道子	

□ 제12기 졸업생

陶仁 姜桂蕈	省岩 李元圭	如玹 池玧京
凡松 慶錫七	四峴 李濟吉	普琴 崔秉甲
槿峯 金順鎰	丹溪 李貞淑	文溪 崔明愚
星齋 朴敏夫	春波 李贊洙	初原 申彦姬
古徑 朴達淳	曉亭 李容福	西軒 韓泳萬
靑峯 申興植	松石 李明辰	素石 黃基昌
汕岩 禹允姬	殷舟 鄭慶佑	旦嫜 洪顯順
宜泉 李己榮	初陽 鄭泰錫	碧松 崔榮萬

□ 제13기 졸업생

陶阮 姜大哲	原 申永植	芝岩 吳容植
兌原 金萬善	甫耿 沈相福	昔村 俞庚子
伯峰 金福應	忍濟 安建一	志何 尹基龍
漫桂 金鍾錫	旦原 金美肅	靑峰 李東勳
芳椿 金貞洙	惟春 安秉書	厚岩 李文鎬
南炫 金泰筵	初洹 安丙順	如珍 李英順
凡史 金榮培	素村 安秉天	曉松 李振善
淸海 朴柳植	德湖 安秉炫	沼春 李濟大
智演 朴浩錫	史軒 安正憲	溪木 鄭然玉
象山 裵聖鎬	河丁 安致濬	博川 趙澈柱
近汎 裵永澤	三松 嚴八守	惟碩 崔勉國
皓汀 宋佑廷	周蓉 吳英淑	史村 韓鑛錫
唯松 申英仙		

□ 제14기 졸업생

蘭溪 金英仙	汐淨 安連濬	魯原 趙珖植
楠峴 金鎭澈	憬浦 廉在守	和田 千龍順
栢村 金鎭泳	夏淞 劉山鍾	迎岩 秋仁赫
玄洲 羅榮順	殷州 李光熙	文廷 崔水美
史峴 朴重鎬	夏舟 李相寅	村 崔銀淑
石珏 朴美香	西津 李珣瑛	玎沅 韓玉寧
倉田 白雲鶴	滄軒 李枝浩	松村 韓連錫
志原 白宗鉉	瑞峯 李哲求	忍州 黃敬夏
汎舟 徐廷春	滄淵 鄭周烈	逸松 洪 勉

□ 제15기 졸업생

德岩 高完植	楓山 金煥黙	靑旻 楊龍順
玟溪 郭榮順	仲浦 閔泰雄	尤淞 柳在衡
巨潭 金基澈	志夏 朴魯漢	硯浦 吳世仁
浦京 金星淑	逸州 徐東憲	仲峰 李文鎬
玹松 金永綠	宇津 宋桂淑	渼井 趙哲湜
逢村 金銀玉	風石 沈右燮	汀齋 韓佶洙
島玉 金戰順	松岩 安光璿	史村 許榮蘭
珉石 金鴻淑		

□ 제16기 졸업생

城岩 李在春	星岩 池百萬	厦靜 李玉順
兌園 金順泳	世燕 黃玉連	忍靜 柳貞淑
伯橓 金秉寅	逸州 張星七	如洲 鄭又榮
東峴 金時榮	豊史 崔榮奎	珍蓉 李善子
伯泉 金永植	芝村 安己濬	曉津 李良子
陶忍 金容言	春蓉 李利錫	夏村 李貞順
芝妧 朴花植	志峴 安文植	石溪 成維國
宇珍 鄭淳寬	雪村 安秉旻	逸州 辛龍圭
西原 鄭淳正	佑堂 安吉泓	洒州 辛龍淳
志洋 安秉喆	淸岩 安秉珠	壽岩 李參澤
汐洋 李福錫	凡松 慶顯一	初坪 李貞承
朶妍 李仁順	但桂 金周梅	趙載昊
帆舟 曺寶鉉	栢山 金春洙	張明德
椿民 張珉禎	省旻 李貞熙	

□ 제17기 졸업생

文筍 姜浩植	汐雲 安光勳	伸珉 李京善
島奎 郭東殷	池庵 安秉星	汀芭 李東雲
南蓉 金玉善	曙村 安秉斗	如洲 李明東
蘭桂 金玉順	湖山 安秉爀	夏姸 李炳姬
桃娟 金龍姬	佑靜 柳孟烈	西峰 李正宰
珀村 金点淑	民桂 鄭用大	夙霞 李興孎
巨峰 金亨銖	安東 金泰翊	似原 李和勳
星明 金洪義	少波 嚴長敦	夏村 林德奎
난죽 徐義淑	春松 尹錫斗	淸汜 韓允洙
曉泉 宋奎昌	南景 尹文老	趙恒能

□ 제18기 졸업생

佳玹 慶寶浩	孤松 盧載奎	林泉 李奎燮
賢恕 金敬愛	素材 朴魯積	素石 林會武
北松 金順德	小石 梁泰周	義石 張寬洙
春岡 金應洙	春潭 柳炳埠	菊西 崔新永
松汀 金貞仙	竹南 禹學松	旵恕 李美慶
霞亭 金鍾鉉	松亭 吳正源	李元魯
石溪 金洪順	東苑 李景燮	曺順連
東溪 盧命植		

계담서원

□ 제19기 졸업생

風儂 姜順任	南亭 朴用浩	竹軒 李錫周
西浦 郭一根	石川 昔章秀	竹峯 李榮達
秀松 金順子	梅軒 成陽洙	佳玹 鄭美淑
琴軒 金容復	靜軒 宋義燮	松苑 鄭淳千
亭岩 金勇奎	義岩 申龍澈	香苑 鄭潤采
楓林 金容培	湧泉 安寬濬	百初 崔臻述
甫昱 金春黙	西湖 安秉茂	晳光 許 一
南村 金泰源	雲崗 尹洪源	芳村 洪性南
北山 金玄鎰	徐元 李健鉉	竹圃 黃炳吉
悟堂 盧承均	峭岩 李尙雨	

□ 제20기 졸업생

友苑 權寧武	月峯 邊炳萬	東泉 李奭勳
玄岩 金瑾泰	玗岩 孫翼道	卓玹 李鍾淑
林谷 金萬永	竹坡 辛卿演	南派 李在寬
白山 金 淑	友松 申東源	松亭 李辰薰
東園 金昌會	竹林 辛玄敎	玄娥 林炳淑
玄山 金春成	悟堂 安秉斗	秀岩 林炳順
心岩 金洪甲	仁松 劉基燦	省齋 丁 憲
芙姸 盧金子	東溪 吳炳楨	梅谷 趙光洙
秀芝 盧永姬	芝軒 李國熙	秀岩 曺奎鉉
晚悟 盧元來	如琅 李錦子	智水 洪英姬
雲谷 朴茂來	竹軒 李道炯	靑峯 李尙德
仙峯 朴 淳	湖亭 李相旭	

□ 제21기 졸업생

松岩 姜聲哲	松軒 沈仁燮	秀苑 趙貞順
淸溪 强泰彦	春坡 安承賢	西湖 崔溶權
月山 權允子	秀竹 魚貞蘭	竹村 崔俊煥
昭明 金美子	玟恕 吳世貞	如初 韓鍾煥
卓玹 金那慶	石晶 尹相琳	耕雲 黃載昊
石川 金允泰	菊香 尹錫賢	秀玟 徐丙烈
剛岩 羅勇燦	碧山 尹守鉉	香林 李德鎭
靑坡 柳仁基	垠松 李在天	秀瑛 尹琴順
春岡 朴彬熙	貞松 李桂衡	雲谷 趙守吉
庭岩 朴相淳	秀玹 林靑眉	秀岩 林炳順
松坡 潘泰鉉	芝山 程寬燮	吉雲 張玉子
松林 申東本		

□ 제22기 졸업생

苑池 姜順福	松汀 金貞仙	卓玹 俞煥實
靑玟 高吉星	茅隱 金昌植	卓玲 柳在淑
文苑 權永萬	靑原 金漢秀	野隱 李英順
致瑞 金圭憲	娟秀 金花子	垠松 李學奉
旦桂 金福實	祥雲 朴占石	貞彦 林贊燮
玗岩 金相逢	晩霞 成樂龍	士林 張容德
淸軒 金成年	史軒 安光龍	靑松 咸鍾植
秀苑 金秀永	英珉 安美善	英恕 朴仁石

계담서원

□ 제23기 졸업생

權五榮	巢燕 徐順子	東軒 李龍柱
金炳奎	宋仁憲	李濟德
普亭 金容仁	安吳君	愚堂 李鍾鉉
金鍾成	國香 俞基玉	檀苑 李學宰
善文 金鍾雄	韶任 俞順子	文庭 鄭慶美
魯珊 金濟興	崗巖 李建宰	涌泉 鄭海潤
豊民 金虎泳	夏雲 李順雨	惠山 趙光英
吉用洙	佳林 李英惠	趙敏鎬
靑原 朴魯先	冶隱 李院範	蓮庭 崔榮玉
久岩 朴東榮	海崗 李龍宰	悟堂 蔡行男
松亭 朴世文		

□ 제24기 졸업생

民山 姜逸模	文巖 申東奎	芸樓 禹吉順
桃苑 高明玉	草菴 沈福圭	滄江 張庸鎬
南苑 金建洙	文普 沈鳳圭	靑雲 張宗大
素正 金明順	韶潭 安京姬	悟省 張忠愚
穆園 金美璟	隱谷 安光爕	海隅 張豊源
湖當 金福基	春苑 安賢淑	隱亭 趙芝衍
虛舟 金鍾湖	小山 李康元	弘民 趙恒道
月桂 南明淑	靑岩 李德龍	仁山 崔勉祥
洞軒 盧忠鎬	島隱 李相運	晩悟 崔秉喆
冠山 文相玉	牛溪 李錫錄	輪普 崔淳鎬
松亭 朴起淳	蘭香 李玉子	豊民 張英道
瑞雲 朴昞萬	靑山 李宗九	文亭 金蘭寓
史容 朴用鳳	文谷 李鍾求	

□ 제25기 졸업생

林香 金九性	嶺川 朴淸洵	良谷 林成植
度岩 金貴相	凡松 孫聖一	醴心 張成浩
南雨 金斗湧	芸山 申澈禮	雲然 張鎭龍
桂江 金錫秀	淨雲 梁春昊	昭河 全瀾潔
泮松 金永旭	朱峯 延旻熙	百景 鄭宇采
桃廷 金應植	松亭 延孝根	文川 趙鍾俊
德運 金長洙	松玭 吳愛淑	靑坡 韓哲富
雲松 柳春東	竹軒 吳王得	三松 洪龍杓
耿谷 明東耀	春亭 李承培	小山 黃金玉
峯江 朴元錫	貞波 李坪勳	

□ 제26기 졸업생

端齋 姜興洙	史筵 陰漢榮	普城 鄭未憲
南谷 具昌會	松齋 李寬勳	燕亭 鄭銀淑
金慶烈	興軒 李基星	寧岩 鄭燦宇
亶谷 金東周	隱史 李斗榮	小興 趙鳳華
金秀哲	李相淑	冶隱 崔規植
銘缶 金永生	瑞筵 李榮秀	尤碩 韓貞植
暖溪 金銀粉	巢庭 李暎淑	芸亭 鄭弘植
牧匡 金鍾燮	素芸 林蓮姬	槿堡 金炯植
普疆 金周顯	悟堂 張在龍	硯庭 崔炯子
牧民 金泰燮	敏甫 張泰洙	愼齋 李慶熙
碧岩 辛蓮權		

606

□ 제27기 졸업생

土亭 高範錫	雲齋 安光泰	茂谷 趙泰範
大恩 權泰玉	昭泉 安東順	文山 趙恒稷
伯峯 金奎元	春波 安正姬	一道 池完基
旼亭 金壽永	蘇丁 梁鍾烈	普景 崔鍾元
明泉 金蓮姬	中波 嚴翼瓢	連江 洪淳萬
南軒 金永鎬	知香 李玉子	靑坡 李蓮淑
侶香 金恩仙	長石 林炳日	松娟 李正和
茂山 白敏男	荷月 張光順	珪江 朴成子
藝松 徐東嬅	保松 趙明洙	西普 鄭在榮
明波 沈揆仁	月川 趙斌柱	紋溪 崔勉德
又星 安光滿	川岩 趙相鉉	

□ 제28기 졸업생

普情 姜順煥	月丁 柳東善	松波 李完澤
万松 高德根	貞姸 朴錫心	如松 李完鎬
南姸 權銀淑	垠河 宋榮順	祐田 任尙彬
紋山 權赫東	明坡 宋永煥	寶心 張錦玉
潭軒 金斗永	宣峯 宋在喆	圓心 張明德
廬岩 金洙永	林軒 宋貞玉	梅江 全在順
美庭 金英順	昭玟 安明子	百善 鄭連順
樂軒 金旺會	夏石 安鎭漢	玉山 丁佑星
古潭 金周成	沼亭 延仁熙	河林 陳英姬
耿谷 金珍喆	松齋 李秀亨	聿丁 河相培
德軒 金興基	蓮徑 李順丹	

□ 제29기 졸업생

明泉 金南愛	浩山 申東圭	素峯 林憲榮
甫星 金仁植	省波 安光來	圓心 張奇淑
呂軒 金珍姬	能谷 安鎭洙	宇潭 鄭光玉
章石 朴用翼	昌波 吳臺煥	裕丁 鄭聖燁
省巖 朴雄熙	春峯 李東燮	黙香 玄春子
庭香 朴泰元	南岡 李培勳	一石 洪宇柱
隱江 徐周玄	竹坡 李宗勳	玉山 黃貞任
如山 申憲浩		

□ 제30기 졸업생

德軒 金承泰	道香 金正會	昭波 李效州
竹香 禹相燮	時伯 安完濬	石珉 林一永
藥井 梁興模	河山 尹孝榮	素月 張元哲
禮田 安允貞	松峯 李東燁	松坡 周永煥
蘭香 姜秉倫	松圃 李雨星	東江 安暻濬
甫庭 金基芬	南岡 李濬慶	一貞 宋泰玉
靑江 金德中	靑松 李鎭浩	

□ 제31기 졸업생

呂軒 金慶美	河亭 安秉鎰	竹峯 李乙榮
倫香 金兩順	又星 安秉效	姸心 尹亨淑
明亭 金点淑	心山 廉奎榮	如雲 鄭錦憲
一奭 盧鉉鎬	貞波 李貴蓮	重菴 丁晟鎭
素石 朴英喆	松岡 李金龍	蘇延 曺蓮花
昭香 朴玉善	柳林 李味元	又覃 崔秉斗
素亭 朴貞玉	南耕 李承玉	瑞鳳 崔霜龍

계담서원

총동문회 회칙

제1장 명칭과 위치

제1조 명칭

본회는 계담서원 부설 교양대학 총동문회라 칭한다.

제2조

본회의 사무소는 계담서원에 둔다.

제2장 목적과 사업

제3조 목적

본회는 회원 상호간의 친목과 지역사회 발전에 기여함을 목적으로 한다.

제4조 사업

본회는 전조(前條)의 목적을 달성하기 위하여 아래와 같은 사업을 한다.

1. 한문, 교양, 예법, 서도 등 연수.
2. 사계(斯界) 유명인사 초청 강연회 개최.
3. 서도(書道) 전시회 개최 및 문집 발간.
4. 효자, 효부, 열녀, 모범 청소년 등 표창.
5. 경로 행사.

제3장 회 원

제5조 회원

본 회원은 계담서원 교양대학 졸업생으로 한다.

제6조 회비

본 회원은 입회금과 회비를 납부하여야 한다.

제4장 임원 및 임무

제7조 임원

본회는 아래의 임원을 두며 그 임무를 수행한다.

1. 회 장 1인   2. 부회장 2인   3. 총 무 1인
4. 재 무 1인   5. 대의원 약간인   6. 감 사 2인   7. 고 문 약간인

제8조 임원 선출

본회의 회장, 부회장, 총무, 재무, 감사는 대의원회에서 선출한다.

단. 대의원은 계담서원 교양대학 졸업생 중 기별회장, 부회장 및 총무로 구성한다. 고문은 총의에 따라 대의원회에서 추대한다.

제9조 임무

1. 회장은 본회를 대표하며 회무(會務)를 총리(總理)한다.

2. 부회장은 회장을 보좌하며 회장 유고시 회장을 대리한다.

3. 총무는 회장, 부회장을 보좌하며, 본회 사무처리 등 일체의 회무를 책임진다.

4. 재무는 금전출납 등 회계관리를 담당한다.

5. 감사는 회무와 회계를 감사하며, 그 결과를 총회에 보고한다.

제10조 임기

임원의 임기는 2년으로 하되, 총의(總意)에 따라 연임할 수 있다.

제11조 임원의 결원이 발생할 때는 대의원회에서 보선하되 임기는 전임의 잔여기간으로 한다.

제5장 회 의

제12조 회의

본회의 회의는 총회 및 대의원회와 각 기별회(期別會)를 둔다.

1. 총회는 정기총회와 임시총회로 하되, 정기총회는 매년 1회 봄에 개최하고, 임시총회는 필요에 따라 회장이 소집한다.

2. 대의원회는 청담회원(淸潭會員)과 기별 회장, 부회장 및 총무로 구성하되, 매년 1회 개최하며 총회로 가름한다.

3. 기별회(期別會)는 매년 1회 이상 개최하고 그 결과를 대의원회에 통보한다.

제13조 의결

본회의 의결 정족수는 총회 및 대의원회는 참석 회원으로 하고 다수결로 의결한다.

1. 회장은 표결권을 가지며, 가부 동수인 때는 결정권을 갖는다.

2. 대의원 회의 시 의결한 사항은 총회에 통보하여 인준을 받는다.

제14조 대의원회

대의원회의 의결사항

1. 회칙(제 규정)의 제정 및 폐지사항.

2. 임원의 선출에 관한 사항.

3. 예산 및 결산에 관한 사항.

4. 입회비 및 총회비 결정사항.

5. 사업계획 및 실천방안의 심의.

6. 기타 본회 운영상 필요한 사항.

제6장 재 정

제15조 본회의 재정은 다음과 같이 충당한다.

1. 입회금 및 회비 수입.

2. 독지가의 협찬금 등.

제16조 입회비 및 총회비는 총회에서 결정한다.

제17조 회계 연도

본회의 회계 연도는 매년 1월 1일부터 12월 31일로 하며, 다음의 서류를 비치한다.

1. 동문회칙   2. 회원명부   3. 회계장부

4. 회의록   5. 예금통장   6. 영수증철   7. 감사결과 등

부   칙

1. 본 회칙은 1993년 10월 26일부터 시행한다.

2. 본 개정회칙은 1996년 1월 5일부터 시행한다.

3. 본 개정회칙은 1996년 12월 24일부터 시행한다.

4. 본 개정회칙은 2012년 8월 20일부터 시행한다.

5. 본 개정회칙은 2012년 3월 9일부터 시행한다.

6. 본 개정회칙은 2019年 6月 20일부터 시행한다.

7. 본 개정회칙은 2022年 8月 11일부터 시행한다.

편집후기

우리 조상님들은 서원을 건립하여 선현(先賢)을 배향하시고 선현의 학행과 절의와 유학을 학습하며 사회·문화적으로 많은 역할을 하였습니다. 지금은 서원의 기능이 많이 쇠퇴하여 아쉬움이 많지만 본 계담서원은 미력(微力)이나마 전통문화 발전을 위하여 노력하고 있습니다.

본 서원은 1824년 창건을 시작하여 지역 학문의 전당 역할을 하다 1865년 서원 철폐령에 의하여 훼철되었으나 중산 안동준 선생의 노력으로 1991년 11월 복원을 완료하고 1992년 개원하니 작년도가 30주년, 그리고 내년(2024년)이면 창건 200주년이 됩니다. 이를 기념하여 서원지를 발간하니 매우 뜻깊은 일이며, 무엇보다도 발간을 추진하며 『한림공 입사록』의 발굴로 서원의 창건과정과 선대 어른들의 노력, 그리고 복원 과정을 기록할 수 있었으니 그 의미가 크다 할 것입니다.

그동안 본 서원에서는 부족하지만 충(忠), 효(孝), 예(禮), 신(信), 성(誠), 경(敬)의 덕목을 교육이념으로 교양대학을 운영하며 주민들의 평생교육을 위하여 노력하고 있습니다. 서원과 교양대학 운영을 적극 성원해 주시는 유림 제현과 관계기관에 고마움을 전합니다. 앞으로도 윤리적 행동 질서와 규범적 가치를 모체로 도덕적인 한국인상과 전통문화 발전을 위하여 더욱 노력하겠습니다.

아울러 본지 발간을 적극 지원해 주신 송인헌 괴산군수님과 관계관, 그리고 나용찬 원장님, 안철모 서원관리위원장님의 노고에 고맙다는 말씀을 올립니다. 코로나 19의 만연과 무더위와 장마 등 어려움 속에서 자료수집과 집필에 수고하신 편찬위원님들께도 감사의 인사를 드립니다.

본지를 통하여 계담서원의 역사를 새롭게 정립함과 동시에 많은 성원과 큰 발전을 바라는 소망을 함께 담아봅니다.

2023년 7월 31일

계담서원 부설 교양대학장 안 광 태 근배

편찬 위원장

계담서원장	**나 용 찬**
계담서원관리위원장	**안 철 모**

편찬위원

중산아카데미 이사장	**김 근 수**
전 계담서원 부설 교양대학장	**안 대 식**
계담서원 부설 교양대학 총동문회장	**안 종 운**
계담서원 도서관장	**안 병 표**
계담서원 부설 교양대학장	**안 광 태**
계담서원 부설 교양대학 교무부장	**이 호 훈**
교양대학 총동문회 총무	**이 기 성**
순흥안씨 3파 판서공파 종회장	**안 병 록**
순흥안씨 3파 양도공파 종회 총무이사	**안 병 하**
계담서원 총무부장	**안 병 두**